中国语言资源保护工程

中国语言资源集·上海　编委会

主任
杨振峰

副主任
陈爱平　张日培

主编
许宝华　颜逸明

副主编
游汝杰　钱乃荣　刘民钢

委员
张惠英　薛才德　陶　寰　郑　伟　平悦玲
蒋冰冰　凌　锋　袁　丹　赵　庸　孙锐欣
朱贞淼　洪宇华　马晓华

教育部语言文字信息管理司　　指 导
上海市教育委员会

中国语言资源保护研究中心　　统 筹

中国语言资源保护工程

中国语言资源集 上海

许宝华 颜逸明 主编

复旦大学出版社

本资源集承
中国语言资源保护工程资助项目
中国语言有声资源库(上海)资助项目
指导和资助

2011年3月24日，中国语言资源有声数据库建设上海建库工作启动

2015年4月13日，中国语言资源有声数据库建设上海建库工作通过国家语委验收。同期，教育部、国家语委正酝酿在有声数据库建设基础上实施中国语言资源保护工程，验收会后还在沪召开了工程的调研座谈会。当年5月14日，教育部、国家语委印发《关于启动中国语言资源保护工程的通知》

2023年3月15日,编委会对《中国语言资源集·上海》进行终审。终审会上,上海市教委、市语委办还就进一步做好上海方言文化的保护传承工作与专家座谈

中国语言资源保护工程

许宝华教授、颜逸明教授、张振兴教授、张惠英教授等在崇明调查点有声数据采录工作初审会上

游汝杰教授为团队进行调查前培训

钱乃荣教授、薛才德教授等主持浦西城区调查点发音人遴选面试

发音人招募遴选受到社会各界高度关注

各调查点声像数据采录在专用录影棚中进行

教育部语言文字信息管理司调研指导上海建库工作

上海市教委、市语委办不定期向社会发布建库工作信息

上海市教委、市语委办组织召开《中国语言资源集·上海》审稿会

上海市方言调查点分布图

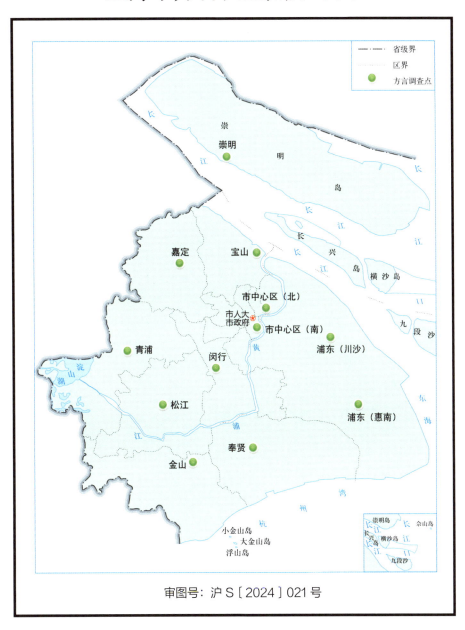

审图号：沪 S〔2024〕021 号

总　　序

教育部、国家语言文字工作委员会于2015年5月发布《教育部 国家语委关于启动中国语言资源保护工程的通知》(教语信司〔2015〕2号),启动中国语言资源保护工程(以下简称语保工程),在全国范围开展以语言资源调查、保存、展示和开发利用等为核心的各项工作。

在教育部、国家语委统一领导下,经各地行政主管部门、专业机构、专家学者和社会各界人士共同努力,至2019年底,语保工程超额完成总体规划的调查任务。调查范围涵盖包括港澳台在内的全国所有省份、123个语种及其主要方言。汇聚语言和方言原始语料文件数据1 000多万条,其中音视频数据各500多万条,总物理容量达100 TB,建成世界上最大规模的语言资源库和展示平台。

语保工程所获得的第一手原始语料具有原创性、抢救性、可比性和唯一性,是无价之宝,亟待开展科学系统的整理加工和开发应用,使之发挥应有的重要作用。编写《中国语言资源集(分省)》(以下简称资源集)是其中的一项重要工作。

早在2016年,教育部语言文字信息管理司(以下简称语信司)就委托中国语言资源保护研究中心(以下简称语保中心)编写了《中国语言资源集(分省)编写出版规范(试行)》。2017年1月,语信司印发《关于推进中国语言资源集编写的通知》(教语信司函〔2017〕6号),要求"各地按照工程总体要求和本地区进展情况,在资金筹措、成果设计等方面早设计、早谋划、早实施,积极推进分省资源集编写出版工作","努力在第一个'百年'到来之际,打造标志性的精品成果"。2018年5月,又印发了《关于启动中国语言资源集(分省)编写出版试点工作的通知》(教语信司函〔2018〕27号),部署在北京、上海、山西等地率先开展资源集编写出版试点工作,并明确"中国语言资源集(分省)编写出版工作将于2019年在全国范围内全面铺开"。2019年3月,教育部办公厅印发《关于部署中国语言资源保护工程2019年度汉语方言调查及中国语言资源集编制工作的通知》(教语信厅函〔2019〕2号),要求"在试点基础上,在全国范围内开展资源集编制工作"。

为科学有效开展资源集编写工作,语信司和语保中心通过试点、工作会、研讨会等形式,广泛收集意见建议,不断完善工作方案和编写规范。语信司于2019年7月印发了修订后的《中国语言资源集(分省)实施方案》和《中国语言资源集(分省)编写出版规范》(教语信司函〔2019〕30号)。按规定,资源集收入本地区所有调查点的全部字词句语料,并列表对照排列。该方案和规范既对全国作出统一要求,保证了一致性和可比性,也兼顾各地具体情况,保持了一定的灵活性。

各省(区、市)语言文字管理部门高度重视本地区资源集的编写出版工作,在组织领导、管理监督和经费保障等方面做了大量工作,给予大力支持。各位主编认真负责,严格要求,专家团队团结合作,协同作战,保证了资源集的高水准和高质量。我们有信心期待《中国语言资源集》将成为继《中国语言文化典藏》《中国濒危语言志》之后语保工程的又一重大标志性成果。

语保工程最重要的成果就是语言资源数据。各省(区、市)的语言资源按照国家统一规划规范汇集出版,这在我国历史上尚属首次。而资源集所收调查点数之多,材料之全面丰富,编排之统一规范,在全世界范围内亦未见出其右者。从历史的眼光来看,本系列资源集的出版无疑具有重大意义和宝贵价值。我本人作为语保工程首席专家,在此谨向多年来奋战在语保工作战线上的各位领导和专家学者致以崇高的敬意!

曹志耘

2020年10月5日

前　言

上海是我国具有世界影响力的社会主义现代化国际大都市,国际经济、金融、贸易、航运、科技创新中心。作为国家历史文化名城,近代以来,上海不断产生、吸收和融汇国内外优秀文化元素,形成了中西融合、多元并存、兼收并蓄、引领时尚的海派文化,孕育了海纳百川、追求卓越、开明睿智、大气谦和的城市精神。

语言是交际的工具,也是文化的载体。方言是走进地方文化的窗口,承载着各具特色的地方文化,是宝贵的语言资源。上海的方言鲜明地反映着上海的城市特色,浸透着江南乡土情,蕴含着城市发展史,深藏着海派文化基因。上海方言属于汉语吴方言区太湖片中的苏沪嘉小片,当代上海方言包括市区方言和郊区方言。市区方言就是通常所说的"上海话""上海闲话",是上海方言的代表,也是现代吴方言的一个重要代表,是个性十分鲜明的大都市方言,主要分布在浦西和浦东的中心城区。郊区方言也称"本地话",包括松江、练塘、嘉定、崇明等方言小片,这些地方因其各自原本的行政归属和历史发展渊源,其方言与市区方言有一定差异,互相之间也有明显不同。上海方言承载的地方特色文化、戏曲曲艺丰富多样,沪剧、独脚戏、上海说唱等以上海话为载体,浦东说书、锣鼓书、宣卷、山歌剧、扁担戏等以本地话为载体。上海还汇聚了10多种江南江北的地方戏剧曲艺,融入南腔北调、中西言语的滑稽戏更在中国地方戏曲中独树一帜。

保护传承方言文化,对加强社会主义文化建设具有重要意义。大力推广和规范使用国家通用语言文字,保护传承上海方言文化,构建和谐语言生活,营造良好的城市语言环境,是上海提升文化软实力,建设国际文化大都市,打造开放、创新、包容的魅力之城的重要使命。进入21世纪以来,上海在坚定不移推广普及国家通用语言文字的同时,就上海方言文化的保护传承进行了积极探索与实践。

2008年,国家语委启动中国语言资源有声数据库建设,以县域为单位,依照统一规范,采集当代汉语方言、带有地方特色的普通话以及少数民族语言和方言等的有声资料,并进行科学整理和加工,长期保存,以利将来深入研究和开发利用。作为首批试点省市之一,上海的建库工作于2011年正式启动。根据国家语委的统一部署和要求，上海组织复旦大学、华东师范大学、上海大学和上海师范大学的专业力量，采录了中心城区南片、中心城区北片、浦东川沙、浦东惠南、闵行、嘉定、宝山、松江、青浦、奉贤、金山、崇明等12个调查点共48个发音人的上海方言和上海普通话有声数据，对全市范围内的当代方言面貌进行了全面的调查和记录，绘制了上海方言地图。2015年，上海的建库工作通过了国家语委的验收。2016年起，在有声数据库基础上，上海根据国家语委"中国语言资源保护工程"的要求，进一步对已完成的资料进行了整理编辑，补充采录了上海口传文化的声像数据。《中国语言资源集·上海》是上海建设中国语言资源有声资源库、实施中国语言资源保护工程的重要成果，是上海语言学家们集体智慧、集体劳动的结晶，对记录保存当代上海方言的实态、传承上海方言文化具有重要意义。

上海地方文化植根中华优秀传统文化，拥抱现代城市文明，在习近平新时代中国特色社会主义思想指引下不断创新发展。上海方言是海派文化的承载者，上海话积淀了深厚的都市底蕴。未来，在继续坚定不移推广普及国家通用语言文字的同时，上海将进一步加强对上海方言的调查研究和记录保存，进一步加强对上海方言文化的宣传展示，努力构建国家通用语言文字高质量普及、上海方言文化传承发展的和谐语言生活，为传承发展中华优秀传统文化、提升上海文化软实力、建设国际文化大都市，贡献语言之力。

目 录

概述 ·· 1

语 音 卷

第一章　各点音系 ·· 3
第一节　中心城区（南片）方言 ··· 3
壹　概况 ··· 3
贰　声韵调 ··· 4
叁　连读变调 ··· 5
肆　异读 ··· 6
第二节　中心城区（北片）方言 ··· 10
壹　概况 ··· 10
贰　声韵调 ··· 10
叁　连读变调 ··· 12
肆　异读 ··· 13
第三节　松江区城厢镇方言 ··· 16
壹　概况 ··· 16
贰　声韵调 ··· 17
叁　连读变调 ··· 19
肆　异读 ··· 20
第四节　闵行区莘庄镇方言 ··· 25
壹　概况 ··· 25
贰　声韵调 ··· 26
叁　连读变调 ··· 28
肆　异读 ··· 29

第五节　青浦区城厢镇方言 ··· 34
　　　壹　概况 ·· 34
　　　贰　声韵调 ··· 35
　　　叁　连读变调 ··· 37
　　　肆　异读 ·· 37

第六节　金山区朱泾镇方言 ··· 42
　　　壹　概况 ·· 42
　　　贰　声韵调 ··· 43
　　　叁　连读变调 ··· 45
　　　肆　异读 ·· 46

第七节　奉贤区南桥镇方言 ··· 55
　　　壹　概况 ·· 55
　　　贰　声韵调 ··· 56
　　　叁　连读变调 ··· 58
　　　肆　异读 ·· 59

第八节　浦东新区川沙镇方言 ·· 62
　　　壹　概况 ·· 62
　　　贰　声韵调 ··· 63
　　　叁　连读变调 ··· 65
　　　肆　异读 ·· 66

第九节　浦东新区惠南镇方言 ·· 69
　　　壹　概况 ·· 69
　　　贰　声韵调 ··· 70
　　　叁　连读变调 ··· 72
　　　肆　异读 ·· 73

第十节　嘉定区嘉定镇方言 ··· 78
　　　壹　概况 ·· 78
　　　贰　声韵调 ··· 78
　　　叁　连读变调 ··· 80
　　　肆　异读 ·· 81

第十一节　宝山区月浦镇方言 ·· 85
　　　壹　概况 ·· 85

贰　声韵调	86
叁　连读变调	88
肆　异读	88

第十二节　崇明区城桥镇方言 ·· 92
  壹　概况 ··· 92
  贰　声韵调 ··· 93
  叁　连读变调 ··· 95
  肆　异读 ··· 96

第二章　字音对照 ·· 101

词 汇 卷

词汇对照 ·· 229

语 法 卷

语法对照 ·· 631

参考文献 ·· 681
后记 ·· 683

概 述

1. 本书内容主要根据中国语言保护工程要求,调查记录上海地区12个地点的方言材料,包括各点的方言音系,1 000个单字的字音,1 200个词汇语音的国际音标转写,以及50个语法例句的汉字记录和语音的国际音标转写。

2. 全书共分三卷,即语音卷、词汇卷和语法卷,分别记录语音、词汇和语法的调查成果。各卷编写规范相同。

3. 本书内容严格按照《中国语言资源集(分省)编写出版规范(2018年修订)》(以下简称《出版规范》)的要求和规定编写。各卷顺序按照《出版规范》的要求顺序编排。各卷章节的安排也基本按照《出版规范》的要求排列,个别微调之处另行具体说明。

4. 各卷中材料记录格式,包括国际音标的使用、音标标写的规则,也严格按照《出版规范》的要求执行。本书国际音标采用IPAPANNEW字体。

5. 本书在记录各调查点的情况前,根据《出版规范》要求,介绍其所属行政区域的基本情况。一般先介绍所属区县的情况,包括其行政区划的位置、面积、人口、方言使用等情况。各区土地面积和人口数字依据《上海统计年鉴2018》。然后,介绍各调查点的具体位置(经纬度坐标),以及老年男性发音人和青年男性发音人的情况。

6. 所记录的发音人个人情况包括其父母和配偶的籍贯和所使用的方言,无配偶的不记录配偶情况。

7. 各个地点的经纬度:市中心区的经纬度以街道办事处和区人民政府所在地点为准,乡镇以乡人民政府或镇人民政府办事处的所在地点为准。

8. 按《出版规定》要求,各卷前均需出现的相同内容的序言、地图放在语音卷之前,词汇卷和语法卷不再重复安排序言和地图。由于上海市只有15个调查点,故本书将语音和词汇、语法各卷合并成一册,词汇、语法不再另行单独分册。序言仅在全书前出现一次,各卷不再重复出现。

9. 本书地图由中国地图出版集团有限公司编制,对各个调查点逐点标示其具体地理位置。

语音卷

第一章 各点音系

第一节 中心城区(南片)方言

壹 概况

上海中心城区(南片)方言，主要指原南市区和静安区为中心的地区通行的方言，该区位于上海市的中部。这一区域在清末民初时期是上海城区的中心区域，也是2000年之前旧市区的南片和西片部分，本次调查以原南市区为主，故称该地区方言为中心城区(南片)方言。上海中心城区(南片)方言的通行地区，除上述两个区外，还包括相邻的原卢湾、黄浦、徐汇、长宁四区。南市区原为上海老城厢，2000年，该区黄浦江以西部分并入黄浦区，黄浦江以东部分并入浦东新区。2015年，原闸北区并入静安区，但原闸北区不属于中心城区(南片)方言的通行地区。合并之前的南市区位于东经121°49′35″、北纬31°21′73″，面积为8.29平方千米，人口43.5万人。2017年，合并之后的黄浦区(东经121°49′11″，北纬31°23′73″)面积为20.46平方千米，常住人口65.48万人，其中外来人口16.63万人，区域内少数民族人口7 952人(2013年数据)。主要通行汉语普通话和中心城区(南片)方言，无通行的少数民族语言。流行的地方戏曲和曲艺剧种有沪剧、滑稽戏、越剧、评弹等。

本节所记语音，老年男性发音人是周元吉，汉族，1946年出生于上海市南市区，其小学、中学、大学均在上海本地就读。1982年后在上海本地工作，2007年退休。大学文化程度，会说上海话和普通话，平时使用中心城区(南片)方言交流。其父是上海市黄浦区人，其母是上海市黄浦区人，其配偶是上海市原卢湾区人，所说方言均属中心城区(南片)方言。

青年男性发音人是魏斌，汉族，1974年出生于上海市黄浦区，后在黄浦区元芳弄小学、黄浦区浙江南路小学、黄浦区光明中学(初中)和六十二中学(高中)就读。1993年进入振华经贸学校(中专)学习。毕业后进入上海开开集团工作，在此期间曾在上海大学学习。大学文化程度，能说上海话、普通话、英语，平时使用中心城区(南片)方言交流。其父是上海市静安区人，其母是上海市黄浦区人，所说方言均属中心城区(南片)方言。

贰 声韵调

以下所列为中心城区（南片）老派语音的音系。

一、声母

中心城区（南片）方言老派音系共有28个声母。

表1-1　中心城区（南片）方言声母表

p	把兵八	pʰ	派胖拍	b	排病鼻	m	美马明麦	f	飞方法	v	父房罚
t	多东搭	tʰ	拖通铁	d	图铜毒	n	拿脑能			l	老龙辣
ts	租张竹	tsʰ	刺春拆					s	丝身杀	z	坐城贼
tɕ	鸡进接	tɕʰ	去清七	dʑ	棋穷极	ȵ	黏泥娘热	ɕ	西想雪	ʑ	徐寻席
k	歌江甲	kʰ	苦孔哭	g	茄共轧	ŋ	牙硬额	h	蟹烘瞎	ɦ	河王叶
ø	安音屋										

说明：

（1）清送气和不送气音 p、pʰ、t、tʰ、k、kʰ 等发音时肌肉比较紧张。

（2）声母 v 在与 u 相拼时经常读为 βu。

（3）鼻音、边音声母 m、n、l、ȵ、ŋ 的实际读音可分为两套，即 ʔm、ʔn、ʔl、ʔȵ、ʔŋ 和 mɦ、nɦ、lɦ、ȵɦ、ŋɦ，分别与阴声调和阳声调相配。

（4）声母 ɦ 包括 ɦ、j、w、ɥ，即与零声母相对应的浊音声母。

二、韵母

中心城区（南片）方言音系共有40个韵母。

表1-2　中心城区（南片）方言韵母表

ɿ	猪书嘴树	i	衣典甜米	u	乌歌婆路	y	亏许女跪
A	矮街败埋	iA	借写谢夜	uA	怪快歪怀		
ɔ	高靠抱帽	iɔ	腰焦条庙				
E	爱翻赔煤			uE	弯规惯胃		
ɤ	抖偷头寿	iɤ	优酒旧牛				
o	哑花爬马						
ø	暗甘船满					yø	冤靴原园
ã	更朋冷硬	iã	秧亮匠娘	uã	横		
ɑ̃	帮霜防浪	iɑ̃	旺	uɑ̃	光筐狂黄		

（续）

oŋ 翁通铜弄	ioŋ 永兄穷浓	
əŋ 恩正沉门	iŋ 音青贫邻	uəŋ 温滚婚魂
ʌʔ 鸭八白辣	iʌʔ 约脚药捏	uʌʔ 挖刮滑划
əʔ 得刻夺墨		
iʔ 跌踢碟立	iıʔ 一歇杰日	
oʔ 恶托读绿	ioʔ 决曲局玉	uoʔ 活骨阔
m̩ 母	ŋ̍ 五鱼	ɲ̍ □~奶　　er 儿~童

说明：

（1）əŋ、iŋ、uəŋ 中的鼻音 ŋ 较靠后。
（2）元音的唇形都近自然状态，圆唇元音不很圆，不圆唇元音不很展。
（3）ʌʔ 的实际读音是 ɐʔ，əʔ 的实际读音是 ɘʔ，两者比较接近。
（4）自成音节的 ɲ 只有一个字："祖母"读"唔奶 ɲ̍⁵⁵nʌ²¹"。

三、声调

中心城区（南片）方言音系共有 5 个声调。

表 1-3　中心城区（南片）方言声调表

编号	调类	调值	例　字
1	阴平	53	东该灯风通开天春
2	阴去	34	懂古鬼九统苦讨草冻怪半四痛快寸去
3	阳去	23	门龙牛油铜皮糖红买老五有动罪近后卖路硬乱洞地饭树
4	阴入	55	谷百搭节急哭拍塔切刻
5	阳入	12	六麦叶月毒白盒罚

说明：

（1）阴去的前段较平，实际调值是 334。
（2）阳去的前段也较平，实际调值是 223。
（3）古阴去、阴上声调合并为阴去，古阳平、阳上、阳去声调合并为阳去。
（4）阴去、阳去、阳入开头的两字组连读变调，其后字 53 有时读 44，在句子语流中读 44。

叁　连读变调

两字组连读变调见下表。

表1-4　中心城区（南片）方言两字组连读变调表

前字＼后字	1阴平	2阳平	3阴上	4阳上	5阴去	6阳去	7阴入	8阳入
1阴平	55+21							
2阳平	22+53						22+44	
3阴上	33+53						33+44	
4阳上	22+53						22+44	
5阴去	33+53						33+44	
6阳去	22+53						22+44	
7阴入	33+44							
8阳入	11+23							

阴去、阳去、阳入开头的两字组连读变调，其后字53有时读44，在句子语流中读44。

肆　异读

一、新老异读

本地20世纪40年代出生的市民一般说老派方言语音，70年代出生的市民一般说新派方言语音。这次调查的青年男性发音人的语音代表了新派方言语音（以下简称"新派"）。以下是新派方言的音系。

（一）新派音系

1. 声母。新派共28个声母，与老派相同。

表1-5　中心城区（南片）新派方言声母表

p 把兵八	pʰ 派胖拍	b 排病鼻	m 美马明麦	f 飞方法	v 父房罚
t 多东搭	tʰ 天通铁	d 甜铜毒	n 脑能		l 老龙辣
ts 知张竹	tsʰ 刺春拆			s 丝身杀	z 坐城贼
tɕ 鸡进结	tɕʰ 起清七	dʑ 骑穷集	ȵ 黏泥娘热	ɕ 西想雪	ʑ 谢寻席
k 高江甲	kʰ 开孔哭	g 茄共	ŋ 牙硬额	h 好烘瞎	ɦ 号王越
∅ 安永屋					

说明：

（1）清音送气和不送气音 p、pʰ、t、tʰ、k、kʰ 等发音时肌肉有些紧张。

（2）鼻音、边音声母 m、n、l、ȵ、ŋ 的实际读音可分为两套，即 ʔm、ʔn、ʔl、ʔȵ、ʔŋ 和 mɦ、nɦ、lɦ、ȵɦ、ŋɦ，分别与阴声调和阳声调相配。

（3）声母 ɦ 包括 ɦ、j、w、ɥ，即与零声母相对应的浊音声母。

2. 韵母。新派共35个韵母，较老派少5个。

表1-6　中心城区（南片）新派方言韵母表

ɿ 知刺丝树	i 衣低梯甜米	u 乌歌坐磨路	y 举许跪女
ᴀ 矮假牌埋	iᴀ 借写谢夜	uᴀ 怪快歪坏	
ɔ 高靠抱猫	iɔ 腰焦条鸟		
ᴇ 爱对赔煤		uᴇ 弯规柜胃	
ɤ 抖偷头楼	iɤ 优酒旧牛		
o 哑把茶马			
ø 安看船南			
Ã 帮胖朋忙	iÃ 秧浆匠娘	uÃ 光筐狂王	
əŋ 恩针沉门	iŋ 音亲病名	uəŋ 温滚困魂	yŋ 均云群
oŋ 翁洞铜弄	ioŋ 用兄穷浓		
eʔ 鸭搭白辣		uɐʔ 挖刮阔滑	
ɪʔ 笔匹别灭	iɪʔ 一接集捏		yɪʔ 月菊局玉
oʔ 托壳学绿	ioʔ 肉		
m̩ 姆呒	ŋ̍ 五鱼	ȵ̩ □~奶	ɚ 儿~童

说明：

（1）元音的唇形都近自然状态，圆唇元音不很圆，不圆唇元音不很展。

（2）Ã 韵发音最后略带鼻音 ȵ。

3. 声调。新派共5个调，调类与老派相同，调值与老派也基本相同。

表1-7　中心城区（南片）新派方言声调表

编号	调类	调值	例　字
1	阴平	52	东该灯风通开天春
2	阴去	34	懂古鬼九统苦讨草冻怪半四痛快寸去
3	阳去	23	门龙牛油铜皮糖红买老五有动罪近后卖路硬乱洞地饭树
4	阴入	55	谷百搭节急哭拍塔切刻
5	阳入	12	六麦叶月毒白盒罚

说明：

（1）古阴去、阴上声调合并为阴去，古阳平、阳上、阳去声调合并为阳去，均按其历史上合并方向定名。

（2）阴去声调34，发音时先平后升，实际调值为334；阳去声调23，发音时先平后升，实际调值为223。

（二）声母的变化

从音系上看，新派语音声母与老派差别不大，个别的改变如下述。

1. 声母z发生分化，古从母字和古邪母字新派读音不同，古邪母字新派保持z音，而古从母字大部分都改读dz，如："集"老派读ziɪʔ¹²，新派读dziɪʔ¹²；"钱"老派读zi²³，新派读dzi²³。只有"前"一字例外，保留了z声母。

2. 老派ɦ声母字当韵母为u时，新派声母全部改读v，如："河"老派读ɦu²³，新派读vu²³；"壶"老派读ɦu²³，新派读vu²³。

3. 老派β声母字，韵母为u时，新派声母也全部改读v，如："祸"老派读βu²³，新派读vu²³；"妇"老派读βu²³，新派读vu²³。

4. 老派ɦ声母中，部分跟细音韵母的字，声母腭化，变为z和ɕ，如："协"老派读ɦiA ʔ¹²，新派读ziɪʔ¹²；"形"老派读ɦiŋ²³，新派读ziŋ²³；"系"老派读ɦi²³，新派读ɕi³⁴。但发生变化的字只占一小部分。

（三）韵母的变化

新派与老派相比，韵母系统简化。主要有以下几点差异。

1. 从音系上看，老派鼻化音韵有ã、ɑ̃两个韵，在新派中并成一个音ã，如：老派"打"tã³⁴ ≠ "党"tɑ̃³⁴，"张"tsã⁵² ≠ "章"tsɑ̃⁵²，"绷"pã⁵² ≠ "帮"pɑ̃⁵²。新派两韵合并成ã，"打" = "党"tã³⁴，"张" = "章"tsã⁵²，"绷" = "帮"pã⁵²。

2. 老派入声韵中的Aʔ、ɤʔ两个韵，新派合并成一个韵ɐʔ，如：老派"杀"sAʔ⁵⁵ ≠ "色"sɤʔ⁵⁵，"辣"lAʔ¹² ≠ "勒"lɤʔ¹²，"搭"tAʔ⁵⁵ ≠ "得"tɤʔ⁵⁵，新派合并成ɐʔ，"杀" = "色"sɐʔ⁵⁵，"辣" = "勒"lɐʔ¹²，"搭" = "得"tɐʔ⁵⁵。

3. 老派能区分ø、uø两个韵母，新派合并为ø，如：老派"暗"ø³⁴ ≠ "碗"uø³⁴，"赶"kø³⁴ ≠ "管"kuø³⁴，"汉"hø³⁴ ≠ "唤"huø³⁴，新派合并同音，"暗" = "碗"ø³⁴，"赶" = "管"kø³⁴，"汉" = "唤"hø³⁴。

4. 老派韵母能区分y、yø两个韵母，而新派合并为y，如：老派"喂"y³⁴ ≠ "怨"yø³⁴，"雨"ɦy²³ ≠ "圆"ɦyø²³，"具"dzy²³ ≠ "权"dzyø²³，新派合并同音，"喂" = "怨"y³⁴，"雨" = "圆"ɦy²³，"具" = "权"dzy²³。

5. 老派韵母能区分iAʔ、iɪʔ两个韵母，新派合并为iɪʔ，如：老派"结"tɕiɪʔ⁵⁵ ≠ "脚"tɕiAʔ⁵⁵，"叶"ɦiɪʔ¹² ≠ "药"ɦiAʔ¹²，新派合并为iɪʔ，"结" = "脚"tɕiɪʔ⁵⁵，"叶" = "药"ɦiɪʔ¹²。

6. 老派ioŋ、ioʔ韵母，新派分化出yŋ、yʔ韵，如：老派"荣" = "云"ɦioŋ²³，"胸" =

"熏"ɕioŋ⁵²；新派"荣"ɦioŋ²³ ≠ "云"ɦyŋ²³，"胸"ɕioŋ⁵² ≠ "勋"ɕyŋ⁵²。

老派"浴" = "月"ɦioʔ¹²，"菊" = "橘"tɕioʔ⁵⁵；新派"浴"ɦiok¹² ≠ "月"ɦyŋ¹²，"菊"tɕiok⁵⁵ ≠ "橘"tɕyɪʔ⁵⁵。

（四）声调的变化

从声调系统看，新派和老派差异不大，都是五个调类，调值也基本相同。但是部分字的归调，新老派不同。

1. 部分老派阴平字，新派改入阴去，如："蝇"老派读iŋ⁵²，新派读iŋ³⁴；"终"老派读tsoŋ⁵²，新派读tsoŋ³⁴；"错"老派读tsʰo⁵²，新派读tsʰu³⁴；"意"老派读i⁵²，新派读i³⁴。变化的条件不明确。

2. 部分老派阴去字，新派改入阴平，如："箍"老派读ku³⁴，新派读ku⁵²；"参"老派读səŋ³⁴，新派读səŋ⁵²；"间"老派读kᴇ³⁴，新派读kᴇ⁵²；"僧"老派读səŋ³⁴，新派读səŋ⁵²。变化的条件不很清楚。

3. 老派部分阳上字，新派伴随着声母的改变，声调也发生变化，或改读阴平，或改读阴上，前者如："瓦"老派读ŋo²³，新派读o⁵²；"猫"老派读mɔ²³，新派读mɔ⁵²；后者如："系"老派读ɦi²³，新派读ɕi³⁴；"岸"老派读ŋɤ²³，新派读ø³⁴；"猛"老派读mã²³，新派读mᴀ̃³⁴。

二、文白异读

在本次调查的1 000个常用字的老派（老年发音人）的语音中，存在口语（白读）和书面语（文读）不同的约占5%。其语音上的差别主要体现在以下几个方面。

1. 部分见组字，白读声母为k，文读为tɕ。如（斜线左边为白读，右边为文读）：解kᴀ³⁴/tɕiᴀ³⁴、交kɔ⁵²/tɕiɔ⁵²、敲kʰɔ⁵²/tɕʰiɔ⁵²、叫kɔ³⁴/tɕiɔ³⁴、甲kᴀʔ⁵⁵/tɕiᴀʔ⁵⁵、奸kᴇ⁵²/tɕi⁵²。但也有些见组字白读声母为tɕ或tɕʰ，文读为k或kʰ，如：亏tɕʰy⁵²/kʰuᴇ⁵²、龟tɕy⁵²/kuᴇ³⁴、鬼tɕy³⁴/kuᴇ³⁴、贵tɕy³⁴/kuᴇ³⁴。其韵母也同时从y改为uᴇ。

2. 有些古奉、微母字白读声母为重唇音或m，文读为轻唇音或零声母。如：肥bi²³/vi²³、味mi²³/vi²³、万mᴇ²³/vᴇ²³、问məŋ²³/vəŋ²³、晚mᴇ²³/uᴇ³⁴、物məʔ¹²/vᴀʔ¹²。

3. 有些字在特定词语里的"又读"实际上反映了文白读的区别，部分古歌韵字白读韵母为ᴀ，文读为u，如：多tᴀ⁵² ₍~樵丨~个₎/tu⁵²、拖tʰᴀ⁵² ₍~鼻涕₎/tʰu⁵²。但"大"字例外：du²³/dᴀ²³。

4. 部分在白读时鼻音单独成韵的字，在文读时改变韵母，如：鱼ɦŋ̍²³/ɦy²³、母ɦm̩²³/mu³⁴、儿ɦŋ̍²³₍因~₎/ɦər²³₍~童₎。

5. 古泥、日母字大多存在文白读，如：耳ni²³/ɦər²³、染ni²³/zø²³、日niɪʔ¹²/zəʔ¹²、人niŋ²³/zəŋ²³、褥nioʔ¹²/zoʔ¹²。

6. 部分字的白读音韵母为鼻化音，文读时韵母的鼻音韵尾较为明显，如：剩zã²³/zəŋ²³、生sã⁵²/səŋ⁵²、坑kʰã⁵²/kʰəŋ⁵²ᵛ、行ɦã²³/ɦiŋ²³、争tsã⁵²/tsəŋ⁵²、耕kã⁵²/kəŋ⁵²、声sã⁵²/səŋ⁵²。

第二节　中心城区（北片）方言

壹　概况

中心城区北片地区，是原浦西地区老城厢的周围地区，位于上海市中部和北部，主要指苏州河以北的上海市区，包括20世纪50—80年代的杨浦、虹口、普陀、闸北四个区。

中心城区（北片）方言，主要指主要通行于上述四区范围内的上海方言。本次调查点位于杨浦区平凉路街道（东经121°53′27″,北纬31°26′71″）。2017年，杨浦区面积为60.73平方千米，常住人口131.34万人，其中外来人口26.86万人。居民主要使用中心城区（北片）方言和汉语普通话，无通行的少数民族语言，流行的地方戏曲主要有沪剧等。

本次调查记录的老年男性发音人是曹国明，汉族，1946年出生于上海市榆林区（现杨浦区），后在杨浦区通北路第二小学、杨浦区昆明初级中学和杨浦凤城中学（高中）就读。毕业后在丰收拖拉机厂和上海拖拉机厂工作。大专文化程度，会说上海话、普通话和英语，平时使用中心城区（北片）方言交流。其父是上海市杨浦区人，说上海话；其母是上海市杨浦区人，说上海话；其配偶是上海市黄浦区人，说上海话。

青年男性发音人是陈弘，汉族，1972年出生于上海市虹口区，后在虹口区霍山路小学、虹口区第三小学、复兴中学、北虹中学、上海大学学习，毕业后一直在上海工作。大专文化程度，会说上海话、普通话和英语，平时使用上海中心城区（北片）方言交流。其父是上海市原闸北区人，说上海话；其母是上海市虹口区人，说上海话；其配偶是上海市杨浦区人，说上海话。

贰　声韵调

以下所列为中心城区（北片）老派语音的音系。

一、声母

中心城区（北片）方言音系共有28个声母。

表2-1　中心城区（北片）声母表

p 比兵八	p^h 派片拍	b 爬病白	m 美马忙灭	f 飞峰福	v 肥_文饭乏
t 多东德	t^h 讨天铁	d 地洞踏	n 努奶能纳		l 拉懒拎力
ts 做早节	ts^h 车粗七			s 丝三色	z 字从石
tɕ 举精脚	$tɕ^h$ 丘清切	dʑ 旗权剧	ȵ 黏泥人热	ɕ 修想雪	ʑ 徐全绝
k 高公夹	k^h 开垦扩	g 葵共轧	ŋ 奸我硬鹤	h 好喊黑	ɦ 鞋移用药
∅ 衣乌鸭					

说明：

（1）b、d、g、ʥ、ʑ、z、v 声母出现在单音节或连读变调首音节位置时，是所谓的"清音浊流"，即不是语音学意义上的浊音，因其 VOT（voice onset time，嗓音起始时间值）大于 0，同相应的清不送气清音的 VOT 值相近。听感上的"浊音"感觉，来源于整个音节的发声类型（phonation type）是气嗓音（breathy voice），同常态嗓音（normal voice）相比，声带颤动同时伴有气流呼出。这七个声母在连读变调非首音节位置为真浊音，其 VOT 值小于 0。

（2）鼻音、边音声母 m、n、l、ȵ、ŋ 实际读音分两套：一类是常态嗓音 ʔm、ʔn、ʔl、ʔȵ、ʔŋ，配阴调类；一类是气嗓音 mɦ、nɦ、lɦ、ȵɦ、ŋɦ，配阳调类。

（3）声母 ɦ 是种音类概括，包含配阳调类的开口呼的零声母，以及配齐齿的 j、合口的 w、撮口的 ɥ；零声母 ∅ 配阴调类，开始发音时声带绷紧。

（4）声母 h(u) 与 f 混读，如"虎"可两读：hu³⁴ 和 fu³⁴。但声母 v(u) ≠ ɦ：妇 vu²³ ≠ 河 ɦu²³。

二、韵母

中心城区（北片）方言音系共有 41 个韵母。

表 2-2　中心城区（北片）方言韵母表

ɿ 知丝资猪	i 米梯念₂年	u 布苦哥坐	y 居羽雨
a 买带嫁鞋	ia 野借写爷	ua 快坏怪歪	
ɔ 包到早毛	iɔ 条表小苗		
o 爬花车麻			
ɤ 斗头谋狗	iɤ 柳九旧修		
ɛ 台来开爱			
ᴇ 山菜淡班	iᴇ 念₁也	uᴇ 顽关弯	
ei 配对煤雷		uei 桂块柜	
ø 南半短岁			yø 靴全软远
ã 张硬杏打	iã 阳蒋匠响	uã 横光~火	
ɑ̃ 糖帮方忙	iɑ̃ 旺	uɑ̃ 光汪广狂	
əŋ 登门身声	iŋ 平品丁新	uəŋ 魂困温昆	
oŋ 翁虫风东	ioŋ 云用兄浓		
ɐʔ 八湿塔客	iɐʔ 约药削爵	uɐʔ 刮划挖	
oʔ 剥毒落谷	ioʔ 肉欲菊曲		
	iiʔ 铁急热吃		
ər 而耳儿	m̩ 姆吭	n̩ □奶,奶奶第一音节	ŋ̍ 鱼吴五

说明：

（1）a 的实际读音是 ᴀ。

（2）ei、uei 实际读音为 eⁱ、ueⁱ，韵尾是个短流音 ⁱ。

（3）ã 的实际读音是 ɒ̃。

（4）除 oŋ、yoŋ 外，其他的韵尾鼻音 ŋ 的实际读音 ɲ；oŋ、yoŋ 实际是鼻化韵 õ、ỹo，无后接鼻音段。

三、声调

中心城区（北片）方言音系共有5个声调。

表 2-3　中心城区（北片）方言声调表

编号	调类	调值	例字
1	阴平	53	东该灯风通开天春
2	阴去	34	懂古鬼九统苦讨草冻怪半四痛快寸去
3	阳去	23	门龙牛油铜皮糖红买老五有动罪近后卖路硬乱洞地饭树
4	阴入	55	谷百搭节急哭拍塔切刻
5	阳入	12	六麦叶月毒白盒罚

说明：

（1）阴去34实际调值是334。

（2）阳去23实际调值是113或223。

（3）阳入12比阴入55时长要长，但比三个舒声调都短。

叁　连读变调

两字组连读变调见下表。

表 2-4　两字组连读变调表

前字＼后字	1阴平	2阳平	3阴上	4阳上	5阴去	6阳去	7阴入	8阳入
1阴平	55+21							
2阳平	22+44							
3阴上	33+44							
4阳上	22+44							
5阴去	33+44							
6阳去	22+44							
7阴入	33+44							
8阳入	11+23							

肆 异读

一、新老异读

这次调查的青年男性发音人的语音代表了新派方言语音（以下简称"新派"）。下面先列出新派的音系。

（一）新派音系

1. 声母。新派共28个声母。

表2-5 中心城区（北片）新派方言声母表

p 拜兵八	p^h 派品泼	b 爬病白	m 买明麦	f 副风发	v 饭防罚
t 多东搭	t^h 讨厅托	d 甜定毒	n 脑能		l 老林辣
ts 资张竹	ts^h 刺春拆			s 丝双色	z 字城贼
tɕ 酒金甲	$tɕ^h$ 去清吃	dʑ 权琴集	ȵ 年人业	ɕ 喜想息	ʑ 谢寻席
k 高公刮	k^h 开困阔	g 茄共	ŋ 熬硬额	h 好慌黑	ɦ 县王月
∅ 安温挖					

说明：

（1）b、d、g、dʑ、z、v在单音节和连读变调的首音节位置为清辅音，在连读变调非首音节位置为浊辅音。

（2）声母m、n、l、ȵ、ŋ实际读音分两套：ʔm、ʔn、ʔl、ʔȵ、ʔŋ和mɦ、nɦ、lɦ、ȵɦ、ŋɦ，前者配阴声调，后者配阳声调。

2. 韵母。新派共39个韵母。

表2-6 中心城区（北片）新派方言韵母表

ɿ 猪刺丝治	i 低梯年米	u 歌苦坐磨	y 雨句权女
a 拜派排买	ia 借写谢	ua 怪快坏	
ɔ 宝炮抱毛	iɔ 表票桥庙		
o 抓车茶马			
ø 短贪随南			yø 靴
ᴇ 改开潭慢		uᴇ 弯关块还	
ei 贝配赔妹		uei 桂亏位	
ɤ 抖偷头楼	iɤ 酒修球流		
ã 帮胖房忙	iã 浆抢像娘	uã 光筐狂	

（续）

əŋ 根春盆门	iŋ 冰品病明	uəŋ 滚困魂
oŋ 东通桶聋	ioŋ 永兄穷浓	yŋ 均熏云
ɐʔ 八泼白辣	iɐʔ 甲	uɐʔ 挖刮阔活
oʔ 国壳学六	ioʔ 菊曲局玉	
ɿʔ 笔匹碟密	iɪʔ 接七急热	yɪʔ 决缺月
m̩ 姆	n̩ 唔	ŋ̍ 五	ɚ 而耳

说明：

（1）a 的实际读音是 ᴀ。

（2）ei 的实际读音是 eɪ，uei 的实际读音是 ueɪ。

3. 声调。新派共 5 个声调。

表 2-7　中心城区（北片）新派方言声调表

编号	调类	调值	例　字
1	阴平	52	东该灯风通开天春
2	阴去	34	懂古鬼九统苦讨草冻怪半四痛快寸去
3	阳去	23	门龙牛油铜皮糖红买老五有动罪近后卖路硬乱洞地饭树
4	阴入	55	谷百搭节急哭拍塔切刻
5	阳入	12	六麦叶月毒白盒罚

说明：

（1）阴去 34 实际调值是 334。

（2）阳去 23 实际调值是 113 或 223。

（3）阳入 12 比阴入 55 时长要长，但比三个舒声调都短。

（二）声母的变化

根据本次调查，中心城区（北片）新派和老派在声母方面的差异不太大，较明显的变化有如下几点。

1. 老派声母中的 h(u)，新派全部归入 f，如：虎 fu³⁴；但新派声母 v(u) ≠ ɦ，浮 vu²³ ≠ 河 ɦu²³，与老派一样。

2. 老派的 z 声母字新派大部分归入 dʑ 母，如："集"老派读 ziɪʔ¹², 新派读 dʑiɪʔ¹²；"静"老派读 ziŋ²³，新派读 dʑiŋ²³；"钱"老派读 zi²³，新派读 dʑi²³；"绝"老派读 ziɪʔ¹²，新派读 dʑiɪʔ¹²。只有少部分仍读 z，如：谢 ziᴀ²³，像 ziᴀ̃²³，新派和老派都是 z 母。

（三）韵母的变化

韵母方面新派和老派的差异主要表现在以下几个方面。

1. 老派的ɛ新派并入ɛ，如：老派"台"dɛ¹³ ≠ "淡"dɛ¹³，新派"台" = "淡"dɛ¹³。

2. 老派的ieʔ新派并入iɪʔ，如：老派"脚"tɕieʔ⁵⁵ ≠ "急"tɕiɪʔ⁵⁵，新派"脚" = "急"tɕiɪʔ⁵⁵。

3. 老派的复韵母yø，新派变为单韵母y。如："靴"老派读ɕyø⁵²，新派读ɕy⁵²；"县"老派读ɦiyø²³，新派读ɦiy²³；"软"，老派读ȵyø²³，新派读ȵy²³；"卷"，老派读tɕyø³⁴，新派读tɕy³⁴。

4. 老派的两个鼻化韵ã、ɑ̃，新派合并成ã；老派iã、iɑ̃，新派合并成iã，老派uã、uɑ̃，新派合并成uã。如：老派"张"tsã⁵² ≠ "章"tsɑ̃⁵²，新派都读成tsã⁵²；老派"厂"tsʰã³⁴ ≠ "唱"tsʰɑ̃³⁴，新派都读成tsʰã³⁴；老派"冷"lã²³ ≠ "浪"lɑ̃²³，新派都读成lã²³。老派"阳"ɦiã²³ ≠ "旺"ɦiɑ̃²³，新派都读成ɦiã²³；"横"ɦuã²³ ≠ "王"ɦuɑ̃²³，新派都读成ɦuã²³。发音上，新派的ã、iã、uã后有一小段鼻音段ȵ。

5. 老派某些字的韵母有ioŋ、yŋ两种读音，新派只有yŋ一种读音。如："熏"，老派有ɕioŋ⁵²、ɕyŋ⁵²两种读音，新派只有ɕyŋ⁵²；"均"，老派有tɕioŋ⁵²、tɕyŋ⁵²两种读音，新派只有tɕyŋ⁵²一种读音。这些字的普通话韵母往往是撮口呼。

6. 老派ioŋ韵中一部分字新派变成yŋ，如："云"老派读ɦioŋ²³，新派读ɦyŋ²³。

7. 老派入声韵ioʔ，新派读yɪʔ。如："月"老派读ɦioʔ¹²，新派读ɦyɪʔ¹²；"决"，老派读tɕioʔ⁵⁵，新派读tɕyɪʔ⁵⁵；"血"老派读ɕioʔ⁵⁵，新派读ɕyɪʔ⁵⁵。有些字，新派还保留ioʔ韵，但有两种读音，如"菊"，老派读tɕioʔ⁵⁵，新派有tɕioʔ⁵⁵、tɕyɪʔ⁵⁵两种读音；如"曲"老派读tɕʰioʔ⁵⁵，新派有tɕʰioʔ⁵⁵、tɕʰyɪʔ⁵⁵两种读音；"浴"老派读ɦioʔ¹²，新派有ɦioʔ¹²、ɦyɪʔ¹²两种读音。

8. 部分韵母的实际读音有变化，如新派的ei、uei实际读音为eⁱ、ueⁱ，韵尾的短流音ⁱ更明显。

（四）声调的变化

老派和新派的声调系统无明显差异，都是五个调：阴平、阴去、阳去、阴入、阳入，调值也基本相同，但是部分字的归调存在差异。

1. 部分古阴去字，老派读53，归阴平，新派读34，归阴去。如："错"老派读tsʰo⁵²，新派读tsʰo³⁴；"契"老派读tɕʰi⁵²，新派读tɕʰi³⁴；"意"老派读i⁵²，新派读i³⁴；"幼"老派读iɤ⁵²，新派读iɤ³⁴。

2. 个别古明母平声字，老派读23，归阳去，新派读52，归阴平，如："猫"老派读mɔ²³，新派读mɔ⁵²。

3. 还有部分老派阴去字，新派归入阴平，这些字的中古声调归属比较杂，有平声，有上声，也有去声，如："箍"老派读ku³⁴，新派读ku⁵²；"裤"老派读kʰu³⁴，新派读kʰu⁵²；"拥"老派读ioŋ³⁴，新派读ioŋ⁵²。

二、文白异读

本次调查发现，中心城区（北片）方言的1 000个单音节字中共有21个文白异读的字，主要分布于止摄、效摄、咸摄、臻摄、宕摄等，梗摄只有一个字。现将本次调查中发现的文白异读现象罗列于下（斜线左边为白读，右边为文读）。

1. 奉母、微母某些字白读为双唇音，文读为唇齿音。如：肥 bi²³/vi²³、味 mi²³/vi²³、问 məŋ²³/vəŋ²³、物 mɐʔ¹²/vɐʔ¹²。

2. 见系二、三等某些字，白读声母为 k、h、g、ɦ；文读声母为 tɕ、ɕ、dʑ、ɦ。如：交 kɔ⁵²/tɕiɔ⁵²、孝 hɔ³⁴/ɕiɔ³⁴。但有例外，如：柜 dʑy²³/guei²³。

3. 日母某些字，白读声母为 nʑ，文读为 z 或零声母。如：儿 nʑi²³/ər²³、耳 nʑi²³/ər²³、染 nʑi²³/zø²³、人 nʑiɲ²³/zəŋ²³、日 nʑiɪʔ¹²/zɐʔ¹²。

4. 个别字的文白读差异表现在韵母上，如：围 ɦiy²³/ɦiuᴇ²³。文读韵母接近普通话韵母。

第三节　松江区城厢镇方言

壹　概况

松江区位于上海市的西部，面积为605.64平方千米，常住人口175.13万人，其中外来人口105.95万人。本次调查点为城厢镇岳阳街道。岳阳街道（东经121°24′22″，北纬31°02′20″）是原松江县人民政府所在地松江镇的一部分。本地通行松江话和汉语普通话。松江话分布在中山街道、岳阳街道、永丰街道等处，使用人口约8万，是本地普遍通用的方言。近年来松江话变化较快，受上海市区方言和普通话影响很大。少数民族常住人口25 269人，包括53个民族，没有通行的少数民族语言。中华人民共和国成立前，在本地农村春社祈年敬神活动中，有一种称为"因果"的说书人，左手持片钹、右手持一筷，敲钹演唱，土语乡音，间杂说表。旧时也称钹子书。钹子书有两种腔调，松江地区流行西乡调。当代较为流行的地方戏曲有越剧、沪剧，部分老年人喜欢苏州评弹。

本次调查记录的老年男性发音人是孙尧春，汉族，1944年出生于今松江区岳阳街道，后在本地永丰小学、松江三中就读，直至高中毕业。中学毕业以后到上海外国语学院（今上海外国语大学）求学。大学毕业后，于1970年到山东单县三中任教，1979年回到松江，之后未再离开。大学文化程度，会说松江话、不地道的上海市区方言、不标准的普通话和俄语，会一些英语、西班牙语。本人主要使用松江话交流。其父是松江县城厢镇人，说松江话；其母是松江县城厢镇人，说松江话。配偶原籍浙江诸暨，13岁到松江，说不很地道的松江话。

青年男性发音人是赵敏勇，汉族，1972年出生于松江区岳阳街道。后在原松江县永丰中心小学（在城厢镇）、松江五中（在城厢镇）学习，高中在上海市有色金属研究所技工学校（今属石湖荡镇）学习，但每天返回松江。出生至调查时均居住在松江。毕业后在技工学校任教。大学本科文化程度。会说松江话、普通话、上海市区方言和英语。平时交流主要说普通话和松江话。其父是松江城厢镇人，说松江话和地方普通话；其母是松江里塔汇乡人，青年时代到松江城厢镇工作，说松江话，基本不说塔汇方言。其配偶是松江大港乡人（距城厢镇约10千米），高中毕业后在松江城厢镇工作，会说松江话、大港话和普通话。

贰　声韵调

以下所列为松江区城厢镇岳阳街道老派语音的音系。

一、声母

岳阳街道方言有31个声母。

表3-1　岳阳街道方言声母表

p 拜兵八	pʰ 派品泼	b 爬病别	m 马明麦	f 飞风法	v 肥魂罚
t 多东搭	tʰ 天吞贴	d 甜藤毒	n 脑能		l 老林列
ts 资张折	tsʰ 刺寸拆			s 丝深设	z 字沉贼
tɕ 贵姜甲	tɕʰ 气清缺	dʑ 柜裙杰	nʑ 年人热	ɕ 西心歇	ʑ 全静集
c 九金脚	cʰ 轻吃	ɟ 桥近极			
k 高根夹	kʰ 开困渴	g 茄共	ŋ 熬硬额	h 花烘黑	ɦ 夏云药
∅ 安温鸭					

说明：

（1）晓匣合口字与非组字合并，读 f、v，但晓母有个别字读 hu-，如灰 hue⁵³。

（2）分尖团，精组在细音韵母前读 tɕ-，在韵母 -y 前舌位偏前，近 ts-，如取 tsʰy⁴⁴。见组在细音韵母前，如韵母为 y 或央后元音前，读 c-，略偏前。

（3）nʑ- 有时发音稍后，近 ɲ-。

二、韵母

岳阳街道方言有49个韵母。

表3-2　岳阳街道方言韵母表

ɿ 猪刺丝字	i 低剃弟米	u 歌苦婆饿	y 主区渠女
a 拜派牌买	ia 姐写谢	ua 怪快	
ɛ 胆毯潭难	iɛ 奸炎念	uɛ 关弯	

（续）

ɔ 宝炮抱毛	iɔ 表票条庙		
e 杯配赔妹		ue 桂块碗	
ø 肝看罪暖			yø 卷圈权原
o 瓜错茶马			
	iu 靴		
ɯ 抖偷豆楼	iɯ 酒修袖牛		
ɒ̃ 党汤糖浪	iɒ̃ 旺	uɒ̃ 光筐狂	
æ̃ 硬争横	iæ̃ 响	uæ̃ 光	
əŋ 针深神门	iŋ 进亲病星	uəŋ 滚困温	yŋ 军熏裙
oŋ 东痛铜龙	ioŋ 兄穷浓		
aʔ 百拍白麦	iaʔ 脚吃剧药		
æʔ 搭塔踏袜	iæʔ 甲捏	uæʔ 刮挖	
ɒʔ 郭壳学摸		uɒʔ 握	
	iiʔ 接七急热		
əʔ 拨泼鼻末	iəʔ 击极	uəʔ 骨阔	
			yøʔ 决缺越月
oʔ 谷哭读六	ioʔ 曲局肉		
m̩ 姆	ŋ̍ 五	əl 二	

说明：

（1）u 与非唇音声母相拼时，有时前有极轻微的滑音ə。
（2）ɔ 开口稍大，近ɒ。
（3）o 开口略小，为ʊ。
（4）ɯ 舌位稍低，介于ɯ和ɤ之间。
（5）ɒ̃ 中的ɒ稍展。
（6）əŋ、əʔ 中ə有时开口度稍大，近ɐ。
（7）iŋ 有两个变体，c-组声母后面为iəŋ/uɐɪ，其他声母后面为iŋ。
（8）iiʔ 有时读ieʔ。

三、声调

岳阳街道方言有7个声调。

表3-3　岳阳街道方言声调表

编号	调类	调值	例　字
1	阴平	53	东该灯风通开天春
2	阳平	31	门龙牛油铜皮糖红
3	阴上	44	懂古鬼九统苦讨草
4	阴去	35	冻怪半四痛快寸去
5	阳去	13	卖路硬乱洞地饭树买老五有动罪后近
6	阴入	4	谷百搭节急哭拍塔切刻
7	阳入	2	六麦叶月毒白盒罚

说明：

（1）阳去为13,有时稍长为113。

（2）阴入调略升,实际音值为45；阳入略升,实际音值为23。

叁　连读变调

两字组连读变调见下表。

表3-4　岳阳街道方言两字组连读变调表

前字＼后字	1阴平	2阳平	3阴上	4阳上	5阴去	6阳去	7阴入	8阳入
1阴平	35+53/33+53				55+31		55+31	
2阳平	13+53/22+53				24+31		22+2	
3阴上	35+31				44+44		35+31	
4阳上	24+31				22+22		22+35	
5阴去	55+31				44+44		35+31	
6阳去	22+22				22+35		24+31	
7阴入	4+53		4+44		4+35		4+4	
8阳入	2+53		2+22		2+35		2+2	

两字组连读变调说明：

35+53、13+53中前字升幅不大。

肆 异读

一、新老异读

因在过去30年中,对原松江县城城厢镇(今岳阳街道)进行过多次调查,以下综合几次调查的材料对该地点方言的演变加以叙述。下面把出生于20世纪30年代以前发音人的语音称为"老老派",五位发音人的出生年代为1912—1930年;出生于20世纪40年代以后、50年代以前发音人的语音为老派,三位发音人的出生年代为1944—1947年,相当于本资料集中其他各点的老派发音人音系;出生于20世纪70年代以后的发音人语音为新派,两位男女发音人的出生时间分别为1972年和1973年。

先列出新派的音系,然后对其语音变化按声母、韵母和声调三个方面分别叙述。老老派与老派和新派的语音差异随文叙述,不列音系。

(一)新派音系

1. 声母。岳阳街道新派方言共有28个声母。

表3-5 岳阳街道新派方言声母表

p 巴布兵八	pʰ 派普拼劈	b 爬步病别	m 妈磨回灭	f 飞虎蜂忽	v 微符问活
t 带赌丁滴	tʰ 太土听铁	d 桃度定笛	n 脑奴农纳		l 拉鲁灵裂
ts 抓租张粥	tsʰ 超粗窗出			s 丝苏双湿	z 茶坐床顺日
tɕ 主酒镜脚	tɕʰ 取秋轻吃	dʑ 柜骑裙绝	ȵ 牛女仰日	ɕ 书戏兴息	ʑ 除袖寻席
k 高古更骨	kʰ 敲快坑哭	g 茄柜狂共	ŋ 熬鹅硬额	h 好灰慌瞎	ɦ 下寒云叶
ø 矮安拥挖					

说明:

古晓匣母合口声母大部分字与古非组字能分,晓匣母字读hu-、ɦu-,非组字读fu-、vu-;少数字相混,读f-、v-。

2. 韵母。松江岳阳街道新派共有45个韵母。

表3-6 岳阳街道新派方言韵母表

ɿ 猪刺水字	i 比点鸡耳言	u 婆土初古	y 吕柜书雨
a 带柴嫁矮	ia 借写斜夜	ua 怪快歪坏	
ᴇ 饭三拣爱	iᴇ 念	uᴇ 关弯	
e 半对船胃		ue 规块柜碗	
ɔ 宝朝交夏	iɔ 票条笑交		
ʊ 马车瓜话			

（续）

ɤ 短岁看远			yɤ 卷劝权软
ɯ 抖抽够厚	iɯ 丢酒旧油		
ɒ̃ 放唐唱项	iɒ̃ 旺	uɒ̃ 光~线筐黄旺	
ɛ̃ 棚张梗横	iɛ̃ 亮让想样	uɛ̃ 光~火	
əŋ 分等正沉根	iŋ 冰丁金认嬴	uəŋ 滚困昏温	yŋ 均裙熏云
	iəŋ 命兴		
oŋ 风动宋共	ioŋ 穷浓兄用		
aʔ 白册石额	iaʔ 脚捏削药		
ɛʔ 八罚踏夹瞎		uɛʔ 刮挖	
əʔ 物夺十鸽黑	iɿʔ 铁急息叶	uəʔ 骨阔	yɿʔ 橘局血越
ɔʔ 薄六镯屋	iɔʔ 肉浴		
m̩ 姆~妈:妈妈	ŋ̍ 五儿	əl 儿	

说明：
（1）i 近舌叶元音。
（2）ᴇ 有稍许动程。
（3）iŋ 在 tɕ- 组声母后开口较小，在其他声母后开口较大。
（4）əʔ 中的 ə 近 ɤ。
（5）iɿʔ、yɿʔ 中的 ɿ 有时开口稍大，近 e。

3．声调。松江岳阳街道新派方言共有 7 个声调。

表 3–7　岳阳街道新派方言声调表

编号	调类	调值	例　　字
1	阴平	53	东该灯风通开天春
2	阳平	31	门龙牛油铜皮糖红
3	阴上	44	懂古鬼九统苦讨草
4	阴去	35	冻怪半四痛快寸去
5	阳去	13	买五动近卖硬洞树
6	阴入	4	谷急哭刻百节拍切
7	阳入	2	六麦叶月毒白盒罚

说明：
阳去调较 13 稍高，动程较短，可以记成 23。

（二）声母的变化

松江方言新派和老派之间的变化主要有如下几点。

1. 松江方言老老派部分发音人有内爆音 ɓ、ɗ，老派和新派内爆音消失，ɓ、ɗ读为 p、t。

2. 老老派晓、匣合口字与非组字合并，主要读 ɸ、β，与前元音相拼时读 f、v。老派晓、匣合口字与非组字合并，读 f、v，但晓、匣母有个别字读 hu、ɦu，如："灰"老派读 hue⁵³、"活"老派读 ɦuəʔ²。新派晓、匣母与非组分多于混，非组读 f、v，晓、匣母读 hu、ɦu，如：分 fəŋ⁵³ ≠ 昏 huəŋ⁵³，房 võ³¹ ≠ 黄 ɦuõ³¹。

3. 老老派古精组今拼细音的字读 ts、tsʰ、s、z 声母。老派部分发音人精组不腭化，部分人精组腭化，读为 tɕ、tɕʰ、ɕ、ʑ，分尖团。新派则完全腭化，不分尖团。

4. 新派较老派少了 c、cʰ、ɟ 三个声母。老派的 c、cʰ、ɟ 新派分别并入 tɕ、tɕʰ、dʑ 三个声母，如："句"老派读 cy³⁵，新派读 tɕy³⁵；"叫"老派读 ciɔ³⁵，新派读 tɕiɔ³⁵；"金"老派读 ciŋ⁵³，新派读 tɕiŋ⁵³；"轻"老派读 chiŋ⁵³，新派读 tɕʰiŋ⁵³；"吃"老派读 chiaʔ⁴，新派读 tɕʰiaʔ⁴；"旧"老派读 ɟiɯ¹³，新派读 dʑiɯ¹³；"琴"老派读 ɟiŋ³¹，新派读 dʑiŋ³¹；"极"老派读 ɟiəʔ²，新派读 dʑiɪʔ²。

5. 老派的零声母字，新派部分改读 ɦ 声母，声调也同时从阴调改变为阳调，如："样"老派读 iæ̃³⁵，新派读 ɦiẽ¹³；"赢"老派读 iŋ⁵³，新派读 ɦiŋ³¹；"益"老派读 iɪʔ⁴，新派读 ɦiɪʔ²。

6. 老派部分读古匣母字，新派改读清声母，如："系"老派读 ɦi¹³，新派读 ɕi⁴⁴；"降"老派读 ɦõ³¹，新派读 kõ³⁵。

7. 老派个别 ȵ 声母字，新派改读 ɦ 声母，如："遇"老派读 ȵy¹³，新派读 ɦy¹³；"月"老派读 ȵyøʔ²，新派读 ɦyɪʔ²。

8. 老派部分 v 声母字，新派改读 ɦ 声母，如："完"老派读 ve³¹，新派读 ɦue³¹；"黄"老派读 võ³¹，新派读 ɦuõ³¹。这种改变主要出现在古疑、云、匣母字，古奉、敷、微母字不出现这种改变。

9. 老派部分 z 声母字，新派改读 dʑ 声母，如："集"老派读 ziɪʔ²，新派读 dʑiɪʔ²；"静"老派读 ziŋ¹³，新派读 dʑiŋ¹³。

（三）韵母的变化

新派与老派、老老派相比，有四种不同类型的变化：一是同类韵母语音上的变化；二是韵母增减；三是部分韵母所辖字的分合；四是分合关系发生变化。下面逐一叙述。第一类中语音发生轻微改变情况有：

1. 新派的 i 明显舌叶化，这种趋势与市区方言新派的发音趋势比较接近。

2. 老派的 ø 韵，新派发 ʏ，元音位置都略高于老派。相应的老派的 yø，新派发 yʏ，如："虾"老派读 hø⁴⁴，新派读 hʏ⁴⁴；"罪"老派读 zø¹³，新派读 zʏ¹³；"软"老派读 ȵyø¹³，新派读 ȵyʏ¹³，"卷"老派读 tɕyø⁴⁴，新派读 tɕyʏ⁴⁴。

3. 老派的 o 韵，新派单元音发音略高成为 ʊ，如："爬"老派读 bo³¹，新派读 bʊ³¹；"马"老派读 mo¹³，新派读 mʊ¹³。但是入声韵的演变不同，老派的 oʔ 韵，新派发 ɔʔ，元音趋低，如："北"老派读 pʰoʔ⁴，新派读 pɔʔ⁴；"国"老派读 koʔ⁴，新派读 kɔʔ⁴。只有极个别例外，改读他韵,如:"或"老派读 voʔ², 新派读 vəʔ²。老派的 ioʔ 韵,新派的发音或偏低为 iɔʔ,如:"肉"老派读 nioʔ², 新派读 niɔʔ²;"褥"老派读 nioʔ², 新派读 niɔʔ²。但有相当部分字元音偏高为 yɪʔ,如:"育"老派读 ioʔ⁴, 新派读 ɦyɪʔ²;"曲"老派读 cʰioʔ⁴, 新派读 tɕʰyɪʔ⁴。老派的 yøʔ 韵,新派读 yɪʔ,也是元音略高,如:"月"老派读 nyøʔ², 新派读 ɦyɪʔ²;"越"老派读 ɦyøʔ², 新派读 ɦyɪʔ²。

4. 老派的 æ 韵,新派发 ɛ̃,相应的老派的 iæ̃,新派发 iɛ̃;老派的 æʔ,新派发 ɛʔ,如:"张"老派读 tsæ̃⁵³, 新派读 tsɛ̃⁵³;"长"老派读 zæ̃³¹, 新派读 zɛ̃³¹;"亮"老派读 liæ̃¹³, 新派读 liɛ̃¹³;"浆"老派读 tɕiæ̃⁵³, 新派读 tɕiɛ̃⁴⁴;"踏"老派读 dæʔ², 新派读 dɛʔ²;"盒"老派读 ɦæʔ², 新派读 ɦɛʔ²;"挖"老派读 uæʔ⁴, 新派读 uɛʔ⁴;"刮"老派读 kuæʔ⁴, 新派读 kuɛʔ⁴。但是,老派的 iæʔ 韵,新派并入 iaʔ 韵,如:"甲"老派读 tɕiæʔ⁴, 新派读 tɕiaʔ⁴;"捏"老派读 niæʔ², 新派读 niaʔ²。

第二类情况包括老老派 œʔ 韵和 ʌʔ 韵的部分合并,新派较老派少了 iu、ɒʔ、iɒʔ、uɒ、iəʔ、yøʔ 六个韵母,新派比老派多了 yɪʔ 韵。具体对应情况如下。

1. 老派的 iu 韵,只有一个例字,新派归入 y 韵:"靴"老派读 ɕiu⁵³, 新派读 ɕy⁵³。

2. 老老派松江话的 œʔ 韵母,老派和新派都已并入 əʔ 韵母。如:"脱"老老派读 tʰœʔ⁴, 老派读 tʰəʔ⁴, 新派读 tʰəʔ⁴;"夺"老老派读 dœʔ², 老派读 dəʔ², 新派读 dəʔ²。

3. 老老派的 ʌʔ 韵母,老派部分发音人并入 əʔ 韵母,部分发音人保留,新派则已完全混同。如:"测"老老派读 tsʰʌʔ⁴, 部分老派读 tsʰʌʔ⁴, 部分读 tsʰəʔ⁴, 新派读 tsʰəʔ⁴。相应的 iʌʔ 韵母,部分老派字保留,但字数已大为减少,仅见系部分字,如"吃"cʰiʌʔ⁴;其余部分字老派归入 iɪʔ² 韵,新派并入 iɪʔ² 韵母,如:"极"老老派读 ɟiʌʔ², 部分老派读 dʑiɪʔ², 新派读 dʑiɪʔ²;但"吃"字并入 iaʔ 韵母。

4. 老派的 ɒʔ 韵和 iɒʔ 韵,新派并入 oʔ、ioʔ 韵,老派的 uɒ 韵,新派并入 ɔ 韵,如:"学"老派读 ɦiɒʔ², 新派读 ɦioʔ²;"木"老派读 mɒʔ², 新派读 moʔ²;"握"老派读 uɒʔ⁴, 新派读 ɔʔ⁴。

5. 新派较老派多出的 yɪʔ 韵,已见上述,和 yøʔ 韵对应,不再赘述。

第三类情况有:

1. 蟹摄开口一等咍韵端系字,老老派读 e,与咸摄开口一等谈韵、山摄开口一等寒韵读 ɛ 不混,部分老派发音人同老老派,部分老派发音人则两者多数相混,读 ɛ。新派相混,读 ᴇ。如:"胎"和"坍"老老派分别读 tʰe⁵³ 和 tʰɛ⁵³, 老派读 tʰe⁵³ 和 tʰɛ⁵³, 或合并为 tʰɛ⁵³, 新派读 tʰᴇ⁵³;"菜"和"灿",老老派分别读 tsʰe³⁵ 和 tsʰɛ³⁵, 部分老派分读 tsʰe³⁵ 和 tsʰɛ³⁵, 部分合并读 tsʰɛ³⁵, 新派读 tsʰᴇ³⁵;"改"和"减",老老派分读 ke⁴⁴ 和 kɛ⁴⁴, 老派或分读 ke⁴⁴ 和 kɛ⁴⁴, 或合并读 kɛ⁴⁴, 新派读 kᴇ⁴⁴;"爱"和"晏"老老派分读 e³⁵ 和 ɛ³⁵, 老派或分读 e³⁵ 和 ɛ³⁵, 或合并读 ɛ³⁵, 新派合并读 ᴇ³⁵。

2. 咸摄开口一等与山摄开口一等字的见系字,老老派、老派均不混,分别读为 e 和 ø,如:"含"ɦe³¹ ≠ "寒"ɦø³¹。新派两者合并,读 ʏ,如:"含"="寒"ɦʏ³¹。

3. 老老派、老派咸山摄见系二等字部分字的文读为 iɛ 韵母,与三等不混,新派改读 i 韵母,与三等相混。如：老派"炎"ɦie³¹ ≠ "盐"ɦi³¹，"奸"tɕie⁵³ ≠ "肩"tɕi⁵³；新派"炎" = "盐"ɦi³¹，"奸" = "肩"tɕi⁵³。

4. 臻摄合口三等见系字，老老派读yœ̃韵母，老派及新派读为yŋ韵母。如："均"老老派读cyœ̃⁵³，老派和新派读tɕyŋ⁵³。老派部分字（云以母字）读为ioŋ韵母，与通摄合口三等相混，如"云"ɦioŋ³¹。

第四类情况是分合关系发生变化。

1. 老老派和老派分尖团，新派不分。老老派分尖团，部分老派精组字不腭化，分尖团；部分老派精组字腭化，但在央后元音前仍分尖团；新派不分尖团。如："死ᵇ"和"喜"，老老派读si⁴⁴和çi⁴⁴，部分老派读si⁴⁴ ≠ çi⁴⁴，其他部分老派读"死ᵇ" = "喜"çi⁴⁴，新派读"死ᵇ" = "喜"çi⁴⁴。老老派读"酒"tsiɯ⁴⁴ ≠ "九"ciɯ⁴⁴，老派读"酒"tsiɯ⁴⁴ ≠ "九"ciɯ⁴⁴，新派读"酒" = "九"tɕiɯ⁴⁴。老老派读"清"tsʰiŋ⁵³ ≠ "轻"cʰiŋ⁵³，老派读"清"tsʰiŋ⁵³ ≠ "轻"cʰiŋ⁵³，新派读"清" = "轻"tɕʰiŋ⁵³。

2. 松江方言老老派和老派的iŋ在c组声母后面主元音为ə或ɐ，即实际读音为iəŋ/iɐŋ，与ts组声母后的iŋ音值有差异。新派大部分字已没有iŋ和iəŋ/iɐŋ差异，都读iŋ，但"兴"读çiəŋ³⁵，"命"读miəŋ¹³，是其残留。

（四）声调的变化

松江方言的老老派是8个调，老派和新派声调系统一样，都是7个调，调值相同，但具体例字的归调略有不同。分述如下。

1. 老老派方言有8个声调，老派和新派都只有7个声调，阳上调并入阳去调。如：老老派"舅"jiɯ²² ≠ "旧"jiɯ¹³，老派"舅" = "旧"jiɯ¹³，新派"舅" = "旧"dʑiɯ¹³。

2. 老派的阴平字，新派有少部分或归入阴上，或由于声母的变化，归入阳平31，如："规"老派读kue⁵³，新派读kue⁴⁴；"毯"老派读tʰɛ⁵³，新派读tʰᴇ⁴⁴；"埋"老派读ma⁵³，新派读ma³¹；"蝇"老派读iŋ³⁵，新派读ɦiŋ³¹。

3. 老派的部分阳平字，新派归入阳去，如："如"老派读ʑy³¹，新派读ʑy¹³；"父"老派读vu³¹，新派读vu¹³。

4. 老派的阴上字中有个别字新派归入阴去，即44读35，如："盖"老派读kɛ⁴⁴，新派读kᴇ³⁵；"梗"老派读kæ⁴⁴，新派读kɛ³⁵。同时，老派的部分阴去字新派归入阴上，即35读44，如："所"老派读su³⁵，新派读su⁴⁴；"府"老派读fu³⁵，新派读fu⁴⁴。老派和新派都有阴上和阴去相混的现象。

5. 两字组连读变调中，老老派的35+53和13+53两种变调，老派前字的上升已不明显，接近33+53和22+53。老老派的53+31和55+31，老派已经合并，都读55+31。

二、文白异读

松江镇方言的文白异读现象较为丰富，涉及声、韵、调三个方面。大多数文白异读都比较有规律。有的文白异读在今新派松江方言中已经消失,只保留了白读音或文读音。现把松江老派方言的文白异读情况归纳如下,注音为老派的发音。

1. 中古开口二等见系字,白读声母为k组,韵母为开口呼;文读声母为c/tɕ组,韵母为齐齿呼;开口二等匣母的文白异读声母相同,但韵母不同。如(斜线左边为白读,右边为文读):家 kɑ⁵³/tɕiɑ⁵³、介 kɑ³⁵/tɕiɑ³⁵、交 kɔ⁵³/ciɔ⁵³、间 kɛ⁵³/tɕi⁵³、觉 kɒʔ⁴/ciɑʔ⁴、行 ɦæ̃³¹/ɦiŋ³¹。

2. 中古奉、微母的合口三等,白读声母为b、m/n̦(尾),文读为v/∅,韵母相同。如:肥 bi³¹/vi³¹、尾 n̦i¹³/vi¹³、味 mi¹³/vi¹³、晚 mɛ¹³/uɛ⁴⁴、问 məŋ¹³/vəŋ¹³、物 məʔ²/vəʔ²、忘 mõ¹³/võ¹³。

3. 中古日母字,白读声母为n̦,韵母为齐齿呼或撮口呼;文读声母为z,韵母为开口呼。其中止摄开口三等日母字文读为ɦ/∅(耳)。如:蕊 n̦y¹³/zø¹³、人 n̦iŋ³¹/zəŋ³¹、日 n̦iɪʔ²/zəʔ²、儿 ɦŋ³¹/ɦəl³¹、二 n̦i¹³/ɦəl³¹、耳 n̦i¹³/əl⁴⁴。

4. 中古开口一等歌韵端组字,白读韵母为a,文读韵母为u。如:多 tɑ⁵³/tu⁵³、拖 tʰɑ⁵³/tʰu⁵³。

5. 中古遇摄合口三等鱼韵字,白读韵母为不圆唇韵母,文读为u(锄)或y。如:锄 zɿ³¹/zu³¹、锯 kɛ³⁵/tɕy³⁵、去 tɕʰi³⁵/tɕʰy³⁵、鱼 ŋ̍³¹/ɦiy³¹。

6. 中古止摄合口三等章组字,白读韵母为ɿ,文读为ø。如:吹 tsʰɿ⁵³/tsʰø⁵³、水 sɿ⁴⁴/sø⁴⁴。

7. 中古止摄合口三等日母和见系字,见系字白读声母为tɕ组;文读声母为k组。云母字白读声母为ɦ,文读声母为v。日母字白读声母为n̦,文读声母为z。如:亏 tɕʰy⁵³/kʰue⁵³、柜 dʑy¹³/gue¹³、围 ɦiy³¹/ve³¹、蕊 n̦y¹³/zø¹³。韵母也都有不同。

8. 中古梗摄开口二等字,韵母白读为æ,文读əŋ为或iŋ(晓组声母)。如:生 sæ̃⁵³/səŋ⁵³、争 tsæ̃⁵³/tsəŋ⁵³、耕 kæ̃⁵³/kəŋ⁵³、行 ɦæ̃³¹/ɦiŋ³¹。

9. 有些文白异读现象,因相同语音条件的字很少,不易归纳出规律来。如:大 du¹³/dɑ¹³、五 ɦŋ¹³/u⁴⁴、寄 kɛ³⁵/tɕi³⁵、死 si⁴⁴/sɿ⁴⁴、鸟 tiɔ⁴⁴/n̦iɔ⁴⁴、母 ɦm¹³/mo⁴⁴、顽 mɛ³¹/vɛ³¹。很可能是受市区方言和普通话的影响。

第四节　闵行区莘庄镇方言

壹　概况

闵行区位于上海市的中部,由原闵行区和上海县合并而成。1291年(元朝至元二十八年)设立上海县。1927年,划出上海县一部分设上海特别市,其余仍属上海县。1958年,上海县由江苏省划入上海直辖市。1988年,上海县面积为378.44平方千米,户籍人口41.6万人。1992年,闵行区、上海县合并成立新闵行区。闵行区面积为370.75平方千米,常住人口253.43万人,其中外来人口124.59万人(2017年数据),少数民族人口约4.7万人,其中户籍人口1.55万人,包含55个少数民族。莘庄镇(东经121°37′66″,北纬31°12′74″)为原上海县的县治,新闵行区人民政府所在地,其方言是闵行区方言的代表。本区内部方言,除浦江镇外,浦西各镇调值基本相同,基本特点一致。莘庄方言能区分尖、团音,年轻人受普通话影响,区分能力逐渐退化。莘庄方言比较完整地保留入声字。本地流行的地方戏曲有沪剧、宣卷、钹子书等。其中,苏家桥宣卷,流行于浦东陈行地区,有70多年历史;钹子书濒临灭绝。

本次调查记录的老年男性发音人是徐志辉,汉族,1941年出生于现上海市闵行区莘庄镇,小学在莘庄镇小学就读,初中在七宝中学初中部就读。1958年起在本镇邮政局工作,同年起在莘庄镇自学小组高中部完成高中阶段学习。2001年退休。高中文化程度,会说本地话,平时交流主要使用莘庄话。其父是本地人,说莘庄话;其母是本地人,说莘庄话;其配偶是本地人,说莘庄话。

青年男性发音人是杨一,汉族,1976年出生于现上海市闵行区莘庄镇。在本地小学就读,初中在莘松中学就读,高中在七宝中学就读。后在上海市邮电学校学习,毕业后在本地企事业单位工作。大学文化程度,会说上海话和普通话,平时交流使用莘庄方言和普通话。其父是莘庄镇人,说莘庄话;其母是莘庄镇人,说莘庄话;其配偶是闵行区颛桥镇人,说颛桥话。

贰　声韵调

以下记录的为闵行区莘庄镇老派方言的音系。

一、声母

莘庄镇方言共有29个声母。

表4-1　莘庄镇方言声母表

ɓ 帮兵八	pʰ 派胖拍	b 爬病白	M 埋明麦	f 飞风法	v 肥问位
					ʋ 饭魂罚
ɗ 多东搭	tʰ 天听铁	d 甜停毒	n 脑能		l 老林蜡
ts 子尖争扎	tsʰ 刺浅寸擦	dz 茶传		s 丝心深杀	z 祠寻顺十
k 高滚骨	kʰ 开空阔	g 掼共	ŋ 熬硬鹤	h 灰风黑	
tɕ 九经急	tɕʰ 巧轻缺	dʑ 权穷杰	ȵ 年人业	ɕ 向熏血	ɦ 云王匣
∅ 安温鸭					

说明:

(1) 唇齿近音 ʋ 有时会发成唇齿擦音 v。

(2) 内爆音 ɓ、ɗ 在实际语流中有时不出现,而是读作相应的清塞音 p、t。

(3) 老派口音虽然保留了尖音,但在实际口语中仍然会出现尖团合流的现象。

二、韵母

莘庄镇方言共有51个韵母。

表 4-2　莘庄镇方言韵母表

ɿ 猪师迟	i 低梯弟米	u 歌课坐磨	y 鬼取雨女
a 摆派排牙	ia 借写谢野	ua 怪快坏	
ɔ 宝炮抱瓦	iɔ 焦笑桥庙		
o 把车茶骂			
e 对贪南	ie 炎廿	ue 官块换	
ɛ 胆毯谭难		uɛ 关	
ø 短看善暖	iø 卷圈权软		
ə 可			
ɤ 抖偷豆藕	iɤ 酒修油流		
ã 争长上硬	iã 浆抢让亮	uã 横	
õ 党糖床网	iõ 旺	uõ 光筐狂	
əŋ 灯吞任门	iŋ 冰品病民	uəŋ 温滚困	yŋ 军裙
oŋ 东通共脓	ioŋ 拥兄用		
aʔ 白拍白麦	iaʔ 药雀剧		
æʔ 鸭泼滑末	iæʔ 甲捏	uæʔ 刮	
ɔʔ 各壳薄摸	uɔʔ 郭		
oʔ 谷哭读六		uoʔ 握	yoʔ 曲局肉
əʔ 割渴入墨	iəʔ 吃杰	uəʔ 骨阔	yəʔ 橘缺越月
	iɪʔ 接七绝热		
œʔ 脱夺			
m̩ 母	ŋ̍ 五	ər 耳而	

说明：

（1）元音u在舌根音声母后实际上略有动程,即带有前滑音ə,可以记作 ᵊu,而且这类现象在老派口音中更加明显。

（2）韵母 -œʔ 只见于老派口音,而且辖字很少, -iæʔ、-uoʔ 等入声韵的例字也不多,其中读 -iəʔ 的例字只有"吃"一字。

（3）-iŋ 韵的实际音值接近于 -iəŋ。

三、声调

莘庄镇方言共有 7 个声调。

表 4-3 莘庄镇方言声调表

编号	调类	调值	例　　字
1	阴平	53	东该灯风通开天春
2	阳平	31	门龙牛油铜皮糖红
3	阴上	55	懂古鬼九统苦讨草
4	阴去	35	冻怪半四痛快寸去
5	阳去	13	买老五有罪动近后卖路硬乱洞地饭树
6	阴入	5	谷急哭刻百搭节拍
7	阳入	23	六麦叶月毒白盒罚

说明：

阳去调 13 有时会有 213 的变体。

叁　连读变调

两字组连读变调见下表。

表 4-4 莘庄镇方言两字组连读变调表

前字＼后字	1 阴平	2 阳平	3 阴上	4 阳上	5 阴去	6 阳去	7 阴入	8 阳入
1 阴平	44+53 44+22	44+44	55+53	55+53	55+44	44+44	44+22	44+22
2 阳平	22+53	22+44	22+44	22+44	13+44	13+44	22+44	22+44
3 阴上	13+22	35+31 44+22	13+53	44+53	44+44	44+44	44+22	44+22
4 阳上	13+31	13+31	13+53 22+44	13+53 22+44	22+44	22+44	13+53	13+53
5 阴去	55+31	55+31	22+44	22+44	22+44	22+44	35+53	35+53

(续)

前字\后字	1阴平	2阳平	3阴上	4阳上	5阴去	6阳去	7阴入	8阳入
6阳去	22+53	22+55 35+22	22+44	22+44	22+44	22+44 13+22	13+53	13+53
7阴入	33+53	44+44	44+44	44+44	44+44	44+44	44+44	44+44
8阳入	22+42	22+42	22+23	22+23	22+23	22+23	22+23	22+23

肆　异读

一、新老异读

(一)新派音系

1. 声母。莘庄镇新派方言共有28个声母。

表4-5　莘庄镇新派方言声母表

p 把本八	pʰ 破品匹	b 婆贫别	m 马门密	f 货粉法	v 父凤罚
k 歌根夹	kʰ 可困阔	g 茄共	ŋ 鹅硬鹤	h 火婚瞎	ɦ 河魂盒
t 带蹲跌	tʰ 拖吞塔	d 图停潭	n 奴能		l 锣林蜡
tɕ 举金甲	tɕʰ 取亲切	dʑ 渠琴集	nʑ 女人热	ɕ 靴心吸	ʑ 斜寻习
ts 左针折	tsʰ 车村插			s 锁深杀	z 坐沉射
∅ 哑音鸭					

说明：

内爆音ɓ、ɗ在青年男性口音中很不明显，大多例字已听不到内爆音的音质，记音从实际音值的角度考虑，不做音位化处理。

2. 韵母。莘庄镇新派方言共有46个韵母。

表4-6　莘庄镇新派方言韵母表

ɿ 租刺锄	i 低梯弟米	u 多拖图磨	y 举取徐女
a 拜派牌买	ia 姐写谢	ua 怪快坏	
ɔ 宝炮抱猫	iɔ 表票桥庙		
o 把沙爬马			
ɛ 胆毯淡难		uɛ 弯关还	
		əu	

（续）

e 对胎台来		ue 桂块卫	
ø 半判盘满	iø 卷圈权软		
ɤ 抖偷头楼	iɤ 九修球流		
ã 张厂剩猛	iã 浆抢像娘	uã 横	
ɑ̃ 帮胖防忙		uɑ̃ 光筐狂	
əŋ 蹲吞藤嫩	iəŋ 人	uəŋ 滚困魂	yŋ 俊熏裙
	iŋ 柄品贫民		
oŋ 东通铜浓	ioŋ 拥兄穷		
ɐʔ 百拍白麦		ɐuʔ 划	
æʔ 搭塔踏袜	iæʔ 甲雀协捏	uæʔ 挖刮滑	
oʔ 剥泼薄摸	ioʔ 浴肉	ouʔ 活	
ɔʔ 瓦	iɔʔ 吃		
əʔ 汁撒十末		uəʔ 骨阔	yəʔ 决缺绝月
	iɪʔ 接切集热		
ŋ̩ 鱼	m̩ 母		

说明：

（1）韵母u有两个变体，唇音后为u，舌根音声母后的 -u 前多带有滑音ə，可以记作ᵊu。
（2）元音ø在i介音之后没有作单元音时圆唇特征明显。
（3）韵母ɔ在实际听感上舌位稍微高一些，可认为介于ɔ、o之间。
（4）后元音韵母ɑ̃在实际语流中舌位稍前些，可认为介于ã、ɑ̃之间，但与ã还是有明显区别的。

3. 声调。莘庄镇新派方言共有7个声调。

表 4-7　莘庄镇新派方言声调表

编号	调类	调值	例　　字
1	阴平	53	东该灯风通开天春
2	阳平	31	门龙牛油铜皮糖红
3	阴上	55	懂古鬼九统苦讨草
4	阳上	13	买老五有近卖路硬乱洞地饭树动罪后
5	阴去	35	冻怪半四痛快寸去
6	上阴入	5	谷急哭刻百搭节拍塔切
7	阳入	23	六麦叶月毒白盒罚

（二）声母的变化

莘庄镇方言老派和新派声母系统差别不大，新派比老派多了一个ʑ声母，少了dz和ʋ两个声母。但是相同声母具体包含的单字存在不同，特别是v、ʋ两个声母。其他的声母具体包含的字，新派和老派差别也较大。

1. 新派较老派少了dz声母，老派的dz，新派归入z，均为古澄母字，如："茶"老派读dzo³¹，新派读zo³¹；"传"老派读dzø³¹，新派读zø¹³。

2. 新派的ʑ是从老派的z声母中分出，主要来源于古邪母、禅母和从母、澄母字，如："斜"老派读zia³¹，新派读ʑia³¹；"除"老派读zy³¹，新派读ʑy³¹；"竖"老派读zy¹³，新派读ʑy¹³；"寻"老派读ziŋ³¹，新派读ʑiŋ³¹。

3. v、ʋ两个声母在新派和老派中情况较为复杂。新派没有ʋ声母，老派的声母ʋ新派分别归入v、ɦ和零声母，大致分为以下几种情况。一是凡古山摄合口二等影母字和二等匣母老派声母为ʋ的字，新派声母变为零声母，如："弯"老派读ʋɛ⁵³，新派读uɛ⁵³；"挖"老派读ʋæʔ⁵，新派读uæʔ⁵。二是凡古云母、疑母、匣母和微母老派声母为ʋ的字，新派读ɦ声母，如："会"老派读ʋi¹³，新派读ɦue¹³；"滑"老派读ʋæʔ²³，新派读ɦuæʔ²³。三是凡古奉母、敷母老派声母为ʋ的字，新派读v，如："犯"老派读ʋɛ¹³，新派读vɛ¹³；"罚"老派读ʋæʔ²³，新派读væʔ²³。

4. 新派的v和老派的v并不完全对应。新派的v，主要来源于老派的v和ʋ，但有些古非组字老派读β、ɦ的，新派也归入v声母，如："妇"老派读βu¹³，新派读vu¹³；"凤"老派读ɦoŋ¹³，新派读voŋ¹³。

5. 新派和老派都有声母f，但两者所含的字不完全一样。古晓母字老派读f的，新派读h，如："火"老派读fu⁵⁵，新派读hu⁵⁵；"灰"老派读fi⁵³，新派读hue⁵³；"婚"老派读fəŋ⁵³，新派读huəŋ⁵³；"慌"老派读fuɑ̃⁵³，新派读huɑ̃⁵³。只有一个例外："货"老派读fu³⁵，新派仍读fu³⁵。部分古非组字老派读h的，新派读f，如："风"老派读hoŋ⁵³，新派读foŋ⁵³；"福"老派读hoʔ⁵，新派读foʔ⁵。

6. 新派虽然保留了内爆音声母，但不少原读内爆音的字的读音发生了变化。比如，古帮母字，老派绝大多数读内爆音ɓ，新派则大部分读p，只有约三分之一保留了ɓ，如："宝"老派和新派都读ɓɔ⁵⁵；"扮"老派和新派都读ɓɛ³⁵。古端母字，老派都发ɗ，新派也只有约三分之一保留了ɗ，如："赌"老派和新派都读ɗu⁵⁵；"刀"老派和新派都读ɗɔ⁵³，其他部分读p。由于新派的内爆音的音质不很明显，音系中未作独立音位处理。

7. 老派虽然保留了尖音，但是实际读音中已有尖团合流的情况。新派的读音中，尖音已全部合并入团音，如："姐"老派读tsia⁵⁵，新派读tɕia⁵⁵；"主"老派读tsy⁵⁵，新派读tɕy⁵⁵；"接"老派读tsiɿʔ⁵，新派读tɕiɿʔ⁵；"浸"老派读tsiŋ³⁵，新派读tɕiŋ³⁵。同样的情况也出现在送气塞音和擦音中，如："签"老派读tsʰi⁵³，新派读tɕʰi⁵³；"切"老派读tsʰiɿʔ⁵，新派读tɕʰiɿʔ⁵；"青"老派读tsʰiŋ⁵³，新派读tɕʰiŋ⁵³；"死"老派读si⁵⁵，新派读ɕi⁵⁵；"小"老派读siɔ⁵⁵，新派读ɕiɔ⁵⁵；"心"老派读siŋ⁵³，新派读ɕiŋ⁵³；"雪"老派读siɿʔ⁵，新派读ɕyʔ⁵。"徐"老派读zi¹³，新派读ʑy³¹；"除"老派读zy³¹，新派读ʑy³¹；"寻"老派读ziŋ³¹，新派读ʑiŋ³¹；"习"老派读ziɿʔ²³，新派读ziɪʔ²³。老派的声母z，新派也有读作dʑ的，如："集"老派读ziɪʔ²³，新派读dʑiɪʔ²³；"截"老派读ziɪʔ²³，新派读dʑiɪʔ²³。

8. 老派个别读ȵ的字，新派读ɦ和z，如："遇"老派读ȵy¹³，新派读ɦy¹³；"闻"老派读ȵin¹³，新派读zən¹³。

9. 老派个别古以母、影母的零声母字，新派改读ɦ声母，如："引"老派读in³⁵，新派读ɦin¹³；"益"老派读iɪʔ⁵，新派读ɦiɪʔ²³。

（三）韵母的变化

新派和老派的韵母系统有一定的差异，新派较老派少了 yoʔ、iəʔ、œʔ、aʔ 四个韵母，多了 iəŋ、ioʔ、ɣoʔ、ɣʔ、uɐʔ 五个韵母。此外，其他相同韵母所属之字，新派和老派也有不同。分述如下。

1. 老派的yoʔ韵母，新派分别归入ioʔ和yəʔ，如："肉"老派读ȵyoʔ²³，新派读ȵioʔ²³；"浴"老派读ɦyoʔ²³，新派读ɦioʔ²³；新派新增的yəʔ韵母，全部来自老派的yoʔ韵，"曲"老派读tɕʰyo⁵，新派读tɕʰyəʔ⁵；"育"老派读ɦyoʔ²³，新派读ɦyəʔ²³。分流的原因很可能是受市区方言的影响。

2. 老派读iəʔ韵母的字，新派基本都归入iɪʔ，个别归入ioʔ，如："叶"老派读ɦiəʔ²³，新派读ɦiɪʔ²³；"笛"老派读diəʔ²³，新派读diɪʔ²³；"吃"老派读tɕʰiəʔ⁵，新派读tɕʰioʔ⁵。新派的ioʔ韵母，字表中仅此一个例字。

3. 老派的œʔ韵母，新派都归入oʔ韵，如："脱"老派读tʰœʔ⁵，新派读tʰoʔ⁵；"夺"老派读dœʔ²³，新派读doʔ²³。

4. 老派的aʔ韵母，新派大部分归入ɣʔ韵，少部分归入əʔ韵，极个别读æʔ、uɐʔ韵，如："弱"老派读zaʔ²³，新派读zɣʔ²³；"百"老派读ɓaʔ⁵，新派读ɓɣʔ⁵。读əʔ韵的，如："舌"老派读zaʔ²³，新派读zəʔ²³；"杂"老派读zaʔ²³，新派读zæʔ²³。新派改读æʔ韵的字，主要是受声母变化的影响。老派读aʔ，新派读uɐʔ的字，如："划"老派读vaʔ²³，新派读ɦuɐʔ²³。

5. 新派的iəŋ韵母，来源于老派的iŋ韵母，如："人"老派读ȵin³¹，新派读ȵiəŋ³¹；"认"老派读ȵin¹³，新派读ȵiəŋ¹³。

6. 新派的ɣʔ韵母，除上述所说来源于老派的aʔ韵母外，也有个别来源于老派的æʔ韵，如："擦"老派读tsʰæʔ⁵，新派读tsʰɣʔ⁵；"格"老派读kæʔ⁵，新派读kɣʔ⁵。

7. 古咸摄字老派读e韵的，除极个别仍读e外，新派大多改读ø韵，偶有读ɛ韵的，如："南"老派读ne³¹，新派读nø³¹；"蚕"老派读ze³¹，新派读zø³¹；"岩"老派读ŋe³¹，新派读ŋɛ³¹。

8. 老派的后ã韵中有个别字新派混入前ã韵，如："章"老派读tsã⁵³，新派读tsã⁵³；"尝"老派读zã³¹，新派读zã¹³。

9. 老派i韵母中有个别字的新派读音发生变化，如："徐"老派读zi¹³，新派读zʮ³¹；"雷"老派读li³¹，新派读le³¹。

10. 老派的 y 韵中有部分字新派改读他韵，如："如"老派读 zy³¹，新派读 zɿ³¹；"随"老派读 zy³¹，新派读 zø³¹；"围"老派读 ɦy³¹，新派读 ɦue³¹。因为例少，很难看出规律性，可能是受普通话和市区方言的影响。

11. 老派的 ie 韵母，新派大部归入 i 韵，如："炎"老派读 ɦie³¹，新派读 ɦi³¹；"念"老派读 nie¹³，新派读 ni¹³；"现"老派读 ɦie¹³，新派读 ɦi¹³。调查中记录到的新派仍读 ie 的，只有一个不在调查字表中的"廿"字。

12. 古云母或影母老派读 iø 韵的字，新派失去 i 介音，变为 ø，如："圆"老派读 ɦiø³¹，新派读 ɦø³¹；"院"老派读 ɦiø¹³，新派读 ɦø¹³；"冤"老派读 iø⁵³，新派读 ø⁵³。

13. 老派的 ioŋ 韵有个别字新派读 yŋ，如："云"老派读 ɦioŋ³¹，新派读 ɦyŋ³¹；"运"老派读 ɦioŋ¹³，新派读 ɦyŋ¹³。显然是受普通话读音的影响。

14. 老派的 æʔ 韵字中，有小部分在新派读音中发生变化，除上述归入新派 ɐʔ 韵的之外，也有改读其他韵的，如："泼"老派读 pʰæʔ⁵，新派读 pʰoʔ⁵；"末"老派读 mæʔ²³，新派读 məʔ²³。可能是受市区方言的影响。

15. 老派的 əʔ 韵中有少数字，新派读 oʔ 或 uoʔ 韵，如："佛"老派读 ʋəʔ²³，新派读 voʔ²³；"卒"老派读 tsəʔ⁵，新派读 tsoʔ⁵；"活"老派读 ʋəʔ²³，新派读 ɦuoʔ²³。老派的 ʔ 韵，新派并入 oʔ 韵，如："薄"老派读 bəʔ²³，新派读 boʔ²³；"托"老派读 tʰəʔ⁵，新派读 tʰoʔ⁵。从总体看，这些音变仍可看作是受普通话或市区方言的影响。

16. 其他个别发生变化的例字如："租"老派读 tsu⁵³，新派读 tsɿ⁵³；"错"老派读 tsʰu⁵³，新派读 tsʰo⁵³；"约"老派读 iaʔ⁵，新派读 yəʔ⁵；"剧"老派读 dʑiaʔ²³，新派读 dʑiɪʔ²³；"剩"老派读 zəŋ¹³，新派读 zã¹³；"或"老派读 ɦoʔ²³，新派读 ɦuoʔ²³等。

（四）声调的变化

从声调的系统看，莘庄方言老派声调和新派声调基本相同，都有七个调，老派是阴平、阳平、阴上、阴去、阳去、阴入、阳入，新派是阴平、阳平、阴上、阳上、阴去、上阴入、阳入，也是七个调，有阳上无阳去。老派的阳去和新派的阳上调值都是 13，可见是同调异名。新派的阴入称上阴入是因为阴入字只包含中古入声中的清声母和次清声母字，次浊声母字归阳入，老派的情况相同，也是同调异名。虽然老派和新派的声调系统相同，但是两者各个声调所属的字，则不完全相同。

1. 老派阴平字中有个别字新派读阴上，如："讨"老派读 tʰɔ⁵³，新派读 tʰɔ⁵⁵；"毯"老派读 tʰɛ⁵³，新派读 tʰɛ⁵⁵。

2. 老派的阳平字中，有部分字新派改读阳上，如："茄"老派读 ga³¹，新派读 ga¹³；"祠"老派读 zɿ³¹，新派读 zɿ¹³。

3. 老派的阳去字中，有部分字新派归入阳平，如："奴"老派读 nu¹³，新派读 nu³¹；"垂"老派读 zø¹³，新派读 zø³¹。这些字中古都是平声字。

4. 老派的部分阴上字，新派读阴去，如："洗"老派读 si⁵⁵，新派读 ɕi³⁵；"手"老派读 sɤ⁵⁵，新派读 sɤ³⁵。

5. 老派的部分阴去调的字,新派读阴上,如:"左"老派读tsu³⁵,新派读tsu⁵⁵;"所"老派读su³⁵,新派读su⁵⁵。这些字中古都是上声字。

6. 老派的部分阳去字,新派读阴去,如:"雾"老派读vu¹³,新派读ɦu³⁵;"绕"老派读n̠ɪɔ¹³,新派读n̠ɪɔ³⁵;"健"老派读dʑi¹³,新派读tɕi³⁵。

二、文白异读

本次调查中记录的文白异读字较少,占比不到1%。主要有以下几种情况(斜线左边为白读,右边为文读)。

1. 中古微母字,有个别白读为m,文读为ʋ,如:晚mɛ¹³/ ʋɛ¹³。
2. 中古晓母字,有个别白读为h,文读为ɕ,如:孝hɔ³⁵/ ɕiɔ³⁵。
3. 中古歌韵端组字中有个别字白读为a,文读为u,如:多ɖa⁵³/ɖu⁵³、拖tʰa⁵³/ tʰu⁵³。但也有相反情况的,如:大du¹³/ da¹³。
4. 其他一些个别字的文白异读,文读大体上反映了普通话和上海市区方言的影响,如:数sy⁵⁵/ su⁵⁵、扇sɛ³⁵/ sø³⁵、声sã⁵³/ səŋ⁵³。比较特别的是"围"ɦy³¹/ vi³¹,属于例外。

第五节　青浦区城厢镇方言

壹　概况

青浦区位于上海市的西部,面积为670.14平方千米,常住人口120.53万人,其中外来人口70.75万人。本次调查点为城厢镇盈浦街道。盈浦街道(东经121°12′09″,北纬31°15′17″),辖区以原青浦县县治所在的老城区为主,是原青浦县县治所在地。全区绝大部分地区通用青浦话和普通话,使用人口约41.27万(2015年数据)。区域内另有练塘镇方言,与青浦话有明显差别,镇上户籍人口5.47万人(2015年数据),通用练塘方言。全区有少数民族19 123人,无通用少数民族语言。本地比较流行的地方戏曲有苏州评弹、越剧、昆曲等。

本次调查记录的老年男性发音人是陈景德,汉族,1947年出生于上海市青浦区盈浦街道,后就读于青浦镇中心小学、青浦一中,1966年起在本地城厢镇工作,大专文化程度。会说青浦话和普通话,平时主要说青浦话。其父是青浦人,说青浦话;其母是青浦人,说青浦话;其配偶是青浦人,说青浦话。

青年男性发音人是杨军,汉族,1971年出生于上海市青浦区夏阳街道,在本地小学、初中、高中就读,之后在本地工作,未长期离开青浦。高中文化程度,会说青浦话、普通话。平时主要说青浦话。其父是青浦人,说青浦话;其母是青浦人,青浦话;其配偶是青浦人,说青浦话。

贰　声韵调

以下为青浦区盈浦街道方言老派语音的音系。

一、声母

盈浦街道方言共有28个声母。

表5-1　盈浦街道方言声母表

p	把兵北	pʰ	炮品泼	b	排棒白	m	毛明麦	f	飞风法	v	房凤服
t	刀东跌	tʰ	贪听铁	d	头藤读	n	难奴纳			l	老聋六
ts	抓装摘	tsʰ	刺抢插					s	世姓息	z	柴床石
tɕ	鸡筋吉	tɕʰ	溪轻契	dʑ	骑琴剧	ȵ	泥银热	ɕ	戏兴吸	ʑ	徐寻席
k	假广刮	kʰ	揩框阔	g	茄共轧	ŋ	外眼鹤	h	蟹慌瞎	ɦ	鞋胃盒
∅	暗印一										

说明：

（1）f 有变体 ɸ，v 有变体 β。

（2）分尖团音，如：酒 tsiə⁴³ ≠ 九 tɕiə⁴³，相 siæ̃⁵¹ ≠ 香 ɕiæ̃⁵¹，清 tsʰiəŋ⁵¹ ≠ 轻 tɕʰiəŋ⁵¹，节 tsiɪʔ⁵⁵ ≠ 结 tɕiɪʔ⁵⁵。

二、韵母

盈浦街道方言共有49个韵母。

表5-2　盈浦街道方言韵母表

ɿ	丝迟嘴吹	i	币弟旗姨	u	布火躲乌	y	女取余雨
ʮ	书除树主						
a	拜带街牙	ia	写借爷夜	ua	怪拐乖坏		
ɔ	宝照高熬	iɔ	表小桥摇				
o	把晒花瓦						
		iɛ	念				
E	班山开颜			uE	关筷环弯		
ø	岁醉肝岸					yø	卷权圆县
ɪ	赔蚕雷敢	iɪ	盘甜全延	uɪ	桂管灰位		
ə	斗走狗藕	əi	袖牛舅油				
əu	磨多过鹅						

（续）

ã 防糖江项	iã 旺	uã 光筐王黄	
æ 朋横打硬	iæ 想娘姜秧		
əŋ 分吞肯恩	ioŋ 兵青庆赢	uəŋ 滚睏温浑	yəŋ 裙匀运
oŋ 风宋宫翁	ioŋ 浓兄穷荣		
aʔ 百窄格额	iaʔ 削雀脚药	uaʔ 刮挖划滑	
æʔ 发蜡扎瞎			
ɔʔ 托桌郭恶		uɔʔ 屋握或	
oʔ 薄毒绿谷			yoʔ 肉褥育浴
øʔ 泊脱夺说			
əʔ 鼻墨舌刻	iəʔ 及捏吃协	uəʔ 骨活	yəʔ 橘血月越
	iʔ 壁切急叶		
ŋ̍ 五鱼	ər 儿耳		

说明：

（1）韵母 əu 中 ə 的时长较短，u 的圆唇度不太明显。

（2）除 oŋ、ioŋ 外，其他韵母韵尾鼻音 ŋ 的实际读音是 ɲ。

三、声调

盈浦街道方言共有 7 个声调。

表 5-3　盈浦街道方言声调表

编号	调类	调值	例　字
1	阴平	51	高开婚汤
2	阳平	31	皮回铜龙
3	阴上	43	虎手好懂
4	阴去	35	四半寸唱
5	阳去	224	地五慢动
6	阴入	55	拍塔节哭
7	阳入	12	木侄落局

说明：

（1）阴上调听感上稍有降调，记为 43。

（2）阳上调和阳去调合并，读为先平后升的曲折调，记为 224。

叁 连读变调

两字组连读变调见下表。

表5-4 盈浦街道方言两字组连读变调表

前字＼后字	1阴平	2阳平	3阴上	4阳上	5阴去	6阳去	7阴入	8阳入
1阴平	55+31	55+31	55+31	55+31	55+31	55+23	55+33	55+31
2阳平	23+51	23+51	23+51	23+51	23+51	23+51	23+33	45+31
3阴上	44+53	44+53	44+53	44+33	44+45	44+55	44+53	
4阳上	22+53	22+53	22+53	22+53	22+53	22+35	22+55	22+44
5阴去	33+52 / 45+31	33+52 / 45+31	33+35	33+35	33+35	33+35	33+55	33+24
6阳去	22+53	22+53 / 22+35 / 25+11	25+11	22+35	22+35 / 22+53	22+35	22+55	22+34
7阴入	55+51	55+51	55+55	55+55	55+51 / 55+35	55+35	55+55	55+24
8阳入	11+52	11+52	11+34	11+34	11+52	11+34	33+55	33+24

肆 异读

一、新老异读

（一）新派音系

1. 声母。青浦区老城厢新派方言共有声母29个。

表5-5 盈浦街道新派方言韵母表

p 把本八	pʰ 破品泼	b 婆贫薄	m 马民灭	f 虎粉法	v 父房罚
t 躲墩搭	tʰ 土吞塔	d 图藤达	n 闹嫩		l 锣林立
k 歌根鸽	kʰ 可困渴	g 茄共	ŋ 饿鹤	x 花婚瞎	ɣ 河红盒
tɕ 借浸甲	tɕʰ 斜亲切	dʑ 骑琴急	ȵ 泥任热	ɕ 许心吸	ʑ 谢习
ts 做针折	tsʰ 错村插			s 锁深刷	z 坐沉十
∅ 夜音鸭					ɦ 爷魂叶

说明：

新派的声母比老派减少一个ɸ，老派读声母ɸ的字新派都读为声母f。

2. 韵母。老城厢新派音系共有47个韵母。

表5-6　盈浦街道新派方言韵母表

ɿ 猪刺住	i 低梯弟米	u 多拖大磨	y 举取渠女
ʮ 主输树			
a 摆派排卖	ia 借斜谢	ua 怪快	
ɔ 宝炮抱毛	iɔ 表票桥庙		
o 把车爬马		uo 或	
ɛ 胆胎台难		uɛ 关块惯	
ø 肝看随岸			yø 卷圈全软
		ui 官宽会	
ə 抖偷头藕	eɪ 丢修球牛		
əu 所河奴			
ɤ 个			
ã 帮胖棒忙	iã 旺	uã 筐狂	
æ 张厂剩猛	iæ 浆抢像娘		
əŋ 墩吞藤问	iəŋ 冰品贫民	uəŋ 滚困魂	yŋ 俊凶裙
uŋ 东通桶脓			
aʔ 搭塔达袜	iaʔ 甲雀药		
		uæ 挖刮滑	
ɔʔ 角壳薄摸		uoʔ 握郭	
εʔ 别	iεʔ 接切急灭		yeʔ 决缺绝月
oʔ 剥泼夺木			yoʔ 浴肉
əʔ 鸽渴鼻末	iəʔ 吃	uəʔ 骨阔活	
	iɪʔ 积七笛密		
uʔ 卒			
ɦŋ 五			

说明：

（1）新派的韵母比老派增加了4个。增加的韵母ɤ只有"个"一个例字。

（2）增加的韵母ɥ，有六个例字，这些字的老派读音韵母为y，市区方言的读音则为韵母ɿ，导致ɥ产生的原因是新派在模仿市区方言的发音时，保留了这些韵母原来的圆唇特征。

（3）增加的韵母uæ̃有"挖、刮"等。

3. 声调。老城厢新派共6个声调。

表5-7 盈浦街道新派方言声调表

编号	调类	调值	例　　字
1	阴平	51	东该灯风通开天春
2	阳平	241	门龙牛油铜皮糖红
3	阴去	34	冻怪半四痛快寸去懂古鬼九统苦讨草
4	阳去	224	卖路硬乱洞地饭树买老五有动罪后近
5	阴入	5	谷急哭刻百搭节拍塔切
6	阳入	12	六麦叶月毒白盒罚

说明：

新派调类比老派减少一个，阴上和阴去合并，合并后的调类定为阴去调，调值为34。其他调类的调值与老派基本相同。

(二) 声母变化

新派声母系统较老派少了一个ɦ，多了x、ɣ、β三个声母。但是，各个声母所包含的字不尽相同，如老派分尖团，新派不分，其他声母的例字也有不少区别。分述如下。

1. 老派的音系中存在尖团分别，即声母ts、tsʰ、s和z可以跟齐齿呼和撮口呼相拼，新派这一类声母都变为tɕ、tɕʰ和ɕ，其中老派的z的变化稍复杂，或变为tɕʰ，或变为dʑ，又或变为ʑ，如："焦"老派读tsiɔ⁵¹，新派读tɕiɔ⁵¹；"接"老派读tsiɪʔ⁵⁵，新派读tɕiɛʔ⁵；"浅"老派读tsʰɿ⁴³，新派读tɕʰi³⁴；"切"老派读tsʰiɪʔ⁵，新派读tɕʰiɛʔ⁵；"笑"老派读siɔ³⁵，新派读ɕiɔ³⁴；"心"老派读siəŋ⁵¹，新派读ɕiəŋ⁵¹。声母z变化，如："斜"老派读zia²⁴¹，新派读tɕʰia³⁴；"集"老派读ziɪʔ¹²，新派读tɕiɛʔ⁵；"前"老派读zɿ²⁴¹，新派读dʑi²⁴¹；"全"老派读zɿ²⁴¹，新派读dʑyø²⁴¹；"谢"老派读zia²²⁴，新派读ʑia²²⁴；"袖"老派读ziɤ²²⁴，新派读ʑiɤ²²⁴。新派仍保留个别尖音字，如："酒"新派读tsiɤ³⁴；"清"新派读tsʰiəŋ⁵¹；"新"新派读siəŋ⁵¹等。

2. 新派的声母x完全对应于老派的声母h，如："虾"老派读hɔ⁵¹，新派读xɔ⁵¹；"慌"老派读huɑ̃⁵¹，新派读xuɑ̃⁵¹。新派的ɣ由老派的ɦ中分出，即老派的部分ɦ声母字，新派读ɣ，如："河"老派读ɦɤu²⁴¹，新派读ɣɤu²⁴¹；"夏"老派读ɦo²²⁴，新派读ɣo²²⁴。分化的条件不很清楚，分出的字，都是古匣母字，但匣母字也有的保留ɦ声母。

3. 新派的声母β也是由老派的ɦ中分出，老派也有β，但是是ɦ的自由变体，新派成为独立的音位。新派读 β 声母的字，都是古遇摄字，现在的韵母都是 u，如："吴"老派读 ɦu²⁴¹，新派读 βu²⁴¹；"壶"老派读 ɦu²⁴¹，新派读 βu²⁴¹。但有些 u 韵母字新派仍读 ɦ 声母，如："画"老派读 ɦo²²⁴，新派读 ɦu²²⁴；"华"老派读 ɦo²⁴¹，新派读 ɦu²⁴¹。这些字都不是古遇摄字。

4. 老派的零声母字，有小部分新派变为 ɦ 声母，即由清声母变为浊声母，如："嫌"老派读 ɪ³⁵，新派读 ɦi³⁵；"益"老派读 ia⁵⁵，新派读 ɦiiʔ¹²。

5. 老派的 n 声母字中有个别字新派读 ȵ，如："南"老派读 nɪ²⁴¹，新派读 ȵi²⁴¹；"年"老派读 nɪ²⁴¹，新派读 ȵi²⁴¹。

6. 老派的 ȵ 声母字中，有小部分新派改读零声母，或改读 ɦ 声母，如："遇"老派读 ȵy²²⁴，新派读 y³⁴；"蚁"老派读 ȵi²⁴¹，新派读 i³⁴；"业"老派读 ȵiiʔ¹²，新派读 ɦiɛʔ¹²；"迎"老派读 ȵiəŋ²²⁴，新派读 ɦiəŋ²⁴¹。也有个别字新派读 n 声母，如："浓"老派读 ȵioŋ²⁴¹，新派读 nuŋ²⁴¹。这种变化可以看作受普通话的影响。

7. 老派的 p 声母字中有个别字新派读 b，清音变浊，如："半"老派读 pɪ³⁵，新派读 bi²²⁴；"拨"老派读 pəʔ⁵⁵，新派读 baʔ¹²。

8. 老派的 v 声母字中有少部分字，新派读音有变化，如："妇"老派读 vu²²⁴，新派读 fu³⁴；"顽"老派读 vE²⁴¹，新派读 ɦuE²²⁴；"横"老派读 væ²⁴¹，新派读 ɦuæ²⁴¹。可以看出普通话或市区方言的影响。

9. 还有一些异读，在不同声母中都只是个例，但可以看出新派读音受到普通话和上海市区方言的影响，列举如下："输"老派读 ɕy⁵¹，新派读 sʅ⁵¹；"系"老派读 ɕi³⁵，新派读 zi²²；"现"老派读 zɪ²²⁴，新派读 ɦi²²⁴；"婚"老派读 fəŋ⁵¹，新派读 xuəŋ⁵¹；"治"老派读 zʅ²⁴¹，新派读 tsʅ³⁴；"传"老派读 zø²²⁴，新派读 tsyø³⁴；"择"老派读 zəʔ¹²，新派读 tsəʔ⁵；"窄"老派读 tsaʔ⁵⁵，新派读 zaʔ¹²。

（三）韵母的变化

从韵母系统看，新老派之间差别较大，表现在以下两个方面：一是韵母的增减，具体是：新派少了 æʔ、oŋ、ioŋ、yəŋ 和 ər 五个韵母，多了 ɤ、ʅ、ɛʔ、iɛʔ、uo、uʔ、uæ、uŋ、yŋ 九个韵母；二是具体例字的读音归韵的变化。现分述如下。

第一类情况是韵母的增减。

1. 老派的 æʔ 韵母，新派绝大部分并入 aʔ 韵，个别并入 əʔ，如："搭"老派读 tæʔ⁵⁵，新派读 taʔ⁵；"蜡"老派读 læʔ¹²，新派读 laʔ¹²；"盒"老派读 ɦæʔ¹²，新派读 ɤəʔ¹²。

2. 老派的 oŋ，新派读 uŋ，极个别读 uəŋ；如："蓬"老派读 boŋ²⁴¹，新派读 buŋ²⁴¹；"东"老派读 toŋ⁵¹，新派读 tuŋ⁵¹；"弄"老派读 loŋ²²⁴，新派读 luŋ²²⁴；"粽"老派读 tsoŋ³⁵，新派读 tsuŋ³⁴；"翁"老派读 oŋ⁵¹，新派读 uəŋ⁵¹。老派的 ioŋ，新派大部分读 yŋ，个别读 iəŋ 和 uŋ，如："熏"老派读 ɕioŋ⁵¹，新派读 ɕyŋ⁵¹；"云"老派读 ɦioŋ²⁴¹，新派读 ɦyŋ²⁴¹；"营"老派读 ɦioŋ²⁴¹，新派读 ɦiəŋ²⁴¹；"浓"老派读 ȵioŋ²⁴¹，新派读 nuŋ²⁴¹。

3. 老派的 yəŋ，新派全部读 yŋ，如："均"老派读 tɕyəŋ⁵¹，新派读 tɕyŋ⁵¹；"裙"老派读 dʑyəŋ²⁴¹，新派读 dʑyŋ²⁴¹。

4. 老派的韵母 ər，只出现在文读音中。如："儿"老派读 ər^{55}，"耳"老派读 ər^{55}，新派未记此音，但实际文读中也有这个读音。

5. 新派的 ɤ 从老派的 ə 中分化出来，但仅一例："个"老派读 kə^{35}，新派读 kɤ^{34}。

6. 新派的 ʮ，来源于老派的 y，极个别来自 əu，如："除"老派读 zy^{241}，新派读 zʮ^{241}；"输"老派读 ɕy^{51}，新派读 sʮ^{51}；"锄"老派读 zəu^{224}，新派读 zʮ^{241}。

7. 新派的 ɛʔ，来自老派的 əʔ；新派的 iɛʔ，分别来源于老派的 iıʔ 和 iəʔ，如："别"老派读 bəʔ^{12}，新派读 bɛʔ^{12}；"接"老派读 tsiıʔ^{55}，新派读 tɕiɛʔ^{5}；"碟"老派读 diıʔ^{12}，新派读 diɛʔ^{12}。

8. 新派的 uo，来源于老派的 uoʔ；新派的 uʔ，来源于老派的 əʔ；新派的 uæ̃，来源于老派的 æ̃，都仅一例："或"老派读 ɦuɔʔ^{12}，新派读 uo^{34}；"卒"老派读 tsəʔ^{55}，新派读 tsuʔ^{5}；"横"老派读 væ̃^{241}，新派读 ɦuæ̃^{241}。

第二类情况是新老派部分相同韵母所包含的例字有不同，分述如下。

1. 老派的 ᴇ 韵中少部分字新派读音不同，或读 ø，或读 i，也有个别读 uᴇ。来源于古蟹摄和咸摄一等的字，新派读 ø，如："碎"老派读 sᴇ^{35}，新派读 sø^{34}；"含"老派读 ɦᴇ^{241}，新派读 ɣø^{241}；古咸摄二等字读 i，如："岩"老派读 ŋᴇ^{241}，新派读 ɦi^{241}；"炎"老派读 ɦᴇ^{241}，新派读 ɦi^{241}。来源于古山摄的字，新派读 uᴇ，如："顽"老派读 vᴇ^{241}，新派读 ɦuᴇ^{224}，这个读音可能是受市区方言的影响。

2. 老派的 əu 韵字，多为古果摄和遇摄字，新派绝大部分并入 u 韵，如："多"老派读 təu^{51}，新派读 tu^{51}；"左"老派读 tsəu^{35}，新派读 tsu^{34}。只有少数例字仍读 əu，如："饿"老派读 ŋəu^{224}，新派读 ŋəu^{224}；"河"老派读 ɦəu^{241}，新派读 ɣəu^{241}，应属于音变滞后者。还有极个别字变为其他韵母："磨"老派读 məu^{224}，新派读 mo^{224}；"锄"老派读 zəu^{224}，新派读 zʮ^{241}。这些个别的音变，可看作受普通话的影响而产生的例外。

3. 老派的 əʔ 韵字，新派大部分保留了 əʔ 韵，但有少部分字发生变化，分别归入 aʔ、ɔʔ、ɛʔ、oʔ、uʔ。大致来说，凡古咸、山摄的字，新派读 aʔ、ɛʔ、oʔ，如："杂"老派读 zəʔ^{12}，新派读 zaʔ^{12}；"别"老派读 bəʔ^{12}，新派读 bɛʔ^{12}；"泼"老派读 pʰəʔ^{55}，新派读 pʰoʔ^{5}；"刷"老派读 səʔ^{55}，新派读 saʔ^{5}。古臻、曾摄的字，新派读 uʔ、oʔ，如："佛"老派读 vəʔ^{12}，新派读 voʔ^{12}；"墨"老派读 məʔ^{12}，新派读 moʔ^{12}；"卒"老派读 tsəʔ^{55}，新派读 tsuʔ^{5}。

4. 老派的 ɔʔ 韵，新派大部分字保留原来的韵母，但有少部分字读音有变化，并入 əʔ，个别字变为 oʔ 和 uɔʔ。条件比较清楚的是古宕摄合口字，新派读 uɔʔ，如："郭"老派读 kɔʔ^{55}，新派读 kuɔʔ^{5}；"霍"老派读 hɔʔ^{55}，新派读 xuɔʔ^{5}。其余个别字的音变，明显受普通话的影响，如："各"老派读 kɔʔ^{55}，新派读 kəʔ^{5}；"鹤"老派读 ŋɔʔ^{12}，新派读 ŋəʔ^{12}；"桌"老派读 tsɔʔ^{55}，新派读 tso^{5}。

（四）声调的变化

新派共有 6 个调，较老派的 7 个少了一个调，即阴上和阴去合并为阴去。此外，部分字的归调新派也发生一些变化。

1. 阴上和阴去合并，老派的绝大多数阴上字新派读34，和阴去合并。这是新老派声调间最大的差异。如："躲"老派读tu⁴³，新派读tu³⁴；"锁"老派读sou⁴³，新派读su³⁴。

2. 老派的阴上字中，有少部分字新派归入阴平，调值为51，如："梗"老派读kæ⁴³，新派读kæ⁵¹；"终"老派读tsoŋ⁴³，新派读tsuŋ⁵¹。

3. 老派的部分阴平字，新派读34，归阴去，如："错"老派读tsʰo⁵¹，新派读tsʰu³⁴；"鼠"老派读sʅ⁵¹，新派读su³⁴；"表"老派读piɔ⁵¹，新派读piɔ³⁴；"兴"老派读ɕiəŋ⁵¹，新派读ɕiəŋ³⁴。

4. 老派的阳平字，新派调类有分化。部分中古阳去字，新派仍归入阳去调，读224，如："递"老派读di²⁴¹，新派读di²²⁴；"寺"老派读zʅ²⁴¹，新派读zʅ²²⁴。但也有部分古阳平声字，新派读阳去调，如："顽"老派读vE²⁴¹，新派读ɦuE²²⁴；"虫"老派读zoŋ²⁴¹，新派读zuŋ²²⁴。

5. 老派的一批阳去字，因声母的变化，新派改入阴去，如："遇"老派读ȵy²²⁴，新派声母丢失，读y³⁴，改入阴去；"义"老派读ȵi²²⁴，新派读i³⁴，改入阴去。还有一批鼻音声母字，有带浊流的鼻音改为带紧喉的鼻音，声调也发生变化，如："味"老派读ɦmi²²⁴，新派读ʔmi³⁴；"庙"老派读ɦmiɔ²²⁴，新派读ʔmiɔ³⁴。

6. 个别老派入声字，新派改读舒声，如："缚"老派读voʔ¹²，新派读vu²²⁴。

二、文白异读

现将本次调查发现的文白异读现象罗列于下（斜线左边为白读，右边为文读）。

1. 日母字白读声母为ȵ，配细音韵母；文读声母为z或零声母，配洪音韵母。如：人 ȵiəŋ³¹/zəŋ³¹、日 ȵiɪʔ¹²/zəʔ¹²、儿 ȵi²²⁴/ər⁵⁵、耳 ȵi²²⁴/ər⁵⁵。

2. 奉母、微母白读为重唇音或ȵ，文读为轻唇音。如：肥 bi³¹/vi³¹、尾 ȵi²²⁴/vi²²⁴、味 mi²²⁴/vi²²⁴。

3. 见系二等开口，白读声母为k、kʰ、h等，韵母为洪音；文读声母为tɕ、tɕʰ、ɕ等，韵母为细音。如：奸 kE⁵¹/tɕiɛ⁵¹、交 kɔ⁵¹/tɕiɔ⁵¹、孝 hɔ³⁵/ɕiɔ³⁵。

4. 止摄合口，白读韵母为y，文读韵母为ui。如：贵 tɕy³⁵/kui³⁵、围 ɦy³¹/ɦui³¹。

第六节　金山区朱泾镇方言

壹　概况

金山区位于上海市的西南部，面积为586.05平方千米，常住人口80.14万人，其中外来人口27.00万人（2017年数据）。朱泾镇（东经121°17′32″，北纬30°90′45″）是原金山县人民政府所在地。本地通行金山话和汉语普通话。本地区方言细分的话，可分朱泾和新农、枫泾、漕泾和山阳、亭林四小片。本地流行的地方戏有沪剧、苏州评弹，喜欢者多为70岁以上老人。

本次调查记录的老年男性发音人是马龙其,汉族,1944年出生于上海市金山区朱泾镇秀州村,小学在本村小学就读,中学在金山县中就读。高中文化程度,会说金山朱泾话和普通话,平时主要使用朱泾话交流。其父是朱泾人,说朱泾话;其母是朱泾人,说朱泾话;其配偶是朱泾人,说朱泾话。

青年男性发音人是徐连明,汉族,1971年出生于上海市金山区朱泾镇,大学毕业后在本地工厂、服装有限公司和朱泾镇的居委会工作。大专文化程度,会说金山朱泾话和普通话,主要使用金山话交流。其父是金山人,说金山话;其母是金山人,说金山话;其配偶是金山人,说金山话。

贰　声韵调

下面所列为金山区朱泾镇方言老派语音的音系。

一、声母

朱泾镇方言有27个声母。

表6-1　朱泾镇方言声母表

ʔb 布帮北	pʰ 破普拍	b 婆部白	m 美敏忙灭	f 泛欢佛	v 换烦乏
ʔd 多当德	tʰ 他汤铁	d 大徒踏	n 努奶脑纳		l 路吕力
ts 做早节	tsʰ 车粗七			s 洒素雪	z 坐齐石
c 郊浇纠	cʰ 丘庆吃	ɟ 乔求杰	ɲ 扭牛银捏	ç 晓休畜	
k 哥果夹	kʰ 苦垦扩	g 葵环轧	ŋ 吾牙瓦鹤	h 好喊喝	ɦ 下华易
∅ 衣乌鸭					

说明:

(1) 有缩气塞音ʔb、ʔd。古帮母今读ʔb,古端母今读ʔd。如:饱ʔbɔ³⁵、刀ʔdɔ⁵³。

(2) c、cʰ、ɟ、ç、ɲ各有两个变体,即c(tɕ c)、cʰ(tɕʰ cʰ)、ɟ(dʑ ɟ)、ç(ɕ ç)、ɲ(ȵ ɲ)。基本情况是:与撮口呼和齐齿呼中的iɛ̃、i、iiʔ韵相拼时,读舌面前音tɕ、tɕʰ、dʑ、ɕ、ȵ,如:"鸡"tɕi、"区"tɕʰy、"权"dʑyø、"戏"ɕi、"橘"tɕyøʔ;与其他韵相拼时读舌面中音c、cʰ、ɟ、ç、ɲ,如:"斤"ciəŋ、"桥"ɟiɔ、"宪"çe。

(3) z有两个变体,即z和ʐ。后接ia、iʏ和y韵时舌位后移,近ʐ,如:"谢"ʐia、"袖"ʐiʏ、"树"ʐy。

(4) 有尖音和团音的分别。如:节tsiiʔ ≠ 结tɕiiʔ;精tsiəŋ ≠ 经ciəŋ。团音字声母的实际音值是c、cʰ、ç时,与之相应的尖音字声母的舌位稍靠后,实际音值接近tɕ、tɕʰ、ɕ。与20世纪80年代的调查记录比较,可知有些本来分尖团的字,现在已不分尖团,如:"修、休":

修 ɕiɤ⁵³ = 休 ɕiɤ⁵³。

（5）鼻音、边音声母分两套：一套是带紧喉的，配阴声调，即ʔm、ʔn、ʔl；另一套是带浊流的，配阳声调，即ɦm、ɦn、ɦl。

（6）ʔ声母表示零声母字前头的紧喉成分；ɦ声母表示与后头韵母同部位的摩擦成分，严式标音按韵母四呼不同，可以分为四个：ɦɑ、ji、wu、ɥy。

二、韵母

朱泾镇方言有50个韵母。

表6-2　朱泾镇方言韵母表

ɿ 丝试寺师水世势	i 米犁戏飞年	u 坐过歌苦	y 雨许靴鬼₁
ɑ 牙₁加排鞋拜	iɑ 写谢牙₂爷	uɑ 快怪坏拐	
e 陪对南半	ii 盐欠染剑剪浅	ue 官亏危跪₂鬼₂	
ɛ 山开袋菜	iɛ 廿	uɛ 弯关还掼	
ø 短算乱暖			yø 权软圈圆
ɤ 豆走透狗	iɤ 油九牛幼		
o 瓦茶沙华			
ɔ 宝号饱炮	iɔ 笑桥条叫		
ẽ 张长打硬	iẽ 两响浆讲₂	uẽ 横	
ã 糖床双讲₁	iã 旺₁	uã 王筐狂横（又音）	
əŋ 根寸升争	iəŋ 心病星新	uəŋ 滚困温魂	
oŋ 东通龙虫	ioŋ 用穷兄云		
ɑʔ 白尺麦策	iɑʔ 学₂药削约	uɑʔ 划	
æʔ 鸭法盒辣	iæʔ 捏协甲	uæʔ 刮挖滑括	
ɔʔ 托壳北六	yoʔ 肉玉曲局		
ʌʔ 黑	iʌʔ 吃		
əʔ 十出物舌色直	iəʔ 锡笔席惜极	uəʔ 骨阔活頍	
			yøʔ 月橘血
	iɿʔ 接贴七急热节一		
əl 儿₂耳₂二₂	m̩ 亩₁呒母（丈母）	ŋ̍ 鱼五儿₁	ŋ̍ʷ 红₁

说明：

（1）合口呼前拼零声母时，音位 /u/ 的实际音值是 ʔʋ，唇齿微触，并且带紧喉作用。

（2）ɤ韵前拼 p、pʰ、f、v、m 时舌位近央。

（3）e韵开口度略小，严式标音可作ɪ。

（4）iɑ韵和iəŋ韵前拼c、cʰ、ɟ、ɲ时，介音i短而弱。

（5）yø韵中的ø开口度较小，实际音值是ʏ。

（6）ɛ̃韵前拼唇音时舌位较低，近æ̃。

（7）iɛ̃韵中的ɛ̃开口度略小，实际音值是ɛ̝̃。

（8）iəŋ韵前拼c、cʰ、ɟ、ɲ时实际音值是iẽŋ，前拼其他声母时实际音值是iəŋ。

（9）ɑ̃韵和uɑ̃在前拼k、kʰ、g、h、ɦ时唇略圆，近ɒ̃。

（10）ɑʔ韵前拼p、pʰ、m、k时舌位靠后，前拼其他声母时舌位不靠后，实际音值是ʌʔ。

（11）iɑʔ韵实际音值是iaʔ，为求音系整齐，写作iɑʔ。

（12）æʔ韵除前拼零声母外，舌位大多较央，喉部肌肉不太紧。

（13）yøʔ韵中的øʔ开口度较小，实际音值是yʏʔ。

（14）声化韵有ŋ̍ʷ。

三、声调

朱泾镇方言有7个声调。

表6-3 朱泾镇方言声调表

编号	调类	调值	例　字
1	阴平	53	东该灯风通开天春
2	阳平	31	门龙牛油铜皮糖红
3	阴上	44	懂古鬼久统苦讨草
4	阴去	35	冻怪半四痛快寸去
5	阳去	13	买老五有罪动近后卖路洞地买五动罪
6	阴入	5	急谷哭刻百搭节拍
7	阳入	<u>12</u>	六麦叶月毒白盒罚

说明：

（1）古阳上调并入阳去调。

（2）古阴上调中有个别送气清音字常读成35，调值同今阴去，如：丑 tsʰɤ³⁵、楚 tsʰu³⁵、普 pʰu³⁵。

（3）古阳上调中的次浊字，个别老年人读成22，如：女 ɦny²²、老 ɦlɔ²²、暖 ɦnø²²、买 ɦmɑ²²，与阳去调不完全相同。

叁　连读变调

两字组连读变调见下表。

表6-4 朱泾镇方言两字组连读变调表

前字＼后字	1阴平	2阳平	3阴上	4阳上	5阴去	6阳去	7阴入	8阳入
1阴平	24+53				55+31		44+ʔ22	
2阳平	13+53				13+31		33+ʔ22	
3阴上	24+53		A 44+44 B 24+53		44+44		23+ʔ44	
4阳上	13+53		A 13+53 B 33+33		33+33		12+ʔ44	
5阴去	33+31		A 44+44 B 33+31		44+44		23+ʔ44	
6阳去	13+31		A 13+31 B 33+33		33+33		12+ʔ44	
7阴入	ʔ33+53		ʔ44+33		ʔ33+35		ʔ44+ʔ22	
8阳入	ʔ22+53		ʔ33+33		ʔ22+35		ʔ33+ʔ22	

肆 异读

一、新老异读

近30年来，金山方言区居民与上海市区居民往来越来越密切，其方言接触也越来越频繁，其结果是金山方言越来越接近市区方言。这同时说明市区方言对郊区方言具有权威地位。就语音层面来看，金山方言的每一项变化都与市区方言直接相关，其音系特征变得越来越接近市区方言。近年来，我们多次对金山方言进行了调查。下面先根据从20世纪80年代起的几次调查所得材料，对从20世纪80年代起到2010年代的金山新老方言变化作一梳理。然后再根据本次调查的材料，进行新派和老派异读的对比。

20世纪80年代的调查时间是1982年，发音人甲是彭天龙，男，时年72岁（1910年出生）；老派发音人乙是朱慰慈，男，时年69岁（1913年出生），以下称之为老老派。老派发音人即本节的老年男性马其龙（1944年出生）。新派发音人甲是徐连明，男性，1971年出生（记音时间是2011年），下文称之为新派（甲），其语音较接近老派系统。新派发音人乙是奚凤新，女性，1985年出生（记音时间是2007年），下文称之为新派（乙）。下面结合两次调查的材料，讨论金山朱泾镇方言老老派、老派和新派的差异。先列出老派之外的各派音系。

(一)老老派音系和新派(甲)、新派(乙)音系

1. 声母。朱泾镇方言老老派、老派和新派(甲)的声母系统都是27个声母,新派(乙)是28个声母。下面列出朱泾镇方言的老老派和新派(甲)和新派(乙)声母系统,老派已见前文。

表6-5　朱泾镇方言老老派声母表

ʔb 布帮北	pʰ 破普拍	b 婆部白	m 美敏忙灭	ɸ 泛欢佛	β 换烦乏
ʔd 多当德	tʰ 他汤铁	d 大徒踏	n 努奶脑纳		l 路吕力
ts 做早节	tsʰ 车粗七			s 洒素雪	z 坐齐石
c 郊浇纠	cʰ 丘庆吃	ɟ 乔求杰	ɲ 扭牛银捏	ç 晓休畜	
k 哥果夹	kʰ 苦垦扩	g 葵环轧	ŋ 吾牙瓦鹤	h 好喊喝	ɦ 下华易
∅ 衣乌鸭					

表6-6　朱泾镇方言新派(甲)声母系统

ɓ 兵布杯拜	pʰ 片普铺配	b 病爬币赔	m 明马毛庙	f 风飞副方	v 肥₂饭父佛
ɗ 东多刀带	tʰ 讨天厅统	d 大弟头淡	n 脑南能嫩		l 老蓝连路
ts 资早租争	tsʰ 刺草寸清			s 丝三酸手	z 祠
c 酒九叫劲	cʰ 轻枪庆浅	ɟ 桥舅权琴	ȵ 软热日	ç 响险向兴	
k 高该贵怪	kʰ 开靠亏宽	g 共茄狂	ŋ 牙眼硬岸	h 好汉海华	ɦ 县号话活
∅ 安温恩碗					

表6-7　朱泾镇方言新派(乙)声母表

p 边补报帮笔	pʰ 片潘配捧匹	b 皮步盆棒鼻	m 美每敏米麦	f 反飞方粉复	v 扶饭房份活
t 低带胆东滴	tʰ 天透趟听托	d 地图豆糖读	n 拿努暖囊纳		l 拉捞溜楼落
ts 猪做账整质	tsʰ 次草闯葱尺			s 书手生送缩	z 床柴上虫舌
tɕ 鸡举浇进脚	tɕʰ 气秋腔请七	dʑ 技圈强近集	ȵ 鸟粘研年肉	ɕ 需修想训吸	ʑ 徐邪象情嚼
k 果盖江供谷	kʰ 楷亏康肯扩	g 茄柜狂搞轧	ŋ 牙鹅眼硬额	h 花蟹喊风福	ɦ 鞋雨杭红液
∅ 衣武央恩阿					

2. 韵母。老老派韵母系统与老派韵母系统基本相同。老老派韵母共有53个,老派是50个韵母,新派(甲)共有47个韵母,新派(乙)共有41个韵母。下面列出老老派和新派(甲)、新派(乙)韵母表,老派已见前文。

表6-8　朱泾镇方言老老派韵母表

ɿ 知纸丝	i 米徐梯	u 布苦坐	y 居羽区
ᴀ 买带嫁	iᴀ 写野介	uᴀ 怪坏快	
ɔ 爬车查	iɔ 条表小		
o 包到早			
ɤ 侯斗头	iɤ 柳九旧		
e 半男面		ue 桂悔块	
ɛ 山菜淡	iɛ 念也奸	uɛ 怀	
ø 餐短罪			yø 捐权原
	iu 靴		
ẽ 张彭杏	iẽ 娘蒋匠	uẽ 横	
ã 忙项网	iã 旺	uã 光汪广	
əŋ 登门身	iəŋ 冰平品	uəŋ 魂温困	
oŋ 翁虫风	ioŋ 荣允用		
øʔ 脱夺捋		uøʔ 说撮	yøʔ 桔血月
œʔ 袜塔达	iæʔ 甲捏协	uœʔ 挖刮括	
ɑʔ 百麦客	iɑʔ 约药削	uɑʔ 划	
ʌʔ 湿	iʌʔ 吃级抑		
ɔʔ 剥落触			yɔʔ 肉语欲
əʔ 墨术出	iəʔ 踢笔力	uəʔ 骨阔	
	iiʔ 铁急聂		
m̩ 亩	ŋ̍ 鱼五鱼	ŋ̍ʷ 红	n̩ 芋
əl 尔儿而			

表6-9　朱泾镇方言新派(甲)韵母表

ɿ 丝试寺	i 米犁	u 坐过	y 雨许
ɑ 牙₁加	iɑ 写谢牙₂爷	uɑ 快	
e 陪对		ue 官	
ɛ 山	iɛ 廿	uɛ 弯关还掼	
ø 短算乱暖			yø 权软圈圆
ɤ 豆走透狗	iɤ 油九牛幼		
o 瓦茶沙华			
ɔ 宝号	iɔ 笑桥条叫		
ẽ 张长(生长)	iẽ 两响浆	uẽ 横	
ã 糖床双	iã 旺₁	uã 王筐狂	

(续)

əŋ 深	iəŋ 心	uəŋ 滚困温魂	
oŋ 东通	ioŋ 用		
ɑʔ 白拆额	iɑʔ 学₂		
æʔ 盒		uæʔ 刮	
ɔʔ 勺			yoʔ 肉
	iʌʔ 吃		
əʔ 十	iɪʔ 锡劈笛历	uəʔ 骨	yəʔ 雪
			yøʔ 月
	iɪʔ 接		
əl 儿₂	m̩ 呒	ŋ̍ 鱼	ŋ̍ʷ 红₁

新派（乙）韵母系统共有41个韵母。

表6-10　朱泾镇方言新派（乙）韵母表

ɿ 之次四自	i 米鸡浅面	u 波过做路	y 居女雨住
a 太街柴鞋	ia 借野写谢	ua 歪怪快坏	
ɔ 照高宝老	iɔ 焦巧桥条		
o 鸦沙骂蛇			
ɛ 态拿来队		uɛ 筷关弯缓	
e 半盘回男		ue 管款伟葵	
ø 干看最团			yø 捐软园权
ɤ 丑狗斗寿	iɤ 修九流又		
ã 党忙讲撞		uã 光矿狂旺	
ɛ̃ 章冷厂长	iɛ̃ 香良象样		
əŋ 奋登论承	iəŋ 紧灵人静	uəŋ 温稳棍困	
oŋ 翁虫风	ioŋ 军穷绒运		
ɑʔ 答客闸麦	iɑʔ 脚雀约药		
æʔ 鸭夹辣狭			
ɔʔ 北目国族		uɔʔ 扩廓	yoʔ 肉玉浴局
əʔ 泼脱舌夺		uəʔ 骨阔说刮	yəʔ 略阅月掘
	iʌʔ 吃剧		
	iɪʔ 急铁极踢		
əl 儿而	m̩ 呒亩		ŋ̍ 五鱼

3. 声调。老老派、老派和新派（甲）、新派（乙）都是7个声调。下面列出老老派声调表和新派声调表（甲、乙同），老派已见前文。

表6-11　朱泾镇老老派方言声调表

编号	调类	调值	例　字
1	阴平	53	刚知天商
2	阳平	31	穷陈寒俄
3	上声	44	古口好手
4	阴去	35	帐唱对送
5	阳去	13	女近害岸
6	阴入	5	急竹笔黑
7	阳入	12	人六局合

表6-12　朱泾镇新派（甲）(乙）方言声调表

编号	调类	调值	例　字
1	阴平	53	刀东书天
2	阳平	31	穷陈寒娘
3	阴上	44	古口好手
5	阴去	35	帐唱对送
6	阳去	13	女近害岸
7	阴入	5	北笔骨血
8	阳入	12	白达极月

（二）声母的变化

声母的变化可以分为两类：一是音系上的变化，二是具体例字归类的变化。下面分别叙述。

先简述声母系统的变化。老老派声母系统具有以下特点。

1. 有缩气塞音ʔb、ʔd。ʔb出现在古帮母，ʔd出现在古端母。

2. ɸ、β各有两个变体，即ɸ和f、β和v。与u韵、əŋ韵和əʔ韵相拼时，读双唇音ɸ、β，如：父βu[13]、灰ɸe[53]、昏ɸəŋ[53]、忽ɸəʔ[5]；与其他韵相拼时读唇齿音f、v，如：飞fi[53]、房vã[31]。

3. c、cʰ、ɟ、ç、ɲ各有两个变体，即c和tɕ、cʰ和tɕʰ、ɟ和dʑ、ç和ɕ、ɲ和n。与撮口呼和齐齿呼中的iɐ̃韵、i韵、iʔ韵相拼时，读舌面前音tɕ、tɕʰ、dʑ、ɕ、nʰ，如：鸡tɕi[44]、区tɕʰy[53]、权dʑø[31]、戏ɕi[35]、桔tɕyʔ[5]；与其他韵相拼时读舌面中音c、cʰ、ɟ、ç、ɲ，如：斤ciɐ̃[53]、桥ɟiɔ[31]、宪çe[35]。

4. 尖音和团音有分别。如下列几对字不同音：将tsiɛ̃[53] ≠ 姜tɕiɛ̃[53]；秋tsʰiɤ[53] ≠ 丘cʰiɤ[53]；

节 tsiiʔ⁵ ≠ 结 tɕiiʔ⁵；小 siɔ⁴⁴ ≠ 晓 çiɔ⁴⁴；趣 tsʰy³⁵ ≠ 去 tɕʰy³⁵。当团音字声母的实际音值是 c、cʰ、ç 时，与之相应的尖音字声母的舌位稍靠后，实际音值近 tɕ、tɕʰ、ç。

老派与老老派相比较，具有以下特点。

1. 保留了缩气塞音 ʔb、ʔd。古帮母今读 ʔb，古端母今读 ʔd。如：饱 ʔbɔ³⁵，刀 ʔdɔ⁵³。

2. 保留了 c、cʰ、ɟ、ç、ɲ 各有两个变体的特点，即 c 和 tɕ、cʰ 和 tɕʰ、ɟ 和 dʑ、ç 和 ɕ、ɲ 和 n̢ 的特点。

3. 保留了尖音和团音的分别。如：节 tsiiʔ ≠ 结 tɕiiʔ；精 tsiəŋ ≠ 经 ciəŋ。当团音字声母的实际音值是 c、cʰ、ç 时，与之相应的尖音字声母的舌位稍靠后，实际音值近 tɕ、tɕʰ、ç。但与老老派比较，有些本来分尖团的字，在老派已不分，如"修、休"：修 ɕiɤ⁵³ = 休 ɕiɤ⁵³。

4. 老老派 ɸ、β 声母各有两个变体，即 ɸ 和 f、β 和 v。老派则不论是否与 e 韵、əŋ 韵和 əʔ 韵相拼，已合为 f 和 v，如："欢"老派读 fe⁵³，"粉"读 fəŋ⁴⁴，"回"读 ve³¹，"坟"读 vəŋ³¹，"佛"读 vəʔ¹²。

5. z 有两个变体，即 z 和 ʑ。后接 iɑ、iɤ 和 y 韵时舌位后移，近 ʑ。如：谢 ʑiɑ¹³、袖 ʑiɤ¹³、树 ʑy¹³。

6. 鼻音、边音声母分两套：一套是带紧喉的，配阴声调，即 ʔm、ʔn、ʔl；另一套是带浊流的，配阳声调，即 ɦm、ɦn、ɦl。

7. ʔ 声母表示零声母字前头的紧喉成分；ɦ 声母表示与后头韵母同部位的摩擦成分，严式标音按韵母四呼不同，可以分为四个：ɦɑ、ji、wu、ɥy。

新派（甲）声母系统与老派相比，变化不大，主要有以下特点。

1. 保留了老派的一些语音特点，如较完整地保留了内爆音，但有所变化。

2. 保留了 c、cʰ、ɟ、ç、ɲ 各有两个变体的特点。即：与撮口呼和齐齿呼中的 iᴇ 韵、i 韵、iʔ 韵相拼时，读舌面前音 tɕ、tɕʰ、dʑ、ɕ、n̢；与其他韵相拼时读舌面中音 c、cʰ、ɟ、ç、ɲ，如：斤 ciəŋ⁵³、桥 ɟiɔ³¹、宽 çe³⁵。但有的字老年男性发音人读舌面中音，青年男性发音人已变读舌面前音，如：戒 tɕiɑ³⁵、契 tɕʰiəʔ⁵、险 ɕi⁴⁴、击 tɕiəʔ⁵。

3. 部分保留尖音和团音的分别，但有些老年男性发音人分尖团的字，青年男性发音人已不能分尖团，如：节 tɕiiʔ⁵ = 结 tɕiiʔ⁵；而个别应为团音的字青年男性发音人发尖音，如："剑"老派读 tɕiɤ³⁵，新派读 tse³⁵。

4. 保留了 z 有两个变体的特点，但青年男性发音人比老年男性发音人有较多的字读 ʑ 声母，如：寻 ʑiəŋ³¹、截 ʑiəʔ¹²。

5. 保留了鼻音、边音声母分两套的特点：一套是带紧喉的，配阴声调，即 ʔm、ʔn、ʔl；另一套是带浊流的，配阳声调，即 ɦm、ɦn、ɦl。

1985 年出生的新派（乙）的声母系统，变化较大，声母系统变得几乎跟市区方言完全一样。主要有以下特点。

1. 内爆音消失。ʔb、ʔd 已完全变为一般塞音 p、t。如：冰 piŋ⁵³，刀 tɔ⁵³。

2. 舌面中音消失。c、cʰ、ɟ、ɲ、ç 已完全变为舌面前音 tɕ、tɕʰ、dʑ、n̠、ɕ。

3. 双唇擦音消失。ɸ、β 已变为唇齿音 f、v 或 h、ɦ。

4. 尖音和团音已无分别。如：秋 tɕʰiɤ⁵³ = 丘 tɕʰiɤ⁵³。

5. 新增了一个独立的舌面中浊擦音 ʑ，所属例字除来源于老派读音中的 iɤ、iɪ 等韵母前的 z 外，还有来源于老派的 ʑ 和 dʑ 声母字，如："如" 老派读 ʑy³¹，新派读 zy³¹；"渠" 老派读 dʑy¹³，新派读 zy¹³；"健" 老派读 dʑiɪ¹³，新派读 ziɪ¹³；"柜" 老派读 dʑy¹³，新派读 zy³¹。

关于具体声母所辖字的变化，以下主要根据2011年调查材料简述老派和新派（甲）之间的变化。主要有如下特点。

1. 部分古合口字，老派声母是声母 ɦ，新派改为 v 或 f，与此同时，韵母由合口改开口，如："还" 老派读 ɦuɛ³¹，新派读 vɛ³¹；"魂" 老派读 ɦuəŋ³¹，新派读 vəŋ³¹；"黄" 老派读 ɦuã³¹，新派读 vã³¹；"顽" 老派读 ɦuɛ³¹，新派读 vɛ³¹。个别保留合口，但声母也改 v，如："祸" 老派读 ɦu¹³，新派读 vu¹³。还有个别古合口匣母字，老派实际读音韵母为开口，新派声母也改为 v，如："或" 老派读 ɦoʔ¹²，新派读 voʔ¹²；"还" 老派读 ɦɛ³¹，新派读 vɛ³¹。

2. 小部分古见组字，老派 k 和 kʰ，新派韵母变为细音后，声母读 tɕ 和 tɕʰ，如："锯" 老派读 ke³⁵，新派读 tɕy³⁵；"戒" 老派读 kɑ³⁵，新派读 tɕiɑ³⁵；"寄" 老派读 ke³⁵，新派读 tɕi³⁵；"敲" 老派读 kʰɔ⁵³，新派读 tɕʰiɔ⁵³。

3. 部分通摄泥、来母字，老派读 l 声母，新派改为 n，如："弄" 老派读 loŋ¹³，新派读 noŋ¹³；"脓" 老派读 loŋ³¹，新派读 noŋ³¹。

4. 假摄合口三等邪母字，老派读 z 声母，新派读 dʑ 声母，如："谢" 老派读 ziɑ³¹，新派读 dʑiɑ³¹；"斜" 老派读 ziɑ¹³，新派读 dʑiɑ¹³。

5. 个别古日母字，老派读 n̠，新派有变，如："闰" 老派读 n̠iəŋ¹³，新派读 zəŋ¹³；"褥" 老派读 n̠yoʔ¹²，新派读 lu¹³。可能是受到普通话的影响。

（三）韵母的变化

从韵母系统看，老派与老老派相比较，少了 iu、ø ʔ、uø ʔ、œ ʔ、uœ ʔ、ŋ̍ 六个韵母，多了 iɪ、æʔ、uæʔ 三个韵母。

新派（甲）与老派相比较，少了 iɪ、uaʔ、iæʔ、ʌʔ 等韵母，多了 yəʔ 韵母。

新派（乙）与老派相比较，差异很大，少了等韵母 ɑ、iɑ、uɑ、iɪ、iɛ、iã、uẽ、uaʔ、iəʔ、yø ʔ、iæʔ、uæʔ、ʌʔ、ŋʷ 十四个韵母，多了 a、ia、ua、uɔʔ、yəʔ 五个韵母。

新派（乙）和新派（甲）之间差异也比较大，新派（乙）较新派（甲）少了 ɑ、iɑ、uɑ、iɛ、iã、uẽ、yø ʔ、uæʔ、ŋʷ 等韵母，多了 a、ia、ua、uɔʔ 等韵母。

减少和增加的韵母与原韵母系统之间的关系比较复杂，我们以新派（甲）和老派的两个韵母系统的韵母增减情况为例。如上所述，新派（甲）少了 iɪ、uaʔ、iæʔ、ʌʔ 四个韵母，多了一个 yəʔ 韵母。两个韵母系统的对应关系如下。

1. 老派的 iɪ 韵母字包含古咸摄字和山摄三四等字，其中，凡咸摄字基本上都归入新派的 i 韵,如:"染"老派读 nʑiɿ¹³,新派读 nʑi³¹;"添"老派读 tʰiɿ⁵³,新派读 tʰi⁵³。山摄字中,凡帮组、精组、章组以及晓、匣声母字,新派读 e 韵,端组、见组和来、娘声母字,以及个别帮组字,新派读 i 韵。

2. 老派的 uaʔ 韵母字,本次调查只有一个"划"字,老派读 ɦuɑʔ,新派读 vɑʔ。

3. 老年男性的 iæʔ 韵,青年男性并入 iaʔ,如:"甲"老派读 ɕiæʔ⁵,新派读 ɕiaʔ⁵;"捏"老派读 nʑiæʔ⁵,新派读 nʑiaʔ¹²。

4. 老派老年男性的 ʌʔ 韵只有一个例字,青年男性并入 əʔ 韵,如:"黑"老派读 hʌʔ⁵,新派读 həʔ⁵。

5. 青年男性读 yəʔ 韵母的有"雪"ɕyəʔ⁵、"雀"tɕʰyəʔ⁵、"菊"tɕyəʔ⁵、"浴"ɦyəʔ¹² 等字,老年男性分别读 siɿ⁵、tɕʰiaʔ⁵、tɕyʔ⁵、ɦyəʔ¹²。新派明显是受普通话读音影响产生了新韵母。

其他各韵所辖的例字,新派(甲)与老派之间也存在一定的差异。有些变化规律较著,有些不很明显。分述如下。

6. 新老派的 ã 韵,所辖主要是古宕摄和江摄字,也有少数其他摄的字。这些来源于其他摄的字,在新派读音中,往往发生变化。如梗摄二等的"坑""棚",老派分别读 kʰã⁴⁴、bã³¹,新派读 kʰəŋ⁵³、bẽ³¹。通摄三等的"梦"字,老派读 mã¹³,新派读 moŋ¹³。只有曾摄的"朋"读音不变,新派和老派都读 bã³¹。

7. 老派的 e 韵,新派发生分化,部分保留了 e 的读音,部分改归 i、ø 韵,极少数字归入 ɛ 韵。保留 e 读音的包括古蟹摄精组和晓母、匣母字,如:"西"老派读 se⁵³,新派读 se⁵³;"灰"老派读 fe⁵³,新派读 fe⁵³;"回"老派读 ve³¹,新派读 ve³¹。止摄字,如:"胃"老派读 ve¹³,新派读 ve¹³。咸摄的精组、章组和泥母字,如:"尖"老派读 tse⁵³,新派读 tse⁵³;"占"老派读 tse³⁵,新派读 tse³⁵;"南"老派读 ne³¹,新派读 ne³¹。以及山摄合口一、四等的帮组、精组、章组和晓、匣母字,如:"半"老派读 ɓe³⁵,新派读 ɓe³⁵;"欢"老派读 fe⁵³,新派读 fe⁵³;"完"老派读 ve³¹,新派读 ve³¹;"前"老派读 ze³¹,新派读 ze³¹。蟹摄帮组、非组、端组以及来母、云母字改读 i 韵,如:"贝"老派读 ɓe³⁵,新派读 ɓi³⁵;"配"老派读 pʰe³⁵,新派读 pʰi³⁵;"雷"老派读 le³¹,新派读 li³¹;"卫"老派读 ve¹³,新派读 vi¹³,只有极个别例外。止摄字如:"碑"老派读 ɓe⁵³,新派读 ɓi⁵³;"类"老派读 le¹³,新派读 li¹³。山摄合口三等字改读 ø 韵,如:"转"老派读 tse⁴⁴,新派读 tsø⁴⁴;"砖"老派读 tse⁵³,新派读 tsø⁵³。蟹摄开口一等和咸摄开口一等字改读 ɛ 韵,如:"盖"老派读 ke⁴⁴,新派读 kɛ⁴⁴;"贪"老派读 tʰe⁵³,新派读 tʰɛ⁵³。

8. 老派的 iəʔ 韵,新派分读 iəʔ 和 iiʔ 韵,如:"匹"老派、新派都读 pʰiəʔ⁵;"席"老派、新派都读 ziəʔ¹²;但"力"老派读 liəʔ¹²,新派读 liiʔ¹²;"笔"老派读 ɓiəʔ⁵,新派读 ɓiiʔ⁵。

9. 老派的 iɿʔ 韵母,新派有分化,一部分保留了 iɿʔ 韵,一部分归入 iəʔ 韵,如:"接"老派、新派都读 tɕiɿʔ⁵;"业"老派、新派都读 nʑiɿʔ¹²。但"叶"老派读 ɦiɿʔ¹²,新派读 ɦiəʔ¹²;"及"老派读 dʑiɿʔ¹²,新派读 dʑiəʔ¹²。分化的条件不明显。这种情况进一步变化,在新派(乙)的韵母系统中,就只保留了 iɿʔ 韵母而没有了 iəʔ 韵母。

10. 老派韵母中山摄匣母和影母字,新派读 y,如:"汗"老派读 ɦø¹³,新派读 ɦy¹³;"安"老派读 ø⁵³,新派读 y⁵³。

新派（乙）与老派韵母系统比较，可以发现有以下主要变化：

1. ie 并入 i 韵。如："偏"老派读 pʰie⁵³，新派读 pʰi⁵³。
2. iəʔ 和 iɪʔ 已合并为 iɪʔ。如："踢"老派读 tʰiəʔ⁵，新派读 tʰiɪʔ⁵。
3. yøʔ 韵变为 yəʔ。如："月"老派读 n̠yøʔ¹²，新派读 n̠yəʔ¹²。
4. øʔ 并入 əʔ。如："夺"老派读 døʔ¹²，新派读 dəʔ¹²。
5. ʌʔ 消失，并入 əʔ。如："湿"老派读 sʌʔ⁵，新派读 səʔ¹²。
6. 声化韵 ŋʷ 消失。如：红 ɦoŋ³¹。

这里不作详细叙述。

（四）声调的变化

朱泾镇新派（包括甲、乙）声调系统与老派相比，调类和调值都没有变化，都是 7 个单字调。但是具体例字的归调，仍有不少不同。

1. 老派阴平（53）调中，部分字新派读阴上（44），如："街"老派读 kɑ⁵³，新派读 kɑ⁴⁴；"针"老派读 tsəŋ⁵³，新派读 tsəŋ⁴⁴。部分字新派归阴去（35），如："杉"老派读 sɛ⁵³，新派读 sɛ³⁵；"分"老派读 fəŋ⁵³，新派读 fəŋ³⁵。也有一些字，中古就是去声，老派归入阴平，新派仍读阴去，如："糙"老派读 tsʰɔ⁵³，新派读 tsʰɔ³⁵；"兴"老派读 ɕiəŋ⁵³，新派读 ɕiəŋ³⁵。

2. 老派阳平（31）字中有个别字新派读阳去（13），如："遇"老派读 n̠y³¹，新派读 n̠y¹³；"缝"老派读 voŋ³¹，新派读 voŋ¹³。

3. 老派阳去（13）调中，有相当数量的字，新派读阳平（31），如："地"老派读 di¹³，新派读 di³¹；"轿"老派读 ʥiɔ¹³，新派读 ʥiɔ³¹。部分古平声字，老派读阳去，新派读阳平，如："绸"老派读 zɤ¹³，新派读 zɤ³¹；"纯"老派读 zəŋ¹³，新派读 zəŋ³¹。部分古上声字，老派读阳去，新派读阳平，如："尾"老派读 mi¹³，新派读 n̠i³¹；"近"老派读 ʥiəŋ¹³，新派读 ʥiəŋ³¹。

4. 老派部分阴上（44）字，新派读阴去（35），如："讲"老派读 kã⁴⁴，新派读 kã³⁵；"幼"老派读 iɤ⁴⁴，新派读 iɤ³⁵。还有部分新派读阴平（53），如："鼠"老派读 sɿ⁴⁴，新派读 sɿ⁵³。这类阴上归入阴平的字中，多为古平声字，如："该"老派读 kɛ⁴⁴，新派读 kɛ⁵³；"单"老派读 dɛ⁴⁴，新派读 dɛ⁵³。

5. 与上一条所说现象相反，老派部分阴去（35）字，新派读阴上（44），如："向"老派读 ɕiẽ³⁵，新派读 ɕiẽ⁴⁴。但这类例字大部分为古上声字，如："左"老派读 tsu³⁵，新派读 tsu⁴⁴；"所"老派读 so³⁵，新派读 su⁴⁴。也有部分古去声字，新派归入阴平，如："系"老派读 ɕi³⁵，新派读 ɕi⁵³；"粪"老派读 fəŋ³⁵，新派读 fəŋ⁵³。

6. 老派阳去（13）字，新派有读阴去的，这类字大多伴随声母的改变，如："义"老派读 n̠i¹³，新派读 i³⁵；"善"老派读 ziɪ¹³，新派读 sɛ³⁵。

二、文白异读

朱泾镇方言中调查的 1 000 个单字音中共记录了 46 个文读音，约占比 5%。其中声调的文白异读现象最少，如果声母、韵母不发生变异，声调一般没有变化。文白异读声母和韵母的不同主要体现在以下几个方面（斜线左边为白读，右边为文读）。

1. 部分古见母字，白读声母为 k，文读音为 tɕ 和 c，这类字主要为江摄、山摄和梗摄的二等字，白读所跟的都是洪音韵母，如：间 kɛ⁵³/ tɕiɪ⁵³、奸 kɛ⁵³/ tɕiɪ⁵³、讲 kã⁴⁴/ ciɛ̃⁴⁴。部分古见组字，白读声母为 tɕ、dʑ，文读音为 k、g，这部分字主要是止摄和咸摄的三等字，白读所跟的都是细音韵母，如：龟 tɕy⁴⁴/ kue⁴⁴、鬼 tɕy⁴⁴/ kue⁴⁴、贵 tɕy³⁵/ kue³⁵、跪 dʑy¹³/gue¹³、钳 dʑiɪ³¹/ ke⁵³。只有一个例外，止摄三等字的"寄"，白读为 ke³⁵，文读为 tɕi³⁵。

2. 部分古止摄合口三等奉母、微母、云母字，白读为双唇音 b、m 或 ɦ，文读为 v 声母，如：肥 bi³¹/ vi³¹、尾 mi¹³/ vi¹³、味 mi¹³/ vi¹³、问 məŋ¹³/ vəŋ¹³、围 ɦy³¹/ ve³¹。

3. 个别古遇摄合口一等疑母字，白读为自成音节的鼻音韵母，文读声母为 v，如：吴 ɦŋ̍³¹/ vu³¹、五 ɦŋ̍¹³/ vu¹³。

4. 部分古日母字，白读声母为 ȵ，文读声母为 z 或零声母，如：耳 ȵi¹³/ əl⁴⁴、让 ȵiɛ̃¹³/ zɛ̃¹³。

5. 部分梗摄开口二等韵母白读音为 ɛ̃，文读音为 əŋ，如：冷 lɛ̃¹³/ləŋ¹³、更 kɛ⁵³/kəŋ⁵³、争 tsɛ̃⁵³/ tsəŋ⁵³。

6. 遇摄、止摄三等字，白读韵母为 ɿ，文读韵母为 u、e 等，如：锄 zɿ³¹/zu³¹、死 sɿ⁴⁴/se⁴⁴。

7. 曾摄三等、梗摄二等部分字，白读韵母为 aʔ，文读韵母是 əʔ 或 æʔ，如：测 tsʰaʔ⁵/ tsʰəʔ⁵、额 ŋaʔ¹²/ ŋəʔ¹²、隔 kaʔ⁵/ kæʔ⁵。

8. 各韵中都有个别字的读音与同韵其他大部分字的新老语音的对应规则不合，属于例外字。这些字的新派读音都可以明显看到市区方言和普通话读音的影响，是实际上的文读字，如："感"老派读 kɛ⁴⁴，新派读 kø³⁵；"炎"老派读 ɦiɛ³¹，新派读 ɦiɪ³¹；"杂"老派读 zəʔ¹²，新派读 zaʔ¹²；"别"老派读 bəʔ¹²，新派读 biɪʔ¹²；"更"老派读 kɛ⁵³，新派读 kəŋ⁵³；"雀"老派读 tɕʰiaʔ⁵，新派读 tɕʰyəʔ⁵ 等。

第七节　奉贤区南桥镇方言

壹　概况

奉贤区位于上海市的南部，面积为 687.39 平方千米，常住人口 115.53 万人，其中外来人口 57.94 万人（2017 年数据）。南桥镇（东经 121°46′52″，北纬 30°90′94″）是奉贤区人民政府所在地。本地区有少数民族 14 369 人，无通用的少数民族语言。当地通行南桥话和汉语普通话。传统流行的地方戏曲有奉贤山歌剧等。

本次调查记录老年男性发音人是潘自觉，汉族，1942 年出生在上海市奉贤区南桥镇，后在南桥小学、奉贤中学学习。1959 年参加工作，在奉贤区成人教师进修学校任教，2002 年退休。大学文化程度，会说南桥方言和普通话，平时主要使用南桥话交流。其父是南桥镇人,说南桥话(奉贤话);其母是南桥镇人,说南桥话(奉贤话)。其配偶是奉贤光明镇(紧邻南桥镇)人,说奉贤方言。

青年男性发音人是王俊,汉族,1978年出生在上海市奉贤区南桥镇,在南桥当地读完中小学,大学在上海市区就读。毕业后回到南桥镇工作。大学文化程度,会说南桥话、普通话、上海市区话和英语,平时主要使用南桥话交流。其父是闵行区人,其母是南桥镇人,其配偶是江海镇(紧邻南桥镇)人。

贰　声韵调

以下所列为南桥镇方言老派语音的音系。

一、声母

奉贤区南桥镇方言有29个声母。

表7-1　南桥镇方言声母表

ɓ 拜兵八	pʰ 派胖泼	b 爬病鼻	m 买明麦	ɸ 飞婚发	β 饭坟佛
ɗ 多东得	tʰ 讨吞脱	d 甜藤毒	n 脑能		l 老林立
ts 资张竹	tsʰ 草寸拆			s 三双色	z 字床十
tɕ 九浸结	tɕʰ 轻清切	dʑ 骑琴局	ȵ 年人热	ɕ 书响歇	ʑ 全寻绝
k 高根割	kʰ 开空客	g 茄共	ŋ 熬硬额	h 花风霍	ɦ 会凤药
∅ 安拥鸭					ʋ 弯温挖

说明:

(1) ɓ、ɗ为带轻微喉塞的浊塞音,又称缩气音,发音时带有鼻音。部分字的缩气音已消失,但发音时发音部位的肌肉非常紧张。

(2) tɕ、tɕʰ、dʑ、ɕ、ʑ、ȵ在非前元音韵母前的发音部位靠后。

(3) 鼻音、边音声母m、n、l、ȵ、ŋ的实际读音可分为两套即ʔm、ʔn、ʔl、ʔȵ、ʔŋ和mɦ、nɦ、lɦ、ȵɦ、ŋɦ,分别与阴声调和阳声调相配。

(4) ɸ、β在u及以u为介音的韵母前都有变体。ɸ有ɸ和f,β有β、v和ɦ。在u前多为f和β,在i前多为f和v,在其他韵母前多为ɸ和ɦ。

(5) 部分tɕ声母仍然保留轻微的缩气音,记为ʄ。

二、韵母

南桥镇方言有52个韵母。

表 7-2　南桥镇方言韵母表

ɿ 猪吹试迟	i 鸡溪骑米	u 多拖大路	y 举取住女
ɑ 摆派茄卖	iɑ 姐写斜	uɑ 怪快坏	
ɔ 宝炮抱猫	iɔ 表票桥庙		
o 抓错蛇马			
e 贝配赔妹		ue 官宽会	
ɛ 胆毯淡难	iɛ 奸炎念	ɜe 关闩顽	
ø 肝看罪岸	iø 卷圈权软		
ɤ 抖偷豆藕	iɤ 酒修球牛		
	iu 靴		
ã 党汤糖忙	iã 旺₁	uã 光筐王	
ã 章厂剩硬	iã 浆抢像娘	uã 横	
əŋ 根吞神门	iŋ 冰品贫民	uəŋ 滚困魂	yŋ 军熏裙
oŋ 东通桶脓	ioŋ 兄穷浓		
ɑʔ 百拍白麦	iɑʔ 雀削剧	uɑʔ 划	
æʔ 搭塔踏袜	iæʔ 甲协捏	uæʔ 刮	
ɔʔ 角壳学木	iɔʔ 戳	uɔʔ 郭	
oʔ 北哭毒绿	ioʔ 菊曲局玉		
œʔ 夺脱			yøʔ 决缺越月
əʔ 折出直末	iəʔ 击吃极	uəʔ 活骨	
ɿʔ 笔匹鼻密	iiʔ 接切杰热		
m̩ 母	ŋ̍ 五		ər 二

说明：

（1）u 除了与 ɸ、β 相拼时，都有一个小的动程，如同 ᵒu。
（2）单元音中，o、ɤ、ø 的开口都比较小。
（3）yøʔ 中的 ø 开口比较小。
（4）əŋ 中的 ə 开口比较大，接近 ɐ。
（5）部分 iŋ 读若 iəŋ，而且其中的 ə 开口比较小。
（6）əʔ、iəʔ、uəʔ 中的 ə 开口较大，舌位较后，接近 ʌ。
（7）与 ɸ、β 相拼时，开口韵都带有一个轻微的滑音 u。

三、声调

南桥镇方言有7个声调。

表7-3 南桥镇方言声调表

编号	调类	调值	例　字
1	阴平	53	东该灯风通开天春
2	阳平	31	门龙牛油铜皮糖红
3	阴上	44	懂古鬼九统苦讨草
4	阴去	35	冻怪半四痛快寸去
5	阳去	13	买老五有动罪近后卖路硬乱洞地饭树
6	阴入	55	谷百搭节急哭拍塔切刻
7	阳入	23	六麦叶月毒白盒罚

说明：
（1）古阳上调与古阳去调合并。
（2）少部分古阳平字也并入阳去调。
（3）35和13的前半部分较长，接近335和113。
（4）阳入调只有略微的升高。

叁　连读变调

两字组连读变调见下表。

表7-4 南桥镇方言两字组连读变调表

后字 前字	1阴平	2阳平	3阴上	4阳上	5阴去	6阳去	7阴入	8阳入
1阴平	44+53				55+21		53+22	
2阳平	23+53				24+31		42+22	
3阴上	35+31		33+53		44+44		35+22	
4阳上	24+31		22+53		22+34		24+22	
5阴去	53+31		53+21、44+44		44+44		35+22	
6阳去	42+21		42+21、22+34		42+21、22+34		24+22	
7阴入	33+53		53+21		33+34		53+22	
8阳入	22+53		42+21		22+34		42+22	

肆 异读

一、新老异读

（一）新派音系

1. 声母。南桥镇新派方言共有28个声母。

表7-5 南桥镇新派方言声母表

ɓ(p) 拜帮八	pʰ 破品拍	b 排病白	m 买民密		l 老林列
ɗ(t) 带蹲搭	tʰ 土吞托	d 大停达	n 脑能	ɸ(f) 火婚法	β(v) 浮房服
k 嫁根割	kʰ 可困客	g 茄共	ŋ 牙硬额	h 蟹烘黑	ɦ 鞋恨滑
ts 早针扎	tsʰ 草春插			s 山深杀	z 柴沉杂
tɕ 借金急	tɕʰ 去亲缺	dʑ 桥近极	ȵ 泥人热	ɕ 写心吸	ʑ 谢寻协
∅ 矮恩鸭					

说明：

（1）ɓ、ɗ为带轻微喉塞的浊塞音，又称内爆音，发音时带有鼻音。部分字的内爆音已消失，记为p、t，但发音时发音部位的肌肉比较紧张。

（2）鼻音、边音声母m、n、l、ȵ、ŋ的实际读音可分为两套ʔm、ʔn、ʔl、ʔȵ、ʔŋ和mɦ、nɦ、lɦ、ȵɦ、ŋɦ，分别与阴声调和阳声调相配。

（3）ɸ和β在许多例字中已变为f和v，或者读为hu和ɦu。u开头的音节有的开头为ʋ。

（4）声母ɦ包括ɦ、j、w、ɥ，即与零声母相对应的浊音声母。

2. 韵母。南桥镇新派方言共有48个韵母。

表7-6 南桥镇新派方言韵母表

ɿ 猪刺池	i 鸡去徐米	u 多拖大锣	y 举取渠女
ᴀ 摆派牌买	iᴀ 借写谢	uᴀ 怪快怀	
ɔ 宝炮抱毛	iɔ 表票桥庙		
o 把车蛇马			
e 对胎台煤		ue 危规亏位	
ɛ 胆贪潭难		uɛ 弯关还	
ø 追岁随岸	iø 卷劝权软		
ɤ 抖偷头楼	iɤ 酒修球牛		
ã 党汤糖忙	iã 旺	uã 光筐狂	
æ̃ 张厂剩猛	iæ̃ 浆抢匠娘	uæ̃ 横	

（续）

əŋ 针村沉门	iŋ 浸亲琴民	uəŋ 温滚困魂	yŋ 俊熏裙
oŋ 东通铜脓	ioŋ 拥兄穷浓		
ɐʔ 百拍白额		uɐʔ 划	
	iɐʔ 甲雀协		
æʔ 搭塔达袜		uæʔ 挖刮滑	
ɔʔ 角壳薄摸			
oʔ 谷哭读木	ioʔ 浴肉	uoʔ 郭霍	
ɤʔ 鸽刻夺墨	iɤʔ 吃	uɤʔ 屋骨阔活	
ɪʔ 跌贴碟灭	iɪʔ 急切集日		yɪʔ 决靴局玉
m̩ 母		ŋ̍ 五	er 而

说明：

（1）单元音中，o、ɤ、ø的开口都比较小。

（2）i的摩擦比较强。

（3）部分e韵不稳定，读成了复元音εe。

（4）ɔʔ、oʔ已开始合并，部分ɔʔ字读oʔ。

（5）oʔ中的o嘴形不十分撮和圆。

3. 声调。南桥镇新派方言共有7个声调。

表7-7　南桥镇新派方言声调表

编号	调类	调值	例　字
1	阴平	53	东该灯风通开天春
2	阳平	31	门龙牛油铜皮糖红
3	阴上	44	懂古鬼九苦讨草
4	阴去	35	冻怪半四痛快寸去
5	阳去	24	买老五有动罪近后卖路硬乱洞地饭树
6	阴入	55	谷百搭节急哭拍塔切刻
7	阳入	23	六麦叶月毒白盒罚

说明：

（1）古阳上调与古阳去调合并，定名"阳去"。

（2）阴去调35，阳去调24，发音先平后升，可记为335、224。

南桥镇老派和新派的读音差异不大，较为显著的变化规律有以下几个方面。

(二)声母的变化

1. 从声母系统上看,老派和新派唯一存在差异的是 ɸ、β 和 f、v 两组。老派 ɸ、β 在 u 及以 u 为介音的韵母前都有变体。ɸ 有 ɸ 和 f,β 有 β、v 和 ɦ。变化规则不很明确。在 u 前多为 f 和 β,在 i 前多为 f 和 v,在其他韵母前多为 ɸ 和 v、ɦ。新派的读音较为规则,老派的 ɸ 声母新派全部读 f,老派 β 声母新派除少数来源于古奉母的字继续读 β 外,其他凡古奉母字读 v,古微母和匣母字读 ɦ,如:"浮"老派读 βɤ^{31},新派读 vɤ^{31};"武"老派读 βu^{13},新派读 ɦu^{13}。只有极个别例外。

2. 老派声母 tɕ 有一个带有轻微内爆的变体 ʄ,新派则全部读为 tɕ,如:"九"老派读 ʄiɤ^{44},新派读 tɕiɤ^{44};"金"老派读 ʄiŋ^{53},新派读 tɕiŋ^{53}。

3. 南桥镇方言中的鼻音、边音声母 m、n、l、ȵ、ŋ 的实际读音可分为两套 ʔm、ʔn、ʔl、ʔȵ、ʔŋ 和 mɦ、nɦ、lɦ、ȵɦ、ŋɦ,分别与阴声调和阳声调相配。但有小部分原来属清音的鼻音和边音,新派读音中改为浊的鼻音和边音,原来的阴声调也变为阳声调。如:"埋"老派读 mɑ^{53},新派读 mʌ^{31};"岩"老派读 ŋe^{53},新派读 ŋe^{31};"黏"老派读 ȵi^{53},新派读 ȵi^{31}。

(三)韵母的变化

新派的韵母系统与老派相比较,有两类变化:一是音质的变化,老派的后 ɑ,新派改读中 ʌ 等;二是韵母的增减,新派较老派少了 iu、iɛ、iæʔ、yø、uɔʔ 五个韵母,多了 yɪʔ、ouʔ 两个韵母。下面逐一说明。

第一类情况有:

1. 老派的后 ɑ,新派改读中 ʌ。如:"茄"老派读 gɑ^{31},新派读 gʌ^{31};"写"老派读 ɕiɑ^{44},新派读 ɕiʌ^{44};"怪"老派读 kuɑ^{35},新派读 kuʌ^{35}。相应的入声韵母 ɑʔ、iɑʔ 和 uɑʔ,也改读为 ʌʔ、iɐʔ 和 uʌʔ,如:"弱"老派读 ɑʔ^{23},新派读 ʌʔ^{23};"削"老派读 ɕiɑʔ^{55},新派读 ɕiɐʔ^{55};"划"老派读 ɦuɑʔ^{23},新派读 ɦuʌʔ^{23}。但鼻音韵母 ɑ̃、iɑ̃ 和 uɑ̃ 的读音没有发生变化。

2. 老派的 ioʔ 韵的部分字,新派归入 yɪʔ,如:"菊"老派读 tɕioʔ^{55},新派读 tɕyɪʔ^{55};"局"老派读 dʑioʔ^{23},新派读 dʑyɪʔ^{23}。

第二类情况有:

1. 老派的 iu 韵,新派并入 yɪʔ 韵,如:"靴"老派读 ɕiu^{53},新派读 ɕyɪʔ^{55}。

2. 老派的 iɛ 韵,新派或读 i、或读 ɛ 韵,如:"念"老派读 ȵiɛ^{13},新派读 ȵi^{13};"奸"老派读 tɕiɛ^{53},新派读 kɛ^{53}。

3. 老派的 iæʔ 韵,新派并入 iɐʔ 或 iɪʔ,如:"甲"老派读 tɕiæʔ^{55},新派读 tɕiɐʔ^{55};"捏"老派读 ȵiæʔ^{23},新派读 ȵiɪʔ^{23}。

4. 老派的 yøʔ 韵,新派并入 yɪʔ,如:"月"老派读 ȵyøʔ^{23},新派读 ȵyɪʔ^{23};"决"老派读 tɕyøʔ^{55},新派读 tɕyɪʔ^{55}。

5. 老派的 uɔʔ 韵,新派归入 uoʔ,如:"郭"老派读 kuɔʔ^{55},新派读 kuoʔ^{55}。

（四）声调的变化

南桥镇新老派的声调系统完全一样，都是7个声调，各调的调值也相同。但具体例字的归调，老派和新派不尽相同。

1. 老派阳平的调值为31，阳去的调值为13，新派的两个调的调值相同。但老派的部分原读为31的阳平字，新派改读为13，如："眉"老派读 mi^{31}，新派读 mi^{13}；"祠"老派读 z̩^{31}，新派读 z̩^{13}；"楼"老派读 lɤ^{31}，新派读 lɤ^{13}。老派的绝大部分原读为13的阳去字，新派改读为31，如："言"老派读 ɦi^{13}，新派读 ɦi^{31}；"纯"老派读 zəŋ^{13}，新派读 zəŋ^{31}；"锤"老派读 zø^{13}，新派读 zø^{31}。

2. 老派阴去（35）的部分字，新派归入阴平（53），如："句"老派读 tɕy^{35}，新派读 tɕy^{53}；"灶"老派读 tsɔ^{35}，新派读 tsɔ^{53}。这些字约占调查的全部阴去字的8%。老派阴去（35）的另一部分字新派归入阴上，如："左"老派读 tsu^{35}，新派读 tsu^{44}；"解"老派读 kɑ^{35}，新派读 kA^{44}。这些字约占12%。

3. 老派的部分阴上（44）字，新派归入阴去（35），如："贝"老派读 ɓe^{44}，新派读 ɓe^{35}；"盖"老派读 ke^{44}，新派读 ke^{35}。

二、文白异读

南桥镇方言中调查的1 000个单字中共记录了48个文读音，约占5%。其中声调的文白异读现象最少，如果声母、韵母不发生变异，声调一般没有变化。声母和韵母的不同主要体现在以下几个方面。

1. 古见系字，一般白读音为 k、h、g，文读音为 tɕ、ɕ、dʑ，如（斜线左边为白读，右边为文读）：假 kɑ^{44}/ tɕia^{44}、嫁 kɑ^{35}/ tɕia^{35}、叫 kɔ^{35}/tɕiɔ^{35}、锯 ke^{35}/ tɕy^{35}。但也有相反的情况，如：龟 tɕy^{53}/ kue^{53}、贵 tɕy^{35}/ kue^{35}；同类的情况还有：去 tɕʰi^{35}/ tɕʰy^{35}、亏 tɕʰy^{53}/kʰue^{53}。

2. 古晓母部分字白读为 h，文读为 ɕ，如：孝 hɔ^{35}/ɕiɔ^{35}。

4. 古奉母、微母某些字白读为重唇音或 m，文读为双唇擦音或零声母，如：味 mi^{13}/βi^{13}、问 məŋ^{13}/βəŋ^{13}、物 məʔ^{23}/βəʔ^{23}、晚 mɛ^{13}/ uɛ^{44}、肥 bi^{31}/βi^{31}。

4. 古日母存在文白异读时，一般白读为 ȵ，文读为 ɦ 或 z，如：儿 ȵi^{13}/ ɦɚ^{44}、二 ȵi^{13}/ ɦɚ^{13}、人 ȵiŋ^{31}/ zəŋ^{31}、日 ȵiʔ^{23}/ zəʔ^{23}。

第八节　浦东新区川沙镇方言

壹　概况

浦东新区位于上海市的东部，黄浦江以东，川沙镇（东经121°70′20″，北纬31°19′94″）原为川沙县城厢镇，是原川沙县人民政府所在地。川沙镇方言是原川沙县方言的代表。

2000年，川沙县撤销，成立浦东新区，新区行政区域包括原川沙县，以及原上海县、黄浦区、南市区、杨浦区的部分地区。全境面积为1 210.41平方千米，常住人口552.84万人，其中外来人口235.09万（2017年数据）。川沙方言常被称为"浦东话"（这是狭义的"浦东话"，广义的"浦东话"则指包括黄浦江以东的市区、川沙县、南汇县以及上海县部分地区内通行的方言）。本地普遍使用浦东话和普通话。川沙话近一二十年变化较快，年轻人受上海市区方言和普通话的影响较大。本地曾兴盛流行的地方戏曲有浦东说书，现已收入国家级非物质文化遗产名录。

本次调查记录的老年男性发音人是孙怀斌，汉族，1943年出生于川沙镇，后就读于川沙城厢小学和川沙五三中学，毕业后在浦东地区工厂工作，已退休。初中文化程度，会说川沙话（城厢镇本地话）和普通话，平时使用川沙话（城厢镇本地话）交流。其父是川沙镇人，说川沙话（城厢镇本地话）；其母是川沙镇人，说川沙话（城厢镇本地话）；其配偶是川沙镇人，说川沙话（城厢镇本地话）。

青年男性发音人是孙健，汉族，1970年出生于川沙镇，就读于川沙城厢小学、川沙五三中学和川沙师范学校，毕业后在浦东新区小学任教，大专文化程度，会说川沙话（城厢镇本地话）和普通话，平时使用川沙话（城厢镇本地话）和普通话交流。其父是川沙镇人，说川沙话（城厢镇本地话）；其母是川沙镇人，说川沙话（城厢镇本地话）；其配偶是川沙镇人，说川沙话（城厢镇本地话）。

贰　声韵调

以下所列为浦东新区川沙镇老派语音的音系。

一、声母

川沙镇方言共有30个声母。

表8-1　川沙镇方言声母表

ɓ 把帮八	pʰ 派品泼	b 爬病白	m 马明忙灭	ɸ 虎烘发	β 祸王房物
				f 飞凤福	ʋ 肥犯罚
ɗ 多东搭	tʰ 讨听踢	d 大糖达	n 奴暖脑		l 老蓝连力
ts 资早竹	tsʰ 刺清拆			s 丝想杀	z 字撞贼
tɕ 举金节	tɕʰ 去亲甲	dʑ 渠权剧	ȵ 年软热	ɕ 西想雪	ʑ 徐匠席
k 高共夹	kʰ 开困阔	g 茄共狂	ŋ 牙岸鹤	h 花喊黑	ɦ 鞋用盒
∅ 衣安鸭					

说明：

（1）ɓ和ɗ是内爆音。

（2）ɸ、β 和 f、ʋ 可以看做是同一组音的两套变体，ɸ 和 ʋ 只出现在个别字上。
（3）ȵ 有一个音位变体 ɲ，即"绕绕线"，统一记为 ȵ。

二、韵母

川沙镇方言共有49个韵母。

表8-2　川沙镇方言韵母表

ɿ 知师猪丝	i 梯年盐戏		y 居羽雨鬼
u 布歌苦过	iu 靴		
ᴀ 买带嫁鞋	iᴀ 借爷写野	uᴀ 快坏歪怪	
ɔ 包早毛宝	iɔ 条表笑桥		
o 爬花车瓦			
ɤ 狗头走油	iɤ 流酒九旧		
ɛ 班潭山眼	iɛ 炎念	uɛ 弯关惯	
e 爱菜来南		ue 碗块欢跪	
ø 安肝虾盘			yø 软卷权
ã 梗张朋猛	iã 阳蒋匠娘	uã 光~火横	
ɑ̃ 帮章糖忙	iɑ̃ 旺	uɑ̃ 框王狂	
ən 根深盆门	in 影冰平民	uən 困魂温	
oŋ 东风虫浓	ioŋ 拥兄云穷		
ᴀʔ 搭拆白麦	iᴀʔ 甲削药捏	uᴀʔ 刮	
æʔ 夹₂杀蜡袜			
ʌʔ 得色贼墨			
əʔ 渴出十末	uəʔ 阔骨		
ɔʔ 恶霍勺落	uɔʔ 郭		
œʔ 脱夺			yœʔ 橘月菊血
oʔ 剥落局木	ioʔ 曲育局肉		
	iiʔ 贴吸热杰		
əl 而耳儿	m̩ 姆	ŋ̍ □~奶,奶奶第一音节	ŋ̍ 鱼五

说明：
（1）ən 的鼻音韵尾介于 n 和 ŋ 之间。
（2）发 æʔ 时，双唇比较松弛。
（3）ɔʔ 组里，ɔ 的口型较大。

三、声调

川沙镇方言共有7个声调。

表8-3　川沙镇方言声调表

编号	调类	调值	例　字
1	阴平	53	东该灯风通开天春
2	阳平	213	门龙牛油铜皮糖红买老五有罪动近后
3	阴上	44	懂古鬼九统苦讨草
4	阴去	35	冻怪半四痛快寸去
5	阳去	13	卖路硬乱洞地饭树
6	上阴入	5̲5̲	谷急哭刻百搭节拍
7	阳入	2̲3̲	六麦叶月毒白盒罚

说明：

古阳上和阳平调值相同。

叁　连读变调

两字组连读变调见下表。

表8-4　川沙镇两字组连读变调表

前字＼后字	1阴平	2阳平	3阴上	4阳上	5阴去	6阳去	7阴入	8阳入
1阴平	55+53	55+21					55+ʔ53	
2阳平		22+22			22+44		22+ʔ44	
3阴上	33+53	35+21			44+44		33+ʔ53	
4阳上	22+53	13+21			22+34		22+ʔ53	
5阴去	33+53	35+21 44+44			55+21 44+44		33+ʔ53	
6阳去	22+53	13+21			22+34		22+ʔ53	
7阴入	ʔ33+53	ʔ44+44			ʔ33+34		ʔ33+ʔ53	
8阳入		ʔ22+34					ʔ22+ʔ34	

肆　异读

一、新老异读

浦东新区川沙镇方言新派和老派的读音差异较大，包括一些较为显著的变化。下面先列出本次调查获得的新派音系，再对两者不同之处逐项描述。

（一）新派音系

1. 声母。川沙镇新派方言共28个声母。

表8-5　川沙镇新派方言声母表

ɓ 拜兵八	pʰ 派品泼	b 爬病白	m 味明麦	f 飞蜂发	ʋ 饭王活
ɗ 多东搭	tʰ 讨吞托	d 甜桶毒	n 脑能		l 老林辣
ts 资张竹	tsʰ 刺寸拆			s 丝双色	z 字城贼
tɕ 酒金甲	tɕʰ 去清七	dʑ 权琴集	ȵ 年人热	ɕ 先心吸	ʑ 全寻习
k 高根割	kʰ 开肯客	g 茄共	ŋ 熬硬额	h 好风黑	ɦ 县用药
∅ 安温挖					

说明：

（1）有内爆音 ɓ 和 ɗ。
（2）唇齿擦音 f 有双唇擦音变体 ɸ，只有"火"和"虎"两个字，音系中归入 f。

2. 韵母。川沙镇新派方言共49个韵母。

表8-6　川沙镇新派方言韵母表

ɿ 猪刺丝迟	i 低剃弟米	u 歌苦婆磨	y 举取渠女
ᴀ 拜排鞋牙	iᴀ 姐写夜	uᴀ 怪快坏	
ɔ 宝炮抱毛	iɔ 表票桥庙		
o 把沙茶马			
ɤ 抖偷头楼	iɤ 九休有牛		
ɛ 该贪袋难	iɛ 契炎	uɛ 弯关	
e 改开台煤		ue 危官宽卫	
ø 肝看善暖			yø 卷圈权原
ã 张厂长猛	iã 浆抢匠娘		
ɑ̃ 党糠糖忙	iɑ̃ 旺	uɑ̃ 光筐狂	

（续）

ən 针寸神门	in 浸亲琴民	uən 温滚困魂	yn 均熏匀
oŋ 东通铜聋	ioŋ 用兄穷浓		
ʌʔ 百拍白袜	iʌʔ 甲削协捏	uʌʔ 挖刮	
			yɛʔ 靴
æʔ 搭塔达辣			
ʌʔ 得刻特	iʌʔ 吃		
əʔ 折出十物		uəʔ 骨	
ɔʔ 角壳学鹤		uɔʔ 郭	
œʔ 盒			yœʔ 决缺局月
oʔ 剥泼薄墨	ioʔ 肉浴	uoʔ 阔夺	
	iiʔ 跌铁碟灭		
m̩ 母			ŋ̍ 鱼五

说明：
（1）yɛ 韵只有一个"靴"字。
（2）发 ɔʔ 时，口型较大。

3. 声调。川沙镇新派方言共6个声调。

表8-7 川沙镇新派方言声调表

编号	调类	调值	例字
1	阴平	53	东该灯风通开天春
2	阴上	44	懂古鬼九统苦讨草
3	阴去	35	冻怪半四痛快寸去
4	阳去	13	门龙牛油铜皮糖红买老五有罪动近后卖路硬乱洞地饭树
5	阴入	55	谷急哭刻百搭节拍
6	阳入	23	六麦叶月毒白盒罚

说明：
阳平、阳上和阳去调值相同，并入阳去。

（二）声母的变化

1. 老派的 ɸ，新派分别读为 f 或 h；如："货"老派读 ɸu³⁵，新派读 fu³⁵，"烘"老派读

ɸoŋ⁵³，新派读hoŋ⁵³；"父"老派读βu²¹³，新派读ʋu¹³，"河"老派读βu²¹³，新派读ɦu¹³。老派的β，新派分读为ɦ或ʋ。

2. 古疑母字新老派变化最多。部分字老派读ȵ的字，新派改读ɦ或零声母。如："迎"老派读ȵin²¹³，新派读in³⁵；"业"老派读ȵiɪʔ²³，新派读ɦiɪʔ²³；"遇"老派读ȵy²¹³，新派读ɦy¹³；"蚁"老派读ȵi¹³，新派读ɦi¹³；"业"老派读ȵiɪʔ²³，新派读ɦiɪʔ²³。个别古日母字，老派读ȵ，新派读l，如："褥"老派读ȵio²³，新派读lu¹³。部分老派ŋ声母、韵母是u的字，新派改读ɦ，如："鹅"老派读ŋu²¹³，新派读ɦu¹³；"饿"老派读ŋu¹³，新派读ɦu¹³。

3. 老派个别dʑ声母的古群母字，新派改读tɕ，如："柜"老派读dʑy¹³，新派读tɕy⁴⁴。"劲"为古见母字，老派读dʑin²¹³，新派改读tɕin³⁵。

4. 老派的部分浊擦音z声母的古从母字，新派改读浊塞擦音dz，如："集"老派读ziɪʔ²³，新派读dziɪʔ²³；"截"老派读ziɪʔ²³，新派读dziɪʔ²³；"静"老派读zin²¹³，新派读dzin¹³。但部分古从母字新派保留了原来的z。

5. 部分老派浊声母字，新派改读清声母或零声母。如老派ɦ声母字中，有部分新派有改读，如："系"老派读ɦi¹³，新派读ɕi⁴⁴；"蝇"老派读ɦin²¹³，新派读in⁵³。老派z声母，新派也有改读，如："治"老派读zɿ¹³，新派读tsɿ³⁵；"传"老派读zø²¹³，新派读tsø⁴⁴；"择"老派读zəʔ²³，新派读tsəʔ⁵⁵；"溪"老派读zi²¹³，新派读ɕi⁵³。

6. 其他声母发生改变的情况还有："延"老派读ɦi²¹³，新派读ȵi¹³；"防"老派读bã²¹³，新派读ʋã¹³；"侧"老派读tsʌʔ⁵⁵，新派读tsʰʌʔ⁵⁵。这些改变，都可以看出普通话和市中心区方言的影响。

（三）韵母的变化

1. 新派与老派的韵母系统相比，新派少了uɔʔ韵母。老派的uɔʔ韵母字，新派改读uoʔ，如："郭"老派读kuɔʔ⁵⁵，新派读kuoʔ⁵⁵。

2. 新派较老派多了uoʔ和yɛʔ两个韵母。其中uoʔ韵母，来源于老派的部分œʔ韵母、uəʔ韵母、ɔʔ韵母和uɔʔ韵母字，如："脱"老派读tʰœʔ⁵⁵，新派读tʰuoʔ⁵⁵；"夺"读dœʔ²³，新派读duoʔ²³；"阔"老派读kʰuəʔ⁵⁵，新派读kʰuoʔ⁵⁵；"霍"老派读hɔʔ⁵⁵，新派读huoʔ⁵⁵；"郭"老派读kuɔʔ⁵⁵，新派读kuoʔ⁵⁵。新派的yɛʔ韵，老派读u，如："靴"老派读su⁵³，新派读ɕyɛʔ⁵⁵。

3. 声母为β的部分蟹摄、止摄、山摄合口字，老派读e，新派读ue，如："回"老派读βe²¹³，新派读ɦue¹³；"位"老派读βe¹³，新派读ɦue¹³；"完"老派读βe²¹³，新派读ɦue¹³。

4. 老派和新派都有ɛ韵和e韵，但统属的字不完全相同。大部分古咸摄字，老派读e，新派分读，见母、匣母、影母字，读ø，如："感"老派读ke⁴⁴，新派读kø⁴⁴；"暗"e³⁵，新派读ø³⁵；透母、疑母字读ɛ，如："胎"老派读tʰe⁵³，新派读tʰɛ⁵³；"袋"老派读de¹³，新派读dɛ¹³。

5. 老派ø韵帮组字，新派改读e，如："搬"老派读bø⁵³，新派读be⁵³；"盘"老派读bø²¹³，新派读be¹³。

6. 老派部分 in 韵字，新派改归 yn 韵，如："俊" 老派读 tɕin³⁵，新派读 tɕyn³⁵；老派部分臻摄合口三等读 ioŋ 韵字，新派也读 yn，如："运" 老派读 ɦioŋ²¹³，新派读 ɦyn¹³。这种变化，明显受到普通话读音的影响。

7. 老派凡 æʔ 韵合口三等非组字，新派读 ʌʔ。如："挖" 老派读 βæʔ⁵⁵，新派读 uʌʔ⁵⁵；"罚" 老派读 ʋæʔ²³，新派读 ʋʌʔ²³。

8. 老派的 ʌʔ 韵字，新派凡帮组、知组字仍读 ʌʔ，其他声母字新派读 əʔ。如："格" 老派读 kʌʔ⁵⁵，新派读 kəʔ⁵⁵；"策" 老派读 tsʰʌʔ⁵⁵，新派读 tsʰəʔ⁵⁵。

（四）声调的变化

1. 老派阳上调，新派并入阳去，如："图" 老派读 du²¹³，新派读 du¹³；"锣" 老派读 lu²¹³，新派读 lu¹³。

2. 老派部分古阴去字读阴上 44，新派仍归阴去 35。如："课" 老派读 kʰu⁴⁴，新派读 kʰu³⁵；"句" 老派读 tɕy⁴⁴，新派读 tɕy³⁵。老派部分读 35 的阴去字，新派改为阴上 44，如："许" 老派读 ɕy³⁵，新派读 ɕy⁴⁴，"盖" 老派读 ke³⁵，新派读 ke⁴⁴。

二、文白异读

本次调查中记录的文白异读较少。

1. 个别字有两读，如："雀" 读 tɕiã⁴⁴，又读 tɕʰiAʔ⁵⁵，前一个读音只出现在口语里。

2. 部分字口语里无音，如：洗、黏、缠、闩、窄。

3. 部分字的读音，新派更接近普通话，如："褥"，老派读 ȵioʔ²³，新派读 lu¹³；"泼" 老派读 pʰəʔ⁵⁵，新派读 pʰoʔ⁵⁵，应属文读音。

第九节 浦东新区惠南镇方言

壹 概况

浦东新区位于上海市的东部，面积为 1 210.41 平方千米，常住人口 552.84 万人，其中外来人口 235.09 万（2017 年数据）。浦东新区由原川沙区和原南汇区合并而成。其中的原南汇区位于上海市东南，黄浦江东岸，合并前面积 809.5 平方千米，户籍人口 97.50 万人（2006 年数据），2009 年南汇区并入浦东新区。惠南镇（东经 121°75′60″，北纬 31°05′36″）是原南汇区的区治所在地，其方言是南汇区（县）方言的代表。惠南镇话为本地普遍通用的方言。近一二十年本地方言变化较快，年轻人受上海话和普通话的影响较大。本地曾经流行的地方戏曲有浦东说书、锣鼓书等。

本次调查记录的老年男性发音人是池波，汉族，1945 年出生于上海市惠南镇，后在惠南镇小学、南汇县中学就读。毕业后在惠南镇小学任教和在南汇供销工业总公司工作,大专文化程度,会说惠南话、普通话,平时以惠南话(南汇话)交流。其父是惠南镇人,说惠南话;其母是惠南镇人,说惠南话;其配偶是惠南镇人,说惠南话。

本次调查记录的青年男性发音人是陆毅,汉族,1980年出生于惠南镇。后在南汇县实验小学、南汇县实验学校就读。毕业后在南汇水务集团有限公司工作。大专文化程度,会说惠南话和普通话,平时以惠南话和普通话交流。其父是惠南镇人,说惠南话;其母是惠南镇人,说惠南话;其配偶是惠南镇人,说惠南话。

贰　声韵调

以下所列为浦东新区惠南镇老派方言的语音音系。

一、声母

惠南镇方言有30个声母。

表9-1　惠南镇方言声母表

ɓ 拜兵八	p^h 派品泼	b 爬病鼻	m 麦明灭	ɸ 火反富	β 父坟滑
				f 飞蜂法	ʋ 浮凤罚
ɗ 多东搭	t^h 讨听铁	d 甜铜毒	n 脑南能		l 老林蜡
ts 资张竹	ts^h 草春拆			s 丝双设	z 字城贼
tɕ 酒金吉	$tɕ^h$ 气轻切	dʑ 权琴极	ȵ 年人月	ɕ 书响吸	ʑ 全寻绝
k 高根夹	k^h 开困阔	g 茄共狂	ŋ 熬硬鹤	h 好风瞎	ɦ 县云药
∅ 安温鸭					

说明:

(1)内爆音ɓ和ɗ分别包括同一音位变体,即内爆不明显的p和t,这种情况只有个别例字,比如"拜"和"带",统一记为ɓ和ɗ。

(2)ɸ与β包括f、ʋ和ɸ、β两组变体,两组变体出现的条件基本上互补,统一记为ɸ与β。另外,β、ʋ拼开口韵时带有轻微的滑音u,比如"滑、挖"。

(3)ȵ包括少量同一音位变体ɲ,比如"绕线、牛、捏、软、原、月、肉、玉",统一记为ȵ。

(4)tɕ包括极少量同一音位变体ʔj,比如"筋、脚、镜",统一记为tɕ。

(5)发边音l时,有较多气流通过。

二、韵母

惠南镇方言共有47个韵母。

表9-2 惠南镇方言韵母表

ɿ 猪刺丝池	i 二梯弟米	u 歌苦磨坐	y 主竖雨遇
A 假派鞋牙	iA 借写谢	uA 怪快坏	
o 把花茶瓦			
ɔ 宝炮抱毛	iɔ 焦笑桥庙		
ɛ 胆毯淡蓝	iɛ 炎念	uɛ 惯顽	
E 改开赔南		uE 官块柜	
ø 肝看罪乱			yø 卷劝权软
ɤ 抖偷豆楼	iɤ 丢九旧牛		
ã 打坑朋硬	iã 桨抢像娘		
ɑ̃ 帮糠党忙	iɑ̃ 旺	uɑ̃ 光筐狂	
ən 深春沉门	in 冰心病民	uən 滚困魂	
oŋ 东通桶聋	ioŋ 军兄穷用		
AʔA 百拍白麦	iAʔ 甲剧捏	uAʔ 刮	
æʔ 搭塔踏辣		uæʔ 挖	
oʔ 北哭族绿	ioʔ 曲局玉		
œʔ 夺			yœʔ 决缺越月
ʌʔ 得刻直墨	iʌʔ 吃		
əʔ 割渴十末	iɿʔ 跌贴碟热	uəʔ 骨阔	
ɒʔ 角壳学摸		uɒʔ 郭	
m̩ 母	ŋ̍ 五		

说明:
(1) 发o时,口型较大,但不到ɔ。
(2) 发u时,口型较大,比较松。
(3) 发ə时,口型较大。
(4) ən介于ne和ŋe之间。
(5) in有时近似iʌŋ。
(6) 发æʔ时,双唇比较松弛。
(7) 发əʔ时,口型较大。
(8) 发ɒʔ时,口型较松。
(9) 发oʔ时,o的口型较大。

三、声调

惠南镇方言有7个声调。

表9-3 惠南镇方言声调表

编号	调类	调值	例　　字
1	阴平	53	东该灯风通开天春
2	阳平	113	门龙牛油铜皮糖红买老五有罪动近后
3	阴上	44	懂古鬼九统苦讨草
4	阴去	35	冻怪半四痛快寸去
5	阳去	13	卖路硬乱洞地饭树
6	阴入	55	谷急哭刻百搭节拍
7	阳入	23	六麦叶月毒白盒罚

说明：

（1）阳上和阳平调值相同。

（2）"憋、窄"两字的实际调值是45，都记为55。

叁　连读变调

两字组连读变调见下表。

表9-4 惠南镇方言两字组连读变调表

前字＼后字	1阴平	2阳平	3阴上	4阳上	5阴去	6阳去	7阴入	8阳入
1阴平	55+53	55+31					55+ʔ53	
2阳平	22+33				22+35		22+ʔ33	
3阴上	35+53	35+31、44+44		44+44		35+ʔ53		
4阳上	13+53	13+31、31+35		31+35、13+31		13+ʔ53		
5阴去	35+53	35+31、44+44		44+44、55+31		35+ʔ53		
6阳去	13+53	13+31、31+35		31+35、13+31		13+ʔ53		
7阴入	ʔ55+53	ʔ55+44		ʔ55+35		ʔ55+ʔ53		
8阳入	ʔ22+113			ʔ22+13		ʔ22+ʔ23		

肆 异读

一、新老异读

惠南镇新派和老派的读音差异不大,下面先列出新派音系,再对新老派的异同逐一说明。

(一)新派音系

1. 声母。惠南镇新派方言共有28个声母。

表9-5 惠南镇新派方言声母表

ɓ 拜兵八	pʰ 派品拍	b 派贫白	m 味明麦	f 飞蜂发	ʋ 饭活王
ɗ 多东搭	tʰ 讨吞塔	d 甜藤毒	n 脑能		l 老林立
k 高滚骨	kʰ 开困客	g 茄共狂	ŋ 牙硬鹤	h 好风黑	ɦ 县用药
ts 资张竹	tsʰ 草寸拆			s 山双色	z 字城十
tɕ 酒金甲	tɕʰ 去清切	dʑ 权琴集	nʑ 年人月	ɕ 写想吸	ʑ 谢寻
ø 烟印一					

说明:

(1)内爆音ɓ和ɗ分别包括同一音位变体p和t,ɓ和ɗ在数量上略多于同一音位变体p和d,统一记为ɓ和ɗ。

(2)ʋ拼开口呼时,带有轻微的滑音u,比如"滑、挖"。

(3)有些带有浊流ɦ的字,浊流较轻,比如"油"。

(4)发边音l时,有较多气流通过。

(5)跟老派相比,有些浊声母字已读清音,比如"斜、治、择、缚"。

2. 韵母。惠南镇新派方言共有51个韵母。

表9-6 惠南镇新派方言韵母表

ɿ 制刺竖	i 姐去币米	u 多拖大磨	y 举区渠女
ᴀ 拜派牙排	iᴀ 借写谢	uᴀ 歪怪快	
o 把错茶马			
ɔ 高靠抱毛	iɔ 表票桥庙		
ɛ 胆毯潭蓝		uɛ 弯关	
ᴇ 贝配赔煤		uᴇ 桂块柜	
ø 肝看岸南			yø 卷圈权软
ɤ 抖偷头楼	iɤ 九休旧牛		

（续）

ã 争厂硬猛	iã 姜抢像娘	
ɑ̃ 党汤糖网	iɑ̃ 旺	uɑ̃ 光筐狂
əŋ 针村陈门	in 冰品贫民	uən 温滚困　　yn 均裙
oŋ 东痛动弄	ioŋ 拥兄穷	uoŋ 翁
ʌʔ 择拆白	iʌʔ 约甲剧	uʌʔ 刮
æʔ 搭塔踏袜		uæʔ 挖
oʔ 谷哭读目	ioʔ 菊曲局肉	uoʔ 屋
		yœʔ 橘缺绝月
ʌʔ 织测特墨	iʌʔ 吃	
əʔ 鸽渴十额		uəʔ 骨阔
iʔ 锡	iiʔ 跌贴碟业	
ɔʔ 角壳薄摸		
uʔ 泼夺末		
ɛʔ 摘		
m̩ 母	n̩ 奶	ŋ̍ 五

说明：

（1）发o时，口型较大，但不到ɔ。

（2）发æʔ时，双唇比较松弛。

（3）发əʔ时，口型上下张开较大。

（4）个别入声字的字音在一定程度上受普通话影响，跟老派读音有差异，比如"削"的韵母为ioʔ，"屋"的韵母为uoʔ。

3. 声调。惠南镇新派方言共有6个声调。

表9-7　惠南镇新派方言声调表

编号	调类	调值	例字
1	阴平	53	东该灯风通开天春
2	阴上	44	懂古鬼九统苦讨草
3	阴去	35	冻怪半四痛快寸去
4	阳去	13	门龙牛油铜皮糖红买老五有罪动近后卖路硬乱洞地饭树
5	阴入	55	谷急哭刻百搭节拍
6	阳入	23	六麦叶月毒白盒罚

说明：
阳平、阳上和阳去的调值相同。

(二) 声母的变化

比较新老派的语音，声母方面较为显著的变化有以下几个方面。

1. 从声母系统上看，新老派相比较，新派比老派少了 ɸ、β 两个声母。老派的 ɸ 声母，新派归入 f，如："火"老派读 ɸu⁴⁴，新派读 fu⁴⁴；"反"老派读 ɸɛ⁴⁴，新派读 fe³⁵。老派的 β 声母，新派大部归入 ʋ，如："饭"老派读 βɛ¹³，新派读 ʋɛ¹³。遇摄合口三等韵母为 u 的，新派声母归 ɦ，如："父"老派读 βu¹³，新派读 ɦu¹³；"武"老派读 βu¹³，新派读 ɦu¹³。

2. 老派部分 ɦ 声母字，当韵母为合口的 uE、uA、uɛ、uən 时，新派读 ʋ 声母，韵母变为不带 u- 韵头的单元音韵母，如："会"老派读 ɦuE¹³，新派读 ʋE¹³；"位"老派读 ɦuE¹³，新派读 ʋE¹³；"顽"老派读 ɦuɛ¹³，新派读 ʋɛ¹³。

3. 古澄母老派读 z 声母的字，其中少部分字新派改读 ts 声母，如："治"老派读 zɿ¹¹³，新派读 tsɿ³⁵；"传(传记)"老派读 zE¹¹³，新派读 tsø³⁵；"择"老派读 zA²³，新派读 tsA⁵⁵。还有一部分 z 声母字新派分别改读不同声母，如："射"老派读 zɔ¹³，新派读 sə⁵⁵；"任"老派读 zən¹³，新派读 ȵin¹³；"族"老派读 zoʔ²³，新派读 dzoʔ²³；"褥"老派读 zoʔ²³，新派读 lu¹³。这些不规则的音变，可能是受普通话语音的影响。

4. 老派声母是 ʑ，新派有多个读音。部分字新派仍保留 ʑ，如："谢"老派读 ʑiA¹¹³，新派也读 ʑiA¹³；"系"老派读 ʑi¹¹³，新派也读 ʑi¹³。部分字新派改读 dʑ，如："集"老派读 ʑiiʔ²³，新派读 dʑiiʔ²³；"绝"老派读 ʑiiʔ²³，新派读 dʑyœʔ²³。部分字新派读 ʐ，这部分字多为遇摄合口三等，如"住"，老派读 ʑy¹¹³，新派读 ʐu¹³；"竖"老派读 ʑy¹¹³，新派读 ʐɿ¹³。部分字新派读 ɕ，如"斜"老派读 ʑiA¹¹³，新派读 ɕiA³⁵。还有部分字新派读 ɦ，这部分字均为古从母或邪母字，如"徐"老派读 ʑi¹¹³，新派读 ɦi¹³；"钱"老派读 ʑi¹¹³，新派读 ɦi¹³；"像"老派读 ʑiã¹¹³，新派读 ɦiã¹³；"席"老派读 ʑiiʔ²³，新派读 ɦiiʔ²³。

5. 老派部分清声母 ts 的字，新派改读浊声母 z，如："占"老派读 tsE⁴⁴，新派读 zɛ¹³；"折"老派读 tsʌʔ⁵⁵，新派读 zʌʔ²³；"窄"老派读 tsA²³，新派读 zA²³。

6. 老派的 ɦ 声母字中，部分咸摄和山摄三等字，新派读 ȵ 声母，如："炎"老派读 ɦiɛ¹¹³，新派读 ȵi¹³；"言"老派读 ɦi¹¹³，新派读 ȵi¹³；"园"老派读 ɦyø¹¹³，新派读 ȵyø¹³。

7. 老派部分零声母字，新派有多种声母，如："柱"老派读 y⁴⁴，新派读 zu¹³；"爱"老派读 E³⁵，新派读 ŋe³⁵；"嫌"老派读 i⁵³，新派读 ɦi¹³；"益"老派读 iiʔ⁵⁵，新派读 ȵi¹³。变化的条件不太清楚。

(三) 韵母的变化

从韵母系统看，新老派差异较大，新派较老派少了 iɛ、œʔ、ɒʔ、uɒʔ 四个韵母，多了 yn、uoŋ、uoʔ、iʔ、ɔʔ、uʔ、Eʔ 六个韵母。此外相同韵母的所辖字也不尽相同。分述如下。

1. 老派的 iɛ 韵，新派全部并入 i 韵，如："炎"老派读 ɦiɛ¹¹³，新派读 n̠i¹³；"念"老派读 n̠iɛ¹³，新派读 n̠i¹³。

2. 老派的 ɒʔ 韵母字，新派归入其他韵母，分入的韵母较多，条件也较为复杂。从本次调查记录的例字看，大体如下：① 古铎韵帮组字、药韵庄组字、觉韵见组字和匣母字，新派多读 ɔʔ 韵母，如："薄"老派读 bɒʔ²³，新派读 bɔʔ²³；"勺"老派读 zɒʔ²³，新派读 zɔʔ²³；"角"老派读 kɒʔ⁵⁵，新派读 kɔʔ⁵⁵。② 古铎韵见组字、觉韵庄组、帮组字，新派归入 əʔ 韵，如："各"老派读 kɒʔ⁵⁵，新派读 kəʔ⁵⁵；"镯"老派读 zɒʔ²³，新派读 zəʔ²³；"剥"老派读 ɓɒʔ⁵⁵，新派读 ɓəʔ⁵⁵。③ 古铎韵匣母字和影母字，新派归入 oʔ 韵，如："鹤"老派读 ɦɒʔ²³，新派读 ɦoʔ²³；"恶"老派读 ɒʔ⁵⁵，新派读 ŋoʔ²³。④ 铎韵精组和端组字、药韵非组字、觉韵知组字，新派归入 u 韵，如："作"老派读 tsɒʔ⁵⁵，新派读 tsu³⁵；"缚"老派读 βɒʔ²³，新派读 fu³⁵；"托"老派读 tʰɒʔ⁵⁵，新派读 tʰu⁵³；"桌"老派读 tsɒʔ⁵⁵，新派读 tsu⁵³。⑤ 老派的 uɒʔ 韵，只有一个"郭"字，老派读 kuɒʔ⁵⁵，新派读 ku⁵³，归入 u 韵。

3. 老派的 œʔ 韵只有一个"夺"字，老派读 dœʔ²³，新派读 duʔ²³。

4. 新派多出的六韵中，yn 韵来源于老派 ioŋ 韵中古谆、文韵的见组和云、以两母字，如："均"老派读 tɕioŋ⁵³，新派读 tɕyn⁵³；"匀"老派读 ioŋ⁵³，新派读 ɦyn¹³。"军"老派读 tɕioŋ⁵³，新派读 tɕyn⁵³；"云"老派读 ɦioŋ¹¹³，新派读 ɦyn¹³。

5. 新派的 ɔʔ 韵，来源于宕、江两摄中老派 ɒʔ 韵字，如："薄"老派读 bɒʔ²³，新派读 bɔʔ²³；"摸"老派读 mɒʔ²³，新派读 mɔʔ²³。但老派的 ɒʔ 并不是全部归入新派的 ɔʔ。

6. 新派的 uoʔ、iʔ、ɛʔ 韵。新派的 uoʔ 韵本次调查到的仅"屋"一字，老派读 oʔ⁵⁵，新派读 uoʔ⁵⁵。新派 iʔ 韵本次调查到的也仅一字"锡"，老派读 ɕiɪ⁵⁵，新派读 ɕiʔ⁵⁵。新派 ɛʔ 韵本次调查到的也仅一字"摘"，老派读 tsʌʔ⁵⁵，新派读 tsɛʔ⁵⁵。这些韵可能均为受普通话影响而产生的新韵母。

7. 新派的 uʔ 韵，来源于老派中古山摄合口一等读 əʔ 韵部分字和读 œʔ 韵的字，分化条件不太明确。如："泼"老派读 pʰəʔ⁵⁵，新派读 pʰuʔ⁵⁵；"末"老派读 məʔ²³，新派读 muʔ²³；"夺"老派读 dœʔ²³，新派读 duʔ²³。可能是受普通话读音影响产生的新韵母。

8. 新老派的差异，除韵的增减外，部分字的归韵，新派与老派也有不同。如老派的部分 oŋ 韵字，新派归入 əŋ 韵，如："蓬"老派读 boŋ¹¹³，新派读 bəŋ¹³；"封"老派读 foŋ⁵³，新派读 fəŋ⁵³；"缝"老派读 ɦoŋ¹³，新派读 vəŋ¹³。这些字的声母多为中古帮组或非组字。老派韵中的"翁"oŋ⁵³ 字，新派读 uoŋ⁵³，此韵是新派新增，例字也仅一字。老派的部分 ioŋ 韵字，新派的读音也发生分化，除大部分字保留 ioŋ 韵外，新分出 yn 韵，已见上述。

9. 老派 ã 韵部分字，新派读 əŋ，如："梗"老派读 kã⁵³，新派读 kəŋ³⁵；"争"老派读 tsã⁵³，新派读 tsəŋ⁵³。很可能是受普通话读音的影响。

10. 老派的部分 ʌʔ 韵字，新派大部保留原韵，小部分发生分化，分别归入 əʔ、æʔ 或 ɛʔ 韵。如："格"老派读 kʌʔ⁵⁵，新派读 kəʔ⁵⁵；"策"老派读 tsʰʌʔ⁵⁵，新派读 tsʰəʔ⁵⁵。"麦"老派读 mʌʔ²³，新派读 mæʔ²³；"摘"老派读 tsʌʔ⁵⁵，新派读 tsɛʔ⁵⁵，已如上述。

11. 老派的 əʔ、iʔ、oʔ 等韵部分字的读音在新派读音中也有变化，但缺少明显的变化规律，如："杂"老派读zəʔ²³，新派读zæʔ²³；"别"老派读bəʔ²³，新派读biiʔ²³；"绝"老派读ziiʔ²³，新派读dʑyœʔ²³。

（四）声调的变化

1. 新老派声调系统中最大的不同是新派较老派少一个阳上调，老派阳上字新派绝大多数并入阳去，如："坐"老派读zu¹¹³，新派读zu¹³；"图"老派读du¹¹³，新派读du¹³。个别字因声母变化而归入其他调，如："斜"老派读ziA¹¹³，新派读ɕiA³⁵；"治"老派读ʐʅ¹¹³，新派读tsʅ³⁵；"传"老派读zE¹¹³，新派读tsø³⁵。多为声母清化而连带造成的声调改变。

2. 惠南镇方言中另一个有意思的现象是，老派的部分阴上(44)字，新派读阴去调(35)，同时老派的部分阴去(35)字，新派读阴上调(44)。如："写"老派读ɕiA⁴⁴，新派读ɕiA³⁵；"虎"老派读ɸu⁴⁴，新派读fu³⁵。又如："紫"老派读tsʅ³⁵，新派读tsʅ⁴⁴；"正"老派读tsəŋ³⁵，新派读tsəŋ⁴⁴。

二、文白异读

本次调查中记录的文白异读字较少，现将调查发现的文白异读现象罗列于下。（斜线左边为白读，右边为文读）

1. 个别古微母字，白读为重唇音m，文读为轻唇音v，如：问mən¹³/vən¹³。

2. 部分假摄、蟹摄和效摄古见母二等字，白读为k，文读为tɕ，如：假kA⁴⁴/tɕiA⁴⁴，嫁kA³⁵/tɕiA³⁵，戒kA³⁵/tɕiA³⁵，解kA⁴⁴/tɕiA⁴⁴，交kɔ⁵³/tɕiɔ⁵³。

3. 部分古日母字，白读为ȵ，文读为z或带浊流的零声母，通常标写为ɦ。读z的都是臻摄和通摄字，读ɦ的都是止摄字。如：儿ȵi¹¹³/ɦəl¹¹³，二ȵi¹¹³/ɦəl¹¹³，耳ȵi¹¹³/ɦəl¹¹³；人ȵi¹¹³/zəŋ¹¹³，认ȵi¹¹³/zəŋ¹¹³，闰ȵi¹¹³/zəŋ¹³，日ȵiiʔ²³/zəʔ²³；褥ȵio?²³/zoʔ²³。由于声母的改变，韵母也随之有所改变，如"日"的韵母，白读为iiʔ，文读为əʔ；"褥"的韵母，白读为ioʔ，文读为oʔ。

4. 个别止摄合口三等的见组母字，白读为腭化声母tɕ、dʑ，文读保留了比较古老的k、ɡ，如：贵tɕy³⁵/kuE³⁵，跪dʑy¹¹³/ɡuE¹¹。

5. 部分遇摄合口一等字疑母字，白读为单独成韵的ŋ，文读为声母v或带浊流的零声母ɦ，如：五ŋ¹¹³/ɦu¹¹³，吴ŋ¹¹³/vu¹³。

6. 效摄开口二等晓母的"孝"字，白读声母为h，文读声母为ɕ，韵母也随之发生改变，如："孝"白读为hɔ³⁵，文读为ɕiɔ³⁵。韵母有类似的变化还有同为效摄的见母"交"字，白读为kɔ⁵³，文读为tɕiɔ⁵³。

7. 文白异读反映在韵母方面主要有两种情况：一是部分韵母随着声母的改变同时发生变化，如假摄和蟹摄的部分开口二等字，声母由k改读为tɕ，韵母A相应地改变为iA，如：假kA⁴⁴/tɕiA⁴⁴、解kA⁴⁴/tɕiA⁴⁴、嫁kA³⁵/tɕiA³⁵、戒kA³⁵/tɕiA³⁵。二是受普通话的影响，更换为与普通话韵母相同或相近的韵母，如：大_小 du¹³/da¹³、去tɕʰi³⁵/tɕʰy³⁵、鱼ɦŋ¹¹³/ɦy¹¹³、生sã⁵³/səŋ⁵³、剩zã/zəŋ¹¹³、带_动 dA³⁵/dE³⁵、晒so³⁵/sa³⁵等。

8. 果摄和蟹摄的个别字，白读韵母为ᴀ，文读韵母为u、ɛ或o，如："大~小" dᴀ¹³/du¹³、"晒" sᴀ³⁵/so³⁵、"带动" dᴀ³⁵/dɛ³⁵。

9. 部分臻摄字，白读韵母为in，文读韵母为əŋ，如：人n̠in¹¹³/zəŋ¹¹³、认n̠in¹³/zəŋ¹³、闰n̠in¹³/zəŋ¹³。

10. 其余文白读有异的还有曾摄和梗摄的个别字，白读韵母为ã，文读韵母为əŋ，如：剩zã¹¹³/zəŋ¹¹³、生sã⁵³/səŋ⁵³；江摄学字白读的韵母为ɒʔ，文读为iᴀʔ；遇摄的"去"字，白读为tɕʰi³⁵，文读为tɕʰy³⁵。

声调未见文白读的不同。

第十节　嘉定区嘉定镇方言

壹　概况

嘉定区位于上海市的北部，面积为464.20平方千米，常住人口158.18万人，其中外来人口89.90万人（2017年数据）。嘉定镇（东经121°24′59″，北纬31°37′84″）位于上海市的北部，为嘉定区人民政府所在地。嘉定区主要使用本地的嘉定话、上海市区话和普通话，年轻人受上海话和普通话的影响很大。本地流行的地方戏曲有沪剧、越剧，京剧也有一定的影响。

本次调查记录的老年男性发音人是沈援继，汉族，1946年出生于上海市嘉定区嘉定镇，后读书、工作均在本地，已退休。大学文化程度，会说本地话和普通话，平时主要使用本地话交流。其父是嘉定镇人，说嘉定话；其母是嘉定镇人，说嘉定话；其配偶是嘉定人，说嘉定话和普通话。

青年男性发音人是陈蒙，汉族，1976年出生于上海市嘉定区菊园街道，后学习、工作均在本地，大学文化程度，警察职业，会说嘉定话、普通话、粤语和英语，主要以本地话交流。其父是嘉定人，说嘉定话；其母是嘉定人，说嘉定话。

贰　声韵调

以下所列为嘉定区嘉定镇方言老派语音的音系。

一、声母

嘉定镇方言有28个声母。

表 10-1　嘉定镇方言声母表

p 布本八	pʰ 破品泼	b 婆贫鼻	m 马民灭	f 府分法	v 犯坟罚
t 躲墩搭	tʰ 土吞塔	d 图停踏	n 奴能		l 锣林立
k 歌滚骨	kʰ 课困阔	g 茄共	ŋ 饿人鹤	h 火婚瞎	ɦ 河恨盒
ts 姐针折	tsʰ 车亲切			s 锁心杀	z 坐寻杂
tɕ 举金甲	tɕʰ 去庆缺	dʑ 骑琴剧	ȵ 女银业	ɕ 戏兴吸	ʑ 系
∅ 哑音鸭					

说明：

（1）古匣母字、云母字、以母字不论洪细，一律记为 ɦ 或 j。

（2）韵母为 iŋ 的古匣、云、以母字，ɦ 和 ʑ 的互为自由变体，以实际读音记录，如："赢"有时读为 ɦiŋ²³¹，有时又读为 ʑiŋ²³¹；新派没有 ʑ 的变体。

（3）奉母字、微母字后接韵母 u 和 əŋ 时有 ɦ 的语音变体，如："父" ɦu²¹³，在单字和词汇中都较为普遍，以实际读音记录。

二、韵母

嘉定镇方言有 43 个韵母。

表 10-2　嘉定镇方言韵母表

ɿ 师丝试猪	i 戏二飞米	u 歌坐过苦	y 雨鬼油靴
a 牙排鞋	ia 写	ua 快	
ɔ 宝饱	iɔ 笑桥		
o 把骂			
ᴇ 开山	iᴇ 念	uᴇ 怀	
ɤ 茶瓦对类醉	iɤ 权	uɤ 瓜花画	
	ɪ 半赔		
		ue 官灰	
ã 张长硬争	iã 响想	uã 横	
ɑ̃ 糖床双讲	iɑ̃ 旺	uɑ̃ 王黄	
əŋ 深跟春灯	iŋ 心新云病	uəŋ 滚温	
oŋ 东共	ioŋ 兄用		
aʔ 盒鸭白尺	iaʔ 协捏药	uaʔ 刮滑挖划	

(续)

ɔʔ 托壳学	iɔ 剧	
oʔ 郭北谷六	ioʔ 橘局	uoʔ 获或
əʔ 十月直色		uəʔ 活骨国
	iiʔ 接贴急热七	
m̩ 母	ŋ̍ 我鱼	əɹ 二耳儿

说明：
（1）老派的 ue 韵字，在新派中主元音舌位略高，记为 uɪ。
（2）i 有较强的摩擦。

三、声调

嘉定镇方言有6个声调。

表10-3　嘉定镇方言声调表

编号	调类	调值	例　字
1	阴平	53	东该灯风通开天春
2	阳平	231	门龙牛油铜皮糖红
3	阴上	423	懂古鬼九统苦讨草冻怪半四痛快寸去
4	阳去	213	买老五有罪动近后卖路硬乱洞地饭树
5	阴入	55	谷急哭刻百搭节拍
6	阳入	23	六麦叶月毒白盒罚

说明：
（1）阳平调听感上有明显的先升后降，故处理为231。
（2）阳去调、阴上调听感上都有先降后升的曲折感。
（3）阳去调包括古浊声母上声字和古浊声母去声字，如：动 = 洞 doŋ^{213}。
（4）阴上调包括古清声母上声字和古清声母去声字，如：点 = 店 tiɪ^{423}。

叁　连读变调

两字组连读变调见下表。

表 10-4　嘉定镇方言两字组连读变调表

前字＼后字	1阴平	2阳平	3阴上	4阳上	5阴去	6阳去	7阴入	8阳入
1阴平	55+21		35+21		55+21		55+ʔ21	
2阳平	22+53		24+21				24+ʔ21	
3阴上	35+21		35+21		33+53		33+ʔ55	55+ʔ21
4阳上	22+53	A22+53 B24+21	55+21		22+24		22+ʔ55	22+ʔ55
5阴去	35+21				55+21		A35+ʔ21 B33+ʔ55	35+ʔ21
6阳去	22+53		24+21				22+ʔ55	24+ʔ21
7阴入	Aʔ33+53 Bʔ33+35	ʔ33+53	ʔ55+21		ʔ33+35	Aʔ33+213 Bʔ55+21	ʔ55+ʔ21	Aʔ55+ʔ21 Bʔ33+ʔ53
8阳入	ʔ22+24						ʔ22+ʔ44	

肆　异读

一、新老异读

（一）新派音系

1. 声母。嘉定镇新派方言共有27个声母。

表 10-5　嘉定镇新派方言声母表

p 布本八	pʰ 破品泼	b 婆盆鼻	m 马民灭	f 府分发	v 父魂罚
t 多蹲搭	tʰ 拖吞塔	d 图藤踏	n 脑嫩		l 锣林蜡
k 果根鸽	kʰ 课困渴	g 茄共	ŋ 鹅硬月	h 货婚瞎	ɦ 祸恨盒
tɕ 鸡金急	tɕʰ 去庆契	dʑ 骑杰琴	ȵ 女人业	ɕ 靴兄歇	
ts 左针足	tsʰ 初亲插			s 锁心杀	z 坐寻闸
∅ 哑音鸭					

说明：

（1）匣母字、云母字、以母字不论洪细，一律记为 ɦ。

（2）奉母字、微母字有 ɦ 的变体，如："武" ɦu²¹³，但没有老派那么普遍，如："浮""妇"老派均读 ɦ，新派读 v。

（3）老派分尖团音，如：酒 tsy⁴²³ ≠ 九 tɕy⁴²³；新派部分精组细音字出现了舌面音的语音变体，如：酒 tɕy⁴²³ = 九 tɕy⁴²³，但只是自由变体，并不多见。

2. 韵母。嘉定镇新派方言共有39个韵母。

表10-6 嘉定镇新派方言韵母表

ɿ 猪鼠锄	i 低梯弟米	u 多土大磨	y 举取渠女
a 拜派牌买	ia 借写谢	ua 怪快坏	
ɔ 宝炮抱毛	iɔ 表票桥庙		
E 单炭弹难	iE 念	uE 弯关怀	
ɤ 醉错锤暖	iɤ 卷圈权原		
o 把茶骂			
	iɪ 贝配盘妹	uɪ 桂块回	
ã 张厂长猛	iã 浆抢匠娘	uã 横	
ɑ̃ 党汤糖忙	iɑ̃ 旺	uɑ̃ 光筐狂	
əŋ 准春唇门	iŋ 进亲琴民	uəŋ 温滚困	yŋ 军裙
oŋ 冻通桶聋	ioŋ 永兄穷浓		
aʔ 百拍白袜	iaʔ 约雀剧捏	uaʔ 挖刮划	
əʔ 拨泼佛墨	iəʔ 吃	uəʔ 骨阔活	
	iɪʔ 急契及业		
oʔ 角壳学摸	ioʔ 决缺局玉		
ɦŋ̍ 五鱼母			

说明：

（1）古桓韵字、灰韵字老派读ue，新派高化读为uɪ。

（2）老派入声韵有ɔʔ和oʔ的对立，如：各 kɔʔ⁵⁵ ≠ 郭 koʔ⁵⁵；新派则已合并，如：各 koʔ⁵⁵ = 郭 koʔ⁵⁵。

（3）果摄、遇摄模韵字一般读为高元音u，但与k-相配时，部分字会裂变为ᵊu，主元音u前有一小段ə滑音。

（4）老派的古麻韵合口二等字读为uɤ，如："花" huɤ⁵³；新派没有这个韵母，新派这类字读为上海市区方言的层次o，如："花" ho⁵³。

（5）新派的臻摄合口三等部分字读为撮口呼yŋ，如："军" tɕyŋ⁵³；老派没有这个韵母，老派读为齐齿呼iŋ，如：军 = 巾 tɕiŋ⁵³。

（6）古麻韵字有ɤ和o两个层次，ɤ为嘉定本地层次，o为上海市区方言的层次。新派读音本地层次明显少于老派。

（7）i有较强的摩擦。

3. 声调。嘉定镇新派方言共有6个声调。

表10-7　嘉定镇新派方言声调表

编号	调值	调类	例　字
1	53	阴平	东该灯风通开天春
2	231	阳平	门龙牛油铜皮糖红
3	423	阴上	懂古鬼九统苦讨草冻怪半四痛快寸去
4	213	阳去	买老五有动罪后近卖路硬乱洞地饭树
5	55	阴入	谷百搭节急哭刻拍塔切
6	23	阳入	六麦叶月毒白盒罚

说明：

（1）阳平调听感上有明显的先升后降，故处理为231。

（2）阴上调包括古清声母上声字和古清声母去声字，是起调较高的曲折调，调尾低于调头，记为423，如：点 = 店 tiɪ^{423}。

（3）阳去调包括古浊声母上声字和古浊声母去声字，是起调较低的曲折调，记为213，如：动 = 洞 doŋ^{213}。

（二）声母的变化

嘉定镇老派和新派方言的读音差异较小，较为显著的变化有以下几处。

1. 老派的ɦ声母字，新派部分字读音有两种变化。一种是读v，这种读法的大部是古奉母字，也有匣母和疑母字，如："父"老派读ɦu^{213}，新派读vu^{213}；"浮"老派读ɦu^{231}，新派读vu^{231}；"顽"老派读ɦuɛ^{231}，新派读vɛ^{231}；"魂"老派读ɦuəŋ^{231}，新派读vəŋ^{231}。另一种是读零声母，主要是古匣母、以母和云母字，极个别是古影母字，如："野"老派读ɦia^{213}，新派读ia^{213}；"危"老派读ɦue^{231}，新派读uɛ^{53}；"有"老派读ɦy^{213}，新派读y^{213}；"县"老派读ɦiɤ^{213}，新派读iɤ^{213}；"益"老派读ɦiɪʔ^{23}，新派读iɪʔ^{55}。

2. 老派的ŋ，新派个别字改读ȵ，都是古日母字，如："人"老派读ŋiŋ^{231}，新派读ȵiŋ^{231}；"认"老派读ŋiŋ^{213}，新派读ȵiŋ^{213}。

3. 老派分尖团音，如：酒 tsy^{423} ≠ 九 tɕy^{423}；新派部分精组细音字出现了舌面音的语音变体，如：酒 tɕy^{423} = 九 tɕy^{423}，但只是自由变体，并不多见。

4. 其他发生声母发生音变的字很少，如："母"老派读m̩^{53}，新派读ɦŋ^{213}；"洗"老派读siɪ^{423}，新派读ɕi^{423}；"系"老派读zi^{213}，新派读ɕi^{423}。不论哪种变化，都仅见个例。

（三）韵母的变化

新派的韵母系统比老派少了 uɤ、ɔʔ、ioʔ 三个韵母，多了一个 yŋ 韵母。老派的 ue 韵母，新派读 uɪ。其他韵母的字，新派只有少数字有读音变化。

1. 老派入声韵有 ɔʔ 和 oʔ 的对立，如：各 kɔʔ⁵⁵ ≠ 郭 koʔ⁵⁵；新派已合并，如：各 koʔ⁵⁵ = 郭 koʔ⁵⁵。

2. 古臻摄合口三等部分字老派读齐齿呼 iŋ，如：军 = 巾 tɕiŋ⁵³，新派分读齐齿呼和撮口呼，如：军 tɕyŋ⁵³ ≠ 巾 tɕiŋ⁵³，较老派多一 yŋ 韵母。

3. 麻韵合口二等字老派读 uɤ 韵，新派归入 o，如："瓜"老派读 kuɤ⁵³，新派读 ko⁵³；"花"老派读 huɤ⁵³，新派读 ho⁵³；"化"老派读 huɤ⁴²³，新派读 ho⁴²³；"画"老派读 ɦuɤ²¹³，新派读 ɦo²¹³。这个变化可能是受市区方言的影响。

4. 老派的 ɔʔ 韵和 ioʔ 韵，新派绝大多数归入 oʔ 和 iaʔ，如："射"老派读 zɔʔ²³，新派读 zoʔ²³；"托"老派读 tʰɔʔ⁵⁵，新派读 tʰoʔ⁵⁵；"角"老派读 kɔʔ⁵⁵，新派读 koʔ⁵⁵；"剧"老派读 dʑioʔ²³，新派读 dʑiaʔ²³。只有一个"各"字，老派读 kɔʔ⁵⁵，新派读 kəʔ⁵⁵。

5. 老派的 ue，新派主元音高化，读 uɪ，如："灰"老派读 hue⁵³，新派读 huɪ⁵³；"块"老派读 kʰue⁴²³，新派读 kʰuɪ⁴²³；"官"老派读 kue⁵³，新派读 kuɪ⁵³；"完"老派读 ɦue²³¹，新派读 ɦuɪ²³¹。

6. 老派的 ɤ 韵，有少部分字新派分别归入 o 韵和 ᴇ 韵，如："马"老派读 mɤ²¹³，新派读 mo²¹³；"茶"老派读 zɤ²³¹，新派读 zo²³¹；"单"老派读 tɤ⁵³，新派读 tᴇ⁵³；"伞"老派读 sɤ⁴²³，新派读 sᴇ⁴²³。这些发生音变的字往往是一些常用字，可能是受市区方言的影响。

7. 老派的部分合口韵母，新派改读开口，这种现象见于多个韵母。如："顽"老派读 ɦuᴇ²³¹，新派读 vᴇ²³¹；"或"老派读 ɦuoʔ²³，新派读 voʔ²³；"魂"老派读 ɦuəŋ²³¹，新派读 vəŋ²³¹；"慌"老派读 huã⁵³，新派读 fã⁵³；"房"老派读 ɦuã²³¹，新派读 vã²³¹。这种韵母的改变往往也伴随着声母的变化。

8. 其他个别的韵母变化还有："抽"老派读 tsʰy⁵³，新派读 tsʰɤ⁵³；"洗"老派读 sɪ⁴²³，新派读 ɕi⁴²³；"割"老派读 koʔ⁵⁵，新派读 kəʔ⁵⁵；"朋"老派读 bã²³¹，新派读 bã²³¹，可能是受市区方言的影响。

（四）声调的变化

从声调的系统看，新派的声调和老派完全一样，都是六个调：阴平、阳平、阴上、阳去、阴入、阳入，调值也完全相同。但是不同声调所属的字，则不完全相同。

1. 老派的部分阳平字，新派读阳去，如："蛇"老派读 zɤ²³¹，新派读 zɤ²¹³；"皮"老派读 bi²³¹，新派读 bi²¹³。

2. 老派的部分阴上字，新派改归阴平，如："数"老派读 su⁴²³，新派读 su⁵³；"贝"老派读 pɪ⁴²³，新派读 pɪ⁵³。

3. 老派的部分阳去字，新派改归阳平，如："磨"老派读 mu²¹³，新派读 mu²³¹；"如"老派读 zɿ²¹³，新派读 zɿ²³¹。

二、文白异读

嘉定镇方言调查中共记录了24个文读音,约占总数的2.4%。具体情况分述如下(斜线左边为白读,右边为文读)。

1. 古非组字,白读为双唇音,文读为唇齿音,如:"肥" bi²³¹ ~皂/ vi²³¹ ~皂,"物" məʔ²³/ vəʔ²³ ~动~,"凤" boŋ²³¹ ~仙花/voŋ²¹³ ~凰,"费姓" bi²¹³/ fi⁴²³。

2. 古麻韵字有ɤ和o两个层次,ɤ为嘉定本地层次;o为上海市区方言的层次。

3. 少数古见组字,白读为舌根音,文读为舌面音,如:"解" ka⁴²³/ tɕia⁴²³,"交" kɔ⁵³/ tɕiɔ⁵³,"钳" gE²³¹/ dʑiɪ²³¹。

4. 少数梗摄和通摄字,白读为ã,文读为əŋ或oŋ,如:"生" sã⁵³/ səŋ⁵³,"声" sã⁵³/ səŋ⁵³,"梦" mã²¹³/ moŋ²¹³。

5. 部分古止摄字,白读为y,文读为ue,如:"龟" tɕy⁵³/ kue⁵³,"柜" dʑy²¹³/gue²¹³,"贵" tɕy⁴²³/ kue⁴²³,"围" ɦy²³¹/ ɦue²³¹。

6. 还有一些字的文读音,可以看出是受市区方言和普通话读音的影响,如:"拖" tʰa⁵³/ tʰu⁵³,"孝" hɔ⁴²³/ɕiɔ⁴²³,"抽" tsʰy⁵³/ tsʰɤ⁵³,"大" du²¹³/ da²¹³,"育" ɲioʔ²³/ɦioʔ²³。

第十一节　宝山区月浦镇方言

壹　概况

宝山区位于上海市的东北部,面积为270.99平方千米,常住人口203.08万人,其中外来人口83.47万人(2017年数据)。有少数民族居民7 920人,包含39个民族,无通用的少数民族语言。月浦镇(东经121°42′81″,北纬31°42′67″)位于宝山区区治所在地宝山镇的北边。清末,宝山话在县域内通用于宝山镇(老城厢)和吴淞、杨行、月浦、罗店、刘行、大场、高桥以及嘉定县的南翔、马陆等地。今宝山区原老城厢地区宝山话已罕用。本次调查选择月浦镇为调查点,本地通行宝山话和普通话。本地流行的地方戏曲有评弹、说唱等。

本次调查记录的老年男性发音人是严宝其,汉族,1946年出生于上海市宝山区月浦镇,1970年参加工作,2002年退休。初中文化程度,会说月浦话、普通话,平时交流主要使用月浦话。其父是月浦人,说月浦话;其母是月浦人,说月浦话;其配偶是月浦人,说月浦话。

青年男性发音人是张华杰,汉族,1977年出生于上海市宝山区月浦镇。中专文化程度,会说月浦话、上海市区话和普通话,平时交流主要使用月浦话。其父是月浦人,说月浦话;其母是月浦人,说月浦话。其配偶是福建人。

贰　声韵调

以下所列为宝山区月浦镇老派语音的音系。

一、声母

月浦镇方言共有27个声母。

表11-1　月浦镇方言声母表

p 拜兵八	pʰ 派品泼	b 爬病别	m 麦明袜	f 飞风法	v 肥₂房佛
t 多东搭	tʰ 讨吞塔	d 甜藤毒	n 脑能		l 老林辣
ts 资张竹	tsʰ 刺清拆			s 丝双杀	z 字城贼
tɕ 九紧甲	tɕʰ 去轻缺	dʑ 权琴杰	ȵ 年人热	ɕ 喜响吸	
k 高根夹	kʰ 开困渴	g 茄共	ŋ 软硬月	h 海蜂瞎	ɦ 王云活
∅ 安温挖					

说明：

（1）hu、ɸ、ʋ（或u）为自由变体，ɦu、β、v为自由变体。ɸ、β发音时带轻微滑音ᵘ。
（2）ts、tsʰ、s、z在齐齿呼和撮口呼前发音部位略靠后。
（3）清送气音和不送气音p、pʰ、t、tʰ、k、kʰ等发音时肌肉比较紧张。
（4）鼻音、边音声母m、n、l、ȵ、ŋ的实际读音可分为两套，即ʔm、ʔn、ʔl、ʔȵ、ʔŋ和mɦ、nɦ、lɦ、ȵɦ、ŋɦ，分别与阴声调和阳声调相配。
（5）声母ɦ包括ɦ、j、w、ɥ，即与零声母相对应的浊音声母。

二、韵母

月浦镇方言共有46个韵母。

表11-2　月浦镇方言韵母表

ɿ 猪鼠丝池	i 低剃币米	u 歌可坐磨	y 举区渠牛
ɤ 肝看断暖	iɤ 卷圈权原	uɤ 瓜画	
ɑ 拜派排牙	iɑ 姐写谢	uɑ 怪快坏	
ɛ 该开淡难	iɛ 念	uɜ 关还	
ʌɪ 杯配赔煤		uʌɪ 桂亏卫	
ɔ 宝炮抱猫	iɔ 表票桥庙		
e 店贪谭南	ie 见欠健年	ue 官宽换	

(续)

ẽŋ 灯肯藤能	ĩŋ 进亲琴民	uẽŋ 滚困魂
ã 张厂棚硬	iã 浆抢匠让	uã 横
õ 党汤糖忙	iõ 旺	uõ 光筐狂
oŋ 东通桶聋	ioŋ 兄穷容	
oʔ 郭哭薄绿	ioʔ 橘缺局肉	
ɔʔ 各壳鹤	ioʔ 学₂	
ʌʔ 搭塔白袜	iʌʔ 甲雀剧捏	uʌʔ 刮挖划
əʔ 八泼十末	iəʔ 吃	uəʔ 骨阔活
ɿʔ 笔匹鼻密	iɪʔ 急歇杰热	
ər 儿₂	n̩ 五	m̩ 母₁

说明：

（1）i的舌位较高,略带有摩擦。
（2）u在与非唇音的声母拼读时带滑音ə,为ᵊu。
（3）ɔ、e的实际发音都比较高,为ǫ、ẹ。
（4）ie的实际发音为ɪ。
（5）ĩŋ中的i实际发音为ɪ。

三、声调

月浦镇方言共有6个声调。

表11-3　月浦镇方言声调表

编号	调类	调值	例　　字
1	阴平	53	东该灯风通开天春
2	阳平	31	门龙牛油铜皮糖红
3	阴上	34	懂古鬼九统苦讨草冻怪半四痛快寸去
4	阳去	23	买老五有动罪近后卖路硬乱洞地饭树
5	阴入	55	谷百搭节急哭拍塔切刻
6	阳入	12	六麦叶月毒白盒罚

说明：

（1）阳平调31实际读音为²31。
（2）阴去调34略平。

叁 连读变调

月浦镇方言两字组连读变调见下表。

表11-4 月浦镇方言两字组连读变调表

前字＼后字	1阴平	2阳平	3阴上	4阳上	5阴去	6阳去	7阴入	8阳入
1阴平	55+21							
2阳平	22+52			24+31		24+22	22+52	
3阴上	33+52							
4阳上	22+52			24+31		24+22	22+52	
5阴去	33+52		55+21、33+52		33+52		33+52	
6阳去	22+52			24+31		22+44	22+52	
7阴入	33+52			55+21		33+44	33+44	
8阳入	22+23							

肆 异读

一、新老异读

（一）新派音系

1. 声母。月浦镇新派方言共有28个声母。

表11-5 月浦镇新派方言声母表

p 布帮八	pʰ 破品泼	b 婆贫鼻	m 马民袜	f 货分法	v 河坟罚
t 多墩搭	tʰ 拖吞贴	d 图藤踏	n 奴嫩		l 锣林蜡
k 歌根鸽	kʰ 课困阔	g 茄共	ŋ 鹅硬额	h 蟹慌瞎	ɦ 夏黄盒
tɕ 借金甲	tɕʰ 去抢缺	dʑ 棋琴杰	ȵ 女人业	ɕ 靴熏吸	ʑ 谢协
ts 左浸折	tsʰ 错亲插			s 锁心杀	z 坐寻杂
∅ 乌音鸭					

说明：

新派的声母比老派减少一个ɸ，老派读ɸ的字新派都读为f。

2. 韵母。月浦镇新派方言共有44个韵母。

表11-6　月浦镇新派方言韵母表

ɿ 租鼠锄	i 低梯币女	u 多拖大磨	y 举取渠牛
A 摆派牌卖	iA 姐写斜	uA 怪块怀	
ɔ 宝炮抱毛	iɔ 表票桥庙		
e 点添蚕南	ie 建签钳黏	ue 官宽换	
ɛ 胆胎台难	iɛ 卷圈权念	ɜu 弯关顽	
ɤ 把车茶马		uɤ 瓜华	
ʌI 贝配赔埋		uʌI 桂会	
ø 端酸传乱		iø 选	
ã 张厂长猛	iã 浆抢像娘	uã 光筐黄	
ũ 党汤糖忙	iũ 旺		
əŋ 针村沉门	ĩŋ 冰品贫民	uəŋ 滚困纯	yŋ 俊熏裙
oŋ 冻通铜脓	ioŋ 永兄穷浓		
Aʔ 搭塔踏袜	iAʔ 甲雀剧捏	uAʔ 挖刮划	
eʔ 跌贴鼻灭	ieʔ 急吸集业		
əʔ 汁撒十物	iəʔ 吃	uəʔ 骨阔或	
oʔ 拨泼薄末	ioʔ 决缺绝玉		
ɦm̩ 母	ɦŋ̍ 五鱼		

说明：

新派较老派少了ɔʔ、iɔʔ两个韵母，多了ø、iø、yŋ三个韵母。

3. 声调。月浦镇新派方言共有6个声调。

表11-7　月浦镇新派方言声调表

编号	调类	调值	例　　字
1	阴平	53	东该灯风通开天春
2	阳平	31	门龙牛油铜皮糖红
3	阴去	34	冻怪半四痛快寸去懂古鬼九统苦讨草
4	阳去	23	卖路硬乱洞地饭树动罪后近买老五有
5	阴入	55	谷急哭刻百搭节拍塔切
6	阳入	12	六麦叶月毒白盒罚

说明：

新派调类比老派减少一个，阴上和阴去合并为阴去，调值为34。其他调类的调值与老派相同。

（二）声母的变化

1. 新派声母和老派一样，β作为v的变体，不作为独立的音位，老派作为f变体的ɸ，新派已完全并入f。

2. 老派分尖团音，如：进tsĩn³⁴ ≠ 劲tɕĩn³⁴，亲tsʰĩn⁵³ ≠ 轻tɕʰĩn⁵³，修sy⁵³ ≠ 休ɕy⁵³，新派仍部分保留尖团音区别，如：进tsĩn³⁴ ≠ 劲tɕĩn³⁴，亲tsʰĩn⁵³ ≠ 轻tɕʰĩn⁵³，姓sĩn³⁴ ≠ 兴ɕĩn³⁴；但部分尖团已合并，如：酒tɕy³⁴ = 九tɕy³⁴，洗ɕi³⁴ = 戏ɕi³⁴，修ɕy⁵³ = 休ɕy⁵³。精组的全浊声母已部分腭化，如"钱"读ziɛ³¹，"谢"读ziA²³，"袖"读ziɤ²³等。

3. 新派的声母较老派增加一个ʑ声母。新派ʑ声母主要来源于假摄、遇摄、流摄和山摄中老派原读z的邪母字，个别来源于老派咸摄读ɦ的字。如："斜"老派读ziɑ³¹，新派读ziA²³；"徐"老派读zi³¹，新派读ʑi³¹。深摄、宕摄、梗摄、止摄的邪母字，新派和老派一样，仍读z声母。

4. 老派部分读ȵ声母的疑母和日母字，新派读音有变化，如："遇"老派读ȵy²³，新派读ɦy²³；"义"老派读ȵi³¹，新派读i³⁴；"迎"老派读ȵĩn²³，新派读ɦĩn³¹；"闰"老派读ȵĩn³¹，新派读ləŋ³¹。新派读音向普通话读音靠近。

5. 老派部分原读零声母的匣母和以母、影母字，新派改读浊声母β和ɦ，声调也相应改变为阳声调，如："会"老派读uʌɪ³⁴，新派读βuʌɪ²³；"蝇"老派读ĩn⁵³，新派读ɦĩn³¹；"益"老派读ieʔ⁵⁵，新派读ɦi²³。

6. 新派的声母h大致等于老派的x，但老派的通摄合口三等x声母字，新派读f，如："丰"老派读xoŋ⁵³，新派读fəŋ⁵⁵；"福"老派读xoʔ⁵⁵，新派读foʔ⁵⁵；"封"老派读xoŋ⁵³，新派读fəŋ⁵³；"蜂"老派读xoŋ⁵³，新派读fəŋ⁵³。

7. 部分古从母字，老派读z，新派读dʑ，如："集"老派读zeʔ¹²，新派读dʑieʔ¹²；"全"老派读ze³¹，新派读dʑy²³；"绝"老派读zeʔ¹²，新派读dʑioʔ¹²；"静"老派读zĩn²³，新派读dʑĩn²³。

（三）韵母的变化

老派有韵母46个，新派44个。两者数量相差不大，但是从具体的韵母看，变化较大。一是部分韵母新老派的具体发音有区别；二是部分韵母有分合，新派较老派少了ɔʔ、iɔʔ两个韵母，多了ø、iø、yn三个韵母。分述如下。

1. 老派的ɑ、iɑ、uɑ，新派的发音为A、iA、uA。老派的ĩŋ、uẽŋ韵母，新派的发音为əŋ、uəŋ。

2. 老派的ɔʔ、iɔʔ两个韵母，新派并入oʔ和ioʔ。

3. 新派新增两个ø、iø韵母，老派部分山摄合口一等读ɤ和山摄合口三等读e的字，新派读ø或iø，如："端"老派读tɤ⁵³，新派读tø⁵³；"选"老派读se³⁴，新派读ɕiø³⁴。

4. 老派ĩn韵母中的合口三等精母、见母、以母和云母字，新派读yn。如："俊"老派读tsĩn³⁴，新派读tɕyn³⁴；"均"老派读tɕĩn⁵³，新派读tɕyn⁵³；"匀"老派读ɦĩn³¹，新派读ɦyn³¹；"运"

老派读ɦĩŋ²³，新派读ɦiyŋ²³。

5. 老派 i 韵母字中少部分遇摄、止摄合口三等见组字和云母字，新派读 y，如："芋"老派读ɦi²³，新派读ɦy²³；"鬼"老派读tɕi³⁴，新派读tɕy³⁴。

6. 老派 iɤ 韵母中部分山摄合口溪母、疑母、影母和云母字，新派读 y，如："劝"老派读tɕʰiɤ³⁴，新派读tɕʰy³⁴；"原"老派读n̠iɤ²³，新派读n̠y²³；"冤"老派读iɤ⁵³，新派读y⁵³；"园"老派读ɦiɤ³¹，新派读ɦy²³。

7. 老派 e 韵字的新派读音有多种变化，部分咸、山摄的开口字保留了 e 韵，其他的变化如：① 部分字受声母变化的影响，韵母变为 ie，如："签"老派读tsʰe⁵³，新派读tɕʰie⁵³；"钱"老派读ze³¹，新派读zie³¹。② 少部分蟹摄、咸摄和山摄字新派归入 ɛ 韵，如："盖"老派读ke³⁴，新派读kɛ³⁴；"潭"老派读de³¹，新派读dɛ³¹；"扇"老派读se³⁴，新派读sɛ³⁴。③ 部分咸摄和山摄开口一等字，新派读 ɤ，如："甘"老派读ke⁵³，新派读kɤ⁵³；"岸"老派读ŋe²³，新派读ŋɤ²³。④ 部分山摄合口二、三等字，新派读 ø，如："闩"老派读se⁵³，新派读sø⁵³；"转"老派读tse³⁴，新派读tsø³⁴。这些变化有些是受普通话或市区方言的影响，有些变化的原因不很明显。

8. 老派 əʔ 韵中部分深摄开口三等、山摄合口一等和臻摄合口一、三等字，新派归入 oʔ 韵，如："入"老派读zəʔ¹²，新派读loʔ¹²；"拨"老派读pəʔ⁵⁵，新派读poʔ⁵⁵；"卒"老派读tsəʔ⁵⁵，新派读tsoʔ⁵⁵；"佛"老派读 vəʔ¹²，新派读voʔ¹²。这些变化应是受到普通话的影响。

9. 老派 oŋ 韵中的古帮组、非组字新派都读 əŋ（只有一个"风"字例外，仍读 oŋ 韵），如："蓬"老派读boŋ³¹，新派读bəŋ³¹；"丰"老派读xoŋ⁵³，新派读fəŋ⁵⁵；"凤"老派读ɦoŋ²³，新派读vəŋ²³；"封"老派读xoŋ⁵³，新派读fəŋ⁵³。影母字"翁"读 uəŋ。这一变化应是受到普通话的影响。

10. 老派的 oʔ 韵中，少数字新派读 əʔ 和 uəʔ，如："割"老派读koʔ⁵⁵，新派读kəʔ⁵⁵；"谷"老派读koʔ⁵⁵，新派读kuəʔ⁵⁵；"服"老派读ɦoʔ¹²，新派读vəʔ¹²。

11. 老派 ʌɪ 韵中，少数字新派读音有变化，部分字读 ɤ 韵，还有个别字读 ɛ 和 e，如："狗"老派读kʌɪ³⁴，新派读kɤ³⁴；"厚"老派读ɦʌɪ²³，新派读ɦɤ²³；"背"老派读pʌɪ³⁴，新派读pe³⁴；"判"老派读pʰʌɪ³⁴，新派读pʰe³⁴，可能是受到市中心区方言的影响。

12. 老派少部分 y 韵字，新派读 iɤ，如："袖"老派读zy²³，新派读ziɤ²³；"舅"老派读dʑy³¹，新派读dʑiɤ²³；"幼"老派读y³⁴，新派读iɤ³⁴，可能是受市区方言的影响。

13. 还有部分字的韵母新派读音有变化，这些字的变化与同韵母字的演变路径不同，现列举如下："壮"老派读tsõ³⁴，新派读tsuã³⁴；"慌"老派读fõ⁵³，新派读huã⁵³；"弱"老派读zaʔ¹²，新派读loʔ¹²；"各"老派读koʔ⁵⁵，新派读kəʔ⁵⁵；"鹤"老派读ŋoʔ¹²，新派读həʔ⁵⁵；"全"老派读ze³¹，新派读dʑy²³；"个"老派读ku⁵³，新派读kɤ⁵³；"租"老派读tsu⁵³，新派读tsɿ⁵³；"或"老派读ɦuʌʔ¹²，新派读βuəʔ¹²。可能是受普通话和市区方言的影响。

（四）声调的变化

月浦镇新派和老派方言都是 6 个声调，调值也基本相同，但具体例字的归调不完全一致。分述如下。

1. 老派阴平调中有少部分字新派归阴去调,这些字是古上声字或古去声字。如:"举"老派读 tɕy⁵³,新派读 tɕy³⁴;"找"老派读 tsɔ⁵³,新派读 tsɔ³⁴;"票"老派读 pʰiɔ⁵³,新派读 pʰiɔ³⁴;"费"老派读 fi⁵³,新派读 fi³⁴。

2. 新派阳平调字有分化,有不少字改归阳去调,如:"斜"老派读 ziɑ³¹,新派读 ziA²³;"余"老派读 ɦy³¹,新派读 ɦy²³。

3. 老派的阴去调,新派除保留阴去调的字外,还有少部分字改归阴平调,这些字中有古平声字,也有古上声和去声字,如:"终"老派读 tsoŋ³⁴,新派读 tsoŋ⁵³;"哑"老派读 ɤ³⁴,新派读 ɤ⁵³;"句"老派读 tɕy³⁴,新派读 tɕy⁵³。

4. 老派的阳去字中,新派有不少字改归阳平调的,其中既有古去声字,也有古阳平和阳上字,如:"下"老派读 ɦɤ²³,新派读 ɦɤ³¹;"奴"老派读 nu²³,新派读 nu³¹;"话"老派读 ɦuɤ²³,新派读 ɦuɤ³¹。

二、文白异读

现将本次调查中发现的文白异读现象罗列于下(斜线左边为白读,右边为文读)。

1. 日母字白读声母为 ȵ,配细音韵母,文读声母为 z 或 ɦ,配洪音韵母,如:儿 ȵi³¹/ɦər³¹、耳 ȵi²³/ɦər²³、染 ȵie²³/ze²³、人 ȵɪn³¹/zəŋ³¹、日 ȵieʔ¹²/zəʔ¹²、褥 ȵioʔ¹²/zoʔ¹²。

2. 奉母、微母白读为重唇音或 ȵ,文读为轻唇音或零声母,如:肥 bi³¹/vi³¹、尾 ȵi³¹/vi³¹、味 mi³¹/vi³¹、晚 mɛ²³/uɛ³⁴、物 məʔ¹²/vəʔ¹²。

3. 见系二等(少数三等合口、四等)开口,白读声母为 k、x、ɦ、ŋ 或零声母等,韵母为洪音;文读声母为 tɕ、ɕ、ɦ 和零声母等,韵母为细音,如:假 kɑ³⁴/tɕiɑ³⁴、下 ɦɤ²³/ɕiɑ³⁴、哑 ɤ³⁴/iɑ³⁴、戒 kɑ³⁴/tɕiɑ³⁴、交 kɔ⁵³/tɕiɔ⁵³、孝 xɔ³⁴/ɕiɔ³⁴、学 ɦoʔ¹²/ɦioʔ¹²、叫 kɔ³⁴/tɕiɔ³⁴、月 ŋəʔ¹²/ɦioʔ¹²。

4. 遇摄三等,白读韵母为 i、ɿ、ʌɿ、n̩,文读韵母为 y、u,如:女 ȵi²³/ny²³、锄 zɿ²³/zu²³、锯 kʌɿ⁵³/tɕy⁵³、去 kʰi³⁴/tɕʰy³⁴、鱼 ɦn̩³¹/ɦy³¹、雨 ɦi²³/ɦy²³、芋 ɦi²³/ɦy²³。

5. 止摄合口,白读韵母为 i、ɿ,文读韵母为 uʌɿ、ʌɿ,如:吹 tsʰɿ⁵³/tsʰʌɿ⁵³、跪 dʑi²³/guʌɿ²³、龟 tɕi³⁴/kuʌɿ³⁴、柜 dʑi²³/guʌɿ²³、鬼 tɕi³⁴/kuʌɿ³⁴、围 ɦi³¹/uʌɿ³¹。

6. 梗摄二等(少数三等)、曾摄三等开口字,白读韵母为 ã,文读韵母为 əŋ,如:剩 zã²³/zəŋ²³、猛 mã²³/məŋ²³、生 sã⁵³/səŋ⁵³、更 kã⁵³/kəŋ⁵³、争 tsã⁵³/tsəŋ⁵³、声 sã⁵³/səŋ⁵³。

第十二节 崇明区城桥镇方言

壹 概况

崇明县城桥镇(东经121°40′45″,北纬31°63′39″)位于上海市北部长江入海口,是崇明区人民政府所在地。崇明区面积为1 185.49平方千米,常住人口69.46万人,其中外来人口14.19万人，崇明岛通行崇明方言和汉语普通话，附近横沙岛、长兴岛的居民多数为崇明话口音，少数为启东话、海门话口音。本区的东部和西部的崇明方言在口音上（少数字音上）略有差异。少数民族3 000多人（2017年数据），包含壮族、回族、苗族、彝族、布依族、土家族、蒙古族、哈尼族、藏族等33个民族，无通用的民族语言。城桥镇（东经121°40′45″，北纬31°63′39″）是崇明区政府所在地。其方言在本地具有代表性。现在崇明方言受普通话、上海方言影响越来越大。本地区流行的民间曲艺有山歌、山歌剧、韵白书和扁担戏等。

本次调查记录的老年男性发音人是蔡皓，汉族，1945年出生于现上海市崇明区城桥镇，后在原崇明县实验小学和崇明中学初中就读。毕业后在城桥镇企业工作。2000年退休。初中文化程度，会说崇明话和普通话，平时交流主要使用崇明话。其父是崇明城桥镇人，说崇明话；其母是崇明城桥镇人，说崇明话；其配偶是崇明城桥镇人，说崇明话。

青年男性发音人是顾建斌，汉族，1974年出生于现上海市崇明区城桥镇。后就读于本地北门小学和西门中学。毕业后考入上海水产大学学习。大专文化程度，会说崇明话和普通话。平时交流主要使用崇明话。其父是崇明城桥镇人，说崇明话和普通话；其母是崇明城桥镇人，说崇明话；其配偶是崇明人，说崇明话和普通话。

贰　声韵调

本部分所列为崇明区城桥镇老派方言语音的音系。

一、声母

城桥镇方言共有31个声母。

表 12-1　城桥镇方言声母表

p 谱八本	pʰ 破泼品	b 婆鼻贫	m 马灭民	f 飞法分	v 父罚凤
t 多搭墩	tʰ 拖塔吞	d 大踏糖	n 奴能		l 路蜡林
k 歌鸽滚	kʰ 可阔困	g 茄个狂	ŋ 牙额硬	h 火瞎婚	ɦ 野叶魂
ts 租折针	tsʰ 错插村	dz 茶杂沉		s 沙杀深	z 坐闸神
tɕ 姐接金	tɕʰ 器切亲	dʑ 骑集琴	ȵ 艺业人	ɕ 西吸心	ʑ 徐截寻
ŋ 鹅				ʔ 哑鸭音	ɦ 河盒恨

说明：

（1）浊擦音v、z、ʑ、ɦ有前清后浊的音色，作后字时失落摩擦，变读为同部位的元音，如：饭 væ³¹³、吃饭 tɕʰiəʔ⁵ Øuæ³³。

（2）k、kʰ、g、ŋ、h、ɦ这组舌根音声母可拼 i 韵或 i-介音韵，如：去 kʰi³³，岩 ŋei²⁴。d 声母在 i 韵、i-介音前读 ɻ。

（3）ʔ表示紧喉作用，ɦ表示浊流现象。

二、韵母

城桥镇方言共有 49 个韵母。

表 12-2　城桥镇方言韵母表

ɿ 猪师丝试	i 米戏二飞	u 歌坐过苦	y 靴雨鬼
ɑ 牙排鞋	iɑ 写	uɑ 快	
	ie 南盐年半	ue 官	
ø 短儿₂			yø 权软原冤
ɛ 爱开来害		uɛ 怀	
æ 山		uæ 关弯	
ɵ 豆走	iɵ 油		
ɔ 宝饱	iɔ 笑桥		
o 茶瓦		uo 画话	
ei 陪对鱼煤		uei 回会桂危	
ən 深根寸春	in 心新病星	uən 滚	yn 云
ã 硬争₁	iã 响	uã 横	
ɑ̃ 糖床双讲	iɑ̃ 王姓	uɑ̃ 王光黄降	
oŋ 东			yoŋ 兄用
æʔ 盒塔鸭法		uæʔ 刮	
ɑʔ 白尺	iɑʔ 药	uɑʔ 划	
əʔ 十出直色	iəʔ 接贴急热	uəʔ 活骨国	
øʔ 设撤刷割			
oʔ 郭学北绿			yoʔ 月橘局
m̩ 姆	n̩ 你五	ŋ̍ 鹅我翁	

说明：

（1）u 是上齿接触下唇的 ʋ。

（2）øʔ 中的 ø 略开。

（3）ei、uei 的 e 略开；ie、ue 的 e 略关。

（4）自成音节的 ŋ 是圆唇的 ŋʷ，简化为 ŋ̍。

三、声调

城桥镇方言共有8个声调。

表12-3 城桥镇方言声调表

编号	调类	调值	例　字
1	阴平	53	东该灯风通开天春
2	阳平	24	门龙牛油铜皮糖红
3	阴上	424	懂古鬼九统苦讨草
4	阳上	242	买老五有动罪近后
5	阴去	33	冻怪半四痛快寸去
6	阳去	313	卖路硬乱洞地饭树
7	阴入	5	谷百搭节急哭拍塔切刻
8	阳入	2	六麦叶月毒白盒罚

说明：

（1）阴平单字音53，连读调55、53或55，和其他调类不相混。

（2）词语的连读调变化很多，较复杂；复合词中作为后字的阳平调多读阴平，阳入多读阴入，阳上阳去多读阴去。

（3）语流中和连读词语都有轻声的读法。

叁　连读变调

城桥镇方言两字组连读变调见下表。

表12-4 城桥镇方言两字组连读变调表

前字＼后字	1阴平	2阳平	3阴上	4阳上	5阴去	6阳去	7阴入	8阳入
1阴平	55+55	55+55	55+30	55+30	55+30	55+30	55+<u>55</u>	55+<u>22</u>
2阳平	31+55	24+55	24+30	24+30	55+30	24+30	24+<u>55</u>	24+<u>55</u>
3阴上	42+55 42+33	42+55	33+30 42+33	42+33	42+33 42+55	42+33	42+<u>55</u> 42+30	42+<u>55</u>
4阳上	31+55 55+30	31+55	31+33 24+30	242+30 31+33	242+30	242+30	31+<u>55</u>	31+<u>55</u>

续　表

后字 前字	1阴平	2阳平	3阴上	4阳上	5阴去	6阳去	7阴入	8阳入
5阴去	42+55	42+55	33+30	33+30	42+33	33+30	42+55	42+55
6阳去	31+55	31+55	31+33 24+30	31+33 24+30	31+33 24+33	31+33 24+30	31+55	13+53
7阴入	55+55	55+55	55+33	55+31	55+42	55+33	55+55	55+55
8阳入	22+55	22+55	22+33	22+33	22+33	22+33	22+55	22+55

肆　异读

一、新老异读

城桥镇老派和新派的读音差异不大，以下先列出新派音系，再罗列较为显著的变化规律有以下几个方面。

（一）新派音系

1. 声母。崇明城桥镇新派方言有30个声母。

表12-5　城桥镇新派方言声母表

p 布本八	pʰ 破品泼	b 婆贫鼻	m 马门灭	f 府分法	v 父缝罚
t 躲墩搭	tʰ 土吞塌	d 图藤踏	n 奴嫩		l 锣林立
k 歌根夹	kʰ 可困阔	g 茄狂个	ŋ 牙硬额	h 火婚瞎	ɦ 祸魂叶
tɕ 寄金接	tɕʰ 器庆切		ȵ 女人业	ɕ 西心吸	ʑ 谢寻习
ts 左针折	tsʰ 车村插	dz 茶沉杂		s 锁参杀	z 坐任闸
∅ 鹅饿五				ʔ 乌音鸭	ɦ 河恨盒

说明：

（1）浊擦音 v、z、ʑ、ɦ 有前清后浊的音色，作后字时失落摩擦，变读为同部位的元音，如：饭 væ³¹³、吃饭 tɕʰiəʔ⁵uæ³³。

（2）k、kʰ、g、ŋ、h、ɦ 这组舌根音声母可拼 i 韵或 i 介音韵，如：去 kʰi³³、感 kie⁴²⁴。d 声母在 i、i 介音读 ɻ。

（3）ʔ 表示紧喉作用，ɦ 表示浊流现象。

2. 韵母。城桥镇新派方言有48个韵母。

表12-6　城桥镇新派方言韵母表

ɿ 知吹池	i 低梯地米	u 布谱步母	y 鬼区柜女
ɑ 摆派败买	iɑ 姐写谢	uɑ 怪快坏	
	ie 搬判便满	ue 碗完	
ø 安看弹乱		uø 官宽	yø 卷圈权软
ɛ 该开袋来		uɛ 怀	
æ 监铅办慢		uæ 弯关还	
ɵ 钩口愁楼	iɵ 九修球牛		
ɔ 包炮抱猫	iɔ 表票桥庙		
o 把车爬骂		uo 华	
ei 杯配赔煤		uei 规亏围	
ən 灯吞藤能	in 冰品平明	uən 滚困魂	yn 军裙
ã 梗坑朋猛	iã 姜抢像娘	uã 横	
ɑ̃ 帮胖棒忙		uɑ̃ 光筐狂	
oŋ 冻统动脓			yoŋ 永凶穷浓
æʔ 八塔达袜		uæʔ 挖刮滑	
ɑʔ 百拍白麦	iɑʔ 脚雀药捏	uɑʔ 划	
əʔ 泼别墨	iəʔ 击吃及鼻	uəʔ 骨阔或	
oʔ 谷壳个木		uoʔ 恶	yoʔ 菊曲局肉
n̩ 儿五	ŋ̍ 鹅饿		

说明：
（1）u是上齿接触下唇的ʋ。
（2）ei、uei的e略开；ie、ue的e略关。
（3）自成音节的ŋ是圆唇的ŋʷ，简化为ŋ̍。
（4）"儿、耳"读ɚ韵，是受普通话的影响。
（5）"官、宽"读uø韵，是受上海方言影响。

3. 声调。崇明城桥镇新派方言有 8 个声调。

表 12-7　城桥镇新派方言声调表

编号	调值	调类	例字
1	53	阴平	东该灯风通开天春
2	24	阳平	门龙牛油铜皮糖红
3	424	阴上	懂古鬼九统苦讨草
4	242	阳上	买老五有动罪近后
5	33	阴去	冻怪半四痛快寸去
6	313	阳去	卖路硬乱洞地饭树
7	5	阴入	谷百搭节急哭拍塔切刻
8	2	阳入	六麦叶月毒白盒罚

说明：
（1）阴平单字音 53，连读调 55、53 或 55，和其他调类不相混。
（2）词语的连读调变化很多，较复杂；复合词中作为后字的阳平调多读阴平，阳入多读阴入，阳上阳去多读阴去。
（3）语流中和连读词语都有轻声的读法。

（二）声母的变化

从声母系统看，城桥镇方言老派和新派没有差别，但个别字的读音存在差异。其中新老派之间最大的差异是部分字新派无法用本地方言读出，如："祠"老派读 dzʅ²⁴，新派无读音；"丢"老派读 tiɵ⁵³，新派无读音；"潭"老派读 dæ²⁴，新派无读音；"夺"老派读 døʔ²，新派无读音。其他声母存在不同读音的例字，大多只有一两个例子，音变不普遍，崇明方言的新老派差异较其他方言为小。列举如下。

1. 个别古奉母字，老派读重唇音 b，新派读轻唇音 v，如："防"老派读 bã²⁴，新派读 vã²⁴。

2. 部分古澄母和禅母字，老派读 dz，新派读 z，如："愁"老派读 dzɵ²⁴，新派读 zɵ²⁴；"着"老派读 dzɑʔ²，新派读 zɑʔ²；"属"老派读 dzoʔ²，新派读 zoʔ²。但也有老派读 z，新派读 dz，如："唇"老派读 zən²⁴，新派读 dzən²⁴；"纯"老派读 zən²⁴，新派读 dzən²⁴。

3. 个别古邪母字，老派读 dz 声母，新派读 z，如："习"老派读 dziəʔ²，新派读 ziəʔ²；"席"老派读 dziəʔ²，新派读 ziəʔ²。

4. 部分古微母字，老派声母为 v，新派为 ɦ，如："武"老派读 vu²⁴²，新派读 ɦu³¹³；"尾"老派读 vi³¹³，新派读 ɦuei³¹³。

5. 部分例字声母的新老派改变，可以看出新派受到普通话的影响，如："顽"老派读 guæ²⁴，新派读 ɦue²⁴；"危"老派读 ŋuei²⁴，新派读 ʔuei⁵³；"如"老派读 zʅ²⁴²，新派读 lu²⁴²；"歪"老派读 huɑ⁵³，新派读 ʔuɑ⁵³；"浓"老派读 ȵyoŋ²⁴，新派读 nyoŋ²⁴。

（三）韵母的变化

从韵母系统看，新派比老派少了一个 øʔ 韵母，多了一个 uø 韵母和一个 ɚ 韵母。

1. 老派的 øʔ 韵母，新派大多归入 əʔ 韵母，如："撤"老派读 tsʰøʔ⁵，新派读 tsʰəʔ⁵；"设"老派读 søʔ⁵，新派读 səʔ⁵。只有一例"割"，新派归入 oʔ 韵。

2. 新派的 uø 来源于老派的 ue，如："官"老派读 kue⁵³，新派读 kuø⁵³；"宽"老派读 kʰue⁵³，新派读 kʰuø⁵³；"欢"老派读 hue⁵³，新派读 huø⁵³。

3. 老派有小部分 ie 韵母字，新派读音发生变化，其中山摄合口三等字，新派读韵母 yø，如："全"老派读 dʑie²⁴，新派读 dʑyø²⁴；"选"老派读 ɕie⁴²⁴，新派读 ɕyø⁴²⁴。其余部分蟹摄和山摄开口四等字，新派韵母读 i，如："天"老派读 tʰie⁵³，新派读 tʰi⁵³；"洗"老派读 ɕie⁴²⁴，新派读 ɕi⁴²⁴。其余一例咸摄开口一等字"暗"，老派读 ʔie³³，新派读 ʔø³³。

4. 老派部分鼻音单独成韵母的例字，新派改变读音，如："吴"老派读 n̩²⁴，新派读 ɦu²⁴；"翁"老派读 ŋ̍⁵³，新派读 ʔuən⁵³。

5. 新派读音中有部分字，受普通话影响，发生变化。比如，老派有小部分 y 韵母字，新派读音发生变化，如："靴"老派读 ɕy⁵³，新派读 ɕyø⁵³；"龟"老派读 tɕy⁵³，新派读 kuei⁴²⁴；"围"老派读 ɦy²⁴，新派读 ɦuei²⁴。其他类似的变化还有："错"老派读 tsʰu³³，新派读 tsʰo⁵³；"徐"老派读 zi²⁴，新派读 zy²⁴；"契"老派读 tɕʰiəʔ⁵，新派读 tɕʰi³³；"尾"老派读 vi³¹³，新派读 ɦuei³¹³；"俊"老派读 tɕin³³，新派读 tɕyn³³；"物"老派读 vəʔ²，新派读 ɦuəʔ²。新派 ɚ 韵字很少，只有一个"儿"字的文读，显然是受到普通话的影响。

（四）声调的变化

从声调系统看，新老派没有差异。但具体声调的归字，略有不同。

1. 老派的阴上字 424 中有很小一部分新派读如阴去，如："妹"老派读 mei⁴²⁴，新派读 mei³³；"建"老派读 tɕie⁴²⁴，新派读 tɕie³³；"梗"老派读 kã⁴²⁴，新派读 kã³³。字数很少。其中"妹"古声母为阳去，"建"古声母为阴去，"梗"古声母为阴清上。

2. 老派的部分阳上字，新派归入阳去，如："罪"老派读 dzei²⁴²，新派读 dzei³¹³；"雨"老派读 ɦy²⁴²，新派读 ɦy³¹³。

3. 老派的部分阴去字，新派归入阴上，如："嫁"老派读 kɑ³³，新派读 kɑ⁴²⁴；"贵"老派读 tɕy³³，新派读 tɕy⁴²⁴。这类字约占全部阴去字的 15%。

4. 老派个别阴去字，新派归入阴平，如："错"老派读 tsʰu³³，新派读 tsʰo⁵³；"剑"老派读 tɕie³³，新派读 tɕie⁵³。这种改变应是受普通话的影响。

5. 老派的部分阳去字，新派读同阳上的，如："吕"老派读 li³¹³，新派读 li²⁴²；新派读阳上，如："眼"老派读 ŋæ³¹³，新派读 ŋæ²⁴²；"李"老派读 li³¹³，新派读 li²⁴²。

二、文白异读

城桥镇方言中调查的 1 000 个单字中共记录了 12 个文读音,约占比 1.2%,其中最多的是古日母字。下面分述如下(斜线左边为白读,右边为文读)。

1. 古日母字,如:耳 ȵi^{313}/ʔø^{53}、人 ȵin^{24}/zən^{24}、认 ȵin^{313} /zən^{313}、日 ȵiəʔ^2/zəʔ^2。

2. 个别古群母字,白读为舌面塞擦音,文读为舌根塞音,如:跪 dʑy^{242}/guei^{242}、龟 tɕy^{53}/kuei^{53}。

3. 古耕韵字,韵母白读为 ã,文读为 ən,如:争 tsã^{53}/ tsən^{53}、耕 kã^{53}/ kən^{53}。可以看出受到普通话的影响。

4. 古支韵和脂韵个别字,韵母白读为 ɿ,文读为 ei,如:吹 tsʰɿ^{53}/ tsʰei^{53}、水 sɿ^{424}/ sei^{424}。可以看出受到普通话的影响。

第二章 字音对照

例字 中古音 地点	0001 多 果开一 平歌端	0002 拖 果开一 平歌透	0003 大~小 果开一 去歌定	0004 锣 果开一 平歌来	0005 左 果开一 上歌精	0006 歌 果开一 平歌见	0007 个_~ 果开一 去歌见	0008 可 果开一 上歌溪
中心城区（南）	tu⁵² tA⁵² ~趟|~个	tʰu⁵² tʰA⁵² ~鼻涕	du²³ dA²³ 文	lu²³	tsu³⁴	ku⁵²	ɦəʔ¹² ku³⁴ ~人	kʰu³⁴
中心城区（北）	tu⁵²	tʰu⁵²	du²³	lu²³	tsu³⁴	ku⁵²	ɦəʔ¹²	kʰu³⁴
松江	tu⁵³ ~少 ta⁵³ ~日	tʰu⁵³ tʰa⁵³ ~舌头	du¹³ ~拉 da¹³ ~学	lu³¹	tsu³⁵	ku⁵³	kɯ³⁵	kʰɔ⁴⁴
闵行	ɖu⁵³ ɖa⁵³ ~年	tʰa⁵³ ~鼻涕 tʰu⁵³	du¹³ da¹³ 文	lu³¹	tsu³⁵	ku⁵³	kɤ⁵⁵	kʰɔ⁵⁵
青浦	təu⁵¹	tʰəu⁵¹	dəu²²⁴ da²²⁴ 文	ləu³¹	tsəu³⁵	kəu⁵¹	kə³⁵	kʰɔ⁴³
金山	ɖu⁵³	tʰu⁵³	du¹³ da¹³ 文	lu³¹	tsu³⁵	ku⁵³	kə³⁵	kʰo⁴⁴
奉贤	ɖu⁵³ ta⁵³ ~个	tʰu⁵³ tʰa⁵³ ~鼻涕	du²⁴ da¹³ 文	lu³¹	tsu³⁵ tɕi³⁵	ku⁵³	kɤ³⁵	kʰɔ⁴⁴
浦东（川沙）	ɖu⁵³	tʰu⁵³	du¹³	lu²¹³	tsu⁴⁴	ku⁵³	ku⁴⁴	kʰu³⁵
浦东（惠南）	ɖu⁵³	tʰu⁵³	du¹³	lu¹¹³	tsu⁴⁴	ku⁵³	gə¹³	kʰɔ³⁵
嘉定	tu⁵³	tʰa⁵³ tʰu⁵³	du²¹³ da²¹³ 文	lu²³¹	tsi⁴²³	ku⁵³	kəʔ⁵⁵	kʰu⁴²³
宝山	tu⁵³ ta⁵³ ~个	tʰu⁵³ tʰa⁵³ ~鼻涕	du²³ da²³ 文	lu³¹	tsu³⁴	ku⁵³	ku⁵³ gəʔ¹² kɤ³⁵ ~别	kʰu³⁴
崇明	tu⁵³	tʰu⁵³	du³¹³	lu²⁴	tsu⁴²⁴	ku⁵³	goʔ²	kʰu⁴²⁴

例字 中古音 地点	0009 鹅 果开一 平歌疑	0010 饿 果开一 去个疑	0011 河 果开一 平歌匣	0012 茄 果开三 平戈群	0013 破 果合一 去过滂	0014 婆 果合一 平戈並	0015 磨动 果合一 平戈明	0016 磨名 果合一 去过明
中心城区（南）	ŋu²³	ŋu²³	ɦu²³	gɑ²³	pʰu³⁴	bu²³	mu²³	mu²³
中心城区（北）	ŋu²³	ŋu²³	ɦu²³	gɑ²³	pʰu³⁴	bu²³	mu²³	mo²³
松江	ŋu³¹	ŋu¹³	vu³¹	ga³¹	pʰu³⁵	bu³¹	mo³¹	mo¹³
闵行	ŋu³¹	ŋu¹³	ɦu³¹	ga³¹	pʰu³⁵	bu³¹	mu³¹	mu³¹
青浦	ŋəu³¹	ŋəu²²⁴	ɦəu³¹	ga³¹	pʰu³⁵	bu²²⁴	məu³¹	məu²²⁴
金山	ŋu³¹	ŋu¹³	ɦu³¹	gɑ³¹	pʰu³⁵	bu³¹	mo³¹	mo¹³
奉贤	ŋu³¹	ŋu²⁴	βu³¹	ga³¹	pʰu³⁵	bu³¹	mo³¹	mo³¹
浦东（川沙）	ŋu²¹³	ŋu¹³	βu²¹³	gɑ¹³	pʰu³⁵	bu²¹³	mu²¹³	mu²¹³
浦东（惠南）	ŋu¹¹³	ŋu¹³	ɦu¹¹³	gɑ¹¹³	pʰu³⁵	bu¹¹³	mu¹¹³	mu¹¹³
嘉定	ŋu²³¹	ŋu²¹³	ɦu²³¹	ga²³¹	pʰu⁴²³	bu²³¹	mu²³¹	mu²¹³
宝山	ŋu³¹	ŋu²³	vu³¹	ga³¹	pʰu³⁴ pʰɤ³⁴ 又	bu³¹	mu³¹	mu³¹
崇明	ŋ̍²⁴	ŋ̍³¹³	ɦɦu²⁴	ga²⁴	pʰu³³	bu²⁴	mu²⁴	mo²⁴

例字 中古音 地点	0017 躲 果合一 上果端	0018 螺~蛳 果合一 平戈来	0019 坐 果合一 上果从	0020 锁 果合一 上果心	0021 果 果合一 上果见	0022 过 果合一 平戈见	0023 课 果合一 去过溪	0024 火 果合一 上果晓
中心城区（南）	tu^{34}	lu^{23}	zu^{23}	su^{34}	ku^{34}	ku^{34}	k^{h}u^{34}	hu^{34}
中心城区（北）	tu^{34}	lu^{23}	zu^{23}	su^{34}	ku^{34}	ku^{34}	k^{h}u^{34}	hu^{34}
松江	tu^{44}	lu^{31}	zu^{13}	su^{44}	ku^{44}	ku^{35}	k^{h}u^{35}	fu^{44}
闵行	ɖu^{55}	lu^{31}	zu^{13}	su^{55}	ku^{55}	ku^{35}	k^{h}u^{35}	fu^{55}
青浦	tu^{43}	ləu^{31}	zəu^{224}	səu^{43}	kəu^{43}	kəu^{35}	k^{h}əu^{35}	fu^{43}
金山	ɖu^{44}	lu^{31}	zu^{13}	su^{44}	ku^{44}	ku^{35}	k^{h}u^{35}	fu^{44}
奉贤	tu^{44}	lu^{31}	zu^{24}	su^{44}	ku^{44}	ku^{35}	k^{h}u^{35}	fu^{44}
浦东（川沙）	ɖu^{44}	lu^{213}	zu^{213}	su^{44}	ku^{44}	ku^{35}	k^{h}u^{44}	ɸu^{44}
浦东（惠南）	ɖu^{44}	lu^{113}	zu^{113}	su^{44}	ku^{44}	ku^{35}	k^{h}u^{35}	ɸu^{44}
嘉定	tu^{423}	lu^{231}	zu^{213}	su^{423}	ku^{423}	ku^{423}	k^{h}u^{423}	hu^{423}
宝山	tu^{34}	lu^{31}	zu^{23}	su^{34}	ku^{34}	ku^{34}	k^{h}u^{34}	fu^{34}
崇明	tu^{424}	lu^{24}	zu^{242}	su^{424}	ku^{424}	ku^{424}	k^{h}u^{33}	hu^{424}

例字 中古音 地点	0025 货 果合一 去过晓	0026 祸 果合一 上果匣	0027 靴 果合三 平戈晓	0028 把量 假开二 上马帮	0029 爬 假开二 平麻并	0030 马 假开二 上马明	0031 骂 假开二 去祃明	0032 茶 假开二 平麻澄
中心城区（南）	hu^{34}	βu^{23}	ɕyø^{52}	po^{34}	bo^{23}	mo^{23}	mo^{23}	zo^{23}
中心城区（北）	hu^{34}	ɦu^{23}	ɕyø^{52}	po^{34}	bo^{23}	mo^{23}	mo^{23}	zo^{23}
松江	fu^{35}	vu^{13}	ɕiu^{53}	po^{44}	bo^{31}	mo^{13}	mo^{13}	zo^{31}
闵行	fu^{35}	ɦu^{13}	ɕy^{53}	ɓo^{55}	bo^{31}	mo^{13}	mo^{13}	dzo^{31}
青浦	fu^{35}	ɦu^{224}	ɕy^{51}	po^{43}	bo^{31}	mo^{224}	mo^{224}	zo^{31}
金山	fu^{35}	ɦu^{13}	ɕy^{53}	ɓo^{44} pɑ^{44}文	bo^{31}	mo^{13}	mo^{13}	zo^{31}
奉贤	fu^{35}	βu^{24}	ɕiu^{53}	po^{44}	bo^{31} ba^{31}文	mo^{24} ma^{13}文	mo^{24} ma^{13}文	zo^{31}
浦东（川沙）	ɸu^{35}	βu^{213}	su^{53}	ɓo^{44}	bo^{213}	mo^{213}	mo^{13}	zo^{213}
浦东（惠南）	ɸu^{35}	ɦu^{113}	ɕy^{53}	ɓo^{44}	bo^{113}	mo^{113}	mo^{13}	zo^{113}
嘉定	hu^{423}	ɦu^{213}	ɕy^{53}	po^{423}	bo^{231}	mɤ^{213}	mo^{213}	zɤ^{231}
宝山	fu^{34}	vu^{23}	ɕy^{53}	pɤ^{34}	bɤ^{31}	mɤ^{23}	mɤ^{23}	zɤ^{31}
崇明	hu^{424}	ɦɦu^{242}	ɕy^{53}	po^{33}	bo^{24}	mo^{242}	mo^{313}	dzo^{24}

例字 中古音 地点	0033 沙 假开二 平麻生	0034 假真~ 假开二 上马见	0035 嫁 假开二 去祃见	0036 牙 假开二 平麻疑	0037 虾 假开二 平麻晓	0038 下底~ 假开二 上马匣	0039 夏春~ 假开二 去祃匣	0040 哑 假开二 上马影
中心城区（南）	so⁵²	kᴀ³⁴	kᴀ³⁴	ŋᴀ²³	hø⁵²	ɦɔ²³	ɦɔ²³	o³⁴
中心城区（北）	so⁵²	kᴀ³⁴	kᴀ³⁴	ŋᴀ²³	ho⁵² hø⁵² 又	ɦɔ²³	ɦɔ²³	o³⁴
松江	so⁵³	ka⁴⁴	ka³⁵	ŋa³¹	hø⁴⁴	ɦɔ¹³	ɦɔ¹³	o⁴⁴
闵行	so⁵³	ka⁵⁵	ka³⁵	ŋa³¹	hø³⁵	ɦɔ¹³	ɦɔ¹³	ɔ⁵⁵
青浦	so⁵¹	ka⁴³	ka³⁵	ŋa³¹	ho⁵¹	ɦo²²⁴	ɦo²²⁴	o⁴³
金山	so⁵³	ka⁴⁴	ka³⁵	ŋɑ³¹ ɦia³¹ 文	hø⁴⁴	ɦɔ¹³	ɦɔ¹³	o⁴⁴
奉贤	so⁵³	ka⁴⁴ tɕia⁴⁴ 文	ka³⁵ tɕia³⁵ 文	ŋa³¹	hø⁴⁴	ɦɔ²⁴ ɕia³⁵ 文	ɦɔ²⁴	ɔ⁴⁴ ia⁴⁴ 文
浦东（川沙）	so⁵³	kᴀ⁴⁴	kᴀ³⁵	ŋᴀ²¹³	hø⁵³	ɦo²¹³	ɦo¹³	o⁴⁴
浦东（惠南）	so⁵³	kᴀ⁴⁴	kᴀ³⁵	ŋᴀ¹¹³	hø⁵³	ɦo¹¹³	ɦo¹³	o³⁵
嘉定	sɤ⁵³	ka⁴²³	ka⁴²³	ŋa²³¹	hɤ⁵³	ɦɤ²¹³	ɦɤ²¹³	o⁴²³
宝山	sɤ⁵³	ka³⁴ tɕia²³ 文	ka³⁴	ŋa³¹	hɤ⁵³	ɦɤ²³ ɕia²³ 文	ɦɤ²³	ɤ³⁴ ia²³ 文
崇明	so⁵³	ka⁴²⁴	ka³³	ŋa²⁴	ho⁵³	ɦɦo²⁴²	ɦɦo³¹³	ʔo³³

例字＼中古音＼地点	0041 姐 假开三上马精	0042 借 假开三去祃精	0043 写 假开三上马心	0044 斜 假开三平麻邪	0045 谢 假开三去祃邪	0046 车 不是棋子 假开三平麻昌	0047 蛇 假开三平麻船	0048 射 假开三去祃船
中心城区（南）	tɕiA³⁴ / tɕi³⁴ 又	tɕiA³⁴	ɕiA³⁴	ziA²³	ziA²³	tsʰo⁵²	zo²³	zo²³ / zAʔ¹² 又 / zA²³ 又,~污
中心城区（北）	tɕiA³⁴	tɕiA³⁴	ɕiA³⁴	ziA²³	ziA²³	tsʰo⁵²	zo²³	zo²³
松江	tɕia⁴⁴	tɕia³⁵	ɕia⁴⁴	zia³¹	zia¹³	tsʰo⁵³	zo³¹	zɔʔ²
闵行	tsia⁵⁵	tsia³⁵	sia⁵⁵	zia³¹	zia¹³	tsʰo⁵³	zo³¹	zɔʔ²³ ~箭
青浦	tɕia⁴³	tɕia³⁵	sia⁴³	zia³¹	zia²²⁴	tsʰo⁵¹	zo³¹	zɔʔ¹²
金山	tɕiɑ⁴⁴	tɕia³⁵	ɕia⁴⁴	ziɑ³¹	zia¹³	tsʰo⁵³	zo³¹	zo¹³ / zɔʔ¹² 又
奉贤	tɕia³⁵	tɕia³⁵	ɕia⁴⁴	zia³¹	zia²⁴	tsʰo⁵³	zo³¹	zɑʔ²³ / zəʔ²³ 又
浦东（川沙）	tɕiA⁴⁴	tɕiA³⁵	ɕiA⁴⁴	ziA²¹³	ziA¹³	tsʰo⁵³	zo²¹³	ze²¹³
浦东（惠南）	tɕi⁴⁴	tɕiA³⁵	ɕiA⁴⁴	ziA¹¹³	ziA¹³	tsʰo⁵³	zo¹¹³	zɔ¹³
嘉定	tsia⁴²³	tsia⁴²³	sia⁴²³	zia²³¹	zia²¹³	tsʰɤ⁵³	zɤ²³¹	zɔʔ²³
宝山	tsia³⁴ / tsi²³ 又	tsia³⁴	sia³⁴	zia³¹	zia²³	tsʰɤ⁵³	zɤ³¹	ze²³
崇明	tɕiɑ⁴²⁴	tɕiɑ³³	ɕiɑ⁴²⁴	ziɑ²⁴	ziɑ³¹³	tsʰo⁵³	dzo²⁴	zie³¹³

例字　中古音　地点	0049 爷 假开三 平麻以	0050 野 假开三 上马以	0051 夜 假开三 去祃以	0052 瓜 假合二 平麻见	0053 瓦 假合二 上马疑	0054 花 假合二 平麻晓	0055 化 假合二 去祃晓	0056 华中~ 假合二 平麻匣
中心城区（南）	ɦiA²³	ɦiA²³	ɦiA²³	ko⁵²	ŋo²³	ho⁵²	ho³⁴	ɦo²³
中心城区（北）	ɦiA²³	ɦiA²³	ɦiA²³	ko⁵²	ŋo²³	ho⁵²	ho³⁴	ɦo²³
松江	ɦia³¹	ɦia¹³	ia³⁵	ko⁵³	ŋo¹³	ho⁵³	ho³⁵	ɦo³¹
闵行	ɦia³¹	ɦia¹³	ɦia¹³	ko⁵³	ŋɔ¹³	ho⁵³	ho³⁵	ɦo³¹
青浦	ɦia³¹	ɦia²²⁴	ia³⁵	ko⁵¹	ŋo²²⁴	ho⁵¹	ho³⁵	ɦo³¹
金山	ɦiɑ³¹	ɦiɑ¹³	ɦiɑ¹³	ko⁵³	ŋo¹³	ho⁵³	ho³⁵	ɦo³¹
奉贤	ɦiɑ³¹	ɦiɑ¹³	ɦiɑ¹³	ko⁵³	ŋo²⁴	ho⁵³	ho³⁵	ɦo³¹
浦东（川沙）	ɦiA²¹³	ɦiA¹³	ɦiA²¹³	ko⁵³	ŋo²¹³	ho⁵³	ho³⁵	ɦo²¹³
浦东（惠南）	ɦiA¹¹³	ɦiA¹³	ɦiA¹³	ko⁵³	ŋo¹¹³	ho⁵³	ho³⁵	ɦo¹¹³
嘉定	ɦia²³¹	ɦia²¹³	ɦia²¹³	kuɤ⁵³	ŋɤ²¹³	huɤ⁵³	huɤ⁴²³	ɦuɤ²³¹
宝山	ɦia³¹	ɦia²³	ɦia³¹	kuɤ⁵³	ŋɤ²³	fɤ⁵³	fɤ³⁴	ɦuɤ³¹
崇明	ɦiɑ²⁴	ɦiɑ³¹³	ɦiɑ³¹³	ko⁵³	ŋo²⁴²	ho⁵³	ho³³	ɦuo²⁴

例字 中古音 地点	0057 谱家~ 遇合一上姥帮	0058 布 遇合一去暮帮	0059 铺动 遇合一平模滂	0060 簿 遇合一上姥並	0061 步 遇合一去暮並	0062 赌 遇合一上姥端	0063 土 遇合一上姥透	0064 图 遇合一平模定
中心城区（南）	pʰu³⁴	pu³⁴	pʰu⁵²	bu²³	bu²³	tu³⁴	tʰu³⁴	du²³
中心城区（北）	pʰu³⁴	pu³⁴	pʰu⁵²	bu²³	bu²³	tu³⁴	tʰu³⁴	du²³
松江	pʰu⁴⁴	pu³⁵	pʰu⁵³	bu¹³	bu¹³	tu⁴⁴	tʰu⁴⁴	du³¹
闵行	pʰu³⁵	ɓu³⁵	pʰu³⁵	bu¹³	bu¹³	ɗu⁵⁵	tʰu⁵⁵	du³¹
青浦	pʰu³⁵	pu³⁵	pʰu⁵¹	bu²²⁴	bu²²⁴	təu⁴³	tʰəu⁴³	dəu³¹
金山	pʰu³⁵	ɓu³⁵	pʰu³⁵	bu¹³	bu¹³	ɗu⁴⁴	tʰu⁴⁴	du³¹
奉贤	pʰu³⁵	pu³⁵	pʰu⁵³	bu²⁴	bu²⁴	tu⁴⁴	tʰu⁴⁴	du³¹
浦东（川沙）	pʰu⁴⁴	ɓu³⁵	pʰu⁴⁴	bu²¹³	bu¹³	ɗu⁴⁴	tʰu⁴⁴	du²¹³
浦东（惠南）	pʰu⁵³	ɓu³⁵	pʰu⁵³	bu¹³	bu¹³	ɗu⁴⁴	tʰu⁴⁴	du¹¹³
嘉定	pʰu⁴²³	pu⁴²³	pʰu⁵³	bu²¹³	bu²¹³	tu⁴²³	tʰu⁴²³	du²³¹
宝山	pʰu³⁴	pu³⁴	pʰu⁵³	bu³¹	bu²³	tu³⁴	tʰu³⁴	du³¹
崇明	pu⁴²⁴	pu³³	pʰu⁵³	bu³¹³	bu³¹³	tu⁴²⁴	tʰu⁴²⁴	du²⁴

例字 中古音 地点	0065 杜 遇合一 上姥定	0066 奴 遇合一 平模泥	0067 路 遇合一 去暮来	0068 租 遇合一 平模精	0069 做 遇合一 去暮精	0070 错对~ 遇合一 去暮清	0071 箍~桶 遇合一 平模见	0072 古 遇合一 上姥见
中心城区（南）	du^{23}	nu^{23}	lu^{23}	tsu^{52}	tsu^{34}	ts^{h}o^{52}	ku^{34}	ku^{34}
中心城区（北）	du^{23}	nu^{23}	lu^{23}	tsu^{52}	tsu^{34}	ts^{h}o^{52}	ku^{34}	ku^{34}
松江	du^{13}	nu^{31}	lu^{13}	tsu^{53}	tsu^{35}	ts^{h}o^{53}	ku^{53}	ku^{44}
闵行	du^{13}	nu^{13}	lu^{13}	tsu^{53}	tsu^{35}	ts^{h}u^{53}	ku^{53}	ku^{55}
青浦	dəu^{224}	nəu^{31}	ləu^{224}	tsəu^{51}	tsəu^{35}	ts^{h}o^{51}	kəu^{51}	kəu^{43}
金山	du^{13}	nu^{31}	lu^{13}	tsu^{53}	tsu^{35}	ts^{h}u^{53}	ku^{44}	ku^{44}
奉贤	du^{24}	nu^{31}	lu^{24}	tsu^{53}	tsu^{35}	ts^{h}o^{53}	ku^{53}	ku^{44}
浦东（川沙）	du^{13}	nu^{213}	lu^{13}	tsu^{53}	tsu^{35}	ts^{h}u^{53}	ku^{53}	ku^{44}
浦东（惠南）	du^{113}	nu^{113}	lu^{13}	tsu^{53}	tsu^{35}	ts^{h}o^{53}	ku^{53}	ku^{44}
嘉定	du^{213}	nu^{213}	lu^{213}	tsu^{53}	tsu^{423}	ts^{h}ɤ^{53}	ku^{53}	ku^{423}
宝山	du^{31}	nu^{23}	lu^{23}	tsu^{53}	tsu^{34}	ts^{h}ɤ^{53}	ku^{34}	ku^{34}
崇明	du^{313}	nu^{24}	lu^{313}	tsu^{53}	tsu^{33}	ts^{h}u^{33}	ku^{53}	ku^{424}

例字　中古音　地点	0073 苦 遇合一上姥溪	0074 裤 遇合一去暮溪	0075 吴 遇合一平模疑	0076 五 遇合一上姥疑	0077 虎 遇合一上姥晓	0078 壶 遇合一平模匣	0079 户 遇合一上姥匣	0080 乌 遇合一平模影
中心城区（南）	k^hu^{34}	k^hu^{52}	$ɦu^{23}$	$ɦŋ̍^{23}$	fu^{34}	$ɦu^{23}$	$ɦu^{23}$	u^{52}
中心城区（北）	k^hu^{34}	k^hu^{34}	$ɦu^{23}$	$ɦŋ̍^{23}$	hu^{34} / fu^{34} 又	$ɦu^{23}$	$ɦu^{23}$	u^{52}
松江	k^hu^{44}	k^hu^{44}	vu^{31}	$ŋ̍^{13}$ / u^{44} 文	fu^{44}	vu^{31}	vu^{13}	u^{53}
闵行	k^hu^{55}	k^hu^{35}	$ɦu^{31}$	$ŋ̍^{13}$	fu^{55}	$ɦu^{31}$	$ɦu^{13}$	u^{53}
青浦	$k^həu^{43}$	$k^həu^{35}$	$ɦu^{31}$	$ɦŋ̍^{224}$	fu^{43}	$ɦu^{31}$	$ɦu^{224}$	u^{51}
金山	k^hu^{44}	ku^{35}	$ɦŋ̍^{31}$ / vu^{31} 文	$ɦŋ̍^{13}$ / vu^{13} 文	fu^{44}	vu^{31}	vu^{13}	u^{53}
奉贤	k^hu^{44}	k^hu^{44}	$ɦŋ̍^{31}$ / $βu^{31}$ 文	$ɦŋ̍^{24}$	$ɸu^{44}$	$βu^{31}$	$βu^{24}$	u^{53}
浦东（川沙）	k^hu^{44}	k^hu^{35}	$βu^{213}$	$ŋ̍^{213}$	$ɸu^{44}$	$βu^{213}$	$βu^{13}$	u^{53}
浦东（惠南）	k^hu^{44}	k^hu^{53}	$ɦu^{113}$	$ɦŋ̍^{113}$	$ɸu^{44}$	$ɦu^{113}$	$ɦu^{13}$	u^{53}
嘉定	k^hu^{423}	k^hu^{423}	$ɦu^{231}$	$ɦŋ̍^{213}$	hu^{423}	$ɦu^{231}$	$ɦu^{213}$	u^{53}
宝山	k^hu^{34}	k^hu^{53}	vu^{31}	$ɦṇ^{23}$	fu^{34}	$βu^{31}$	$βu^{23}$	u^{53}
崇明	k^hu^{424}	k^hu^{53}	$ṇ^{24}$	$ṇ^{242}$	hu^{424}	$ɦu^{24}$	$ɦu^{313}$	$ʔu^{53}$

例字 中古音 地点	0081 女 遇合三上语泥	0082 吕 遇合三上语来	0083 徐 遇合三平鱼邪	0084 猪 遇合三平鱼知	0085 除 遇合三平鱼澄	0086 初 遇合三平鱼初	0087 锄 遇合三平鱼崇	0088 所 遇合三上语生
中心城区（南）	ȵy²³	ly²³	ʑi²³	tsɿ⁵²	zɿ²³	tsʰu⁵²	zɿ²³ / zu²³ 文	su³⁴
中心城区（北）	ȵy²³	ly²³	ʑi²³	tsɿ⁵²	zɿ²³	tsʰu⁵²	zu²³	su³⁴
松江	ȵy¹³	ly¹³	ʑi³¹	tsɿ⁵³	ʑy³¹	tsʰu⁵³	zɿ³¹ / zu³¹ 文	su³⁵
闵行	ȵy¹³	ly¹³	zi¹³	tsɿ⁵³	zy³¹	tsʰu⁵³	zɿ³¹ ~文	su³⁵
青浦	ȵy²²⁴	ly²²⁴	ʑi³¹	tsɿ⁵¹	zy³¹	tsʰəu⁵¹	zəu²²⁴	səu³⁵
金山	ȵy¹³	ly¹³	ʑi³¹	tsɿ⁵³	ʑy³¹	tsʰu⁵³	zɿ³¹ / zu³¹ 文	su³⁵
奉贤	ȵy²⁴	ly²⁴	ʑi³¹	tsɿ⁵³	ʑy³¹	tsʰu⁵³	zu³¹	su⁴⁴
浦东（川沙）	ȵy²¹³	ly²¹³	ʑi²¹³	tsɿ⁵³	zɿ²¹³	tsʰu⁵³	zɿ²¹³	su⁴⁴
浦东（惠南）	ȵy¹¹³	ly¹³	ʑi¹¹³	tsɿ⁵³	ʑy¹¹³	tsʰu⁵³	zu¹¹³	su⁴⁴
嘉定	ȵy²¹³	ly⁴²³	zi²³¹	tsɿ⁵³	zɿ²³¹	tsʰu⁵³	zɿ²³¹	su⁴²³
宝山	ȵi²³ / ȵy²³ 文	ly³¹	zi³¹	tsɿ⁵³	zɿ²³	tsʰu⁵³	zɿ²³ / zu²³ 文	su³⁴
崇明	ȵy²⁴²	li³¹³	zi²⁴	tsɿ⁵³	dzɿ²⁴	tsʰu⁵³	dzu²⁴	su⁴²⁴

例字 中古音 地点	0089 书 遇合三 平鱼书	0090 鼠 遇合三 上语书	0091 如 遇合三 平鱼日	0092 举 遇合三 上语见	0093 锯名 遇合三 去御见	0094 去 遇合三 去御溪	0095 渠~道 遇合三 平鱼群	0096 鱼 遇合三 平鱼疑
中心城区（南）	sɿ⁵²	tsʰɿ³⁴	zɿ²³	tɕy³⁴	tɕy³⁴	tɕʰi³⁴ tɕʰy³⁴文	dʑy²³	ɦŋ²³ ɦy²³文
中心城区（北）	sɿ⁵²	tsʰɿ³⁴	zɿ²³	tɕy³⁴	tɕy³⁴	tɕʰi³⁴	dʑy²³	ɦŋ²³
松江	ɕy⁵³	sɿ⁴⁴	ʑy³¹	ɕy⁴⁴	kɛ³⁵ tɕy⁴⁴文	tɕʰi³⁵ tɕʰy³⁵文,~年	dʑy¹³	ɦŋ³¹ ɦy³¹文
闵行	sy⁵³	tsʰɿ³⁵	ʑy³¹	tɕy⁵⁵	ke⁵⁵~子	tɕʰi³⁵	dʑy³¹	ŋ̍³¹
青浦	sʮ⁵¹	sʮ⁵¹老 sɿ⁵¹新	ʑʮ³¹	tɕy⁴³	tɕy³⁵	tɕʰy³⁵	dʑy²²⁴	ɦŋ³¹
金山	sy⁵³	sɿ⁴⁴ ɕy⁵³文	ʑy³¹	tɕy⁴⁴	ke³⁵ tɕy⁴⁴文	tɕʰi³⁵ tɕʰy³⁵文	dʑy¹³	ɦŋ³¹
奉贤	ɕy⁵³	sɿ⁵³ ɕy⁵³文	ʑy²⁴	tɕy⁴⁴	ke³⁵ tɕy³⁵文	tɕʰi³⁵ tɕʰy³⁵文	ʑy²⁴	ɦŋ³¹ ɦy³¹文
浦东（川沙）	sɿ³⁵	sɿ⁴⁴	zɿ²¹³	tɕy³⁵	tɕy⁵³	tɕʰi³⁵	dʑy²¹³	ŋ̍²¹³
浦东（惠南）	ɕy⁵³	sɿ⁴⁴	ʑy¹¹³	tɕy³⁵	tɕy³⁵	tɕʰi³⁵	dʑy¹¹³	ɦŋ¹¹³
嘉定	sɿ⁵³	tsʰɿ⁴²³	zɿ²¹³	tɕy⁴²³	kɤ⁴²³	tɕʰi⁴²³	dʑy²¹³	ɦŋ²³¹
宝山	sɿ⁵³	tsʰɿ³⁴	zɿ²³	tɕy⁵³	kʌɪ⁵³ tɕy⁵³文	tɕʰi³⁴ tɕʰy³⁴文	dʑy²³	ɦŋ³¹ ɦy³¹文
崇明	sɿ⁵³	tsʰɿ³³	zɿ²⁴²	tɕy³³	kei⁵³	kʰi³³	dʑy³¹³	ŋei²⁴

例字 中古音 地点	0097 许 遇合三 去御晓	0098 余剩~,多~ 遇合三 平鱼以	0099 府 遇合三 上虞非	0100 付 遇合三 去遇非	0101 父 遇合三 上虞奉	0102 武 遇合三 上虞微	0103 雾 遇合三 去遇微	0104 取 遇合三 上虞清
中心城区（南）	ςy^{34}	$ɦy^{23}$	fu^{34}	fu^{34}	vu^{23}	βu^{23}	$ɦu^{23}$	$tɕ^h y^{34}$
中心城区（北）	ςy^{34}	$ɦy^{23}$	fu^{34}	fu^{34}	$ɦu^{23}$	$ɦu^{23}$	$ɦu^{23}$	$tɕ^h y^{34}$
松江	ςy^{44}	$ɦy^{31}$	fu^{35}	fu^{35}	vu^{31}	vu^{13}	vu^{13}	$ts^h y^{44}$
闵行	ςy^{55}	$ɦy^{31}$	fu^{35}	fu^{35}	vu^{31}	vu^{13}	vu^{13}	$tɕ^h y^{55}$
青浦	ςy^{43}	$ɦy^{31}$	fu^{35}	fu^{35}	$ɦu^{224}$	$ɦu^{224}$	$ɦu^{224}$	$ts^h y^{43}$
金山	ςy^{44}	$ɦy^{31}$	fu^{35}	fu^{35}	vu^{13}	vu^{13}	vu^{13}	$tɕ^h y^{44}$
奉贤	ςy^{44}	$ɦy^{31}$	ϕu^{35}	ϕu^{35}	βu^{31}	βu^{24}	βu^{24}	$tɕ^h y^{44}$
浦东（川沙）	ςy^{35}	$ɦy^{213}$	ϕu^{44}	ϕu^{35}	βu^{213}	βu^{213}	βu^{213}	$tɕ^h y^{44}$
浦东（惠南）	ςy^{44}	$ɦy^{113}$	ϕu^{35}	ϕu^{35}	βu^{13}	βu^{13}	βu^{13}	$tɕ^h y^{44}$
嘉定	ςy^{423}	$ɦy^{231}$	fu^{423}	fu^{423}	$ɦu^{213}$	$ɦu^{213}$	$ɦu^{213}$	$tɕ^h y^{423}$
宝山	ςy^{34}	$ɦy^{31}$	fu^{34}	fu^{34}	vu^{31}	vu^{23}	vu^{23}	$ts^h y^{34}$
崇明	ςy^{424}	$ɦy^{24}$	fu^{424}	fu^{33}	vu^{313}	vu^{242}	vu^{313}	$tɕ^h y^{424}$

例字 中古音 地点	0105 柱 遇合三上虞澄	0106 住 遇合三去遇澄	0107 数动 遇合三上虞生	0108 数名 遇合三去遇生	0109 主 遇合三上虞章	0110 输 遇合三平虞书	0111 竖 遇合三上虞禅	0112 树 遇合三去遇禅
中心城区（南）	$zɿ^{23}$	$zɿ^{23}$	su^{34}	su^{34}	$tsɿ^{34}$	$sɿ^{52}$	$zɿ^{23}$	$zɿ^{23}$
中心城区（北）	$zɿ^{23}$	$zɿ^{23}$	su^{34}	su^{34}	$tsɿ^{34}$	$sɿ^{52}$	$zɿ^{23}$	$zɿ^{23}$
松江	$ʑy^{13}$	$ʑy^{13}$	$ɕy^{44}$	su^{35}	$tɕy^{44}$	$ɕy^{53}$	$ʑy^{13}$	$ʑy^{13}$
闵行	zy^{13}	zy^{13}	sy^{55} / su^{55}文	su^{55}~目	tsy^{55}	sy^{53}	zy^{13}	zy^{13}
青浦	$zʅ^{224}$	$zʅ^{224}$	$səu^{43}$	$səu^{35}$	$tsʅ^{43}$	$sʅ^{51}$	$zʅ^{224}$	$zʅ^{224}$
金山	$ʑy^{13}$	$ʑy^{13}$	su^{44}	su^{44}	$tɕy^{44}$	sy^{53}	zy^{13}	zy^{13}
奉贤	$ʑy^{24}$	$ʑy^{24}$	su^{44} / $ɕy^{44}$文	su^{44}	$tɕy^{44}$	$ɕy^{53}$	$ʑy^{24}$	$ʑy^{24}$
浦东（川沙）	$zɿ^{13}$	$zɿ^{13}$	$sɿ^{44}$	su^{44}	tsu^{44}	$sɿ^{53}$	$zɿ^{213}$	$zɿ^{213}$
浦东（惠南）	y^{44}	$ʑy^{13}$	$ɕy^{44}$	su^{44}	$tɕy^{44}$	$ɕy^{53}$	$ʑy^{113}$	$ɦy^{13}$
嘉定	$zɿ^{213}$	$zɿ^{213}$	su^{423}	su^{423}	$tsɿ^{423}$	$sɿ^{53}$	$zɿ^{213}$	$zɿ^{213}$
宝山	$zɿ^{23}$	$zɿ^{23}$	su^{34}	su^{34}	$tsɿ^{34}$	$sɿ^{53}$	$zɿ^{23}$	$zɿ^{23}$
崇明	$dzɿ^{313}$	$dzɿ^{313}$	su^{424}	su^{424}	$tsɿ^{424}$	$sɿ^{53}$	$zɿ^{242}$	$zɿ^{313}$

例字\中古音\地点	0113 句	0114 区地~	0115 遇	0116 雨	0117 芋	0118 裕	0119 胎	0120 台戏~
	遇合三去遇见	遇合三平虞溪	遇合三去遇疑	遇合三上虞云	遇合三去遇云	遇合三去遇以	蟹开一平咍透	蟹开一平咍定
中心城区（南）	tɕy³⁴	tɕʰy⁵²	ȵy²³	ɦy²³	ɦy²³	ɦy²³	tʰɛ⁵²	dɛ²³
			ɦy²³ 又					
中心城区（北）	tɕy³⁴	tɕʰy⁵²	ȵy²³	ɦy²³	ɦy²³	ɦy²³	tʰɛ⁵²	dɛ²³
松江	ɕy³⁵	tɕʰy⁵³	ȵy¹³	ɦy¹³	y³¹	ɦy¹³	tʰɛ⁵³	dɛ³¹
闵行	tɕy⁵⁵	tɕʰy⁵³	ȵy¹³	ɦy¹³	ɦy¹³	ɦy³¹	tʰɛ⁵³	dɛ³¹
青浦	tɕy³⁵	tɕʰy⁵¹	ȵy²²⁴	ɦy²²⁴	y⁵¹	ɦy²²⁴	tʰɛ⁵¹	dɛ³¹
金山	tɕy³⁵	tɕʰy⁵³	ȵy³¹	y⁴⁴	ɦy³¹	ɦy¹³	tʰɛ⁵³	dɛ³¹
奉贤	tɕy³⁵	tɕʰy⁵³	ȵy²⁴	ɦy²⁴	ɦy²⁴	ɦy²⁴	tʰe⁵³	de³¹
浦东（川沙）	tɕy⁴⁴	tɕʰy⁵³	ȵy²¹³	ɦy²¹³	ɦy²¹³	ɦy²¹³	tʰe⁵³	de²¹³
浦东（惠南）	tɕy³⁵	tɕʰy⁵³	ȵy¹¹³	ɦy¹¹³	ɦy¹¹³	ɦy¹¹³	tʰɛ⁵³	dɛ¹¹³
嘉定	tɕy⁴²³	tɕʰy⁵³	ȵy²¹³	ɦy²¹³	ɦy²¹³	ɦy²¹³	tʰɛ⁵³	dɛ²³¹
宝山	tɕy³⁴	tɕʰy⁵³	ȵy²³	ɦi²³ ɦy²³ 文	ɦi²³ ɦĩŋ²³ 又 ɦy²³ 文	ɦy²³	tʰɛ⁵³	dɛ³¹
崇明	tɕy³³	tɕʰy⁵³	ɦy³¹³	ɦy²⁴²	ɦy³¹³	ɦy³¹³	tʰɛ⁵³	dɛ²⁴

例字 中古音 地点	0121 袋 蟹开一 去代定	0122 来 蟹开一 平咍来	0123 菜 蟹开一 去代清	0124 财 蟹开一 平咍从	0125 该 蟹开一 平咍见	0126 改 蟹开一 上海见	0127 开 蟹开一 平咍溪	0128 海 蟹开一 上海晓
中心城区（南）	$dɛ^{23}$	$lɛ^{23}$	$tsʰɛ^{34}$	$zɛ^{23}$	$kɛ^{52}$	$kɛ^{34}$	$kʰɛ^{52}$	$hɛ^{34}$
中心城区（北）	$dɛ^{23}$	$lɛ^{23}$	$tsʰɛ^{23}$	$zɛ^{23}$	$kɛ^{52}$	$kɛ^{34}$	$kʰɛ^{52}$	$hɛ^{34}$
松江	$dɛ^{13}$	$lɛ^{31}$	$tsʰɛ^{35}$	$zɛ^{31}$	$kɛ^{53}$	$kɛ^{44}$	$kʰɛ^{53}$	$hɛ^{44}$
闵行	$dɛ^{13}$	$lɛ^{13}$	$tsʰɛ^{35}$	$zɛ^{31}$	$kɛ^{53}$	$kɛ^{55}$	$kʰɛ^{53}$	$hɛ^{55}$
青浦	$dɛ^{224}$	$lɛ^{31}$	$tsʰɛ^{35}$	$zɛ^{31}$	$kɛ^{51}$	$kɛ^{43}$	$kʰɛ^{51}$	$hɛ^{43}$
金山	$dɛ^{13}$	$lɛ^{31}$	$tsʰɛ^{35}$	$zɛ^{31}$	$kɛ^{44}$	$kɛ^{44}$	$kʰɛ^{53}$	$hɛ^{44}$
奉贤	$dɛ^{24}$	$lɛ^{31}$	$tsʰɛ^{35}$	$zɛ^{31}$	$kɛ^{53}$	$kɛ^{44}$	$kʰɛ^{53}$	$hɛ^{44}$
浦东（川沙）	$dɛ^{13}$	$lɛ^{213}$	$tsʰɛ^{35}$	$zɛ^{213}$	$kɛ^{53}$	$kɛ^{44}$	$kʰɛ^{53}$	$hɛ^{44}$
浦东（惠南）	$dɛ^{13}$	$lɛ^{113}$	$tsʰɛ^{35}$	$zɛ^{113}$	$kɛ^{53}$	$kɛ^{44}$	$kʰɛ^{53}$	$hɛ^{44}$
嘉定	$dɛ^{213}$	$lɛ^{231}$	$tsʰɛ^{423}$	$zɛ^{231}$	$kɛ^{53}$	$kɛ^{423}$	$kʰɛ^{53}$	$hɛ^{423}$
宝山	$dɛ^{23}$	$lɛ^{31}$	$tsʰɛ^{34}$	$zɛ^{31}$	$kɛ^{53}$	$kɛ^{34}$	$kʰɛ^{53}$	$hɛ^{34}$
崇明	$dɛ^{313}$	$lɛ^{24}$	$tsʰɛ^{33}$	$dzɛ^{24}$	$kɛ^{53}$	$kɛ^{424}$	$kʰɛ^{53}$	$hɛ^{424}$

例字 中古音 地点	0129 爱 蟹开一 去代影	0130 贝 蟹开一 去泰帮	0131 带动 蟹开一 去泰端	0132 盖动 蟹开一 去泰见	0133 害 蟹开一 去泰匣	0134 拜 蟹开二 去怪帮	0135 排 蟹开二 平皆并	0136 埋 蟹开二 平皆明
中心城区（南）	ᴇ³⁴	pᴇ⁵²	tᴀ³⁴	kᴇ³⁴	ɦiᴇ²³	pᴀ³⁴	bᴀ²³	mᴀ²³
中心城区（北）	ᴇ³⁴	pei³⁴	tᴀ³⁴	kᴇ³⁴	ɦiᴇ²³	pᴀ³⁴	bᴀ²³	mᴀ²³
松江	ɛ³⁵	pe³⁵	ta³⁵	ke⁴⁴	ɦiɛ¹³	pa³⁵	ba³¹	ma⁵³
闵行	ɛ³⁵	ɓe³⁵	ɗa³⁵	ke⁵⁵	ɦiɛ¹³	ɓa³⁵	ba³¹	ma³¹
青浦	ᴇ³⁵	pɪ⁴³	ta³⁵	kɪ⁴³	ɦiᴇ²²⁴	pa³⁵	ba³¹	ma³¹
金山	ɛ³⁵	ɓe³⁵	ɗɑ³⁵	ke⁴⁴ / kɛ⁴⁴又	ɦiɛ¹³	ɓɑ³⁵ / ɓɛ⁴⁴又	bɑ³¹	mɑ⁵³
奉贤	e³⁵	ɓe⁴⁴	ta³⁵	ke⁴⁴	ɦiɛ²⁴	ɓa³⁵	ba³¹	ma⁵³
浦东（川沙）	e³⁵	ɓe⁵³	ɗᴀ³⁵	ke³⁵	ɦiɛ¹³	ɓᴀ³⁵	bᴀ²¹³	mᴀ²¹³
浦东（惠南）	ᴇ³⁵	ɓᴇ⁵³	ɗᴀ³⁵	kᴇ⁴⁴	ɦiᴇ¹³	ɓᴀ³⁵	bᴀ¹¹³	mᴀ¹¹³
嘉定	ᴇ⁴²³	piɪ⁴²³	ta⁴²³	kᴇ⁴²³	ɦiᴇ²¹³	pa⁴²³	ba²³¹	ma²¹³
宝山	ɛ³⁴	pʌɪ⁵³	tɑ³⁴	ke³⁴	ɦiɛ²³	pɑ³⁴	ba³¹	ma²³
崇明	ʔɛ³³	pei³³	ta³³	kɛ³³	hɦiɛ³¹³	pɑ³³	ba²⁴	ma²⁴

例字＼中古音＼地点	0137 戒 蟹开二去怪见	0138 摆 蟹开二上蟹帮	0139 派 蟹开二去卦滂	0140 牌 蟹开二平佳并	0141 买 蟹开二上蟹明	0142 卖 蟹开二去卦明	0143 柴 蟹开二平佳崇	0144 晒 蟹开二去卦生
中心城区（南）	kᴀ³⁴	pᴀ³⁴	pʰᴀ³⁴	bᴀ²³	mᴀ²³	mᴀ²³	zᴀ²³	so³⁴ / sᴀ³⁴文
中心城区（北）	kᴀ³⁴	pᴀ³⁴	pʰᴀ³⁴	bᴀ²³	mᴀ²³	mᴀ²³	zᴀ²³	sᴀ³⁴
松江	ka³⁵	pa⁴⁴	pʰa³⁵	ba³¹	ma¹³	ma¹³	za³¹	so³⁵
闵行	ka³⁵	ɓa⁵⁵	pʰa³⁵	ba³¹	ma¹³	ma¹³	za³¹	so³⁵
青浦	ka³⁵	pa⁴³	pʰa³⁵	ba³¹	ma²²⁴	ma²²⁴	za³¹	so³⁵
金山	ka³⁵	ɓa⁴⁴	pʰa³⁵	ba³¹	ma¹³	ma¹³	za³¹	so³⁵ / sɛ³⁵文
奉贤	ka³⁵ / tɕia³⁵文	pa³⁵	pʰa³⁵	ba³¹	ma²⁴	ma²⁴	za³¹	so³⁵ / sɑ³⁵文
浦东（川沙）	kᴀ³⁵	ɓᴀ⁴⁴	pʰᴀ³⁵	bᴀ²¹³	mᴀ²¹³	mᴀ¹³	zᴀ²¹³	so³⁵
浦东（惠南）	kᴀ³⁵	ɓᴀ⁴⁴	pʰᴀ³⁵	bᴀ¹¹³	mᴀ¹¹³	mᴀ¹³	zᴀ¹¹³	so³⁵
嘉定	ka⁴²³	pa⁴²³	pʰa⁴²³	ba²³¹	ma²¹³	ma²¹³	za²³¹	sɤ⁴²³
宝山	ka³⁴ / tɕia³⁴文	pa³⁴	pʰa³⁴	ba³¹	ma²³	ma²³	za³¹	sɤ³⁴
崇明	ka⁴²⁴	pa⁴²⁴	pʰa³³	bɑ²⁴	mɑ²⁴²	mɑ³¹³	zɑ²⁴	so³³

例字 中古音 地点	0145 街 蟹开二 平佳见	0146 解~开 蟹开二 上蟹见	0147 鞋 蟹开二 平佳匣	0148 蟹 蟹开二 上蟹匣	0149 矮 蟹开二 上蟹影	0150 败 蟹开二 去夬並	0151 币 蟹开三 去祭並	0152 制~造 蟹开三 去祭章
中心城区（南）	kᴀ⁵²	kᴀ³⁴ gᴀ²³ 又 tɕiᴀ³⁴ 文	ɦᴀ²³	hᴀ³⁴	ᴀ³⁴	bᴀ²³	bi²³	tsɿ³⁴
中心城区（北）	kᴀ⁵²	kᴀ³⁴	ɦᴀ²³	hᴀ³⁴	ᴀ³⁴	bᴀ²³	bi²³	tsɿ³⁴
松江	ka⁵³	ga¹³	ɦɑ³¹	hɑ⁴⁴	ɑ⁴⁴	bɑ¹³	bi¹³	tsɿ⁴⁴
闵行	ka⁵³	ka⁵⁵	ɦɑ³¹	hɑ⁵⁵	ɑ⁵⁵	bɑ¹³	bi¹³	tsɿ³⁵
青浦	ka⁵¹	ka⁴³	ɦɑ³¹	hɑ⁴³	ɑ⁴³	bɑ²²⁴	bi²²⁴	tsɿ⁴³
金山	ka⁵³	ɕia³⁵	ɦɑ³¹	hɑ⁴⁴	ɑ⁴⁴	bɑ¹³	bi¹³	tsɿ⁴⁴
奉贤	ka⁵³	ka³⁵	ɦɑ³¹	hɑ⁴⁴	ɑ⁴⁴	bɑ²⁴	bi²⁴	tsɿ⁴⁴
浦东（川沙）	kᴀ⁵³	kᴀ⁴⁴	ɦᴀ²¹³	hᴀ⁴⁴	ᴀ⁴⁴	bᴀ²¹³	bi²¹³	tsɿ⁴⁴
浦东（惠南）	kᴀ⁵³	kᴀ⁴⁴	ɦᴀ¹¹³	hᴀ⁴⁴	ᴀ⁴⁴	bᴀ¹³	bi¹³	tsɿ⁵³
嘉定	ka⁵³	ka⁴²³ tɕia⁴²³ 文	ɦɑ²³¹	hɑ⁴²³	ɑ⁴²³	bɑ²¹³	bi²¹³	tsɿ⁴²³
宝山	ka⁵³	ka³⁴	ɦɑ³¹	hɑ³⁴	ɑ³⁴	bɑ²³	bi³¹	tsɿ³⁴
崇明	ka⁵³	ka⁴²⁴	hɦɑ²⁴	hɑ⁴²⁴	ʔɑ⁴²⁴	bɑ³¹³	bi³¹³	tsɿ³³

例字 中古音 地点	0153 世 蟹开三 去祭书	0154 艺 蟹开三 去祭疑	0155 米 蟹开四 上荠明	0156 低 蟹开四 平齐端	0157 梯 蟹开四 平齐透	0158 剃 蟹开四 去霁透	0159 弟 蟹开四 上荠定	0160 递 蟹开四 去霁定
中心城区（南）	sɿ⁵²	ȵi²³	mi²³	ti⁵²	tʰi⁵²	tʰi³⁴	di²³	di²³
中心城区（北）	sɿ⁵²	ȵi²³	mi²³	ti⁵²	tʰi⁵²	tʰi³⁴	di²³	di²³
松江	sɿ⁴⁴	ȵi¹³	mi¹³	ti⁵³	tʰi⁵³	tʰi³⁵	di¹³	di¹³
闵行	sɿ³⁵	ȵi¹³	mi¹³	di⁵³	tʰi⁵³	tʰi³⁵	di¹³	di¹³
青浦	sɿ³⁵	ȵi²²⁴	mi²²⁴	ti⁵¹	tʰi⁵¹	tʰi³⁵	di²²⁴	di³¹
金山	sɿ³⁵	ȵi¹³	mi¹³	di⁵³	tʰi⁵³	tʰi³⁵	di¹³	di¹³
奉贤	sɿ³⁵	ȵi²⁴	mi²⁴	ti⁵³	tʰi⁵³	tʰi³⁵	di²⁴	di²⁴
浦东（川沙）	sɿ⁴⁴	ȵi²¹³	mi²¹³	di⁴⁴	tʰi⁵³	tʰi³⁵	di²¹³	di¹³
浦东（惠南）	sɿ⁴⁴	ȵi¹³	mi¹¹³	di⁵³	tʰi⁵³	tʰi³⁵	di¹³	di¹³
嘉定	sɿ⁴²³	ȵi²¹³	mi²¹³	ti⁵³	tʰi⁵³	tʰi⁴²³	di²¹³	di²¹³
宝山	sɿ⁵³	ȵi²³	mi²³	ti⁵³	tʰi⁵³	tʰi³⁴	di²³	di²³
崇明	sɿ³³	ȵi³¹³	mi²⁴²	ti⁵³	tʰi⁵³	tʰi³³	di³¹³	di³¹³

例字　　中古音　地点	0161 泥 蟹开四平齐泥	0162 犁 蟹开四平齐来	0163 西 蟹开四平齐心	0164 洗 蟹开四上荠心	0165 鸡 蟹开四平齐见	0166 溪 蟹开四平齐溪	0167 契 蟹开四去霁溪	0168 系联~ 蟹开四去霁匣
中心城区（南）	ȵi²³	li²³	ɕi⁵²	ɕi³⁴	tɕi⁵²	tɕʰi⁵²	tɕʰiɪʔ⁵⁵	ɦi²³ / ɕi³⁴ 又
中心城区（北）	ȵi²³	li²³	ɕi⁵²	ɕi³⁴	tɕi⁵²	ɕi⁵²	tɕʰi⁵²	ɕi³⁴
松江	ȵi³¹	li³¹	ɕi⁵³	ɕi⁴⁴	tɕi⁵³	tɕʰi⁵³	tɕʰiɪʔ⁴	ɦi¹³
闵行	ȵi³¹	li³¹	si⁵³	si⁵⁵ ~衣机	tɕi⁵³	tɕʰi⁵³	tɕʰi³⁵	ɕi⁵⁵
青浦	ȵi³¹	li³¹	si⁵¹	si⁴³	tɕi⁵¹	tɕʰi⁵¹	tɕʰiɪʔ⁵⁵	ɕi³⁵
金山	ȵi³¹	li³¹	si⁵³	si⁴⁴	tɕi⁴⁴	tɕʰi⁵³	cʰiɑʔ⁵	ɕi³⁵
奉贤	ȵi³¹	li³¹	ɕi⁵³	ɕi³⁵	tɕi⁵³	tɕʰi⁵³	tɕʰi⁵³	ɦi²⁴
浦东（川沙）	ȵi²¹³	li²¹³	ɕi⁵³	（无）	tɕi⁵³	zi²¹³	tɕʰiɪʔ⁵⁵	ɦi¹³
浦东（惠南）	ȵi¹¹³	li¹¹³	ɕi⁵³	（无）	tɕi⁵³	tɕʰi⁵³	tɕʰiɛ⁴⁴	zi¹³
嘉定	ȵi²³¹	li²³¹	si⁵³	sɪɪ⁴²³	tɕi⁵³	tɕʰi⁵³	tɕʰi⁴²³	zi²¹³
宝山	ȵi³¹	li³¹	si⁵³	si³⁴	tɕi⁵³	tɕʰi⁵³	tsʰɪʔ⁵⁵	ɦi³¹
崇明	ȵi²⁴	li²⁴	ɕi⁵³	ɕie⁴²⁴	tɕi⁵³	tɕʰi⁵³	tɕʰiəʔ⁵	ʔi³³

例字 / 中古音 / 地点	0169 杯	0170 配	0171 赔	0172 背~诵	0173 煤	0174 妹	0175 对	0176 雷
	蟹合一平灰帮	蟹合一去队滂	蟹合一平灰並	蟹合一去队並	蟹合一平灰明	蟹合一去队明	蟹合一去队端	蟹合一平灰来
中心城区（南）	pᴇ^{52}	p^{h}ᴇ^{34}	bᴇ^{23}	bᴇ^{23}	mᴇ^{23}	mᴇ^{23}	tᴇ^{34}	lᴇ^{23}
中心城区（北）	pei^{52}	p^{h}ei^{34}	bei^{23}	bei^{23}	mei^{23}	mei^{23}	tei^{34}	lei^{23}
松江	pe^{53}	p^{h}e^{35}	be^{31}	pe^{35}	me^{31}	me^{44}	te^{35}	le^{31}
闵行	ɓe^{53}	p^{h}e^{35}	be^{31}	ɓe^{35}	me^{31}	me^{13}	ɗe^{35}	li^{31}
青浦	pɪ^{51}	p^{h}ɪ^{35}	bɪ^{31}	pɪ^{35}	mɪ^{31}	mɪ^{224}	tɪ^{35}	lɪ^{31}
金山	ɓe^{53}	p^{h}e^{35}	be^{31}	ɓe^{35}	me^{31}	me^{13}	ɗe^{35}	le^{31}
奉贤	ɓe^{53}	p^{h}e^{35}	be^{31}	pe^{35}	me^{31}	me^{24}	te^{35}	le^{31}
浦东（川沙）	ɓe^{53}	p^{h}e^{35}	be^{213}	be^{13}	me^{213}	me^{13}	ɗe^{35}	le^{213}
浦东（惠南）	ɓᴇ^{53}	p^{h}ᴇ^{35}	bᴇ^{113}	bᴇ^{13}	mᴇ^{113}	mᴇ^{13}	ɗᴇ^{35}	lᴇ^{113}
嘉定	piɪ^{53}	p^{h}iɪ^{423}	biɪ^{231}	piɪ^{423}	miɪ^{231}	miɪ^{213}	tɤ^{423}	lɤ^{231}
宝山	pʌɪ^{53}	p^{h}ʌɪ^{34}	bʌɪ^{31}	pʌɪ^{34}	mʌɪ^{31}	mʌɪ^{31}	tʌɪ^{34}	lʌɪ^{31}
崇明	pei^{53}	p^{h}ei^{33}	bei^{24}	pei^{33}	mei^{24}	mei^{424}	tei^{33}	lei^{24}

例字　中古音　地点	0177 罪 蟹合一上贿从	0178 碎 蟹合一去队心	0179 灰 蟹合一平灰晓	0180 回 蟹合一平灰匣	0181 外 蟹合一去泰疑	0182 会开~ 蟹合一去泰匣	0183 怪 蟹合二去怪见	0184 块 蟹合一去怪溪
中心城区（南）	zø²³ zE²³文	sE³⁴	huE⁵²	ɦuE²³	ŋA²³	ɦuE²³	kuA³⁴	kʰuE³⁴
中心城区（北）	zø²³	sei³⁴	huei⁵²	ɦuei²³	ŋA²³	ɦuei²³	kuA³⁴	kʰuei³⁴
松江	zø¹³	sɛ³⁵	hue⁵³	ve³¹	ŋa¹³	ve¹³	kuɑ³⁵	kʰue³⁵
闵行	zø¹³	se³⁵	fi⁵³	vi³¹	ŋa¹³	ʋi¹³	kua³⁵	kʰue³⁵
青浦	zø²²⁴	sE³⁵	hui⁵¹	ɦui³¹	ŋa²²⁴	ɦui²²⁴	kua³⁵	kʰui³⁵
金山	zø¹³	sE³⁵	hue⁵³	ve³¹	ŋa¹³	ve¹³	kuɑ³⁵	kʰue³⁵
奉贤	zø²⁴	se³⁵	ɸe⁵³	ɦue³¹	ŋa²⁴ ɦue¹³文	ɦue²⁴	kuɑ³⁵	kʰue³⁵
浦东（川沙）	zø²¹³	se³⁵	hue⁵³	βe²¹³	ŋA²¹³	βe¹³	kuA³⁵	kʰue³⁵
浦东（惠南）	zø¹¹³	sE³⁵	huE⁵³	ɦuE¹¹³	ŋA¹³	ɦuE¹³	kuA³⁵	kʰuE³⁵
嘉定	zɤ²¹³	sE⁴²³	hue⁵³	ɦue²³¹	ŋa²¹³	ɦue²¹³	kua⁴²³	kʰue⁴²³
宝山	zʌɪ²³	sE³⁴	fʌɪ⁵³	ɦuʌɪ²³	ŋa²³	uʌɪ³⁴	kua³⁴	kʰuʌɪ³⁴
崇明	dzei²⁴²	sei³³	huei⁵³	ɦuei²⁴	ŋa²⁴²	ɦuei³¹³	kua³³	kʰuei³³

例字 中古音 地点	0185 怀 蟹合二 平皆匣	0186 坏 蟹合二 去怪匣	0187 拐 蟹合二 上蟹见	0188 挂 蟹合二 去卦见	0189 歪 蟹合二 平佳晓	0190 画 蟹合二 去卦匣	0191 快 蟹合二 去夬溪	0192 话 蟹合二 去夬匣
中心城区（南）	ɦuA²³ ɦuE²³ 文	ɦuA²³	kuA³⁴	ko³⁴	huA⁵²	ɦo²³	kʰuA³⁴	ɦo²³
中心城区（北）	ɦuA²³	ɦuA²³	kuA³⁴	ko³⁴	huA⁵²	ɦo²³	kʰuA³⁴	ɦo²³
松江	vɛ³¹	va¹³	kua⁴⁴	ko³⁵	fa⁵³	ɦo¹³	kʰua³⁵	ɦo¹³
闵行	ɦua³¹	ɦua¹³	kua⁵⁵	ko³⁵	hua⁵³	ɦo¹³	kʰua³⁵	ɦo¹³
青浦	ɦuE³¹	ɦua²²⁴	kua⁴³	ko³⁵	hua⁵¹	ɦo²²⁴	kʰua³⁵	ɦo²²⁴
金山	vɛ³¹	ɦuɑ¹³	kuɑ⁴⁴	ko³⁵	huɑ⁵³	ɦo¹³	kʰuɑ³⁵	ɦo¹³
奉贤	ɦuɑ²⁴ ɦuɛ¹³ 文	ɦuɑ²⁴	kuɑ⁴⁴	ko³⁵	huɑ⁵³	ɦo²⁴	kʰuɑ³⁵	ɦo²⁴
浦东（川沙）	βuA¹³	βuA¹³	kuA⁴⁴	ko³⁵	huA⁵³	ɦo¹³	kʰuA³⁵	ɦo¹³
浦东（惠南）	ɦuA¹¹³	ɦuA¹³	kuA⁴⁴	ko³⁵	huA⁵³	ɦo¹³	kʰuA³⁵	ɦo¹³
嘉定	ɦuE²³¹	ɦua²¹³	kua⁴²³	ko⁴²³	hua⁵³	ɦuɤ²¹³	kʰua⁴²³	ɦuɤ²¹³
宝山	ɦuɑ²³ ɦuɛ²³ 文	ɦua²³	kuɑ³⁴	kuɤ³⁴	hua⁵³	ɦuɤ³¹	kʰuɑ³⁴	ɦuɤ²³
崇明	ɦuɛ²⁴	ɦua³¹³	kuɑ⁴²⁴	ko³³	hua⁵³	ɦuo³¹³	kʰuɑ³³	ɦua³¹³

例字 中古音 地点	0193 岁 蟹合三 去祭心	0194 卫 蟹合三 去祭云	0195 肺 蟹合三 去废敷	0196 桂 蟹合四 去霁见	0197 碑 止开三 平支帮	0198 皮 止开三 平支并	0199 被~子 止开三 上纸并	0200 紫 止开三 上纸精
中心城区（南）	sø³⁴	ɦuE²³	fi³⁴	kuE³⁴	pE⁵²	bi²³	bi²³ bE²³~动	tsɿ³⁴
中心城区（北）	sø³⁴	ɦuei²³	fi³⁴	kuei³⁴	pei⁵²	bi²³	bi²³	tsɿ³⁴
松江	sø³⁵	ve¹³	fi³⁵	kue³⁵	pe⁵³	bi³¹	bi¹³	tsɿ⁴⁴
闵行	sø³⁵	vi¹³	fi³⁵	kue³⁵	ɦe⁵³	bi³¹	bi¹³	tsɿ⁵⁵
青浦	sø³⁵	ɦui²²⁴	fi³⁵	kui³⁵	pɿ⁵¹	bi³¹	bi²²⁴	tsɿ⁴³
金山	sø³⁵	ɦue¹³	fe³⁵	kue³⁵	ɦe⁵³	bi³¹	bi¹³	tsɿ⁴⁴
奉贤	sø³⁵	ɦue²⁴	fi³⁵	kue³⁵	pe⁵³	bi³¹	bi²⁴	tsɿ⁴⁴
浦东（川沙）	sø³⁵	βue¹³	fi³⁵	kue³⁵	ɦe⁵³	bi²¹³	bi¹³	tsɿ⁴⁴
浦东（惠南）	sø³⁵	ɦuE¹³	fi³⁵	kuE³⁵	ɦE⁵³	bi¹¹³	bi¹³	tsɿ³⁵
嘉定	sɤ⁴²³	ɦue²¹³	fi⁴²³	kue⁴²³	pɿ⁵³	bi²³¹	bi²¹³	tsɿ⁴²³
宝山	sʌɪ³⁴	ɦuʌɪ²³	fi³⁴	kuʌɪ³⁴	ba³¹	bi³¹	bi²³	tsɿ³⁴
崇明	sei³³	ɦuei³¹³	fi³³	kuei³³	pei⁵³	bi²⁴	bi²⁴²	tsɿ⁴²⁴

例字 中古音 地点	0201 刺 止开三 去真清	0202 知 止开三 平支知	0203 池 止开三 平支澄	0204 纸 止开三 上纸章	0205 儿 止开三 平支日	0206 寄 止开三 去真见	0207 骑 止开三 平支群	0208 蚁 止开三 上纸疑
中心城区 （南）	tsʰɿ³⁴	tsɿ⁵²	zɿ²³	tsɿ³⁴	ȵi²³ ɦər²³ ~童 ɦiŋ²³ 因~	tɕi³⁴	dʑi²³	ȵi²³
中心城区 （北）	tsʰɿ³⁴	tsɿ⁵²	zɿ²³	tsɿ³⁴	ȵi²³ ɦər²³ 文	tɕi³⁴	dʑi²³	ȵi²³
松江	tsʰɿ³⁵	tsɿ⁵³	zɿ³¹	tsɿ⁴⁴	ɦiŋ³¹ əl⁴⁴	kɛ³⁵ tɕi³⁵ 文	dʑi³¹	ȵi³¹
闵行	tsʰɿ³⁵	tsɿ⁵³	zɿ³¹	tsɿ⁵⁵	ȵi³¹ ~子	tɕi³⁵	dʑi³¹	ȵi³¹
青浦	tsʰɿ³⁵	tsɿ⁵¹	zɿ³¹	tsɿ⁴³	ȵi²²⁴ 白 ɦiŋ²²⁴ 白 ər⁵⁵ 文	tɕi³⁵	dʑi³¹	ȵi³¹
金山	tsʰɿ³⁵	tsɿ⁵³	zɿ³¹	tsɿ⁴⁴	ɦiŋ³¹ ɦiəl³¹ 文	kɛ³⁵ tɕi³⁵ 文	dʑi³¹	ȵi¹³
奉贤	tsʰɿ³⁵	tsɿ⁴⁴	zɿ³¹	tsɿ⁴⁴	ȵi²⁴ ɦər⁴⁴ 文	tɕi³⁵	dʑi³¹	ȵi³¹
浦东（川沙）	tsʰɿ³⁵	tsɿ⁵³	zɿ²¹³	tsɿ⁴⁴	ȵi²¹³	tɕi³⁵	dʑi²¹³	ȵi¹³
浦东（惠南）	tsʰɿ³⁵	tsɿ⁵³	zɿ¹¹³	tsɿ⁴⁴	ȵi¹¹³	tɕi³⁵	dʑi¹¹³	ȵi¹³
嘉定	tsʰɿ⁴²³	tsɿ⁵³	zɿ²³¹	tsɿ⁴²³	ȵi²¹³	tɕi⁴²³	dʑi²³¹	ȵi²¹³
宝山	tsʰɿ³⁴	tsɿ⁵³	zɿ³¹	tsɿ³⁴	ȵi³¹ ɦər³¹ 文	tɕi³⁴	dʑi³¹	ȵi³¹
崇明	tsʰɿ³³	tsɿ⁵³	dzɿ²⁴	tsɿ⁴²⁴	ŋ̍²⁴ 白 ʔø⁵³ 文	tɕi³³	dʑi²⁴	ȵi³¹³

例字 中古音 地点	0209 义 止开三 去寘疑	0210 戏 止开三 去寘晓	0211 移 止开三 平支以	0212 比 止开三 上旨帮	0213 屁 止开三 去至滂	0214 鼻 止开三 去至並	0215 眉 止开三 平脂明	0216 地 止开三 去至定
中心城区（南）	ȵi²³	ɕi³⁴	ɦi²³	pi³⁴	pʰi³⁴	bɪʔ¹² bəʔ¹²又	mi²³	di²³
中心城区（北）	ȵi²³	ɕi³⁴	ɦi²³	pi³⁴	pʰi³⁴	bɪʔ¹²	mi²³	di²³
松江	ȵi¹³	ɕi³⁵	ɦi³¹	pi⁴⁴	pʰi³⁵	bəʔ² bɪʔ²又	mi³¹	di¹³
闵行	ȵi¹³	ɕi³⁵	ɦi³¹	ɦi⁵⁵	pʰi³⁵	bəʔ²³	mi³¹	di¹³
青浦	ȵi²²⁴	ɕi³⁵	ɦi³¹	pi⁴³	pʰi³⁵	bəʔ¹²	mɪ³¹	di²²⁴
金山	ȵi¹³	ɕi³⁵	ɦi³¹	ɦi⁴⁴	pʰi³⁵	bəʔ¹²	mi³¹	di¹³
奉贤	ȵi²⁴	ɕi³⁵	ɦi³¹	ɦi⁴⁴	pʰi³⁵	bɪʔ²⁴	mi³¹	di²⁴
浦东（川沙）	ȵi¹³	ɕi³⁵	ɦi²¹³	ɦi⁴⁴	pʰi³⁵	bɪɪʔ²³	mi²¹³	di¹³
浦东（惠南）	ȵi¹³	ɕi⁴⁴	ɦi¹¹³	ɦi⁴⁴	pʰi³⁵	bɪɪʔ²³	mi¹¹³	di¹³
嘉定	ȵi²¹³	ɕi⁴²³	ɦi²³¹	pi⁴²³	pʰi⁴²³	bɪɪʔ²³	mi²³¹	di²¹³
宝山	ȵi³¹	ɕi³⁴	ɦi³¹	pi³⁴	pʰi³⁴	bɪʔ¹²	mi³¹ mʌɪ³¹文	di²³
崇明	ȵi³¹³	ɕi³³	ɦi²⁴	pi⁴²⁴	pʰi³³	biəʔ²	mi²⁴	di³¹³

例字 中古音 地点	0217 梨 止开三 平脂来	0218 资 止开三 平脂精	0219 死 止开三 上旨心	0220 四 止开三 去至心	0221 迟 止开三 平脂澄	0222 指 止开三 上旨章	0223 师 止开三 平脂生	0224 二 止开三 去至日
中心城区（南）	li²³	tsɿ⁵²	ɕi³⁴	sɿ³⁴	zɿ²³	tsɿ³⁴	sɿ⁵²	ȵi²³
中心城区（北）	li²³	tsɿ⁵²	ɕi³⁴	sɿ³⁴	zɿ²³	tsɿ³⁴	sɿ⁵²	ȵi²³
松江	li³¹	tsɿ⁵³	ɕi⁴⁴ sɿ⁴⁴ 文	sɿ³⁵	zɿ³¹	tsɿ⁴⁴	sɿ⁵³	ȵi¹³ ɦəl¹³ 文
闵行	li³¹	tsɿ⁵³	si⁵⁵	sɿ³⁵	zɿ³¹	tsɿ⁵⁵	sɿ⁵³	ȵi¹³
青浦	li³¹	tsɿ⁵¹	ɕi⁴³	sɿ³⁵	zɿ³¹	tsɿ⁴³	sɿ⁵¹	ȵi²²⁴
金山	li³¹	tsɿ⁴⁴	sɿ⁴⁴ se⁴⁴ 又	sɿ³⁵	zɿ³¹	tsɿ⁴⁴	sɿ⁵³	ȵi¹³ liɛ¹³ 又
奉贤	li³¹	tsɿ⁵³	ɕi⁴⁴ sɿ⁴⁴ 文	sɿ³⁵	zɿ³¹	tsɿ⁴⁴	sɿ⁵³	ȵi²⁴ ɦər¹³ 文
浦东（川沙）	li²¹³	tsɿ⁵³	ɕi⁴⁴	sɿ³⁵	zɿ²¹³	tsɿ⁴⁴	sɿ⁵³	ȵi¹³
浦东（惠南）	li¹¹³	tsɿ⁵³	ɕi⁴⁴	sɿ³⁵	zɿ¹¹³	tsɿ⁴⁴	sɿ⁵³	ȵi¹³
嘉定	li²³¹	tsɿ⁵³	si⁴²³	sɿ⁴²³	zɿ²³¹	tsɿ⁴²³	sɿ⁵³	ȵi²¹³
宝山	li³¹	tsɿ⁵³	si³⁴ sɿ³⁴ 文	sɿ³⁴	zɿ³¹	tsɿ³⁴	sɿ⁵³	ȵi²³
崇明	li²⁴	tsɿ⁵³	sɿ⁴²⁴	sɿ³³	dzɿ²⁴	tsɿ⁴²⁴	sɿ⁵³	ȵi³¹³

例字 中古音 地点	0225 饥~饿 止开三 平脂见	0226 器 止开三 去至溪	0227 姨 止开三 平脂以	0228 李 止开三 上止来	0229 子 止开三 上止精	0230 字 止开三 去志从	0231 丝 止开三 平之心	0232 祠 止开三 平之邪
中心城区（南）	tɕi^{52}	tɕʰi^{34}	ɦi^{23}	li^{23}	tsɿ^{34}	zɿ^{23}	sɿ^{52}	zɿ^{23}
中心城区（北）	tɕi^{52}	tɕʰi^{34}	ɦi^{23}	li^{23}	tsɿ^{34}	zɿ^{23}	sɿ^{52}	zɿ^{23}
松江	tɕi^{53}	tɕʰi^{35}	ɦi^{31}	li^{13}	tsɿ^{44}	zɿ^{13}	sɿ^{53}	zɿ^{31}
闵行	tɕi^{53}	tɕʰi^{35}	ɦi^{31}	li^{13}	tsɿ^{55}	zɿ^{13}	sɿ^{53}	zɿ^{31}
青浦	tɕi^{51}	tɕʰi^{35}	ɦi^{31}	li^{224}	tsɿ^{43}	zɿ^{224}	sɿ^{51}	zɿ^{31}
金山	tɕi^{53}	tɕʰi^{35}	ɦi^{31}	li^{13}	tsɿ^{44}	zɿ^{13}	sɿ^{53}	zɿ^{31}
奉贤	tɕi^{53}	tɕʰi^{35}	ɦi^{31}	li^{24}	tsɿ^{44}	zɿ^{24}	sɿ^{44}	zɿ^{31}
浦东（川沙）	tɕi^{53}	tɕʰi^{35}	ɦi^{213}	li^{213}	tsɿ^{44}	zɿ^{13}	sɿ^{53}	zɿ^{13}
浦东（惠南）	tɕi^{53}	tɕʰi^{35}	ɦi^{113}	li^{113}	tsɿ^{44}	zɿ^{13}	sɿ^{53}	zɿ^{113}
嘉定	tɕi^{53}	tɕʰi^{423}	ɦi^{231}	li^{213}	tsɿ^{423}	zɿ^{213}	sɿ^{53}	zɿ^{231}
宝山	tɕi^{53}	tɕʰi^{34}	ɦi^{31}	li^{23}	tsɿ^{34}	zɿ^{23}	sɿ^{53}	zɿ^{31}
崇明	tɕi^{53}	tɕʰi^{33}	ɦi^{24}	li^{313}	tsɿ^{424}	zɿ^{313}	sɿ^{53}	dzɿ^{24}

例字 中古音 地点	0233 寺 止开三 去志邪	0234 治 止开三 去志澄	0235 柿 止开三 上止崇	0236 事 止开三 去志崇	0237 使 止开三 上止生	0238 试 止开三 去志书	0239 时 止开三 平之禅	0240 市 止开三 上止禅
中心城区（南）	$zɿ^{23}$	$zɿ^{23}$	$zɿ^{23}$	$zɿ^{23}$	$sɿ^{34}$	$sɿ^{34}$	$zɿ^{23}$	$zɿ^{23}$
中心城区（北）	$zɿ^{23}$	$zɿ^{23}$	$zɿ^{23}$	$zɿ^{23}$	$sɿ^{34}$	$sɿ^{34}$	$zɿ^{23}$	$zɿ^{23}$
松江	$zɿ^{13}$	$zɿ^{31}$	$zɿ^{31}$	$zɿ^{13}$	$sɿ^{35}$	$sɿ^{35}$	$zɿ^{31}$	$zɿ^{13}$
闵行	$zɿ^{31}$	$zɿ^{13}$	$zɿ^{13}$	$zɿ^{13}$	$sɿ^{55}$	$sɿ^{35}$	$zɿ^{31}$	$zɿ^{13}$
青浦	$zɿ^{31}$	$zɿ^{31}$	$zɿ^{224}$	$zɿ^{224}$	$sɿ^{35}$	$sɿ^{35}$	$zɿ^{31}$	$zɿ^{224}$
金山	$zɿ^{13}$	$zɿ^{13}$	$zɿ^{13}$	$zɿ^{13}$	$sɿ^{44}$	$sɿ^{44}$	$zɿ^{31}$	$zɿ^{13}$
奉贤	$zɿ^{24}$	$zɿ^{31}$	$zɿ^{24}$	$zɿ^{24}$	$sɿ^{35}$	$sɿ^{35}$	$zɿ^{31}$	$zɿ^{24}$
浦东（川沙）	$zɿ^{13}$	$zɿ^{13}$	$zɿ^{13}$	$zɿ^{13}$	$sɿ^{44}$	$sɿ^{44}$	$zɿ^{13}$	$zɿ^{13}$
浦东（惠南）	$zɿ^{113}$	$zɿ^{113}$	$zɿ^{13}$	$zɿ^{13}$	$sɿ^{44}$	$sɿ^{44}$	$zɿ^{113}$	$zɿ^{113}$
嘉定	$zɿ^{213}$	$zɿ^{231}$	$zɿ^{213}$	$zɿ^{213}$	$sɿ^{423}$	$sɿ^{423}$	$zɿ^{231}$	$zɿ^{213}$
宝山	$zɿ^{31}$	$zɿ^{31}$	$zɿ^{23}$	$zɿ^{23}$	$sɿ^{34}$	$sɿ^{34}$	$zɿ^{23}$	$zɿ^{23}$
崇明	$zɿ^{313}$	$dzɿ^{313}$	$zɿ^{313}$	$zɿ^{313}$	$sɿ^{33}$	$sɿ^{33}$	$zɿ^{24}$	$zɿ^{313}$

例字 中古音 地点	0241 耳 止开三 上止日	0242 记 止开三 去志见	0243 棋 止开三 平之群	0244 喜 止开三 上止晓	0245 意 止开三 去志影	0246 几~个 止开三 上尾见	0247 气 止开三 去未溪	0248 希 止开三 平微晓
中心城区（南）	ȵi²³ ɦər²³ 文	tɕi³⁴	dʑi²³	ɕi³⁴	i⁵²	tɕi³⁴	tɕʰi³⁴	ɕi⁵²
中心城区（北）	ȵi²³ ər²³ 文	tɕi³⁴	dʑi²³	ɕi³⁴	i⁵²	tɕi³⁴	tɕʰi³⁴	ɕi⁵²
松江	ȵi¹³ əl⁴⁴ 文	tɕi³⁵	dʑi³¹	ɕi⁴⁴	i³⁵	tɕi⁴⁴	tɕʰi³⁵	ɕi⁵³
闵行	ȵi¹³	tɕi³⁵	dʑi³¹	ɕi⁵⁵	i³⁵	tɕi⁵⁵	tɕʰi³⁵	ɕi⁵³
青浦	ȵi²²⁴ ər⁵⁵	tɕi³⁵	dʑi³¹	ɕi⁴³	i³⁵	tɕi⁴³	tɕʰi³⁵	ɕi⁵¹
金山	ȵi¹³ əl⁴⁴	tɕi³⁵	dʑi³¹	ɕi⁴⁴	i³⁵	tɕi⁴⁴	tɕʰi³⁵	ɕi⁵³
奉贤	ȵi²⁴ ɦər⁴⁴ 文	tɕi³⁵	dʑi³¹	ɕi⁴⁴	i³⁵	tɕi⁴⁴	tɕʰi³⁵	ɕi⁵³
浦东（川沙）	ȵi¹³ əl³⁵ 又	tɕi³⁵	dʑi²¹³	ɕi⁴⁴	i³⁵	tɕi⁴⁴	tɕʰi³⁵	ɕi⁵³
浦东（惠南）	ȵi¹¹³	tɕi³⁵	dʑi¹¹³	ɕi⁴⁴	i³⁵	tɕi⁴⁴	tɕʰi³⁵	ɕi⁵³
嘉定	ȵi²¹³	tɕi⁴²³	dʑi²³¹	ɕi⁴²³	i⁴²³	tɕi⁴²³	tɕʰi⁴²³	ɕi⁵³
宝山	ȵi²³ ɦər²³ 文	tɕi³⁴	dʑi³¹	ɕi³⁴	i⁵³	tɕi³⁴	tɕʰi³⁴	ɕi⁵³
崇明	ȵi³¹³ 白 ʔø⁵³ 文	tɕi³³	dʑi²⁴	ɕi⁴²⁴	ʔi³³	tɕi⁴²⁴	tɕʰi³³	ɕi⁵³

例字　中古音　地点	0249 衣 止开三平微影	0250 嘴 止合三上纸精	0251 随 止合三平支邪	0252 吹 止合三平支昌	0253 垂 止合三平支禅	0254 规 止合三平支见	0255 亏 止合三平支溪	0256 跪 止合三上纸群
中心城区（南）	i⁵²	tsʅ³⁴	zø²³	tsʰʅ⁵²	zø²³	kuᴇ⁵²	tɕʰy⁵² / kʰuᴇ⁵²文	dzy²³
中心城区（北）	i⁵²	tsʅ³⁴	zø²³	tsʰʅ⁵²	zø²³	kuei⁵²	kʰuei⁵²	dzy²³
松江	i⁵³	tsʅ⁴⁴	zø³¹	tsʰʅ⁵³ / tsʰø⁵³文	zø¹³	kue⁵³	tɕʰy⁵³ / kʰue⁵³文	dzy¹³ / gue¹³文
闵行	i⁵³	tsʅ⁵⁵	zy³¹	tsʰʅ⁵³	zø¹³	kue⁵³	kʰue⁵³	dzy¹³
青浦	i⁵¹	tsʅ⁴³	zø³¹	tsʰʅ⁵¹	zø³¹	kui⁵¹	kʰui⁵¹	dzy²²⁴
金山	i⁵³	tsʅ⁴⁴	zø³¹	tsʰʅ⁵³	zø³¹	kue⁵³	kʰue⁵³	dzy¹³ / gue¹³文
奉贤	i⁵³	tsʅ⁴⁴	zø³¹	tsʰʅ⁵³ / tsʰø⁵³文	zø²⁴	kue⁵³	tɕʰy⁵³ / kʰue⁵³文	zy²⁴ / gue¹³文
浦东（川沙）	i⁵³	tsʅ⁴⁴	zø²¹³	tsʰʅ⁵³	zø²¹³	kue⁵³	kʰue⁵³	gue²¹³
浦东（惠南）	i⁵³	tsʅ⁴⁴	zø¹¹³	tsʰʅ⁵³	zø¹¹³	kuᴇ⁵³	kʰuᴇ⁵³	dzy¹¹³
嘉定	i⁵³	tsʅ⁴²³	zɤ²³¹	tsʰʅ⁵³	zɤ²¹³	kue⁵³	tɕʰy⁵³	dzy²¹³
宝山	i⁵³	tsʅ³⁴	zʌɪ²³	tsʰʅ⁵³ / tsʰʌɪ⁵³文	zʌɪ²³	kuʌɪ⁵³	kʰuʌɪ⁵³	dzi²³ / guʌɪ²³文
崇明	ʔi⁵³	tsʅ⁴²⁴	dzei²⁴	tsʰʅ⁵³白 / tsʰei⁵³文	dzei²⁴	kuei⁵³	kʰuei⁵³	dzy²⁴²白 / guei²⁴²文

例字 中古音 地点	0257 危 止合三 平支疑	0258 类 止合三 去至来	0259 醉 止合三 去至精	0260 追 止合三 平脂知	0261 锤 止合三 平脂澄	0262 水 止合三 上旨书	0263 龟 止合三 平脂见	0264 季 止合三 去至见
中心城区（南）	ɦuE²³	lE²³	tsø³⁴	tsø⁵²	zø²³	sʅ³⁴	tɕy⁵² kuE³⁴ 文	tɕi³⁴
中心城区（北）	ɦuei²³	lei²³	tsei³⁴ tsE³⁴ 文	tsø⁵² tsE³⁴ 文	zø²³	sʅ³⁴	tɕy⁵² kuei⁵² 文	tɕi³⁴
松江	ve³¹	le¹³	tsø³⁵	tsø⁵³	zø¹³	sʅ⁴⁴ sø⁴⁴ 文	tɕy⁵³ kue⁵³ 文	tɕi³⁵
闵行	ʋe³¹	le¹³	tsø³⁵	tsø⁵³	zø¹³	sʅ⁵⁵	tɕy⁵³	tɕi³⁵
青浦	ɦui³¹	lE²²⁴	tsø³⁵	tsø⁵¹	zø³¹	sʅ⁴³	tɕy⁵¹	tɕi³⁵
金山	ɦue³¹	le¹³	tsø³⁵	tsø⁵³	zø³¹	sʅ⁴⁴ sø⁴⁴	tɕy⁴⁴ kue⁴⁴ 文	tɕi³⁵
奉贤	ɦue³¹	le²⁴	tsø³⁵	tsø⁵³	zø²⁴	sʅ⁴⁴ sø⁴⁴ 文	tɕy⁵³ kue⁵³ 文	tɕi³⁵
浦东（川沙）	βe²¹³	le¹³	tsø³⁵	tsø⁵³	zø²¹³	sʅ⁴⁴	tɕy⁵³	tɕi³⁵
浦东（惠南）	ɦuE¹¹³	lE¹³	tsø³⁵	tsø⁵³	zø¹¹³	sʅ⁴⁴	tɕy⁵³	tɕi³⁵
嘉定	ɦue²³¹	lɤ²¹³	tsɤ⁴²³	tsɤ⁵³	zɤ²¹³	sʅ⁴²³	tɕy⁵³ kue⁵³	tɕi⁴²³
宝山	ɦuʌɪ³¹	lʌɪ²³	tsʌɪ³⁴	tsʌɪ⁵³	zʌɪ²³	sʅ³⁴	tɕi³⁴ kuʌɪ³⁴ 文	tɕi³⁴
崇明	ŋuei²⁴	lei³¹³	tsei³³	tsei⁵³	dzei²⁴	sʅ⁴²⁴ 白 sei⁴²⁴ 文	tɕy⁵³ 白 kuei⁵³ 文	tɕi³³

例字\中古音\地点	0265 柜 止合三去至群	0266 位 止合三去至云	0267 飞 止合三平微非	0268 费 止合三去未敷	0269 肥 止合三平微奉	0270 尾 止合三上尾微	0271 味 止合三去未微	0272 鬼 止合三上尾见
中心城区（南）	dʑy²³	ɦuE²³	fi⁵²	fi³⁴ vi²⁴ 姓~	bi²³ vi²³	ɲi²³ vi²³	mi²³ vi²³	tɕy³⁴ kuE³⁴ 文
中心城区（北）	dʑy²³ guei²³ 文	ɦuei²³	fi⁵²	fi³⁴	bi²³ vi²³	ɲi²³ mi²³ 白 vi²³ 文	mi²³ vi²³	tɕy³⁴ kuei³⁴ 文
松江	dʑy¹³ gue¹³ 文	ve¹³	fi⁵³	fi³⁵	bi¹³ vi³¹ ~料	ɲi¹³ vi¹³ 文	mi¹³ vi³¹ 文	tɕy⁴⁴ kue³⁵ 文
闵行	dʑy³¹	vi¹³	fi⁵³	fi³⁵	vi³¹	ɲi¹³ ~巴	mi¹³	tɕy⁵⁵
青浦	dʑy²²⁴	ɦui²²⁴	fi⁵¹	fi³⁵	bi³¹ 白 vi²⁴¹ 文	ɲi²²⁴ 白 vi²²⁴ 文	mi²²⁴ 白 vi²²⁴ 文	tɕy⁴³
金山	dʑy¹³	ɦue¹³	fi⁵³	fi³⁵ vi¹³ 姓	bi³¹ vi³¹ 文	mi¹³ vi¹³ 文	mi¹³ vi¹³ 文	tɕy⁴⁴ kue⁴⁴ 文
奉贤	ʑy²⁴ gue¹³ 文	ɦue²⁴	fi⁵³	fi³⁵ βi¹³ 姓	bi³¹ βi³¹ 文	ɲi²⁴ βi¹³ 文	mi²⁴ βi¹³ 文	tɕy⁴⁴ kue⁴⁴ 文
浦东（川沙）	dʑy¹³	βe¹³	fi⁵³	fi³⁵	ʋi²¹³	ɲi²¹³	mi¹³	tɕy⁴⁴
浦东（惠南）	guE¹³	ɦuE¹³	fi⁵³	fi³⁵	bi¹¹³	ɲi¹³	mi¹³	tɕy⁴⁴
嘉定	dʑy²¹³ gue²¹³ 文	ɦue²¹³	fi⁵³	bi²¹³ ~家村 fi⁴²³	bi²³¹ ~皂 vi²³¹	ɲi²¹³ ~巴 mi²¹³ 三~子: 公蟋蟀	mi²¹³	tɕy⁴²³
宝山	dʑi²³ guʌɪ²³ 文	ɦuʌɪ²³	fi⁵³	fi⁵³	bi³¹ vi³¹ 文	ɲi³¹ vi³¹ 文	mi³¹ vi³¹ 文	tɕi³⁴ kuʌɪ³⁴ 文
崇明	dʑy³¹³	ɦuei³¹³	fi⁵³	fi³³	vi²⁴	vi³¹³	mi³¹³	tɕy⁴²⁴

例字 中古音 地点	0273 贵 止合三 去未见	0274 围 止合三 平微云	0275 胃 止合三 去未云	0276 宝 效开一 上皓帮	0277 抱 效开一 上皓并	0278 毛 效开一 平豪明	0279 帽 效开一 去号明	0280 刀 效开一 平豪端
中心城区 （南）	tɕy³⁴ kuE³⁴ 文	ɦy²³ ɦuE²³ 文	ɦuE²³	pɔ³⁴	bɔ²³	mɔ²³	mɔ²³	tɔ⁵²
中心城区 （北）	tɕy³⁴ kuei³⁴ 文	ɦy²³ ɦuei²³ 文	ɦuei²³	pɔ³⁴	bɔ²³	mɔ²³	mɔ²³	tɔ⁵²
松江	tɕy³⁵ kue³⁵ 文	ɦy³¹ ve³¹ 文	ve¹³	pɔ⁴⁴	bɔ¹³	mɔ³¹	mɔ¹³	tɔ⁵³
闵行	tɕy³⁵	ɦy³¹ ~巾 vi³¹ 包~	vi¹³	ɓɔ⁵⁵	bɔ¹³	mɔ³¹	mɔ¹³	ɗɔ⁵³
青浦	tɕy³⁵ 白 kui³⁵ 文	ɦy³¹ 白 ɦui²²⁴ 文	ɦui²²⁴	pɔ⁴³	bɔ²²⁴	mɔ³¹	mɔ²²⁴	tɔ⁵¹
金山	tɕy³⁵ kue³⁵ 文	ɦy³¹ ve³¹ 文	ve¹³	ɓɔ⁴⁴	bɔ¹³	mɔ³¹	mɔ¹³	ɗɔ⁵³
奉贤	tɕy³⁵ kue³⁵ 文	ɦy²⁴ ɦue³¹ 文	ɦue²⁴	ɓɔ⁴⁴	bɔ²⁴	mɔ³¹	mɔ²⁴	ɗɔ⁵³
浦东（川沙）	tɕy³⁵	βe²¹³	βe¹³	ɓɔ⁴⁴	bɔ²¹³	mɔ²¹³	mɔ¹³	ɗɔ⁵³
浦东（惠南）	tɕy³⁵	ɦuE¹¹³	ɦuE¹³	ɓɔ⁴⁴	bɔ¹¹³	mɔ¹¹³	mɔ¹³	ɗɔ⁵³
嘉定	tɕy⁴²³ kue⁴²³ 文	ɦy²³¹ ɦue²³¹ 文	ɦue²¹³	pɔ⁴²³	bɔ²¹³	mɔ²³¹	mɔ²¹³	tɔ⁵³
宝山	kuʌɪ³⁴	ɦi³¹ ɦuʌɪ³¹ 文	ɦuʌɪ²³	pɔ³⁴	bɔ²³	mɔ³¹	mɔ³¹	tɔ⁵³
崇明	tɕy³³	ɦy²⁴	ɦuei³¹³	pɔ⁴²⁴	bɔ²⁴²	mɔ²⁴	mɔ²⁴	tɔ⁵³

例字 中古音 地点	0281 讨 效开一上皓透	0282 桃 效开一平豪定	0283 道 效开一上皓定	0284 脑 效开一上皓泥	0285 老 效开一上皓来	0286 早 效开一上皓精	0287 灶 效开一去号精	0288 草 效开一上皓清
中心城区（南）	tʰɔ³⁴	dɔ²³	dɔ²³	nɔ²³	lɔ²³	tsɔ³⁴	tsɔ³⁴	tsʰɔ³⁴
中心城区（北）	tʰɔ³⁴	dɔ²³	dɔ²³	nɔ²³	lɔ²³	tsɔ³⁴	tsɔ³⁴	tsʰɔ³⁴
松江	tʰɔ⁴⁴	dɔ³¹	dɔ¹³	nɔ¹³	lɔ¹³	tsɔ⁴⁴	tsɔ³⁵	tsʰɔ⁴⁴
闵行	tʰɔ⁵³	dɔ³¹	dɔ¹³	nɔ¹³	lɔ¹³	tsɔ⁵⁵	tsɔ³⁵	tsʰɔ⁵⁵
青浦	tʰɔ⁴³	dɔ³¹	dɔ²²⁴	nɔ²²⁴	lɔ²²⁴	tsɔ⁴³	tsɔ³⁵	tsʰɔ⁴³
金山	tʰɔ⁴⁴	dɔ³¹	dɔ¹³	nɔ¹³	lɔ¹³	tsɔ⁴⁴	tsɔ³⁵	tsʰɔ⁴⁴
奉贤	tʰɔ⁴⁴	dɔ³¹	dɔ²⁴	nɔ²⁴	lɔ²⁴	tsɔ⁴⁴	tsɔ³⁵	tsʰɔ⁴⁴
浦东（川沙）	tʰɔ⁴⁴	dɔ²¹³	dɔ¹³	nɔ²¹³	lɔ²¹³	tsɔ⁴⁴	tsɔ³⁵	tsʰɔ⁴⁴
浦东（惠南）	tʰɔ⁴⁴	dɔ¹¹³	dɔ¹¹³	nɔ¹¹³	lɔ¹¹³	tsɔ⁴⁴	tsɔ³⁵	tsʰɔ⁴⁴
嘉定	tʰɔ⁴²³	dɔ²³¹	dɔ²¹³	nɔ²¹³	lɔ²¹³	tsɔ⁴²³	tsɔ⁴²³	tsʰɔ⁴²³
宝山	tʰɔ³⁴	dɔ³¹	dɔ²³	nɔ²³	lɔ²³	tsɔ³⁴	tsɔ³⁴	tsʰɔ³⁴
崇明	tʰɔ⁴²⁴	dɔ²⁴	dɔ³¹³	nɔ³¹³	lɔ²⁴²	tsɔ⁴²⁴	tsɔ³³	tsʰɔ³³

例字 中古音 地点	0289 糙 效开一去号清	0290 造 效开一上皓从	0291 嫂 效开一上皓心	0292 高 效开一平豪见	0293 靠 效开一去号溪	0294 熬 效开一平豪疑	0295 好~坏 效开一上皓晓	0296 号名 效开一去号匣
中心城区（南）	tsʰɔ⁵²	zɔ²³	sɔ³⁴	kɔ⁵²	kʰɔ³⁴	ŋɔ²³	hɔ³⁴	ɦɔ²³
中心城区（北）	tsʰɔ³⁴	zɔ²³	sɔ³⁴	kɔ⁵²	kʰɔ³⁴	ŋɔ²³	hɔ³⁴	ɦɔ²³
松江	tsʰɔ³⁵	zɔ¹³	sɔ⁴⁴	kɔ⁵³	kʰɔ³⁵	ŋɔ³¹	hɔ⁴⁴	ɦɔ¹³
闵行	tsʰɔ³⁵	zɔ¹³	sɔ⁵⁵	kɔ⁵³	kʰɔ³⁵	ŋɔ³¹	hɔ⁵⁵	ɦɔ¹³
青浦	tsʰɔ³⁵	zɔ²²⁴	sɔ⁴³	kɔ⁵¹	kʰɔ³⁵	ŋɔ³¹	hɔ⁴³	ɦɔ²²⁴
金山	tsʰɔ⁵³	zɔ¹³	sɔ⁴⁴	kɔ⁵³	kʰɔ³⁵	ŋɔ³¹	hɔ⁴⁴	ɦɔ¹³
奉贤	tsʰɔ³⁵	zɔ²⁴	sɔ³⁵	kɔ⁵³	kʰɔ³⁵	ŋɔ³¹	hɔ⁴⁴	ɦɔ²⁴
浦东（川沙）	tsʰɔ⁴⁴	zɔ²¹³	sɔ⁴⁴	kɔ⁵³	kʰɔ⁴⁴	ŋɔ²¹³	hɔ⁴⁴	ɦɔ¹³
浦东（惠南）	tsʰɔ⁴⁴	zɔ¹¹³	sɔ³⁵	kɔ⁵³	kʰɔ³⁵	ŋɔ¹¹³	hɔ⁴⁴	ɦɔ¹³
嘉定	tsʰɔ⁴²³	zɔ²¹³	sɔ⁴²³	kɔ⁵³	kʰɔ⁴²³	ŋɔ²³¹	hɔ⁴²³	ɦɔ²¹³
宝山	tsʰɔ³⁴	zɔ²³	sɔ³⁴	kɔ⁵³	kʰɔ³⁴	ŋɔ³¹	hɔ³⁴	ɦɔ²³
崇明	tsʰɔ³³	zɔ²⁴²	sɔ³³	kɔ⁵³	kʰɔ³³	ŋɔ²⁴	hɔ⁴²⁴	hɦɔ³¹³

例字＼中古音＼地点	0297 包 效开二平肴帮	0298 饱 效开二上巧帮	0299 炮枪~ 效开二去效滂	0300 猫 效开二平宵明	0301 闹 效开二去效泥	0302 罩 效开二去效知	0303 抓用手~牌 效开二平肴庄	0304 找~零钱 效开二上巧庄
中心城区（南）	pɔ⁵²	pɔ³⁴	pʰɔ³⁴	mɔ²³ / mɔ⁵²又	nɔ²³	tsɔ³⁴	tsɔ⁵²	tsɔ³⁴
中心城区（北）	pɔ⁵²	pɔ³⁴	pʰɔ³⁴	mɔ⁵²	nɔ²³	tsɔ³⁴	tsɔ⁵²	tsɔ³⁴
松江	pɔ⁵³	pɔ⁴⁴	pʰɔ³⁵	mɔ³¹	nɔ¹³	tsɔ³⁵	tsa⁵³	tsɔ⁴⁴
闵行	ɓɔ⁵³	ɓɔ⁵⁵	pʰɔ³⁵	mɔ³¹	nɔ¹³	tsɔ³⁵	tsɔ⁵³	tsɔ⁵⁵
青浦	pɔ⁵¹	pɔ⁴³	pʰɔ³⁵	mɔ⁵¹	nɔ²²⁴	tsɔ³⁵	tsa⁵¹	tsɔ⁵¹
金山	ɓɔ⁵³	ɓɔ⁴⁴	pʰɔ³⁵	mɔ³¹ / miɔ⁵³	nɔ¹³	tsɔ³⁵	tsɑ⁵³	tsɔ⁵³
奉贤	pɔ⁵³	pɔ⁴⁴	pʰɔ³⁵	mɔ³¹	nɔ²⁴	tsɔ³⁵	tsɔ⁵³ / tsɑ⁴⁴又	tsɔ⁴⁴
浦东（川沙）	ɓɔ⁵³	ɓɔ⁴⁴	pʰɔ³⁵	mɔ⁵³	nɔ¹³	tsɔ³⁵	tsᴀ⁵³	tsɔ⁵³
浦东（惠南）	ɓɔ⁵³	ɓɔ⁴⁴	pʰɔ³⁵	mɔ⁵³	nɔ¹³	tsɔ³⁵	tsɔ⁴⁴	tsɔ⁴⁴
嘉定	pɔ⁵³	pɔ⁴²³	pʰɔ⁴²³	mɔ⁵³	nɔ²¹³	tsɔ⁴²³	tsa⁵³	tsɔ⁴²³
宝山	pɔ⁵³	pɔ³⁴	pʰɔ³⁴	mɔ⁵³ / mã⁵³~儿	nɔ²³	tsɔ³⁴	tsɤ⁵³	tsɔ⁵³
崇明	pɔ⁵³	pɔ⁴²⁴	pʰɔ³³	mɔ²⁴	nɔ³¹³	tsɔ³³	tsɔ⁵³	tsɔ³³

例字 中古音 地点	0305 抄 效开二 平肴初	0306 交 效开二 平肴见	0307 敲 效开二 平肴溪	0308 孝 去效晓 效开二	0309 校学~ 去效匣 效开二	0310 表手~ 上小帮 效开三	0311 票 去笑滂 效开三	0312 庙 去笑明 效开三
中心城区（南）	tsʰɔ⁵²	kɔ⁵² tɕiɔ⁵²文	kʰɔ⁵² tɕʰiɔ⁵²文	hɔ⁵² ɕiɔ³⁴文	ɦiɔ²³	piɔ³⁴	pʰiɔ³⁴	miɔ²³
中心城区（北）	tsʰɔ⁵²	kɔ⁵² tɕiɔ⁵²文	kʰɔ⁵²	hɔ³⁴ ɕiɔ³⁴文	ɦiɔ²³	piɔ³⁴	pʰiɔ³⁴	miɔ²³
松江	tsʰɔ⁵³	kɔ⁵³ ɕiɔ⁵³文	kʰɔ⁵³	hɔ³⁵ ɕiɔ³⁵~顺	ɦiɔ¹³	piɔ⁴⁴	pʰiɔ³⁵	miɔ¹³
闵行	tsʰɔ⁵³	kɔ⁵³	kʰɔ⁵³	hɔ³⁵带~ ɕiɔ³⁵	ɦiɔ¹³	ɕiɔ⁵⁵	pʰiɔ³⁵	miɔ¹³
青浦	tsʰɔ⁵¹	kɔ⁵¹白 tɕiɔ⁵¹文	kʰɔ⁵¹	hɔ³⁵白 ɕiɔ³⁵文	ɦiɔ²²⁴	piɔ⁵¹	pʰiɔ³⁵	miɔ²²⁴
金山	tsʰɔ⁵³	ɕiɔ⁵³	kʰɔ⁵³	ɕiɔ³⁵	ɦiɔ¹³	ɕiɔ⁴⁴	pʰiɔ³⁵	miɔ¹³
奉贤	tsʰɔ⁵³	kɔ⁵³ tɕiɔ⁵³文	kʰɔ⁵³	hɔ³⁵ ɕiɔ³⁵文	ɦiɔ²⁴	piɔ⁵³	pʰiɔ³⁵	miɔ²⁴
浦东（川沙）	tsʰɔ⁴⁴	kɔ⁵³	kʰɔ⁵³	ɕiɔ³⁵	ɦiɔ¹³	ɕiɔ⁴⁴	pʰiɔ³⁵	miɔ¹³
浦东（惠南）	tsʰɔ⁵³	kɔ⁵³	kʰɔ⁵³	ɕiɔ³⁵	ɦiɔ¹³	ɕiɔ⁵³	pʰiɔ³⁵	miɔ¹³
嘉定	tsʰɔ⁵³	kɔ⁵³ tɕiɔ⁵³文	kʰɔ⁵³	hɔ⁴²³ ɕiɔ⁴²³文	ɦiɔ²¹³	piɔ⁴²³	pʰiɔ⁴²³	miɔ²¹³
宝山	tsʰɔ⁵³	kɔ⁵³ tɕiɔ⁵³文	kʰɔ⁵³	hɔ³⁴ ɕiɔ³⁴文	ɦiɔ²³	piɔ⁵³	pʰiɔ⁵³	miɔ²³
崇明	tsʰɔ⁵³	tɕiɔ⁵³	kʰɔ⁵³	ɕiɔ³³	ɦiɔ³¹³	piɔ⁵³	pʰiɔ³³	miɔ³¹³

例字 中古音 地点	0313 焦 效开三平宵精	0314 小 效开三上小心	0315 笑 效开三去笑心	0316 朝~代 效开三平宵澄	0317 照 效开三去笑章	0318 烧 效开三平宵书	0319 绕~线 效开三上小日	0320 桥 效开三平宵群
中心城区（南）	tɕiɔ⁵²	ɕiɔ³⁴	ɕiɔ³⁴	zɔ²³	tsɔ³⁴	sɔ⁵²	ȵiɔ²³	dʑiɔ²³
中心城区（北）	tɕiɔ⁵²	ɕiɔ³⁴	ɕiɔ³⁴	zɔ²³	tsɔ³⁴	sɔ⁵²	ȵiɔ²³	dʑiɔ²³
松江	tɕiɔ⁵³	ɕiɔ⁴⁴	ɕiɔ³⁵	zɔ³¹	tsɔ³⁵	sɔ⁵³	ȵiɔ¹³	jiɔ³¹
闵行	tsiɔ⁵³	siɔ⁵⁵	siɔ³⁵	zɔ³¹	tsɔ³⁵	sɔ⁵³	ȵiɔ¹³	dʑiɔ³¹
青浦	tsiɔ⁵¹	siɔ⁴³	siɔ³⁵	zɔ³¹	tsɔ³⁵	sɔ⁵¹	ȵiɔ²²⁴	dʑiɔ³¹
金山	tɕiɔ⁵³	ɕiɔ⁴⁴	ɕiɔ³⁵	zɔ³¹	tsɔ³⁵	sɔ⁵³	ȵiɔ³¹	jiɔ³¹
奉贤	tɕiɔ⁵³	ɕiɔ⁴⁴	ɕiɔ³⁵	zɔ³¹	tsɔ³⁵	sɔ⁵³	iɔ²⁴	dʑiɔ³¹
浦东（川沙）	tɕiɔ⁵³	ɕiɔ⁴⁴	ɕiɔ³⁵	zɔ²¹³	tsɔ³⁵	sɔ⁵³	ȵiɔ²¹³	dʑiɔ²¹³
浦东（惠南）	tɕiɔ⁵³	ɕiɔ⁴⁴	ɕiɔ³⁵	zɔ¹¹³	tsɔ³⁵	sɔ⁵³	ȵiɔ¹³	dʑiɔ¹¹³
嘉定	tsiɔ⁵³	siɔ⁴²³	siɔ⁴²³	zɔ²³¹	tsɔ⁴²³	sɔ⁵³	ȵiɔ²¹³	dʑiɔ²³¹
宝山	tsiɔ⁵³	siɔ³⁴	siɔ³⁴	zɔ³¹	tsɔ³⁴	sɔ⁵³	ȵiɔ²³	dʑiɔ³¹
崇明	tɕiɔ⁵³	ɕiɔ⁴²⁴	ɕiɔ³³	dzɔ²⁴	tsɔ³³	sɔ⁵³	ȵiɔ³¹³	dʑiɔ²⁴

例字 中古音 地点	0321 轿 效开三 去笑群	0322 腰 效开三 平宵影	0323 要重~ 效开三 去笑影	0324 摇 效开三 平宵以	0325 鸟 效开四 上筱端	0326 钓 效开四 去啸端	0327 条 效开四 平萧定	0328 料 效开四 去啸来
中心城区（南）	dʑiɔ²³	iɔ⁵²	iɔ³⁴	ɦiɔ²³	tiɔ³⁴ ȵiɔ³⁴ 又	tiɔ³⁴	diɔ²³	liɔ²³
中心城区（北）	dʑiɔ²³	iɔ⁵²	iɔ³⁴	ɦiɔ²³	ȵiɔ³⁴ tiɔ³⁴ 又	tiɔ³⁴	diɔ²³	liɔ²³
松江	ʑiɔ¹³	iɔ⁵³	iɔ³⁵	ɦiɔ³¹	tiɔ⁴⁴ ȵiɔ⁴⁴ 文	tiɔ³⁵	diɔ³¹	liɔ¹³
闵行	dʑiɔ¹³	iɔ⁵³	iɔ³⁵	ɦiɔ³¹	ɗiɔ⁵⁵	ɗiɔ³⁵	diɔ³¹	liɔ¹³
青浦	dʑiɔ³¹	iɔ⁵¹	iɔ³⁵	ɦiɔ³¹	tiɔ⁴³ 白 ȵiɔ⁴³ 文	tiɔ³⁵	diɔ³¹	liɔ²²⁴
金山	ʑiɔ¹³	iɔ⁵³	iɔ³⁵	ɦiɔ³¹	ɗiɔ⁴⁴ ȵiɔ⁴⁴ 文	ɗiɔ³⁵	diɔ³¹	liɔ¹³
奉贤	dʑiɔ²⁴	iɔ⁵³	ȵiɔ³⁵	ɦiɔ³¹	tiɔ⁴⁴ ȵiɔ⁴⁴ 又	tiɔ³⁵	diɔ³¹	liɔ²⁴
浦东（川沙）	dʑiɔ¹³	iɔ⁵³	iɔ³⁵	ɦiɔ²¹³	ɗiɔ⁴⁴	ɗiɔ³⁵	diɔ²¹³	liɔ¹³
浦东（惠南）	dʑiɔ¹³	iɔ⁵³	iɔ³⁵	ɦiɔ¹¹³	ɗiɔ⁴⁴	ɗiɔ³⁵	diɔ¹¹³	liɔ¹³
嘉定	dʑiɔ²³¹	iɔ⁵³	iɔ⁴²³	ɦiɔ²³¹	tiɔ⁴²³	tiɔ⁴²³	diɔ²³¹	liɔ²¹³
宝山	dʑiɔ³¹	iɔ⁵³	iɔ³⁴	ɦiɔ³¹	tiɔ³⁴ ȵiɔ³⁴ 又	tiɔ³⁴	diɔ³¹	liɔ²³
崇明	dʑiɔ²⁴	ʔiɔ⁵³	ʔiɔ³³	ɦiɔ²⁴	ȵiɔ⁴²⁴	tiɔ³³	diɔ²⁴	liɔ³¹³

例字 中古音 地点	0329 箫 效开四 平萧心	0330 叫 效开四 去啸见	0331 母丈~,舅~ 流开一 上厚明	0332 抖 流开一 上厚端	0333 偷 流开一 平侯透	0334 头 流开一 平侯定	0335 豆 流开一 去候定	0336 楼 流开一 平侯来
中心城区（南）	ɕiɔ⁵²	kɔ³⁴ tɕiɔ³⁴ 文	fim̩²³ mu³⁴ 文	tɤ³⁴	tʰɤ⁵²	dɤ²³	dɤ²³	lɤ²³
中心城区（北）	ɕiɔ⁵²	tɕiɔ³⁴	fim̩²³	tɤ³⁴	tʰɤ⁵²	dɤ²³	dɤ²³	lɤ²³
松江	ɕiɔ⁵³	ciɔ³⁵	fim̩¹³ mo⁴⁴ 文	tɯ⁴⁴	tʰɯ⁵³	dɯ³¹	dɯ¹³	lɯ³¹
闵行	siɔ⁵³	tɕiɔ³⁵	m̩⁵⁵	dɤ⁵⁵	tʰɤ⁵³	dɤ³¹	dɤ¹³	lɤ³¹
青浦	siɔ⁵¹	tɕiɔ³⁵	mu⁴³	tə⁴³	tʰə⁵¹	də³¹	də²²⁴	lə³¹
金山	ɕiɔ⁵³	ciɔ³⁵	mo⁴⁴	dɤ⁴⁴	tʰɤ⁵³	dɤ³¹	dɤ¹³	lɤ³¹
奉贤	ɕiɔ⁵³	kɔ³⁵ tɕiɔ³⁵ 文	fim̩²⁴	tɤ⁴⁴	tʰɤ⁵³	dɤ³¹	dɤ²⁴	lɤ³¹
浦东（川沙）	ɕiɔ⁵³	tɕiɔ³⁵	m̩²¹³	dɤ⁴⁴	tʰɤ⁵³	dɤ²¹³	dɤ¹³	lɤ²¹³
浦东（惠南）	ɕiɔ⁵³	tɕiɔ³⁵	fim̩¹¹³	dɤ⁴⁴	tʰɤ⁵³	dɤ¹¹³	dɤ¹³	lɤ¹¹³
嘉定	siɔ⁵³	tɕiɔ⁴²³	m̩⁵³	tɤ⁴²³	tʰɤ⁵³	dɤ²³¹	dɤ²¹³	lɤ²³¹
宝山	siɔ⁵³	kɔ³⁴ tɕiɔ³⁴ 文	m̩⁵³ mu³⁴	tʌɪ³⁴	tʰʌɪ⁵³	dʌɪ³¹	dʌɪ²³	lʌɪ³¹
崇明	ɕiɔ⁵³	tɕiɔ³³	mu⁴²⁴	tɵ⁴²⁴	tʰɵ⁵³	dɵ²⁴	dɵ³¹³	lɵ²⁴

例字 中古音 地点	0337 走 流开一上厚精	0338 凑 流开一去候清	0339 钩 流开一平侯见	0340 狗 流开一上厚见	0341 够 流开一去候见	0342 口 流开一上厚溪	0343 藕 流开一上厚疑	0344 后前~ 流开一上厚匣
中心城区（南）	tsɤ³⁴	tsʰɤ³⁴	kɤ⁵²	kɤ³⁴	kɤ³⁴	kʰɤ³⁴	ŋɤ²³	ɦɤ²³
中心城区（北）	tsɤ³⁴	tsʰɤ³⁴	kɤ⁵²	kɤ³⁴	kɤ³⁴	kʰɤ³⁴	ŋɤ²³	ɦɤ²³
松江	tsɯ⁴⁴	tsʰɯ³⁵	kɯ⁵³	kɯ⁴⁴	kɯ³⁵	kʰɯ⁴⁴	ŋɯ¹³	ɦɯ¹³
闵行	tsɤ⁵⁵	tsʰɤ³⁵	kɤ⁵³	kɤ⁵⁵	kɤ³⁵	kʰɤ⁵⁵	ŋɤ¹³	ɦɤ¹³
青浦	tsə⁴³	tsʰə³⁵	kə⁵¹	kə⁴³	kə³⁵	kʰə⁴³	ŋə²²⁴	ɦə²²⁴
金山	tsɤ⁴⁴	tsʰɤ³⁵	kɤ⁵³	kɤ⁴⁴	kɤ³⁵	kʰɤ⁴⁴	ŋɤ¹³	ɦɤ¹³
奉贤	tsɤ⁴⁴	tsʰɤ³⁵	kɤ⁵³	kɤ⁴⁴	kɤ³⁵	kʰɤ⁴⁴	ŋɤ²⁴	ɦɤ²⁴
浦东（川沙）	tsɤ⁴⁴	tsʰɤ³⁵	kɤ⁵³	kɤ⁴⁴	kɤ³⁵	kʰɤ⁴⁴	ŋɤ²¹³	ɦɤ²¹³
浦东（惠南）	tsɤ⁴⁴	tsʰɤ³⁵	kɤ⁵³	kɤ⁴⁴	kɤ³⁵	kʰɤ⁴⁴	ŋɤ¹¹³	ɦɤ¹¹³
嘉定	tsɤ⁴²³	tsʰɤ⁴²³	kɤ⁵³	kɤ⁴²³	kɤ⁴²³	kʰɤ⁴²³	ŋɤ²¹³	ɦɤ²¹³
宝山	tsʌɪ³⁴	tsʰʌɪ³⁴	kʌɪ⁵³	kʌɪ³⁴	kʌɪ³⁴	kʰʌɪ³⁴	ŋʌɪ²³	ɦʌɪ²³
崇明	tsɵ⁴²⁴	tsʰɵ³³	kɵ⁵³	kɵ⁴²⁴	kɵ³³	kʰɵ⁴²⁴	ŋɵ²⁴²	ɦɵ³¹³

例字\中古音\地点	0345 厚 流开一上厚匣	0346 富 流开三去宥非	0347 副 流开三去宥敷	0348 浮 流开三平尤奉	0349 妇 流开三上有奉	0350 流 流开三平尤来	0351 酒 流开三上有精	0352 修 流开三平尤心
中心城区（南）	ɦɤ²³	fu³⁴	fu³⁴	vɤ²³ / vu²³ 又	βu²³	liɤ²³	tɕiɤ³⁴	ɕiɤ⁵²
中心城区（北）	ɦɤ²³	fu³⁴	fu³⁴	vu²³ / vɤ²³ 又	vu²³	liɤ²³	tɕiɤ³⁴	ɕiɤ⁵²
松江	ɦɯ¹³	fu³⁵	fu³⁵	vɯ³¹	vu³¹	liɯ³¹	tɕiɯ⁴⁴	ɕiɯ⁵³
闵行	ɦɤ¹³	fu³⁵	fu³⁵	vɤ³¹	βu¹³	liɤ³¹	tsiɤ⁵⁵	siɤ⁵³
青浦	ɦə²²⁴	fu³⁵	fu³⁵	və³¹	vu²²⁴	liə³¹	tsiə⁴³	siə⁵¹
金山	ɦɤ¹³	fu³⁵	fu³⁵	vɤ³¹	vu¹³	liɤ³¹	ciɤ⁴⁴	ɕiɤ⁵³
奉贤	ɦɤ²⁴	ɸu³⁵	fu⁴⁴	βɤ³¹ / βu³¹ 又	βu³¹	liɤ³¹	tɕiɤ⁴⁴	ɕiɤ⁵³
浦东（川沙）	ɦɤ²¹³	fu³⁵	fu⁴⁴	ʊɤ²¹³	βu¹³	liɤ²¹³	tɕiɤ⁴⁴	ɕiɤ⁵³
浦东（惠南）	ɦɤ¹¹³	ɸu³⁵	ɸu³⁵	ʊɤ¹¹³	βu¹³	liɤ¹¹³	tɕiɤ⁴⁴	ɕiɤ⁵³
嘉定	ɦɤ²¹³	fu⁴²³	fu⁴²³	ɦiu²³¹	ɦiu²¹³	ly²³¹	tsy⁴²³	sy⁵³
宝山	ɦʌɪ²³	fu³⁴	fu³⁴	vu³¹	vu²³	ly³¹	tsy³⁴	sy⁵³
崇明	hɦie²⁴²	fu³³	fu³³	ve²⁴	vu³¹³	lie²⁴	tɕie⁴²⁴	ɕie⁵³

例字＼中古音＼地点	0353 袖 流开三去宥邪	0354 抽 流开三平尤彻	0355 绸 流开三平尤澄	0356 愁 流开三平尤崇	0357 瘦 流开三去宥生	0358 州 流开三平尤章	0359 臭香~ 流开三去宥昌	0360 手 流开三上有书
中心城区（南）	ziɤ²³	tsʰɤ⁵²	zɤ²³	zɤ²³	sɤ³⁴	tsɤ⁵²	tsʰɤ³⁴	sɤ³⁴
中心城区（北）	ziɤ²³	tsʰɤ⁵²	zɤ²³	zɤ²³	sɤ³⁴	tsɤ⁵²	tsʰɤ³⁴	sɤ³⁴
松江	ziɯ¹³	tsʰɯ⁵³	zɯ³¹	zɯ³¹	sɯ³⁵	tsɯ⁵³	tsʰɯ³⁵	sɯ⁴⁴
闵行	ziɤ¹³	tsʰɤ⁵³	zɤ³¹	zɤ³¹	sɤ³⁵	tsɤ⁵³	tsʰɤ³⁵	sɤ⁵⁵
青浦	ziə²²⁴	tsʰə⁵¹	zə³¹	zə³¹	sə³⁵	tsə⁵¹	tsʰə³⁵	sə⁴³
金山	ziɤ¹³	tsʰɤ⁵³	zɤ¹³	zɤ³¹	sɤ³⁵	tsɤ⁵³	tsʰɤ³⁵	sɤ⁴⁴
奉贤	ziɤ²⁴	tsʰɤ⁵³	zɤ³¹	zɤ³¹	sɤ³⁵	tsɤ⁵³	tsʰɤ³⁵	sɤ⁴⁴
浦东（川沙）	ziɤ¹³	tsʰɤ⁵³	zɤ²¹³	zɤ¹³	sɤ³⁵	tsɤ⁵³	tsʰɤ³⁵	sɤ⁴⁴
浦东（惠南）	ziɤ¹³	tsʰɤ⁵³	zɤ¹¹³	zɤ¹¹³	sɤ³⁵	tsɤ⁵³	tsʰɤ³⁵	sɤ⁴⁴
嘉定	zy²¹³	tsʰy⁵³ 白，用皮带~ / tsʰɤ⁵³ 文，~屉	zɤ²³¹	zɤ²³¹	sɤ⁴²³	tsɤ⁵³	tsʰɤ⁴²³	sɤ⁴²³
宝山	zy²³	tsʰʌɪ⁵³	zʌɪ³¹	zʌɪ³¹	sʌɪ³⁴	tsʌɪ⁵³	tsʰʌɪ³⁴	sʌɪ³⁴
崇明	ziɵ³¹³	tsʰɵ⁵³	dzɵ²⁴	dzɵ²⁴	sɵ³³	tsɵ⁵³	tsʰɵ³³	sɵ⁴²⁴

例字 中古音 地点	0361 寿 流开三 去宥禅	0362 九 流开三 上有见	0363 球 流开三 平尤群	0364 舅 流开三 上有群	0365 旧 流开三 去宥群	0366 牛 流开三 平尤疑	0367 休 流开三 平尤晓	0368 优 流开三 平尤影
中心城区（南）	zɤ^{23}	tɕiɤ^{34}	dʑiɤ^{23}	dʑiɤ^{23}	dʑiɤ^{23}	ȵiɤ^{23}	ɕiɤ^{52}	iɤ^{52}
中心城区（北）	zɤ^{23}	tɕiɤ^{34}	dʑiɤ^{23}	dʑiɤ^{23}	dʑiɤ^{23}	ȵiɤ^{23}	ɕiɤ^{52}	iɤ^{52}
松江	zɯ^{13}	ciɯ^{44}	jiɯ^{31}	jiɯ^{13}	jiɯ^{13}	ȵiɯ^{31}	ɕiɯ^{53}	iɯ^{53}
闵行	zɤ^{13}	tɕiɤ^{55}	dʑiɤ^{31}	dʑiɤ^{13}	dʑiɤ^{13}	ȵiɤ^{31}	ɕiɤ^{53}	iɤ^{53}
青浦	zə^{224}	tɕiə^{43}	dʑiə^{31}	dʑiə^{224}	dʑiə^{224}	ȵiə^{31}	ɕiə^{51}	iə^{51}
金山	zɤ^{13}	ciɤ^{44}	jiɤ^{31}	jiɤ^{13}	jiɤ^{13}	ȵiɤ^{31}	ɕiɤ^{53}	iɤ^{53}
奉贤	zɤ^{24}	jiɤ^{44}	dʑiɤ^{31}	dʑiɤ^{24}	dʑiɤ^{24}	ȵiɤ^{31}	ɕiɤ^{53}	iɤ^{53}
浦东（川沙）	zɤ^{213}	tɕiɤ^{44}	dʑiɤ^{213}	dʑiɤ^{213}	dʑiɤ^{13}	ȵiɤ^{213}	ɕiɤ^{53}	iɤ^{53}
浦东（惠南）	zɤ^{113}	tɕiɤ^{44}	dʑiɤ^{113}	dʑiɤ^{13}	dʑiɤ^{13}	ȵiɤ^{113}	ɕiɤ^{53}	iɤ^{53}
嘉定	zɤ^{213}	tɕy^{423}	dʑy^{231}	dʑy^{213}	dʑy^{213}	ȵy^{231}	ɕy^{53}	y^{53}
宝山	zʌɿ^{23}	tɕy^{34}	dʑy^{31}	dʑy^{31}	dʑy^{23}	ȵy^{31}	ɕy^{53}	y^{53}
崇明	zø^{313}	tɕiø^{424}	dʑiø^{24}	dʑiø^{313}	dʑiø^{313}	ȵiø^{24}	ɕiø^{53}	ʔiø^{53}

例字＼中古音＼地点	0369 有 流开三上有云	0370 右 流开三去宥云	0371 油 流开三平尤以	0372 丢 流开三平幽端	0373 幼 流开三去幼影	0374 贪 咸开一平覃透	0375 潭 咸开一平覃定	0376 南 咸开一平覃泥
中心城区（南）	ɦiɤ²³	ɦiɤ²³	ɦiɤ²³	tiɤ⁵²	iɤ³⁴	tʰø⁵²	dᴇ²³	nø²³
中心城区（北）	ɦiɤ²³	ɦiɤ²³	ɦiɤ²³	tiɤ⁵²	iɤ⁵²	tʰø⁵²	dᴇ²³	nø²³
松江	ɦiɯ¹³	ɦiɯ¹³	ɦiɯ³¹	tiɯ⁵³	iɯ³⁵	tʰe⁵³	de³¹	ne³¹
闵行	ɦiɤ¹³	ɦiɤ¹³	ɦiɤ³¹	dîɤ⁵³	iɤ⁵⁵	tʰe⁵³	de³¹	ne³¹
青浦	ɦiə²²⁴	ɦiə²²⁴	ɦiə³¹	tiə⁵¹	iə⁴³	tʰɪ⁵¹	dɪ³¹ / dᴇ²²⁴文	nɪ³¹
金山	ɦiɤ¹³	ɦiɤ¹³	ɦiɤ³¹	dîɤ⁵³	iɤ⁴⁴	tʰe⁵³	de³¹	ne³¹
奉贤	ɦiɤ²⁴	ɦiɤ²⁴	ɦiɤ³¹	tiɤ⁵³	iɤ⁴⁴	tʰe⁵³	de³¹	ne³¹
浦东（川沙）	ɦiɤ²¹³	ɦiɤ¹³	ɦiɤ²¹³	dîɤ⁵³	iɤ³⁵	tʰe⁵³	dɛ²¹³	ne²¹³
浦东（惠南）	ɦiɤ¹¹³	ɦiɤ¹³	ɦiɤ¹¹³	dîɤ⁵³	iɤ³⁵	tʰᴇ⁵³	dᴇ¹¹³	nᴇ¹¹³
嘉定	ɦy²¹³	ɦy²¹³	ɦy²³¹	ty⁵³	y⁴²³	tʰiɪ⁵³	diɪ²³¹	niɪ²³¹
宝山	ɦy²³	ɦy²³	ɦy³¹	ty⁵³	y³⁴	tʰe⁵³	de³¹	ne³¹
崇明	ɦiə²⁴²	ɦiə³¹³	ɦiə²⁴	tiə⁵³	ʔiə³³	tʰie⁵³	dæ²⁴	nie²⁴

例字 中古音 地点	0377 蚕 咸开一 平覃从	0378 感 咸开一 上感见	0379 含~口水 咸开一 平覃匣	0380 暗 咸开一 去勘影	0381 搭 咸开一 入合端	0382 踏 咸开一 入合透	0383 拉 咸开一 入合来	0384 杂 咸开一 入合从
中心城区（南）	zø^{23}	kø^{34}	ɦø^{23}	ø^{34}	tᴀʔ$^{\underline{55}}$	dᴀʔ$^{\underline{12}}$	lᴀ^{52}	zᴀʔ$^{\underline{12}}$
中心城区（北）	zø^{23}	kø^{34}	ɦø^{23}	ø^{34}	tɐʔ$^{\underline{55}}$	dɐʔ$^{\underline{12}}$	lᴀ^{52}	zɐʔ$^{\underline{12}}$
松江	zɛ^{31}	kɛ^{35}	ɦɛ^{31}	e^{35}	tæʔ^{4}	dæʔ^{2}	lɑ^{53}	zəʔ^{2}
闵行	ze^{31}	ke^{55}	ɦe^{31}	e^{35}	dæʔ^{5}	dæʔ$^{\underline{23}}$	lɑ^{53}	zɑʔ$^{\underline{23}}$
青浦	zɪ^{31}	kᴇ^{43}	ɦᴇ^{31}	ɪ^{35}	tæʔ$^{\underline{55}}$	dæʔ$^{\underline{12}}$	lɑ^{51}	zəʔ$^{\underline{12}}$
金山	ze^{31}	ke^{44}	ɦe^{31}	iɪ^{35}	dæʔ^{5}	dæʔ$^{\underline{12}}$	lɑ^{53}	zəʔ^{5}
奉贤	ze^{31}	ke^{44}	ɦe^{31}	e^{35}	tæʔ$^{\underline{55}}$	dæʔ$^{\underline{23}}$	lɑ^{53}	zəʔ$^{\underline{23}}$
浦东（川沙）	zø^{213}	ke^{44}	ɦe^{213}	e^{35}	dæʔ$^{\underline{55}}$	dæʔ$^{\underline{23}}$	lᴀ^{53}	zəʔ$^{\underline{23}}$
浦东（惠南）	zᴇ^{113}	kᴇ^{44}	ɦᴇ^{113}	ᴇ^{35}	dæʔ$^{\underline{55}}$	dæʔ$^{\underline{23}}$	lᴀ^{53}	zəʔ$^{\underline{23}}$
嘉定	zɪɪ^{231}	kɪɪ^{423}	ɦɪɪ^{231}	ɪɪ^{423}	taʔ$^{\underline{55}}$	daʔ$^{\underline{23}}$	lɑ^{53}	zaʔ$^{\underline{23}}$
宝山	ze^{31}	ke^{34}	ɦe^{31}	e^{34}	tᴀʔ$^{\underline{55}}$	dᴀʔ$^{\underline{12}}$	lɑ^{53}	zəʔ$^{\underline{12}}$
崇明	zie^{24}	kie^{424}	ɦɦie^{24}	ʔie^{33}	tæʔ^{5}	dæʔ^{2}	lɑ^{55}	dzəʔ^{2}

例字 中古音 地点	0385 鸽 咸开一 入合见	0386 盒 咸开一 入合匣	0387 胆 咸开一 上敢端	0388 毯 咸开一 上敢透	0389 淡 咸开一 上敢定	0390 蓝 咸开一 平谈来	0391 三 咸开一 平谈心	0392 甘 咸开一 平谈见
中心城区（南）	kɐʔ^{55}	ɦɐʔ^{12}	tɛ^{34}	tʰɛ^{52}	dɛ^{23}	lɛ^{23}	sɛ^{52}	kø^{52}
中心城区（北）	kɐʔ^{55}	ɦɐʔ^{12}	tɛ^{34}	tʰɛ^{52}	dɛ^{23}	lɛ^{23}	sɛ^{52}	kø^{52}
松江	kəʔ^{4}	ɦiæʔ^{2}	tɛ^{44}	tʰɛ^{53}	dɛ^{13}	lɛ^{31}	sɛ^{53}	ke^{35}
闵行	kəʔ^{5}	ɦiæʔ^{23}	dɛ^{55}	tʰɛ^{53}	dɛ^{13}	lɛ^{31}	sɛ^{53}	ke^{53}
青浦	kəʔ^{55}	ɦiæʔ^{12}	tɛ^{43}	tʰɛ^{51}	dɛ^{224}	lɛ^{31}	sɛ^{51}	kɪ^{51}
金山	kəʔ^{5}	ɦiæʔ^{12}	dɛ^{44}	tʰɛ^{53}	dɛ^{13}	lɛ^{31}	sɛ^{53}	ke^{53}
奉贤	kəʔ^{55}	ɦiæʔ^{23}	dɛ^{44}	tʰɛ^{53}	dɛ^{24}	lɛ^{31}	sɛ^{53}	ke^{53}
浦东（川沙）	kəʔ^{55}	ɦiæʔ^{23}	dɛ^{44}	tʰɛ^{53}	dɛ^{213}	lɛ^{213}	sɛ^{53}	ke^{53}
浦东（惠南）	kəʔ^{55}	ɦiæʔ^{23}	dɛ^{44}	tʰɛ^{53}	dɛ^{113}	lɛ^{113}	sɛ^{53}	kɛ^{53}
嘉定	kəʔ^{55}	ɦia ʔ^{23}	tɛ^{423}	tʰɛ^{53}	dɛ^{213}	lɛ^{231}	sɛ^{53}	kiɪ^{53}
宝山	kəʔ^{55}	ɦɐʔ^{12}	tɛ^{34}	tʰɛ^{53}	dɛ^{23}	lɛ^{31}	sɛ^{53}	ke^{53}
崇明	kəʔ^{5}	ɦɦiæʔ^{2}	tæ^{424}	tʰø^{53}	dæ^{242}	læ^{24}	sæ^{53}	kie^{53}

例字 中古音 地点	0393 敢 咸开一上敢见	0394 喊 咸开一上敢晓	0395 塔 咸开一入盍透	0396 蜡 咸开一入盍来	0397 赚 咸开二去陷澄	0398 杉~木 咸开二平咸生	0399 减 咸开二上豏见	0400 咸~淡 咸开二平咸匣
中心城区（南）	$kø^{34}$	$hɛ^{34}$	$t^hʌʔ^{55}$	$lʌʔ^{12}$	$zɛ^{23}$	$sɛ^{52}$	$kɛ^{34}$	$ɦɛ^{23}$
中心城区（北）	$kø^{34}$	$hɛ^{34}$	$t^hɐʔ^{55}$	$lɐʔ^{12}$	$zɛ^{23}$	$sɛ^{52}$	$kɛ^{34}$	$ɦɛ^{23}$
松江	$kɛ^{44}$	$hɛ^{35}$	$t^hæʔ^{4}$	$læʔ^{2}$	$zɛ^{13}$	$sɛ^{53}$	$kɛ^{44}$	$ɦɛ^{31}$
闵行	ke^{55}	$hɛ^{35}$	$t^hæʔ^{5}$	$læʔ^{23}$	$zɛ^{13}$	$sɛ^{53}$	ke^{55}	$ɦɛ^{31}$
青浦	$kɿ^{43}$	$hɛ^{35}$	$t^hæʔ^{55}$	$læʔ^{12}$	$zɛ^{224}$	$sɛ^{51}$	$kɛ^{43}$	$ɦɛ^{31}$
金山	$kɛ^{44}$	$hɛ^{35}$	$t^hæʔ^{5}$	$læʔ^{12}$	$zɛ^{13}$	$sɛ^{53}$	$kɛ^{44}$	$ɦɛ^{31}$
奉贤	ke^{44}	$hɛ^{35}$	$t^hæʔ^{55}$	$læʔ^{23}$	$zɛ^{24}$	$sɛ^{53}$	ke^{44}	$ɦɛ^{31}$
浦东（川沙）	ke^{44}	$hɛ^{35}$	$t^hæʔ^{55}$	$læʔ^{23}$	$zɛ^{213}$	$sɛ^{53}$	ke^{44}	$ɦɛ^{213}$
浦东（惠南）	$kɛ^{44}$	$hɛ^{35}$	$t^hæʔ^{55}$	$læʔ^{23}$	$zɛ^{13}$	$sɛ^{53}$	$kɛ^{35}$	$ɦɛ^{113}$
嘉定	$kɿ^{423}$	$hɛ^{423}$	$t^haʔ^{55}$	$laʔ^{23}$	$zɛ^{213}$	$sɛ^{53}$	$kɛ^{423}$	$ɦɛ^{231}$
宝山	ke^{34}	$hɛ^{34}$	$t^hʌʔ^{55}$	$lʌʔ^{12}$	$zɛ^{23}$	$sɛ^{53}$	ke^{34}	$ɦɛ^{31}$
崇明	kie^{424}	$hæ^{33}$	$t^hæʔ^{5}$	$læʔ^{2}$	$dzæ^{242}$	$sæ^{53}$	$kæ^{424}$	$ɦfiæ^{24}$

例字＼中古音＼地点	0401 插 咸开二入洽初	0402 闸 咸开二入洽崇	0403 夹~子 咸开二入洽见	0404 衫 咸开二平衔生	0405 监 咸开二平衔见	0406 岩 咸开二平衔疑	0407 甲 咸开二入狎见	0408 鸭 咸开二入狎影
中心城区（南）	tsʰAʔ⁵⁵	zAʔ¹²	kAʔ⁵⁵ / gAʔ¹² 又	sE⁵²	kE⁵²	ŋE²³	kAʔ⁵⁵ / tɕiAʔ⁵⁵ 文	Aʔ⁵⁵
中心城区（北）	tsʰɐʔ⁵⁵	zɐʔ¹²	kɐʔ⁵⁵	sE⁵²	kE⁵²	ŋE²³	kɐʔ⁵⁵ / tɕiɐʔ⁵⁵ 文	ɐʔ⁵⁵
松江	tsʰæʔ⁴	zæʔ²	kæʔ⁴	sɛ⁵³	kɛ⁵³	ŋe³¹	tɕiæʔ⁴	æʔ⁴
闵行	tsʰæʔ⁵	zæʔ²³	kæʔ⁵	sɛ⁵³	kɛ⁵³	ŋe³¹	tɕiæʔ⁵	æʔ⁵
青浦	tsʰæʔ⁵⁵	zæʔ¹²	kæʔ⁵⁵	sE⁵¹	kE⁵¹	ŋe³¹	tɕia ʔ⁵⁵	æʔ⁵⁵
金山	tsʰæʔ⁵	zæʔ¹²	kæʔ⁵	sɛ³⁵	kɛ⁵³	ŋe³¹	ɕiæʔ⁵	æʔ⁵
奉贤	tsʰæʔ⁵⁵	zæʔ²³	kæʔ⁵⁵	sɛ⁵³	kɛ⁵³	ŋe⁵³	tɕiæʔ⁵⁵	æʔ⁵⁵
浦东（川沙）	tsʰæʔ⁵⁵	zæʔ²³	kæʔ⁵⁵	sɛ⁵³	kɛ⁵³	ŋe²¹³	tɕiAʔ⁵⁵	æʔ⁵⁵
浦东（惠南）	tsʰæʔ⁵⁵	zæʔ²³	kæʔ⁵⁵	sɛ⁵³	kɛ⁵³	ŋɛ¹¹³	tɕiAʔ⁵⁵	æʔ⁵⁵
嘉定	tsʰaʔ⁵⁵	zaʔ²³	kaʔ⁵⁵	sE⁵³	kE⁵³	ŋE²³¹	tɕiaʔ⁵⁵	aʔ⁵⁵
宝山	tsʰAʔ⁵⁵	zAʔ¹²	kAʔ⁵⁵	sɛ⁵³	kɛ⁵³	ŋe³¹	tɕiAʔ⁵⁵	Aʔ⁵⁵
崇明	tsʰæʔ⁵	zæʔ²	kæʔ⁵	sæ⁵³	kæ⁵³	ŋie²⁴	kæʔ⁵	ʔæʔ⁵

例字 中古音 地点	0409 粘~液 咸开三平盐知	0410 尖 咸开三平盐精	0411 签~名 咸开三平盐清	0412 占~领 咸开三去艳章	0413 染 咸开三上琰日	0414 钳 咸开三平盐群	0415 验 咸开三去艳疑	0416 险 咸开三上琰晓
中心城区（南）	ȵi^{52}	tɕi^{52}	tɕʰi^{52}	tsø^{34}	ȵi^{23} zø^{23} 文	dʑi^{23}	ȵi^{23}	ɕi^{34}
中心城区（北）	ȵi^{52}	tɕi^{52}	tɕʰi^{52}	tsø^{34}	ȵi^{23} zø^{23} 文	dʑi^{23}	ȵi^{23}	ɕi^{34}
松江	ȵi^{53}	tɕi^{53}	tɕʰi^{53}	tse^{53}	ȵi^{13}	dʑi^{31}	ȵi^{13}	ɕi^{44}
闵行	ȵi^{53}	tsi^{53}	tsʰi^{53}	tse^{53}	ȵi^{13}	dʑi^{31}	ȵi^{13}	ɕi^{55}
青浦	ȵiɪ^{31}	tsiɪ^{51}	tsʰiɪ^{51}	tsiɪ^{43}	ȵiɪ^{224}	dʑiɪ^{31}	ȵiɪ^{224}	ɕiɪ^{43}
金山	ȵi^{53}	tse^{53}	tsʰe^{53}	tse^{35}	ȵiɪ^{13}	dʑi^{31} ke^{53}	ȵiɪ^{13}	ɕiɪ^{44}
奉贤	ȵi^{53}	tɕi^{53}	tɕʰi^{53}	tse^{53}	ȵi^{24}	dʑi^{31}	ȵi^{24}	ɕi^{44}
浦东（川沙）	（无）	tɕi^{53}	tɕʰi^{53}	tse^{35}	ȵi^{213}	dʑi^{213}	ȵi^{213}	ɕi^{44}
浦东（惠南）	（无）	tɕi^{53}	tɕʰi^{53}	tsᴇ^{44}	ȵi^{113}	dʑi^{113}	ȵi^{13}	ɕi^{44}
嘉定	ȵiɪ^{53}	tsiɪ^{53}	tsʰiɪ^{53}	tsiɪ^{423}	ȵiɪ^{213}	gᴇ^{231} dʑiɪ^{231} 文	ȵiɪ^{213}	ɕiɪ^{423}
宝山	ȵie^{53}	tse^{53}	tsʰe^{53}	tse^{34}	ȵie^{23} ze^{23} 文	dʑie^{31}	ȵie^{23}	ɕie^{34}
崇明	ȵie^{53}	tɕie^{53}	tɕʰie^{53}	tsø^{33}	ȵie^{242}	dʑie^{24}	ȵie^{242}	ɕie^{424}

例字＼中古音＼地点	0417 厌 咸开三去艳影	0418 炎 咸开三平盐云	0419 盐 咸开三平盐以	0420 接 咸开三入叶精	0421 折~叠 咸开三入叶章	0422 叶树~ 咸开三入叶以	0423 剑 咸开三去酽见	0424 欠 咸开三去酽溪
中心城区（南）	i³⁴	ɦi²³	ɦi²³	tɕiɪʔ⁵⁵	tsaʔ⁵⁵	ɦiɪʔ¹²	tɕi³⁴	tɕʰi³⁴
中心城区（北）	i³⁴	ɦi²³	ɦi²³	tɕiɪʔ⁵⁵	tsæʔ⁵⁵	ɦiɪʔ¹²	tɕi³⁴	tɕʰi³⁴
松江	i³⁵	ɦie¹³	ɦi³¹	tɕiɪʔ⁴	tsəʔ⁴	ɦiɪʔ²	tɕi³⁵	tɕʰi³⁵
闵行	i³⁵	ɦie³¹	ɦi³¹	tsiʔ⁵	tsəʔ⁵	ɦiəʔ²³	tɕi³⁵	tɕʰi³⁵
青浦	iɪ³⁵	ɦɛ³¹	ɦiɪ³¹	tsiɪʔ⁵⁵	tsəʔ⁵⁵	ɦiɪʔ¹²	tɕiɪ³⁵	tɕʰiɪ³⁵
金山	iɪ³⁵	ɦɛ³¹	ɦiɪ³¹	tɕiɪʔ⁵	tsəʔ⁵	ɦiɪʔ¹²	tɕiɪ³⁵	tɕʰiɪ³⁵
奉贤	i³⁵	ɦie²⁴	ɦi³¹	tɕiɪʔ⁵⁵	tsəʔ⁵⁵	ɦiɪʔ²³	tɕi³⁵	tɕʰi³⁵
浦东（川沙）	i³⁵	ɦie²¹³	ɦi²¹³	tɕiɪʔ⁵⁵	tsəʔ⁵⁵	ɦiɪʔ²³	tɕi³⁵	tɕʰi³⁵
浦东（惠南）	i³⁵	ɦie¹¹³	ɦi¹¹³	tɕiɪʔ⁵⁵	tsʌʔ⁵⁵	ɦiɪʔ²³	tɕi³⁵	tɕʰi³⁵
嘉定	iɪ⁴²³	ɦiɪ²³¹	ɦiɪ²³¹	tsiɪʔ⁵⁵	tsəʔ⁵⁵	ɦiɪʔ²³	tɕiɪ⁴²³	tɕʰiɪ⁴²³
宝山	ɦie²³	ɦie³¹	ɦie³¹	tsɪʔ⁵⁵	tsəʔ⁵⁵	ɦiɪʔ¹²	tɕie³⁴	tɕʰie³⁴
崇明	ʔie³³	ɦie²⁴	ɦie²⁴	tɕiəʔ⁵	tsəʔ⁵	ɦiəʔ²	tɕie³³	tɕʰie³³

例字 中古音 地点	0425 严 咸开三平严疑	0426 业 咸开三入业疑	0427 点 咸开四上忝端	0428 店 咸开四去㮇端	0429 添 咸开四平添透	0430 甜 咸开四平添定	0431 念 咸开四去㮇娘	0432 嫌 咸开四平添匣
中心城区（南）	ȵi²³	ȵiɪʔ¹²	ti³⁴	ti³⁴	tʰi⁵²	di²³	ȵi²³ ȵiɛ²³ 又	ɦi²³
中心城区（北）	ȵi²³	ȵiɪʔ¹²	ti³⁴	ti³⁴	tʰi⁵²	di²³	ȵiɛ²³ ȵi²³ 又	ɦi²³
松江	ȵi³¹	ȵiɪʔ²	ti⁴⁴	ti³⁵	tʰi⁵³	di³¹	ȵie¹³	i³⁵
闵行	ȵi³¹	ȵiɪʔ²³	dɪ⁵⁵	dɪ³⁵	tʰi⁵³	di³¹	ȵie¹³	ɦi³¹
青浦	ȵiɪ³¹	ȵiɪʔ¹²	tiɪ⁴³	tiɪ³⁵	tʰiɪ⁵¹	diɪ³¹	ȵie²²⁴	iɪ³⁵
金山	ȵiɪ³¹	ȵiɪʔ¹²	diɪ⁴⁴	diɪ³⁵	tʰiɪ⁵³	diɪ³¹	ȵie¹³	（无）
奉贤	ȵi³¹	ȵiɪʔ²³	di⁴⁴	di³⁵	tʰi⁵³	di³¹	ȵie²⁴	i⁵³
浦东（川沙）	ȵi²¹³	ȵiɪʔ²³	di⁴⁴	di³⁵	tʰi⁴⁴	di²¹³	ȵie¹³	ɦi²¹³
浦东（惠南）	ȵi¹¹³	ȵiɪʔ²³	di⁴⁴	di³⁵	tʰi⁵³	di¹¹³	ȵie¹³	ɦi⁵³
嘉定	ȵiɪ²³¹	ȵiɪʔ²³	tiɪ⁴²³	tiɪ⁴²³	tʰiɪ⁵³	diɪ²³¹	ȵiɛ²¹³	iɪ⁵³
宝山	ȵie³¹	ȵiɪʔ¹²	te³⁴	te³⁴	tʰe⁵³	de³¹	ȵie²³	ɦie³¹
崇明	ȵie²⁴	ȵiəʔ²	tie⁴²⁴	tie³³	tʰie⁵³	die²⁴	ȵie³¹³	ɦie²⁴

例字 中古音 地点	0433 跌 咸开四入帖端	0434 贴 咸开四入帖透	0435 碟 咸开四入帖定	0436 协 咸开四入帖匣	0437 犯 咸合三上范奉	0438 法 咸合三入乏非	0439 品 深开三上寝滂	0440 林 深开三平侵来
中心城区（南）	tɪʔ⁵⁵	tʰɪʔ⁵⁵	dɪʔ¹²	ɦiAʔ¹²	vE²³	fAʔ⁵⁵	pʰiŋ³⁴	liŋ²³
中心城区（北）	tɪʔ⁵⁵	tʰɪʔ⁵⁵	dɪʔ¹²	ɦiɐʔ¹²	vE²³	fɐʔ⁵⁵	pʰiŋ³⁴	liŋ²³
松江	tiɪʔ⁴	tʰiɪʔ⁴	diɪʔ²	ɦia ʔ²	vɛ¹³	fæʔ⁴	pʰiŋ⁴⁴	liŋ³¹
闵行	diɪʔ⁵	tʰiɪʔ⁵	diɪʔ²³	ɦiaʔ²³	ʋɛ¹³	fæʔ⁵	pʰiŋ⁵⁵	liŋ³¹
青浦	tiɪʔ⁵⁵	tʰiɪʔ⁵⁵	diɪʔ¹²	ɦiəʔ¹² / ɦiaʔ¹²	vE²²⁴	fæʔ⁵⁵	pʰiəŋ⁴³	liəŋ³¹
金山	dɪɪʔ⁴⁴	tʰiɪʔ⁵	diɪʔ¹²	ɦiaʔ¹²	ʋɛ¹³	fæʔ⁵	pʰiəŋ⁴⁴	liəŋ³¹
奉贤	dɪʔ⁵⁵	tʰɪʔ⁵⁵	dɪʔ²³	ɦiæʔ²³	βɛ²⁴	fæʔ⁵⁵	pʰiŋ⁴⁴	liŋ³¹
浦东（川沙）	diɪʔ⁵⁵	tʰiɪʔ⁵⁵	diɪʔ²³	ɦiAʔ²³	ʋɛ²¹³	fAʔ⁵⁵	pʰin⁴⁴	lin²¹³
浦东（惠南）	diɪʔ⁵⁵	tʰiɪʔ⁵⁵	diɪʔ²³	ɦiAʔ²³	βɛ¹¹³	fæʔ⁵⁵	pʰin⁴⁴	lin¹¹³
嘉定	tiɪʔ⁵⁵	tʰiɪʔ⁵⁵	diɪʔ²³	ɦiaʔ²³	vE²¹³	faʔ⁵⁵	pʰiŋ⁴²³	liŋ²³¹
宝山	tɪʔ⁵⁵	tʰɪʔ⁵⁵	dɪʔ¹²	ɦiAʔ¹²	vɛ²³	fAʔ⁵⁵	pʰĩ³⁴	lĩ³¹
崇明	tiəʔ⁵	tʰiəʔ⁵	diəʔ²	ɦiəʔ²	væ²⁴²	fæʔ⁵	pʰin⁴²⁴	lin²⁴

例字 中古音 地点	0441 浸 深开三 去沁精	0442 心 深开三 平侵心	0443 寻 深开三 平侵邪	0444 沉 深开三 平侵澄	0445 参人~ 深开三 平侵生	0446 针 深开三 平侵章	0447 深 深开三 平侵书	0448 任责~ 深开三 去沁日
中心城区（南）	tɕiŋ³⁴	ɕiŋ⁵²	ziŋ²³	zəŋ²³	səŋ³⁴	tsəŋ⁵²	səŋ⁵²	zəŋ²³
中心城区（北）	tɕiŋ³⁴	ɕiŋ⁵²	ʑiŋ²³	zəŋ²³	səŋ³⁴	tsəŋ⁵²	səŋ⁵²	zəŋ²³
松江	tɕiŋ³⁵	ɕiŋ⁵³	ziŋ³¹	zəŋ³¹	səŋ⁵³	tsəŋ⁵³	səŋ⁵³	zəŋ¹³
闵行	tsiŋ³⁵	siŋ⁵³	ziŋ³¹	zəŋ³¹	səŋ⁵³	tsəŋ⁵³	səŋ⁵³	zəŋ¹³
青浦	tsiəŋ³⁵	siəŋ⁵¹	ziəŋ³¹	zəŋ³¹	səŋ⁵¹	tsəŋ⁵¹	səŋ⁵¹	zəŋ²²⁴
金山	tsiəŋ³⁵	ɕiəŋ⁵³	ziəŋ³¹	zəŋ³¹	səŋ⁵³	tsəŋ⁵³	səŋ⁵³	zəŋ¹³
奉贤	tɕiŋ³⁵	ɕiŋ⁵³	ʑiŋ³¹	zəŋ³¹	səŋ⁵³	tsəŋ⁵³	səŋ⁵³	zəŋ²⁴
浦东（川沙）	tɕin³⁵	ɕin⁵³	ʑin²¹³	zən²¹³	sən⁴⁴	tsən⁵³	sən⁴⁴	zən¹³
浦东（惠南）	tɕin³⁵	ɕin⁵³	ʑin¹¹³	zən¹¹³	sən⁵³	tsən⁵³	sən⁵³	zən¹³
嘉定	tsiŋ⁴²³	siŋ⁵³	ziŋ²³¹	zəŋ²³¹	səŋ⁵³	tsəŋ⁵³	səŋ⁵³	zəŋ²¹³
宝山	tsĩn³⁴	sĩn⁵³	zĩn³¹	zẽn³¹	sẽn⁵³	tsẽn⁵³	sẽn⁵³	zẽn²³
崇明	tɕin³³	ɕin⁵³	ʑin²⁴	dzən²⁴	sən⁵³	tsən⁵³	sən⁵³	zən³¹³

例字 中古音 地点	0449 金 深开三 平侵见	0450 琴 深开三 平侵群	0451 音 深开三 平侵影	0452 立 深开三 入缉来	0453 集 深开三 入缉从	0454 习 深开三 入缉邪	0455 汁 深开三 入缉章	0456 十 深开三 入缉禅
中心城区（南）	tɕiŋ^{52}	dʑiŋ^{23}	iŋ^{52}	lɪɪʔ^{12}	ziɪʔ^{12}	ziɪʔ^{12}	tsəʔ^{55}	zəʔ^{12}
中心城区（北）	tɕiŋ^{52}	dʑiŋ^{23}	iŋ^{52}	lɪɪʔ^{12}	ziɪʔ^{12}	ziɪʔ^{12}	tsɐʔ^{55}	zɐʔ^{12}
松江	ciŋ^{53}	ɟiŋ^{31}	iŋ^{53}	liɪʔ^{2}	ɮiɪʔ^{2}	ɮiɪʔ^{2}	tsəʔ^{4}	zəʔ^{2}
闵行	tɕiŋ^{53}	dʑiŋ^{31}	iŋ^{53}	lɪɪʔ^{23}	zɪɪʔ^{23}	zɪɪʔ^{23}	tsəʔ^{5}	zəʔ^{23}
青浦	tɕiəŋ^{51}	dʑiəŋ^{31}	iəŋ^{51}	lɪɪʔ^{12}	zɪɪʔ^{12}	zɪɪʔ^{12}	tsəʔ^{55}	zəʔ^{12}
金山	ciəŋ^{53}	ɟiəŋ^{31}	iəŋ^{53}	lɪɪʔ^{12}	zɪɪʔ^{12}	zɪɪʔ^{12}	tsəʔ^{5}	zəʔ^{12}
奉贤	ɟiŋ^{53}	dʑiŋ^{31}	iŋ^{53}	lɪʔ^{23}	ʑɪɪʔ^{23}	ʑɪɪʔ^{23}	tsəʔ^{55}	zəʔ^{23}
浦东（川沙）	tɕin^{53}	dʑin^{213}	in^{53}	lɪɪʔ^{23}	ʑɪɪʔ^{23}	ʑɪɪʔ^{23}	tsəʔ^{55}	zəʔ^{23}
浦东（惠南）	tɕin^{53}	dʑin^{113}	in^{53}	lɪɪʔ^{23}	ʑɪɪʔ^{23}	ʑɪɪʔ^{23}	tsəʔ^{55}	zəʔ^{23}
嘉定	tɕiŋ^{53}	dʑiŋ^{231}	iŋ^{53}	lɪɪʔ^{23}	ʑɪɪʔ^{23}	ʑɪɪʔ^{23}	tsəʔ^{55}	zəʔ^{23}
宝山	tɕĩ^{53}	dʑĩ^{31}	ĩ^{53}	lɪʔ^{12}	zɪʔ^{12}	zɪʔ^{12}	tsəʔ^{55}	zəʔ^{12}
崇明	tɕin^{53}	dʑin^{24}	ʔin^{53}	liəʔ^{2}	dʑiəʔ^{2}	dʑiəʔ^{2}	tsəʔ^{5}	zəʔ^{2}

例字 中古音 地点	0457 入 深开三入缉日	0458 急 深开三入缉见	0459 及 深开三入缉群	0460 吸 深开三入缉晓	0461 单 筒~ 山开一平寒端	0462 炭 山开一去翰透	0463 弹 ~琴 山开一平寒定	0464 难 ~易 山开一平寒泥
中心城区（南）	zəʔ¹²	tɕiɪʔ⁵⁵	dʑiɪʔ¹²	ɕiɪʔ⁵⁵	tE⁵²	tʰE³⁴	dE²³	nE²³
中心城区（北）	zɐʔ¹²	tɕiɪʔ⁵⁵	dʑiɪʔ¹²	ɕiɪʔ⁵⁵	tE⁵²	tʰE³⁴	dE²³	nE²³
松江	zəʔ²	tɕiɪʔ⁴	dʑiɪʔ²	ɕiɪʔ⁴	tɛ⁵³	tʰɛ³⁵	dɛ³¹	nɛ³¹
闵行	zəʔ²³	tɕiɪʔ⁵	dʑiəʔ²³	ɕiɪʔ⁵	dɛ⁵³	tʰɛ³⁵	dɛ³¹	nɛ³¹
青浦	zəʔ¹²	tɕiɪʔ⁵⁵	dʑiəʔ¹²	ɕiɪʔ⁵⁵	tE⁵¹	tʰE³⁵	dE³¹	nE³¹
金山	zəʔ¹²	tɕiɪʔ⁵	dʑiɪʔ¹²	ɕiɪʔ⁵	dɛ⁴⁴ / zɛ¹³ 姓	tʰɛ³⁵	dɛ³¹	nɛ³¹
奉贤	zəʔ²³	tɕiɪʔ⁵⁵	dʑiɪʔ²³	ɕiɪʔ⁵⁵	tɛ⁵³	tʰɛ³⁵	dɛ³¹	nɛ³¹
浦东（川沙）	zəʔ²³	tɕiɪʔ⁵⁵	dʑiɪʔ²³	ɕiɪʔ⁵⁵	dɛ⁵³	tʰɛ³⁵	dɛ²¹³	nɛ²¹³
浦东（惠南）	zəʔ²³	tɕiɪʔ⁵⁵	dʑiɪʔ²³	ɕiɪʔ⁵⁵	dɛ⁵³	tʰɛ³⁵	dɛ¹¹³	nɛ¹¹³
嘉定	zəʔ²³	tɕiɪʔ⁵⁵	dʑiɪʔ²³	ɕiɪʔ⁵⁵	tɤ⁵³ / tɛ⁵³ 文	tʰE⁴²³	dE²³¹	nE²³¹
宝山	zəʔ¹²	tɕiɪʔ⁵⁵	dʑiɪʔ¹²	ɕiɪʔ⁵⁵	tɛ⁵³	tʰɛ³⁴	dɛ³¹	nɛ³¹
崇明	zɤʔ²	tɕiəʔ⁵	dʑiəʔ²	ɕiəʔ⁵	tø⁵³	tʰø³³	dø³¹³	nø²⁴

例字 中古音 地点	0465 兰 山开一 平寒来	0466 懒 山开一 上旱来	0467 烂 山开一 去翰来	0468 伞 山开一 上旱心	0469 肝 山开一 平寒见	0470 看~见 山开一 去翰溪	0471 岸 山开一 去翰疑	0472 汉 山开一 去翰晓
中心城区（南）	lɛ²³	lɛ²³	lɛ²³	sɛ³⁴	kø⁵²	kʰø³⁴	ŋɤ²³	hø³⁴
中心城区（北）	lɛ²³	lɛ²³	lɛ²³	sɛ³⁴	kø⁵²	kʰø³⁴	ŋø²³	hø³⁴
松江	lɛ³¹	lɛ¹³	lɛ¹³	sɛ³⁵	kø⁵³	kʰø³⁵	ŋø¹³	hø³⁵
闵行	lɛ³¹	lɛ¹³	lɛ¹³	sɛ³⁵	kø⁵³	kʰø³⁵	ŋø¹³	hø³⁵
青浦	lɛ³¹	lɛ²²⁴	lɛ²²⁴	sɛ³⁵	kø⁵¹	kʰø³⁵	ŋø²²⁴	hø³⁵
金山	lɛ³¹	lɛ¹³	lɛ¹³	sɛ³⁵	kø⁵³	kʰø³⁵	ŋø¹³	hø³⁵
奉贤	lɛ³¹	lɛ²⁴	lɛ²⁴	sɛ³⁵	kø⁵³	kʰø³⁵	ŋø²⁴	hø³⁵
浦东（川沙）	lɛ²¹³	lɛ²¹³	lɛ²¹³	sɛ³⁵	kø⁵³	kʰø³⁵	ŋø²¹³	hø³⁵
浦东（惠南）	lɛ¹¹³	lɛ¹¹³	lɛ¹³	sɛ³⁵	kø⁵³	kʰø³⁵	ŋø¹³	hø³⁵
嘉定	lɛ²³¹	lɛ²¹³	lɛ²¹³	sɤ⁴²³	kɤ⁵³	kʰɤ⁴²³	ŋiɿ²¹³ ŋɛ²¹³ 田~	hɤ⁴²³
宝山	lɛ³¹	lɛ²³	lɛ²³	sɤ³⁴	kɤ⁵³	kʰɤ³⁴	ŋe²³	hɤ³⁴
崇明	læ²⁴	læ²⁴²	læ³¹³	sø⁴²⁴	kø⁵³	kʰø³³	ŋø³¹³	hø³³

例字＼中古音＼地点	0473 汗 山开一去翰匣	0474 安 山开一平寒影	0475 达 山开一入曷定	0476 辣 山开一入曷来	0477 擦 山开一入曷清	0478 割 山开一入曷见	0479 渴 山开一入曷溪	0480 扮 山开二去裥帮
中心城区（南）	ɦø²³	ø⁵²	dʌʔ¹²	lʌʔ¹²	tsʰʌʔ⁵⁵	kʌʔ⁵⁵	kʰəʔ⁵⁵	pɛ³⁴
中心城区（北）	ɦø²³	ø⁵²	dɐʔ¹²	lɐʔ¹²	tsʰɐʔ⁵⁵	kɐʔ⁵⁵	kʰɐʔ⁵⁵	pɛ⁵²
松江	ɦø¹³	ø⁵³	dæʔ²	læʔ²	tsʰæʔ⁴	kəʔ⁴	kʰəʔ⁴	pɛ³⁵
闵行	ɦø¹³	ø⁵³	dæʔ²³	læʔ²³	tsʰæʔ⁵	kəʔ⁵	kʰəʔ⁵	ɦɛ³⁵
青浦	ɦø²²⁴	ø⁵¹	dæʔ¹²	læʔ¹²	tsʰaʔ⁵⁵	kəʔ⁵⁵ / køʔ⁵⁵	kʰəʔ⁵⁵	pɛ³⁵
金山	ɦø¹³	ø⁵³	dæʔ¹²	læʔ¹²	tsʰæʔ⁵	kəʔ⁵	kʰəʔ⁵	ɦɛ³⁵
奉贤	ɦø²⁴	ø⁵³	dæʔ²³	læʔ²³	tsʰæʔ⁵⁵	kəʔ⁵⁵	kʰəʔ⁵⁵	ɦɛ³⁵
浦东（川沙）	ɦø¹³	ø⁵³	dæʔ²³	læʔ²³	tsʰæʔ⁵⁵	kəʔ⁵⁵	kʰəʔ⁵⁵	ɦɛ³⁵
浦东（惠南）	ɦø¹³	ø⁵³	dæʔ²³	læʔ²³	tsʰʌʔ⁵⁵	kəʔ⁵⁵	kʰəʔ⁵⁵	ɦɛ³⁵
嘉定	ɦɤ²¹³	ɤ⁵³	daʔ²³	laʔ²³	tsʰaʔ⁵⁵	koʔ⁵⁵	kʰəʔ⁵⁵	pʰɛ⁴²³
宝山	ɦɤ²³	ɤ⁵³	dʌʔ¹²	lʌʔ¹²	tsʰʌʔ⁵⁵	koʔ⁵⁵	kʰəʔ⁵⁵	pɛ³⁴
崇明	hɦø³¹³	ʔø⁵³	dæʔ²	læʔ²	tsʰæʔ⁵	køʔ⁵	kʰøʔ⁵	pæ⁴²⁴

例字 中古音 地点	0481 办 山开二 去裥並	0482 铲 山开二 上产初	0483 山 山开二 平山生	0484 产 山开二 上产生	0485 间房~,一~房 山开二 平山见	0486 眼 山开二 上产疑	0487 限 山开二 上产匣	0488 八 山开二 入黠帮
中心城区（南）	bE²³	tsʰE³⁴	sE⁵²	tsʰE³⁴	kE³⁴	ŋE²³	ɦiE²³	pAʔ⁵⁵
中心城区（北）	bE²³	tsʰE³⁴	sE⁵²	tsʰE³⁴	kE⁵²	ŋE²³	ɦiE²³	pəʔ⁵⁵
松江	bɛ¹³	tsʰɛ⁴⁴	sɛ⁵³	tsʰɛ⁴⁴	kɛ⁵³ tɕi⁵³ 文	ŋɛ¹³	ɦiɛ¹³	pæʔ⁴
闵行	bɛ¹³	tsʰɛ⁵⁵	sɛ⁵³	tsʰɛ⁵⁵	kɛ⁵³	ŋɛ¹³	ɦiɛ¹³	ɓæʔ⁵
青浦	bE²²⁴	tsʰE⁴³	sE⁵¹	tsʰE⁴³	kE⁵¹	ŋE²²⁴	ɦiE²²⁴	pæʔ⁵⁵
金山	bɛ¹³	tsʰɛ⁴⁴	sɛ⁵³	tsʰɛ⁴⁴	kɛ⁵³ tɕiɪ⁵³ 文	ŋɛ¹³	ɦiɛ¹³	ɓæʔ¹²
奉贤	bɛ²⁴	tsʰɛ⁴⁴	sɛ⁵³	tsʰɛ⁴⁴	kɛ⁵³	ŋɛ²⁴	ɦiɛ²⁴	ɓæʔ⁵⁵
浦东（川沙）	bɛ¹³	tsʰɛ⁴⁴	sɛ⁵³	tsʰɛ⁴⁴	kɛ⁵³	ŋɛ²¹³	ɦiɛ²¹³	ɓæʔ⁵⁵
浦东（惠南）	bɛ¹³	tsʰɛ⁴⁴	sɛ⁵³	tsʰɛ⁴⁴	kɛ⁵³	ŋɛ¹¹³	ɦiɛ¹¹³	ɓæʔ⁵⁵
嘉定	bE²¹³	tsʰE⁴²³	sE⁵³	tsʰE⁴²³	kE⁵³	ŋE²¹³	ɦiE²¹³	pəʔ⁵⁵
宝山	bɛ²³	tsʰɛ³⁴	sɛ⁵³	tsʰɛ³⁴	kɛ⁵³	ŋɛ²³	ɦiɛ²³	pəʔ⁵⁵
崇明	bæ³¹³	tsʰæ⁴²⁴	sæ⁵³	tsʰæ⁴²⁴	kæ⁵³	ŋæ³¹³	hɦiæ²⁴²	pæʔ⁵

例字 中古音 地点	0489 扎~营 山开二 入黠庄	0490 杀 山开二 入黠生	0491 班 山开二 平删帮	0492 板 山开二 上潸帮	0493 慢 山开二 去谏明	0494 奸 山开二 平删见	0495 颜 山开二 平删疑	0496 瞎 山开二 入鎋晓
中心城区 （南）	tsʌʔ⁵⁵	sʌʔ⁵⁵	pɛ⁵²	pɛ³⁴	mɛ²³	kɛ⁵² tɕi⁵²文	ŋɛ²³	hʌʔ⁵⁵
中心城区 （北）	tsɐʔ⁵⁵	sɐʔ⁵⁵	pɛ⁵²	pɛ³⁴	mɛ²³	kɛ⁵²	ŋɛ²³	hɐʔ⁵⁵
松江	tsæʔ⁴	sæʔ⁴	pɛ⁵³	pɛ⁴⁴	mɛ¹³	tɕiɛ⁵³	ŋɛ³¹	hæʔ⁴
闵行	tsæʔ⁵	sæʔ⁵	ɓɛ⁵³	ɓɛ⁵⁵	mɛ¹³	kɛ⁵³强~	ŋɛ³¹	hæʔ⁵
青浦	tsæʔ⁵⁵	sæʔ⁵⁵	pɛ⁵¹	pɛ⁴³	mɛ²²⁴	kɛ⁵¹ tɕiɛ⁵¹文	ŋɛ³¹	hæʔ⁵⁵
金山	tsæʔ⁵	sæʔ⁵	ɓɛ⁵³	ɓɛ⁴⁴	mɛ¹³	kɛ⁵³ tɕir⁵³文	ŋɛ³¹	hæʔ⁵
奉贤	tsæʔ⁵⁵	sæʔ⁵⁵	ɓɛ⁵³	ɓɛ⁴⁴	mɛ²⁴	tɕiɛ⁵³	ŋɛ³¹	hæʔ⁵⁵
浦东（川沙）	tsæʔ⁵⁵	sæʔ⁵⁵	ɓɛ⁵³	ɓɛ⁴⁴	mɛ¹³	kɛ⁵³	ŋɛ²¹³	hæʔ⁵⁵
浦东（惠南）	tsæʔ⁵⁵	sæʔ⁵⁵	ɓɛ⁵³	ɓɛ⁴⁴	mɛ¹³	kɛ⁴⁴	ŋɛ¹¹³	hæʔ⁵⁵
嘉定	tsaʔ⁵⁵	saʔ⁵⁵	pɛ⁵³	pɛ⁴²³	mɛ²¹³	kɛ⁵³	ŋɛ²¹³	haʔ⁵⁵
宝山	tsʌʔ⁵⁵	sʌʔ⁵⁵	pɛ⁵³	pɛ³⁴	mɛ²³	kɛ⁵³	ŋɛ²³	hʌʔ⁵⁵
崇明	tsæʔ⁵	sæʔ⁵	pæ⁵³	pæ⁴²⁴	mæ³¹³	tɕiɛ⁵³	ŋæ²⁴	hæʔ⁵

例字　中古音　地点	0497 变 山开三去线帮	0498 骗~欺 山开三去线滂	0499 便~方 山开三去线并	0500 棉 山开三平仙明	0501 面~孔 山开三去线明	0502 连 山开三平仙来	0503 剪 山开三上狝精	0504 浅 山开三上狝清
中心城区（南）	pi³⁴	pʰi³⁴	bi²³	mi²³	mi²³	li²³	tɕi³⁴	tɕʰi³⁴
中心城区（北）	pi³⁴	pʰi³⁴	bi²³	mi²³	mi²³	li²³	tɕi³⁴	tɕʰi³⁴
松江	pi³⁵	pʰi³⁵	bi¹³	mi³¹	mi¹³	li³¹	tɕi⁴⁴	tɕʰi⁴⁴
闵行	ɕi³⁵	pʰi³⁵	bi¹³	mi³¹	mi¹³	li³¹	tsi⁵⁵	tsʰi⁵⁵
青浦	piɪ³⁵	pʰiɪ³⁵	biɪ²²⁴	miɪ³¹	miɪ²²⁴	liɪ³¹	tsiɪ⁴³	tsʰiɪ⁴³
金山	ɕiɪ³⁵	pʰiɪ³⁵	biɪ¹³	miɪ³¹	miɪ¹³	liɪ³¹	tsiɪ⁴⁴	tɕʰiɪ⁴⁴
奉贤	ɕi³⁵	pʰi³⁵	bi²⁴	mi³¹	mi²⁴	li³¹	tɕi⁴⁴	tɕʰi⁴⁴
浦东（川沙）	ɕi³⁵	pʰi³⁵	bi¹³	mi²¹³	mi¹³	li²¹³	tɕi⁴⁴	tɕʰi⁴⁴
浦东（惠南）	ɕi³⁵	pʰi³⁵	bi¹³	mi¹¹³	mi¹³	li¹¹³	tɕi⁴⁴	tɕʰi⁴⁴
嘉定	piɪ⁴²³	pʰiɪ⁴²³	biɪ²¹³	miɪ²³¹	miɪ²¹³	liɪ²³¹	tsiɪ⁴²³	tsʰiɪ⁴²³
宝山	pe³⁴	pʰe³⁴	be²³	me²³	me²³	le³¹	tse³⁴	tsʰe³⁴
崇明	pie³³	pʰie³³	bie³¹³	mie²⁴	mie³¹³	lie²⁴	tɕie⁴²⁴	tɕʰie⁴²⁴

例字 中古音 地点	0505 钱 山开三平仙从	0506 鲜 山开三平仙心	0507 线 山开三去线心	0508 缠 山开三平仙澄	0509 战 山开三去线章	0510 扇名 山开三去线书	0511 善 山开三上狝禅	0512 件 山开三上狝群
中心城区（南）	zi²³	ɕi⁵²	ɕi³⁴	zø²³	tsø³⁴	sø³⁴	zø²³	dʑi²³
中心城区（北）	zi²³	ɕi⁵²	ɕi³⁴	zø²³	tsø³⁴	sø³⁴	zø²³	dʑi²³
松江	zi³¹	ɕi⁵³	ɕi³⁵	zɛ¹³	tsɛ³⁵	sɛ³⁵	zɛ³¹	dʑi¹³
闵行	zi³¹	si⁵³	si³⁵	zɛ¹³	tsɛ³⁵ ~争	sɛ³⁵ / sø³⁵	zø¹³	dʑi¹³
青浦	ziɪ³¹	siɪ⁵¹	siɪ³⁵	ziɪ²²⁴	tsE³⁵	siɪ³⁵	zø²²⁴ / zE²²⁴	dʑiɪ²²⁴
金山	ziɪ³¹	siɪ⁵³	siɪ³⁵	ziɪ¹³ / liɪ¹³ 又	tsiɪ³⁵	sɛ³⁵	ziɪ¹³	dʑie¹³
奉贤	zi³¹	ɕi⁵³	ɕi³⁵	ze²⁴	tse³⁵	se³⁵	ze²⁴	dʑi²⁴
浦东（川沙）	zi²¹³	ɕi⁵³	ɕi³⁵	（无）	tse³⁵	se³⁵	zø²¹³	dʑi²¹³
浦东（惠南）	zi¹¹³	ɕi⁵³	ɕi³⁵	（无）	tsE⁴⁴	sE³⁵	zE¹¹³	dʑi¹¹³
嘉定	ziɪ²³¹	siɪ⁵³	siɪ⁴²³	ziɪ²³¹	tsiɪ⁴²³	siɪ⁴²³	ziɪ²¹³	dʑiɪ²¹³
宝山	ze³¹	se⁵³	se³⁴	ze³¹	tse³⁴	se³⁴	ze²³	dʑie²³
崇明	dʑie²⁴	ɕie⁵³	ɕie³³	dzø²⁴²	tsø³³	sø⁵³	zø³¹³	dʑie³¹³

例字 中古音 地点	0513 延 山开三 平仙以	0514 别~人 山开三 入薛並	0515 灭 山开三 入薛明	0516 列 山开三 入薛来	0517 撤 山开三 入薛彻	0518 舌 山开三 入薛船	0519 设 山开三 入薛书	0520 热 山开三 入薛日
中心城区（南）	ɦi²³	bɪʔ¹²	mɪʔ¹²	lɪʔ¹²	tsʰəʔ⁵⁵	zəʔ¹²	səʔ⁵⁵	ȵiɪʔ¹²
中心城区（北）	ɦi²³	bɪʔ¹²	mɪʔ¹²	lɪʔ¹²	tsʰɐʔ⁵⁵	zɐʔ¹²	sɐʔ⁵⁵	ȵiɪʔ¹²
松江	ɦi³¹	biɪʔ²	miɪʔ²	liɪʔ²	tsʰəʔ⁴	zəʔ²	səʔ⁴	ȵiɪʔ²
闵行	ɦi³¹	biɪʔ²³	miɪʔ²³	liɪʔ²³	tsʰəʔ⁵	zɐʔ²³	səʔ⁵	ȵiɪʔ²³
青浦	ɦiɪ³¹	bəʔ¹²	miɪʔ¹²	liɪʔ¹²	tsʰəʔ⁵⁵	zəʔ¹²	səʔ⁵⁵	ȵiɪʔ¹²
金山	ɦi³¹	bəʔ¹² biɪʔ¹²文	miɪʔ¹²	liɪʔ¹²	tsʰəʔ⁵	zəʔ¹²	səʔ⁵	ȵiɪʔ¹²
奉贤	ɦi³¹	bɪʔ²³	mɪʔ²³	lɪʔ²³	tsʰəʔ⁵⁵	zəʔ²³	səʔ⁵⁵	ȵiɪʔ²³
浦东（川沙）	ɦi²¹³	biɪʔ²³	miɪʔ²³	liɪʔ²³	tsʰəʔ⁵⁵	zəʔ²³	səʔ⁵⁵	ȵiɪʔ²³
浦东（惠南）	ɦi¹¹³	bəʔ²³	miɪʔ²³	liɪʔ²³	tsʰəʔ⁵⁵	zəʔ²³	səʔ⁵⁵	ȵiɪʔ²³
嘉定	ɦiɪ²³¹	biɪʔ²³	miɪʔ²³	liɪʔ²³	tsʰəʔ⁵⁵	zəʔ²³	səʔ⁵⁵	ȵiɪʔ²³
宝山	ɦie³¹	bɪʔ¹²	mɪʔ¹²	lɪʔ¹²	tsʰəʔ⁵⁵	zəʔ¹²	səʔ⁵⁵	ȵiɪʔ¹²
崇明	ɦie²⁴	bəʔ²	miəʔ²	liəʔ²	tsʰøʔ⁵	zəʔ²	søʔ⁵	ȵieɪʔ²

例字 中古音 地点	0521 杰 山开三入薛群	0522 孽 山开三入薛疑	0523 建 山开三去愿见	0524 健 山开三去愿群	0525 言 山开三平元疑	0526 歇 山开三入月晓	0527 扁 山开四上铣帮	0528 片 山开四去霰滂
中心城区（南）	dʑiɪʔ^{12}	ȵiɪʔ^{12}	tɕi^{34}	dʑi^{23}	ɦi^{23}	ɕiɪʔ^{55}	pi^{34}	pʰi^{34}
中心城区（北）	dʑiɪʔ^{12}	ȵiɪʔ^{12}	tɕi^{34}	dʑi^{23}	ɦi^{23}	ɕiɪʔ^{55}	pi^{34}	pʰi^{34}
松江	dʑiɪʔ^{2}	ȵiɪʔ^{2}	tɕi^{35}	dʑi^{13}	ɦi^{13}	ɕiɪʔ^{4}	pi^{44}	pʰi^{35}
闵行	dʑiəʔ^{23}	ȵiɪʔ^{23}	tɕi^{35}	dʑi^{13}	ɦi^{31}	ɕiɪʔ^{5}	ɓi^{55}	pʰi^{35}
青浦	dʑiəʔ^{12}	ȵiɪʔ^{12}	tɕiɪ^{43}	dʑiɪ^{224}	ɦiɪ^{31}	ɕiɪʔ^{55}	piɪ^{43}	pʰiɪ^{35}
金山	dʑiɪʔ^{12}	ȵiɪʔ^{12}	tɕiɪ^{35}	dʑiɪ^{13}	ɦiɪ^{31}	ɕiəʔ^{12}	ɓiɪ^{44}	pʰiɪ^{35}
奉贤	dʑiɪʔ^{23}	ȵiɪʔ^{23}	tɕi^{35}	dʑi^{31}	ɦi^{24}	ɕiɪʔ^{55}	ɓi^{44}	pʰi^{35}
浦东（川沙）	dʑiɪʔ^{23}	ȵiɪʔ^{23}	tɕi^{35}	dʑi^{13}	ɦi^{213}	ɕiɪʔ^{55}	ɓi^{44}	pʰi^{35}
浦东（惠南）	dʑiɪʔ^{23}	ȵiɪʔ^{23}	tɕi^{35}	dʑi^{13}	ɦi^{113}	ɕiɪʔ^{55}	ɓi^{44}	pʰi^{35}
嘉定	dʑiɪʔ^{23}	ȵiɪʔ^{23}	tɕiɪ^{423}	dʑiɪ^{213}	ɦiɪ^{231}	ɕiɪʔ^{55}	piɪ^{423}	pʰiɪ^{423}
宝山	dʑiɪʔ^{12}	ȵiɪʔ^{12}	tɕie^{34}	dʑie^{23}	ɦie^{23}	ɕiɪʔ^{55}	pe^{34}	pʰe^{34}
崇明	dʑiəʔ^{2}	ȵiəʔ^{2}	tɕie^{424}	dʑie^{313}	ɦie^{24}	ɕiəʔ^{5}	pie^{424}	pʰie^{33}

例字＼中古音＼地点	0529 面~条 山开四去霰明	0530 典 山开四上铣端	0531 天 山开四平先透	0532 田 山开四平先定	0533 垫 山开四去霰定	0534 年 山开四平先娘	0535 莲 山开四平先来	0536 前 山开四平先从
中心城区（南）	mi²³	ti³⁴	tʰi⁵²	di²³	di²³	ȵi²³	li²³	zi²³
中心城区（北）	mi²³	ti³⁴	tʰi⁵²	di²³	di²³	ȵi²³	li²³	zi²³
松江	mi¹³	ti⁴⁴	tʰi⁵³	di³¹	di¹³	ȵi³¹	li³¹	zi³¹
闵行	mi¹³	di⁵⁵	tʰi⁵³	di³¹	di¹³	ȵi³¹	li³¹	zi³¹
青浦	miɪ²²⁴	tiɪ⁴³	tʰiɪ⁵¹	diɪ³¹	diɪ²²⁴	ȵiɪ³¹	liɪ³¹	ziɪ³¹
金山	miɪ¹³	diɪ⁴⁴	tʰiɪ⁵³	diɪ³¹	diɪ¹³	ȵiɪ³¹	liɪ³¹	ziɪ³¹
奉贤	mi²⁴	ti⁴⁴	tʰi⁵³	di³¹	di²⁴	ȵi³¹	li³¹	zi³¹
浦东（川沙）	mi¹³	di⁴⁴	tʰi⁵³	di²¹³	di¹³	ȵi²¹³	li²¹³	zi²¹³
浦东（惠南）	mi¹³	di³⁵	tʰi⁵³	di¹¹³	di¹³	ȵi¹¹³	li¹¹³	zi¹¹³
嘉定	miɪ²¹³	tiɪ⁴²³	tʰiɪ⁵³	diɪ²³¹	diɪ²¹³	ȵiɪ²³¹	liɪ²³¹	ziɪ²³¹
宝山	me²³	te³⁴	tʰe⁵³	de³¹	de²³	ȵie³¹	le³¹	ze³¹
崇明	mie³¹³	tie⁴²⁴	tʰie⁵³	die²⁴	die²⁴²	ȵie²⁴	lie²⁴	zie²⁴

例字 中古音 地点	0537 先 山开四平先心	0538 肩 山开四平先见	0539 见 山开四去霰见	0540 牵 山开四平先溪	0541 显 山开四上铣晓	0542 现 山开四去霰匣	0543 烟 山开四平先影	0544 憋 山开四入屑帮
中心城区（南）	$\varci i^{52}$	$t\varcj i^{52}$	$t\varcj i^{34}$	$t\varcj^h i^{52}$	$\varcj i^{34}$	$\varhbar i^{23}$	i^{52}	$pɪʔ^{55}$ $bɪʔ^{12}$又
中心城区（北）	$\varcj i^{52}$	$t\varcj i^{52}$	$t\varcj i^{34}$	$t\varcj^h i^{52}$	$\varcj i^{34}$	$\varhbar i^{23}$	i^{52}	$pɪʔ^{55}$
松江	$\varcj i^{53}$	$t\varcj i^{53}$	$t\varcj i^{35}$	$t\varcj^h i^{53}$	$\varcj i^{35}$	$\varhbar i^{13}$	i^{53}	$bɪʔ^{2}$
闵行	si^{53}	$t\varcj i^{53}$	$t\varcj i^{35}$	$t\varcj^h i^{53}$	$\varcj i^{35}$	$\varhbar ie^{13}$	i^{53}	$\varhbar iɪʔ^{5}$
青浦	$siɪ^{51}$	$t\varcj iɪ^{51}$	$t\varcj iɪ^{35}$	$t\varcj^h iɪ^{51}$	$\varcj iɪ^{35}$	$z̸ iɪ^{224}$	$iɪ^{51}$	$piɪʔ^{55}$
金山	$siɪ^{53}$	$t\varcj iɪ^{53}$	$t\varcj iɪ^{35}$	$t\varcj^h iɪ^{53}$	$\varcj iɪ^{35}$	$\varhbar iɪ^{13}$	$iɪ^{53}$	$piəŋ^{35}$①
奉贤	$\varcj i^{53}$	$t\varcj i^{53}$	$t\varcj i^{35}$	$t\varcj^h i^{53}$	$\varcj i^{35}$	$\varhbar i^{24}$	i^{53}	$pɪʔ^{55}$
浦东（川沙）	$\varcj i^{53}$	$t\varcj i^{53}$	$t\varcj i^{35}$	$t\varcj^h i^{53}$	$\varcj i^{44}$	$\varhbar i^{213}$	i^{53}	$\varhbar iɪʔ^{55}$
浦东（惠南）	$\varcj i^{53}$	$t\varcj i^{53}$	$t\varcj i^{35}$	$t\varcj^h i^{53}$	$\varcj i^{44}$	$\varhbar i^{13}$	i^{53}	$\varhbar iʔ^{55}$
嘉定	$siɪ^{53}$	$t\varcj iɪ^{53}$	$t\varcj iɪ^{423}$	$t\varcj^h iɪ^{53}$	$\varcj iɪ^{423}$	$\varhbar iɪ^{213}$	$iɪ^{53}$	$piɪʔ^{55}$
宝山	se^{53}	$t\varcj ie^{53}$	$t\varcj ie^{34}$	$t\varcj^h ie^{53}$	$\varcj ie^{34}$	$\varhbar ie^{23}$	e^{53}	$pɪʔ^{55}$
崇明	$\varcj ie^{53}$	$t\varcj ie^{53}$	$t\varcj ie^{33}$	$t\varcj^h ie^{53}$	$\varcj ie^{424}$	$\varhbar ie^{313}$	$ʔie^{53}$	$biə ʔ^{2}$

注释：① 摒（不用"憋"）。

例字 中古音 地点	0545 篾 山开四入屑明	0546 铁 山开四入屑透	0547 捏 山开四入屑娘	0548 节 山开四入屑精	0549 切动 山开四入屑清	0550 截 山开四入屑从	0551 结 山开四入屑见	0552 搬 山合一平桓帮
中心城区（南）	mɪʔ^{12}	tʰɪʔ^{55}	ȵiAʔ^{12}	tɕiɪʔ^{55}	tɕʰiɪʔ^{55}	dʑiɪʔ^{12}	tɕiɪʔ^{55}	pø^{52}
中心城区（北）	mɪʔ^{12}	tʰɪʔ^{55}	ȵiɐʔ^{12}	tɕiɪʔ^{55}	tɕʰiɪʔ^{55}	ziɪʔ^{12}	tɕiɪʔ^{55}	pø^{52}
松江	miɪʔ^{2}	tʰiɪʔ^{4}	ȵiæʔ^{2}	tɕiɪʔ^{4}	tɕʰiɪʔ^{4}	ziɪʔ^{2}	tɕiɪʔ^{4}	pe^{53}
闵行	miɪʔ^{23}	tʰiɪʔ^{5}	ȵiæʔ^{23}	tsiɪʔ^{5}	tsʰiɪʔ^{5}	ziɪʔ^{23}	tɕiɪʔ^{5}	ɕø^{53}
青浦	miɪʔ^{12}	tʰiɪʔ^{55}	ȵiəʔ^{12}	tsiɪʔ^{55}	tsʰiɪʔ^{55}	ziɪʔ^{12}	tɕiɪʔ^{55}	pɪ^{51}
金山	miɪʔ^{12}	tʰiɪʔ^{5}	ȵiæʔ^{5}	tsiɪʔ^{5}	tɕʰiɪʔ^{5}	ziɪ^{13}	tɕiɪʔ^{5}	ɕe^{31}
奉贤	mɪʔ^{23}	tʰɪʔ^{55}	ȵiæʔ^{23}	tɕiɪʔ^{55}	tɕʰiɪʔ^{55}	ziɪʔ^{23}	tɕiɪʔ^{55}	pe^{53}
浦东(川沙)	miɪʔ^{23}	tʰiɪʔ^{55}	ȵiAʔ^{23}	tɕiɪʔ^{55}	tɕʰiɪʔ^{55}	ziɪʔ^{23}	tɕiɪʔ^{55}	ɕø^{53}
浦东(惠南)	miɪʔ^{23}	tʰiɪʔ^{55}	ȵiAʔ^{23}	tɕiɪʔ^{55}	tɕʰiɪʔ^{55}	dʑiɪʔ^{23}	tɕiɪʔ^{55}	ɕE^{53}
嘉定	miɪʔ^{23}	tʰiɪʔ^{55}	ȵiaʔ^{23}	tsiɪʔ^{55}	tsʰiɪʔ^{55}	ziɪʔ^{23}	tɕiɪʔ^{55}	piɪ^{53}
宝山	mɪʔ^{12}	tʰɪʔ^{55}	ȵiAʔ^{12}	tsɪʔ^{55}	tsʰɪʔ^{55}	zɪʔ^{12}	tɕiɪʔ^{55}	pe^{53}
崇明	miəʔ^{2}	tʰiəʔ^{5}	ȵiɑʔ^{2}	tɕiəʔ^{5}	tɕʰiəʔ^{5}	ziəʔ^{2}	tɕiəʔ^{5}	pie^{53}

例字 中古音 地点	0553 半 山合一去换帮	0554 判 山合一去换滂	0555 盘 山合一平桓並	0556 满 山合一上缓明	0557 端~午 山合一平桓端	0558 短 山合一上缓端	0559 断绳~了 山合一上缓定	0560 暖 山合一上缓泥
中心城区（南）	pø³⁴	pʰø³⁴	bø²³	mø²³	tø⁵²	tø³⁴	dø²³	nø²³
中心城区（北）	pø³⁴	pʰø³⁴	bø²³	mø²³	tø⁵²	tø³⁴	dø²³	nø²³
松江	pe³⁵	pʰe³⁵	be³¹	me¹³	tø⁵³	tø⁴⁴	dø¹³	nø¹³
闵行	ɓe³⁵	pʰø³⁵	be³¹	me¹³	dø⁵³	dø⁵⁵	dø¹³	nø¹³
青浦	pɪ³⁵	pʰɪ³⁵	bɪ³¹	mɪ²²⁴	tø⁵¹	tø⁴³	dø²²⁴	nø²²⁴
金山	ɓe³⁵	pʰe³⁵	be³¹	me¹³	dø⁵³	dø⁴⁴	dø¹³	nø¹³
奉贤	ɓe³⁵	pʰe³⁵	be³¹	me²⁴	tø⁵³	dø⁴⁴	dø²⁴	nø²⁴
浦东（川沙）	ɓø³⁵	pʰe³⁵	bø²¹³	mø²¹³	dø⁵³	dø⁴⁴	dø²¹³	nø²¹³
浦东（惠南）	ɓᴇ³⁵	pʰᴇ³⁵	bᴇ¹¹³	mᴇ¹¹³	dø⁵³	dø⁴⁴	dø¹¹³	nø¹¹³
嘉定	pɪɪ⁴²³	pʰɪɪ⁴²³	bɪɪ²³¹	mɪɪ²¹³	tɤ⁵³	tɤ⁴²³	dɤ²¹³	nɤ²¹³
宝山	pe³⁴	pʰʌɪ³⁴	be³¹	me²³	tɤ⁵³	tɤ³⁴	dɤ²³	nɤ²³
崇明	pie³³	pʰie³³	bie²⁴	mie²⁴²	tø⁵³	tø⁴²⁴	dø²⁴²	nø²⁴²

例字〈br〉中古音〈br〉地点	0561〈br〉乱〈br〉山合一〈br〉去换来	0562〈br〉酸〈br〉山合一〈br〉平桓心	0563〈br〉算〈br〉山合一〈br〉去换心	0564〈br〉官〈br〉山合一〈br〉平桓见	0565〈br〉宽〈br〉山合一〈br〉平桓溪	0566〈br〉欢〈br〉山合一〈br〉平桓晓	0567〈br〉完〈br〉山合一〈br〉平桓匣	0568〈br〉换〈br〉山合一〈br〉去换匣
中心城区（南）	lø^{23}	sø^{52}	sø^{34}	kø^{52}	kʰuø^{52}	huø^{52}	ɦuø^{23}	ɦuø^{23}
中心城区（北）	lø^{23}	sø^{52}	sø^{34}	kuø^{52}	kʰuø^{52}	huø^{52}	ɦuø^{23}	ɦuø^{23}
松江	lø^{13}	sø^{53}	sø^{35}	kue^{53}	kʰue^{53}	fe^{53}	ve^{31}	ve^{13}
闵行	lø^{13}	sø^{53}	sø^{35}	kue^{53}	kʰue^{53}	hue^{53}	ɦue^{31}	ɦue^{13}
青浦	lø^{224}	sø^{51}	sø^{35}	kui^{51}	kʰui^{51}	hui^{51}	ɦui^{31}	ɦui^{224}
金山	lø^{13}	sø^{53}	sø^{35}	kue^{53}	kʰue^{53}	hue^{53}	ɦue^{31}	ɦue^{13}
奉贤	lø^{24}	sø^{53}	sø^{35}	kue^{53}	kʰue^{53}	ɸe^{53}	ɦue^{31}	ɦue^{24}
浦东（川沙）	lø^{13}	sø^{53}	sø^{35}	kue^{53}	kʰue^{53}	hue^{53}	βe^{213}	βe^{13}
浦东（惠南）	lø^{13}	sø^{53}	sø^{35}	kuɛ^{53}	kʰuɛ^{53}	huɛ^{53}	ɦuɛ^{113}	ɦuɛ^{13}
嘉定	lɤ^{213}	sɤ^{53}	sɤ^{423}	kue^{53}	kʰue^{53}	hue^{53}	ɦue^{231}	ɦue^{213}
宝山	lɤ^{23}	sɤ^{53}	sɤ^{34}	kue^{53}	kʰue^{53}	fe^{53}	ɦue^{31}	ɦue^{23}
崇明	lø^{313}	sø^{53}	sø^{33}	kue^{53}	kʰue^{53}	hue^{53}	ɦue^{24}	ɦue^{313}

例字 中古音 地点	0569 碗 山合一 上缓影	0570 拨 山合一 入末帮	0571 泼 山合一 入末滂	0572 末 山合一 入末明	0573 脱 山合一 入末透	0574 夺 山合一 入末定	0575 阔 山合一 入末溪	0576 活 山合一 入末匣
中心城区 （南）	uø³⁴	pəʔ⁵⁵	pʰəʔ⁵⁵ pʰoʔ⁵⁵又	məʔ¹²	tʰəʔ⁵⁵ tʰoʔ⁵⁵又	dəʔ¹² doʔ¹²又	kʰuoʔ⁵⁵	ɦuoʔ¹²
中心城区 （北）	uø³⁴	pɐʔ⁵⁵	pʰɐʔ⁵⁵	mɐʔ¹²	tʰɐʔ⁵⁵	dɐʔ¹²	kʰɐʔ⁵⁵	ɦɐʋʔ¹²
松江	ue⁴⁴	pəʔ⁴	pʰəʔ⁴	məʔ²	tʰəʔ⁴	dəʔ²	kʰuəʔ⁴	vəʔ²
闵行	ue⁵⁵	ɓæʔ⁵	pʰæʔ⁵	mæʔ²³	tʰœʔ⁵	dœʔ²³	kʰuəʔ⁵	ʋʊʔ²³
青浦	ui⁴³	pəʔ⁵⁵	pʰəʔ⁵⁵	məʔ¹²	tʰøʔ⁵⁵	døʔ¹²	kʰuəʔ⁵⁵	ɦuəʔ¹²
金山	ue⁴⁴	ɓəʔ⁵	pʰəʔ⁵	məʔ⁵	tʰəʔ⁵	dəʔ¹²	kʰuəʔ⁵	ʋəʔ¹²
奉贤	ʋe⁴⁴	ɓəʔ⁵⁵	pʰəʔ⁵⁵	məʔ²³	tʰœʔ⁵⁵	dœʔ²³	kʰuəʔ⁵⁵	vəʔ²³
浦东（川沙）	ue⁴⁴	ɓəʔ⁵⁵	pʰəʔ⁵⁵	məʔ²³	tʰœʔ⁵⁵	dœʔ²³	kʰuəʔ⁵⁵	ʋəʔ²³
浦东（惠南）	uᴇ⁴⁴	ɓəʔ⁵⁵	pʰəʔ⁵⁵	məʔ²³	tʰəʔ⁵⁵	dœʔ²³	kʰuəʔ⁵⁵	βəʔ²³
嘉定	ue⁴²³	pəʔ⁵⁵	pʰəʔ⁵⁵	məʔ²³	tʰoʔ⁵⁵	doʔ²³	kʰuəʔ⁵⁵	ɦuəʔ²³
宝山	ʋe³⁴	pəʔ⁵⁵	pʰəʔ⁵⁵	məʔ¹²	tʰoʔ⁵⁵ tʰəʔ⁵⁵又	doʔ¹²	kʰuəʔ⁵⁵	ɦuəʔ¹²
崇明	ʔue⁴²⁴	pəʔ⁵	pʰəʔ⁵	məʔ²	tʰøʔ⁵	døʔ²	kʰuəʔ⁵	ɦuəʔ²

例字 中古音 地点	0577 顽~皮,~固 山合二平山疑	0578 滑 山合二入黠匣	0579 挖 山合二入黠影	0580 闩 山合二平删生	0581 关~门 山合二平删见	0582 惯 山合二去谏见	0583 还动 山合二平删匣	0584 还副 山合二平删匣
中心城区（南）	ɦuE²³	ɦuAʔ¹²	uAʔ⁵⁵	sø⁵²	kuE⁵²	kuE³⁴	ɦuE²³	ɦE²³
中心城区（北）	ɦuE²³	ɦuɐʔ¹²	uɐʔ⁵⁵	sø⁵²	kuE⁵²	kuE³⁴	ɦuE²³	ɦE²³
松江	mE³¹ vɛ³¹ ~固	væʔ²	uæʔ⁴	saʔ⁴	kuE⁵³	kuE³⁵	vɛ³¹	ɦɛ¹³
闵行	mE³¹	ʋæʔ²³	ʋæʔ⁵	sɛ⁵³	kuE⁵³	kuE³⁵	ʋɛ³¹	ʋɛ³¹
青浦	vE³¹	ɦuaʔ¹²	uaʔ⁵⁵	saʔ⁵⁵	kuE⁵¹	kuE³⁵	ɦuE³¹	ɦuE²²⁴ ɦia²²⁴
金山	ɦuɛ³¹	væʔ¹²	uæʔ⁵	sɿ⁵³ sɛ⁵³ 又	kuE⁵³	kuE³⁵	ɦuE³¹	ɦɛ³¹
奉贤	ɦuɛ³¹	βæʔ²³	ʋæʔ⁵⁵	suɛ⁵³	kuE⁵³	kuE³⁵	vɛ³¹	æʔ⁴⁴ ɦuɛ¹³ 又
浦东（川沙）	ʋɛ²¹³	ʋæʔ²³	βæʔ⁵⁵	（无）	kuE⁵³	kuE³⁵	βɛ²¹³	ɦɛ²¹³
浦东（惠南）	ɦuɛ¹¹³	βæʔ²³	uæʔ⁵⁵	（无）	kuE⁵³	kuE³⁵	ɦuɛ¹¹³	ɦɛ¹¹³
嘉定	ɦuE²³¹	ɦuaʔ²³	uaʔ⁵⁵	sɿ⁵³	kuE⁵³	kuE⁴²³	ɦuE²³¹	uE⁵³
宝山	vɛ³¹	ɦuAʔ¹²	uAʔ⁵⁵	sɛ⁵³	kuE⁵³	kuE³⁴	ɦuE³¹	ɛ⁵³
崇明	guæ²⁴	ɦuæʔ²	ʔuæʔ⁵	sø⁵³	kuæ⁵³	kuæ³³	ɦuæ²⁴	ɦɛ²⁴

例字 中古音 地点	0585 弯 山合二 平删影	0586 刷 山合二 入鎋生	0587 刮 山合二 入鎋见	0588 全 山合三 平仙从	0589 选 山合三 上狝心	0590 转~眼,~送 山合三 上狝知	0591 传~下来 山合三 平仙澄	0592 传~记 山合三 去线澄
中心城区（南）	uE^{52}	sA^{55}	kuA^{55}	ʑi^{34}	ɕi^{23}	tsø^{34}	zø^{23}	zø^{23}
中心城区（北）	uE^{52}	sɐʔ^{55}	kuɐʔ^{55}	ʑi^{23} ʑyø^{23}又	ɕi^{34} ɕyø^{34}又	tsø^{34}	zø^{23}	zø^{23}
松江	uɛ^{53}	səʔ^{4}	kuæʔ^{4}	ʑi^{31}	ɕi^{44}	tse^{44}	ze^{31}	ze^{31}
闵行	ʋɛ^{53}	səʔ^{5}	kuæʔ^{5}	zi^{31}	si^{55}	tsø^{55}	zø^{31}	dzø^{31}
青浦	uE^{51}	səʔ^{55}	kuaʔ^{55}	zɿ^{31}	sɿ^{43}	tsø^{43}	zɿ^{31}	zø^{224}
金山	uɛ^{53}	səʔ^{5}	kuæʔ^{5}	zɿ^{31}	sɿ^{44}	tse^{44}	ze^{31}	ze^{31}
奉贤	ʋɛ^{53}	səʔ^{55}	kuæʔ^{55}	ʑi^{31}	ɕi^{44}	tse^{44}	ze^{31}	ze^{31}
浦东（川沙）	uɛ^{53}	sAʔ^{55}	kuAʔ^{55}	ʑi^{213}	ɕi^{44}	tsø^{44}	zø^{213}	zø^{213}
浦东（惠南）	uɛ^{53}	sAʔ^{55}	kuAʔ^{55}	ʑi^{113}	ɕi^{44}	tsE^{44}	zE^{113}	zE^{113}
嘉定	uɛ^{53}	səʔ^{55}	kuaʔ^{55}	zɿ^{231}	sɿ^{423}	tsɿ^{423}	zɿ^{231}	zɿ^{231}
宝山	ʋɛ^{53}	səʔ^{55}	kuAʔ^{55}	ze^{31}	se^{34}	tse^{34}	ze^{31}	ze^{31}
崇明	ʔuæ^{53}	søʔ^{5}	kuæʔ^{5}	dzie^{24}	ɕie^{424}	tsø^{33}	dzø^{24}	dzø^{313}

例字　中古音　地点	0593 砖 山合三平仙章	0594 船 山合三平仙船	0595 软 山合三上狝日	0596 卷~起 山合三上狝见	0597 圈圆~ 山合三平仙溪	0598 权 山合三平仙群	0599 圆 山合三平仙云	0600 院 山合三去线云
中心城区（南）	tsø^{52}	zø^{23}	ȵyø^{23}	tɕyø^{34}	tɕʰyø^{52}	dʑyø^{23}	ɦyø^{23}	ɦyø^{23}
中心城区（北）	tsø^{52}	zø^{23}	ȵyø^{23}	tɕyø^{34}	tɕʰyø^{52}	dʑyø^{23}	ɦyø^{23}	ɦyø^{23}
松江	tse^{53}	ze^{31}	ȵyø^{13}	tɕyø^{44}	tɕʰyø^{53}	dʑyø^{31}	ɦø^{31}	ɦø^{13}
闵行	tsø^{53}	ze^{31}	ȵiø^{13}	tɕiø^{55}	tɕʰiø^{53}	dʑiø^{31}	ɦiø^{31}	ɦiø^{13}
青浦	tsɿ^{51}	zɿ^{31}	ȵyø^{224}	tɕyø^{43}	tɕʰyø^{51}	dʑyø^{31}	ɦyø^{31}	ɦyø^{224}
金山	tse^{53}	ze^{31}	ȵyø^{13}	tɕyø^{44}	tɕʰyø^{53}	dʑyø^{31}	ɦyø^{31}	ɦyø^{13}
奉贤	tse^{53}	ze^{31}	ȵiø^{24}	tɕiø^{44}	tɕʰiø^{53}	dʑiø^{31}	ɦø^{31}	ɦø^{24}
浦东（川沙）	tsø^{53}	zø^{213}	ȵyø^{213}	tɕyø^{44}	tɕʰyø^{53}	dʑyø^{213}	ɦyø^{213}	ɦyø^{13}
浦东（惠南）	tsE^{53}	zE^{113}	ȵyø^{113}	tɕyø^{44}	tɕʰyø^{53}	dʑyø^{113}	ɦyø^{113}	ɦyø^{13}
嘉定	tsiɪ^{53}	ziɪ^{231}	ŋiɪ^{213}	tɕiɣ^{423}	tɕʰiɣ^{53}	dʑiɣ^{231}	ɦiɣ^{231}	ɦiɣ^{231}
宝山	tse^{53}	ze^{31}	ŋe^{23}	tɕiɣ^{34}	tɕʰiɣ^{53}	dʑiɣ^{31}	ɦiɣ^{31}	ɦiɣ^{31}
崇明	tsø^{53}	zø^{24}	ȵyø^{242}	tɕyø^{424}	tɕʰyø^{53}	dʑyø^{24}	ɦyø^{24}	ɦyø^{313}

地点 \ 例字 中古音	0601 铅~笔 山合三 平仙以	0602 绝 山合三 入薛从	0603 雪 山合三 入薛心	0604 反 山合三 上阮非	0605 翻 山合三 平元敷	0606 饭 山合三 去愿奉	0607 晚 山合三 上阮微	0608 万麻将牌 山合三 去愿微
中心城区（南）	kʰE⁵²	dʑiɪʔ¹²	ɕiɪʔ⁵⁵	fE³⁴	fE⁵²	ʋE²³	mE²³ uE³⁴ 文	mE²³ ʋE²³ 文
中心城区（北）	kʰE⁵²	ziɪʔ¹²	ɕiɪʔ⁵⁵	fE³⁴	fE⁵²	ʋE²³	E³⁴	mE²³ ʋE²³ 又
松江	kʰɛ⁵³	ziɪʔ²	ɕiɪʔ⁴	fɛ⁴⁴	fɛ⁵³	ʋɛ¹³	uɛ⁴⁴	ʋɛ¹³
闵行	kʰɛ⁵³	ziɪʔ²³	siɪʔ⁵	fɛ⁵⁵	fɛ⁵³	ʋɛ¹³	mɛ¹³ ~娘, 后妈 ʋɛ⁵	ʋɛ¹³
青浦	kʰE⁵¹	ziɪʔ¹²	siɪʔ⁵⁵	fE⁴³	fE⁵¹	ʋE²²⁴	mE²²⁴	ʋE²²⁴
金山	kʰɛ⁵³	ziɪʔ¹²	siɪʔ⁵	fɛ⁴⁴	fɛ⁵³	ʋɛ¹³	uɛ⁴⁴	ʋɛ¹³
奉贤	kʰɛ⁴⁴	ziɪʔ²³	ɕiɪʔ⁵⁵	fɛ⁴⁴	fɛ⁵³	βɛ²⁴	mɛ²⁴ uɛ⁴⁴ 文	ɦuɛ²⁴
浦东(川沙)	kʰɛ⁵³	ziɪʔ²³	ɕiɪʔ⁵⁵	fɛ⁴⁴	fɛ⁵³	βɛ¹³	（无）	βɛ¹³
浦东(惠南)	kʰɛ⁵³	ziɪʔ²³	ɕiɪʔ⁵⁵	ɸɛ⁴⁴	ɸɛ⁵³	βɛ¹³	（无）	βɛ¹³
嘉定	kʰE⁵³	ziɪʔ²³	siɪʔ⁵⁵	fE⁴²³	fE⁵³	ʋE²¹³	mE²¹³ uE⁴²³ ~会	ʋE²¹³
宝山	kʰɛ⁵³	zɪʔ¹²	sɪʔ⁵⁵	fɛ³⁴	fɛ⁵³	ʋɛ²³	mɛ²³ uɛ³⁴ 文	ʋɛ²³
崇明	kʰæ⁵³	dʑiəʔ²	ɕiəʔ⁵	fæ⁴²⁴	fæ⁵³	ʋæ³¹³	ʔuæ³³	mæ³¹³

例字 中古音 地点	0609 劝 山合三 去愿溪	0610 原 山合三 平元疑	0611 冤 山合三 平元影	0612 园 山合三 平元云	0613 远 山合三 上阮云	0614 发头~ 山合三 入月非	0615 罚 山合三 入月奉	0616 袜 山合三 入月微
中心城区（南）	tɕʰyø³⁴	ȵyø²³	yø⁵²	ɦyø²³	ɦyø²³	fɐʔ⁵⁵	vɐʔ¹²	mɐʔ¹²
中心城区（北）	tɕʰyø³⁴	ȵyø²³	yø⁵²	ɦyø²³	ɦyø²³	fæʔ⁵⁵	væʔ¹²	mæʔ¹²
松江	tɕʰyø³⁵	ȵyø³¹	ø⁵³	ɦø³¹	ɦø¹³	fæʔ⁴	væʔ²	mæʔ²
闵行	tɕʰiø³⁵	ȵiø³¹	iø⁵³	ɦiø³¹	ɦiø¹³	fæʔ⁵	væʔ²³	mæʔ²³
青浦	tɕʰyø³⁵	ȵyø³¹	yø⁵¹	ɦyø³¹	ɦyø²²⁴	fæʔ⁵⁵	væʔ¹²	mæʔ¹²
金山	tɕʰyø³⁵	ȵyø³¹	yø⁵³	ɦyø³¹	ɦyø¹³	fæʔ⁵	væʔ¹²	mæʔ¹²
奉贤	tɕʰiø³⁵	ȵiø³¹	ø⁵³	ɦiø³¹	ɦiø²⁴	fæʔ⁵⁵	βæʔ²³	mæʔ²³
浦东（川沙）	tɕʰyø³⁵	ȵyø²¹³	yø⁵³	ɦyø²¹³	ɦyø²¹³	fæʔ⁵⁵	væʔ²³	mæʔ²³
浦东（惠南）	tɕʰyø³⁵	ȵyø¹¹³	yø⁵³	ɦyø¹¹³	ɦyø¹¹³	fæʔ⁵⁵	væʔ²³	mæʔ²³
嘉定	tɕʰiɤ⁴²³	ȵiɤ²³¹	iɤ⁵³	ɦiɤ²³¹	ɦiɤ²¹³	faʔ⁵⁵	vaʔ²³	maʔ²³
宝山	tɕʰiɤ³⁴	ȵiɤ²³	iɤ⁵³	ɦiɤ³¹	ɦiɤ²³	fɐʔ⁵⁵	ɦuʌʔ¹²	mɐʔ¹²
崇明	tɕʰyø³³	ȵyø²⁴	ʔyø⁵³	ɦyø²⁴	ɦyø²⁴²	fæʔ⁵	væʔ²	mæʔ²

例字 中古音 地点	0617 月 山合三 入月疑	0618 越 山合三 入月云	0619 县 山合四 去霰匣	0620 决 山合四 入屑溪	0621 缺 山合四 入屑溪	0622 血 山合四 入屑晓	0623 吞 臻开一 平痕透	0624 根 臻开一 平痕见
中心城区（南）	ɦioʔ^{12}	ɦioʔ^{12}	ɦyø^{23}	tɕioʔ^{55}	tɕʰioʔ^{55}	ɕioʔ^{55}	tʰəŋ^{34}	kəŋ^{52}
中心城区（北）	ɦioʔ^{12}	ɦioʔ^{12}	ɦyø^{23}	tɕioʔ^{55}	tɕʰioʔ^{55}	ɕioʔ^{55}	tʰəŋ^{52}	kəŋ^{52}
松江	ȵyøʔ^{2}	ɦyøʔ^{2}	ɦø^{13}	tɕyøʔ^{4}	tɕʰyøʔ^{4}	ɕyøʔ^{4}	tʰəŋ^{53}	kəŋ^{53}
闵行	ȵyəʔ^{23}	ɦyəʔ^{23}	ɦø^{13}	tɕyəʔ^{5}	tɕʰyəʔ^{5}	ɕyəʔ^{5}	tʰəŋ^{53}	kəŋ^{53}
青浦	ȵyəʔ^{12}	ɦyəʔ^{12}	ɦyø^{224}	tɕyəʔ^{55}	tɕʰyəʔ^{55}	ɕyəʔ^{55}	tʰəŋ^{51}	kəŋ^{51}
金山	ȵyøʔ^{12}	ɦyøʔ^{12}	ɦyø^{13}	tɕyøʔ^{5}	tɕʰyøʔ^{5}	ɕyøʔ^{5}	tʰəŋ^{53}	kəŋ^{53}
奉贤	ȵyøʔ^{23}	ɦyøʔ^{23}	ɦø^{24}	tɕyøʔ^{55}	tɕʰyøʔ^{55}	ɕyøʔ^{55}	tʰəŋ^{53}	kəŋ^{53}
浦东（川沙）	ȵyœʔ^{23}	ɦyœʔ^{23}	ɦyø^{13}	tɕyœʔ^{55}	tɕʰyœʔ^{55}	ɕyœʔ^{55}	tʰəŋ^{53}	kəŋ^{53}
浦东（惠南）	ȵyœʔ^{23}	ɦyœʔ^{23}	ɦyø^{13}	tɕyœʔ^{55}	tɕʰyœʔ^{55}	ɕyœʔ^{55}	tʰəŋ^{53}	kəŋ^{53}
嘉定	ŋəʔ^{23}	ɦioʔ^{23}	ɦiɤ^{213}	tɕioʔ^{55}	tɕʰioʔ^{55}	ɕioʔ^{55}	tʰəŋ^{53}	kəŋ^{53}
宝山	ŋəʔ^{12} ɦioʔ^{12} 文	ɦioʔ^{12}	ɦiɤ^{23}	tɕioʔ^{55}	tɕʰioʔ^{55}	ɕioʔ^{55}	tʰɛ̃n^{53}	kɛ̃n^{53}
崇明	ȵyoʔ^{2}	ɦyoʔ^{2}	ɦyø^{313}	tɕyoʔ^{5}	tɕʰyoʔ^{5}	ɕyoʔ^{5}	tʰəŋ^{53}	kəŋ^{53}

例字 中古音 地点	0625 恨 臻开一 去恨匣	0626 恩 臻开一 平痕影	0627 贫 臻开三 平真並	0628 民 臻开三 平真明	0629 邻 臻开三 平真来	0630 进 臻开三 去震精	0631 亲 臻开三 平真清	0632 新 臻开三 平真心
中心城区（南）	ɦəŋ²³	əŋ⁵²	biŋ²³	miŋ²³	liŋ²³	tɕiŋ³⁴	tɕʰiŋ⁵²	ɕiŋ⁵²
中心城区（北）	ɦəŋ²³	əŋ⁵²	biŋ²³	miŋ²³	liŋ²³	tɕiŋ³⁴	tɕʰiŋ⁵²	ɕiŋ⁵²
松江	ɦəŋ¹³	əŋ⁵³	biŋ³¹	miŋ³¹	liŋ³¹	tɕiŋ³⁵	tɕʰiŋ⁵³	ɕiŋ⁵³
闵行	ɦəŋ¹³	əŋ⁵³	biŋ³¹	miŋ³¹	liŋ³¹	tsiŋ³⁵	tsʰiŋ⁵³	siŋ⁵³
青浦	ɦəŋ²²⁴	əŋ⁵¹	biəŋ³¹	miəŋ³¹	liəŋ³¹	tsiəŋ³⁵	tsʰiəŋ⁵¹	siəŋ⁵¹
金山	ɦəŋ¹³	əŋ⁵³	biəŋ³¹	miəŋ³¹	liəŋ³¹	tɕiəŋ³⁵	tɕʰiəŋ⁵³	ɕiəŋ⁵³
奉贤	ɦəŋ²⁴	əŋ⁵³	biŋ³¹	miŋ³¹	liŋ³¹	tɕiŋ³⁵	tɕʰiŋ⁵³	ɕiŋ⁵³
浦东（川沙）	ɦən¹³	ən⁵³	bin²¹³	min²¹³	lin²¹³	tɕin³⁵	tɕʰin⁵³	ɕin⁵³
浦东（惠南）	ɦən¹³	ən⁵³	bin¹¹³	min¹¹³	lin¹¹³	tɕin³⁵	tɕʰin⁵³	ɕin⁵³
嘉定	ɦəŋ²¹³	əŋ⁵³	biŋ²³¹	miŋ²³¹	liŋ²³¹	tsiŋ⁴²³	tsʰiŋ⁵³	siŋ⁵³
宝山	ɦẽn²³	ẽn⁵³	bĩn³¹	mĩn³¹	lĩn³¹	tsĩn³⁴	tsʰĩn⁵³	sĩn⁵³
崇明	ɦɦən³¹³	ʔən⁵³	bin²⁴	min²⁴	lin²⁴	tɕin³³	tɕʰin⁵³	ɕin⁵³

例字　中古音　地点	0633 镇 臻开三去震知	0634 陈 臻开三平真澄	0635 震 臻开三去震章	0636 神 臻开三平真船	0637 身 臻开三平真书	0638 辰 臻开三平真禅	0639 人 臻开三平真日	0640 认 臻开三去震日
中心城区（南）	tsəŋ³⁴	zəŋ²³	tsəŋ³⁴	zəŋ²³	səŋ⁵²	zəŋ²³	ȵiŋ²³ / zəŋ²³ 文	ȵiŋ²³
中心城区（北）	tsəŋ³⁴	zəŋ²³	tsəŋ³⁴	zəŋ²³	səŋ⁵²	zəŋ²³	ȵiŋ²³ / zəŋ²³ 文	ȵiŋ²³
松江	tsəŋ³⁵	zəŋ³¹	tsəŋ³⁵	zəŋ³¹	səŋ⁵³	zəŋ³¹	ȵiŋ³¹ / zəŋ³¹ 文	ȵiŋ¹³
闵行	tsəŋ³⁵	zəŋ³¹	tsəŋ³⁵	zəŋ³¹	səŋ⁵³	zəŋ³¹	ȵiŋ³¹	ȵiŋ¹³
青浦	tsəŋ³⁵	zəŋ³¹	tsəŋ³⁵	zəŋ³¹	səŋ⁵¹	zəŋ³¹	ȵieŋ³¹ 白 / zəŋ²²⁴ 文	ȵieŋ²²⁴
金山	tsəŋ³⁵	zəŋ³¹	tsəŋ³⁵	zəŋ³¹	səŋ⁵³	zəŋ³¹	zəŋ³¹	ȵieŋ¹³
奉贤	tsəŋ³⁵	zəŋ³¹	tsəŋ³⁵	zəŋ³¹	səŋ⁵³	zəŋ²⁴	ȵiŋ³¹ / zəŋ³¹ 文	ȵiŋ²⁴
浦东（川沙）	tsən³⁵	zən²¹³	tsən³⁵	zən²¹³	sən⁵³	zən²¹³	ȵin¹³	ȵin¹³
浦东（惠南）	tsən³⁵	zən¹¹³	tsən³⁵	zən¹¹³	sən⁵³	zən¹¹³	ȵin¹¹³	ȵin¹³
嘉定	tsəŋ⁴²³	zəŋ²³¹	tsəŋ⁴²³	zəŋ²³¹	səŋ⁵³	zəŋ²³¹	ȵiŋ²³¹	ȵiŋ²¹³
宝山	tsẽn³⁴	zẽn³¹	tsẽn³⁴	zẽn³¹	sẽn⁵³	zẽn³¹	ȵĩn³¹ / zẽn³¹ 文	ȵĩn²³
崇明	tsən³³	dzən²⁴	tsən³³	zən²⁴	sən⁵³	zən²⁴	ȵin²⁴ 白 / zən²⁴ 文	ȵin³¹³ 白 / zən³¹³ 文

例字 中古音 地点	0641 紧 臻开三 上轸见	0642 银 臻开三 平真疑	0643 印 臻开三 去震影	0644 引 臻开三 上轸以	0645 笔 臻开三 入质帮	0646 匹 臻开三 入质滂	0647 密 臻开三 入质明	0648 栗 臻开三 入质来
中心城区（南）	tɕiŋ³⁴	n̠iŋ²³	iŋ³⁴	ɦiŋ²³	pɪʔ⁵⁵	pʰɪʔ⁵⁵	mɪʔ¹²	lɪʔ¹²
中心城区（北）	tɕiŋ³⁴	n̠iŋ²³	iŋ³⁴	ɦiŋ²³	pɪʔ⁵⁵	pʰɪʔ⁵⁵	mɪʔ¹²	lɪʔ¹²
松江	ciŋ⁴⁴	n̠iŋ³¹	iŋ³⁵	ɦiŋ¹³	piɪʔ⁴	pʰiɪʔ⁴	miɪʔ²	liɪʔ²
闵行	tɕiŋ⁵⁵	n̠iŋ³¹	iŋ³⁵	iŋ³⁵	ɕiɪʔ⁵	pʰiɪʔ⁵	miɪʔ²³	liɪʔ²³
青浦	tɕiəŋ⁴³	n̠iəŋ³¹	iəŋ³⁵	ɦiəŋ²²⁴	piɪʔ⁵⁵	pʰiɪʔ⁵⁵	miɪʔ¹²	liɪʔ¹²
金山	ciəŋ⁴⁴	ɲiəŋ³¹	iəŋ³⁵	ɦiəŋ¹³	ɕiəʔ⁵	pʰiəʔ⁵	miɪʔ¹²	liɪʔ¹²
奉贤	jiŋ⁴⁴	n̠iŋ³¹	iŋ³⁵	ɦiŋ²⁴	ɕiɪʔ⁵⁵	pʰiɪʔ⁵⁵	mɪʔ²³	lɪʔ²³
浦东（川沙）	tɕin⁴⁴	n̠in²¹³	in³⁵	ɦin²¹³	ɕiɪʔ⁵⁵	pʰiɪʔ⁵⁵	miɪʔ²³	liɪʔ²³
浦东（惠南）	tɕin⁴⁴	n̠in¹¹³	in³⁵	ɦin¹¹³	ɕiɪʔ⁵⁵	pʰiɪʔ⁵⁵	miɪʔ²³	liɪʔ²³
嘉定	tɕiŋ⁴²³	n̠iŋ²³¹	iŋ⁴²³	ɦiŋ²¹³	piɪʔ⁵⁵	pʰiɪʔ⁵⁵	miɪʔ²³	liɪʔ²³
宝山	tɕĩn³⁴	n̠ĩŋ³¹	ĩn³⁴	ɦĩn²³	pɪʔ⁵⁵	pʰɪʔ⁵⁵	mɪʔ¹²	ləʔ¹²
崇明	tɕin⁴²⁴	n̠in²⁴	ʔin³³	ʔin³³	piəʔ⁵	pʰiəʔ⁵	miəʔ²	ləʔ²

例字 中古音 地点	0649 七 臻开三入质清	0650 侄 臻开三入质澄	0651 虱 臻开三入质生	0652 实 臻开三入质船	0653 失 臻开三入质书	0654 日 臻开三入质日	0655 吉 臻开三入质见	0656 一 臻开三入质影
中心城区（南）	tɕʰiɪʔ⁵⁵	zəʔ¹²	səʔ⁵⁵	zəʔ¹²	səʔ⁵⁵	ȵiɪʔ¹² zəʔ¹²文	tɕiɪʔ⁵⁵	iɪʔ⁵⁵
中心城区（北）	tɕʰiɪʔ⁵⁵	zɐʔ¹²	sɐʔ⁵⁵	zɐʔ¹²	sɐʔ⁵⁵	ȵiɪʔ¹² zɐʔ¹²文	tɕiɪʔ⁵⁵	iɪʔ⁵⁵
松江	tɕʰiɪʔ⁴	zəʔ²	səʔ⁴	zəʔ²	səʔ⁴	ȵiɪʔ² zəʔ²文	tɕiɪʔ⁴	iɪʔ⁴
闵行	tsʰiɪʔ⁵	zəʔ²³	səʔ⁵	zəʔ²³	səʔ⁵	ȵiɪʔ²³	tɕiɪʔ⁵	iɪʔ⁵
青浦	tsʰiɪʔ⁵⁵	zəʔ¹²	səʔ⁵⁵	zəʔ¹²	səʔ⁵⁵	ȵiɪʔ¹²白	tɕiɪʔ⁵⁵	iɪʔ⁵⁵
金山	tɕʰiɪʔ⁵	zəʔ¹²	səʔ⁵	zəʔ¹²	səʔ⁵	zəʔ¹²	tɕiɪʔ⁵	iɪʔ⁵
奉贤	tɕʰiɪʔ⁵⁵	zəʔ²³	səʔ⁵⁵	zəʔ²³	səʔ⁵⁵	ȵiɪʔ²³ zəʔ²³文	tɕiɪʔ⁵⁵	iɪʔ⁵⁵
浦东（川沙）	tɕʰiɪʔ⁵⁵	zəʔ²³	səʔ⁵⁵	zəʔ²³	səʔ⁵⁵	ȵiɪʔ²³	tɕiɪʔ⁵⁵	iɪʔ⁵⁵
浦东（惠南）	tɕʰiɪʔ⁵⁵	zəʔ²³	səʔ⁵⁵	zəʔ²³	səʔ⁵⁵	ȵiɪʔ²³	tɕiɪʔ⁵⁵	iɪʔ⁵⁵
嘉定	tsʰiɪʔ⁵⁵	zəʔ²³	səʔ⁵⁵	zəʔ²³	səʔ⁵⁵	ȵiɪʔ²³	tɕiɪʔ⁵⁵	iɪʔ⁵⁵
宝山	tsʰiɪʔ⁵⁵	zəʔ¹²	səʔ⁵⁵	zəʔ¹²	səʔ⁵⁵	ȵiɪʔ¹² zəʔ¹²文	tɕiɪʔ⁵⁵	iɪʔ⁵⁵
崇明	tɕʰiəʔ⁵	dzəʔ²	səʔ⁵	zəʔ²	səʔ⁵	ȵiəʔ²白 zəʔ²文	tɕiəʔ⁵	ʔiəʔ⁵

例字 中古音 地点	0657 筋 臻开三 平殷见	0658 劲有~ 臻开三 去焮见	0659 勤 臻开三 平殷群	0660 近 臻开三 上隐群	0661 隐 臻开三 上隐影	0662 本 臻合一 上混帮	0663 盆 臻合一 平魂並	0664 门 臻合一 平魂明
中心城区（南）	tɕin⁵²	tɕin³⁴	dzin²³	dʑin²³	in³⁴	pən³⁴	bən²³	mən²³
中心城区（北）	tɕin⁵²	tɕin³⁴	dzin²³	dʑin²³	in³⁴	pən³⁴	bən²³	mən²³
松江	ciŋ⁵³	ciŋ³⁵	ɟiŋ³¹	ɟiŋ¹³	iŋ³⁵	pəŋ⁴⁴	bəŋ³¹	məŋ³¹
闵行	tɕiŋ⁵³	tɕiŋ³⁵	dziŋ³¹	dʑiŋ¹³	iŋ⁵⁵	ɓəŋ⁵⁵	bəŋ³¹	məŋ³¹
青浦	tɕiəŋ⁵¹	tɕiəŋ³⁵	dziəŋ³¹	dʑiəŋ²²⁴	iəŋ⁴³	pəŋ⁴³	bəŋ³¹	məŋ³¹
金山	ciəŋ⁵³	ciəŋ³⁵	ɟiəŋ³¹	ɟiəŋ¹³	iəŋ³⁵	ɓəŋ⁴⁴	bəŋ³¹	məŋ³¹
奉贤	tɕiŋ⁵³	tɕiŋ³⁵	dziŋ³¹	dʑiŋ²⁴	iŋ⁴⁴	ɓəŋ⁴⁴	bəŋ³¹	məŋ³¹
浦东（川沙）	tɕin⁵³	dzin²¹³	dzin²¹³	dʑin²¹³	in³⁵	ɓən⁴⁴	bən²¹³	mən²¹³
浦东（惠南）	tɕin⁵³	tɕin³⁵	dzin¹¹³	dʑin¹¹³	in⁴⁴	ɓən⁴⁴	bən¹¹³	mən¹¹³
嘉定	tɕiŋ⁵³	tɕiŋ⁴²³	dziŋ²³¹	dʑiŋ²¹³	iŋ⁴²³	pəŋ⁴²³	bəŋ²³¹	məŋ²³¹
宝山	tɕĩ⁵³	tɕĩ³⁴	dzĩ³¹	dʑĩ²³	ĩ³⁴	pẽn³⁴	bẽn³¹	mẽn³¹
崇明	tɕin⁵³	tɕin³³	dzin²⁴	dʑin²⁴²	ʔin³³	pən⁴²⁴	bən²⁴	mən²⁴

例字 中古音 地点	0665 墩 臻合一平魂端	0666 嫩 臻合一去恩泥	0667 村 臻合一平魂清	0668 寸 臻合一去恩清	0669 蹲 臻合一平魂从	0670 孙~子 臻合一平魂心	0671 滚 臻合一上混见	0672 困 臻合一去恩溪
中心城区（南）	təŋ⁵²	nəŋ²³	tsʰəŋ⁵²	tsʰəŋ⁵²	təŋ⁵²	səŋ⁵²	kuəŋ³⁴	kʰuəŋ³⁴
中心城区（北）	təŋ⁵²	nəŋ²³	tsʰəŋ⁵²	tsʰəŋ³⁴	təŋ⁵²	səŋ⁵²	kuəŋ³⁴	kʰuəŋ³⁴
松江	təŋ⁵³	nəŋ¹³	tsʰəŋ⁵³	tsʰəŋ³⁵	təŋ⁵³	səŋ⁵³	kuəŋ⁴⁴	kʰuəŋ³⁵
闵行	ɖəŋ⁵³	nəŋ¹³	tsʰəŋ⁵³	tsʰəŋ³⁵	təŋ⁵³	səŋ⁵³	kuəŋ⁵⁵	kʰuəŋ³⁵
青浦	təŋ⁵¹	nəŋ²²⁴	tsʰəŋ⁵¹	tsʰəŋ³⁵	təŋ⁵¹	səŋ⁵¹	kuəŋ⁴³	kʰuəŋ³⁵
金山	ɖəŋ⁵³	nəŋ¹³	tsʰəŋ⁵³	tsʰəŋ³⁵	ɖəŋ⁵³	səŋ⁵³	kuəŋ⁴⁴	kʰuəŋ⁵³
奉贤	ɖəŋ⁵³	nəŋ¹³	tsʰəŋ⁵³	tsʰəŋ³⁵	təŋ⁵³	səŋ⁵³	kuəŋ⁴⁴	kʰuəŋ⁴⁴
浦东（川沙）	ɖən⁵³	nən¹³	tsʰən⁵³	tsʰən³⁵	ɖən⁵³	sən⁴⁴	kuən⁴⁴	kʰuən³⁵
浦东（惠南）	ɖən⁵³	nən¹³	tsʰən⁵³	tsʰən³⁵	ɖən⁵³	sən⁵³	kuən⁴⁴	kʰuən³⁵
嘉定	təŋ⁵³	nəŋ²¹³	tsʰəŋ⁵³	tsʰəŋ⁴²³	təŋ⁵³	səŋ⁵³	kuəŋ⁴²³	kʰuəŋ⁴²³
宝山	tẽn⁵³	nẽn²³	tsʰẽn⁵³	tsʰẽn³⁴	tẽn⁵³	sẽn⁵³	kuẽn³⁴	kʰuẽn³⁴
崇明	tən⁵³	nən³¹³	tsʰən⁵³	tsʰən³³	tən⁵³	sən⁵³	kuən⁴²⁴	kʰuən³³

例字 中古音 地点	0673 婚 臻合一 平魂晓	0674 魂 臻合一 平魂匣	0675 温 臻合一 平魂影	0676 卒棋子 臻合一 入没精	0677 骨 臻合一 入没见	0678 轮 臻合三 平谆来	0679 俊 臻合三 去稕精	0680 笋 臻合三 上准心
中心城区（南）	huəŋ⁵²	ɦuəŋ²³	uəŋ⁵²	tsoʔ⁵⁵ tsəʔ⁵⁵ 又	kuoʔ⁵⁵	ləŋ²³	tɕiŋ⁵²	səŋ³⁴
中心城区（北）	huəŋ⁵²	ɦuəŋ²³	uəŋ⁵²	tsɐʔ⁵⁵	kuɐʔ⁵⁵	ləŋ²³	tɕiŋ⁵²	səŋ³⁴
松江	fəŋ⁵³	vəŋ³¹	uəŋ⁵³	tsəʔ⁴	kuəʔ⁴	ləŋ³¹	tɕiŋ³⁵	səŋ⁴⁴
闵行	fəŋ⁵³	ʋəŋ³¹	uəŋ⁵³	tsəʔ⁵	kuəʔ⁵	ləŋ³¹	tɕiŋ³⁵	səŋ⁵⁵
青浦	fəŋ⁵¹	ɦuəŋ³¹	uəŋ⁵¹	tsəʔ⁵⁵	kuəʔ⁵⁵	ləŋ³¹	tsiəŋ³⁵	səŋ⁴³
金山	fəŋ⁵³	ɦuəŋ³¹	uəŋ⁵³	tsəʔ⁵	kuəʔ⁵	ləŋ³¹	tɕiəŋ³⁵	səŋ⁴⁴
奉贤	fəŋ⁵³	ɦuəŋ³¹	ʋəŋ⁵³	tsœʔ⁵⁵	kuəʔ⁵⁵	ləŋ³¹	tɕiŋ³⁵	səŋ⁴⁴
浦东（川沙）	fən⁵³	βən²¹³	uən⁵³	tsoʔ⁵⁵	kuəʔ⁵⁵	lən²¹³	tɕiŋ³⁵	sən⁴⁴
浦东（惠南）	fən⁵³	ɦuən¹¹³	uən⁵³	tsuəʔ⁵⁵	kuəʔ⁵⁵	lən¹¹³	tɕiŋ³⁵	sən⁴⁴
嘉定	huəŋ⁵³	ɦuəŋ²³¹	uəŋ⁵³	tsəʔ⁵⁵	kuəʔ⁵⁵	ləŋ²³¹	tsiŋ⁴²³	səŋ⁴²³
宝山	fẽn⁵³	ɦuẽn³¹	uẽn⁵³	tsəʔ⁵⁵	kuəʔ⁵⁵	lẽn³¹	tsĩn³⁴	sẽn³⁴
崇明	huən⁵³	ɦuən²⁴	ʔuən⁵³	tsəʔ⁵	kuəʔ⁵	lən²⁴	tɕin³³	sən⁴²⁴

例字 中古音 地点	0681 准批~ 臻合三 上准章	0682 春 臻合三 平谆昌	0683 唇 臻合三 平谆船	0684 顺 臻合三 去稕船	0685 纯 臻合三 平谆禅	0686 闰 臻合三 去稕日	0687 均 臻合三 平谆见	0688 匀 臻合三 平谆以
中心城区（南）	tsəŋ³⁴	tsʰəŋ⁵²	zəŋ²³	zəŋ²³	zəŋ²³	ȵiŋ²³	tɕioŋ⁵²	ɦioŋ²³
中心城区（北）	tsəŋ³⁴	tsʰəŋ⁵²	zəŋ²³	zəŋ²³	zəŋ²³	ȵiŋ²³	tɕioŋ⁵² tɕyŋ⁵²又	ɦioŋ²³ ɦyŋ²³又
松江	tsəŋ⁴⁴	tsʰəŋ⁵³	zəŋ³¹	zəŋ¹³	zəŋ³¹	ȵiŋ¹³	tɕyŋ⁵³	ɦioŋ³¹
闵行	tsəŋ⁵⁵	tsʰəŋ⁵³	zəŋ³¹	zəŋ¹³	zəŋ³¹	ȵiŋ¹³~月	tɕyŋ⁵³	ɦyŋ³¹
青浦	tsəŋ⁴³	tsʰəŋ⁵¹	zəŋ³¹	zəŋ²²⁴	zəŋ²²⁴	ȵiəŋ²²⁴	tɕyəŋ⁵¹	ɦyəŋ³¹
金山	tsəŋ⁴⁴	tsʰəŋ⁵³	zəŋ³¹	zəŋ¹³	zəŋ¹³	ȵiəŋ¹³	tɕioŋ⁵³	jioŋ¹³
奉贤	tsəŋ⁴⁴	tsʰəŋ⁵³	zəŋ³¹	zəŋ²⁴	zəŋ²⁴	ȵiŋ²⁴	tɕyŋ⁵³	ɦyŋ²⁴
浦东（川沙）	tsən⁴⁴	tsʰən⁵³	zən²¹³	zən¹³	zən²¹³	ȵin²¹³	tɕyn⁵³	ɦyn²¹³
浦东（惠南）	tsən³⁵	tsʰən⁵³	zən¹¹³	zən¹³	zən¹¹³	ȵin¹³	tɕioŋ⁵³	ioŋ⁵³
嘉定	tsəŋ⁴²³	tsʰəŋ⁵³	zəŋ²³¹	zəŋ²¹³	zəŋ²¹³	ȵiŋ²¹³	tɕiŋ⁵³	ɦiŋ²³¹
宝山	tsẽn³⁴	tsʰẽn⁵³	zẽn³¹	zẽn³¹	zẽn³¹	ȵĩn³¹	tɕĩn⁵³	ɦĩn³¹
崇明	tsən³³	tsʰən⁵³	zən²⁴	zən³¹³	zən²⁴	ȵin³¹³	tɕyn⁵³	ɦyn²⁴

例字 中古音 地点	0689 律 臻合三 入术来	0690 出 臻合三 入术昌	0691 橘 臻合三 入术见	0692 分动 臻合三 平文非	0693 粉 臻合三 上吻非	0694 粪 臻合三 去问非	0695 坟 臻合三 平文奉	0696 蚊 臻合三 平文微
中心城区（南）	lɪʔ¹²	tsʰɐʔ⁵⁵	tɕioʔ⁵⁵	fəŋ⁵²	fəŋ³⁴	fəŋ³⁴	vəŋ²³	məŋ²³
中心城区（北）	lɪʔ¹²	tsʰɐʔ⁵⁵	tɕioʔ⁵⁵	fəŋ⁵²	fəŋ³⁴	fəŋ³⁴	vəŋ²³	məŋ²³
松江	liɪʔ²	tsʰəʔ⁴	tɕyøʔ⁴	fəŋ⁵³	fəŋ⁴⁴	fəŋ³⁵	vəŋ³¹	məŋ³¹
闵行	liɪʔ²³	tsʰəʔ⁵	tɕyəʔ⁵	fəŋ⁵³	fəŋ⁵⁵	fəŋ³⁵	ʋəŋ³¹	məŋ³¹
青浦	liɪʔ¹²	tsʰəʔ⁵⁵	tɕyəʔ⁵⁵	fəŋ⁵¹	fəŋ⁴³	fəŋ³⁵	vəŋ³¹	məŋ³¹
金山	liɪʔ¹²	tsʰəʔ⁵	tɕyøʔ⁵	fəŋ⁵³	fəŋ⁴⁴	fəŋ³⁵	ɦuəŋ³¹	məŋ³¹ vəŋ³¹
奉贤	lɪʔ²³	tsʰəʔ⁵⁵	tɕyøʔ⁵⁵	fəŋ⁵³	fəŋ⁴⁴	fəŋ³⁵	βəŋ³¹	məŋ³¹
浦东（川沙）	liɪʔ²³	tsʰəʔ⁵⁵	tɕyœʔ⁵⁵	fəŋ⁵³	fəŋ⁴⁴	fəŋ³⁵	βən²¹³	mən¹³
浦东（惠南）	liɪʔ²³	tsʰəʔ⁵⁵	tɕyœʔ⁵⁵	fəŋ⁵³	fəŋ⁴⁴	fəŋ³⁵	βən¹¹³	mən¹¹³
嘉定	liɪʔ²³	tsʰəʔ⁵⁵	tɕioʔ⁵⁵	fəŋ⁵³	fəŋ⁴²³	fəŋ⁴²³	vəŋ²³¹	məŋ²³¹
宝山	lɪʔ¹²	tsʰəʔ⁵⁵	tɕioʔ⁵⁵	fẽn⁵³	fẽn³⁴	fẽn³⁴	vẽn³¹	mẽn³¹
崇明	liəʔ²	tsʰəʔ⁵	tɕyoʔ⁵	fən⁵³	fən⁴²⁴	fən³³	vən²⁴	mən²⁴

例字 中古音 地点	0697 问 臻合三 去问微	0698 军 臻合三 平文见	0699 裙 臻合三 平文群	0700 熏 臻合三 平文晓	0701 云~彩 臻合三 平文云	0702 运 臻合三 去问云	0703 佛~像 臻合三 入物奉	0704 物 臻合三 入物微
中心城区（南）	məŋ²³ vəŋ²³ 文	tɕioŋ⁵²	dzioŋ²³	ɕioŋ⁵²	ɦioŋ²³	ɦioŋ²³	vAʔ¹²	məʔ¹² vAʔ¹² 文
中心城区（北）	məŋ²³ vəŋ²³ 文	tɕioŋ⁵²	dzioŋ²³	ɕioŋ⁵² ɕyŋ⁵² 又	ɦioŋ²³	ɦioŋ²³	vəʔ¹²	məʔ¹² vəʔ¹² 文
松江	məŋ¹³ vəŋ¹³ ~题	tɕyŋ⁵³	dʑyŋ³¹	ɕyŋ⁵³	ɦioŋ³¹	ɦioŋ¹³	vəʔ²	məʔ² vəʔ² 事~
闵行	məŋ¹³	tɕyŋ⁵³	dʑyŋ³¹	ɕyŋ⁵³	ɦioŋ³¹	ɦioŋ¹³	ʋəʔ²³	məʔ²³ ~事
青浦	məŋ²²⁴	tɕyəŋ⁵¹	dʑyəŋ³¹	ɕioŋ⁵¹	ɦioŋ³¹	ɦyəŋ²²⁴	vəʔ¹²	vəʔ¹²
金山	məŋ¹³ vəŋ¹³ 文	tɕioŋ⁵³	dzioŋ³¹	ɕioŋ⁵³	ɦioŋ³¹	ɦioŋ¹³	vəʔ¹²	vəʔ¹²
奉贤	məŋ²⁴ βəŋ¹³ 文	tɕyŋ⁵³	dʑyŋ³¹	ɕyŋ⁵³	ɦiyŋ³¹	ɦiyŋ²⁴	βəʔ²³	məʔ²³ βəʔ²³ 文
浦东（川沙）	mən¹³	tɕyn⁵³	dʑyn²¹³	ɕion⁵³	ɦioŋ²¹³	ɦioŋ²¹³	βəʔ²³	βəʔ²³
浦东（惠南）	mən¹³	tɕion⁵³	dʑion¹¹³	ɕion⁵³	ɦioŋ¹¹³	ɦioŋ¹³	βəʔ²³	məʔ²³
嘉定	məŋ²¹³	tɕiŋ⁵³	dʑiŋ²³¹	ɕiŋ⁵³	ɦiŋ²³¹	ɦiŋ²¹³	vəʔ²³	məʔ²³ vəʔ²³ 动~
宝山	mẽn²³ vẽn²³ 文	tɕĩn⁵³	dʑĩn³¹	ɕĩn⁵³	ɦĩn³¹	ɦĩn²³	vəʔ¹²	məʔ¹² vəʔ¹² 文
崇明	mən³¹³	tɕyn⁵³	dʑyn²⁴	ɕyn⁵³	ɦiyn²⁴	ɦiyn³¹³	vəʔ²	vəʔ²

例字 中古音 地点	0705 帮 宕开一平唐帮	0706 忙 宕开一平唐明	0707 党 宕开一上荡端	0708 汤 宕开一平唐透	0709 糖 宕开一平唐定	0710 浪 宕开一去宕来	0711 仓 宕开一平唐清	0712 钢 宕开一平唐见
中心城区（南）	pã⁵²	mã²³	tã³⁴	tʰã⁵²	dã²³	lã²³	tsʰã⁵²	kã⁵²
中心城区（北）	pã⁵²	mã²³	tã³⁴	tʰã⁵²	dã²³	lã²³	tsʰã⁵²	kã⁵²
松江	pɒ̃⁵³	mɒ̃³¹	tɒ̃⁴⁴	tʰɒ̃⁵³	dɒ̃³¹	lɒ̃¹³	tsʰɒ̃⁵³	kɒ̃⁵³
闵行	ɓã⁵³	mã³¹	dã⁵⁵	tʰã⁵³	dã³¹	lã¹³	tsʰã⁵³	kã⁵³
青浦	pã⁵¹	mã³¹	tã⁴³	tʰã⁵¹	dã³¹	lã²²⁴	tsʰã⁵¹	kã⁵¹
金山	ɓã⁵³	mã³¹	tã⁴⁴	tʰã⁵³	dã³¹	lã¹³	tsʰã⁵³	kã⁵³
奉贤	ɓã⁵³	mã³¹	tã⁴⁴	tʰã⁵³	dã³¹	lã²⁴	tsʰã⁵³	kã⁵³
浦东（川沙）	ɓã⁵³	mã²¹³	dã⁴⁴	tʰã⁵³	dã²¹³	lã²¹³	tsʰã⁵³	kã⁵³
浦东（惠南）	ɓã⁵³	mã¹¹³	dã⁴⁴	tʰã⁵³	dã¹¹³	lã¹³	tsʰã⁵³	kã⁵³
嘉定	pã⁵³	mã²³¹	tã⁴²³	tʰã⁵³	dã²³¹	lã²³¹	tsʰã⁵³	kã⁵³
宝山	pɒ̃⁵³	mɒ̃³¹	tɒ̃³⁴	tʰɒ̃⁵³	dɒ̃³¹	lɒ̃²³	tsʰɒ̃⁵³	kɒ̃⁵³
崇明	pã⁵³	mã²⁴	tã⁴²⁴	tʰã⁵³	dã²⁴	lã³¹³	tsʰã⁵³	kã⁵³

例字 中古音 地点	0713 糠 宕开一平唐溪	0714 薄形 宕开一入铎并	0715 摸 宕开一入铎明	0716 托 宕开一入铎透	0717 落 宕开一入铎来	0718 作 宕开一入铎精	0719 索 宕开一入铎心	0720 各 宕开一入铎见
中心城区（南）	$k^h\tilde{a}^{52}$	$bo\textipa{P}^{12}$	$mo\textipa{P}^{12}$	$t^ho\textipa{P}^{55}$	$lo\textipa{P}^{12}$	$tso\textipa{P}^{55}$	$so\textipa{P}^{55}$	$ko\textipa{P}^{55}$
中心城区（北）	$k^h\tilde{a}^{52}$	$bo\textipa{P}^{12}$	$mo\textipa{P}^{12}$	$t^ho\textipa{P}^{55}$	$lo\textipa{P}^{12}$	$tso\textipa{P}^{55}$	$so\textipa{P}^{55}$	$ko\textipa{P}^{55}$
松江	$k^h\tilde{ɒ}^{53}$	$bɒ\textipa{P}^{2}$	$mɒ\textipa{P}^{2}$	$t^hɒ\textipa{P}^{4}$	$lɒ\textipa{P}^{2}$	$tsɒ\textipa{P}^{4}$	$sɒ\textipa{P}^{4}$	$kɒ\textipa{P}^{4}$
闵行	$k^h\tilde{a}^{53}$	$bɔ\textipa{P}^{23}$	$mɔ\textipa{P}^{23}$	$t^hɔ\textipa{P}^{5}$	$lɔ\textipa{P}^{23}$	$tsɔ\textipa{P}^{5}$	$sɔ\textipa{P}^{5}$	$kɔ\textipa{P}^{5}$
青浦	$k^h\tilde{a}^{51}$	$bo\textipa{P}^{12}$	$mo\textipa{P}^{12}$	$t^hɔ\textipa{P}^{55}$	$lo\textipa{P}^{12}$	$tsɔ\textipa{P}^{55}$	$sɔ\textipa{P}^{55}$	$kɔ\textipa{P}^{55}$
金山	$k^h\tilde{a}^{53}$	$bɔ\textipa{P}^{12}$	$mɔ\textipa{P}^{12}$	$t^hɔ\textipa{P}^{5}$	$lɔ\textipa{P}^{12}$	$tsɔ\textipa{P}^{5}$	$sɔ\textipa{P}^{5}$	$kɔ\textipa{P}^{5}$
奉贤	$k^h\tilde{a}^{53}$	$bɔ\textipa{P}^{23}$	$mɔ\textipa{P}^{23}$	$t^hɔ\textipa{P}^{55}$	$lɔ\textipa{P}^{23}$	$tsɔ\textipa{P}^{55}$	$sɔ\textipa{P}^{55}$	$kɔ\textipa{P}^{55}$
浦东（川沙）	$k^h\tilde{a}^{53}$	$bo\textipa{P}^{23}$	$mo\textipa{P}^{23}$	$t^hɔ\textipa{P}^{55}$	$lɔ\textipa{P}^{23}$	$tsɔ\textipa{P}^{55}$	$sɔ\textipa{P}^{55}$	$kɔ\textipa{P}^{55}$
浦东（惠南）	$k^h\tilde{a}^{53}$	$bɒ\textipa{P}^{23}$	$mɒ\textipa{P}^{23}$	$t^hɒ\textipa{P}^{55}$	$lɒ\textipa{P}^{23}$	$tsɒ\textipa{P}^{55}$	$sɒ\textipa{P}^{55}$	$kɒ\textipa{P}^{55}$
嘉定	$k^h\tilde{a}^{53}$	$bo\textipa{P}^{23}$	$mo\textipa{P}^{23}$	$t^hɔ\textipa{P}^{55}$	$lɔ\textipa{P}^{23}$	$tsɔ\textipa{P}^{55}$	$sɔ\textipa{P}^{55}$	$kɔ\textipa{P}^{55}$
宝山	$k^h\tilde{ɒ}^{53}$	$bo\textipa{P}^{12}$	$mo\textipa{P}^{12}$	$t^hɔ\textipa{P}^{55}$	$lɔ\textipa{P}^{12}$	$tsɔ\textipa{P}^{55}$	$sɔ\textipa{P}^{55}$	$kɔ\textipa{P}^{55}$
崇明	$k^h\tilde{a}^{53}$	$bo\textipa{P}^{2}$	$mo\textipa{P}^{2}$	$t^ho\textipa{P}^{5}$	$lo\textipa{P}^{2}$	$tso\textipa{P}^{5}$	$so\textipa{P}^{5}$	$ko\textipa{P}^{5}$

例字＼中古音＼地点	0721 鹤 宕开一入铎匣	0722 恶 形,入声 宕开一入铎影	0723 娘 宕开三平阳娘	0724 两 斤~ 宕开三上养来	0725 亮 宕开三去漾来	0726 浆 宕开三平阳精	0727 抢 宕开三上养清	0728 匠 宕开三去漾从
中心城区（南）	ŋoʔ¹²	oʔ⁵⁵	n̠iã¹²	liã¹²	liã¹²	tɕiã⁵²	tɕʰiã³⁴	ziã²³
中心城区（北）	ŋoʔ¹²	oʔ⁵⁵	n̠iã²³	liã²³	liã²³	tɕiã⁵²	tɕʰiã³⁴	ziã²³
松江	ŋoʔ²	ɒʔ⁴	n̠iæ̃³¹	liæ̃¹³	liæ̃¹³	tɕiæ̃⁵³	tɕʰiæ̃⁴⁴	ziæ̃¹³
闵行	ŋɔʔ²³	ɔʔ⁵	n̠iã³¹	liã¹³	liã¹³	tsiã⁵⁵	tsʰiã⁵⁵	ziã¹³
青浦	ŋɔʔ¹²	ɔʔ⁵⁵	n̠iæ̃³¹	liæ̃²²⁴	liæ̃²²⁴	tsiæ̃⁵¹	tsʰiæ̃⁴³	ziæ̃²²⁴
金山	ŋɔʔ¹²	ɔʔ⁵	n̠iɛ̃³¹	liɛ̃⁴⁴	liɛ̃¹³	ciɛ̃⁵³	cʰiɛ̃⁴⁴	ziɛ̃¹³
奉贤	ŋɔʔ²³	ɔʔ⁵⁵	n̠iã³¹	liã²⁴	liã²⁴	tɕiã⁵³	tɕʰiã⁴⁴	ziã²⁴
浦东（川沙）	ŋɔʔ²³	ɔʔ⁵⁵	n̠iã²¹³	liã²¹³	liã¹³	tɕiã⁴⁴	tɕʰiã⁴⁴	ziã¹³
浦东（惠南）	ŋɒʔ²³	ɒʔ⁵⁵	n̠iã¹¹³	liã¹¹³	liã¹³	tɕiã⁵³	tɕʰiã⁴⁴	ɦiã¹³
嘉定	ŋɔʔ²³	ɔʔ⁵⁵	n̠iã²³¹	liã²¹³	liã²¹³	tsiã⁵³	tsʰiã⁴²³	ziã²¹³
宝山	ŋɔʔ¹²	ɔʔ⁵⁵	n̠iã³¹	liã²³	liã²³	tsiã³⁴	tsʰiã³⁴	ziã²³
崇明	ɦɦoʔ²	ʔoʔ⁵	n̠iã²⁴	liã²⁴²	liã³¹³	tɕiã⁵³	tɕʰiã⁴²⁴	ɦiã³¹³

例字\中古音\地点	0729 想 宕开三 上养心	0730 像 宕开三 上养邪	0731 张量 宕开三 平阳知	0732 长~短 宕开三 平阳澄	0733 装 宕开三 平阳庄	0734 壮 宕开三 去漾庄	0735 疮 宕开三 平阳初	0736 床 宕开三 平阳崇
中心城区（南）	ɕiã³⁴	ziã²³	tsã⁵²	zã²³	tsã⁵²	tsã³⁴	tsʰã⁵²	zã²³
中心城区（北）	ɕiã³⁴	ziã²³	tsã⁵²	zã²³	tsã⁵²	tsã³⁴	tsʰã⁵²	zã²³
松江	ɕiæ̃⁴⁴	ziæ̃¹³	tsæ̃⁵³	zæ̃³¹	tsɒ̃⁵³	tsɒ̃³⁵	tsʰɒ̃⁵³	zɒ̃³¹
闵行	siã⁵⁵	ziã¹³	tsã⁵³	zã³¹	tsã⁵³	tsã³⁵	tsʰã⁵³	zã³¹
青浦	siæ̃⁴³	ziæ̃²²⁴	tsæ̃⁵¹	zæ̃³¹	tsã⁵¹	tsã³⁵	tsʰã⁵¹	zã³¹
金山	ɕiẽ⁴⁴	ziẽ¹³	tsẽ⁵³	zẽ³¹	tsã⁵³	tsã³⁵	tsʰã⁵³	zã³¹
奉贤	ɕiã⁴⁴	ziã²⁴	tsiã⁵³	zã³¹	tsã⁵³	tsã³⁵	tsʰã⁵³	zã³¹
浦东（川沙）	ɕiã⁴⁴	ziã²¹³	tsã⁵³	zã²¹³	tsã⁵³	tsã³⁵	tsʰã⁵³	zã²¹³
浦东（惠南）	ɕiã⁴⁴	ziã¹¹³	tsã⁵³	zã¹¹³	tsã⁵³	tsã³⁵	tsʰã⁵³	zã¹¹³
嘉定	siã⁴²³	ziã²¹³	tsã⁵³	zã²³¹	tsã⁵³	tsã⁴²³	tsʰã⁵³	zã²³¹
宝山	siã³⁴	ziã²³	tsã⁵³	zã³¹	tsɒ̃⁵³	tsɒ̃³⁴	tsʰɒ̃⁵³	zɒ̃³¹
崇明	ɕiã⁴²⁴	ziã²⁴²	tsã⁵³	dzã²⁴	tsã⁵³	tsã³³	tsʰã⁵³	zã²⁴

例字 中古音 地点	0737 霜 宕开三 平阳生	0738 章 宕开三 平阳章	0739 厂 宕开三 上养昌	0740 唱 宕开三 去漾昌	0741 伤 宕开三 平阳书	0742 尝 宕开三 平阳禅	0743 上~去 宕开三 上养禅	0744 让 宕开三 去漾日
中心城区（南）	sã⁵²	tsã⁵²	tsʰã³⁴	tsʰã³⁴	sã⁵²	zã²³	zã²³	ȵiã²³
中心城区（北）	sã⁵²	tsã⁵²	tsʰã³⁴	tsʰã³⁴	sã⁵²	zã²³	zã²³	ȵiã²³
松江	sɒ̃⁵³	tsæ̃⁵³	tsʰæ̃⁴⁴	tsʰɒ̃³⁵	sɒ̃⁵³	zɒ̃¹³	zɒ̃¹³	ȵiæ̃¹³
闵行	sã⁵³	tsã⁵³	tsʰã⁵⁵	tsʰã³⁵	sã⁵³	zã³¹	zã¹³	ȵiã¹³
青浦	sã⁵¹	tsã⁵¹	tsʰã⁴³	tsʰã³⁵	sã⁵¹	zã³¹	zã²²⁴	ȵiæ̃²²⁴
金山	sã⁵³	tsɛ̃⁵³	tsʰɛ̃⁴⁴	tsʰã³⁵	sã⁵³	zã³¹	zã¹³	ȵiɛ̃¹³ zɛ̃¹³ 文
奉贤	sã⁵³	tsã⁵³	tsʰã⁴⁴	tsʰã³⁵	sã⁵³	zã²⁴	zã²⁴	ȵiã²⁴
浦东（川沙）	sã⁵³	tsã⁵³	tsʰã⁴⁴	tsʰã³⁵	sã⁵³	zã²¹³	zã¹³	ȵiã¹³
浦东（惠南）	sã⁵³	tsã⁵³	tsʰã⁴⁴	tsʰã³⁵	sã⁵³	zã¹¹³	zã¹³	ȵiã¹³
嘉定	sã⁵³	tsã⁵³	tsʰã⁴²³	tsʰã⁴²³	sã⁵³	zã²¹³	zã²¹³	ȵiã²¹³
宝山	sɒ̃⁵³	tsɒ̃⁵³	tsʰã³⁴	tsʰɒ̃³⁴	sɒ̃⁵³	zɒ̃³¹	zɒ̃²³	ȵiã²³
崇明	sã⁵³	tsã⁵³	tsʰã⁴²⁴	tsʰã³³	sã⁵³	zã²⁴	zã²⁴²	ȵiã³¹³

例字 中古音 地点	0745 姜生~ 宕开三 平阳见	0746 响 宕开三 上养晓	0747 向 宕开三 去漾晓	0748 秧 宕开三 平阳影	0749 痒 宕开三 上养以	0750 样 宕开三 去漾以	0751 雀 宕开三 入药精	0752 削 宕开三 入药心
中心城区（南）	tɕiã⁵²	ɕiã³⁴	ɕiã³⁴	iã⁵²	ɦiã²³	ɦiã²³	tɕʰiʌʔ⁵⁵	ɕiʌʔ⁵⁵
中心城区（北）	tɕiã⁵²	ɕiã³⁴	ɕiã³⁴	iã⁵²	ɦiã²³	ɦiã²³	tɕʰiɐʔ⁵⁵	ɕiɐʔ⁵⁵
松江	tɕiæ̃⁵³	ɕiæ̃⁴⁴	ɕiæ̃³⁵	iæ̃⁵³	ɦiæ̃¹³	iæ̃³⁵	tɕʰiaʔ⁴	ɕiaʔ⁴
闵行	tɕiã⁵³	ɕiã⁵⁵	ɕiã⁵⁵	iã⁵³	ɦiã¹³	ɦiã¹³	tsʰiaʔ⁵	siaʔ⁵
青浦	tɕiæ̃⁵¹	ɕiæ̃⁴³	ɕiæ̃³⁵	iæ̃⁵¹	ɦiæ̃²²⁴	iæ̃³⁵	tsʰiaʔ⁵⁵	siaʔ⁵⁵
金山	ciẽ⁵³	ɕiẽ⁴⁴	ɕiẽ³⁵	iẽ⁵³	ɦiẽ¹³	iẽ³⁵	tɕʰiaʔ⁵	ɕiaʔ⁵
奉贤	tɕiã⁵³	ɕiã⁴⁴	ɕiã⁴⁴	iã⁵³	ɦiã²⁴	ɦiã²⁴	tɕiaʔ⁵⁵ tɕʰiaʔ⁵⁵ 又	ɕiaʔ⁵⁵
浦东（川沙）	tɕiã⁵³	ɕiã⁴⁴	ɕiã⁴⁴	iã⁵³	ɦiã²¹³	ɦiã¹³	tɕiã⁴⁴ tɕʰiʌʔ⁵⁵	ɕiʌʔ⁵⁵
浦东（惠南）	tɕiã⁵³	ɕiã⁴⁴	ɕiã⁴⁴	iã⁵³	ɦiã¹¹³	ɦiã¹³	tɕiã⁴⁴	ɕiʌʔ⁵⁵
嘉定	tɕiã⁵³	ɕiã⁴²³	ɕiã⁴²³	iã⁵³	ɦiã²¹³	ɦiã²¹³	tsʰiaʔ⁵⁵	siaʔ⁵⁵
宝山	tɕiã⁵³	ɕiã³⁴	ɕiã³⁴	iã⁵³	ɦiã²³	ɦiã²³	tsʰiʌʔ⁵⁵	siʌʔ⁵⁵
崇明	tɕiã⁵³	ɕiã⁴²⁴	ɕiã⁴²⁴	ʔiã⁵³	ɦiã²⁴²	ɦiã³¹³	tɕʰiɑʔ⁵	ɕiɑʔ⁵

例字　　中古音　　地点	0753 着火~了 宕开三入药澄	0754 勺 宕开三入药禅	0755 弱 宕开三入药日	0756 脚 宕开三入药见	0757 约 宕开三入药影	0758 药 宕开三入药以	0759 光~线 宕合一平唐见	0760 慌 宕合一平唐晓
中心城区（南）	zʌʔ^{12}	zoʔ^{12}	zʌʔ^{12}	tɕiʌʔ^{55}	iʌʔ^{55}	ɦiʌʔ^{12}	kuã^{52}	huã^{52}
中心城区（北）	zæʔ^{12}	zoʔ^{12}	zæʔ^{12}	tɕiɐʔ^{55}	iɐʔ^{55}	ɦiɐʔ^{12}	kuã^{52}	huã^{52}
松江	zaʔ^{2}	zɒʔ^{2}	zaʔ^{2}	ciaʔ^{4}	iaʔ^{4}	ɦiaʔ^{2}	kuɒ̃^{53}	fɒ̃^{53}
闵行	zaʔ^{23}	zɔʔ^{23}	zaʔ^{23}	tɕiaʔ^{5}	iaʔ^{5}	ɦiaʔ^{23}	kuã^{53}	fuã^{53}
青浦	zaʔ^{12}	zɔʔ^{12}	zaʔ^{12}	tɕiaʔ^{55}	iaʔ^{55}	ɦiaʔ^{12}	kuã^{51}	huã^{51}
金山	zɑʔ^{12}	zɔʔ^{12}	zɑʔ^{12}	ciaʔ^{5}	iaʔ^{5}	ɦiaʔ^{12}	kuã^{53}	fã^{53}
奉贤	zɑʔ^{23}	zɔʔ^{23}	zɑʔ^{23}	jiɑʔ^{55}	iɑʔ^{55}	ɦiɑʔ^{23}	kuã^{53}	fã^{53}
浦东（川沙）	zʌʔ^{23}	zɔʔ^{23}	zʌʔ^{23}	tɕiʌʔ^{55}	iʌʔ^{55}	ɦiʌʔ^{23}	kuã^{53} / kuã^{53}又	fã^{53}
浦东（惠南）	zʌʔ^{23}	zɒʔ^{23}	zʌʔ^{23}	tɕiʌʔ^{55}	iʌʔ^{55}	ɦiʌʔ^{23}	kuã^{53}	fã^{53}
嘉定	zaʔ^{23}	zɔʔ^{23}	zaʔ^{23}	tɕiaʔ^{55}	iaʔ^{55}	ɦiaʔ^{23}	kuã^{53}	huã^{53}
宝山	zʌʔ^{12}	zɔʔ^{12}	zʌʔ^{12}	tɕiʌʔ^{55}	iʌʔ^{55}	ɦiʌʔ^{12}	kuɒ̃^{53}	fɒ̃^{53}
崇明	dzaʔ^{2}	dzoʔ^{2}	zɑʔ^{2}	tɕiɑʔ^{5}	ʔiɑʔ^{5}	ɦiɑʔ^{2}	kuã^{53}	huã^{53}

例字 中古音 地点	0761 黄 宕合一 平唐匣	0762 郭 宕合一 入铎见	0763 霍 宕合一 入铎晓	0764 方 宕合三 平阳非	0765 放 宕合三 去漾非	0766 纺 宕合三 上养敷	0767 房 宕合三 平阳奉	0768 防 宕合三 平阳奉
中心城区 （南）	ɦuã²³	koʔ⁵⁵	hoʔ⁵⁵	fã⁵²	fã³⁴	fã³⁴	vã²³	bã²³
中心城区 （北）	ɦuã²³	koʔ⁵⁵	hoʔ⁵⁵	fã⁵²	fã³⁴	fã³⁴	vã²³	bã²³ vã²³文
松江	vɒ̃³¹	kɒʔ⁴	hɒʔ⁴	fɒ̃⁵³	fɒ̃³⁵	fɒ̃³⁵	vɒ̃³¹	bɒ̃³¹
闵行	ʋã³¹	kuɔʔ⁵	hɔʔ⁵	fã⁵³	fã³⁵	fã⁵⁵	ʋã³¹	bã³¹
青浦	ɦuã³¹	kɔʔ⁵⁵	hɔʔ⁵⁵	fã⁵¹	fã³⁵	fã⁴³	vã³¹	vã³¹
金山	ɦuã³¹	kɔʔ⁵	fɔʔ⁵	fã⁵³	fã³⁵	fã³⁵	ɦuã³¹	bã³¹
奉贤	ɦuã³¹	kuɔʔ⁵⁵	hɔʔ⁵⁵	ɸã⁵³	ɸã³⁵	ɸã⁴⁴	βã³¹	bã³¹
浦东（川沙）	βã²¹³	kuɔʔ⁵⁵	hɔʔ⁵⁵	fã⁵³	fã³⁵	fã³⁵	βã²¹³	bã²¹³
浦东（惠南）	βã¹¹³	kuɒʔ⁵⁵	hoʔ⁵⁵	fã⁵³	fã³⁵	fã³⁵	βã¹¹³	bã¹¹³
嘉定	ɦuã²³¹	koʔ⁵⁵	hɔʔ⁵⁵	fã⁵³	fã⁴²³	fã⁴²³	ɦuã²³¹	bã²³¹
宝山	ɦuɒ̃³¹	koʔ⁵⁵	hɔʔ⁵⁵	fɒ̃⁵³	fɒ̃³⁴	fɒ̃³⁴	vɒ̃³¹	bɒ̃³¹
崇明	ɦuã²⁴	koʔ⁵	hoʔ⁵	fã⁵³	fã³³	fã⁴²⁴	vã²⁴	bã²⁴

例字 中古音 地点	0769 网 宕合三 上养微	0770 筐 宕合三 平阳溪	0771 狂 宕合三 平阳群	0772 王 宕合三 平阳云	0773 旺 宕合三 去漾云	0774 缚 宕合三 入药奉	0775 绑 江开二 上讲帮	0776 胖 江开二 去绛滂
中心城区（南）	mã²³	kʰuã⁵²	guã²³	ɦuã²³	ɦiã²³ ɦuã²³ 文	boʔ¹²	pã³⁴	pʰã³⁴
中心城区（北）	mã²³	kʰuã⁵²	guã²³	ɦuã²³	ɦiã²³ ɦuã²³ 文	boʔ¹²	pã³⁴	pʰã³⁴
松江	mɒ̃¹³	kʰuɒ̃⁵³	guɒ̃³¹	vɒ̃³¹	ɦiɒ̃¹³	boʔ²	pɒ̃⁴⁴	pʰɒ̃³⁵
闵行	mã¹³	kʰuã⁵³	guã³¹	ʋã³¹	ɦiã¹³ 火~	boʔ²³	ɦã⁵⁵	pʰã³⁵
青浦	mã²²⁴	kʰuã⁵¹	guã³¹	ɦuã³¹	ɦiã²²⁴ 白 ɦuã²²⁴ 文	voʔ¹²	pã⁴³	pʰã³⁵
金山	mã¹³	kʰã⁴⁴	guã³¹	ɦuã³¹	ɦiã¹³ ɦuã¹³ 文	ɓoʔ⁵	ɦã⁴⁴	pʰã³⁵
奉贤	mã²⁴	kʰuã⁵³	guã³¹	ɦuã³¹	ɦiã²⁴ ɦuã¹³ 文	βɔʔ²³	ɦã⁴⁴	pʰã³⁵
浦东（川沙）	mã²¹³	kʰuã³⁵	guã²¹³	βã²¹³	ɦiã¹³	βɔʔ²³	ɦã⁴⁴	pʰã³⁵
浦东（惠南）	mã¹¹³	kʰuã⁴⁴	guã¹¹³	βã¹¹³	ɦiã¹³	βɒʔ²³	ɦã⁴⁴	pʰã³⁵
嘉定	mã²¹³	kʰuã²³¹	guã²³¹	ɦuã²³¹	ɦiã²¹³	boʔ²³	pã⁴²³	pʰã⁴²³
宝山	mɒ̃²³	kʰuɒ̃³⁴	guɒ̃²³	ɦuɒ̃³¹	ɦiɒ̃²³ ɦuã²³ 文	boʔ¹²	pɒ̃³⁴	pʰɒ̃³⁴
崇明	mã²⁴²	kʰuã⁴²⁴	guã²⁴	ɦuã²⁴	ɦiã³¹³	（无）	pã⁴²⁴	pʰã³³

例字 中古音 地点	0777 棒 江开二 上讲并	0778 桩 江开二 平江知	0779 撞 江开二 去绛澄	0780 窗 江开二 平江初	0781 双 江开二 平江生	0782 江 江开二 平江见	0783 讲 江开二 上讲见	0784 降_{投~} 江开二 平江匣
中心城区（南）	bã^{23}	tsã^{52}	zã^{23}	tsʰã^{52}	sã^{52}	kã^{52}	kã^{34}	ɦã^{23}
中心城区（北）	bã^{23}	tsã^{52}	zã^{23}	tsʰã^{52}	sã^{52}	kã^{52}	kã^{34}	ɦã^{23}
松江	bɒ̃^{13}	tsɒ̃^{53}	zɒ̃^{13}	tsʰɒ̃^{53}	sɒ̃^{53}	kɒ̃^{53}	kɒ̃^{44}	ɦɒ̃^{31}
闵行	bã^{13}	tsã^{53}	zã^{13}	tsʰã^{53}	sã^{53}	kã^{53}	kã^{55}	ɦã^{31}
青浦	bã^{224}	tsã^{51}	zã^{224}	tsʰã^{51}	sã^{51}	kã^{51}	kã^{43}	ɦã^{31}
金山	bã^{13}	tsã^{53}	zã^{13}	tsʰã^{53}	sã^{53}	kã^{53}	kã^{44} ciɛ̃^{44}_文	ɦã^{31}
奉贤	bã^{24}	tsã^{53}	zã^{24}	tsʰã^{53}	sã^{53}	kã^{53}	kã^{44}	ɦã^{31}
浦东（川沙）	bã^{213}	tsã^{53}	zã^{13}	tsʰã^{53}	sã^{53}	kã^{53}	kã^{44}	ɦã^{213}
浦东（惠南）	bã^{113}	tsã^{53}	zã^{13}	tsʰã^{53}	sã^{53}	kã^{53}	kã^{44}	ɦã^{113}
嘉定	bã^{213}	tsã^{53}	zã^{213}	tsʰã^{53}	sã^{53}	kã^{53}	kã^{423}	ɦã^{231}
宝山	bɒ̃^{23}	tsɒ̃^{53}	zɒ̃^{23}	tsʰɒ̃^{53}	sɒ̃^{53}	kɒ̃^{53}	kɒ̃^{34}	ɦɒ̃^{31}
崇明	bã^{242}	tsã^{53}	dzã^{242}	tsʰã^{53}	sã^{53}	kã^{53}	kã^{424}	ɦuã^{24}

例字 中古音 地点	0785 项 江开二 上讲匣	0786 剥 江开二 入觉帮	0787 桌 江开二 入觉知	0788 镯 江开二 入觉崇	0789 角 江开二 入觉见	0790 壳 江开二 入觉溪	0791 学 江开二 入觉匣	0792 握 江开二 入觉影
中心城区（南）	ɦã²³	poʔ⁵⁵	tsoʔ⁵⁵	zoʔ¹²	koʔ⁵⁵	kʰoʔ⁵⁵	ɦoʔ¹² ɦiAʔ¹²文	oʔ⁵⁵
中心城区（北）	ɦã²³	poʔ⁵⁵	tsoʔ⁵⁵	zoʔ¹²	koʔ⁵⁵	kʰoʔ⁵⁵	ɦoʔ¹²	oʔ⁵⁵
松江	ɦɒ̃¹³	poʔ⁴	tsɒʔ⁴	zɒʔ²	kɒʔ⁴	kʰɒʔ⁴	ɦɒʔ²	uɒʔ⁴
闵行	ɦã¹³	ɓoʔ⁵	tsoʔ⁵	zoʔ²³	koʔ⁵	kʰoʔ⁵	ɦoʔ²³	uoʔ⁵
青浦	ɦã²²⁴	poʔ⁵⁵	tsoʔ⁵⁵	zoʔ¹²	koʔ⁵⁵	kʰoʔ⁵⁵	ɦoʔ¹²	uoʔ⁵⁵
金山	ɦã¹³	ɓoʔ⁵	tsoʔ⁵	zoʔ¹²	koʔ⁵	kʰoʔ⁵	ɦoʔ¹² ɦiaiʔ¹²文	oʔ⁵
奉贤	ɦã³¹	poʔ⁵⁵	tsoʔ⁵⁵	zoʔ²³	koʔ⁵⁵	kʰoʔ⁵⁵	ɦoʔ²³	oʔ⁵⁵
浦东（川沙）	ɦã²¹³	ɓoʔ⁵⁵	tsoʔ⁵⁵	zoʔ²³	koʔ⁵⁵	kʰoʔ⁵⁵	ɦoʔ²³	oʔ⁵⁵
浦东（惠南）	ɦã¹¹³	ɓɒʔ⁵⁵	tsɒʔ⁵⁵	zɒʔ²³	kɒʔ⁵⁵	kʰɒʔ⁵⁵	ɦɒʔ²³	oʔ⁵⁵
嘉定	ɦã²³¹	poʔ⁵⁵	tsoʔ⁵⁵	dʑioʔ²³	koʔ⁵⁵	kʰoʔ⁵⁵	ɦoʔ²³	oʔ⁵⁵
宝山	ɦɒ̃³¹	poʔ⁵⁵	tsoʔ⁵⁵	zoʔ¹²	koʔ⁵⁵	kʰoʔ⁵⁵	ɦoʔ¹² ɦioʔ¹²文	oʔ⁵⁵
崇明	hɦã³¹³	poʔ⁵	tsoʔ⁵	dzoʔ²	koʔ⁵	kʰoʔ⁵	hɦoʔ²	ʔoʔ⁵

例字 中古音 地点	0793 朋 曾开一 平登並	0794 灯 曾开一 平登端	0795 等 曾开一 上等端	0796 凳 曾开一 去嶝端	0797 藤 曾开一 平登定	0798 能 曾开一 平登泥	0799 层 曾开一 平登从	0800 僧 曾开一 平登心
中心城区（南）	bã²³	təŋ⁵²	təŋ³⁴	təŋ³⁴	dəŋ²³	nəŋ²³	zəŋ²³	səŋ³⁴
中心城区（北）	bã²³	təŋ⁵²	təŋ³⁴	təŋ³⁴	dəŋ²³	nəŋ²³	zəŋ²³	səŋ⁵²
松江	bæ̃³¹	təŋ⁵³	təŋ⁴⁴	təŋ³⁵	dəŋ³¹	nəŋ³¹	zəŋ³¹	səŋ⁵³
闵行	bã³¹	ɖəŋ⁵³	ɖəŋ⁵⁵	ɖəŋ³⁵	dəŋ³¹	nəŋ³¹	zəŋ³¹	səŋ⁵³
青浦	bæ̃³¹	təŋ⁵¹	təŋ⁴³	təŋ³⁵	dəŋ³¹	nəŋ³¹	zəŋ³¹	səŋ⁵¹
金山	bã³¹	ɖəŋ⁵³	ɖəŋ⁴⁴	ɖəŋ³⁵	dəŋ³¹	nəŋ³¹	zəŋ³¹	səŋ⁵³
奉贤	bã³¹	ɖəŋ⁵³	ɖəŋ⁴⁴	ɖəŋ³⁵	dəŋ³¹	nəŋ³¹	zəŋ³¹	səŋ⁵³
浦东（川沙）	bã²¹³	ɖən⁵³	ɖən⁴⁴	ɖən³⁵	dən²¹³	nən²¹³	zən²¹³	sən⁴⁴
浦东（惠南）	bã¹¹³	ɖən⁵³	ɖən⁴⁴	ɖən³⁵	dən¹¹³	nən¹¹³	zən¹¹³	sən⁵³
嘉定	bã²³¹	təŋ⁵³	təŋ⁴²³	təŋ⁴²³	dəŋ²³¹	nəŋ²³¹	zəŋ²³¹	səŋ⁵³
宝山	bã³¹	tẽŋ⁵³	tẽŋ³⁴	tẽŋ³⁴	dẽŋ³¹	nẽŋ²³	zẽŋ³¹	tsẽŋ⁵³
崇明	bã²⁴	tən⁵³	tən⁴²⁴	tən³³	dən²⁴	nən²⁴	dzən²⁴	tsən⁵³

例字＼中古音＼地点	0801 肯 曾开一上等溪	0802 北 曾开一入德帮	0803 墨 曾开一入德明	0804 得 曾开一入德端	0805 特 曾开一入德定	0806 贼 曾开一入德从	0807 塞 曾开一入德心	0808 刻 曾开一入德溪
中心城区（南）	kʰəŋ³⁴	poʔ⁵⁵	məʔ¹²	təʔ⁵⁵	dəʔ¹²	zəʔ¹²	səʔ⁵⁵	kʰəʔ⁵⁵
中心城区（北）	kʰəŋ³⁴	poʔ⁵⁵	mɐʔ¹²	tɐʔ⁵⁵	dɐʔ¹²	zɐʔ¹²	sɐʔ⁵⁵	kʰɐʔ⁵⁵
松江	kʰəŋ⁴⁴	poʔ⁴	məʔ²	təʔ⁴	dəʔ²	zəʔ²	səʔ⁴	kʰəʔ⁴
闵行	kʰəŋ⁵⁵	ɓoʔ⁵	məʔ²³	dəʔ⁵	dəʔ²³	zəʔ²³	səʔ⁵	kʰəʔ⁵
青浦	kʰəŋ⁴³	poʔ⁵⁵	məʔ¹²	təʔ⁵⁵	dəʔ¹²	zəʔ¹²	səʔ⁵⁵	kʰəʔ⁵⁵
金山	kʰəŋ⁴⁴	poʔ⁵	məʔ¹²	dəʔ⁵	dəʔ¹²	zəʔ¹²	səʔ⁵	kʰəʔ⁵
奉贤	kʰəŋ⁴⁴	ɓoʔ⁵⁵	məʔ²³	dəʔ⁵⁵	dəʔ²³	zəʔ²³	səʔ⁵⁵	kʰəʔ⁵⁵
浦东（川沙）	kʰən⁴⁴	ɓoʔ⁵⁵	mʌʔ²³	dʌʔ⁵⁵	dʌʔ²³	zʌʔ²³	sʌʔ⁵⁵	kʰʌʔ⁵⁵
浦东（惠南）	kʰən⁴⁴	ɓoʔ⁵⁵	mʌʔ²³	dʌʔ⁵⁵	dʌʔ²³	zʌʔ²³	sʌʔ⁵⁵	kʰʌʔ⁵⁵
嘉定	kʰəŋ⁴²³	poʔ⁵⁵	məʔ²³	təʔ⁵⁵	dəʔ²³	zəʔ²³	səʔ⁵⁵	kʰəʔ⁵⁵
宝山	kʰɛ̃ŋ³⁴	poʔ⁵⁵	məʔ¹²	təʔ⁵⁵	dəʔ¹²	zəʔ¹²	səʔ⁵⁵	kʰəʔ⁵⁵
崇明	kʰən⁴²⁴	poʔ⁵	məʔ²	təʔ⁵	dəʔ²	zəʔ²	səʔ⁵	kʰəʔ⁵

例字 中古音 地点	0809 黑 曾开一入德晓	0810 冰 曾开三平蒸帮	0811 证 曾开三去证章	0812 秤 曾开三去证昌	0813 绳 曾开三平蒸船	0814 剩 曾开三去证船	0815 升 曾开三平蒸书	0816 兴高~ 曾开三去证晓
中心城区（南）	həʔ⁵⁵	piŋ⁵²	tsəŋ³⁴	tsʰəŋ³⁴	zəŋ²³	zã²³ / zəŋ²³ 文	səŋ⁵²	ɕiŋ³⁴
中心城区（北）	hɐʔ⁵⁵	piŋ⁵²	tsəŋ³⁴	tsʰəŋ³⁴	zəŋ²³	zã²³	səŋ⁵²	ɕiŋ⁵²
松江	həʔ⁴	piŋ⁵³	tsəŋ³⁵	tsʰəŋ³⁵	zəŋ³¹	zəŋ¹³	səŋ⁵³	ɕiŋ³⁵
闵行	həʔ⁵	ɓiŋ⁵³	tsəŋ³⁵	tsʰəŋ³⁵	zəŋ³¹	zəŋ¹³	səŋ⁵³	ɕiŋ³⁵
青浦	həʔ⁵⁵	piəŋ⁵¹	tsəŋ³⁵	tsʰəŋ³⁵	zəŋ³¹	zæ̃²²⁴	səŋ⁵¹	ɕiəŋ⁵¹
金山	hʌʔ⁵	ɓiəŋ⁵³	tsəŋ³⁵	tsʰəŋ³⁵	zəŋ³¹	zəŋ¹³	səŋ⁵³	ɕiəŋ⁵³
奉贤	həʔ⁵⁵	piŋ⁵³	tsəŋ³⁵	tsʰəŋ³⁵	zəŋ³¹	zã²⁴	səŋ⁵³ / zəŋ¹³ 文	ɕiŋ⁵³
浦东（川沙）	hʌʔ⁵⁵	ɓin⁵³	tsəŋ³⁵	tsʰəŋ³⁵	zəŋ²¹³	zəŋ²¹³	səŋ⁵³	ɕin⁵³
浦东（惠南）	hʌʔ⁵⁵	ɓin⁵³	tsəŋ³⁵	tsʰəŋ³⁵	zəŋ¹¹³	zəŋ¹¹³	səŋ⁵³	ɕin⁵³
嘉定	həʔ⁵⁵	piŋ⁵³	tsəŋ⁴²³	tsʰəŋ⁴²³	zəŋ²³¹	zã²¹³	səŋ⁵³	ɕiŋ⁴²³
宝山	həʔ⁵⁵	pĩn⁵³	tsẽn³⁴	tsʰẽn³⁴	zẽn³¹	zã²³ / zẽn²³ 文	sẽn⁵³	ɕĩn⁵³
崇明	həʔ⁵	pin⁵³	tsən³³	tsʰən³³	zən²⁴	dzã³¹³	sən⁵³	ɕin³³

例字 中古音 地点	0817 蝇 曾开三 平蒸以	0818 逼 曾开三 入职帮	0819 力 曾开三 入职来	0820 息 曾开三 入职心	0821 直 曾开三 入职澄	0822 侧 曾开三 入职庄	0823 测 曾开三 入职初	0824 色 曾开三 入职生
中心城区（南）	iŋ^{52}	pɪʔ^{55}	lɪʔ^{12}	ɕiɪʔ^{55}	zɐʔ^{12}	tsɐʔ^{55} tsʰəʔ^{55} 又	tsʰəʔ^{55}	sɐʔ^{55}
中心城区（北）	ɦiŋ^{23}	pɪʔ^{55}	lɪʔ^{12}	ɕiɪʔ^{55}	zɐʔ^{12}	tsɐʔ^{55} tsʰɐʔ^{55} 又	tsʰɐʔ^{55}	sɐʔ^{55}
松江	iŋ^{53}	piɪʔ^{4}	liɪʔ^{2}	ɕiɪʔ^{4}	zɐʔ^{2}	tsɐʔ^{4}	tsʰɐʔ^{4}	sɐʔ^{4}
闵行	iŋ^{53}	ɓiɪʔ^{5}	liɪʔ^{23}	siɪʔ^{5}	zəʔ^{23}	tsəʔ^{5}	tsʰəʔ^{5}	səʔ^{5}
青浦	iəŋ^{51}	pɪʔ^{55}	lɪʔ^{12}	sɪʔ^{55}	zəʔ^{12}	tsʰəʔ^{55}	tsʰəʔ^{55}	səʔ^{55}
金山	iəŋ^{53}	ɓiəʔ^{5}	liəʔ^{12}	ɕiəʔ^{12}	zəʔ^{12}	tsəʔ^{5}	tsʰɑʔ^{5} tsʰəʔ^{5}	səʔ^{5}
奉贤	iŋ^{53}	pɪʔ^{55}	lɪʔ^{23}	ɕiɪʔ^{55}	zəʔ^{23}	tsəʔ^{55} tsʰəʔ^{55} 又	tsʰəʔ^{55}	səʔ^{55}
浦东（川沙）	ɦin^{213}	ɓiɪʔ^{55}	liɪʔ^{23}	ɕiɪʔ^{55}	zʌʔ^{23}	tsʌʔ^{55}	tsʰʌʔ^{55}	sʌʔ^{55}
浦东（惠南）	ɦin^{113}	ɓiɪʔ^{55}	liɪʔ^{23}	ɕiɪʔ^{55}	zʌʔ^{23}	tsʰʌʔ^{55}	tsʰʌʔ^{55}	sʌʔ^{55}
嘉定	iŋ^{53}	pɪʔ^{55}	liɪʔ^{23}	sɪʔ^{55}	zəʔ^{23}	tsəʔ^{55}	tsʰəʔ^{55}	səʔ^{55}
宝山	ĩn^{53}	pɪʔ^{55}	lɪʔ^{12}	sɪʔ^{55}	zɪʔ^{12}	tsʰəʔ^{55}	tsʰəʔ^{55}	səʔ^{55}
崇明	ɦin^{24}	piəʔ^{5}	liəʔ^{2}	ɕiəʔ^{5}	dzəʔ^{2}	tsəʔ^{5}	tsʰəʔ^{5}	səʔ^{5}

例字 中古音 地点	0825 织 曾开三 入职章	0826 食 曾开三 入职船	0827 式 曾开三 入职书	0828 极 曾开三 入职群	0829 国 曾合一 入德见	0830 或 曾合一 入德匣	0831 猛 梗开二 上梗明	0832 打 梗开二 上梗端
中心城区（南）	tsəʔ⁵⁵	zəʔ¹²	səʔ⁵⁵	dʑiɪʔ¹²	koʔ⁵⁵	ɦoʔ¹²	mã²³	tã³⁴
中心城区（北）	tsæʔ⁵⁵	zæʔ¹²	sæʔ⁵⁵	dʑiɪʔ¹²	koʔ⁵⁵	ɦoʔ¹²	mã³⁴ mã²³ 文	tã³⁴
松江	tsəʔ⁴	zəʔ²	səʔ⁴	jiəʔ²	koʔ⁴	voʔ²	mæ̃¹³	tæ̃⁴⁴
闵行	tsəʔ⁵	zəʔ²³	səʔ⁵	dʑiəʔ²³	koʔ⁵	ɦoʔ²³	mã¹³	dã⁵⁵
青浦	tsəʔ⁵⁵	zəʔ¹²	səʔ⁵⁵	dʑiəʔ¹²	koʔ⁵⁵	ɦuoʔ¹²	mæ̃²²⁴	tæ̃⁴³
金山	tsəʔ⁵	zəʔ¹²	səʔ⁵	jiəʔ¹²	kɔʔ⁵	ɦɔʔ¹²	məŋ³⁵	tɛ̃⁴⁴
奉贤	tsəʔ⁵⁵	zəʔ²³	səʔ⁵⁵	dʑiəʔ²³	koʔ⁵⁵	ɦoʔ²³	mã²⁴ məŋ¹³ 文	dã⁴⁴
浦东（川沙）	tsʌʔ⁵⁵	zʌʔ²³	sʌʔ⁵⁵	dʑiɪʔ²³	koʔ⁵⁵	ɦoʔ²³	mã²¹³	dã⁴⁴
浦东（惠南）	tsʌʔ⁵⁵	zʌʔ²³	sʌʔ⁵⁵	dʑiɪʔ²³	koʔ⁵⁵	ɦoʔ²³	mã¹¹³	dã⁴⁴
嘉定	tsiɪʔ⁵⁵	zəʔ²³	səʔ⁵⁵	dʑiɪʔ²³	kuəʔ⁵⁵	ɦuəʔ²³	mã⁴²³	tã⁴²³
宝山	tsəʔ⁵⁵	zəʔ¹²	səʔ⁵⁵	dʑiɪʔ¹²	kuəʔ⁵⁵	ɦuʌʔ¹²	mã²³ mɛ̃ŋ²³ 文	tã³⁴
崇明	tsəʔ⁵	zəʔ²	səʔ⁵	dʑiəʔ²	kuəʔ⁵	ɦuəʔ²	mã³¹³	tã⁴²⁴

例字 中古音 地点	0833 冷 梗开二 上梗来	0834 生 梗开二 平庚生	0835 省~长 梗开二 上梗生	0836 更三~,打~ 梗开二 平庚见	0837 梗 梗开二 上梗见	0838 坑 梗开二 平庚溪	0839 硬 梗开二 去映疑	0840 行~为,~走 梗开二 平庚匣
中心城区（南）	lã²³	sã⁵² / səŋ⁵²文	sã³⁴	kã⁵²	kã³⁴	kʰã⁵² / kʰəŋ⁵²文	ŋã²³	ɦiã²³ / ɦiŋ²³文
中心城区（北）	lã²³	sã⁵²	sã³⁴	kã⁵²	kã³⁴	kʰã̆⁵²	ŋã²³	ɦiŋ²³
松江	læ̃¹³	sæ̃⁵³	sæ̃⁴⁴	kæ̃⁵³	kæ̃⁴⁴	kʰæ̃⁵³	ŋæ̃¹³	ɦiæ̃³¹ / ɦiŋ³¹
闵行	lã¹³	sã⁵³	sã⁵⁵	kã⁵³	kã⁵⁵	kʰã⁵³	ŋã¹³	ɦiŋ³¹
青浦	læ̃²²⁴	sæ̃⁵¹	sæ̃⁴³	kæ̃⁵¹	kæ̃⁴³	kʰæ̃⁵¹白 / kʰã⁵¹文	ŋæ̃²²⁴	ɦiæ̃³¹白 / ɦiəŋ²²⁴文
金山	lɛ̃¹³ / ləŋ¹³文	səŋ⁵³	sɛ̃⁴⁴	kɛ̃⁵³ / kəŋ⁵³文	kɛ̃⁵³	kʰã̆⁴⁴	ŋɛ̃¹³	ɦiəŋ³¹
奉贤	lã²⁴	sã⁵³ / səŋ⁵³文	sã⁴⁴	kã⁵³	kã⁴⁴	kʰã⁵³ / kʰəŋ⁵³文	ŋã²⁴	ɦiŋ³¹ / ɦiã³¹白
浦东（川沙）	lã²¹³	sã⁵³	sã⁴⁴	kã⁵³	kã³⁵	kʰã⁴⁴	ŋã²¹³	ɦiŋ²¹³
浦东（惠南）	lã¹¹³	sã⁵³	sã⁴⁴	kã⁵³	kã⁵³	kʰã⁵³	ŋã¹³	ɦiŋ¹¹³
嘉定	lã²¹³	sã⁵³ / səŋ⁵³文	sã⁴²³	kã⁵³	kã⁴²³	kʰã⁵³	ŋã²¹³	ɦiŋ²³¹
宝山	lã²³	sã⁵³ / sɛ̃ŋ⁵³文	sã³⁴	kã⁵³ / kɛ̃ŋ³⁴文	kã³⁴	kʰã̆⁵³	ŋã²³	ɦĩn²³
崇明	lã²⁴²	sã⁵³	sã⁴²⁴	kã⁵³	kã⁴²⁴	kʰã⁵³	ŋã³¹³	ɦiŋ²⁴

例字 中古音 地点	0841 百 梗开二入陌帮	0842 拍 梗开二入陌滂	0843 白 梗开二入陌並	0844 拆 梗开二入陌彻	0845 择 梗开二入陌澄	0846 窄 梗开二入陌庄	0847 格 梗开二入陌见	0848 客 梗开二入陌溪
中心城区（南）	pɐʔ⁵⁵	pʰɐʔ⁵⁵	bɐʔ¹²	tsʰɐʔ⁵⁵	zɐʔ¹²	tsɐʔ⁵⁵	kɐʔ⁵⁵	kʰɐʔ⁵⁵
中心城区（北）	pɐʔ⁵⁵	pʰɐʔ⁵⁵	bɐʔ¹²	tsʰɐʔ⁵⁵	zɐʔ¹²	ɦɐʔ¹²	kɐʔ⁵⁵	kʰɐʔ⁵⁵
松江	paʔ⁴	pʰaʔ⁴	baʔ²	tsʰaʔ⁴	zəʔ²	tsæʔ⁴	kaʔ⁴	kʰaʔ⁴
闵行	ɓaʔ⁵	pʰaʔ⁵	baʔ²³	tsʰaʔ⁵	zaʔ²³	（无）	kæʔ⁵	kʰaʔ⁵
青浦	paʔ⁵⁵	pʰaʔ⁵⁵	baʔ¹²	tsʰaʔ⁵⁵	zəʔ¹²	tsaʔ⁵⁵	kaʔ⁵⁵	kʰaʔ⁵⁵
金山	paʔ⁵	pʰaʔ⁵	baʔ¹²	tsʰaʔ⁵	zəʔ¹²	tsɑʔ⁵	kaʔ⁵	kʰɑʔ⁵ kʰæʔ⁵ 又
奉贤	ɓɑʔ⁵⁵	pʰɑʔ⁵⁵	bɑʔ²³	tsʰɑʔ⁵⁵	zəʔ²³	tsæʔ⁵⁵	kɑʔ⁵⁵	kʰɑʔ⁵⁵
浦东（川沙）	ɓɐʔ⁵⁵	pʰɐʔ⁵⁵	bɐʔ²³	tsʰɐʔ⁵⁵	zəʔ²³	（无）	kɐʔ⁵⁵	kʰɐʔ⁵⁵
浦东（惠南）	ɓɐʔ⁵⁵	pʰɐʔ⁵⁵	bɐʔ²³	tsʰɐʔ⁵⁵	zɐʔ²³	tsɐʔ²³	kɐʔ⁵⁵	kʰɐʔ⁵⁵
嘉定	paʔ⁵⁵	pʰaʔ⁵⁵	baʔ²³	tsʰaʔ⁵⁵	zəʔ²³	（无）	kaʔ⁵⁵	kʰaʔ⁵⁵
宝山	pɐʔ⁵⁵	pʰɐʔ⁵⁵	bɐʔ¹²	tsʰɐʔ⁵⁵	zəʔ¹²	tsɐʔ⁵⁵	kɐʔ⁵⁵	kʰɐʔ⁵⁵
崇明	paʔ⁵	pʰaʔ⁵	baʔ²	tsʰaʔ⁵	dzəʔ²	tso³³	kaʔ⁵	kʰaʔ⁵

例字 中古音 地点	0849 额 梗开二 入陌疑	0850 棚 梗开二 平耕並	0851 争 梗开二 平耕庄	0852 耕 梗开二 平耕见	0853 麦 梗开二 入麦明	0854 摘 梗开二 入麦知	0855 策 梗开二 入麦初	0856 隔 梗开二 入麦见
中心城区（南）	ŋʌʔ$\underline{12}$	bã^{23}	tsã^{52} tsəŋ^{52}文	kã^{52} kəŋ^{52}文	mʌʔ$\underline{12}$	tsʌʔ$\underline{55}$	tsʰʌʔ$\underline{55}$	kʌʔ$\underline{55}$
中心城区（北）	ŋɐʔ$\underline{12}$	bã^{23}	tsã^{52} tsəŋ^{52}文	kəŋ^{52}	mɐʔ$\underline{12}$	tsɐʔ$\underline{55}$	tsʰɐʔ$\underline{55}$	kɐʔ$\underline{55}$
松江	ŋaʔ^{2}	bæ̃^{31}	tsæ̃^{53}	kæ̃^{53} kəŋ^{53}文	maʔ^{2}	tsaʔ^{4}	tsʰaʔ^{4}	kaʔ^{4}
闵行	ŋaʔ^{23}	bã^{31}	tsã^{53}	kã^{53}	maʔ^{23}	tsaʔ^{5}	tsʰaʔ^{5}	kaʔ^{5}
青浦	ŋaʔ$\underline{12}$白 ŋɔʔ$\underline{12}$文	bæ̃^{31}	tsəŋ^{51}	kəŋ^{51}	maʔ$\underline{12}$	tsaʔ$\underline{55}$	tsʰaʔ$\underline{55}$	kaʔ$\underline{55}$
金山	ŋaʔ$\underline{12}$ ŋəʔ$\underline{12}$文	bã^{31}	tsɛ̃^{53} tsəŋ^{53}文	kəŋ^{53}	mɑʔ$\underline{12}$	diəʔ$\underline{12}$ tsɑʔ^{5}又	tsʰaʔ^{5}	kɑʔ^{5} kæʔ^{5}又
奉贤	ŋaʔ^{23}	bã^{31}	tsã^{53} tsəŋ^{53}文	kəŋ^{53}	mɑʔ^{23}	tsɑʔ$\underline{55}$	tsʰaʔ$\underline{55}$	kɑʔ$\underline{55}$
浦东（川沙）	ŋʌʔ^{23}	bã^{213}	tsã^{53}	kən^{53}	mʌʔ^{23}	tsʌʔ$\underline{55}$	tsʰʌʔ$\underline{55}$	kʌʔ$\underline{55}$
浦东（惠南）	ŋʌʔ^{23}	bã^{113}	tsã^{53}	kən^{53}	mʌʔ^{23}	tsʌʔ$\underline{55}$	tsʰʌʔ$\underline{55}$	kʌʔ$\underline{55}$
嘉定	ŋaʔ^{23}	bã^{231}	tsã^{53}	kən^{53}	maʔ^{23}	tsaʔ$\underline{55}$	tsʰaʔ$\underline{55}$	kaʔ$\underline{55}$
宝山	ŋʌʔ$\underline{12}$	bã^{31}	tsã^{53} tsɛ̃ŋ^{53}文	kẽn^{53}	mʌʔ$\underline{12}$	tsəʔ$\underline{55}$	tsʰʌʔ$\underline{55}$	kʌʔ$\underline{55}$
崇明	ŋɑʔ^{2}	bã^{24}	tsã^{53}白 tsəŋ^{53}文	kã^{53}白 kəŋ^{53}文	mɑʔ^{2}	tsɑʔ^{5}	tsʰaʔ^{5}	kaʔ^{5}

例字 中古音 地点	0857 兵 梗开三 平庚帮	0858 柄 梗开三 去映帮	0859 平 梗开三 平庚并	0860 病 梗开三 去映并	0861 明 梗开三 平庚明	0862 命 梗开三 去映明	0863 镜 梗开三 去映见	0864 庆 梗开三 去映溪
中心城区（南）	piŋ⁵²	piŋ³⁴	biŋ²³	biŋ²³	miŋ²³	miŋ²³	tɕiŋ³⁴	tɕʰiŋ³⁴
中心城区（北）	piŋ⁵²	piŋ³⁴	biŋ²³	biŋ²³	miŋ²³	miŋ²³	tɕiŋ³⁴	tɕʰiŋ³⁴
松江	piŋ⁵³	piŋ³⁵	biŋ³¹	biŋ¹³	miŋ³¹	miŋ¹³	ciŋ³⁵	cʰiŋ³⁵
闵行	ɓiŋ⁵³	ɓiŋ³⁵	biŋ³¹	biŋ¹³	miŋ³¹	miŋ¹³	tɕiŋ³⁵	tɕʰiŋ³⁵
青浦	piəŋ⁵¹	piəŋ³⁵	biəŋ³¹	biəŋ²²⁴	miəŋ³¹	miəŋ²²⁴	tɕiəŋ³⁵	tɕʰiəŋ³⁵
金山	ɓiəŋ⁵³	ɓiəŋ³¹	ɓiəŋ⁵³	biəŋ¹³	miəŋ³¹	miəŋ¹³	ciəŋ³⁵	cʰiəŋ³⁵
奉贤	piŋ⁵³	piŋ³⁵	biŋ³¹	biŋ²⁴	miŋ³¹	miŋ²⁴	tɕiŋ³⁵	tɕʰiŋ³⁵
浦东（川沙）	ɓin⁵³	ɓin³⁵	bin²¹³	bin¹³	min²¹³	min¹³	tɕin³⁵	tɕʰin³⁵
浦东（惠南）	ɓin⁵³	ɓin³⁵	bin¹¹³	bin¹³	min¹¹³	min¹³	tɕin³⁵	tɕʰin³⁵
嘉定	piŋ⁵³	piŋ⁴²³	biŋ²³¹	biŋ²¹³	məŋ²³¹ miŋ²³¹ ~白	miŋ²¹³	tɕiŋ⁴²³	tɕʰiŋ⁴²³
宝山	pĩn⁵³	pĩn³⁴	bĩn³¹	bĩn²³	mẽn³¹ mĩn³¹ 又	mĩn²³	tɕĩn³⁴	tɕʰĩn³⁴
崇明	pin⁵³	pin³³	bin²⁴	bin³¹³	min²⁴	min³¹³	tɕin⁵³	tɕʰin³³

例字 中古音 地点	0865 迎 梗开三 平庚疑	0866 影 梗开三 上梗影	0867 剧戏~ 梗开三 入陌群	0868 饼 梗开三 上静帮	0869 名 梗开三 平清明	0870 领 梗开三 上静来	0871 井 梗开三 上静精	0872 清 梗开三 平清清
中心城区（南）	ȵiŋ²³	iŋ³⁴	dʑioʔ¹² / dʑiAʔ¹² 又	piŋ³⁴	miŋ²³	liŋ²³	tɕiŋ³⁴	tɕʰiŋ⁵²
中心城区（北）	ȵiŋ²³	iŋ³⁴	dʑiiʔ¹²	piŋ³⁴	miŋ²³	liŋ²³	tɕiŋ³⁴	tɕʰiŋ⁵²
松江	ȵiŋ³¹	iŋ³⁵	ʑiaʔ²	piŋ⁴⁴	miŋ³¹	liŋ¹³	tɕiŋ⁴⁴	tɕʰiŋ⁵³
闵行	ȵiŋ¹³	iŋ⁵⁵	dʑiaʔ²³	ɕiŋ⁵⁵	miŋ³¹	liŋ¹³	tsiŋ⁵⁵	tsʰiŋ⁵³
青浦	ȵiəŋ²²⁴	iəŋ³⁵	dʑiəʔ¹²	piəŋ⁴³	miəŋ³¹	liəŋ²²⁴	tsiəŋ⁴³	tsʰiəŋ⁵¹
金山	ȵiəŋ³¹	iəŋ³⁵	ʑieʔ¹²	ɕiəŋ⁴⁴	miəŋ³¹	liəŋ¹³	tsiəŋ⁴⁴	tɕʰiəŋ⁵³
奉贤	ȵiŋ³¹	iŋ³⁵	dʑiaʔ²³	ɕiŋ⁴⁴	miŋ³¹	liŋ²⁴	tɕiŋ⁴⁴	tɕʰiŋ⁵³
浦东（川沙）	ȵin²¹³	in³⁵	dʑiAʔ²³	ɕin⁴⁴	min²¹³	lin²¹³	tɕin⁴⁴	tɕʰin⁵³
浦东（惠南）	ȵin¹¹³	in³⁵	dʑiAʔ²³	ɕin⁴⁴	min¹¹³	lin¹¹³	tɕin⁴⁴	tɕʰin⁵³
嘉定	ȵiŋ²¹³	iŋ⁴²³	dʑioʔ²³	piŋ⁴²³	miŋ²³¹	liŋ²¹³	tsiŋ⁴²³	tsʰiŋ⁵³
宝山	ȵĩn²³	ĩn³⁴	dʑiAʔ¹²	pĩn³⁴	mĩn³¹	lĩn²³	tsĩn³⁴	tsʰĩn⁵³
崇明	ȵin²⁴	ʔin³³	dzyoʔ²	pin⁴²⁴	min²⁴	lin³¹³	tɕin³³	tɕʰin⁵³

例字 中古音 地点	0873 静 梗开三 上静从	0874 姓 梗开三 去劲心	0875 贞 梗开三 平清知	0876 程 梗开三 平清澄	0877 整 梗开三 上静章	0878 正~反 梗开三 去劲章	0879 声 梗开三 平清书	0880 城 梗开三 平清禅
中心城区（南）	dziŋ²³	ɕiŋ³⁴	tsəŋ⁵²	zəŋ²³	tsəŋ³⁴	tsəŋ³⁴	sã⁵² / səŋ⁵²文	zəŋ²³
中心城区（北）	ziŋ²³	ɕiŋ³⁴	tsəŋ⁵²	zəŋ²³	tsəŋ³⁴	tsəŋ³⁴	səŋ⁵²	zəŋ²³
松江	ziŋ¹³	ɕiŋ³⁵	tsəŋ⁵³	zəŋ³¹	tsəŋ³⁵	tsəŋ³⁵	səŋ⁵³	zəŋ³¹
闵行	ziŋ¹³	siŋ³⁵	tsəŋ⁵³	zəŋ³¹	tsəŋ⁵⁵	tsəŋ³⁵	sã⁵³喊伊一~ / səŋ⁵³~音	zəŋ³¹
青浦	ziəŋ²²⁴	siəŋ³⁵	tsəŋ⁵¹	zəŋ³¹	tsəŋ³⁵	tsəŋ³⁵	səŋ⁵¹	zəŋ³¹
金山	ziəŋ¹³	ɕiəŋ³⁵	tsəŋ⁵³	zəŋ³¹	tsəŋ³⁵	tsəŋ³⁵	səŋ⁵³	zəŋ³¹
奉贤	ʑiŋ²⁴	ɕiŋ³⁵	tsəŋ⁵³	zəŋ³¹	tsəŋ³⁵	tsəŋ³⁵	səŋ⁵³	zəŋ³¹
浦东（川沙）	ʑin²¹³	ɕin³⁵	tsən⁵³	zən²¹³	tsən⁴⁴	tsən⁴⁴	sən⁵³	zən²¹³
浦东（惠南）	ʑin¹¹³	ɕin³⁵	tsən⁵³	zən¹¹³	tsən³⁵	tsən³⁵	sən⁵³	zən¹¹³
嘉定	ziŋ²¹³	siŋ⁴²³	tsəŋ⁵³	zəŋ²³¹	tsəŋ⁴²³	tsəŋ⁴²³	sã⁵³白,话一~ / səŋ⁵³文	zəŋ²³¹
宝山	z̃ĩn²³	s̃ĩn³⁴	ts̃ẽn⁵³	z̃ẽn³¹	ts̃ẽn³⁴	ts̃ẽn³⁴	sã⁵³ / s̃ẽŋ⁵³文	z̃ẽn³¹
崇明	dʑin³¹³	ɕin³³	tsən⁵³	dzən²⁴	tsən³³	tsən³³	sən⁵³	dzən²⁴

例字 中古音 地点	0881 轻 梗开三平清溪	0882 赢 梗开三平清以	0883 积 梗开三入昔精	0884 惜 梗开三入昔心	0885 席 梗开三入昔邪	0886 尺 梗开三入昔昌	0887 石 梗开三入昔禅	0888 益 梗开三入昔影
中心城区（南）	tɕʰiŋ⁵²	ɦiŋ²³	tɕiɪʔ⁵⁵	ɕiɪʔ⁵⁵	ziɪʔ¹²	tsʰɐʔ⁵⁵	zɐʔ¹²	iɪʔ⁵⁵
中心城区（北）	tɕʰiŋ⁵²	ɦiŋ²³	tɕiɪʔ⁵⁵	ɕiɪʔ⁵⁵	ziɪʔ¹²	tsʰɐʔ⁵⁵	zɐʔ¹²	iɪʔ⁵⁵
松江	cʰiŋ⁵³	iŋ⁵³	tɕiɪʔ⁴	ɕiɪʔ⁴	ziɪʔ²	tsʰaʔ⁴	zaʔ²	iɪʔ⁴
闵行	tɕʰiŋ⁵³	ɦiŋ³¹	tsiɪʔ⁵	siɪʔ⁵	ziɪʔ²³	tsʰaʔ⁵	zaʔ²³	iɪʔ⁵
青浦	tɕʰiəŋ⁵¹	iəŋ⁵¹	tsiɪʔ⁵⁵	siɪʔ⁵⁵	ziɪʔ¹²	tsʰaʔ⁵⁵	zaʔ¹²	iaʔ⁵⁵
金山	cʰiəŋ⁵³	iəŋ⁵³	tɕiəʔ⁵	ɕiəʔ⁵	ziəʔ¹²	tsʰaʔ⁵	zɑʔ¹²	iəʔ⁵
奉贤	tɕʰiŋ⁵³	ɦiŋ³¹	tɕiəʔ⁵⁵	ɕiəʔ⁵⁵	ziəʔ²³	tsʰaʔ⁵⁵	zɑʔ²³	iəʔ⁵⁵
浦东（川沙）	tɕʰin⁵³	ɦin²¹³	tɕiɪʔ⁵⁵	ɕiɪʔ⁵⁵	ziɪʔ²³	tsʰɐʔ⁵⁵	zɐʔ²³	iɪʔ⁵⁵
浦东（惠南）	tɕʰin⁵³	ɦin¹¹³	tɕiɪʔ⁵⁵	ɕiɪʔ⁵⁵	ziɪʔ²³	tsʰaʔ⁵⁵	zɐʔ²³	iɪʔ⁵⁵
嘉定	tɕʰiŋ⁵³	ɦiŋ²³¹	tsiɪʔ⁵⁵	siɪʔ⁵⁵	ziɪʔ²³	tsʰaʔ⁵⁵	zaʔ²³	ɦiɪʔ²³
宝山	tɕʰĩn⁵³	ɦĩn³¹	tsɿʔ⁵⁵	sɿʔ⁵⁵	zɿʔ¹²	tsʰɐʔ⁵⁵	zɐʔ¹²	iɪʔ⁵⁵
崇明	tɕʰin⁵³	ɦin²⁴	tɕiəʔ⁵	ɕiəʔ⁵	dʑiəʔ²	tsʰaʔ⁵	zaʔ²	ʔiəʔ⁵

例字 中古音 地点	0889 瓶 梗开四 平青並	0890 钉名 梗开四 平青端	0891 顶 梗开四 上迥端	0892 厅 梗开四 平青透	0893 听~见 梗开四 平青透	0894 停 梗开四 平青定	0895 挺 梗开四 上迥定	0896 定 梗开四 去径定
中心城区（南）	biŋ²³	tiŋ⁵²	tiŋ³⁴	tʰiŋ⁵²	tʰiŋ⁵²	diŋ²³	tʰiŋ³⁴	diŋ²³
中心城区（北）	biŋ²³	tiŋ⁵²	tiŋ³⁴	tʰiŋ⁵²	tʰiŋ⁵²	diŋ²³	tʰiŋ³⁴	diŋ²³
松江	biŋ³¹	tiŋ⁵³	tiŋ⁴⁴	tʰiŋ⁵³	tʰiŋ⁵³	diŋ³¹	tʰiŋ⁴⁴	diŋ¹³
闵行	biŋ³¹	ɖiŋ⁵³	ɖiŋ⁵⁵	tʰiŋ⁵³	tʰiŋ⁵³	diŋ³¹	tʰiŋ⁵⁵	diŋ¹³
青浦	biəŋ³¹	tiəŋ⁵¹	tiəŋ⁴³	tʰiəŋ⁵¹	tʰiəŋ⁵¹	diəŋ³¹	tʰiəŋ⁴³	diəŋ²²⁴
金山	biəŋ³¹	ɖiəŋ⁵³	ɖiəŋ⁴⁴	tʰiəŋ⁵³	tʰiəŋ⁵³	diəŋ³¹	tʰiəŋ⁴⁴	diəŋ¹³
奉贤	biŋ³¹	ɖiŋ⁵³	ɖiŋ⁴⁴	tʰiŋ⁵³	tʰiŋ⁵³	diŋ³¹	tʰiŋ⁴⁴	diŋ²⁴
浦东（川沙）	bin²¹³	ɖin⁵³	ɖin⁴⁴	tʰin⁵³	tʰin⁵³	din²¹³	tʰin⁴⁴	din¹³
浦东（惠南）	bin¹¹³	ɖin⁵³	ɖin⁴⁴	tʰin⁵³	tʰin⁵³	din¹¹³	tʰin⁴⁴	din¹³
嘉定	biŋ²³¹	tiŋ⁵³	tiŋ⁴²³	tʰiŋ⁵³	tʰiŋ⁵³	diŋ²³¹	tʰiŋ⁴²³	diŋ²¹³
宝山	bĩn³¹	tĩn⁵³	tĩn³⁴	tʰĩn⁵³	tʰĩn⁵³	dĩn³¹	tʰĩn³⁴	dĩn²³
崇明	bin²⁴	tin⁵³	tin⁴²⁴	tʰin⁵³	tʰin³³	din²⁴	tʰin⁴²⁴	din³¹³

例字 中古音 地点	0897 零 梗开四 平青来	0898 青 梗开四 平青清	0899 星 梗开四 平青心	0900 经 梗开四 平青见	0901 形 梗开四 平青匣	0902 壁 梗开四 入锡帮	0903 劈 梗开四 入锡滂	0904 踢 梗开四 入锡透
中心城区（南）	liŋ²³	tɕʰiŋ⁵²	ɕiŋ⁵²	tɕiŋ⁵²	ɦiŋ²³	pɪʔ⁵⁵	pʰɪʔ⁵⁵	tʰɪʔ⁵⁵
中心城区（北）	liŋ²³	tɕʰiŋ⁵²	ɕiŋ⁵²	tɕiŋ⁵²	ɦiŋ²³	pɪʔ⁵⁵	pʰɪʔ⁵⁵	tʰɪʔ⁵⁵
松江	liŋ³¹	tɕʰiŋ⁵³	ɕiŋ⁵³	ɕiŋ⁵³	ɦiŋ³¹	piɪʔ⁴	pʰiɪʔ⁴	tʰiɪʔ⁴
闵行	liŋ³¹	tsʰiŋ⁵³	siŋ⁵³	tɕiŋ⁵³	ɦiŋ³¹	ɓiɪʔ⁵	pʰiəʔ⁵	tʰiəʔ⁵
青浦	liəŋ³¹	tsʰiəŋ⁵¹	siəŋ⁵¹	tɕiəŋ⁵¹	ɦiəŋ²²⁴	piɪʔ⁵⁵	pʰiɪʔ⁵⁵	tʰiɪʔ⁵⁵
金山	liəŋ³¹	tsʰiəŋ⁵³	ɕiəŋ⁵³	ɕiəŋ⁵³	ɦiəŋ³¹	ɓiəʔ⁵	pʰiəʔ⁵	tʰiəʔ⁵
奉贤	liŋ³¹	tɕʰiŋ⁵³	ɕiŋ⁵³	tɕiŋ⁵³	ɦiŋ³¹	piəʔ⁵⁵	pʰiəʔ⁵⁵	tʰiəʔ⁵⁵
浦东（川沙）	lin²¹³	tɕʰin⁵³	ɕin⁵³	tɕin⁵³	ɦin²¹³	ɓiɪʔ⁵⁵	pʰiɪʔ⁵⁵	tʰiɪʔ⁵⁵
浦东（惠南）	lin¹¹³	tɕʰin⁵³	ɕin⁵³	tɕin⁵³	ɦin¹¹³	ɓiɪʔ⁵⁵	pʰiɪʔ⁵⁵	tʰiɪʔ⁵⁵
嘉定	liŋ²³¹	tsʰiŋ⁵³	siŋ⁵³	tɕiŋ⁵³	ɦiŋ²¹³	pɪʔ⁵⁵	pʰiɪʔ⁵⁵	tʰiɪʔ⁵⁵
宝山	lĩn³¹	tsʰĩn⁵³	sĩn⁵³	tɕĩn⁵³	ɦĩn²³	pɪʔ⁵⁵	pʰɪʔ⁵⁵	tʰɪʔ⁵⁵
崇明	lin²⁴	tɕʰin⁵³	ɕin⁵³	tɕin⁵³	ɦin²⁴	piəʔ⁵	pʰiəʔ⁵	tʰiəʔ⁵

例字 中古音 地点	0905 笛	0906 历农~	0907 锡	0908 击	0909 吃	0910 横	0911 划计~	0912 兄
	梗开四 入锡定	梗开四 入锡来	梗开四 入锡心	梗开四 入锡见	梗开四 入锡溪	梗合二 平庚匣	梗合二 入麦匣	梗合三 平庚晓
中心城区 （南）	dɪʔ^{12}	lɪʔ^{12}	ɕiɪʔ^{55}	tɕiɪʔ^{55}	tɕʰiɪʔ^{55}	ɦuã^{23} uã^{52}~对	ɦuɐʔ^{12}	ɕioŋ^{52}
中心城区 （北）	dɪʔ^{12}	lɪʔ^{12}	ɕɪʔ^{55}	tɕɪʔ^{55}	tɕʰioʔ^{55}	ɦuã^{23}	ɦuɐʔ^{12}	ɕioŋ^{52}
松江	diɪʔ^{2}	liɪʔ^{2}	ɕiɪʔ^{4}	ciəʔ^{4}	cʰia^{4}	væ^{31}	vaʔ^{2}	ɕioŋ^{53}
闵行	diəʔ^{23}	liɪʔ^{23}	siɪʔ^{5}	tɕiɪʔ^{5}	tɕʰiəʔ^{5}	ʋã^{31}	ʋaʔ^{23}	ɕioŋ^{53}
青浦	diɪʔ^{12}	liɪʔ^{12}	siɪʔ^{55}	tɕiəʔ^{55}	tɕʰiəʔ^{55}	væ^{31}	ɦuaʔ^{12}	ɕioŋ^{51}
金山	diəʔ^{12}	liɪʔ^{12}	ɕiəʔ^{5}	ciəʔ^{5}	cʰiʌʔ^{5}	ɦuã^{31}	ɦuaʔ^{12}	ɕioŋ^{53}
奉贤	diəʔ^{23}	lɪʔ^{23}	ɕiəʔ^{55}	tɕiəʔ^{55}	tɕʰiəʔ^{55}	ɦuã^{31}	ɦuɑʔ^{23}	ɕioŋ^{53}
浦东（川沙）	diɪʔ^{23}	liɪʔ^{23}	ɕiɪʔ^{55}	tɕiɪʔ^{55}	tɕʰiʌʔ^{55}	βã^{213}	βʌʔ^{23}	ɕioŋ^{53}
浦东（惠南）	diɪʔ^{23}	liɪʔ^{23}	ɕiɪʔ^{55}	tɕiɪʔ^{55}	tɕʰiʌʔ^{55}	βã^{113}	βʌʔ^{23}	ɕioŋ^{53}
嘉定	diɪʔ^{23}	liɪʔ^{23}	siɪʔ^{55}	tɕiɪʔ^{55}	tɕʰiɪʔ^{55}	ɦuã^{231}	ɦuaʔ^{23}	ɕioŋ^{53}
宝山	dɪʔ^{12}	lɪʔ^{12}	sɪʔ^{55}	tɕiɪʔ^{55}	tɕʰiəʔ^{55}	ɦuã^{31} uã^{53}~对	ɦuʌʔ^{12}	ɕioŋ^{53}
崇明	diəʔ^{2}	liəʔ^{2}	ɕiəʔ^{5}	tɕiəʔ^{5}	tɕʰiəʔ^{5}	ɦuã^{24}	ɦuɑʔ^{2}	ɕyoŋ^{53}

例字 中古音 地点	0913 荣 梗合三 平庚云	0914 永 梗合三 上梗云	0915 营 梗合三 平清以	0916 蓬~松 通合一 平东並	0917 东 通合一 平东端	0918 懂 通合一 上董端	0919 冻 通合一 去送端	0920 通 通合一 平东透
中心城区（南）	ɦioŋ²³	ioŋ³⁴	ɦioŋ²³ ɦiŋ²³ 又	boŋ²³	toŋ⁵²	toŋ³⁴	toŋ³⁴	tʰoŋ⁵²
中心城区（北）	ɦioŋ²³	ioŋ³⁴	ɦiŋ²³	boŋ²³	toŋ⁵²	toŋ³⁴	toŋ³⁴	tʰoŋ⁵²
松江	ɦioŋ³¹	ioŋ⁴⁴	ɦioŋ³¹	boŋ³¹	toŋ⁵³	toŋ⁴⁴	toŋ³⁵	tʰoŋ⁵³
闵行	ɦioŋ³¹	ioŋ⁵⁵	ɦioŋ³¹	boŋ³¹	ɗoŋ⁵³	ɗoŋ⁵⁵	ɗoŋ³⁵	tʰoŋ⁵³
青浦	ɦioŋ³¹	ioŋ⁴³	ɦioŋ³¹	boŋ³¹	toŋ⁵¹	toŋ⁴³	toŋ³⁵	tʰoŋ⁵¹
金山	ɦioŋ³¹	ioŋ⁴⁴	ɦioŋ³¹	boŋ³¹	ɗoŋ⁵³	ɗoŋ⁴⁴	ɗoŋ³⁵	tʰoŋ⁵³
奉贤	ɦioŋ³¹	ioŋ⁴⁴	ɦiŋ³¹	boŋ³¹	ɗoŋ⁵³	ɗoŋ⁴⁴	ɗoŋ³⁵	tʰoŋ⁵³
浦东（川沙）	ɦioŋ²¹³	ɦioŋ²¹³	ɦioŋ²¹³	boŋ²¹³	ɗoŋ⁵³	ɗoŋ⁴⁴	ɗoŋ³⁵	tʰoŋ⁵³
浦东（惠南）	ɦioŋ¹¹³	ɦioŋ¹³	ɦioŋ¹¹³	boŋ¹¹³	ɗoŋ⁵³	ɗoŋ⁴⁴	ɗoŋ³⁵	tʰoŋ⁵³
嘉定	ɦioŋ²³¹	ioŋ⁴²³	ɦiŋ²³¹	boŋ²³¹	toŋ⁵³	toŋ⁴²³	toŋ⁴²³	tʰoŋ⁵³
宝山	ɦioŋ²³	ioŋ³⁴	ɦĩn³¹	boŋ³¹	toŋ⁵³	toŋ³⁴	toŋ³⁴	tʰoŋ⁵³
崇明	ɦyoŋ²⁴	ʔyoŋ³³	ɦiŋ²⁴	boŋ²⁴	toŋ⁵³	toŋ⁴²⁴	toŋ³³	tʰoŋ⁵³

例字 中古音 地点	0921 桶 通合一 上董透	0922 痛 通合一 去送透	0923 铜 通合一 平东定	0924 动 通合一 上董定	0925 洞 通合一 去送定	0926 聋 通合一 平东来	0927 弄 通合一 去送来	0928 粽 通合一 去送精
中心城区（南）	doŋ²³	tʰoŋ³⁴	doŋ²³	doŋ²³	doŋ²³	loŋ²³	loŋ²³ loŋ⁵²又	tsoŋ³⁴
中心城区（北）	doŋ²³	tʰoŋ³⁴	doŋ²³	doŋ²³	doŋ²³	loŋ²³	loŋ²³	tsoŋ³⁴
松江	doŋ¹³	tʰoŋ³⁵	doŋ³¹	doŋ¹³	doŋ¹³	loŋ³¹	loŋ¹³	tsoŋ³⁵
闵行	doŋ¹³	tʰoŋ³⁵	doŋ³¹	doŋ¹³	doŋ¹³	loŋ³¹	loŋ¹³ ～堂	tsoŋ³⁵
青浦	doŋ²²⁴	tʰoŋ³⁵	doŋ³¹	doŋ²²⁴	doŋ²²⁴	loŋ³¹	loŋ²²⁴	tsoŋ³⁵
金山	doŋ¹³	tʰoŋ³⁵	doŋ³¹	doŋ¹³	doŋ¹³	loŋ³¹	loŋ¹³	tsoŋ³⁵
奉贤	doŋ²⁴	tʰoŋ³⁵	doŋ³¹	doŋ¹³	doŋ²⁴	loŋ³¹	loŋ²⁴	tsoŋ³⁵
浦东（川沙）	doŋ²¹³	tʰoŋ³⁵	doŋ¹³	doŋ¹³	doŋ¹³	loŋ²¹³	loŋ²¹³	tsoŋ⁴⁴
浦东（惠南）	doŋ¹¹³	tʰoŋ³⁵	doŋ¹¹³	doŋ¹¹³	doŋ¹³	loŋ¹¹³	loŋ¹³	tsoŋ⁵³
嘉定	doŋ²¹³	tʰoŋ⁴²³	doŋ²³¹	doŋ²¹³	doŋ²¹³	loŋ²³¹	loŋ²¹³	tsoŋ⁴²³
宝山	doŋ²³	tʰoŋ³⁴	doŋ³¹	doŋ²³	doŋ²³	loŋ³¹	loŋ³¹	tsoŋ⁵³
崇明	doŋ²⁴²	tʰoŋ³³	doŋ²⁴	doŋ²⁴²	doŋ³¹³	loŋ²⁴	noŋ³¹³动 loŋ³¹³～堂	tsoŋ⁵³

例字 中古音 地点	0929 葱 通合一平东清	0930 送 通合一去送心	0931 公 通合一平东见	0932 孔 通合一上董溪	0933 烘~干 通合一平东晓	0934 红 通合一平东匣	0935 翁 通合一平东影	0936 木 通合一入屋明
中心城区（南）	tsʰoŋ⁵²	soŋ³⁴	koŋ⁵²	kʰoŋ³⁴	hoŋ⁵²	ɦoŋ²³ koŋ⁵² 女~	oŋ⁵²	moʔ¹²
中心城区（北）	tsʰoŋ⁵²	soŋ³⁴	koŋ⁵²	kʰoŋ³⁴	hoŋ⁵²	ɦoŋ²³	oŋ⁵²	moʔ¹²
松江	tsʰoŋ⁵³	soŋ³⁵	koŋ⁵³	kʰoŋ³⁵	hoŋ⁵³	ɦoŋ³¹	oŋ⁵³	mɒʔ²
闵行	tsʰoŋ⁵³	soŋ³⁵	koŋ⁵³	kʰoŋ³⁵	hoŋ⁵³	ɦoŋ³¹	oŋ⁵³	moʔ²³
青浦	tsʰoŋ⁵¹	soŋ³⁵	koŋ⁵¹	kʰoŋ³⁵	hoŋ⁵¹	ɦoŋ³¹	oŋ⁵³	moʔ²³
金山	tsʰoŋ⁵³	soŋ³⁵	koŋ⁵³	kʰoŋ³⁵	hoŋ⁵³	ɦoŋ³¹ koŋ³¹ 女~ ŋʷ³¹ 圆唇的ŋ	oŋ⁵³	mɔʔ¹²
奉贤	tsʰoŋ⁵³	soŋ³⁵	koŋ⁵³	kʰoŋ³⁵	hoŋ⁵³	ɦoŋ³¹	oŋ⁵³	mɔʔ²³
浦东（川沙）	tsʰoŋ⁵³	soŋ³⁵	koŋ⁵³	kʰoŋ⁴⁴	ɸoŋ⁵³	ɦoŋ²¹³	oŋ⁵³	mɔʔ²³
浦东（惠南）	tsʰoŋ⁵³	soŋ³⁵	koŋ⁵³	kʰoŋ³⁵	hoŋ⁵³	ɦoŋ¹¹³	oŋ⁵³	mɔʔ²³
嘉定	tsʰoŋ⁵³	soŋ⁴²³	koŋ⁵³	kʰoŋ⁴²³	hoŋ⁵³	ɦoŋ²³¹	oŋ⁵³	mɔʔ²³
宝山	tsʰoŋ⁵³	soŋ³⁴	koŋ⁵³	kʰoŋ³⁴	hoŋ⁵³	ɦoŋ³¹	oŋ⁵³	mɔʔ¹²
崇明	tsʰoŋ⁵³	soŋ³³	koŋ⁵³	kʰoŋ³³	hoŋ⁵³	ʰɦoŋ²⁴	ʔoŋ⁵³	mɔʔ²

例字 中古音 地点	0937 读 通合一 入屋定	0938 鹿 通合一 入屋来	0939 族 通合一 入屋从	0940 谷稻~ 通合一 入屋见	0941 哭 通合一 入屋溪	0942 屋 通合一 入屋影	0943 冬~至 通合一 平冬端	0944 统 通合一 去宋透
中心城区（南）	doʔ^{12}	loʔ^{12}	zoʔ^{12}	koʔ^{55}	kʰoʔ^{55}	oʔ^{55}	toŋ^{52}	tʰoŋ^{34}
中心城区（北）	doʔ^{12}	loʔ^{12}	zoʔ^{12}	koʔ^{55}	kʰoʔ^{55}	oʔ^{55}	toŋ^{52}	tʰoŋ^{34}
松江	doʔ^{2}	loʔ^{2}	zoʔ^{2}	koʔ^{4}	kʰoʔ^{4}	oʔ^{4}	toŋ^{53}	tʰoŋ^{44}
闵行	doʔ^{23}	loʔ^{23}	zoʔ^{23}	koʔ^{5}	kʰoʔ^{5}	oʔ^{5}	ɗoŋ^{53}	tʰoŋ^{55}
青浦	doʔ^{12}	loʔ^{12}	zoʔ^{12}	koʔ^{55}	kʰoʔ^{55}	uoʔ^{55}	toŋ^{51}	tʰoŋ^{43}
金山	dɔʔ^{12}	lɔʔ^{12}	zɔʔ^{12}	kɔʔ^{5}	kʰɔʔ^{5}	ɔʔ^{5}	ɗoŋ^{53}	tʰoŋ^{44}
奉贤	doʔ^{23}	loʔ^{23}	zoʔ^{23}	koʔ^{55}	kʰoʔ^{55}	oʔ^{55}	ɗoŋ^{53}	tʰoŋ^{44}
浦东（川沙）	doʔ^{23}	loʔ^{23}	zoʔ^{23}	koʔ^{55}	kʰoʔ^{55}	oʔ^{55}	ɗoŋ^{53}	tʰoŋ^{44}
浦东（惠南）	doʔ^{23}	loʔ^{23}	zoʔ^{23}	koʔ^{55}	kʰoʔ^{55}	oʔ^{55}	ɗoŋ^{53}	tʰoŋ^{44}
嘉定	doʔ^{23}	loʔ^{23}	zoʔ^{23}	koʔ^{55}	kʰoʔ^{55}	oʔ^{55}	toŋ^{53}	tʰoŋ^{423}
宝山	doʔ^{12}	loʔ^{12}	zoʔ^{12}	koʔ^{55}	kʰoʔ^{55}	oʔ^{55}	toŋ^{53}	tʰoŋ^{34}
崇明	doʔ^{2}	loʔ^{2}	dzoʔ^{2}	koʔ^{5}	kʰoʔ^{5}	ʔoʔ^{5}	toŋ^{53}	tʰoŋ^{424}

例字 中古音 地点	0945 脓 通合一 平冬泥	0946 松~紧 通合一 平冬心	0947 宋 通合一 去宋心	0948 毒 通合一 入沃定	0949 风 通合三 平东非	0950 丰 通合三 平东敷	0951 凤 通合三 去送奉	0952 梦 通合三 去送明
中心城区（南）	noŋ²³	soŋ⁵²	soŋ³⁴	doʔ¹²	foŋ⁵²	foŋ⁵²	voŋ²³	mã²³
中心城区（北）	noŋ²³	soŋ⁵²	soŋ³⁴	doʔ¹²	foŋ⁵²	foŋ⁵²	voŋ²³	mã²³
松江	loŋ³¹	soŋ⁵³	soŋ³⁵	doʔ²	foŋ⁵³	foŋ⁵³	voŋ¹³	mõ¹³
闵行	noŋ³¹	soŋ⁵³	soŋ³⁵	doʔ²³	hoŋ⁵³	foŋ⁵³	ɦoŋ¹³	mã¹³
青浦	noŋ³¹	soŋ⁵¹	soŋ³⁵	doʔ¹²	foŋ⁵¹	foŋ⁵¹	voŋ²²⁴	mã²²⁴
金山	loŋ³¹	soŋ⁵³	soŋ³⁵	dɔʔ¹²	foŋ⁵³	foŋ⁵³	voŋ¹³	mã¹³
奉贤	noŋ³¹	soŋ⁵³	soŋ³⁵	doʔ²³	hoŋ⁵³	hoŋ⁵³	ɦoŋ²⁴	mã²⁴
浦东（川沙）	noŋ²¹³	soŋ⁵³	soŋ³⁵	doʔ²³	foŋ⁵³	foŋ⁵³	βoŋ¹³	mã¹³
浦东（惠南）	noŋ¹¹³	soŋ⁵³	soŋ³⁵	doʔ²³	hoŋ⁵³	foŋ⁵³	ʋoŋ¹³	mã¹³
嘉定	noŋ²³¹	soŋ⁵³	soŋ⁴²³	doʔ²³	foŋ⁵³	foŋ⁵³	boŋ²³¹~仙花 voŋ²¹³~凰	mã²¹³ moŋ²¹³
宝山	noŋ²³	soŋ⁵³	soŋ³⁴	doʔ¹²	foŋ⁵³	hoŋ⁵³	ɦoŋ²³	mõ²³ moŋ²³ 又
崇明	noŋ²⁴	soŋ⁵³	soŋ³³	doʔ²	foŋ⁵³	foŋ⁵³	voŋ³¹³	mã³¹³

例字 中古音 地点	0953 中当~ 通合三平东知	0954 虫 通合三平东澄	0955 终 通合三平东章	0956 充 通合三平东昌	0957 宫 通合三平东见	0958 穷 通合三平东群	0959 熊 通合三平东云	0960 雄 通合三平东云
中心城区（南）	tsoŋ⁵²	zoŋ²³	tsoŋ⁵²	tsʰoŋ⁵²	koŋ⁵²	dʑioŋ²³	ɦioŋ²³	ɦioŋ²³
中心城区（北）	tsoŋ⁵²	zoŋ²³	tsoŋ⁵²	tsʰoŋ⁵²	koŋ⁵²	dʑioŋ²³	ɦioŋ²³	ɦioŋ²³
松江	tsoŋ⁵³	zoŋ³¹	tsoŋ⁴⁴	tsʰoŋ⁵³	koŋ⁵³	ʑioŋ³¹	ɦioŋ³¹	ɦioŋ³¹
闵行	tsoŋ⁵³	zoŋ³¹	tsoŋ⁵³	tsʰoŋ⁵³	koŋ⁵³	dʑioŋ³¹	ɦioŋ³¹	ɦioŋ³¹
青浦	tsoŋ⁵¹	zoŋ³¹	tsoŋ⁴³	tsʰoŋ⁵¹	koŋ⁵¹	dʑioŋ³¹	ɦioŋ³¹	ɦioŋ³¹
金山	tsoŋ⁵³	zoŋ³¹	tsoŋ⁵³	tsʰoŋ⁵³	koŋ⁵³	dʑioŋ³¹	ʑioŋ³¹	ʑioŋ³¹
奉贤	tsoŋ⁵³	zoŋ³¹	tsoŋ⁴⁴	tsʰoŋ⁵³	koŋ⁵³	dʑioŋ³¹	ɦioŋ³¹	ɦioŋ³¹
浦东（川沙）	tsoŋ⁵³	zoŋ²¹³	tsoŋ⁵³	tsʰoŋ⁵³	koŋ⁵³	dʑioŋ²¹³	ɦioŋ²¹³	ɦioŋ²¹³
浦东（惠南）	tsoŋ⁵³	zoŋ¹¹³	tsoŋ⁵³	tsʰoŋ⁵³	koŋ⁵³	dʑioŋ¹¹³	ɦioŋ¹¹³	ɦioŋ¹¹³
嘉定	tsoŋ⁵³	zoŋ²³¹	tsoŋ⁴²³	tsʰoŋ⁵³	koŋ⁵³	dʑioŋ²³¹	ɦioŋ²³¹	ɦioŋ²³¹
宝山	tsoŋ⁵³	zoŋ³¹	tsoŋ³⁴	tsʰoŋ⁵³	koŋ⁵³	dʑioŋ³¹	ɦioŋ³¹	ɦioŋ³¹
崇明	tsoŋ⁵³	dzoŋ²⁴	tsoŋ⁵³	tsʰoŋ⁵³	koŋ⁵³	dzyoŋ²⁴	ɦyoŋ²⁴	ɦyoŋ²⁴

例字＼中古音＼地点	0961 福 通合三入屋非	0962 服 通合三入屋敷	0963 目 通合三入屋明	0964 六 通合三入屋来	0965 宿住~,~舍 通合三入屋心	0966 竹 通合三入屋知	0967 畜~生 通合三入屋彻	0968 缩 通合三入屋生
中心城区（南）	foʔ⁵⁵	voʔ¹²	moʔ¹²	loʔ¹²	soʔ⁵⁵	tsoʔ⁵⁵	tsʰoʔ⁵⁵	soʔ⁵⁵
中心城区（北）	foʔ⁵⁵	voʔ¹²	moʔ¹²	loʔ¹²	soʔ⁵⁵	tsoʔ⁵⁵	tsʰoʔ⁵⁵	soʔ⁵⁵
松江	foʔ⁴	voʔ²	mɒʔ²	loʔ²	soʔ⁴	tsoʔ⁴	tsʰoʔ⁴	sɒʔ⁴
闵行	hoʔ⁵	voʔ²³	mɔʔ²³	loʔ²³	soʔ⁵	tsoʔ⁵	tsʰoʔ⁵	soʔ⁵
青浦	foʔ⁵⁵	voʔ¹²	moʔ¹²	loʔ¹²	soʔ⁵⁵	tsoʔ⁵⁵	ɕyoʔ⁵⁵	soʔ⁵⁵
金山	fɔʔ⁵	vɔʔ¹²	mɔʔ¹²	lɔʔ¹²	sɔʔ⁵	tsɔʔ⁵	tsʰɔʔ⁵ ɕyɔʔ⁵文	sɔʔ⁵
奉贤	hoʔ⁵⁵	ɦoʔ²³	mɔʔ²³	loʔ²³	soʔ⁵⁵	tsoʔ⁵⁵	tsʰoʔ⁵⁵	sɔʔ⁵⁵
浦东（川沙）	foʔ⁵⁵	βoʔ²³	moʔ²³	loʔ²³	soʔ⁵⁵	tsoʔ⁵⁵	tsʰoʔ⁵⁵	soʔ⁵⁵
浦东（惠南）	foʔ⁵⁵	ɦoʔ²³	moʔ²³	loʔ²³	soʔ⁵⁵	tsoʔ⁵⁵	tsʰoʔ⁵⁵	soʔ⁵⁵
嘉定	foʔ⁵⁵	voʔ²³	moʔ²³	loʔ²³	soʔ⁵⁵	tsoʔ⁵⁵	tsʰoʔ⁵⁵	soʔ⁵⁵
宝山	hoʔ⁵⁵	ɦoʔ¹²	moʔ¹²	loʔ¹²	soʔ⁵⁵	tsoʔ⁵⁵	tsʰoʔ⁵⁵	soʔ⁵⁵
崇明	foʔ⁵	voʔ²	moʔ²	loʔ²	soʔ⁵	tsoʔ⁵	tsʰoʔ⁵	soʔ⁵

例字 中古音 地点	0969 粥 通合三入屋章	0970 叔 通合三入屋书	0971 熟 通合三入屋禅	0972 肉 通合三入屋日	0973 菊 通合三入屋见	0974 育 通合三入屋以	0975 封 通合三平钟非	0976 蜂 通合三平钟敷
中心城区（南）	tsoʔ⁵⁵	soʔ⁵⁵	zoʔ¹²	ȵioʔ¹²	tɕioʔ⁵⁵	ɦioʔ¹²	foŋ⁵²	foŋ⁵²
中心城区（北）	tsoʔ⁵⁵	soʔ⁵⁵	zoʔ¹²	ȵioʔ¹²	tɕioʔ⁵⁵	ɦioʔ¹²	foŋ⁵²	foŋ⁵²
松江	tsoʔ⁴	soʔ⁴	zoʔ²	ȵioʔ²	tɕyøʔ⁴	ioʔ⁴	foŋ⁵³	foŋ⁵³
闵行	tsoʔ⁵	soʔ⁵	zoʔ²³	ȵyoʔ²³	tɕyəʔ⁵	ɦyoʔ²³	foŋ⁵³	hoŋ⁵³ ~蜜
青浦	tsoʔ⁵⁵	soʔ⁵⁵	zoʔ¹²	ȵyoʔ¹²	tɕyəʔ⁵⁵	ɦyoʔ¹²	foŋ⁵¹	foŋ⁵¹
金山	tsɔʔ⁵	sɔʔ⁵	zɔʔ¹²	ȵyɔʔ¹²	tɕyɔʔ⁵	ɦyɔʔ¹²	foŋ⁵³	foŋ⁵³
奉贤	tsoʔ⁵⁵	soʔ⁵⁵	zoʔ²³	ȵioʔ²³	tɕioʔ⁵⁵	ioʔ⁵⁵	hoŋ⁵³	hoŋ⁵³
浦东（川沙）	tsoʔ⁵⁵	soʔ⁵⁵	zoʔ²³	ȵioʔ²³	tɕyœʔ⁵⁵	ɦioʔ²³	foŋ⁵³	foŋ⁵³
浦东（惠南）	tsoʔ⁵⁵	soʔ⁵⁵	zoʔ²³	ȵioʔ²³	tɕyœʔ⁵⁵	ɦyœʔ²³	foŋ⁵³	foŋ⁵³
嘉定	tsoʔ⁵⁵	soʔ⁵⁵	zoʔ²³	ȵioʔ²³	tɕioʔ⁵⁵	ȵioʔ²³ ~婴堂 ɦioʔ²³	foŋ⁵³	foŋ⁵³
宝山	tsoʔ⁵⁵	soʔ⁵⁵	zoʔ¹²	ȵioʔ¹²	tɕioʔ⁵⁵	ɦioʔ¹²	hoŋ⁵³	hoŋ⁵³
崇明	tsoʔ⁵	soʔ⁵	zoʔ²	ȵyoʔ²	tɕyoʔ⁵	ʔyoʔ⁵	foŋ⁵³	foŋ⁵³

例字 中古音 地点	0977 缝—条~ 通合三平钟奉	0978 浓 通合三平钟泥	0979 龙 通合三平钟来	0980 松~树 通合三平钟邪	0981 重轻~ 通合三上肿澄	0982 肿 通合三上肿章	0983 种~树 通合三去用章	0984 冲 通合三平钟昌
中心城区（南）	voŋ²³	ȵioŋ²³	loŋ²³	soŋ⁵²	zoŋ²³	tsoŋ³⁴	tsoŋ³⁴	tsʰoŋ⁵²
中心城区（北）	voŋ²³	ȵioŋ²³	loŋ²³	soŋ⁵²	zoŋ²³	tsoŋ³⁴	tsoŋ³⁴	tsʰoŋ⁵²
松江	voŋ¹³	ȵioŋ³¹	loŋ³¹	soŋ⁵³	zoŋ¹³	tsoŋ⁴⁴	tsoŋ³⁵	tsʰoŋ⁵³
闵行	ʋoŋ¹³	noŋ³¹	loŋ³¹	soŋ⁵³	zoŋ¹³	tsoŋ⁵⁵	tsoŋ³⁵	tsʰoŋ⁵³
青浦	voŋ²²⁴	ȵioŋ³¹	loŋ³¹	soŋ⁵¹	zoŋ²²⁴	tsoŋ⁴³	tsoŋ³⁵	tsʰoŋ⁵¹
金山	voŋ³¹	ȵioŋ³¹	loŋ³¹	soŋ⁵³	zoŋ¹³	tsoŋ⁴⁴	tsoŋ³⁵	tsʰoŋ⁵³
奉贤	ɦioŋ²⁴	ȵioŋ³¹	loŋ³¹	soŋ⁵³	zoŋ²⁴	tsoŋ⁴⁴	tsoŋ³⁵	tsʰoŋ⁵³
浦东（川沙）	βoŋ¹³	noŋ²¹³	loŋ²¹³	soŋ⁵³	zoŋ²¹³	tsoŋ⁴⁴	tsoŋ³⁵	tsʰoŋ⁵³
浦东（惠南）	ɦioŋ¹³	noŋ¹¹³	loŋ¹¹³	soŋ⁵³	zoŋ¹¹³	tsoŋ³⁵	tsoŋ³⁵	tsʰoŋ⁵³
嘉定	voŋ²¹³	ȵioŋ²³¹	loŋ²³¹	soŋ⁵³	zoŋ²¹³	tsoŋ⁴²³	tsoŋ⁴²³	tsʰoŋ⁵³
宝山	ɦioŋ³¹	ȵioŋ³¹ / noŋ³¹ 文	loŋ³¹	soŋ⁵³	zoŋ²³	tsoŋ³⁴	tsoŋ³⁴	tsʰoŋ⁵³
崇明	voŋ³¹³	ȵyoŋ²⁴	loŋ²⁴	soŋ⁵³	dzoŋ²⁴²	tsoŋ⁴²⁴	tsoŋ³³	tsʰoŋ⁵³

例字 中古音 地点	0985 恭 通合三 平钟见	0986 共 通合三 去用群	0987 凶 吉~ 通合三 平钟晓	0988 拥 通合三 上肿影	0989 容 通合三 平钟以	0990 用 通合三 去用以	0991 绿 通合三 入烛来	0992 足 通合三 入烛精
中心城区（南）	koŋ^{52}	goŋ^{23}	ɕioŋ^{52}	ioŋ^{34}	ɦioŋ^{23}	ɦioŋ^{23}	loʔ^{12}	tsoʔ^{55}
中心城区（北）	koŋ^{52}	goŋ^{23}	ɕioŋ^{52}	ioŋ^{34}	ɦioŋ^{23}	ɦioŋ^{23}	loʔ^{12}	tsoʔ^{55}
松江	koŋ^{53}	goŋ^{13}	ɕioŋ^{53}	ioŋ^{44}	ɦioŋ^{31}	ɦioŋ^{13}	loʔ^{2}	tsoʔ^{4}
闵行	koŋ^{53}	goŋ^{13}	ɕioŋ^{53}	ioŋ^{55}	ɦioŋ^{31}	ɦioŋ^{13}	loʔ^{23}	tsoʔ^{5}
青浦	koŋ^{51}	goŋ^{224}	ɕioŋ^{51}	ioŋ^{43}	ɦioŋ^{31}	ɦioŋ^{224}	loʔ^{12}	tsoʔ^{55}
金山	koŋ^{53}	goŋ^{13}	ɕioŋ^{53}	ioŋ^{44}	ɦioŋ^{31}	ɦioŋ^{13}	lɔʔ^{12}	tsɔʔ^{5}
奉贤	koŋ^{35}	goŋ^{24}	ɕioŋ^{53}	ioŋ^{44}	ɦioŋ^{31}	ɦioŋ^{13}	loʔ^{23}	tsoʔ^{55}
浦东（川沙）	koŋ^{53}	goŋ^{13}	ɕioŋ^{53}	ioŋ^{44}	ɦioŋ^{213}	ɦioŋ^{13}	loʔ^{23}	tsoʔ^{55}
浦东（惠南）	koŋ^{53}	goŋ^{13}	ɕioŋ^{53}	ioŋ^{53}	ɦioŋ^{113}	ɦioŋ^{13}	loʔ^{23}	tsoʔ^{55}
嘉定	koŋ^{53}	goŋ^{231}	ɕioŋ^{53}	ioŋ^{53}	ɦioŋ^{231}	ɦioŋ^{213}	loʔ^{23}	tsoʔ^{55}
宝山	koŋ^{53}	goŋ^{23}	ɕioŋ^{53}	ioŋ^{34}	ɦioŋ^{31}	ɦioŋ^{23}	loʔ^{12}	tsoʔ^{55}
崇明	koŋ^{53}	goŋ^{313}	ɕyoŋ^{53}	ʔyoŋ^{33}	ɦyoŋ^{24}	ɦyoŋ^{313}	loʔ^{2}	tsoʔ^{5}

例字 中古音 地点	0993 烛 通合三入烛章	0994 赎 通合三入烛船	0995 属 通合三入烛禅	0996 褥 通合三入烛日	0997 曲~折,歌~ 通合三入烛溪	0998 局 通合三入烛群	0999 玉 通合三入烛疑	1000 浴 通合三入烛以
中心城区（南）	tsoʔ⁵⁵	zoʔ¹²	zoʔ¹²	ȵioʔ¹² zoʔ¹²文	tɕʰioʔ⁵⁵	dʑioʔ¹²	ȵioʔ¹²	ɦioʔ¹²
中心城区（北）	tsoʔ⁵⁵	zoʔ¹²	zoʔ¹²	zoʔ¹²	tɕʰioʔ⁵⁵	dʑioʔ¹²	ȵioʔ¹²	ɦioʔ¹²
松江	tsoʔ⁴	zoʔ²	zoʔ²	ȵioʔ²	cʰioʔ⁴	jioʔ²	ȵioʔ²	ɦioʔ²
闵行	tsoʔ⁵	zoʔ²³	zoʔ²³	ȵyoʔ²³	tɕʰyoʔ⁵	dʑyoʔ²³	ȵyoʔ²³	ɦyoʔ²³
青浦	tsoʔ⁵⁵	zoʔ¹²	zoʔ¹²	ȵyoʔ¹²	tɕʰyoʔ⁵⁵	dʑyoʔ¹²	ȵyoʔ¹²	ɦyoʔ¹²
金山	tsɔʔ⁵	zɔʔ¹²	zɔʔ¹²	ȵyɔʔ¹²	tɕʰyɔʔ⁵	dʑyɔʔ¹²	ȵyɔʔ¹²	ɦyɔʔ¹²
奉贤	tsoʔ⁵⁵	zoʔ²³	zoʔ²³	zoʔ²³ zoʔ²³	tɕʰioʔ⁵⁵	dʑioʔ²³	ȵioʔ²³	ɦioʔ²³
浦东（川沙）	tsoʔ⁵⁵	zoʔ²³	zoʔ²³	ȵioʔ²³	tɕʰioʔ⁵⁵	dʑioʔ²³	ȵioʔ²³	ɦioʔ²³
浦东（惠南）	tsoʔ⁵⁵	zoʔ²³	zoʔ²³	zoʔ²³	tɕʰioʔ⁵⁵	dʑioʔ²³	ȵioʔ²³	ɦioʔ²³
嘉定	tsoʔ⁵⁵	zoʔ²³	zoʔ²³	zoʔ²³	tɕʰioʔ⁵⁵	dʑioʔ²³	ȵioʔ²³	ɦioʔ²³
宝山	tsoʔ⁵⁵	zoʔ¹²	zoʔ¹²	ȵioʔ¹² zoʔ¹²文	tɕʰioʔ⁵⁵	dʑioʔ¹²	ȵioʔ¹²	ɦioʔ¹²
崇明	tsoʔ⁵	zoʔ²	dzoʔ²	zoʔ²	tɕʰyoʔ⁵	dʑyoʔ²	ȵyoʔ²	ȵyoʔ²

词汇卷

词 汇 对 照

地点 \ 词条	0001 太阳～下山了	0002 月亮～出来了	0003 星星
中心城区（南）	太阳 tʰᴀ³³ɦiã⁵³ 日头 n̠iɪʔ²dɤ²³	月亮 ɦioʔ¹¹liã²³	星 ɕiŋ⁵² 星星 ɕiŋ⁵⁵ɕiŋ²¹
中心城区（北）	太阳 tʰa³³ɦiã⁴⁴ 太阳公公 tʰa³³ɦiã⁵⁵koŋ³³koŋ²¹	月亮 ɦioʔ¹¹liã²³ 月亮婆婆 ɦioʔ²²liã⁵⁵bu³³bu²¹	星星 ɕiŋ⁵⁵ɕiŋ²¹
松江	日头 n̠iɪʔ²dɯ⁵³ 旧称 太阳 tʰa⁵⁵ɦiæ̃³¹	月亮 n̠yøʔ²liæ̃³⁵	星星 ɕiŋ³⁵ɕiŋ⁵³
闵行	日头 n̠iɪʔ²²dɤ⁴⁴	月亮 n̠yəʔ²²liã⁴⁴	星星 siŋ⁵⁵siŋ⁵³
青浦	太阳 tʰa³³ɦiæ̃⁵² 日头 n̠iɪʔ¹¹də⁵²	月亮 n̠yəʔ¹¹liã³⁴	星星 siəŋ⁵⁵siəŋ³¹
金山	日头 n̠iɪʔ²dɤ⁵³ 太阳 tʰa³³ɦiæ̃³¹	月亮 n̠yøʔ²liɛ̃³⁵	星星 ɕiəŋ²⁴ɕiəŋ⁵³
奉贤	太阳 tʰa⁵³ɦiã²¹ 日头 n̠iɪʔ²²dɤ⁵³	月亮 n̠yøʔ²²liã³⁴	星 ɕiŋ⁵³
浦东（川沙）	日头 n̠iɪʔ²²dɤ³⁴	月亮 n̠yœʔ²²liã³⁴	星星 ɕiŋ⁵⁵ɕiŋ⁵³
浦东（惠南）	日头 n̠iɪʔ²²dɤ¹¹³	月亮 n̠yœʔ²²liã¹³	星星 ɕiŋ⁵⁵ɕiŋ⁵³
嘉定	日头 n̠iɪʔ²²dɤ²⁴	月亮 ŋəʔ²²liã²⁴	星 siŋ⁵³
宝山	日头 n̠iɪʔ²²dʌɪ²³ 太阳 tʰa³³ɦiã⁵²	月亮 ŋəʔ²²liã²³	星星 sɪŋ⁵⁵sɪŋ²¹
崇明	日头 n̠iəʔ²də⁵⁵	月亮 n̠yoʔ²liã³³	星 ɕiŋ⁵³

地点 \ 词条	0004 云	0005 风	0006 台风
中心城区（南）	云 ɦioŋ^{23}	风 foŋ^{52}	台风 dɛ^{22}foŋ^{53}
中心城区（北）	云 ɦioŋ^{23}	风 foŋ^{52}	台风 dɛ^{22}foŋ^{44}
松江	云 ɦioŋ^{31}	风 foŋ^{53}	台风 dɛ^{13}foŋ^{53}
闵行	云 ɦioŋ^{31}	风 hoŋ^{53}	台风 dɛ^{13}hoŋ^{53}
青浦	云 ɦioŋ^{31}	风 foŋ^{51}	台风 dɛ^{23}foŋ^{51}
金山	云 ɦioŋ^{31}	风 foŋ^{53}	台风 dɛ^{13}foŋ^{53}
奉贤	云 ɦiyŋ^{31}	风 hoŋ^{53}	台风 dɛ^{23}foŋ^{53}
浦东（川沙）	云 ɦioŋ^{213}	风 foŋ^{53}	台风 dɛ^{22}foŋ^{44}
浦东（惠南）	云 ɦioŋ^{113}	风 hoŋ^{53}	台风 dɛ^{22}hoŋ^{33}
嘉定	云 ɦiŋ^{231}	风 foŋ^{53}	台风 dɛ^{22}foŋ^{53}
宝山	云 ɦĩŋ^{31}	风 hoŋ^{53}	风潮 foŋ^{55}zɔ^{21} 台风 dɛ^{22}foŋ^{52}
崇明	云 ɦiyŋ^{24}	风 foŋ^{53}	台风 dɛ^{24}foŋ^{55}

地点 \ 词条	0007 闪电 名词	0008 雷	0009 雨
中心城区（南）	忽险 hoʔ³³ɕi⁵³	雷 lᴇ²³	雨 ɦy²³
中心城区（北）	霍险 hoʔ³³ɕi⁴⁴	雷 lei²³	雨 ɦy²³
松江	霍烁 hɒʔ⁴ɕıʔ⁴	雷响 le¹³ɕiæ̃⁵³	雨 ɦy¹³
闵行	霍闪 hoʔ⁴ɕi⁴⁴	雷 li³¹	雨 ɦy¹³
青浦	霍险 hɔʔ⁵⁵ɕıĩ⁵⁵	雷响 lɪ²³ɕiæ̃⁵¹	雨 ɦy²²⁴
金山	金线路 ciəŋ⁴⁴sɿ³³lu³¹	雷 le³¹	雨 y⁴⁴
奉贤	矒眕 hoʔ⁵³ɕi²¹	雷 le³¹	雨 ɦy²⁴
浦东（川沙）	霍险 hɔʔ⁴⁴ɕi⁴⁴	雷 le²¹³	雨 ɦy²¹³
浦东（惠南）	霍险 hɔʔ⁵⁵ɕi⁴⁴	雷 lᴇ¹¹³	雨 ɦy¹¹³
嘉定	霍险 hoʔ⁵⁵ɕıĩ²¹	雷 lɤ²³¹	雨 ɦy²¹³
宝山	忽闪 huəʔ⁵⁵ɕi²¹	雷 lʌɪ³¹	雨 ɦi²³
崇明	霍闪 hoʔ⁵sø³³	阵头 ʥən³¹³dɵ⁵⁵	雨 ɦy²⁴²

地点 \ 词条	0010 下雨	0011 淋 衣服被雨~湿了	0012 晒 ~粮食
中心城区（南）	落雨 loʔ^{12}ɦy^{23}	涿 toʔ^{55} 淋 liŋ^{23}	晒 so^{34}
中心城区（北）	落雨 loʔ^{12}ɦy^{23}	涿 toʔ^{55} 淋 liŋ^{23}	晒^1 sa^{34} 晒^2 so^{34}
松江	落雨 lɔʔ^{3}y^{33}	淋 liəŋ^{31}	晒 so^{35}
闵行	落雨 lɔʔ^{11}ɦi^{23}	落 lɔʔ^{12}	晒 sɤ^{34}
青浦	落雨 lɒʔ^{2}ɦy^{22}	淋 liŋ^{31}	晒 so^{35}
金山	落雨 lɔʔ^{22}ɦy^{24}	淋 liŋ^{231}	晒 sɤ^{423}
奉贤	落雨 lɒʔ^{22}ɦy^{113}	淋 lin^{113}	晒 so^{35}
浦东（川沙）	落雨 lɔʔ^{22}ɦy^{23}	淋 liŋ^{23} 涿 toʔ^5	晒^1 sa^{34} 晒^2 so^{34}
浦东（惠南）	落雨 lɔʔ^{11}ɦy^{34}	落湿 lɔʔ^{33}səʔ^{55}	晒 so^{35}
嘉定	落雨 lɔʔ^{22}ɦy^{44}	淋 liŋ^{31}	晒 so^{35}
宝山	落雨 lɔʔ^{22}ɦi^{23}	落 lɔʔ^{12}	晒 sɤ^{34}
崇明	落雨 lɔʔ^{42}ɦy^{21}	淋 liŋ^{31}	晒 so^{35}

地点＼词条	0013 雪	0014 冰	0015 冰雹
中心城区（南）	雪 ɕiɪʔ⁵⁵	冰 piŋ⁵²	冰雹 piŋ⁵⁵bɔ²¹
中心城区（北）	雪 ɕiɪʔ⁵⁵	冰 piŋ⁵²	冰雹 piŋ⁵⁵bɔ²¹
松江	雪 siɪʔ⁵	冰 ɓiəŋ⁵³	冰雹 ɓiəŋ⁵⁵bɔ³¹
闵行	雪 sɿʔ⁵⁵	冰 pĩ⁵³	冰雹 pĩ⁵⁵bɔ³¹
青浦	雪 ɕiɪʔ⁴	冰 piŋ⁵³	冰雹 piŋ⁵⁵bɔ³¹
金山	雪 siɪʔ⁵⁵	冰 piŋ⁵³	冰雹 piŋ⁵⁵bɔ²¹
奉贤	雪 ɕiɪʔ⁵⁵	冰 ɓin⁵³	冰雹 ɓin⁵⁵bɔ⁵³
浦东（川沙）	雪 ɕiɪʔ⁵⁵	冰 piŋ⁵²	冰雹 piŋ⁵⁵bɔ²¹
浦东（惠南）	雪 siɪʔ⁵⁵	冰 piəŋ⁵¹	冰雹 piəŋ⁵⁵bɔʔ³¹
嘉定	雪 siɪʔ⁵	冰 ɓin⁵³	冰雹 piŋ⁵⁵bɔ³¹
宝山	雪 sɿʔ⁵⁵	冰 pĩ⁵³	冰雹 pĩ⁵⁵bɔ²¹
崇明	雪 ɕiɪʔ⁵⁵	冰 piŋ⁵³	冰雹 piŋ⁵⁵bɔ²¹

雾	0016霜	0017雾	0018露
中心城区（南）	霜 sã^{52}	雾 fiu^{23} 迷雾 mi^{22}fiu^{53}	露水 lu^{22}sʅ^{53}
中心城区（北）	霜 sã^{52}	雾 fiu^{23} 迷雾 mi^{22}fiu^{53}	露水 lu^{22}sʅ^{53}
松江	霜 sã^{53}	雾 vu^{13}	露 lu^{13}
闵行	霜 sɒ̃^{53}	迷露 mi^{24}lu^{22}	露 lu^{23}
青浦	霜 sɒ̃^{53}	雾露 vu^{22}lu^{35}	露水 lu^{22}sʅ^{22}
金山	霜 sã^{53}	迷露 mi^{24}lu^{21}	露水 lu^{24}sʅ^{21}
奉贤	霜 sã^{53}	雾 βu^{13}	露 lu^{13}
浦东（川沙）	霜 sã^{52}	雾 fiu^{23}	露 lu^{23}
浦东（惠南）	霜 sã^{51}	雾 fiu^{224}	露水 ləu^{25}sʅ^{11}
嘉定	霜 sã^{53}	雾 fiu^{13}	露水 lu^{22}sʅ^{44}
宝山	霜 sɒ̃^{53}	迷露 mi^{24}lu^{22}	露 lu^{24}
崇明	霜 sã^{53}	雾露 fiu^{22}lu^{34}	露水 lu^{42}sʅ^{21}

地点 \ 词条	0019 虹 统称	0020 日食	0021 月食
中心城区（南）	虹 ɦoŋ²³	日食 ȵiɪʔ$^{\underline{11}}$zəʔ$^{\underline{23}}$	月食 ɦioʔ$^{\underline{11}}$zəʔ$^{\underline{23}}$
中心城区（北）	虹 ɦoŋ²³	天狗吃太阳 ti⁵⁵kɤ²¹tɕioʔ$^{\underline{44}}$tʰa³³ɦiã⁴⁴	天狗吃月亮 ti⁵⁵kɤ²¹tɕioʔ$^{\underline{44}}$ɦioʔ¹liã²³
松江	鲎 hɯ³⁵	日食 zəʔ²zəʔ²	月食 ȵyøʔ²zəʔ²
闵行	鲎 hɤ³⁵	天狗吃日头 tʰi⁵⁵kɤ³³tɕiɪʔ²⁴ȵiɪʔ²²dɤ⁴²	天狗吃月亮 tʰi⁵⁵kɤ³³tɕiɪʔ²⁴ȵyəʔ²²liã⁴⁴
青浦	鲎 hə³⁵	日食 ȵiɪʔ³³zəʔ²⁴ 天狗吃日头 tʰiɪ⁵⁵kə³³tɕʰiə²⁵⁵ȵiɪʔ$^{\underline{33}}$də⁵¹	月食 ȵyəʔ³³zəʔ²⁴ 野月吃家月 ɦia¹¹ȵyəʔ²²tɕʰiəʔ²ka⁵⁵ȵyəʔ¹¹
金山	鲎 hɤ³⁵	天狗吃太阳 tʰiɪ²⁴kɤ⁵³cʰiʌʔ²⁵tʰa³³ɦiã³¹	天狗吃月亮 tʰiɪ²⁴kɤ⁵³cʰiʌʔ²⁵ȵyøʔ²liẽ⁵³
奉贤	鲎 hɤ³⁵	日食 zəʔ$^{\underline{42}}$zəʔ$^{\underline{21}}$	月食 ȵyøʔ$^{\underline{42}}$zəʔ$^{\underline{21}}$
浦东（川沙）	虹 ¹kã³⁵ 虹 ²ɦoŋ²¹³	野日头吃家日头 ɦiʌ²²ȵiɪʔ$^{\underline{55}}$dɤ⁵³tɕʰiʌʔ²kʌ⁵⁵ ȵiɪʔ$^{\underline{55}}$dɤ²¹	野月亮吃家月亮 ɦiʌ²²ȵyœʔ$^{\underline{55}}$liã²¹ tɕʰiʌʔ²kʌ⁵⁵ȵyœʔ$^{\underline{55}}$liã²¹
浦东（惠南）	鲎 hə³⁵ 虹 ¹kã³⁵ 虹 ²hoŋ³⁵	野日头吃家日头 ɦiʌ¹³ȵiɪʔ$^{\underline{55}}$dɤ⁵³tɕʰiʌʔ$^{\underline{55}}$ kʌ⁵⁵ȵiɪʔ$^{\underline{55}}$dɤ⁵³	野月亮吃家月亮 ɦiʌ¹³ȵyœʔ$^{\underline{55}}$liã⁵³ tɕʰiʌʔ$^{\underline{55}}$kʌ⁵⁵ȵyœʔ$^{\underline{55}}$liã³¹
嘉定	鲎 hɤ⁴²³	天狗吃日头 tiɪ⁵⁵kɤ⁵³tɕiɪʔ⁵⁵ȵiɪʔ²²dɤ²⁴	天狗吃月亮 tiɪ⁵⁵kɤ⁵³tɕiɪʔ⁵⁵ŋəʔ²²liã²⁴
宝山	鲎 hʌɪ³⁴	吃日头 tɕʰiəʔ³³ȵiɪʔ⁵dʌɪ²¹	野月吃家月 ɦia²²ŋəʔ⁴⁴tɕʰiəʔ$^{\underline{55}}$ka⁵⁵ŋəʔ²¹
崇明	鱟 hɵ³³	天狗吃日头 tʰie⁵⁵kɵ⁰tɕʰiəʔ⁵ȵiəʔ⁵dɵ⁵⁵	月亮拨天狗吃脱特 ȵyoʔ²liã³³pəʔ⁵tʰie⁵⁵kɵ⁰ tɕʰiəʔ⁵tʰəʔ⁵dəʔ⁰

地点＼词条	0022 天气	0023 晴~天~	0024 阴~天~
中心城区（南）	天气 tʰi⁵⁵tɕʰi²¹	晴 dʑiŋ²³ 天好 tʰi⁵²hɔ³⁴	阴 iŋ⁵² 阴势天 iŋ⁵⁵sɹ̩³³tʰi²¹
中心城区（北）	天气 tʰi⁵⁵tɕʰi²¹	好 hɔ³⁴	阴 iŋ⁵² 阴丝呱搭 iŋ⁵⁵sɹ̩³³kuɐʔ³³tɐʔ²¹
松江	天气 tʰi⁵⁵tɕʰi³¹	晴 ʑiŋ³¹	阴 iŋ⁵³
闵行	天气 tʰi⁵⁵tɕʰi³⁵	天好 tʰi⁵⁵hɔ⁵³	阴势天 iŋ⁵⁵sɹ̩⁴⁴tʰi⁴⁴
青浦	天气 tʰiɿ⁵⁵tɕʰi³¹	天好 tʰiɿ⁵⁵hɔ³¹	阴势天 iəŋ⁵⁵sɹ̩⁵³tʰiɿ²¹
金山	天气 tʰiɿ⁵⁵tɕʰi³¹	晴 ʑiəŋ³¹	阴 iəŋ⁵³
奉贤	天气 tʰi⁵⁵tɕʰi²¹	晴天 ʑiŋ²³tʰi⁵³	阴势天 iŋ⁴⁴sɹ̩⁴⁴tʰi⁵³
浦东（川沙）	天气 tʰi⁵⁵tɕʰi²¹	天好 tʰi⁵⁵hɔ²¹	阴 in⁵³
浦东（惠南）	天气 tʰi⁵⁵tɕʰi³¹	晴 ʑin¹¹³	阴 in⁵³
嘉定	天气 tiɿ⁵⁵tɕi²¹	天好 tiɿ⁵⁵hɔ⁴²³	上云天 zã²²ɦiŋ⁵⁵tiɿ²¹
宝山	天气 tʰe⁵⁵tɕʰi²¹	晴 ʑĩŋ³¹	阴 ĩŋ⁵³
崇明	天色 tʰie⁵⁵səʔ⁵	好天 hɔ⁴²⁴tʰie⁵⁵	阴天 ʔin⁵⁵tʰie⁵⁵

地点＼词条	0025 旱天~	0026 涝天~	0027 天亮
中心城区（南）	干 kø⁵² 旱 ɦø²³	发大水 fᴀʔ⁵⁵du²²sʅ⁵³	天亮 tʰi⁵²liã²³
中心城区（北）	干 kø⁵²	发大水 feʔ⁴⁴du²²sʅ⁴⁴	天亮 ¹tʰi⁵⁵liã²¹ 广用式 天亮 ²tʰi⁵²liã²³ 窄用式
松江	干 kø⁵³	发大水 fæʔ³du⁵⁵sʅ³¹	天亮 tʰi⁵⁵liæ³¹
闵行	干 kø⁵³	水灾 sʅ⁵⁵tse⁵³	天亮特 tʰi⁵⁵liã²²dəʔ⁰
青浦	天干 tʰiɪ⁵⁵kø³¹ 天燥 tʰiɪ⁵³so³⁵	涝 lɔ²²⁴ 发大水 faʔ⁵⁵dəu³⁴sʅ⁴¹	天亮 tʰiɪ⁵³liæ²²⁴
金山	旱 ɦy¹³	涝 lɔ³¹	天亮 tʰiɪ⁵⁵liɛ̃³¹
奉贤	干 kø⁵³	潮 zɔ³¹	天亮 tʰi⁵⁵liã²¹
浦东（川沙）	旱 ɦø¹³	涝 lɔ¹³	天亮 tʰi⁵⁵liã³⁵
浦东（惠南）	干 kø⁵³	涝 lɔ¹³	天亮 tʰi⁵⁵liã¹³
嘉定	干旱 kɤ⁵⁵ɦɤ²¹	大水没 du²⁴sʅ²¹məʔ²⁴	天亮 tiɪ⁵⁵liã²¹³
宝山	旱 ɦɤ²³	涝 lɔ³¹	天亮 tʰe⁵⁵liã²¹
崇明	旱天 hɦø³¹³tʰie⁵⁵	（无）	天亮 tʰie⁵⁵liã⁰

地点＼词条	0028 水田	0029 旱地 浇不上水的耕地	0030 田埂
中心城区（南）	水田 sʅ³³di⁵³	干地 kø⁵⁵di²¹	田横头 di²²ɦuã⁵⁵dɤ²¹ 田埂 di²²kã⁵³
中心城区（北）	水稻田 sʅ³³dɔ⁵⁵di²¹	旱地 ɦø²²di⁴⁴	田埂 di²²kã⁴⁴
松江	水稻田 sʅ³³dɔ⁵⁵di³¹	旱地 ɦø²⁴di³¹	田岸 di²⁴ŋø³¹
闵行	稻田 dɔ¹³di³¹	干地 kø⁵⁵di²²	田岸 di¹³ŋø³¹
青浦	水稻田 sʅ⁴⁴dɔ⁵⁵diɪ³¹	青梗地 tsʰiəŋ⁵⁵kã⁵⁵di³¹ 蔬菜地 su⁵⁵tsʰE⁵⁵di¹¹	田岸 diæ̃²³ŋø⁵¹
金山	水田 sø²⁴di⁵³	旱地 ɦø²⁴di⁵³	田岸 di¹³ŋø³¹ 田埂 di¹³kã⁵³
奉贤	水田 sʅ⁵⁵di²¹	旱地 ɦø²²di⁵³	田埂 di²³kã⁵³
浦东（川沙）	稻田 dɔ²²di⁵³	旱地 ɦø²²di⁵³	田岸 di²²ŋø⁴⁴
浦东（惠南）	水田 sʅ³³di³¹	旱地 ɦø³³di³¹	田岸 di²²ŋø³³ 垄头 lɔŋ²²dɤ³³
嘉定	秧田 iã⁵⁵diɪ²¹	干旱地 kɤ⁵⁵ɦɤ²²diɪ²¹	田岸 diɪ²⁴ŋE²¹
宝山	水田 sʅ³³de⁵²	旱地 ɦɤ²²di²³	田岸 de²⁴ŋE³¹
崇明	稻田 dɔ³¹³lie⁵⁵	亢田 hɦiã³¹³lie⁵⁵	埂岸 kã⁵⁵ŋø⁰

地点 \ 词条	0031 路 野外的	0032 山	0033 山谷
中心城区（南）	路 lu²³	山 sɛ⁵²	山坳 sɛ⁵⁵ɔ²¹
中心城区（北）	山路 sɛ⁵⁵lu²¹ 野路 ɦia²²lu⁴⁴	山 sɛ⁵²	山谷 sɛ⁵⁵koʔ²¹ 山坳坳 sɛ⁵⁵ɔ³³ɔ²¹
松江	路 lu¹³	山 sɛ⁵³	山谷 sɛ⁵⁵koʔ³¹
闵行	路 lu¹³	山 sɛ⁵³	山谷 sɛ⁵⁵koʔ³¹
青浦	道路 dɔ²²ləu³⁵	山 sɛ⁵¹	山谷 sɛ⁵⁵koʔ³³
金山	路 lu¹³	山 sɛ⁵³	山谷 sɛ⁴koʔ²
奉贤	路 lu²⁴	山 sɛ⁵³	山谷 sɛ⁵³koʔ²¹
浦东（川沙）	路 lu¹³	山 sɛ⁵³	山谷 sɛ⁵⁵koʔ⁵³
浦东（惠南）	路 lu¹³	山 sɛ⁵³	山谷 sɛ⁵⁵koʔ⁵³
嘉定	路 lu²¹³	山 sɛ⁵³	山沟 sɛ⁵⁵kɤ²¹
宝山	路 lu²³	山 sɛ⁵³	山谷 sɛ⁵⁵koʔ³¹
崇明	小路 ɕiɔ⁴²⁴lu³³	山 sæ⁵³	山谷 sæ⁵³koʔ⁵

地点＼词条	0034 江 大的河	0035 溪 小的河	0036 水沟儿 较小的水道
中心城区（南）	江 kã⁵²	河浜 ɦu²²pã⁴⁴	水沟 sɿ³³kɤ⁵³
中心城区（北）	江 kã⁵² 大河浜 du²²ɦu⁵⁵pã²¹	小河浜 ɕiɔ³³ɦu⁵⁵pã²¹	（无）
松江	江 kɒ̃⁵³	溪 tɕʰi⁵³	垄沟 loŋ¹³kɯ⁵³
闵行	江 kã⁵³	小河浜 ɕiɔ²²ɦu⁴⁴pã²²	水沟沟 sɿ²²kɤ⁴⁴kɤ²²
青浦	大江 dəu²²kã⁵³ 大河 dəu²²ɦu⁵³	河浜 ɦu²³pæ̃⁵¹	农沟 noŋ²³kə⁵¹
金山	江 ciẽ⁵³	溪 tɕʰi⁵³	水塘 sɿ²⁴dã⁵³
奉贤	江 kã⁵³	浜 6ã⁵³ 浜头 6ã⁴⁴dɤ⁵³	沟头 kɤ⁴⁴dɤ⁵³
浦东（川沙）	江 kã⁵³	河浜 ɦu²²6ã⁵³	小河浜 ɕiɔ²²ɦu⁵⁵6ã⁵³
浦东（惠南）	江 kã⁵³	河浜 ɦu²²6ã³³	小河浜 ɕiɔ³⁵ɦu⁵⁵6ã⁵³
嘉定	江 kã⁵³	小河 siɔ³⁵ɦu²¹	小水沟 siɔ³³sɿ⁵⁵kɤ²¹
宝山	江 kɒ̃⁵³	小河浜 siɔ³³vu⁵⁵pã²¹	水沟 sɿ³³kʌɿ⁵²
崇明	江 kã⁵³	（无）	沟 kə⁵³

地点＼词条	0037 湖	0038 池塘	0039 水坑儿 地面上有积水的小洼儿
中心城区（南）	湖 βu²³	水荡 sɿ³³dã⁵³ 河塘 βu²²dã⁵³	水潭 sɿ³³dɛ⁵³ 水塘 sɿ³³dã⁵³ 水坑 sɿ³³kʰã⁵³
中心城区（北）	湖 ɦu²³ 河浜 ɦu²²pã⁴⁴	河浜 ɦu²²pã⁴⁴ 池塘 zɿ²²dã⁴⁴	池塘 zɿ²²tʰã⁴⁴
松江	湖 vu³¹	池塘 zɿ¹³dɒ̃⁵³	水潭 sɿ³⁵dɛ³¹
闵行	湖 ɦu³¹	池塘 zɿ²²dã⁴⁴	水凼 sɿ³⁵dã³¹
青浦	湖 ɦu³¹	浜斗 pæ̃⁵⁵tə³¹	水塘 sɿ⁴⁴dã⁵³
金山	湖 vu³¹	池塘 zɿ¹³dã⁵³	水塘 sɿ²⁴dã⁵³
奉贤	湖 ɦu³¹	池塘 zɿ²³dã⁵³	水凼 sɿ⁵⁵dã²¹
浦东（川沙）	湖 βu²¹³	池塘 zɿ³³dã⁵³	水潭 sɿ³³dɛ⁵³
浦东（惠南）	湖 ɦu¹¹³	池塘 zɿ²²dã³³	水潭潭 sɿ³⁵dɛ⁵⁵dɛ⁵³ 水潭宕 sɿ³⁵dɛ⁵⁵dã⁵³
嘉定	湖 ɦu²³¹	池塘 zɿ²²dã⁵³	水塘田 sɿ³³dã⁵⁵diɪ²¹
宝山	湖 vu³¹	塘 dɒ̃³¹ 河浜 vu²²pã⁵²	水荡 sɿ⁵⁵dɒ̃²¹ 水潭潭 sɿ³³de⁵⁵de²¹
崇明	湖 ɦu²⁴	池塘 dʑɿ²⁴dã⁵⁵	水田 sɿ⁴²⁴liɪ⁵⁵

地点 \ 词条	0040 洪水	0041 淹 被水~了	0042 河岸
中心城区（南）	大水 du^{22}sʅ^{53}	没 məʔ^{12} 淹没 i^{55}məʔ^{21}	河岸 ɦu^{22}ŋɤ^{53} 岸 ŋɤ^{23}
中心城区（北）	洪水 ɦoŋ^{22}sʅ^{44}	没脱 mɐ^{11}tʰɐʔ^{23}	岸 ŋø^{23} 河浜边浪 ɦu^{22}pã^{55}pi^{33}lã^{21}
松江	大水 du^{22}sʅ^{22}	没 məʔ^{2}	岸 ŋø^{13}
闵行	洪水 ɦoŋ^{13}sʅ^{53}	水没脱 sʅ^{44}məʔ^{22}tʰəʔ^{44}	河岸 ɦu^{13}ŋø^{44}
青浦	发大水 faʔ^{55}dəu^{25}sʅ^{11}	没脱哉 əʔ^{11}tʰəʔ^{22}tsE^{24}	石泊岸 zaʔ^{11}bøʔ^{22}ŋø^{24}
金山	洪水 ɦoŋ^{13}sø^{53}	淹 iʯ^{35}	河岸 vu^{13}ŋø^{31}
奉贤	大水 du^{42}sʅ^{21}	没脱 məʔ^{42}tʰəʔ^{21}	河岸 ɦu^{24}ŋø^{21}
浦东（川沙）	大水 du^{13}sʅ^{21}	淹 i^{53}	岸头 ŋø^{22}dɤ^{53}
浦东（惠南）	大水 du^{13}sʅ^{44}	漫 mɛ^{13}	浜岸 ɓã^{33}ŋø^{33}
嘉定	发大水 faʔ^{55}du^{24}sʅ^{21}	没脱 məʔ^{22}tʰəʔ^{55}	河滩边头 ɦu^{22}tʰE^{55}piʔ^{22}dɤ^{21}
宝山	大水 du^{24}sʅ^{31}	没 məʔ^{12}	塘滩边 dɑ̃^{22}tʰɛ^{55}pe^{21} 塘墈头 dɑ̃^{22}hɛ^{55}dʌɪ^{21}
崇明	大水 du^{24}sʅ^{0}	没 məʔ^{2}	岸 ŋø^{313}

地点＼词条	0043 坝 拦河修筑拦水的	0044 地震	0045 窟窿
中心城区（南）	坝 po³⁴	地震 di²²tsəŋ⁵³	洞洞 doŋ²²doŋ⁵³ 洞洞眼 oŋ²²doŋ⁵⁵ɳE²¹
中心城区（北）	坝 po³⁴	地震 di²²tsəŋ⁴⁴	洞洞 doŋ²²doŋ⁴⁴ 洞洞眼 doŋ²²doŋ⁵⁵ɳE²¹
松江	坝 po³⁵	地震 di²²tsəŋ³⁵	洞 doŋ¹³
闵行	坝 ɓo³⁵	地震 di²²tsəŋ⁴⁴	洞洞 doŋ²²doŋ⁴⁴
青浦	坝 po³⁵	地震 di²²tsəŋ³⁵	洞洞 doŋ²²doŋ³⁵
金山	坝 ɓo³⁵	地动 di³³doŋ³³ 地震 di³³tsəŋ³³	窟窿 kʰoʔ³loŋ⁵³
奉贤	坝 ɓo³⁵ 堰基 i⁵³tɕi²¹	地震 di²²tsəŋ³⁴	洞洞眼 doŋ²²doŋ⁵⁵ɳɛ²¹
浦东（川沙）	坝 ɓo³⁵	地震 di²²tsəŋ³⁴	洞洞眼 doŋ²²doŋ⁵⁵ɳɛ²¹ 洞 doŋ¹³
浦东（惠南）	坝 ɓo³⁵	地震 di³¹tsən³⁵	洞洞 doŋ³¹doŋ³⁵ 洞洞眼 doŋ³³doŋ³⁵ɳɛ⁵⁵
嘉定	坝 pɤ⁴²³	地震 di²⁴tsəŋ²¹	窟窿洞 kʰoʔ³³loŋ⁵⁵doŋ²¹
宝山	坝 pɤ³⁴	地震 di²²tsẽŋ⁴⁴	窟窿 kʰoʔ³³loŋ⁵² 洞 doŋ²³ 窟窿洞 kʰoʔ³³loŋ⁵⁵doŋ²²
崇明	坝 po³³	天摇地动 tʰie⁵⁵ɦiɔ⁵⁵di³¹³doŋ³³	壳窿 kʰoʔ²⁵loŋ³³

地点＼词条	0046 缝儿 统称	0047 石头 统称	0048 土 统称
中心城区（南）	缝道 voŋ²²dɔ⁵³	石头 zʌʔ¹¹dɤ²³	烂泥 lɛ²²ȵi⁵³
中心城区（北）	缝道 voŋ²²dɔ⁴⁴	石头 zɐʔ¹¹dɤ²³	烂泥 ¹na²²ȵi⁴⁴ 烂泥 ²lɛ²²ȵi⁴⁴ 烂污泥 lɛ²²u⁵⁵ȵi²¹
松江	豁剌 ⁼fæʔ⁴læʔ⁴ 缝 voŋ¹³ 又	石头 zaʔ²dɯ⁵³	烂糊泥 lɛ²²vu⁵⁵ȵi⁵³
闵行	坼坼 tsʰaʔ⁴tsʰaʔ⁴	石头 zaʔ²²dɤ⁴⁴	敌⁼别 diɪʔ²²biɪʔ⁴⁴
青浦	缝道 voŋ²²dɔ³⁵ 缝隙 voŋ²²ɕiɪʔ⁵⁵	石头 zaʔ¹¹də⁵²	泥 ȵi³¹
金山	缝子 voŋ³³tsɿ³¹	石头 zɑʔ²dɤ⁵³	土 tʰu⁴⁴
奉贤	缝 ɦoŋ²⁴	石头 zɑʔ²²dɤ⁵³	烂泥 lɛ⁴²ȵi²¹
浦东（川沙）	缝 ɦoŋ¹³	石头 zəʔ²²dɤ³⁴	土 tʰu⁴⁴
浦东（惠南）	缝宕 ɦoŋ¹³dã³¹	石头 zəʔ²²dɤ¹¹³	土 tʰu⁴⁴
嘉定	缝缝 voŋ²⁴voŋ²¹	石头 zaʔ²²dɤ²⁴	烂泥 lɛ²²ȵi⁵³
宝山	缝 ɦoŋ²³	石头 zʌʔ²²dʌɪ²³	泥土 ȵi²⁴tʰu³¹
崇明	缝 voŋ³¹³	石头 zɑʔ²də⁵⁵	烂泥 næ³¹³ȵi⁵⁵

地点 \ 词条	0049 泥 湿的	0050 水泥 旧称	0051 沙子
中心城区（南）	烂污泥 lɛ²²u⁵⁵ȵi²¹	洋灰 ɦiã²²huE⁵³ 水门汀 sʅ³³mən⁵⁵tʰiŋ²¹	黄沙 ɦuã²²so⁵³
中心城区（北）	烂泥² lɛ²²ȵi⁴⁴ 烂污泥 lɛ²²u⁵⁵ȵi²¹	水门汀 sʅ³³mən⁵⁵tʰiŋ²¹	黄沙 ɦiã²²so⁴⁴
松江	烂糊泥 lɛ²²vu⁵⁵ȵi⁵³	水泥 sʅ³⁵ȵi³¹ 水门汀 sʅ⁴³³mən⁵⁵tʰiŋ³¹ 又	沙 so⁵³
闵行	烂河泥 lɛ²²ɦu²²ȵi⁴⁴	水泥 sʅ⁵⁵ȵi²²	黄沙 ɦuã¹³so⁵³
青浦	烂泥 lɛ²⁵ȵi¹¹	水泥 sʅ⁴⁴ȵi⁵³ 洋灰 ɦiæ²³hui⁵¹	沙子 so⁵⁵tsʅ³¹ 黄沙 ɦuã²³so⁵¹ 沙泥 so⁵⁵ȵi³¹
金山	烂污泥 lɛ³²u⁵⁵ȵi²¹ 泥 ȵi³¹	水泥 sʅ²⁴ȵi⁵³	黄沙 ɦuã¹³so⁵³
奉贤	烂污泥 lɛ²²u⁴⁴ȵi⁵³	水门汀 sʅ³³mən⁵⁵tʰiŋ²¹	沙 so⁵³
浦东（川沙）	泥 ȵi²¹³	水门汀 sʅ²²mən⁵⁵tʰi⁵³	沙子 so⁵⁵tsʅ²¹
浦东（惠南）	泥 ȵi¹¹³	水泥 sʅ³⁵ȵi⁵³	黄沙 βã²²so³³ 沙 so⁵³
嘉定	烂泥 lɛ²²ȵi⁵³	水泥 sʅ³⁵ȵi²¹	沙泥 sɤ⁵⁵ȵi²¹
宝山	烂泥 lɛ²²ȵi⁵²	水门汀 sʅ³³mẽɲ⁵⁵tʰĩŋ²¹ 水泥 sʅ³³ȵi⁵²	沙子 sɤ⁵⁵tsʅ²¹
崇明	浓烂泥 ȵyo²⁴næ³¹³ȵi⁵⁵	水门汀 sʅ⁴²⁴mən³³tʰin⁵⁵	黄沙 ɦuã²⁴so⁵⁵

地点 \ 词条	0052 砖 整块的	0053 瓦 整块的	0054 煤
中心城区（南）	礱砖 loʔ¹¹tsø²³ 砖头 tsø⁵⁵dɤ²¹	瓦爿 ŋo²²bE⁵³	煤 mE²³
中心城区（北）	砖头 tsø⁵⁵dɤ²¹ 礱砖 loʔ¹¹tsø²³	瓦片 ŋo²²pʰi⁴⁴	煤 mei²³
松江	砖头 tse³⁵dɯ⁵³	瓦爿 ŋo²⁴bɛ³¹	煤 me³¹
闵行	砖头 tse⁴⁴dɤ⁴⁴	瓦 ŋɔ¹³	煤 mi³¹
青浦	砖头 tsiɪ⁵⁵də³¹	瓦爿 ŋo²²pE⁵³	煤 mɪ³¹
金山	砖头 tse²⁴dɤ⁵³	瓦 ŋo¹³	煤 me³¹
奉贤	礱砖 loʔ²¹tse⁵³	瓦 ŋo²⁴	煤 me³¹
浦东（川沙）	砖头 tsø⁵⁵dɤ⁵³	瓦 ŋo²¹³	煤 me²¹³
浦东（惠南）	砖头 tsE⁵⁵dɤ⁵³ 碌砖 loʔ²²tsE¹¹³	瓦 ŋo¹¹³	煤 mE¹¹³
嘉定	碌砖头 loʔ²²tsiɪ¹¹dɤ²⁴	瓦 ŋɤ²¹³	煤 mıɪ²³¹
宝山	礱砖 loʔ²²tse²³	瓦 ŋɤ²³	煤 mʌɪ³¹
崇明	砖头 tsø⁵⁵də⁵⁵	瓦 ŋo²⁴²	兴旺 ɕin⁵⁵ɦiã⁰ 避"煤（霉，不吉利）"的音

地点＼词条	0055 煤油	0056 炭 木炭	0057 灰 烧成的
中心城区（南）	火油 ɸu³³ɦiɤ⁵³	木炭 moʔ¹¹tʰE²³ 炭结 tʰE³³tɕi⁵³	灰 huE⁵²
中心城区（北）	火油 hu³³ɦiɤ⁴⁴	钢炭 kã⁵⁵tʰE²¹ 炭 tʰE³⁴	灰 hue⁵²
松江	煤油 me²²ɦiɯ⁵³ 洋油 ɦiæ²²ɦiɯ⁵³ 旧称	炭 tʰɛ³⁵	灰 hue⁵³
闵行	火油 fu³⁵ɦiɤ³¹	炭 tʰɛ³⁵	灰 fi⁵³
青浦	火油 fu⁴⁴ɦiə⁵³	炭 tʰE³⁵	稻柴灰 dɔ²²za³⁵hui³¹
金山	煤油 me¹³ɦiɤ⁵³	炭 tʰɛ³⁵	灰 hue⁵³
奉贤	火油 fu⁵⁵ɦiɤ²¹	炭 tʰɛ³⁵	灰 ɸe⁵³
浦东（川沙）	火油 ɸu³³ɦiɤ⁵³	炭 tʰɛ³⁵	灰 hue⁵³
浦东（惠南）	火油 ɸu³⁵ɦiɤ⁵³	炭 tʰɛ³⁵	灰 huE⁵³
嘉定	洋油 ɦiã²²ɦiy⁵³	火炭 hu⁵⁵tʰE²¹	灰 hue⁵³
宝山	火油 fu³³ɦiy⁵² 煤油 mʌɪ²²ɦiy⁵²	炭 tʰɛ³⁴	灰 fʌɪ⁵³
崇明	洋油 ɦiã²⁴ɦiə⁵⁵	炭 tʰø³³	灰 huei⁵³

地点 \ 词条	0058 灰尘 桌面上的	0059 火	0060 烟 烧火形成的
中心城区（南）	蓬尘 boŋ²²zəŋ⁵³ 灰尘 huɛ⁵⁵zəŋ²¹	火 hu³⁴	烟 i⁵²
中心城区（北）	灰尘 huE⁵⁵zəŋ²¹ 蓬尘 boŋ²²zəŋ⁴⁴	火 hu⁵⁵	烟 i⁵²
松江	灰尘 hue³⁵zəŋ⁵³ 蓬尘 boŋ¹³zəŋ⁵³ 又	火 fu⁴⁴	烟 i⁵³
闵行	蓬尘 boŋ²²zəŋ⁴⁴	火 fu⁵⁵	烟 i⁵³
青浦	蓬尘 boŋ²³zəŋ⁵¹	火 hu⁴³	烟 iɪ⁵¹
金山	灰尘 hue²⁴zəŋ⁵³	火 fu⁴⁴	烟 iɪ⁵³
奉贤	灰尘 ɸe⁴⁴zəŋ⁵³ 蓬尘 boŋ²³zəŋ⁵³	火 fu⁴⁴	烟 i⁵³
浦东（川沙）	灰尘 hue⁵⁵zəŋ⁵³	火 ɸu⁴⁴	烟 i⁵³
浦东（惠南）	灰尘 huE⁵⁵zəŋ⁵³	火 ɸu⁴⁴	烟 i⁵³
嘉定	蓬尘 boŋ²²zəŋ⁵³	火 hu⁴²³	烟 iɪ⁵³
宝山	蓬尘 boŋ²²zẽŋ⁵² 灰尘 fʌɪ⁵⁵zẽŋ²¹	火 fu³⁴	烟 e⁵³
崇明	灰尘 huei⁵⁵zən⁵⁵	火 hu⁴²⁴	烟 ʔie⁵³

地点 \ 词条	0061 失火	0062 水	0063 凉水
中心城区（南）	火着 hu³³zɐʔ⁴⁴ 着火 zɐʔ¹²hu³⁴	水 sʅ³⁴	冷水 lã²²sʅ⁵³
中心城区（北）	火着 hu³³zɐʔ⁴⁴ 着火 zɐʔ²²hu³⁴	水 sʅ³⁴	冷水 lã²²sʅ⁴⁴
松江	火着 fu³⁵zaʔ³¹	水 sʅ⁴⁴	冷水 læ̃²⁴sʅ³¹
闵行	火着 fu⁴⁴zaʔ²²	水 sʅ⁵⁵	冷水 lã¹³sʅ⁵³
青浦	着火 zaʔ¹¹hu³⁴ 火着 hu⁴⁴zaʔ⁵³	水 sʅ⁴³	冷水 læ̃²²sʅ⁵³
金山	火着 fu²³zaʔ⁴ 失火 səʔ⁴fu³³	水 sø⁴⁴	凉水 liẽ¹³sø⁵³
奉贤	火着 fu⁵⁵zaʔ²¹	水 sʅ⁴⁴	冷水 lã²²sʅ⁵³
浦东（川沙）	火着 ɸu³³zɐʔ⁵³	水 sʅ⁴⁴	冷水 lã¹³sʅ²¹
浦东（惠南）	火着 ɸu³⁵zɐʔ⁵³	水 sʅ⁴⁴	冷水 lã¹³sʅ³¹
嘉定	着火 zaʔ²²hu²⁴	水 sʅ⁴²³	冷水 lã²⁴sʅ²¹
宝山	火着 fu³³zɐʔ⁴⁴ 火烧 fu³³sɔ⁵²	水 sʅ³⁴	冷水 lã²⁴sʅ³¹
崇明	火着 hu⁴²⁴zɑʔ⁵	水 sʅ⁴²⁴	冷水 lã³¹³sʅ³³

地点 \ 词条	0064 热水 如洗脸的热水，不是指喝的开水	0065 开水 喝的	0066 磁铁
中心城区（南）	热水 ȵiɪʔ^{11}sɿ^{23}	白开水 bAʔ^{11}k^{h}ɛ^{22}sɿ^{23} 开水 k^{h}ɛ^{55}sɿ^{21}	吸铁石 ɕiɪʔ^{33}t^{h}ɪʔ^{55}zAʔ^{21}
中心城区（北）	热水 ȵiɪʔ^{11}sɿ^{23}	开水 k^{h}ɛ^{55}sɿ^{21} 茶 zo^{23}	吸铁石 ɕiɪʔ^{33}t^{h}ɪʔ^{5}zɐʔ^{21}
松江	热水 ȵiɪʔ^{2}sɿ^{22}	开水 k^{h}ɛ^{35}sɿ^{53}	吸铁石 ɕiɪʔ^{4}t^{h}iɪʔ^{4}zaʔ^{4}
闵行	揩面水 k^{h}a^{44}mi^{22}sɿ^{22}	开水 k^{h}e^{55}sɿ^{53}	吸铁石 ɕiɪʔ^{4}t^{h}iɪʔ^{4}zaʔ^{44}
青浦	温吞水 uən^{55}t^{h}əŋ^{55}sɿ^{31}	开水 k^{h}ɛ^{55}sɿ^{31}	吸铁石 ɕiɪʔ^{55}t^{h}iɪʔ^{55}zaʔ^{43}
金山	热水 ȵiɪʔ^{3}sø^{33}	开水 k^{h}ɛ^{24}sø^{53}	磁铁 zɿ^{33}t^{h}iɪʔ^{2}
奉贤	热水 ȵiɪʔ^{42}sɿ^{21}	开水 k^{h}e^{44}sɿ^{53}	吸铁石 ɕiɪʔ^{53}t^{h}iɪʔ^{33}zɑʔ^{21}
浦东（川沙）	暖水 nø^{13}sɿ^{21}	开水 k^{h}ɛ^{55}sɿ^{21}	吸铁石 ɕiɪʔ^{22}t^{h}iɪʔ^{55}zAʔ^{53}
浦东（惠南）	暖水 nø^{35}sɿ^{53}	开水 k^{h}ɛ^{55}sɿ^{31}	吸铁石 ɕiɪʔ^{55}t^{h}iɪʔ^{55}zAʔ^{53}
嘉定	热水 ȵiɪʔ^{22}sɿ^{24}	开水 k^{h}ɛ^{24}sɿ^{21}	吸铁石 ɕiɪʔ^{33}tiɪʔ^{55}zaʔ^{21}
宝山	温水 uẽŋ^{55}sɿ^{21}	汤 t^{h}ɒ̃^{53} 白开水 bAʔ^{11}k^{h}ɛ^{22}sɿ^{23} 开水 k^{h}ɛ^{55}sɿ^{21}	吸铁石 ɕiɪʔ^{33}t^{h}ɪʔ^{55}zAʔ^{21}
崇明	热水 ȵiəʔ^{2}sɿ^{33}	热茶 ȵiəʔ^{2}dzo^{55}	吸铁石 ɕiəʔ^{5}t^{h}iəʔ^{5}zɑʔ^{5}

地点＼词条	0067 时候吃饭的～	0068 什么时候	0069 现在
中心城区（南）	辰光 zəŋ²²kuã⁵³	啥辰光 sA³³zəŋ⁵⁵kuã²¹ 啥个辰光 sA³³ɦəʔ⁴⁴zəŋ²²kuã⁴⁴	现在 ɦi²²zɛ⁵³ 乃 nɛ²³
中心城区（北）	辰光 zəŋ²²kuã⁴⁴	啥辰光 sa³³zəŋ⁵⁵kuã²¹	迭歇 diɪ¹¹ɕiɪʔ²³ 辬歇 gɐ¹¹ɕiɪʔ²³ 现在 ɦi²²zɛ⁴⁴
松江	辰光 zəŋ¹³kuã⁵³	啥辰光 sa³³zəŋ⁵⁵kuɒ̃³¹	现在 ɦi²²zɛ³⁵ 辬歇 gəʔ²ɕiɪʔ³⁵ 又
闵行	辰光 zəŋ¹³kuã⁵³	啥辰光 sa⁴⁴zəŋ⁵⁵kuã²²	现在 ɦi²²zɛ⁴⁴
青浦	辰光 zəŋ²³kuã⁵¹	啥个辰光 sa⁴⁵kəʔ⁵³zəŋ⁴²kuã²¹	现在 ʑiɪ²²zɛ³⁵
金山	辰光 zəŋ¹³kuã⁵³	啥辰光 sa³⁴zəŋ⁵⁵kuã³¹	辬歇 gəʔ³ɕiɪʔ²
奉贤	辰光 zəŋ²³kuã⁵³	啥辰光 sɑ³³zəŋ⁵⁵kuã²¹	现在 ɦi²²zɛ³⁴
浦东（川沙）	辰光 zəŋ²²kuã²²	啥个辰光 sA⁴⁴ə⁴⁴zəŋ²²kuã²²	现在 ɦi²²zɛ³⁴
浦东（惠南）	辰光 zəŋ²²kuã³³	啥辰光 sA³⁵zəŋ⁵⁵kuã⁵³	乃 nɛ¹¹³
嘉定	辰光 zəŋ²²kuã⁵³	啥个辰光 sa³³kəʔ⁵⁵zəŋ²²kuã²¹	迭歇洞 diɪʔ²²ɕiɪʔ⁵⁵doŋ²¹
宝山	辰光 zɛŋ²²kuã̆⁵²	啥辰光 sɑ³³zɛ̆ŋ⁵⁵kuã²¹	第歇 di²²ɕie⁵² 现在 ɦie²²zɛ²³
崇明	辰光 zəŋ²⁴kuã⁵⁵	何辰光 ɦɦɑ²⁴²zəŋ⁵⁵kuã⁵⁵	那末 næ²⁴ 无同音字，"那末"的合音

地点 \ 词条	0070 以前+年~	0071 以后+年~	0072 一辈子
中心城区（南）	前头 zi²²dɤ⁵³ 以前 i³⁴zi²³	朝后 zɔ²²ɦɤ⁵³ 后头 ɦɤ²²dɤ⁵³ 以后 i³⁴ɦɤ²³	一世人生 iɪ?³³sɿ⁵³ȵin²²səŋ⁴⁴ 一世 iɪ?³³sɿ⁴⁴
中心城区（北）	前头 zi²²dɤ⁴⁴	后头 ɦɤ²²dɤ⁴⁴ 之后 tsɿ⁴⁴ɦɤ²³ 以后 i⁴⁴ɦɤ²³	一生一世 iɪ?³³sã⁵⁵iɪ?³sɿ²¹ 一辈子 iɪ?³³pei⁵⁵tsɿ²¹
松江	以前 i⁵⁵zi³¹	以后 i⁵⁵ɦɯ³¹	一生一世 iɪ?³sæ̃⁵⁵iɪ?³sɿ³¹
闵行	前头 zi¹³dɤ⁵⁵	后头 ɦɤ²²dɤ⁵⁵	一生一世 iɪ?²sã⁴⁴iɪ?²sɿ²³
青浦	从前 zoŋ²³ziɪ⁵¹	今后 tɕiəŋ⁵⁵ɦə²³	一生一世 iɪ?⁴⁴sæ̃⁵³iɪ?³³sɿ³⁴
金山	以前 i²⁴ziɪ⁵³	以后 i⁴⁴ɦɤ⁴⁴	一世人 iɪ?³sɿ⁵⁵ȵiəŋ³¹ 一辈子 iɪ?³ɓe⁵⁵tsɿ³¹
奉贤	前头 zi²²dɤ⁵³	后头 ɦɤ²⁴dɤ²¹	一生一世 iɪ?³³sã⁵⁵iɪ?³³sɿ²¹
浦东（川沙）	前头 zi²²dɤ²²	以后 ɦi²²ɦɤ³⁴	一生一世 iɪ?³³sã⁵⁵iɪ?⁵⁵sɿ³¹
浦东（惠南）	前头 zi²²dɤ³³ 老早 lɔ³¹tsɔ³⁵	以后 ɦi¹³ɦɤ³¹	一生一世 iɪ?⁵⁵sã⁵⁵iɪ?⁵⁵sɿ⁵³
嘉定	前头 ziɪ²²dɤ⁵³	以后 i⁵⁵ɦɤ²¹³	一生一世 iɪ?³³sã³⁵iɪ?³³sɿ²¹³
宝山	前头 ze²²dʌɪ⁵²	后头 ɦʌɪ²²dʌɪ⁵²	一生一世 iɪ?³³sã⁵⁵iɪ?³³sɿ²¹
崇明	前头 zie²⁴dɵ⁵⁵	朝后 dʑɔ²⁴ɵ⁰	一生一世 ʔiə?⁵sã⁵⁵ʔiə?⁵sɿ⁰

地点 \ 词条	0073 今年	0074 明年	0075 后年
中心城区（南）	今年 tɕiŋ⁵⁵ȵi²¹ 今年仔 tɕiŋ⁵⁵ȵi³³tsʅ²¹	开年 kɛ⁵⁵ȵi²¹ 开年仔 kɛ⁵⁵ȵi³³tsʅ²¹ 明年 miŋ²²ȵi⁵³ 明年仔 miŋ²²ȵi⁵⁵tsʅ²¹	后年 ɦɤ²²ȵi⁴⁴ 后年仔 ɦɤ²²ȵi⁵⁵tsʅ²¹
中心城区（北）	今年 tɕiŋ⁵⁵ȵi²¹	开年 kʰɛ⁵⁵ȵi²¹ 明年 miŋ²²ȵi⁴⁴	后年 ɦɤ²²ȵi⁴⁴
松江	今年 ciŋ³⁵ȵi⁵³	开年 kʰɛ³⁵ȵi⁵³	后年 ɦɯ²⁴ȵi³¹
闵行	今年 tɕiŋ⁴⁴ȵi⁴⁴	明年 miŋ²²ȵi⁴⁴	后年 ɦɤ²²ȵi⁴⁴
青浦	今年 tɕiəŋ⁵⁵ȵiɪ³¹	开年 kʰɛ⁵⁵ȵiɪ³¹	后年 ɦə²²ȵiɪ⁵³
金山	今年 ciəŋ²⁴ȵi⁵³	开年 kʰɛ²⁴ȵi⁵³ 明年 miəŋ¹³ȵi⁵³	后年 ɦɤ¹³ȵi⁵³
奉贤	今年 ʑiŋ⁴⁴ȵi⁵³	来年 lɛ²³ȵi⁵³ 明年 miŋ²³ȵi⁵³	后年 ɦɤ²²ȵi⁵³
浦东（川沙）	今年 tɕin⁵⁵ȵi²¹	明年 mīn²²ȵi²²	后年 ɦɤ²²ȵi⁵³
浦东（惠南）	今年 tɕin⁵⁵ȵi⁵³	明年 min²²ȵi³³	后年 ɦɤ²²ȵi³³
嘉定	今年 tɕiŋ⁵⁵ȵiɪ²¹	开年 kʰɛ⁵⁵ȵiɪ²¹	后年 ɦɤ²²ȵiɪ⁵³
宝山	今年 tɕĩŋ⁵⁵ȵie²¹	明年 mĩŋ²²ȵie⁵²	后年 ɦʌɪ²²ȵie⁵²
崇明	今年 tɕin⁵⁵ȵie⁵⁵	开年 kʰɛ⁵⁵ȵie⁵⁵	后年 ɦɦə²⁴²ȵie⁰

地点＼词条	0076 去年	0077 前年	0078 往年 过去的年份
中心城区（南）	旧年 dzɿɤ²²n̻i⁴⁴ 旧年仔 dzɿɤ²²n̻i⁵⁵tsɿ²¹ 去年 tɕʰy³³n̻i⁵³ 去年仔 tɕʰy³³n̻i⁵⁵tsɿ²¹	前年 zi²²n̻i⁴⁴ 前年仔 zi²²n̻i⁵⁵tsɿ²¹	前几年 zi²²tɕi⁵⁵n̻i²¹ 前两年 zi²²liã⁵⁵n̻i²¹
中心城区（北）	旧年 dzɿɤ²²n̻i⁴⁴	前年 zi²²n̻i⁴⁴	老早 lɔ²²tsɔ⁴⁴ 老早仔 lɔ²²tsɔ⁵⁵tsɿ²¹ 老底仔 lɔ²²ti⁵⁵tsɿ²¹
松江	旧年 jiɯ²²n̻i²²	前年 zi¹³n̻i⁵³	前几年 zi²²tɕi⁵⁵n̻i³¹
闵行	旧年 dzɿɤ²²n̻i⁵⁵	前头 zi²²dɤ⁴⁴	前头个年份 zi²²dɤ⁴⁴gə⁷n̻i¹³vəŋ⁴⁴
青浦	旧年 dziə²⁵n̻iɪ¹¹	前年 zi²³n̻iɪ⁵¹	大年前头 da⁴⁴n̻iɪ⁵²zii²²də²¹ 好几年前头 hɔ⁴⁴tɕi⁵⁵n̻iɪ⁵³zii²²də²¹ 老早个辰光 lɔ³³tsɔ⁵⁵kə⁷⁴⁴zəŋ³¹kuã¹¹
金山	旧年 dzɿɤ¹³n̻i³¹ 去年 tɕʰy³³n̻i³¹	前年 zi¹³n̻i⁵³	往年 ɦuã¹³n̻i⁵³
奉贤	旧年 dzɿɤ⁴²n̻i²¹	前年 zi²³n̻i⁵³	老早子 lɔ²²tsɔ⁵⁵tsɿ²¹
浦东（川沙）	旧年 dzɿɤ²²n̻i⁵³	前年 zi²²n̻i²²	老早 lɔ²²tsɔ⁵³
浦东（惠南）	旧年 dzɿɤ¹³n̻i⁵³	前年 zi²²n̻i³³	老早 lɔ³¹tsɔ³⁵
嘉定	旧年 dzy²²n̻iɪ⁵³	葛年仔 kə⁷³³n̻iɪ³⁵tsɿ²¹	葛两年 kə⁷⁵⁵liã²²n̻iɪ²¹
宝山	旧年 dzy²²n̻ie⁵²	一⁼年仔 iɪ⁷³³n̻ie⁵⁵tsɿ²¹	老早 lɔ²²tsɔ⁵²
崇明	旧年 dziə³¹³n̻ie⁵⁵	个年子 kə⁷⁵n̻ie⁵⁵tsɿ⁰	前回 zie²⁴ɦuei⁵⁵

地点 \ 词条	0079 年初	0080 年底	0081 今天
中心城区（南）	年头浪 ȵi²²dɤ⁵⁵lã²¹ 年初 ȵi²²tsʰu⁴⁴	年底 ȵi²²ti⁵³ 年底仔 ȵi²²ti⁵⁵tsȵ²¹	今朝 tɕin⁵⁵tsɔ²¹ 今朝仔 tɕin⁵⁵tsɔ³³tsȵ²¹
中心城区（北）	开年 kʰɛ⁵⁵ȵi⁵¹ 开年头 kʰɛ⁵⁵ȵi³³dɤ³³lã²¹	年底 ȵi²²ti⁴⁴ 年夜三边 ȵi²²ɦia⁵⁵sɛ³³pi²¹	今朝 tɕin⁵⁵tsɔ⁵³
松江	年头 ȵi¹³dɯ⁵³	年底 ȵi¹³ti⁵³	今朝 ɕin³⁵tsɔ⁵³
闵行	年头奴 ȵi²²dɤ⁴⁴nu⁴⁴	年底 ȵi²²ti⁴⁴	今朝 tɕin⁴⁴tsɔ⁴⁴
青浦	年头浪 ȵiɪ³⁴də⁵⁵lã⁵¹	年底 ȵiɪ²³ti⁵¹	今朝 tɕiəŋ⁵⁵tsɔ³¹
金山	年初 ȵi¹³tsʰu⁵³	年底 ȵi¹³ti⁵³	记（今）朝 tɕi¹³tsɔ⁵³ 今天 ɕiən²⁴tʰiɪ⁵³
奉贤	年头 ȵi²³dɤ⁵³	年底 ȵi²³ti⁵³	今朝 tɕin⁴⁴tsɔ⁵³
浦东（川沙）	年头 ȵi²²dɤ²²	年底 ȵi²²dĩ⁴⁴	今朝 tɕin⁵⁵tsɔ⁵³
浦东（惠南）	年头 ȵi²²dɤ³³	年底 ȵi²²dĩ³³	今朝 tɕin⁵⁵tsɔ⁵³ 今朝头 tɕin⁵⁵tsɔ⁵⁵dɤ⁵³
嘉定	年头浪 ȵiɪ²²dɤ⁵⁵lã²¹	年尾巴 ȵiɪ²⁴ȵiɪ²²pu²¹	今朝 tɕin⁵⁵tsɔ²¹
宝山	年头 ȵie²²dʌɪ⁵²	年底 ȵie²⁴ti³¹	今朝 tɕĩn⁵⁵tsɔ²¹
崇明	年头 ȵie²⁴də⁵⁵	年底 ȵie²⁴ti⁰	今朝 tɕin⁵⁵tsɔ⁵⁵

地点＼词条	0082 明天	0083 后天	0084 大后天
中心城区（南）	明朝 miŋ^{22}tsɔ^{44} 明朝仔 miŋ^{22}tsɔ^{55}tsʅ^{21}	后日 ɦʏ^{22}n̠ɪɿʔ^{44} 后日仔 ɦʏ^{22}n̠ɪɿʔ^{55}tsʅ^{21}	大后日 du^{22}ɦʏ^{55}n̠ɪɿʔ$^{\underline{21}}$ 大后日脚 du^{22}ɦʏ^{55}n̠ɪɿʔ$^{\underline{33}}$tɕiʌʔ$^{\underline{21}}$ 大后日仔 du^{22}ɦʏ^{55}n̠ɪɿʔ$^{\underline{33}}$tsʅ^{21}
中心城区（北）	明朝^1 miŋ^{22}tsɔ^{44} 明朝^2 məŋ^{22}tsɔ^{44}	后日 ɦʏ^{22}n̠ɪɿʔ$^{\underline{44}}$	大后日 du^{22}ɦʏ^{55}n̠ɪɿʔ$^{\underline{21}}$
松江	明朝 miŋ^{13}tsɔ^{53}	后日 ɦɯ^{22}n̠ɪɿʔ$^{\underline{35}}$	大后日 du^{22}ɦɯ^{22}n̠ɪɿʔ
闵行	明朝 miŋ^{13}tsɔ^{53}	后天 ɦʏ^{22}tʰi^{53}	大后日 du^{22}ɦʏ^{44}n̠ɪɿʔ^{44}
青浦	明朝 miəŋ^{23}tsɔ^{51}	后日 ɦɵ^{22}n̠ɪɿʔ^{44}	大后日 dəu^{22}ɦɵ^{35}n̠ɪɿʔ$^{\underline{31}}$
金山	明朝 miəŋ^{13}tsɔ^{53} 明天 miəŋ^{13}tʰiɪ^{53}	后天 ɦʏ^{13}tʰiɪ^{53}	大后天 du^{23}ɦʏ^{53}tʰiɪ^{31}
奉贤	明朝 miŋ^{23}tsɔ^{53}	后日 ɦʏ^{22}n̠ɪɿʔ$^{\underline{34}}$	大后日 du^{22}ɦʏ^{55}n̠ɪɿʔ$^{\underline{21}}$ 大后天 du^{22}ɦʏ^{44}tʰi^{53}
浦东（川沙）	明朝 mən^{22}tsɔ^{22}	后日底 ɦʏ^{22}n̠ɪɿʔ$^{\underline{55}}$di^{53}	大后日 du^{22}ɦʏ^{55}n̠ɪɿʔ$^{\underline{53}}$
浦东（惠南）	明朝 min^{22}tsɔ^{33} 明朝底 min^{22}tsɔ^{33}di^{53}	后日底 ɦʏ^{13}n̠ɪɿʔ$^{\underline{55}}$di^{53}	大后日 du^{13}ɦʏ^{55}n̠ɪɿʔ$^{\underline{53}}$
嘉定	明朝 məŋ^{22}tsɔ^{53}	后日 ɦʏ^{22}n̠ɪɿʔ$^{\underline{55}}$	大后日 du^{22}ɦʏ^{55}n̠ɪɿʔ$^{\underline{21}}$
宝山	明朝 mĩŋ^{22}tsɔ^{52}	后日底 ɦʌɪ^{22}n̠ɪɿʔ$^{\underline{23}}$ti^{52}	大后日 du^{22}ɦʌɪ^{55}n̠ɪɿʔ$^{\underline{21}}$ 大后天 du^{22}ɦʌɪ^{55}tʰe^{21}
崇明	明朝 mən^{24}tsɔ^{55}	后日 ɦɦɵ^{242}n̠i^0	大后日 du^{24}ɵ^{0}n̠i^0

地点 \ 词条	0085 昨天	0086 前天	0087 大前天
中心城区(南)	昨日 zo²²n̠iɪʔ⁴⁴ 昨日仔 zo²²n̠iɪʔ⁵⁵tsʅ²¹	前日 ʑi²²n̠iɪʔ⁴⁴ 前日仔 ʑi²²n̠iɪʔ⁵⁵tsʅ²¹	大前日 du²²ʑi⁵⁵n̠iɪʔ²¹ 大前日脚 du²²ʑi⁵⁵n̠iɪʔ³³tɕiʌ²¹ 大前日 du²²ʑi⁵⁵n̠iɪʔ³³tsʅ²¹
中心城区(北)	昨日 zoʔ¹¹n̠iɪʔ²³	前日 ʑi²²n̠iɪʔ⁴⁴	大前日 du²²ʑi⁵⁵n̠iɪʔ²¹
松江	昨日 zoʔ²n̠iɪʔ²	前日 ʑi²²n̠iɪʔ²	着前日 zaʔ²ʑi⁵⁵n̠iɪʔ³¹
闵行	昨日 zo²²n̠iɪʔ⁴⁴	前日 ʑi²²n̠iɪʔ⁴⁴	大前日 du²²ʑi⁴⁴n̠iɪʔ⁴⁴
青浦	昨日 zoʔ³³n̠iɪʔ²⁴	前日 ʑi⁴⁵n̠iɪʔ³¹	大前日 dəu²²ʑi⁵⁵n̠iɪʔ³¹
金山	昨日 zo¹²n̠iɪʔ⁴ 昨天 zo¹³tʰiɪ⁵³	前日 ʑi³³n̠iɪʔ² 前天 ʑi¹³tʰiɪ⁵³	大前日 dɑ²³ʑi⁵⁵n̠iɪʔ³
奉贤	昨日 zoʔ²⁴n̠iɪʔ²¹	前日 ʑi²⁴n̠iɪʔ²¹	大前日 du²²ʑi⁵⁵n̠iɪʔ²¹
浦东(川沙)	昨日子 zo²²n̠iɪʔ²²tsʅ²²	前日子 ʑi²²n̠iɪʔ²²tsʅ²²	大前日 du²²ʑi⁵⁵n̠iɪʔ⁵³
浦东(惠南)	昨日 zo²²n̠iɪʔ³³	前日 ʑi²²n̠iɪʔ³³	大前日 du¹³ʑi⁵⁵n̠iɪʔ⁵³
嘉定	上日 zã²²n̠iɪʔ⁵⁵	葛日子 kəʔ³³n̠iɪʔ⁵³tsʅ²¹	#¹个日子 zaʔ²²kəʔ³³n̠iɪʔ²²tsʅ²⁴
宝山	昨日 zoʔ²²n̠iɪʔ²³	前日 ze²²n̠iɪʔ⁵²	大前日 du²²ze⁵⁵n̠iɪʔ²¹
崇明	昨日 zəʔ²n̠i⁵⁵	个日子 kəʔ⁵n̠iəʔ⁵tsʅ⁰	着个日子 dɑʔ²kəʔ⁵n̠iəʔ⁵tsʅ⁰

地点 \ 词条	0088 整天	0089 每天	0090 早晨
中心城区（南）	一整日 iɪʔ³³tsəŋ⁵⁵n̠iɪʔ²¹	每日 mE³³n̠iɪʔ⁴⁴ 每日仔 mE³³n̠iɪʔ⁵⁵tsɿ²¹	早浪向 tsɔ³³lã⁵⁵ɕiã²¹
中心城区（北）	从早到夜 zoŋ²²tsɔ⁵⁵tɔ³³ɦia²¹ 一日天 iɪʔ³³n̠iɪʔ⁵⁵tʰi²¹	每日 me⁵⁵n̠iɪʔ²¹ 天天 tʰi⁵⁵tʰi²¹	早浪头 tsɔ³³ɦã⁵⁵dɤ²¹ 早浪向 tsɔ³³lã⁵⁵ɕiã²¹ 早浪 tsɔ³³lã⁴⁴
松江	一日到夜 iɪʔ⁴n̠iɪʔ⁴tɔ⁴⁴ɦia⁴⁴	每日 me⁵⁵n̠iɪʔ³¹ 日日 n̠iɪʔ²n̠iɪʔ² 又 日逐 n̠iɪʔ²zoʔ² 旧称	早晨头 tsɔ³³zəŋ⁵⁵dɯ³¹
闵行	一日头 iɪʔ⁴n̠iɪʔ⁴⁴dɤ⁴⁴	每日 me⁴⁴n̠iɪʔ²²	早晨头 tsɔ⁴⁴zəŋ⁵⁵dɤ²²
青浦	整日 tsəŋ⁴⁴n̠iɪʔ⁵³	每一日 mɪ⁵⁵iɪʔ⁵³n̠iɪʔ³¹	早浪头 tsɔ⁴⁴lã⁵⁵də³¹
金山	整天 tsəŋ²⁴tʰiɪ⁵³	日逐 n̠iɪʔ³zoʔ² 每天 me⁵⁵tʰiɪ³¹	早上头 tsɔ³⁴zã⁵⁵dɤ³¹ 早上 tsɔ²⁴zã⁵³
奉贤	一整日 iɪʔ³³tsəŋ⁵⁵n̠iɪʔ²¹	日逐 n̠iɪʔ⁴²zoʔ²¹	早上头 tsɔ³³zã⁵⁵dɤ²¹ 早晨 tsɔ³⁵zəŋ²¹
浦东（川沙）	一日天 iɪʔ²²n̠iɪʔ⁵⁵tʰi⁵³	每日天 me²²n̠iɪʔ⁵⁵tʰi⁵³	早晨头 tsɔ²²zəŋ⁵⁵dɤ⁵³
浦东（惠南）	一日天 iɪʔ³³n̠iɪʔ⁵⁵tʰi³¹	每日天 mE¹³n̠iɪʔ⁵⁵tʰi⁵³ 每日 mE¹³n̠iɪʔ⁵³	早晨头 tsɔ³⁵zəŋ⁵⁵dɤ⁵³ 早上 tsɔ⁴⁴zã⁴⁴
嘉定	囫囵一日 ɦuoʔ²²lən²⁴iɪʔ³³n̠iɪʔ²¹	日朝 n̠iɪʔ²²tsɔ²⁴	早晨头 tsɔ³³zəŋ³⁵dɤ²¹
宝山	囫囵一日 ɦuoʔ²²lẽŋ⁵⁵iɪʔ³³n̠iɪʔ²¹	每日 mʌɪ⁵⁵n̠iɪʔ²¹	早晨 tsɔ³³zẽŋ⁵²
崇明	原天 nyø²⁴tʰie⁵⁵	天天 tʰie⁵⁵tʰie⁵⁵	早晨头 tsɔ⁴²⁴zən³³də⁵⁵

地点 \ 词条	0091 上午	0092 中午	0093 下午
中心城区（南）	上半日 zã²²bø⁵⁵ɲiɿʔ²¹	中浪向 tsoŋ⁵⁵lã³³ɕiã²¹ 日中心 ɲiɿʔ¹¹tsoŋ²²ɕin²³	下半日 ɦo²²bø⁵⁵ɲiɿʔ²¹
中心城区（北）	上半日 zã²²pø⁵⁵ɲiɿʔ²¹ 上半天 zã²²pø⁵⁵tʰi²¹	中浪头 tsoŋ⁵⁵lã³³dɤ²¹ 中浪向 tsoŋ⁵⁵lã³³ɕiã²¹ 中浪 tsoŋ⁵⁵lã²¹	下半日 ɦo²²pø⁵⁵ɲiɿʔ²¹ 下半天 ɦo²²pø⁵⁵tʰi²¹
松江	上半日 zɒ̃²²pe⁵⁵ɲiɿʔ³¹	中浪向 tsoŋ⁵⁵lɒ̃³³ɕiæ̃³¹	下半日 ɦɔ²²pe⁵⁵ɲiɿʔ³¹
闵行	上半天 zã²²pø⁴⁴tʰi⁵³	中浪厢 tsoŋ⁴⁴lã²²ɕiã²²	下半日 ɦɔ²²pø⁴⁴ɲiɿʔ²²
青浦	上半日 zã²²pɿ⁵⁵ɲiɿʔ³¹	中浪向 tsoŋ⁵⁵lã⁴²ɕiæ̃²¹	下半日 ɦɔ²²pɿ⁵⁵ɲiɿʔ³¹
金山	上半日 zã²³ʙe⁵⁵ɲiɿʔ³ 上午 zã¹³(ɦ)u⁵³	日昼心里 ɲiɿʔ²tsɤ⁵⁵siən³³li²¹ 中午 tsoŋ²⁴(ɦ)u⁵³	下半日 ɦɔ²³ʙe⁵⁵ɲiɿʔ³ 下午 ɦia¹³(ɦ)u⁵³
奉贤	上昼 zã²²tsɤ³⁴ 上半日 zã²²pe⁴⁴ɲiɿʔ⁵³	日中心 ɲiɿʔ²²tsoŋ⁵⁵ɕin²¹ 中浪头 tsoŋ⁵⁵lã³³dɤ²¹	下昼 ɦɔ²²tsɤ³⁴ 下半日 ɦɔ²²pe⁵⁵ɲiɿʔ²¹
浦东（川沙）	上半日 zã²²ʙe⁵⁵ɲiɿʔ⁵³	中浪向 tsoŋ⁵⁵lã⁵⁵ɕiã²¹	后半天 ɦɤ²²ʙe⁵⁵tʰi⁵³
浦东（惠南）	上半日 zã¹³ʙe⁵⁵ɲiɿʔ⁵³	中浪 tsoŋ⁵⁵nã³¹ 中浪向 tsoŋ⁵⁵nã³³ɕiã³¹	后半日 ɦɤ¹³ʙe⁵⁵ɲiɿʔ⁵³
嘉定	上昼 zã²⁴tsɤ²¹	日中厢里 ɲiɿʔ²²tsoŋ¹¹siã¹¹li²⁴	下昼 ɦɤ²²tsɤ²⁴
宝山	上昼 zɒ̃²⁴tsʌɿ²² 上半日 zɒ̃²²pe⁵⁵ɲiɿʔ²¹	日中向里 ɲiɿʔ²²tsoŋ²²ɕiã²²li²³	下昼 ɦɤ²²tsʌɿ²³ 下半日 ɦɤ²²pe⁵⁵ɲiɿʔ²¹
崇明	上半天 zã³¹³pie³³tʰie⁵⁵	上昼心里 zã³¹³tsø³³ɕin⁵⁵li⁰	下半天 ɦo³¹³pie³³tʰie⁵

地点 \ 词条	0094 傍晚	0095 白天	0096 夜晚 与白天相对,统称
中心城区（南）	夜快头 ɦiA²²kʰuA⁵⁵dʏ²¹	日里向 ȵiɪʔ¹¹li²²ɕiã²³	夜里向 ɦiA²²li⁵⁵ɕiã²¹
中心城区（北）	夜快 ɦia²²kʰua⁴⁴ 夜快头 ɦia²²kʰua⁵⁵dʏ²¹ 黄昏头 ɦuã²²huəŋ⁵⁵dʏ²¹	日里向 ȵiɪʔ¹¹li²²ɕiã³³ 日里 ȵiɪʔ¹¹li²³	夜头 ɦia²²dʏ⁴⁴ 夜里向 ɦia²²li⁵⁵ɕiã²¹ 夜里 ɦia²²li⁴⁴
松江	夜快头 ɦia²²kʰua⁵⁵dɯ⁵³	日里向 ȵiɪʔ²li⁵⁵ɕiæ̃⁵³	夜里 ia⁴⁴li⁴⁴ɕiæ̃⁵³
闵行	夜快 ɦia²²kʰua⁴⁴	日里厢 ȵiɪʔ²²li²²ɕiã⁵³	夜里厢 ɦia²²li⁴⁴ɕiã⁵³
青浦	黄昏头 ɦuã²⁴fəŋ⁵⁵də³¹	日里向 ȵiɪʔ¹¹li³⁵ɕiæ̃⁵¹	夜里向 ɦia³³li⁵⁵ɕiæ̃³¹
金山	黄昏头 ɦuã²³fəŋ⁵⁵dʏ³¹ 傍晚 bã¹³uɛ⁵³	日里 ȵiɪʔ¹²li³³ 日里厢 ȵiɪʔ²li⁵⁵ɕiɛ̃³¹	夜里 ia³³li⁰
奉贤	挨夜快 a⁵⁵ɦia³³kʰua²¹ 黄昏头 ɦuã²²ɸəŋ⁴⁴dʏ⁵³	日里向 ȵiɪʔ²²li⁴⁴ɕiã⁵³	夜头点 ɦia²²dʏ⁴⁴ti⁵³ 夜里向 ɦia²²li⁴⁴ɕiã⁵³
浦东（川沙）	夜头 ɦiA²²dʏ⁵³	日里向 ȵiɪʔ²²li²²ɕiã³⁴	夜头 ɦiA²²dʏ⁵³
浦东（惠南）	夜快头 ɦiA¹³kʰuA⁵⁵dʏ⁵³	日里向 ȵiɪʔ²²li³³ɕiã³⁵	夜头 ɦiA¹³dʏ⁵³
嘉定	夜快洞 ɦia²²kʰua⁵⁵doŋ²¹	日里 ȵiɪʔ²²li²⁴	夜里 ɦia²⁴li²¹
宝山	夜脱哉 ɦia²²tʰəʔ⁵⁵zəʔ²¹ 夜快洞 ɦia²²kʰua⁵⁵doŋ²¹	日里向 ȵiɪʔ²²li²³ɕiã⁵²	夜里向 ɦia²⁴li³³ɕiã²¹
崇明	挨夜快 ʔa⁵⁵ɦia⁰kʰua⁰	日里 ȵiəʔ²li³³	夜来 ɦia³¹³lɛ⁵⁵

地点 \ 词条	0097 半夜	0098 正月 农历	0099 大年初一 农历
中心城区（南）	半夜里向 pø³³ɦiA⁵⁵li³³ɕiã²¹	正月 tsəŋ⁵⁵ɦioʔ²¹	年初一 n̠i²²tsʰu⁵³iɪʔ⁵⁵ 大年初一 du²²n̠i⁵⁵tsʰu³³iɪʔ²¹
中心城区（北）	半夜里 pø³³ɦia⁵⁵li²¹ 半夜里向 pø³³ɦia⁵⁵li³³ɕiã²¹	正月 tsəŋ⁵⁵ɦioʔ²¹ 正月里 tsəŋ⁵⁵ɦioʔ³³li²¹ 正月里向 tsəŋ⁵⁵ɦioʔ³³li³³ɕiã²¹	年初一 n̠i²²tsʰu³³iɪʔ⁵⁵ 正月初一 tsəŋ⁵⁵ɦioʔ³³tsʰu³³iɪʔ²¹
松江	半夜把 pe³³ɦia⁵⁵po³¹	正月 tsəŋ⁵⁵n̠yø³¹	年初一 n̠i²²tsʰu²²iɪʔ
闵行	半夜里 pe²²ɦia⁴⁴li²²	正月 tsəŋ⁴⁴n̠yøʔ²²	大年初一 du²²n̠i⁴⁴tsʰu⁴⁴iɪʔ
青浦	半夜三更 pɪ⁴⁴ɦia⁵⁵sᴇ³¹kæ²¹	正月 tsəŋ⁵⁵n̠yøʔ³¹	大年初一 dəu²²n̠iɪ⁵⁵tsʰəu⁴²iɪʔ²¹
金山	半夜 ɓe⁴⁴iɑ⁴⁴	正月 tsəŋ⁴⁴n̠yøʔ²	年初一 n̠i²³tsʰu⁵⁵iɪʔ³
奉贤	半夜 pe³³ɦiɑ⁵³ 半夜里 pe³³ɦiɑ⁵⁵li²¹	正月 tsəŋ⁵³n̠yøʔ²¹	年初一 n̠i⁴²tsʰu²²iɪʔ²¹
浦东（川沙）	半夜里 ɓɛ²²ɦiA⁵⁵li²¹	正月 tsəŋ⁵⁵n̠yœʔ⁵³	年初一 n̠i²²tsʰu⁵⁵iɪʔ⁵³
浦东（惠南）	半夜 ɓᴇ⁵⁵ɦiA³¹ 半夜里 ɓᴇ⁵⁵ɦiA⁵⁵li⁵³ 半夜把 ɓᴇ⁵⁵ɦiA⁵⁵ɓo⁵³	正月 tsəŋ⁵⁵n̠yœʔ⁵³	年初一 n̠i²²tsʰu³³iɪʔ³³
嘉定	成更半夜 zəŋ²²kã⁵⁵pi²²¹ɦia²¹	正月里 tsəŋ⁵⁵ŋəʔ²²li²¹	大年初一 du²²n̠iɪ⁵⁵tsʰu²²iɪʔ²¹
宝山	半夜三更 pe³³ɦiɑ⁵⁵se³³kã²¹	正月 tsɛŋ⁵⁵ŋəʔ²¹	大年初一 du²²n̠ie⁵⁵tsʰu³³iɪʔ²¹
崇明	半夜把 pie⁴²⁴ɦia³³po⁰	正月 tsəŋ⁵⁵n̠yoʔ⁵	大年初一 du³¹³n̠ie³³tsʰu⁵⁵ʔiəʔ⁵

词条\地点	0100 元宵节	0101 清明	0102 端午
中心城区（南）	正月半 tsəŋ^{55}ɦio$ʔ^{33}$pø^{21} 元宵节 ȵyø^{22}ɕiɔ^{55}tɕiɪʔ^{21}	清明 tɕʰiŋ^{55}miŋ^{21}	端午 tø^{55}ɦŋ^{21}
中心城区（北）	正月半 tsəŋ^{55}ɦio$ʔ^{33}$pø^{21} 正月十五 tsəŋ^{55}ɦio$ʔ^{33}$zəʔ^{11}ɦŋ^{23} 元宵节 ȵyø^{22}ɕiɔ^{55}tɕiɪʔ^{21}	清明 tɕʰiŋ^{55}miŋ^{21}	端午 tø^{55}ɦŋ^{21} 端午节 tø^{55}ɦŋ^{33}tɕiɪʔ^{21}
松江	元宵节 ȵyø^{22}ɕiɔ^{55}tɕiɪʔ^{31}	清明 tɕʰiŋ^{35}miŋ^{53}	端午 tõ^{35}ɦŋ^{53}
闵行	正月半 tsəŋ^{44}ȵyə$ʔ^{22}$pe^{35}	清明 tsʰiŋ^{44}miŋ^{44}	端午 tø^{44}ŋ^{44}
青浦	元宵节 ȵyø^{23}ɕiɔ^{55}tɕiɪʔ^{33} 正月半 tsəŋ^{55}ȵyə$ʔ^{42}$pɪ^{21}	清明日 tsʰiəŋ^{55}miəŋ^{42}ȵiɪʔ^{21}	当五日 tã^{55}ɦŋ^{42}ȵiɪʔ^{21}
金山	元宵节 ȵyø^{23}ɕiɔ^{55}tsiɪʔ^{3}	清明 tsʰiəŋ^{24}miəŋ^{53}	当午 dã^{13}ŋ^{31}
奉贤	元宵 ȵiø^{24}ɕiɔ^{21}	清明 tɕʰiŋ^{44}miŋ^{53}	端午 tø^{44}ɦŋ^{53}
浦东（川沙）	正月半 tsən^{55}ȵyœʔ^{55}бε^{21}	清明 tɕʰin^{55}min^{53}	端午节 dø^{55}ɦŋ^{22}tɕiɪʔ^{21}
浦东（惠南）	元宵节 ȵyø^{22}ɕiɔ^{33}tɕiɪʔ^{33}	清明 tɕʰin^{55}min^{53}	当五 dã^{55}ŋ^{31}
嘉定	正月半 tsəŋ^{55}ŋəʔ^{22}pɪ^{21}	清明 tsʰiŋ^{55}miŋ^{21}	端午 tɤ^{55}ɦŋ^{21}
宝山	正月半 tsẽŋ^{55}ŋəʔ^{33}pe^{21}	清明 tsʰĩŋ^{55}mĩŋ^{21}	端午 te^{55}ɦŋ^{21} 五月端午 ɦŋ^{22}ŋəʔ^{55}te^{33}ɦŋ^{21}
崇明	正月半 tsən^{55}ȵyoʔ^{5}pie^{0}	清明 tɕʰin^{55}min^{55}	颠阳 tie^{55}ɦiã^{55}

地点 \ 词条	0103 七月十五 农历,节日名	0104 中秋	0105 冬至
中心城区（南）	七月半 tɕʰiɪʔ³³ɦio⁵⁵pø²¹	八月半 pA̠ʔ³³ɦio⁵⁵pø²¹ 中秋节 tsoŋ⁵⁵tɕʰiɤ³³tɕiɪʔ²¹	冬至日 toŋ⁵⁵tsɿ³³n̠iɪʔ²¹ 冬至 toŋ⁵⁵tsɿ²¹
中心城区（北）	七月半 tɕʰiɪʔ²³ɦioʔ⁵⁵pø²¹	中秋 tsoŋ⁵⁵tɕʰiɤ²¹ 八月半 pəʔ³³ɦio⁵⁵pø²¹	冬至 toŋ⁵⁵tsɿ²¹
松江	七月半 tɕʰiɪʔ²⁴n̠yøʔ⁴pe⁴⁴	中秋 tsoŋ³⁵tɕʰiɯ⁵³	冬至 toŋ⁵⁵tsɿ³¹
闵行	七月半 tsʰiɪʔ²⁴n̠yəʔ⁴⁴pe⁴⁴	中秋 tsoŋ⁴⁴tsʰiɤ⁵³	冬至 toŋ⁵⁵tsɿ⁴⁴
青浦	七月半 tsʰiɪʔ⁵⁵n̠yəʔ⁴⁴pɪ³³	中秋日 tsoŋ⁵⁵tɕʰiə⁴²n̠iɪʔ²¹ 八月半 pæʔ⁵⁵n̠yəʔ⁴⁴pɪ³³	冬至日 toŋ⁵⁵tsɿ⁴²n̠iɪʔ²¹
金山	七月半 tsʰiɪʔ²⁴n̠yøʔ³ɓe³¹	八月半 ɓæʔ²⁴n̠yøʔ³ɓe³¹	冬至 ɗoŋ⁵⁵tsɿ³¹
奉贤	七月半 tɕʰiɪʔ⁴²n̠yøʔ²²pe²¹	八月半 pæʔ⁴²n̠yøʔ²²pe²¹ 中秋节 tsoŋ⁵⁵tɕʰiɤ³³tɕiɪʔ²¹	冬至 toŋ⁵⁵tsɿ²¹
浦东（川沙）	七月半 tɕʰiɪʔ²²n̠yœʔ²⁵ɓɛ²¹ 七月十五 tɕʰiɪʔ³³n̠yœʔ⁵³zəʔ²²ŋ²¹	八月半 ɓæʔ²²n̠yœʔ³⁵ɓɛ²¹	冬至 ɗoŋ⁵⁵tsɿ¹²
浦东（惠南）	七月半 tɕʰiɪʔ³³n̠yœʔ²⁵ɓE⁵⁵	八月半 ɓæʔ⁵⁵n̠yœʔ²⁵ɓE⁵³ 中秋 tsoŋ⁵⁵tɕʰiɤ⁵³	冬至 ɗoŋ⁵⁵tsɿ³¹
嘉定	七月半 tsʰiɪʔ⁵⁵ŋəʔ⁵⁵piɪ²¹	八月半 pəʔ⁵⁵ŋəʔ⁵⁵piɪ²¹	冬至 toŋ³⁵tsɿ²¹
宝山	七月半 tsʰiɪʔ³³ŋəʔ⁵⁵pe²²	八月半 pA̠ʔ³³ŋəʔ⁵⁵pe²²	冬至 toŋ⁵⁵tsɿ²¹
崇明	七月半 tɕʰiəʔ²⁵n̠yoʔ²⁵pie⁰	八月半 pæʔ²⁵n̠yoʔ²⁵pie⁰	冬至 toŋ⁵⁵tsɿ⁰

词条\地点	0106 腊月 农历十二月	0107 除夕 农历	0108 历书
中心城区(南)	腊月 lAʔ¹¹ɦioʔ²³	年夜头 ȵi²²ɦiA⁵⁵dɤ²¹ 大年夜 du²²ȵi⁵⁵ɦiA²¹	历本 lɪʔ¹¹pən²³
中心城区(北)	腊月 leʔ¹¹ɦioʔ²³ 腊月里 leʔ¹¹ɦioʔ²²li²³	大年夜 du²²ȵi⁵⁵ɦia²¹	黄历 ɦuã²²lɪʔ⁴⁴
松江	腊月 læʔ²ȵyøʔ²	年三十 ȵi²²sɛ²²səʔ²	历本 liɪʔ²pəŋ²²
闵行	腊月 læʔ²²ȵyøʔ⁴⁴	年夜头 ȵi²²ɦia⁴⁴dɤ⁴⁴	黄历 ɦuã²²liɪʔ⁴⁴
青浦	腊月 læʔ³³ȵyøʔ²⁴	年三十 ȵiɪ³⁵sᴇ⁴²səʔ²¹	黄历 ɦuã⁴⁵liɪʔ³¹
金山	腊月 læʔ³ȵyøʔ²	年夜头 ȵi³²ɦia²²dɤ²¹	历本 liɪʔ³ɓəŋ³³
奉贤	腊月 læʔ⁴²ȵyøʔ²¹	年三十 ȵi²⁴sɛ³³səʔ²¹ 年夜头 ȵi²⁴ɦia³³dɤ²¹	历本 lɪʔ⁴²pəŋ²¹
浦东(川沙)	腊月 læʔ³³ȵyœʔ³⁴	年夜头 ȵi²²ɦiA²²dɤ²²	黄历 βã²²liɪʔ⁴⁴
浦东(惠南)	腊月 læʔ²²ȵyœʔ²³	大年夜 du¹³ȵi⁵⁵ɦiA⁵³	黄历 βã²²liɪʔ³³
嘉定	腊月里 laʔ²²ŋəʔ²²li²⁴	年三十夜 ȵi²²sᴇ⁵⁵səʔ²²ɦia²¹	日历 zəʔ²²liɪʔ²⁴
宝山	腊月 lAʔ²²ŋəʔ²³ 十二月 zəʔ²²ȵi²³ŋəʔ⁵²	大年三十 du²²ȵie⁵⁵sɛ³³səʔ²¹ 大年夜 du²²ȵie⁵⁵ɦia²¹	历本 lɪʔ²²pẽŋ²³
崇明	腊月 læʔ²ȵyoʔ⁵	大年夜 du³¹³ȵie⁵⁵ɦia⁰	历本 liəʔ²pən³³

地点＼词条	0109 阴历	0110 阳历	0111 星期天
中心城区（南）	阴历 iŋ⁵⁵lɪʔ²¹	阳历 ɦiã²²lɪʔ⁴⁴	礼拜天 li²²pᴀ⁵⁵tʰi²¹ 礼拜日 li²²pᴀ⁴⁴ȵiɪʔ¹²
中心城区（北）	阴历 iŋ⁵⁵lɪʔ²¹ 农历 noŋ²²lɪʔ⁴⁴	阳历 ɦiã²²lɪʔ⁴⁴	礼拜天 li²²pa⁵⁵tʰi²¹ 礼拜日 li²²pa⁵⁵ȵiɪʔ²¹
松江	阴历 iŋ⁵⁵liɪʔ³¹	阳历 ɦiæ̃²²liɪʔ²	礼拜日 li²²pa⁵⁵ȵiɪʔ³¹
闵行	阴历 iŋ⁴⁴liɪʔ²²	阳历 ɦiã²²liɪʔ⁴⁴	礼拜天 li¹³pa⁵⁵tʰiɪ²²
青浦	阴历 iəŋ⁵⁵liɪʔ³¹	阳历 ɦiæ⁴⁵liɪʔ³¹	礼拜日 li²²pa⁵³ȵiɪʔ²¹
金山	农历 noŋ³³liɪʔ²	阳历 ɦiẽ³³liɪʔ²	礼拜日 li²³ɓɑ⁵⁵ȵiɪʔ³
奉贤	阴历 iŋ⁵³lɪʔ²¹	阳历 ɦiã²⁴lɪʔ²¹	礼拜日 li²²pa⁵⁵ȵiɪʔ²¹ 礼拜天 li²²pa⁴⁴tʰi⁵³
浦东（川沙）	农历 noŋ²²liɪʔ⁴⁴	阳历 ɦiã²²lɪʔ⁴⁴	礼拜天 li²²ɓɑ⁵⁵tʰi⁵³
浦东（惠南）	阴历 in⁵⁵liɪʔ⁵³ 老黄历 lɔ¹³βã⁵⁵liɪʔ⁵³	阳历 ɦiã²²liɪʔ³³	礼拜天 li¹²ɓᴀ⁵⁵tʰi⁵³
嘉定	阴历 iŋ⁵⁵liɪʔ²¹	阳历 ɦiã²⁴liɪʔ²¹	礼拜日 li²²pa²²ȵiɪʔ⁵⁵
宝山	阴历 ĩŋ⁵⁵lɪʔ²¹	阳历 ɦiã²²lɪʔ⁵²	礼拜日 li²²pa²³ȵiɪʔ⁵² 礼拜天 li²²pɑtʰe⁵²
崇明	阴历 ʔin⁵⁵liəʔ⁵	阳历 ɦiã²⁴liəʔ⁵	礼拜天 li³¹pa³³tʰie⁵⁵

地点 \ 词条	0112 地方	0113 什么地方	0114 家里
中心城区(南)	场化 zã²²hɔ⁵³ 地方 di²²fã⁵³	啥场化 sᴀ³³zã⁵⁵hɔ²¹ 啥地方 sᴀ³³di⁵⁵fã²¹	屋里向 oʔ³³li⁵⁵ɕiã²¹ 屋里 oʔ³³li⁴⁴
中心城区(北)	地方 di²²fã⁴⁴	啥地方 sa³³di⁵⁵fã²¹	屋里 oʔ³³li⁴⁴ 屋里向 oʔ³³li⁵⁵ɕiã²¹
松江	地方 di²²fɒ̃²² 户荡 vu²²dɒ̃²² 又	啥地方 sa³³di⁵⁵fɒ̃³¹ 啥户荡 sa³³vu⁵⁵dɒ̃³¹ 又	屋里 oʔ⁴li⁴⁴
闵行	地方 di²²fã⁴⁴	啥个地方 sa³³gəʔ³³di²²fã⁴⁴	屋里厢 oʔ²¹li²²ɕiã⁵³
青浦	地方 di²²fã³⁵	啥个地方 sa⁴⁴kəʔ⁵⁵di³³fã²²	屋里 uoʔ⁵⁵li⁵⁵
金山	户荡 (ɦ)u⁵⁵dã³¹	啥户荡 sɑ³⁴u⁵⁵dã³¹	屋里厢 ɔʔ⁵li⁰ɕiɛ̃³¹
奉贤	户荡 ɦu⁴²dã²¹ 场化 zã²⁴hɔ²¹ 地方 di⁴²fã²¹	啥户荡 sa³³ɦu⁵⁵dã²¹ 啥场化 sa³³zã⁵⁵hɔ²¹ 啥地方 sa³³di⁵⁵fã²¹	屋里向 oʔ³³li⁴⁴ɕiã⁵³
浦东(川沙)	地方 di²²fã⁵³	啥地方 sᴀ³⁵di²²fã⁵³	屋里 oʔ⁴⁴li⁴⁴
浦东(惠南)	地方 di¹³fã⁵³	啥地方 sᴀ⁵⁵di⁵⁵fã³¹	屋里 oʔ⁵⁵li⁴⁴
嘉定	场许 zã²⁴hɤ²¹	啥个地方 sa³³kəʔ⁵⁵di²²fã⁵³	屋里 uoʔ⁵⁵li²¹
宝山	场化 zã²⁴hɤ²² 地方 di²²fɒ̃⁵²	啥个场化 sa³³ɦəʔ⁴⁴zã²⁴hɤ²² 啥个地方 sa³³ɦəʔ⁴⁴di²²fɒ̃⁵²	屋里 uəʔ⁵⁵li²¹ 屋里向 uəʔ⁵⁵li³⁴ɕiã⁵²
崇明	所在 su³³dzɛ⁰	哪里杠 lɑ²⁴²li⁰kã³³	屋里 ʔuəʔ⁵li³³

地点 \ 词条	0115 城里	0116 乡下	0117 上面 从~滚下来
中心城区（南）	城里向 zəŋ²²li⁵⁵ɕiã²¹	乡下头 ɕiã⁵⁵ɦɔ³³dɤ²¹	上头 zã²²dɤ⁴⁴ 上面 zã²²mi⁴⁴ 上底头 zã²²ti⁵⁵dɤ²¹
中心城区（北）	城里 zəŋ²²li⁴⁴ 城里向 zəŋ²²li⁵⁵ɕiã²¹	乡下 ɕiã⁵⁵ɦɔ²¹ 乡下头 ɕiã⁵⁵ɦɔ³³dɤ²¹	上头 zã²²dɤ⁴⁴ 高头 kɔ⁵⁵dɤ²¹
松江	城里 zəŋ¹³li⁵³	乡下头 ɕiã̃⁵⁵ɦɔ³³dɯ³¹	上头 zɒ̃²²dɯ²²
闵行	市里厢 zʅ¹³li⁴⁴ɕiã⁵³	乡下头 ɕiã⁴⁴ɦɔ²²dɤ²²	上头 zã²²dɤ⁴⁴
青浦	城里 zəŋ²³li⁵¹	乡下 ɕiã̃⁵⁵ɦɔ³¹	上头 zã²²də³⁵
金山	城里厢 zəŋ³¹li⁰ɕiẽ³¹	乡下头 ɕiẽ³⁴ɦɔ⁵⁵dɤ³¹	上头 zã¹³dɤ³¹
奉贤	城里 zəŋ²³li⁵³	乡下 ɕiã⁴⁴ɦɔ⁵³ 乡下头 ɕiã̃⁵⁵ɦɔ³³dɤ²¹	上头 zã⁴²dɤ²¹
浦东（川沙）	城里 zəŋ²²li²²	乡下 ɕiã⁵⁵ɦɔ²¹	上头 zã²²dɤ⁵³
浦东（惠南）	城里 zəŋ²²li³³	乡下 ɕiã⁵⁵ɦɔ³¹	上头 zã¹³dɤ⁵³
嘉定	城里 zəŋ²⁴li²¹	乡下 ɕiã⁵⁵ɦɤ²¹	上头 zã²²dɤ⁵³
宝山	城里向 zẽŋ²⁴li³³ɕiã²¹	乡下头 ɕiã⁵⁵ɦɤ³³dʌɪ²¹	上头 zɒ̃²²dʌɪ⁵²
崇明	城里 zəŋ²⁴li⁰	乡下 ɕiã⁵⁵o⁰	上头 zã³¹³də⁵⁵

地点 \ 词条	0118下面 从~爬上去	0119左边	0120右边
中心城区（南）	下头 ɦo²²dɤ⁴⁴ 下面 ɦo²²mi⁴⁴ 下底头 ɦo²²ti⁵⁵dɤ²¹	左面 tsu³³mi⁴⁴	右面 ɦiɤ²²mi⁴⁴
中心城区（北）	下头 ɦo²²dɤ⁴⁴	左面 tsu³³mi⁴⁴	右面 ɦiɤ²²mi⁴⁴
松江	下头 ɦɔ²⁴dɯ³¹	左面 tsu⁴⁴mi⁴⁴	右面 ɦiɯ²²mi³⁵
闵行	下头 ɦɔ³⁵dɤ²²	左班班 tsu⁴⁴pɛ⁵⁵pɛ⁵⁵	右班班 ɦiɤ²²pɛ⁵⁵pɛ⁵⁵
青浦	下头 ɦo²²də⁵³	左面 tsəu⁴⁴miɪ⁴⁵	右面 ɦiə²²miɪ³⁵
金山	下头 ɦo¹³dɤ⁵³	左面 tsu⁴⁴miɪ⁴⁴	右面 ɦiɤ³³miɪ³³
奉贤	下头 ɦɔ²⁴dɤ²¹	左手里 tɕi⁵³sɤ³³li²¹ 左边 tsu³³pi⁵³	右面 ɦiɤ²²mi³⁴
浦东（川沙）	下头 ɦo²²dɤ⁵³	左面 tsu⁴⁴mi⁴⁴	右面 ɦiɤ²²mi³⁴
浦东（惠南）	下头 ɦo¹³dɤ⁵³	左半 tsu⁴⁴ɓᴇ⁴⁴ 左半半 tsu³⁵ɓᴇ⁵⁵ɓᴇ³¹	右半 ɦiɤ³¹ɓᴇ³⁵ 右半半 ɦiɤ¹³ɓᴇ⁵⁵ɓᴇ³¹
嘉定	下头 ɦɤ²²dɤ⁵³	左面 tsi³³miɪ⁵³	右面 ɦiy²²miɪ²⁴
宝山	下头 ɦɤ²²dʌɪ⁵²	左带⁼面 tsu³³tɑ⁵⁵me²¹ 左半爿 tsu³³pɛ⁵⁵bɛ²¹	右带⁼面 ɦiy²²tɑ⁵⁵me²¹ 右半爿 ɦiy²²pɛ⁵⁵bɛ²¹
崇明	下头 ɦɦo³¹³də⁵⁵	济面 tɕi³³mie⁰	右面 ɦiə³¹³mie³³

地点 \ 词条	0121 中间 排队排在~	0122 前面 排队排在~	0123 后面 排队排在~
中心城区（南）	当中 tã⁵⁵tsoŋ²¹ 当中横里 tã⁵⁵tsoŋ³³ɦuã²²li²¹	前头 ʑi²²dɚ⁴⁴	后头 ɦɚ²²dɚ⁴⁴
中心城区（北）	当中 tã⁵⁵tsoŋ²¹ 当中横里 tã⁵⁵tsoŋ³³ɦuã³³li²¹	前头 ʑi²²dɚ⁴⁴ 前面 ʑi²²mi⁴⁴	后头 ɦɚ²²dɚ⁴⁴ 后面 ɦɚ²²mi⁴⁴
松江	当中 tõ³⁵tsoŋ⁵³	前头 ʑi¹³dɯ⁵³	后头 ɦɯ²⁴dɯ³¹
闵行	当中 tã⁴⁴tsoŋ⁴⁴	前头 ʑi²²dɚ⁴⁴	后头 ɦɚ²²dɚ⁴⁴
青浦	当中 tã⁵⁵tsoŋ³¹	前头 ʑiɪ²³də⁵¹	后头 ɦə²²də⁵³
金山	当中 dã²⁴tsoŋ⁵³	前头 ʑiɪ¹³dɚ⁵³	后头 ɦɚ¹³dɚ⁵³
奉贤	当中 tã⁴⁴tsoŋ⁵³	前头 ʑi²³dɚ⁵³	后头 ɦɚ²⁴dɚ²¹
浦东（川沙）	当中 dã⁵⁵tsoŋ⁵³	前头 ʑi²²dɚ²²	后头 ɦɚ²²dɚ⁵³
浦东（惠南）	当中 dã⁵⁵tsoŋ⁵³ 当中间里 dã⁵⁵tsoŋ⁵⁵kɛ⁵⁵li³¹	前头 ʑi²²dɚ³³	后头 ɦɚ¹³dɚ⁵³
嘉定	当中 tã⁵⁵tsoŋ²¹	前头 ʑiɪ²²dɚ⁵³	后头 ɦɚ²²dɚ⁵³
宝山	当中向里 tõ⁵⁵tsoŋ³³ɕiã²²li²¹	前头 ze²²dʌɪ⁵²	后头 ɦʌɪ²²dʌɪ⁵²
崇明	当中 tã⁵⁵tsoŋ⁵⁵	前头 ʑie²⁴də⁵⁵	后头 ɦɦiə³¹³də⁵⁵

地点 \ 词条	0124 末尾 排队排在～	0125 对面	0126 面前
中心城区（南）	阿末 aʔ³³məʔ⁴⁴ 阿末头 aʔ³³məʔ⁵⁵dɤ²¹	对过 tE⁵⁵ku²¹ 对面 tE³³mi⁴⁴	眼门前 ŋE²²mən⁵⁵ʑi²¹ 门前 mən²²ʑi⁴⁴ 面前 mi²²ʑi⁴⁴
中心城区（北）	阿末 ɐʔ³³mɐʔ⁴⁴ 末脚 məʔ¹¹tɕiiʔ²³	对过 te⁵⁵ku²¹ 对面 te³³mi⁴⁴	眼面前 ŋE²²mi⁵⁵ʑi²¹ 眼门前 ŋE²²mən⁵⁵ʑi²¹
松江	阿末脚 aʔ⁴məʔ⁴tɕiæʔ⁴	对面 te⁴⁴mi⁴⁴	门前头 mən²²ʑi²²dɯ²²
闵行	阿末脚 aʔ⁴məʔ⁴⁴tɕiaʔ⁴	对面 te⁴⁴mi⁵⁵	门前头 mən²²ʑi²²dɤ⁵³
青浦	最后头 tsø⁵⁵ɦə⁴²də²¹ 阿末个 aʔ⁵⁵məʔ⁴⁴kəʔ³³	对过 tɿ³³kəu³⁵	门前 mən²³ʑiɿ⁵¹
金山	末脚 məʔ³ciaʔ²	对过 te⁴⁴gu⁴⁴	门前头 miən²³ʑiɿ⁵⁵dɤ³¹
奉贤	末脚 məʔ⁴²tɕiaʔ²¹ 阿末 aʔ⁵³məʔ²¹	对过 te⁴⁴ku⁴⁴ 对面 te⁴⁴mi⁴⁴	眼面前 ŋE²²mi⁵⁵ʑi²¹ 面前 mi⁴²ʑi²¹
浦东（川沙）	辣末头 læʔ²²moʔ²²dɤ³⁴ 压末个 Aʔ²²moʔ⁵⁵ə²¹	对过 ɖe⁵⁵ku²¹	门前头 mən²²ʑi²²dɤ²²
浦东（惠南）	末脚个 məʔ²²tɕiʌʔ³³kə⁵³	对过 ɖE⁵⁵ku³¹	前头 ʑi²²dɤ³³
嘉定	阿末脚 aʔ³³məʔ⁵⁵tɕiaʔ²¹	对过 tɤ⁵⁵ku²¹	门前 mən²²ʑiɿ⁵³
宝山	阿末结 Aʔ³³məʔ³⁴tɕiiʔ⁵² 实后头 zəʔ²²ɦʌɪ²³dʌɪ⁵²	对过 tʌɪ⁵⁵ku²¹ 对面 tʌɪ⁵⁵me²¹	门前头 mẽŋ²²ze⁵⁵dʌɪ²¹
崇明	着着后头 dʑaʔ²dʑaʔ⁵ɦfie³¹³də⁵⁵	对过 tei⁴²⁴ku³³	门前 mən³¹³ʑie⁵⁵

地点 \ 词条	0127 背后	0128 里面躲在～	0129 外面衣服晒在～
中心城区（南）	背后头 pE³³ɦɤ⁵⁵dɤ²¹ 屁股头 pʰi⁵⁵ku³³dɤ²¹ 屁股后头 pʰi⁵⁵ku³³ɦɤ³³dɤ²¹	里向 li²²ɕiã⁴⁴	外头 ŋA²²dɤ⁴⁴
中心城区（北）	背后头 pE³³ɦɤ⁵⁵dɤ²¹ 身背后头 səŋ⁵⁵pE³³ɦɤ³³dɤ²¹	里向 li²²ɕiã⁴⁴ 里向头 li²²ɕiã⁵⁵dɤ²¹	外头 ŋa²²dɤ⁴⁴
松江	背后头 pe³³ɦɯ⁵⁵dɯ³¹	里向 li²⁴ɕiæ̃³¹	外头 ŋa²²dɯ²²
闵行	背后头 pe⁴⁴ɦɤ⁴⁴dɤ⁵³	里厢头 li²²ɕiã⁴⁴dɤ²²	外头 ŋa²²dɤ⁴⁴
青浦	背后 pɪ³³ɦə³⁵	里向 li²²ɕiæ̃⁵³	外头 ŋa²²də³⁵
金山	背后 ɓe⁴⁴ɦɤ⁴⁴	里厢 li¹³ɕiẽ⁵³	外口头 ŋɑ²³kɤ⁵⁵dɤ³¹
奉贤	背后 pe⁴⁴ɦɤ⁴⁴ 背后头 pe⁴⁴ɦɤ⁴⁴dɤ⁵³	里向边 li²²ɕiã⁵⁵pi²¹	外面 ŋa²²mi³⁴ 外头 ŋa⁴²dɤ²¹
浦东（川沙）	背后头 ɓe⁵⁵ɦɤ²¹dɤ²¹	里向 li²²ɕiã⁵³	外头 ŋA²²dɤ⁵³
浦东（惠南）	背后 ɓE¹³ɦɤ³¹ 背后头 ɓE¹³ɦɤ³¹dɤ³¹	里向 li¹³ɕiã⁵³	外头 ŋA¹³dɤ⁵³
嘉定	背后头 pe⁵⁵ɦɤ²²dɤ²¹	里厢头 li²²ɕiã⁵⁵dɤ²¹	外头 ŋa²²dɤ⁵³
宝山	屁股头 pʰi⁵⁵ku³³dʌɪ²¹ 背后头 pʌɪ⁵⁵ɦʌɪ³³dʌɪ²¹	里向 li²²ɕiã⁵²	外头 ŋa²²dʌɪ⁵²
崇明	背肌头 pei⁴²⁴tɕi³³də⁵⁵	里厢 li³¹³ɕiã⁵⁵	外头 ŋa³¹³də⁵⁵

地点＼词条	0130 旁边	0131 上 碗在桌子~	0132 下 凳子在桌子~
中心城区（南）	边浪 pi⁵⁵lã²¹ 边浪向 pi⁵⁵lã³³ɕiã²¹	浪 lã²³ 浪向 lã²²ɕiã⁵³	下头 ɦo²²dʏ⁵³
中心城区（北）	旁边 bã²²pi⁴⁴ 边浪向 pi⁵⁵lã³³ɕiã²¹	浪 lã²³	下头 ɦo²²dʏ⁴⁴
松江	墙边 hɛ³⁵pi⁵³	浪 lɒ̃¹³	下 ɦɔ¹³
闵行	旁班 bã²²pɛ⁴⁴	努⁼ nu¹³	下头 ɦɔ²²dʏ⁴⁴
青浦	边浪 piɪ⁵⁵lã³¹	上头 zã²²də³⁵	下头 ɦo²²də⁵³
金山	海⁼边 hɛ²⁴bi⁵³	上头 zã¹³dʏ³¹	下头 ɦo¹³dʏ⁵³
奉贤	旁边 bã²³pi⁵³	浪 lã²⁴	下头 ɦo²⁴dʏ²¹
浦东（川沙）	边边头 bi⁵⁵bi⁵⁵dʏ⁵³	上头 zã²²dʏ⁵³	下头 ɦo²²dʏ⁵³
浦东（惠南）	边头 bi⁵⁵dʏ⁵³ 边边头 bi⁵⁵bi⁵⁵dʏ⁵³	上 zã¹³	下 ɦo¹¹³
嘉定	边头 piɪ⁵⁵dʏ²¹	上头 zã²²dʏ⁵³	下头 ɦʏ²²dʏ⁵³
宝山	边头 pe⁵⁵dʌɪ²¹	浪 lɒ̃²³	下头 ɦʏ²²dʌɪ⁵²
崇明	边头 pie⁵⁵də⁵⁵	浪 lã²⁴²	下底头 hɦo³¹³ti³³də⁵⁵

地点 \ 词条	0133 边儿桌子的~	0134 角儿桌子的~	0135 上去他~了
中心城区（南）	边 pi⁵² 边头 pi⁵⁵dɤ²¹ 边边头 pi⁵⁵pi³³dɤ²¹	角角 koʔ³³koʔ⁴⁴ 角角头 koʔ³³koʔ⁵⁵dɤ²¹	上去 zã²²tɕʰi⁵³
中心城区（北）	边浪向 pi⁵⁵lã³³ɕiã²¹	角落头 koʔ³³loʔ⁵⁵dɤ²¹	上去 zã²²tɕʰi⁴⁴
松江	边 pi⁵³	角 kɒʔ⁴	上去 zɒ̃²²tɕʰi³⁵
闵行	边边头 pi⁴⁴pi⁴⁴dɤ⁴⁴	角角头 kɔʔ⁴kɔʔ⁴dɤ⁴⁴	上去 zã²²tɕʰi⁴⁴
青浦	边头 piɪ⁵⁵də³¹	台角 dɛ²³koʔ³³	上去 zã²²tɕʰi⁵³
金山	边浪厢 ɕiɪ³⁴lã⁵⁵ɕiɛ̃³¹	角头 kɔʔ³dɤ⁵³	上去 zã¹³tɕʰy³⁵
奉贤	旁边 bã²³pi⁵³	角角头 kɔʔ³³kɔʔ⁵⁵dɤ²¹	上去 zã²²tɕʰi³⁴
浦东（川沙）	边浪向 ɕi⁵⁵lã⁵⁵ɕiã²¹	角落向 kɔʔ²²lɔʔ⁵⁵ɕiã²¹	上去 zã²²tɕʰi³⁴
浦东（惠南）	边浪 ɕi¹³nã⁵³ 边头边浪 ɕi¹³dɤ⁵⁵ɕi⁵⁵nã³¹	角浪 kɔʔ⁵⁵nã⁵³ 角落头 kɔʔ³³lɒʔ⁵⁵dɤ²¹	上去 zã¹³tɕʰi³¹
嘉定	边边头 piɪ⁵⁵piɪ³³dɤ²¹	角落头 kɔʔ³³lɔʔ⁵⁵dɤ²¹	上去 zã²²tɕʰi⁵³
宝山	边头 pe⁵⁵dʌɪ²¹ 边浪 pe⁵⁵lõ²¹ 边边头 pe⁵⁵pe³³dʌɪ²¹	角角浪 kɔʔ³³kɔʔ⁵⁵lõ²¹ 角角头 kɔʔ³³kɔʔ⁵⁵dʌɪ²¹	上去 zɒ̃²²tɕʰi⁵²
崇明	台边 dɛ²⁴pie⁵⁵	台角 dɛ²⁴koʔ⁵	上去 zã³¹³kʰi⁵⁵

词条 地点	0136 下来 他~了	0137 进去 他~了	0138 出来 他~了
中心城区（南）	下来 ɦo²²lɛ⁵³	进去 tɕin³³tɕʰi⁵³	出来 tsʰəʔ³³lɛ⁵³
中心城区（北）	下来 ɦo²²lɛ⁴⁴	进去 tɕin³³tɕʰi⁴⁴	出来 tsʰəʔ³³lɛ⁴⁴
松江	下来 ɦɔ²⁴lɛ³¹	进去 tɕin⁴⁴tɕʰi⁴⁴	出来 tsʰəʔ⁴lɛ⁵³
闵行	下来 ɦɔ¹³lɛ⁵³	进去 tɕin⁴⁴tɕʰi³⁵	出来 tsʰəʔ²lɛ⁴⁴
青浦	下来 ɦo²²lɛ⁵³	进去 tsiəŋ³³tɕʰi⁵²	出来 tsʰəʔ⁵⁵lɛ⁵¹
金山	下去 ɦo¹³tɕʰi³⁵	进去 ciəŋ⁴⁴tɕʰi⁴⁴	出来 tsʰəʔ³lɛ⁵³
奉贤	下来 ɦɔ²²lɛ³⁴	进去 tɕin⁴⁴tɕʰi⁴⁴	出来 tsʰəʔ³³lɛ⁵³
浦东（川沙）	下来 ɦo²²lɛ³⁴	进去 tɕin⁵⁵tɕʰi⁵³	出来 tsʰəʔ³³lɛ⁵³
浦东（惠南）	下来 ɦo¹³lɛ⁵³	进去 tɕin⁵⁵tɕʰi³¹	出来 tsʰəʔ⁵⁵lɛ⁵³
嘉定	下来 ɦɤ²²lɛ⁵³	进去 tsiŋ³⁵tɕi²¹	出来 tsʰəʔ⁵⁵lɛ²¹
宝山	下来 ɦɤ²²lɛ⁵²	进去 tsĩŋ³³tɕʰi⁵²	出来 tsʰəʔ³³lɛ⁵²
崇明	下来 ɦɦo³¹³lɛ⁵⁵	进去 tɕin⁴²⁴kʰi⁵⁵	出来 tsʰəʔ⁵lɛ⁵⁵

地点 \ 词条	0139 出去 他~了	0140 回来 他~了	0141 起来 天冷~了
中心城区（南）	出去 tsʰəʔ³³tɕʰi⁵³	转来 tsø³³lɛ⁴⁴ 回转来 ɦuɛ²²tsø⁵⁵lɛ²¹ 回来 ɦuɛ²²lɛ⁴⁴	起来 tɕʰi³³lɛ⁴⁴
中心城区（北）	出去 tsʰɐʔ³³tɕʰi⁴⁴	回来 ɦuɛ²²lɛ⁴⁴ 转来 tsø³³lɛ⁴⁴	起来 tɕʰi³³lɛ⁴⁴
松江	出去 tsʰəʔ⁴tɕʰi³⁵	回来 ve¹³lɛ⁵³	起来 tɕʰi³⁵lɛ³¹
闵行	出去 tsʰəʔ²tɕʰi³⁵	回转来 vi²²tse²²le⁴⁴	起来 tɕʰi⁴⁴lɛ²²
青浦	出去 tsʰəʔ⁵⁵tɕʰi⁵¹	回转来 ɦui²³tsø⁴²lɛ²¹	起来 tɕʰi⁴⁴lɛ⁵³
金山	出去 tsʰəʔ³tɕʰi³⁵	回转 ɦue¹³tsɿ³¹	起来 tɕʰi²⁴lɛ⁵³
奉贤	出去 tsʰəʔ³³tɕʰi⁴⁴	归来 tɕy⁴⁴lɛ⁵³ 回转来 ve²⁴tse³³lɛ²¹	起来 tɕʰi⁵⁵lɛ²¹
浦东（川沙）	出去 tsʰəʔ³³tɕʰi⁵³	回转来 βe²²tsø⁵⁵lɛ⁵³	下来 ɦo²²lɛ⁵³
浦东（惠南）	出去 tsʰəʔ⁵⁵tɕʰi³⁵	回转来 ɦuɛ²²tsɛ⁵⁵lɛ⁵³ 回来 ɦuɛ²²lɛ³³	起来 tɕʰi³⁵lɛ⁵³
嘉定	出去 tsʰəʔ³³tɕʰi⁵³	归来 kue⁵⁵lɛ²¹	起来 tɕʰi³⁵lɛ²¹
宝山	出去 tsʰəʔ³³tɕʰi⁵²	归来 kuʌɪ⁵⁵lɛ²¹	起来 tɕʰi⁵⁵lɛ²¹
崇明	出去 tsʰəʔ⁵kʰi⁵⁵	转来 tsø⁴²⁴lɛ⁵⁵	出来 tsʰəʔ⁵lɛ⁵⁵

地点＼词条	0142 树	0143 木头	0144 松树统称
中心城区（南）	树 z_1^{23}	木头 $mo\text{ʔ}^{11}dɤ^{23}$	松树 $soŋ^{55}z_1^{21}$
中心城区（北）	树 z_1^{23}	木头 $mo\text{ʔ}^{11}dɤ^{23}$	松树 $soŋ^{55}z_1^{21}$
松江	树 $ʑy^{13}$	木头 $mɒ\text{ʔ}^{2}dɯ^{53}$	松树 $soŋ^{55}ʑy^{31}$
闵行	树 $ʑy^{13}$	木头 $mo\text{ʔ}^{22}dɤ^{44}$	松树 $soŋ^{44}ʑy^{44}$
青浦	树 $ʑy^{224}$	木头 $mo\text{ʔ}^{11}də^{52}$	松树 $soŋ^{55}ʑy^{31}$
金山	树 $ʑy^{13}$	木头 $mɔ\text{ʔ}^{2}dɤ^{53}$	松树 $soŋ^{55}ʑy^{31}$
奉贤	树 $ʑy^{24}$	木头 $mɔ\text{ʔ}^{22}dɤ^{53}$	松树 $soŋ^{55}ʑy^{21}$
浦东（川沙）	树 z_1^{13}	木头 $mo\text{ʔ}^{22}dɤ^{34}$	松树 $soŋ^{55}z_1^{21}$
浦东（惠南）	树 $ʑy^{13}$	木头 $mo\text{ʔ}^{22}dɤ^{113}$	松树 $soŋ^{55}ɦy^{31}$
嘉定	树 z_1^{213}	木头 $mo\text{ʔ}^{22}dɤ^{24}$	松树 $soŋ^{55}z_1^{21}$
宝山	树 z_1^{23}	木头 $mo\text{ʔ}^{22}dʌɪ^{23}$	松树 $soŋ^{55}z_1^{21}$
崇明	树 z_1^{313}	木头 $mo\text{ʔ}^{2}də^{55}$	松树 $soŋ^{55}z_1^{0}$

地点 \ 词条	0145 柏树 统称	0146 杉树	0147 柳树
中心城区（南）	柏树 pʌʔ$^{33}_{44}$ʐʅ^{44}	杉树 sᴇ^{55}ʐʅ^{21}	杨柳 ɦiã^{22}liɤ^{53} 杨柳树 ɦiã^{22}liɤ^{55}ʐʅ^{21}
中心城区（北）	柏树 pɐʔ$^{33}_{44}$ʐʅ^{44}	杉树 sᴇ^{55}sʅ^{21}	杨柳 ɦiã^{22}liɤ^{44} 杨柳树 ɦiã^{22}liɤ^{55}ʐʅ^{21}
松江	柏树 paʔ^{4}ʑy^{35}	杉树 sɛ^{55}ʑy^{31}	柳树 liɯ^{24}ʑy^{31}
闵行	柏树 paʔ^{44}ʑy^{44}	杉树 sɛ^{44}ʑy^{22}	杨柳 ɦiã^{22}liɤ^{44}
青浦	柏树 pæʔ^{55}ʑy^{35}	杉树 sᴇ^{55}ʑy^{31}	杨柳树 ɦiæ̃^{23}liə^{42}ʑy^{21}
金山	柏树 ɓaʔ^{3}ʑy^{35}	杉树 sɛ^{55}ʑy^{31}	柳树 liɤ^{13}ʑy^{35}
奉贤	柏树 paʔ^{33}ʑy^{34}	杉树 sɛ^{55}ʑy^{21}	柳树 liɤ^{24}ʑy^{21}
浦东（川沙）	柏树 ɓʌʔ^{33}ʑʅ^{34}	杉树 sɛ^{55}ʑʅ^{21}	柳树 liɤ^{22}ʑʅ^{34}
浦东（惠南）	柏树 ɓʌʔ^{55}ɦy^{35}	杉树 sɛ^{55}ɦy^{31}	柳树 liɤ^{31}ɦy^{13}
嘉定	柏树 paʔ^{33}ʑʅ^{213}	木头树 moʔ^{22}dɤ^{11}ʑʅ^{24}	杨柳树 ɦiã^{24}ly^{22}ʑʅ^{21}
宝山	柏树 pʌʔ^{33}ʑʅ^{44}	杉树 sɛ^{55}ʑʅ^{21}	杨柳树 ɦiã^{22}ly^{55}ʑʅ^{21}
崇明	柏树 paʔ^{5}ʑʅ^{33}	杉树 sæ^{33}ʑʅ^{0}	柳树 liɵ^{313}ʑʅ^{33}

地点＼词条	0148竹子 统称	0149笋	0150叶子
中心城区（南）	竹头 tsoʔ^{33}dɤ^{53}	笋 səŋ^{34}	叶子 ɦiɪʔ^{11}tsʅ^{23}
中心城区（北）	竹头 tsoʔ^{33}dɤ^{44}	笋 səŋ^{34}	叶子 ɦiɪʔ^{11}tsʅ^{23}
松江	竹头 tsoʔ^{4}dɯ^{53}	笋 səŋ^{44}	叶子 ɦiɪʔ^{2}tsʅ^{22}
闵行	竹头 tsoʔ^{2}dɤ^{44}	笋 səŋ^{55}	叶子 ɦiɪʔ^{22}tsʅ^{44}
青浦	竹头 tsoʔ^{55}də^{51}	竹笋 tsoʔ^{55}səŋ^{55}	叶子 ɦiɪʔ^{11}tsʅ^{34}
金山	竹头 tsoʔ^{3}dɤ^{53}	笋 səŋ^{44}	叶头 ɦiɪʔ^{2}dɤ^{53}
奉贤	竹头 tsoʔ^{33}dɤ^{53}	笋 səŋ^{44}	叶子 ɦiɪʔ^{42}tsʅ^{21}
浦东（川沙）	竹头 tsoʔ^{33}dɤ^{53}	笋 sən^{44}	叶子 ɦiɪʔ^{22}tsʅ^{34}
浦东（惠南）	竹头 tsoʔ^{55}dɤ^{53}	笋 sən^{44}	叶子 ɦiɪʔ^{22}tsʅ^{113}
嘉定	竹头 tsoʔ^{33}dɤ^{53}	竹笋 tsoʔ^{55}səŋ^{21}	叶子 ɦiɪʔ^{22}tsʅ^{24}
宝山	竹头 tsoʔ^{33}dʌɪ^{52}	笋 sẽŋ^{34}	叶头 ɦiɪʔ^{22}dʌɪ^{23} 叶子 ɦiɪʔ^{22}tsʅ^{23}
崇明	竹头 tsoʔ^{5}də^{55}	竹笋 tsoʔ^{5}sən^{33}	叶子 ɦiəʔ^{5}tsʅ^{33}

地点 \ 词条	0151 花	0152 花蕾 花骨朵	0153 梅花
中心城区（南）	花 ho⁵²	蕊头 ȵy²²dɚ⁵³ 蕊头 ɦy²²dɚ⁵³	梅花 mɛ²²ho⁵³
中心城区（北）	花 ho⁵²	花苞 ho⁵⁵pɔ²¹ 花蕾 ho⁵⁵lei²¹	梅花 mei²²ho⁴⁴
松江	花 ho⁵³	花蕊头 ho⁵⁵ȵy³³dɯ³¹	梅花 me¹³ho⁵³
闵行	花 ho⁵³	蕊头 ȵy³⁵dɚ²²	梅花 mi²²ho⁵³
青浦	花 ho⁵¹	蕊头 ȵy²²də⁵³	腊梅花 læʔ¹¹mɪ³⁵ho⁵¹
金山	花 ho⁵³	花肖头 ɦio³⁴ɕiɔ⁵⁵dɚ³¹ 花蕊头 ɦio⁴⁴ȵy³³dɚ³¹	梅花 me¹³ho⁵³
奉贤	花 ho⁵³	蕊头 ȵiø²⁴dɚ²¹	梅花 me²³ho⁵³
浦东（川沙）	花 ho⁵³	花苞 ho⁵⁵ɓɔ⁵³	腊梅 læʔ²²me³⁴
浦东（惠南）	花 ho⁵³	软⁼头 ȵyø¹³dɚ⁵³	梅花 mɛ²²ho³³
嘉定	花 ɦuɚ⁵³	蕊头 ȵy²²dɚ²⁴	腊梅花 laʔ²²mɪ²²ho²⁴
宝山	花 fɚ⁵³	花苞 fɚ⁵⁵pɔ²¹ 花露朵 fɚ⁵⁵lu³³tu²¹ 花蕾 fɚ⁵⁵lʌɪ²¹	梅花 mʌɪ²²fɚ⁵²
崇明	花 ho⁵⁵	花蕊头 ho⁵⁵ȵi⁰də⁵⁵	梅花 mei²⁴ho⁵⁵

词条 地点	0154 牡丹	0155 荷花	0156 草
中心城区（南）	牡丹 mɔ²²tɛ⁵³	荷花 ɦu²²ho⁵³	草 tsʰɔ³⁴
中心城区（北）	牡丹¹ mɔ²²tɛ⁴⁴ 牡丹² mɤ²²tɛ⁴⁴	荷花 ɦu²²ho⁴⁴	草 tsʰɔ³⁴
松江	牡丹 mɔ²⁴tɛ³¹	荷花 vu¹³ho⁵³	草 tsʰɔ⁴⁴
闵行	牡丹花 mɔ²²tɛ⁴⁴ho²²	荷花 ɦu²²ho⁵³	草 tsʰɔ³⁵
青浦	牡丹花 mo²²tɛ⁵⁵ho²¹	荷花 ɦu²³ho⁵¹	草 tsʰɔ⁴³
金山	牡丹 mu¹³dɛ⁵³	荷花 ɦu¹³ho⁵³	草 tsʰɔ⁴⁴
奉贤	牡丹 mɔ²²tɛ³⁴	荷花 βu²³ho⁵³	草 tsʰɔ⁴⁴
浦东（川沙）	牡丹 mɤ³³dɛ⁵³	荷花 βu²²ho²²	草 tsʰɔ⁴⁴
浦东（惠南）	牡丹 mɤ¹³dɛ⁵³	荷花 ɦu²²ho³³	草 tsʰɔ⁴⁴
嘉定	牡丹花 mɔ²²tɛ⁵⁵ho²¹	荷花 ɦu²²ho⁵³	草 tsʰɔ⁴²³
宝山	牡丹 mɔ²²tɛ⁵²	荷花 vu²²fɤ⁵²	草 tsʰɔ³⁴
崇明	牡丹 mə³¹³tø⁵⁵	荷花 ɦfiu²⁴ho⁵⁵	草 tsʰɔ⁴²⁴

地点＼词条	0157 藤	0158 刺 名词	0159 水果
中心城区（南）	藤 dəŋ²³	刺 tsʰɿ³⁴	水果 sɿ³³ku⁵³
中心城区（北）	藤 dəŋ²³	刺 tsʰɿ³⁴	水果 sɿ³³ku⁴⁴
松江	藤 dəŋ³¹	刺 tsʰɿ³⁵	水果 sɿ³⁵ku³¹
闵行	藤 dəŋ³¹	刺 tsʰɿ³⁵	水果 sɿ¹³ku⁵³
青浦	藤 dəŋ³¹	刺 tsʰɿ³⁵	水果 sɿ⁴⁴kəu⁵³
金山	藤 dəŋ³¹	刺 tsʰɿ³⁵	水果 sɿ²⁴ku⁵³
奉贤	藤 dəŋ³¹	刺 tsʰɿ³⁵	水果 sɿ⁵⁵ku²¹
浦东（川沙）	藤 dəŋ²¹³	刺 tsʰɿ³⁵	水果 sɿ³⁵ku²¹
浦东（惠南）	藤 dəŋ¹¹³	刺 tsʰɿ³⁵	水果 sɿ³⁵ku³¹
嘉定	藤 dəŋ²³¹	戳人剑 tsʰoʔ³³ȵiŋ⁵⁵tɕiɪ²¹	水果 sɿ³⁵ku²¹
宝山	藤 dẽŋ³¹	剑 tɕie³⁴ 扎 tsaʔ⁵⁵ 刺 tsʰɿ³⁴	水果 sɿ³³ku⁵²
崇明	藤 dəŋ²⁴	刺 tsʰɿ³³	水果 sɿ³³ku⁰

地点 \ 词条	0160 苹果	0161 桃子	0162 梨
中心城区（南）	苹果 biŋ²²ku⁵³	桃子 dɔ²²tsɿ⁵³	生梨 sã⁵⁵li²¹
中心城区（北）	苹果 biŋ²²ku⁴⁴	桃子 dɔ²²tsɿ⁴⁴	生梨 sã⁵⁵li²¹
松江	苹果 biŋ¹³ku⁵³	桃子 dɔ¹³tsɿ⁵³	生梨 sæ̃³⁵li⁵³
闵行	苹果 biŋ¹³ku⁵³	桃子 dɔ²¹tsɿ⁴⁴	生梨 sã⁴⁴li⁴⁴
青浦	苹果 biəŋ²³kəu⁵¹	桃子 dɔ²³tsɿ⁵¹	生梨 sæ̃⁵⁵li³¹
金山	苹果 biəŋ¹³ku⁵³	桃子 dɔ¹³tsɿ⁵³	生梨 sẽ²⁴li⁵³
奉贤	苹果 biŋ²³ku⁵³	桃子 dɔ²³tsɿ⁵³	梨 li³¹ 生梨 sã⁴⁴li⁵³
浦东（川沙）	苹果 bin²²ku²²	桃子 dɔ²²tsɿ²²	生梨 sã⁵⁵li⁵³
浦东（惠南）	苹果 bin²²ku³³	桃子 dɔ²²tsɿ³³	梨 li¹¹³ 生梨 sã⁵⁵li⁵³
嘉定	苹果 biŋ²⁴ku²¹	桃子 dɔ²⁴tsɿ²¹	生梨 sã⁵⁵li²¹
宝山	苹果 bĩŋ²⁴ku³¹	桃子 dɔ²⁴tsɿ³¹	梨 li³¹
崇明	苹果 bin²⁴ku⁰	桃子 dɔ²⁴tsɿ⁰	水梨 sɿ⁴²⁴li⁵⁵

词条　　地点	0163 李子	0164 杏	0165 橘子
中心城区（南）	李子 li²²tsʅ⁵³	杏子 ɦã²²tsʅ⁵³	橘子 tɕioʔ³³tsʅ⁵³
中心城区（北）	李子 li²²tsʅ⁴⁴	杏子 ɦã²²tsʅ⁴⁴	橘子 tɕioʔ³³tsʅ⁴⁴
松江	李子 li²⁴tsʅ³¹	杏子 ɦæ̃²⁴tsʅ³¹	橘子 tɕyøʔ⁴tsʅ⁴⁴
闵行	李子 li¹³tsʅ⁵³	杏子 ɦã³⁵tsʅ²²	橘子 tɕyəʔ⁴tsʅ⁴⁴
青浦	李子 li²²tsʅ⁵³	杏子 ɦæ̃²²tsʅ⁵³	橘子 tɕyəʔ⁵⁵tsʅ⁵⁵
金山	李子 li¹³tsʅ⁵³	杏 ɛ̃⁴⁴	橘子 tɕyøʔ⁴tsʅ³³
奉贤	李子 li²⁴tsʅ²¹	杏子 ɦã²⁴tsʅ²¹	橘子 tɕyøʔ⁵³tsʅ²¹
浦东（川沙）	李子 li²²tsʅ²²	杏 ɦã²¹³	橘子 tɕyœʔ⁴⁴tsʅ⁴⁴
浦东（惠南）	李子 li¹³tsʅ³¹	杏子 ɦã¹³tsʅ³¹	橘子 tɕyœʔ⁵⁵tsʅ⁴⁴
嘉定	李 li²³¹	杏子 ɦã²⁴tsʅ²¹	橘子 tɕioʔ⁵⁵tsʅ²¹
宝山	李子 li²⁴tsʅ³¹	杏 ɦã³¹	橘子 tɕioʔ⁵⁵tsʅ²¹
崇明	李子 li³¹³tsʅ³³	杏子 ɦɦã³¹³tsʅ³³	桔子 tɕyoʔ⁵tsʅ³³

地点 \ 词条	0166 柚子	0167 柿子	0168 石榴
中心城区（南）	文丹 vəŋ²²tɛ⁵³ 柚子 ɦiɤ²²tsɿ⁵³	柿子 zɿ²²tsɿ⁵³	石榴 zaʔ¹¹liɤ²³
中心城区（北）	文旦 vəŋ²²tɛ⁴⁴	柿子 zɿ²²tsɿ⁴⁴	石榴 zɛʔ¹¹liɤ²³
松江	文旦 vəŋ²⁴tɛ³¹	柿子 zɿ²⁴tsɿ³¹	石榴 zaʔ²liɯ⁵³
闵行	柚子 ɦiɤ¹³tsɿ⁵³	柿子 zɿ²²tsɿ⁴⁴	石榴 zaʔ²²liɤ⁴⁴
青浦	柚子 ɦiə²⁵tsɿ¹¹	柿子 zɿ²⁵tsɿ¹¹	石榴 zaʔ¹¹liə⁵²
金山	柚子 ɦiɤ¹³tsɿ⁵³	柿子 zɿ¹³tsɿ⁵³	石榴 zaʔ²liɤ³⁵
奉贤	柚子 ɦiɤ⁴²tsɿ²¹	柿子 zɿ²⁴tsɿ²¹	石榴 zaʔ²²liɤ⁵³
浦东（川沙）	柚子 ɦiɤ¹³tsɿ²¹	柿子 zɿ¹³tsɿ²¹	石榴 zəʔ²²liɤ³⁴
浦东（惠南）	柚子 ɦiɤ¹³tsɿ³¹	柿子 zɿ¹³tsɿ³¹	石榴 zəʔ²²liɤ¹¹³
嘉定	文旦 vəŋ²²tɛ⁵³	柿子 zɿ²⁴tsɿ²¹	石榴 zaʔ²²ly²⁴
宝山	文旦 vẽn²²tɛ⁵² 柚子 ɦiy²⁴tsɿ³¹	柿子 zɿ²⁴tsɿ³¹	石榴 zaʔ²²ly²³
崇明	文旦 vəŋ²⁴tæ⁰	柿子 zɿ³¹³tsɿ³³	石榴 zaʔ²liə⁵⁵

地点 \ 词条	0169 枣	0170 栗子	0171 核桃
中心城区（南）	枣子 tsɔ³³tsɿ⁵³	栗子 lɪʔ¹¹tsɿ²³	蒲桃 bu²²dɔ⁵³
中心城区（北）	枣子 tsɔ³³tsɿ⁴⁴	栗子 lɪʔ¹¹tsɿ²³	核桃¹ ɦiu²²dɔ⁴⁴ 核桃² bu²²dɔ⁴⁴
松江	枣子 tsɔ³⁵tsɿ³¹	栗子 liɪʔ²tsɿ²²	蒲桃 bu¹³dɔ⁵³
闵行	枣子 tsɔ⁴⁴tsɿ²²	栗子 liɪʔ²²tsɿ⁴⁴	葡桃 bu²²dɔ⁴⁴
青浦	枣子 tsɔ⁴⁴tsɿ⁵³	栗子 liɪʔ¹¹tsɿ³⁴	蒲桃 bu²³dɔ⁵¹
金山	枣子 tsɔ²⁴tsɿ⁵³	栗子 liɪʔ³tsɿ³³	野蒲桃 ia³⁴bu⁵³dɔ³¹
奉贤	枣 tsɔ⁴⁴ 枣子 tsɔ³⁵tsɿ²¹	栗子 lɪʔ⁴²tsɿ²¹	蒲桃 bu²³dɔ⁵³
浦东（川沙）	枣子 tsɔ³⁵tsɿ²¹	栗子 li³³tsɿ³⁴	蒲桃 bu²²dɔ²²
浦东（惠南）	枣 tsɔ³⁵ 枣子 tsɔ³⁵tsɿ³¹	栗子 liɪʔ²²tsɿ¹¹³	蒲桃 bu²²dɔ³³
嘉定	白葡枣 baʔ²²bu²²tsɔ²⁴	栗子 liɪʔ²²tsɿ²⁴	蒲桃 bu²²dɔ⁵³
宝山	枣 tsɔ³⁴	栗子 ləʔ²²tsɿ²³	蒲桃 bu²²dɔ⁵²
崇明	果子 ku³³tsɿ⁰	栗子 ləʔ²tsɿ³³	蒲桃 bu²⁴dɔ⁵⁵

词条 地点	0172 银杏_{白果}	0173 甘蔗	0174 木耳
中心城区（南）	白果 bA^{11}ku^{23}	甘蔗 kø^{55}tso^{21}	木耳 moʔ^{11}n̠i^{23} 木耳 moʔ^{11}ɦiər^{23}
中心城区（北）	白果 bɐʔ^{11}ku^{23}	甘蔗 kø^{55}tso^{21}	木耳 moʔ^{11}ɦiəl^{23}
松江	白果 baʔ^{2}ku^{22}	甘蔗 ke^{55}tso^{31}	云耳 ɦioŋ^{13}n̠i^{53}
闵行	白果 baʔ^{22}ku^{44}	甘蔗 ke^{44}tso^{22}	木耳 moʔ^{22}ər^{44}
青浦	白果 paʔ^{11}kəu^{34}	甘蔗 kɪ^{55}tso^{31}	木耳 moʔ^{11}ər^{34}
金山	白果 bɑʔ^{3}ku^{33}	甘蔗 ki^{55}tso^{31}	木耳 mɔʔ^{2}əl^{35}
奉贤	白果 bɑʔ^{42}ku^{21}	甘蔗 ke^{55}tso^{21}	木耳 mɔʔ^{22}ɦiər^{53} 云耳 ɦiyŋ^{23}n̠i^{53}
浦东（川沙）	白果 bAʔ^{22}ku^{34}	甘蔗 ke^{55}tso^{21}	木耳 moʔ^{22}ɦiəl^{34}
浦东（惠南）	白眼 bAʔ^{22}ŋɛ^{113} 白果 bAʔ^{22}ku^{113}	甘蔗 kE^{55}tso^{31}	木耳 moʔ^{22}əl^{113}
嘉定	白果 baʔ^{22}ku^{24}	甘蔗 kɪ^{35}tsɤ^{21}	木耳 moʔ^{22}n̠i^{24}
宝山	白果 bAʔ^{22}ku^{23}	甘蔗 ke^{55}tsɤ^{21}	木耳 moʔ^{22}ɦiər^{23}
崇明	白果 bɑʔ^{2}ku^{33}	甘蔗 kie^{55}tso^0	木耳 moʔ^{2}n̠i^{33}

地点＼词条	0175 蘑菇 野生的	0176 香菇	0177 稻 指植物
中心城区（南）	蘑菇 mo²²ku⁵³	香蕈 ɕiã⁵⁵dziŋ²¹ 香菇 ɕiã⁵⁵ku²¹	稻 dɔ²³
中心城区（北）	蘑菇 mo²²ku⁴⁴	香菇 ɕiã⁵⁵ku²¹	稻子 dɔ²²tsʅ⁴⁴
松江	蘑菇 mo¹³ku⁵³	香菇 ɕiæ̃³⁵ku⁵³	稻 dɔ¹³
闵行	蘑菇 mo¹³ku⁵³	香菇 ɕiã⁴⁴ku²²	稻 dɔ¹³
青浦	蘑菇 mu²³ku⁵¹	香菇 ɕiæ̃⁵⁵ku³¹ 香蕈 ɕiæ̃⁵³ziəŋ²³	水稻 sʅ⁴⁴dɔ⁵³
金山	蘑菇 mu¹³ku⁵³	香菇 ɕiɛ̃¹³ku⁵³	稻 dɔ¹³
奉贤	蘑菇 mo²³ku⁵³	香蕈 ɕiã⁴⁴ziŋ⁵³ 香菇 ɕiã⁴⁴ku⁵³	稻 dɔ²⁴
浦东（川沙）	蘑菇 mu²²ku²²	香菇 ɕiã⁵⁵ku⁵³	稻 dɔ²¹³
浦东（惠南）	蘑菇 mu²²ku³³	香菇 ɕiã⁵⁵ku⁵³	稻 dɔ¹¹³ 水稻 sʅ³⁵dɔ³¹
嘉定	蘑菇 mɤ²²ku⁵³	香菇 ɕiã⁵⁵ku²¹	水稻 sʅ³⁵dɔ²¹
宝山	蘑菇 mɤ²²ku⁵²	香菇 ɕiã⁵⁵ku²¹	稻 dɔ²³
崇明	蘑菇 mo²⁴ku⁵⁵	香菇 ɕiã⁵⁵ku⁵⁵	稻 dɔ²⁴²

地点\词条	0178 稻谷 指子实	0179 稻草 脱粒后的	0180 大麦 指植物
中心城区（南）	谷 koʔ⁵⁵	稻柴 dɔ²²zᴀ⁵³	大麦 dᴀ²²mᴀʔ⁴⁴
中心城区（北）	稻谷 dɔ²²koʔ⁴⁴	稻草 dɔ²²tsʰɔ⁴⁴ 稻柴 dɔ²²za⁴⁴	大麦¹ da²²mɐʔ⁴⁴ 大麦² du²²mɐʔ⁴⁴
松江	谷 koʔ⁴	稻柴 dɔ²⁴za³¹	大麦 da²⁴maʔ³¹
闵行	稻谷 dɔ¹³koʔ²	稻柴 dɔ¹³za²²	大麦 da¹³maʔ²²
青浦	稻谷 dɔ²²koʔ⁵⁵	稻柴 dɔ²²za⁵³	大麦 dəu²²mɑʔ⁵³
金山	稻谷 dɔ¹³koʔ⁴	稻柴 dɔ¹³za⁵³	大麦 da²³maʔ⁴
奉贤	谷 koʔ⁵⁵	稻柴 dɔ²⁴zɑ²¹	大麦 da²⁴maʔ²¹
浦东（川沙）	稻谷 dɔ²²koʔ⁵³	稻茬 dɔ²²zᴀ⁵³	大麦 du²²mᴀʔ⁵³
浦东（惠南）	稻谷 dɔ¹³koʔ⁵³	稻草 dɔ¹³tsʰɔ³¹ 稻柴 dɔ¹³zᴀ⁵³	大麦 du¹³mᴀʔ⁵³ 圆麦 ɦyø²²mᴀʔ³³
嘉定	谷 koʔ⁵⁵	稻柴 dɔ²²za⁵³	大麦 du²⁴maʔ²¹
宝山	稻谷 dɔ²⁴koʔ³¹	稻柴 dɔ²²za⁵²	大麦 da²⁴mᴀʔ³¹
崇明	稻谷 dɔ³¹³koʔ⁵	稻柴 dɔ³¹³zɑ⁵⁵	大麦 da³¹³mɑʔ⁵

地点＼词条	0181 小麦 指植物	0182 麦秸 脱粒后的	0183 谷子 指植物(子实是小米)
中心城区(南)	小麦 ɕiɔ³³mʌʔ⁴⁴	麦秆 mʌʔ¹¹kø²³	(无)
中心城区(北)	小麦 ɕiɔ³³mɐʔ⁴⁴	麦秸 mɐʔ¹¹tɕiɿʔ²³ 麦秆 mɐʔ¹¹kø²³	谷子 koʔ³³tsɿ⁴⁴
松江	小麦 ɕiɔ³⁵maʔ³¹	麦秆 maʔ²kø²²	(无)
闵行	小麦 ɕiɔ⁴⁴maʔ²²	麦柴 maʔ²²za⁵³	谷 koʔ⁴
青浦	小麦 siɔ⁴⁴maʔ⁵³	麦柴 maʔ¹¹za⁵²	小米子 siɔ⁴⁴mi⁵⁵tsɿ³¹
金山	小麦 ɕiɔ²³maʔ⁴	麦秸头 maʔ³tɕiɿʔ³dɤ³¹	小米子 ɕiɔ³⁴mi⁵⁵tsɿ³¹
奉贤	小麦 ɕiɔ³⁵maʔ²¹	麦柴杆 maʔ²²za⁴⁴kø⁵³	(无)
浦东(川沙)	小麦 ɕiɔ³³mʌʔ⁵³	麦苴 mʌʔ²²zʌ³⁴	小米 ɕiɔ³⁵mi²¹
浦东(惠南)	小麦 ɕiɔ³⁵mʌʔ⁵³	麦柴 mʌʔ²²zʌ¹¹³	小米 ɕiɔ³⁵mi³¹
嘉定	小麦 siɔ²⁴maʔ²¹	麦柴 maʔ²²za²⁴	(无)
宝山	小麦 siɔ³⁵mʌʔ³¹	麦秸头 mʌʔ¹¹tɕiɿʔ²²dʌɪ²³	(无)
崇明	小麦 ɕiɔ⁴²⁴maʔ⁵	麦稭 maʔ²ga⁵⁵	小米 ɕiɔ⁴²⁴mi⁰

地点 \ 词条	0184 高粱 指植物	0185 玉米 指成株的植物	0186 棉花 指植物
中心城区（南）	高粱 kɔ⁵⁵liã²¹	珍珠米 tsəŋ⁵⁵tsʅ³³mi²¹	棉花 mi²²ho⁵³
中心城区（北）	高粱 kɔ⁵⁵liã²¹	珍珠米 tsəŋ³³tsʅ⁵⁵mi²¹	棉花 mi²²ho⁴⁴
松江	高粱 kɔ³⁵liæ̃⁵³	鸡头粟 tɕi⁵⁵dɯ³³sɔʔ³¹	棉花 mi¹³ho⁵³
闵行	（无）	百子米 paʔ⁴⁴tsʅ⁴⁴mi⁴⁴	花 ho⁵³
青浦	高粱 kɔ⁵⁵liæ³¹	鸡头粟 tɕi⁵⁵də⁵³sɔʔ²² 番麦 fɛ⁵⁵maʔ³¹	棉花 miɿ²³ho⁵¹
金山	高粱 kɔ²⁴liẽ⁵³	鸡头黍 tɕi³⁴dɤ⁵⁵sɔʔ³	棉花 miɿ¹³ho⁵³
奉贤	高粱 kɔ⁴⁴liã⁵³	珠米 tɕy⁴⁴mi⁵³	花 ho⁵³ 棉花 mi²³ho⁵³
浦东（川沙）	高粱 kɔ⁵⁵liã⁵³	珠珠米 tsø⁵⁵tsø⁵⁵mi²¹	棉花 mi²²ho²²
浦东（惠南）	高粱 kɔ⁵⁵liã⁵³	珠珠米 tsø⁵⁵tsø⁵⁵mi⁵³	棉花 mi²²ho³³
嘉定	高粱 kɔ⁵⁵liã²¹	番麦 fɛ⁵⁵maʔ²¹	棉花 miɿ²²ho⁵³
宝山	高粱 kɔ⁵⁵liã²¹	蕃麦 fɛ⁵⁵mᴀʔ²¹ 珍珠米 tsẽŋ⁵⁵tsʅ³³mi²¹	棉花 me²²fɤ⁵²
崇明	高粱 kɔ⁵⁵liã⁵⁵	大米 du³¹³mi³³	棉花 mie²⁴ho⁵⁵

地点 \ 词条	0187 油菜 油料作物,不是蔬菜	0188 芝麻	0189 向日葵 指植物
中心城区（南）	油菜 ɦiɤ²²tsʰE⁵³	芝麻 tsʅ⁵⁵mo²¹	向日葵 ɕiã³³zɤʔ⁵⁵guE²¹
中心城区（北）	油菜 ɦiɤ²²tsʰE⁴⁴	芝麻 tsʅ⁵⁵mo²¹	向日葵 ɕiã³³zɤʔ⁵⁵gue²¹
松江	油菜 ɦiɯ²⁴tsʰɛ³¹	芝麻 tsʅ³⁵mo⁵³	向日葵 ɕiæ̃³³zəʔ⁵guɛ⁵³
闵行	油菜 ɦiɤ¹³tsʰe⁴⁴	芝麻 tsʅ⁴⁴mo⁴⁴	香瓜子 ɕiã⁴⁴ko⁴⁴tsʅ⁴⁴
青浦	油菜 ɦiə²³tsʰE⁵¹	芝麻 tsʅ⁵⁵mo³¹	向日葵 ɕiæ̃³³zəʔ⁴⁴gui³¹
金山	油菜 ɦiɤ¹³tsʰɛ⁵³	芝麻 tsʅ²⁴mo⁵³	向日葵 ɕiɛ̃³⁴zəʔ⁵guE³¹
奉贤	油菜 ɦiɤ²⁴tsʰe²¹	芝麻 tsʅ⁴⁴mo⁵³	对日头瓜子 tE³³ȵiɪʔ⁵⁵dɤ³³ko³³tsʅ²¹
浦东（川沙）	油菜 ɦiɤ²²tsʰe⁴⁴	芝麻 tsʅ⁵⁵mo⁵³	向日葵 ɕiã²²zɤʔ⁵⁵gue⁵³ 葵花籽 gue²²ho²²tsʅ
浦东（惠南）	油菜 ɦiɤ²²tsʰE³³	芝麻 tsʅ⁵⁵mo⁵³	对日来 ɖE³⁵ȵiɪʔ⁵⁵lE⁵³
嘉定	油菜 ɦiy²⁴tsʰE²¹	芝麻 tsʅ⁵⁵mu²¹	葵花 gue²²ho⁵³
宝山	油菜 ɦiy²⁴tsʰɛ³¹	芝麻 tsʅ⁵⁵mɤ²¹	葵花 guʌɪ²²fɤ⁵²
崇明	油菜 ɦiɵ²⁴tsʰɛ³³	芝麻 tsʅ⁵⁵mo⁵⁵	朝日头瓜子 dʐɔ²⁴ȵiəʔ⁵dɵ⁵⁵ko⁵⁵tsʅ⁰

地点＼词条	0190 蚕豆	0191 豌豆	0192 花生 指果实,注意婉称
中心城区（南）	寒豆 ɦø²²dɤ⁵³ 蚕豆 zø²²dɤ⁵³	小寒豆 ɕiɔ³³ɦø⁵⁵dɤ²¹	长生果 zã²²səŋ⁵³ku²¹
中心城区（北）	蚕豆 zø²²dɤ⁴⁴ 寒豆 ɦø²²dɤ⁴⁴	小寒豆 ɕiɔ³³ɦø⁵⁵dɤ²¹	长生果 zã²²səŋ⁵⁵ku²¹ 未剥开 花生米 ho⁵⁵səŋ³³mi²¹ 已剥开
松江	寒豆 ɦø²⁴dɯ³¹	小寒豆 ɕiɔ³³ɦø⁵⁵dɯ³¹	长生果 zæ̃²²səŋ⁵⁵ku³¹
闵行	寒豆 ɦø¹³dɤ⁴⁴	豌豆 ue⁴⁴dɤ⁴⁴	花生米 ho⁴⁴səŋ²²mi²²
青浦	蚕豆 zɿ²³də⁵¹ 园豆 ɦyø²³də⁵¹	豌豆 ui⁵⁵də³¹	长生果 zæ̃²³səŋ⁵⁵kəu³¹
金山	蚕豆 ziɪ¹³dɤ³¹	豌豆 ue⁴⁴dɤ⁴⁴	长生果 zɑ̃³³səŋ⁵⁵ku³¹
奉贤	寒豆 ɦø²⁴dɤ²¹	小寒豆 ɕiɔ³³ɦø⁵⁵dɤ²¹	长生果 zã²²səŋ⁴⁴ku⁵³
浦东（川沙）	寒豆 ɦø²²dɤ⁴⁴	小寒豆 ɕiɔ²²ɦø⁵⁵dɤ²¹	长生果 zã²²sən²²ku²²
浦东（惠南）	寒豆 ɦø²²dɤ³⁵	小寒豆 ɕiɔ³⁵ɦø⁵⁵dɤ³¹	长生果 zã²²sən³³ku³³ 花生 ho⁵⁵sən⁵³
嘉定	寒豆 ɦɤ²⁴dɤ²¹	水寒 sʅ³⁵ɦɤ²¹	长生果 zã²²səŋ⁵⁵ku²¹
宝山	寒豆 ɦɤ²⁴dʌɪ³¹	水寒豆 sʅ³³ɦɤ⁵⁵dʌɪ²¹	长生果 zã²²sẽŋ⁵⁵ku²¹
崇明	寒豆 ɦɦø²⁴də⁵⁵	小寒 ɕiɔ⁴²⁴ø⁵⁵	长生果 ʥã²⁴sən⁵⁵ku⁰

地点 \ 词条	0193 黄豆	0194 绿豆	0195 豇豆
中心城区（南）	毛豆 mɔ²²dɤ⁵³ 黄豆 ɦuã²²dɤ⁵³	绿豆 loʔ¹¹dɤ²³	长豇豆 zã²²kã⁵⁵dɤ²¹
中心城区（北）	黄豆 ɦuã²²dɤ⁴⁴	绿豆 loʔ¹dɤ²³	长豇豆 zã²²kã⁵⁵dɤ²¹
松江	毛豆 mɔ²⁴dɯ³¹ 青色，做蔬菜食用 黄豆 võ²⁴dɯ³¹ 黄色，用来磨豆腐等	绿豆 loʔ²dɯ³⁵	豇豆 kõ⁵⁵dɯ³¹
闵行	黄豆 ɦuã¹³dɤ⁴⁴	绿豆 loʔ²²dɤ⁴⁴	豇豆 kã⁴⁴dɤ⁴⁴
青浦	黄豆 ɦuã²³də⁵¹	绿豆 loʔ¹¹də³⁴	豇豆 kã⁵⁵də³¹
金山	黄豆 ɦuã¹³dɤ³¹	绿豆 lɔʔ²dɤ³⁵	秋豆 tɕʰiɤ⁵⁵dɤ³¹ 兰豆 lɛ¹³dɤ³¹
奉贤	黄豆 ɦuã²⁴dɤ²¹	绿豆 loʔ²²dɤ³⁴	豇豆 kã⁵⁵dɤ²¹
浦东（川沙）	黄豆 βã²²dɤ⁴⁴	绿豆 loʔ²²dɤ³⁴	长豇豆 zã²²kã²²dɤ²²
浦东（惠南）	黄豆 βã²²dɤ³⁵	绿豆 loʔ²²dɤ¹³	豇豆 kã⁵⁵dɤ³¹
嘉定	黄豆 ɦuã²⁴dɤ²¹	绿豆 loʔ²²dɤ²⁴	豇豆 kã⁵⁵dɤ²¹
宝山	黄豆 ɦuõ²⁴dʌɪ³¹	绿豆 loʔ²²dʌɪ²³	豇豆 kõ⁵⁵dʌɪ²¹
崇明	黄豆 ɦuã²⁴dɵ⁰	绿豆 loʔ²dɵ³³	豇豆 kã⁵⁵dɵ⁰

地点 \ 词条	0196 大白菜 东北~	0197 包心菜 卷心菜,圆白菜,球形的	0198 菠菜
中心城区（南）	黄芽菜 ɦuã²² ŋa⁵⁵tsʰE²¹	卷心菜 tɕyø³³ɕiŋ⁵⁵tsʰE²¹	菠菜 pu⁵⁵tsʰE²¹
中心城区（北）	黄芽菜 ɦuã²²ŋa²²tsʰE²¹ 大白菜 da²²bɐʔ⁵⁵tsʰE²¹	卷心菜 tɕyø³³ɕiŋ⁵⁵tsʰE²¹ 光荣菜 kuã⁵⁵ɦioŋ³³tsʰE²¹	菠菜 po⁵⁵tsʰE²¹
松江	大白菜 du²²baʔ⁵tsʰɛ³¹	卷心菜 tɕyø³³ɕiŋ⁵⁵tsʰɛ³¹	菠菜 pu⁵⁵tsʰɛ³¹
闵行	大白菜 da¹³baʔ²²tsʰe²²	卷心菜 tɕiø⁴⁴siŋ²²tsʰe²²	菠菜 pu⁴⁴tsʰe⁴⁴
青浦	大白菜 dəu²²baʔ⁵⁵tsʰE³¹	包心菜 pɔ⁵⁵siəŋ⁵⁵tsʰE³¹ 卷心菜 tɕyø⁴⁴siəŋ⁵⁵tsʰE³¹	菠菜 pu⁵⁵tsʰE³¹
金山	大白菜 dɑ²³bɑʔ⁵⁵tsʰɛ³¹	卷心菜 tɕyø³⁴siəŋ⁵⁵tsʰɛ³¹	菠菜 pu⁵⁵tsʰɛ³¹
奉贤	胶菜 ʝiɔ⁵⁵tsʰe²¹	卷心菜 tɕiø³³ɕiŋ⁵⁵tsʰe²¹	菠菜 pu⁵⁵tsʰe²¹
浦东（川沙）	黄芽菜 βã²²ŋa²²tsʰe²²	卷心菜 tɕyø²²ɕiŋ⁵⁵tsʰe²¹	菠菜 ʙu⁵⁵tsʰe²¹
浦东（惠南）	胶菜 tɕiɔ⁵⁵tsʰE³¹	卷心菜 tɕyø³⁵ɕiŋ⁵⁵tsʰE³¹	菠菜 ʙu⁵⁵tsʰE³¹
嘉定	黄芽菜 ɦuã²²ŋa⁵⁵tsʰE²¹	卷心菜 tɕiʏ³⁵siŋ²²tsʰE²¹	菠菜 pu⁵⁵tsʰE²¹
宝山	黄芽菜 ɦuɐ̃²²ŋa⁵⁵tsʰɛ²²	卷心菜 tɕiʏ³³sĩŋ⁵⁵tsʰɛ²²	菠菜 pu⁵⁵tsʰɛ²²
崇明	黄芽菜 ɦuã²⁵ŋa⁵⁵tsʰɛ⁰	卷心菜 tɕyøʔ⁴²⁴ɕin⁵⁵tsʰɛ⁰	菠菜 pu⁵⁵tsʰɛ⁰

地点 \ 词条	0199 芹菜	0200 莴笋	0201 韭菜
中心城区（南）	芹菜 dʑiŋ²²tsʰE⁴⁴	香莴笋 ɕiã⁵⁵u³³səŋ²¹ 莴苣笋 u⁵⁵tɕy³³səŋ²¹	韭菜 tɕiɤ³³tsʰE⁴⁴
中心城区（北）	芹菜 dʑiŋ²²tsʰE⁴⁴	香莴笋 ɕiã³³u⁵⁵səŋ²¹	韭菜 tɕiɤ³³tsʰE⁴⁴
松江	芹菜 ɟiŋ²⁴tsʰɛ³¹	莴笋 u³⁵səŋ⁵³	韭菜 ɕiɯ⁴⁴tsʰɛ⁴⁴
闵行	芹菜 dʑiŋ¹³tsʰe⁴⁴	莴笋 u⁴⁴səŋ⁵³	韭菜 tɕiɤ⁴⁴tsʰe⁴⁴
青浦	芹菜 dʑiəŋ²³tsʰE⁵¹	莴笋 u⁵⁵dzy⁵⁵səŋ³¹	韭菜 tɕiə⁴⁴tsʰE³³
金山	芹菜 ɟiəŋ¹³tsʰɛ⁵³	莴苣笋 u³³dzy⁵³səŋ³¹	韭菜 ɕiɤ⁴⁴tsʰɛ⁴⁴
奉贤	芹菜 dʑiŋ²⁴tsʰe²¹	莴苣笋 u⁴⁴dzy⁴⁴səŋ⁵³	韭菜 tɕiɤ⁴⁴tsʰe⁴⁴
浦东（川沙）	芹菜 dʑin²²tsʰe⁴⁴	莴苣笋 u⁵⁵tɕy⁵⁵sən²¹ 香莴笋 ɕiã⁵⁵u⁵⁵sən²¹	韭菜 tɕiɤ⁴⁴tsʰe⁴⁴
浦东（惠南）	芹菜 dʑin²²tsʰE³⁵	莴苣笋 u⁵⁵tɕy⁵⁵sən⁵³ 香莴笋 ɕiã⁵⁵u⁵⁵sən⁵³	韭菜 tɕiɤ⁴⁴tsʰE⁴⁴
嘉定	芹菜 dʑiŋ²⁴tsʰE²¹	苣笋 dzy²⁴sE²¹	韭菜 tɕy³³tsʰE⁵³
宝山	芹菜 dʑĩn²⁴tsʰɛ²²	香莴笋 ɕiã⁵⁵u³³sẽn²¹ 莴苣笋 u⁵⁵dzi³³sẽn²¹	韭菜 tɕy³³tsʰɛ⁵²
崇明	芹菜 dʑin²⁴tsʰɛ⁰	生菜 sã⁵⁵tsʰɛ³³	韭菜 tɕiɵ⁴²⁴tsʰɛ³³

地点＼词条	0202香菜芫荽	0203葱	0204蒜
中心城区（南）	香菜 ɕiã⁵⁵tsʰɛ²¹	葱 tsʰoŋ⁵²	大蒜 dᴀ²²sø⁵³
中心城区（北）	香菜 ɕiã⁵⁵tsʰɛ²¹	葱 tsʰoŋ⁵²	大蒜 dɑ²²sø⁴⁴
松江	香菜 ɕiæ̃⁵⁵tsʰɛ³¹	葱 tsʰoŋ⁵³	大蒜 dɑ²²sø³⁵
闵行	香菜 ɕiaŋ⁵⁵tsʰe⁴⁴	葱 tsʰoŋ⁵³	大蒜 dɑ²²sø⁴⁴
青浦	香菜 ɕiæ̃⁵⁵tsʰɛ³¹	葱 tsʰoŋ⁵¹	蒜 sø³⁵
金山	香菜 ɕiẽ⁵⁵tsʰɛ³¹	葱 tsʰoŋ⁵³	蒜 sø³⁵
奉贤	香菜 ɕiã⁵⁵tsʰe²¹	葱 tsʰoŋ⁵³	大蒜 dɑ²²sø³⁴
浦东（川沙）	香菜 ɕiã⁵⁵tsʰe²¹	葱 tsʰoŋ⁵³	蒜 sø³⁵
浦东（惠南）	香菜 ɕiã⁵⁵tsʰɛ⁵³	葱 tsʰoŋ⁵³	大蒜 dᴀ³¹sø³⁵
嘉定	香菜 ɕiã⁵⁵tsʰɛ²¹	葱 tsʰoŋ⁵³	大蒜 dɑ²⁴sɤ²¹
宝山	香菜 ɕiã⁵⁵tsʰɛ²¹	葱 tsʰoŋ⁵³	大蒜 dɑ²²sɤ⁴⁴
崇明	香菜 ɕiã⁵⁵tsʰɛ⁰	葱 tsʰoŋ⁵³	大蒜 dɑ²⁴sø⁰

地点 \ 词条	0205 姜	0206 洋葱	0207 辣椒_{统称}
中心城区（南）	生姜 sã⁵⁵tɕiã²¹ 老姜 lɔ²²tɕiã⁵³	洋葱 ɦiã²²tsʰoŋ⁵³ 洋葱头 ɦiã²²tsʰoŋ⁵⁵dɤ²¹	辣椒 lʌʔ¹¹tɕiɔ²³
中心城区（北）	生姜 sã⁵⁵tɕiã²¹	洋葱 ɦiã²²tsʰoŋ⁴⁴ _{熟的} 洋葱头 ɦiã²²tsʰoŋ⁵⁵dɤ²¹ _{生的}	辣椒 lɐʔ¹¹tɕiɔ²³
松江	姜 tɕiæ̃⁵³	洋葱 ɦiã¹³tsʰoŋ⁵³	辣椒 læʔ²tɕiɔ⁵³
闵行	姜 tɕiã⁵³	洋葱 ɦiã²²tsʰoŋ⁵³	辣椒 læʔ²²tɕiɔ⁴⁴
青浦	姜 tɕiæ̃⁵¹	洋葱 ɦiã²³tsʰoŋ⁵¹	辣椒 læʔ¹¹tɕiɔ⁵²
金山	姜 ciẽ⁵³	洋葱头 ɦiẽ²³tsʰoŋ⁵⁵dɤ³¹	辣茄 læʔ²ga⁵³
奉贤	姜 ʝiã⁵³ 生姜 sã⁴⁴ʝiã⁵³	洋葱 ɦiã²³tsʰoŋ⁵³ 洋葱头 ɦiã²²tsʰoŋ⁴⁴dɤ⁵³	辣椒 læʔ²²tɕiɔ⁵³ 辣茄 læʔ²²ga⁵³
浦东（川沙）	老姜 lɔ²²tɕiã⁵³	洋葱 ɦiã²²tsʰoŋ²²	辣茄 læʔ²²gʌ³⁴
浦东（惠南）	老姜 lɔ¹³tɕiã⁵³	洋葱 ɦiã²²tsʰoŋ³³	辣茄 læʔ²²gʌ¹¹³
嘉定	老姜 lɔ²²tɕiã⁵³	洋葱 ɦiã²²tsʰoŋ⁵³	辣茄 laʔ²²ga²⁴
宝山	老姜 lɔ²²tɕiã⁵²	洋葱头 ɦiã²²tsʰoŋ⁵⁵dʌɤ²¹ 洋葱 ɦiã²²tsʰoŋ⁵²	辣茄 lʌʔ²²ga²³ 辣椒 lʌʔ²²tsiɔ²³
崇明	生姜 sã⁵⁴tɕiã⁵⁵	洋葱头 ɦiã²⁴tsʰoŋ³³dɵ⁵⁵	辣椒 læʔ²tɕiɔ⁵⁵

词条 地点	0208 茄子 统称	0209 西红柿	0210 萝卜 统称
中心城区（南）	落苏 loʔ¹¹su²³	番茄 fɛ⁵⁵gA²¹	萝卜 lɔ²²boʔ⁴⁴
中心城区（北）	落苏 loʔ¹¹su²³	番茄 fɛ⁵⁵ga²¹	萝卜 lɔ²²boʔ⁴⁴
松江	落苏 lɒʔ²su⁵³	番茄 fɛ³⁵ga⁵³	萝卜 lɔ²²boʔ²
闵行	落苏 loʔ²²su⁴⁴	番茄 fɛ⁴⁴ga⁵³	萝卜 lɔ²²boʔ⁴⁴
青浦	落苏 lɔʔ¹¹su⁵²	番茄 fɛ⁵⁵ga³¹	萝卜 lɔ⁴⁵bɔʔ³¹
金山	落苏 lɔʔ²su⁵³	番茄 fɛ²⁴ga⁵³	萝卜 lɔʔ³bɔʔ²
奉贤	落苏 lɔʔ²²su⁵³	番茄 fɛ⁴⁴ga⁵³	萝卜 lɔ²⁴bo²¹
浦东（川沙）	落苏 lɔʔ²²su³⁴	番茄 fɛ⁵⁵ga⁵³	萝卜头 luʔ²²bo̞ʔ²²dɤ²²
浦东（惠南）	落苏 lɒʔ²²su¹¹³	番茄 fɛ⁵⁵gA⁵³	萝卜 lɔ²²bo̞ʔ³³
嘉定	茄子 ga²⁴tsɿ²¹	番茄 fɛ⁵⁵ga²¹	萝卜 luʔ²²poʔ⁵⁵
宝山	茄子 ga²⁴tsɿ³¹	番茄 fɛ⁵⁵ga²¹	萝卜 luʔ²²bu⁵²
崇明	茄子 ga²⁴tsɿ⁰	番茄 fæ⁵⁵ga⁵⁵	萝卜 lɔ²⁴boʔ⁵

地点＼词条	0211 胡萝卜	0212 黄瓜	0213 丝瓜 无棱的
中心城区（南）	胡萝卜 ɦu²²lɔ⁵⁵boʔ²¹	黄瓜 ɦuã²²ko⁵³	丝瓜 sɿ⁵⁵ko²¹
中心城区（北）	胡萝卜 ɦu²²lɔ⁵⁵boʔ²¹	黄瓜 ɦuã²²ko⁴⁴	丝瓜 si⁵⁵ko²¹
松江	胡萝卜 vu²²lɔ²²boʔ²	黄瓜 võ¹³ko⁵³	丝瓜 sɿ³⁵ko⁵³
闵行	胡萝卜 ɦu²²lɔ²²boʔ⁴⁴	黄瓜 ɦuã²²ko⁴⁴	丝瓜 sɿ⁴⁴ko⁵³
青浦	胡萝卜 ɦu¹³lɔ³³bɔʔ²²	黄瓜 ɦuã²³ko⁵¹	丝瓜 sɿ⁵⁵ko³¹
金山	胡萝卜 ɦu³²lɔʔ²bɔʔ²	黄瓜 ɦuã¹³ko⁵³	丝瓜 sɿ²⁴ko⁵³
奉贤	红萝卜 ɦoŋ²⁴lɔ³³boʔ²¹	黄瓜 ɦuã²³ko⁵³	丝瓜 sɿ⁴⁴ko⁵³
浦东（川沙）	红萝卜 ɦoŋ²²lu²²ɓoʔ²²	黄瓜 βã²²ko²²	丝瓜 sɿ⁵⁵ko⁵³
浦东（惠南）	红萝卜 ɦoŋ²²lɔ³³ɓoʔ³³	黄瓜 βã²²ko³³	丝瓜 sɿ⁵⁵ko⁵³
嘉定	红萝卜 ɦoŋ²²lu⁵⁵poʔ²¹	黄瓜 ɦuã²²ko⁵³	丝瓜 sɿ⁵⁵ko²¹
宝山	红萝卜 ɦoŋ²²lu⁵⁵bu²¹	黄瓜 ɦuõ²²kuɤ⁵²	丝瓜 sɿ⁵⁵kuɤ²¹
崇明	红萝卜 ɦɦoŋ²⁴lo⁵⁵boʔ⁵	黄瓜 ɦuã²⁴ko⁵⁵	丝瓜 sɿ⁵⁵ko⁵⁵

词条 地点	0214 南瓜 扁圆形或梨形,成熟时赤褐色	0215 荸荠	0216 红薯 统称
中心城区(南)	饭瓜 vɛ²²ko⁵³ 南瓜 nø²²ko⁵³	地栗 di²²li⁵³	山芋 sɛ⁵⁵ɦy²¹
中心城区(北)	南瓜 no²²ko⁴⁴ 饭瓜 vɛ²²ko⁴⁴	地栗¹ di²²li⁴⁴ 地栗² di²²lɪʔ⁴⁴	山芋 sɛ⁵⁵ɦy²¹
松江	饭瓜 vɛ²²ko²²	地栗 di²⁴lɪʔ³¹	山芋 sɛ⁵⁵ɦy³¹
闵行	饭瓜 vɛ²²ko⁴⁴	地栗 di¹³lɪʔ²²	山芋 sɛ⁴⁴ɦy²²
青浦	南瓜 nɪ²³ko⁵¹ 饭瓜 vɛ²⁵ko¹¹	荸荠 bəʔ¹¹zi⁵²	山芋 sɛ⁵⁵ɦy³¹
金山	饭瓜 vɛ¹³ko³¹	地力 di¹²liəʔ⁴	山芋 sɛ⁵⁵ɦy³¹
奉贤	香瓜 ɕiã⁴⁴ko⁵³ 南瓜 ne²³ko⁵³	地栗 di²⁴lɪʔ²¹	山芋 sɛ⁵⁵ɦy²¹
浦东(川沙)	饭瓜 βɛ²²ko⁵³	地栗 di²²lɪʔ⁵³	山芋 sɛ⁵⁵ɦy²¹
浦东(惠南)	香瓜 ɕiã⁵⁵ko⁵³	地栗 di¹³lɪʔ⁵³	山芋 sɛ⁵⁵ɦy³¹
嘉定	饭瓜 vɛ²²ko⁵³	地梨 di²²li⁵³	番芋 fɛ⁵⁵ɦy²¹
宝山	饭瓜 vɛ²²kuɤ⁵²	地栗 di²²lɪʔ⁵²	蕃芋 fɛ⁵⁵ɦi²¹
崇明	番瓜 fæ⁵⁵ko⁵⁵	地栗 di³¹³ləʔ⁵	番芋 fæ⁵⁵ɦy⁰

地点 \ 词条	0217 马铃薯	0218 芋头	0219 山药圆柱形的
中心城区（南）	洋山芋 ɦiã²²sɛ⁵⁵ɦy²¹	芋艿 ɦy²²nA⁵³	山药 sɛ⁵⁵ɦiA‿ʔ²¹
中心城区（北）	洋山芋 ɦiã²²sɛ⁵⁵ɦy²¹	芋艿头 ɦy²²na⁵⁵dɤ²¹	山药 sɛ⁵⁵ɦiɐʔ²¹
松江	洋山芋 ɦiæ̃²²sɛ⁵⁵ɦy³¹	芋艿 y⁵⁵na³¹	山药 sɛ⁵⁵ɦiaʔ³¹
闵行	洋山芋 ɦiã²²sɛ⁴⁴ɦy²²	毛芋艿 mɔ²²ɦy²²na⁴⁴	山药 sɛ⁴⁴ɦiaʔ²²
青浦	洋山芋 ɦiæ̃²³sɛ⁵⁵ɦy³¹	芋艿 y⁵⁵na³¹	山药 sɛ⁵⁵ɦiaʔ³¹
金山	洋山芋 ɦiẽ²³sɛ⁵⁵ɦy³¹	芋艿 y⁵⁵nɑ³¹	山药 sɛ³³ɦiɑʔ²
奉贤	洋芋艿 ɦiã²⁴ɦy³³nɑ²¹ 洋山芋 ɦiã²²sɛ⁵⁵ɦy²¹	芋艿 ɦy²⁴nɑ²¹	山药 sɛ⁵³ɦiaʔ²¹
浦东（川沙）	洋山芋 ɦiã²²sɛ²²ɦy²²	芋艿头 ɦy²²nA⁵⁵dɤ⁵³	山药 sɛ⁵⁵ɦiAʔ⁵³
浦东（惠南）	洋山芋 ɦiã²²sɛ³³ɦy³³	芋艿头 ɦy⁵⁵nA⁵⁵dɤ⁵⁵	山药 sɛ⁵⁵ɦiAʔ⁵⁵
嘉定	洋山芋 ɦiã²²sɛ⁵⁵ɦy²¹	芋艿 ɦy²⁴na²¹	山药 sɛ⁵⁵ɦiaʔ²¹
宝山	外国芋艿 ŋɑ²²kuəʔ⁵⁵ɦi³³nɑ²¹	毛芋艿 mɔ²²ɦi⁵⁵nɑ²¹ 本国芋艿 pẽɲ³³kuəʔ⁵⁵ɦi³³nɑ²¹	山药 sɛ⁵⁵ɦiAʔ²¹
崇明	洋番芋 ɦiã²⁴fæ⁵⁵ɦy⁰	芋艿头 ɦy³¹³nɑ³³də⁵⁵	山药 sæ⁵⁵ɦiɑʔ⁵

地点 \ 词条	0220 藕	0221 老虎	0222 猴子
中心城区（南）	藕 ŋɤ²³	老虎 lɔ²²fu⁵³	活狲 ɦuoʔ¹¹sən²³
中心城区（北）	藕 ŋɤ²³	老虎 ¹lɔ²²fu⁴⁴ 老虎 ²lɔ²²hu⁴⁴	活狲 ɦuɐʔ¹¹sən²³
松江	藕 ŋɯ¹³	老虎 lɔ²⁴fu³¹	猢狲 vəʔ²ɕən⁵³
闵行	藕 ŋɤ¹³	老虎 lɔ²²hu⁴⁴	活狲 ɦuəʔ²²sən⁴⁴
青浦	藕 ŋə²²⁴	老虎 lɔ²²hu⁵³	活狲 ɦuəʔ¹¹sən⁵²
金山	藕 ŋɤ¹³	老虎 lɔ¹³fu⁵³	活⁼狲 væʔ²sən⁵³
奉贤	藕 ŋɤ²⁴	老虎 lɔ²⁴fu²¹	活狲 ɦuəʔ²²sən⁵³ 猴子 fiɤ²³tsɿ⁵³
浦东（川沙）	藕 ŋɤ²¹³	老虎 lɔ¹³ɸu²¹	活狲 βəʔ²²sən³⁴
浦东（惠南）	藕 ŋɤ¹¹³	老虎 lɔ¹³ɸu³¹	活狲 βəʔ²²sən¹¹³
嘉定	藕 ŋɤ²¹³	老虎 lɔ²⁴hu²¹	活生 ɦuoʔ²²sən²⁴
宝山	藕 ŋʌɪ²³	老虎 lɔ²⁴fu³¹	活狲 βuəʔ²²sɛ̃n²³
崇明	藕 ŋə²⁴²	老虎 lɔ³¹³hu³³	活孙 ɦuəʔ²sən⁵⁵

地点＼词条	0223 蛇 统称	0224 老鼠 家里的	0225 蝙蝠
中心城区（南）	蛇 zo²³	老虫 lɔ²²zoŋ⁵³	蝙蝠 pi³³foʔ⁴⁴
中心城区（北）	蛇 zo²³	老虫 lɔ²²zoŋ⁴⁴	蝙蝠 pʰi⁵⁵foʔ²¹
松江	蛇 zo³¹	老鼠 lɔ²⁴sɿ³¹	蝙蝠 pi⁵⁵foʔ³¹
闵行	蛇 zo³¹	老虫 lɔ²²zoŋ⁴⁴	蝙蝠 pi⁴⁴hoʔ²
青浦	蛇 zo³¹	老鼠¹ lɔ²²zoŋ⁵³ 老鼠² lɔ²²sɿ⁵³	蝙蝠 pir⁵⁵foʔ³³
金山	蛇 zo³¹	老虫 lɔ¹³zoŋ⁵³	蝙蝠 ɕiɿʔ⁴foʔ²
奉贤	蛇 zo³¹	老鼠¹ lɔ²⁴sɿ²¹ 老鼠² lɔ²⁴tsʰɿ²¹	蝙蝠 pi⁵⁵foʔ²¹
浦东（川沙）	蛇 zo²¹³	老鼠 lɔ¹³sɿ²¹	蝙蝠 ɕi⁵⁵foʔ⁵³
浦东（惠南）	蛇 zo¹¹³	老鼠 lɔ¹³sɿ³¹	蝙蝠 ɕi⁵⁵foʔ⁵³
嘉定	蛇 zɤ²³¹	老虫 lɔ²²zoŋ⁵³	蝙蝠 pir⁵⁵foʔ²¹
宝山	蛇 zɤ³¹	老虫 lɔ²²zoŋ⁵² 老鼠 lɔ²⁴sɿ³¹	蝙蝠 pe⁵⁵hoʔ²¹
崇明	蛇 dzo²⁴	老虫 lɔ³¹³dzoŋ⁵⁵	蝙蝠 pie⁵⁵foʔ⁵

地点＼词条	0226 鸟儿飞鸟,统称	0227 麻雀	0228 喜鹊
中心城区（南）	鸟 tiɔ³⁴	麻雀 mo²²tɕʰiʌʔ⁴⁴	喜鹊 ɕi³³tɕʰiʌʔ⁴⁴
中心城区（北）	鸟 ¹niɔ³⁴ 鸟 ²tiɔ³⁴	麻雀 mo²²tɕʰiɐʔ⁴⁴	喜鹊 ɕi³³tɕʰiɐʔ⁴⁴
松江	鸟 tiɔ⁴⁴	麻鸟 mo¹³tiɔ⁵³	喜鹊 ɕi³⁵tɕʰiɑ³¹
闵行	鸟 tiɔ⁵⁵	麻将 mo²²tsiã⁴⁴	喜鹊 ɕi⁴⁴tsʰiaʔ²
青浦	鸟 tiɔ⁴³	麻鸟 mo²³tiɔ⁵¹	喜鹊 ɕi⁴⁴tsʰiɑʔ⁵⁵
金山	鸟 ɖiɔ⁴⁴	麻鸟 mo¹³ɖiɔ⁵³	喜鹊 ɕi²³tɕʰiɑʔ⁴
奉贤	鸟 ¹ɖiɔ⁴⁴ 鸟 ²niɔ²⁴	麻鸟 mo²³tiɔ⁵³ 麻雀 mo²⁴tɕiɑʔ²¹	喜鹊 ɕi³⁵tɕʰiɑʔ²¹
浦东（川沙）	鸟 ɖiɔ⁴⁴	麻雀 mo²²tɕiã⁴⁴	喜鹊 ɕi³³tɕʰiʌʔ⁵³
浦东（惠南）	鸟 ɖiɔ⁴⁴	麻雀 mo²²tɕiã³³	喜鹊 ɕi³⁵tɕʰiʌʔ⁵³
嘉定	鸟 tiɔ⁴²³	麻雀 mo²²tsiã⁵³	乌鹊 ɤ⁵⁵siaʔ²¹
宝山	鸟 tiɔ³⁴	麻雀儿 mɤ²²tsiã⁵²	鸦#¹ɤ⁵⁵siʌʔ²¹
崇明	将 tɕiã³³	麻将 mo²⁴tɕiã⁵⁵	丫鹊 ʔuo⁵⁵ɕiɑʔ⁵

地点＼词条	0229 乌鸦	0230 鸽子	0231 翅膀_{鸟的,统称}
中心城区（南）	乌鸦 u⁵⁵iA²¹	鸽子 kəʔ³³tsʅ⁴⁴	翅膀 tsʰʅ⁵⁵pã²¹ 翑翱 tɕi⁵⁵kAʔ²¹
中心城区（北）	乌鸦 u⁵⁵ia²¹	鸽子 kɐʔ³³tsʅ⁴⁴ 和平鸽 ɦu²²biŋ⁵⁵kɐʔ²¹	翅膀 tsʰʅ³³pã⁴⁴
松江	老鸦 lɔ³⁵o³¹	鸽子 kəʔ⁴tsʅ⁴⁴	寄力 tɕi⁵⁵liʔ³¹
闵行	乌鸦 u⁴⁴ia⁴⁴	鸽子 kəʔ⁴tsʅ⁴⁴	翅膀 tsʰʅ⁴⁴pã²²
青浦	乌鸦 u⁵⁵ia³¹	鸽子 kəʔ⁵⁵tsʅ⁵⁵	翑扇膀 tɕi⁴⁴sE⁵⁵pã³¹
金山	乌鸦 u²⁴iɑ⁵³	鸽子 kəʔ⁴tsʅ³³	鸡肋 tɕi⁴⁴liəʔ²
奉贤	乌鸦 u⁴⁴iɑ⁵³ 老鸦 lɔ⁵⁵o²¹	鸽子 kəʔ⁵³tsʅ²¹	翑挟 tɕi⁵⁵lɿʔ²¹
浦东（川沙）	乌鸦 u⁵⁵iA⁵³	鸽子 kəʔ⁴⁴tsʅ⁴⁴	鸡=力 tɕi⁵⁵liɿʔ⁵³
浦东（惠南）	乌鸦 u⁵⁵iA⁵³	鸽子 kəʔ⁵⁵tsʅ⁴⁴	鸡=力 tɕi²²liɿʔ⁵³
嘉定	乌鸦 u⁵⁵ia²¹	鸽子 kəʔ⁵⁵tsʅ²¹	扇膀 siɿ³⁵pã²¹
宝山	乌鸦 u⁵⁵iɑ²¹	鸽子 kəʔ³³tsʅ⁵²	扇膀 se³³pã⁵²
崇明	老丫 lɔ³¹³ʔuo⁵⁵	鸽子 kəʔ⁵tsʅ³³	扇肩 sø⁴²⁴tɕie⁵⁵

地点＼词条	0232 爪子 鸟的,统称	0233 尾巴	0234 窝 鸟的
中心城区（南）	脚爪 tɕʰiAʔ³³tsɔ⁴⁴	尾巴 ȵi²²po⁵³	窠 kʰu⁵²
中心城区（北）	脚爪 tɕiɐʔ³³tsɔ⁴⁴	尾巴 ¹ȵi²²po⁴⁴ 尾巴 ²mi²²po⁴⁴	窠 kʰu⁵²
松江	脚爪 ɕiɑʔ⁴tsɔ⁴⁴	尾巴 ȵi²⁴po³¹	窠 kʰu⁵³
闵行	脚 tɕiaʔ⁵	尾巴 ȵi²²po⁴⁴	窠 kʰu⁵³
青浦	脚爪 tɕiaʔ⁵⁵tsɔ⁵⁵	尾巴 ȵi²²po⁵³	窠 kʰəu⁵¹
金山	脚爪 ɕiɑʔ⁴tsɔ³³	尾巴 ȵi¹³po⁵³	窠 kʰu⁵³
奉贤	脚爪 tɕiɑʔ³³tsɔ³⁴	尾巴 ȵi²⁴po²¹	窠 kʰu⁵³
浦东（川沙）	脚爪 tɕiAʔ⁴⁴tsɔ⁴⁴	尾巴 ȵi¹³ɓo²¹	窠 kʰu⁵³
浦东（惠南）	丫爪 iAʔ⁵⁵tsɔ⁴⁴	尾巴 ȵi¹³ɓo⁵³	窠 kʰu⁵³
嘉定	脚爪 tɕiaʔ⁵⁵tsɔ²¹	尾巴 ȵi²²po⁵³	窠 kʰu⁵³
宝山	脚爪 tɕiAʔ³³tsɔ⁴⁴	尾巴 ȵi²²pɤ⁵²	窠 kʰu⁵³
崇明	脚丫 tɕiaʔ⁵tsɔ³³	尾巴 ȵi³¹³po⁵⁵	窠 kʰu⁵³

地点 \ 词条	0235 虫子 统称	0236 蝴蝶 统称	0237 蜻蜓 统称
中心城区（南）	虫 zoŋ²³	蝴蝶 βu²²dɪʔ⁴⁴	蜻蜓 tɕʰiŋ⁵⁵diŋ²¹
中心城区（北）	虫 zoŋ²³	蝴蝶 ɦu²²dɪʔ⁴⁴	蜻蜓 tɕʰiŋ⁵⁵diŋ²¹
松江	虫 zoŋ³¹	蝴蝶 vu²²diɪʔ²	蜻蜓 tɕʰiŋ³⁵diŋ⁵³
闵行	虫 zoŋ³¹	蝴蝶 ɦu²²diɪʔ⁴⁴	蜻蜓 tsʰiŋ⁴⁴diŋ⁴⁴
青浦	虫 zoŋ³¹	蝴蝶 ɦu⁴⁵diɪʔ³¹	蜻蜓 siəŋ⁵⁵diəŋ³¹
金山	虫 zoŋ³¹	蝴蝶 ɦu³³diɪʔ²	蜻蜓 tsʰiəŋ²⁴diəŋ⁵³
奉贤	虫 zoŋ³¹	蝴蝶 ɦu²⁴dɪʔ²¹	蜻蜓 ɕiŋ⁴⁴diŋ⁵³
浦东（川沙）	虫子 zoŋ²²tsɿ²²	蝴蝶 βu²²diɪʔ⁴⁴	蜻蜓 tɕʰin⁵⁵din⁵³
浦东（惠南）	虫 zoŋ¹¹³	蝴蝶 ɦu²²diɪʔ³³	蜻蜓 tɕʰin⁵⁵din⁵³
嘉定	虫 zoŋ²³¹	蝴蝶 ɦu²⁴diɪʔ²¹	蜻蜓 siŋ²⁴diŋ²¹
宝山	虫 zoŋ³¹	#²#² 飞 ȵiAʔ³³ȵiAʔ⁵⁵fi²² 蝴蝶 vu²²dɪʔ⁵²	#³ 蜓 sĩŋ⁵⁵dĩŋ²¹
崇明	虫 ʥon²⁴	蝴蝶 ɦu²⁴diəʔ⁵	蜻蜓 tɕʰin⁵⁵lin⁵⁵

地点 \ 词条	0238 蜜蜂	0239 蜂蜜	0240 知了 统称
中心城区（南）	蜜蜂 mɪʔ¹¹foŋ²³	蜜糖 mɪʔ¹¹dɑ̃²³ 蜂蜜 foŋ⁵⁵mɪʔ²¹	野胡翅 ɦiA²²ɦu⁵⁵tsʰɿ²¹
中心城区（北）	蜜蜂 mɪʔ¹¹foŋ²³	蜂蜜 foŋ⁵⁵mɪʔ²¹	夜胡子 ɦia²²ɦu⁵⁵tsɿ²¹
松江	蜜蜂 mɪɪʔ²foŋ⁵³	蜜糖 mɪɪʔ²dɑ̃⁵³	胡知了 vu²²tsɿ⁵⁵liɔ⁵³
闵行	蜜蜂 mɪɪʔ²²hoŋ⁴⁴	蜂蜜 hoŋ⁴⁴mɪɪʔ²²	夜无知 ɦia²²ɦu²²tsɿ⁴⁴
青浦	蜜蜂 mɪɪʔ¹¹foŋ⁵²	蜂蜜 foŋ⁵⁵mɪɪʔ³¹	夏⁼知了 ɦiɔ¹¹tsɿ²²liɔ²⁴
金山	蜜蜂 mɪɪʔ³foŋ⁵³	蜂蜜 foŋ⁴⁴mɪɪʔ²	知了 tsɿ²⁴liɔ⁵³
奉贤	蜜蜂 mɪʔ²²hoŋ⁵³	蜂蜜 hoŋ⁵⁵mɪʔ²¹ 蜜糖 mɪʔ²²dɑ̃⁵³	野胡知 ɦia²²ɦu⁴⁴tsɿ⁵³
浦东（川沙）	蜜蜂 mɪɪʔ²²foŋ³⁴	蜜糖 mɪɪʔ²²dɑ̃³⁴	夜乌知 ɦiA²²u²²tsɿ³⁴
浦东（惠南）	蜜蜂 mɪɪʔ²²foŋ¹¹³	蜂蜜 hoŋ⁵⁵mɪɪʔ⁵³	夜乌蛛 ɦiA²²u²²tɕy¹¹³
嘉定	蜜蜂 mɪɪʔ²²foŋ²⁴	蜜糖 mɪɪʔ²²dɑ̃²⁴	喋蝉 za²²ziɪ⁵³
宝山	蜜蜂 mɪʔ²²hoŋ²³	蜜糖 mɪʔ²²dɑ̃²³ 蜂蜜 hoŋ⁵⁵mɪʔ²¹	#⁴蝉 ɕia³⁵ze³¹
崇明	蜜蜂 miəʔ²foŋ⁵⁵	蜜 miəʔ²	紫蜩 tsɿ⁴²⁴liɔ⁵⁵

地点＼词条	0241 蚂蚁	0242 蚯蚓	0243 蚕
中心城区（南）	蚂蚁 $mo^{22}n_i^{53}$	蛐蟮 $tɕ^hioʔ^{33}zø^{53}$ 蚯蚓 $tɕ^hiɤ^{55}ɦiŋ^{21}$	蚕宝宝 $zø^{22}pɔ^{55}pɔ^{21}$
中心城区（北）	蚂蚁 $mo^{22}n_i^{44}$	蚯蚓 $tɕ^hiɤ^{55}ɦiŋ^{21}$	蚕宝宝 $zø^{22}pɔ^{55}pɔ^{21}$
松江	蚂蚁 $mo^{24}n_i^{31}$	蛐蟮 $c^hioʔ^4ze^{44}$	蚕宝宝 $ze^{22}pɔ^{55}pɔ^{31}$
闵行	蚂蚁 $mo^{13}n_i^{22}$	曲蟮 $tɕ^hyəʔ^4ze^{44}$	蚕宝宝 $ze^{22}pɔ^{55}pɔ^{44}$
青浦	蚂蚁 $mo^{22}n_i^{53}$	蛐蟮 $tɕ^hyoʔ^{55}zɿ^{55}$	蚕宝宝 $zɿ^{23}pɔ^{42}pɔ^{21}$
金山	蚂蚁 $mo^{13}n_i^{53}$	曲蟮 $tɕ^hyɔʔ^4ziɪ^{33}$	蚕 $ziɪ^{13}$
奉贤	蚂蚁 $mo^{24}n_i^{21}$	蛐蟮 $tɕ^hioʔ^{33}ze^{34}$	蚕宝宝 $ze^{22}pɔ^{55}pɔ^{21}$
浦东（川沙）	蚂蚁 $mo^{22}n_i^{34}$	蛐蟮 $tɕ^hioʔ^{22}zɛ^{34}$	蚕宝宝 $zɛ^{22}ɓɔ^{22}ɓɔ^{22}$
浦东（惠南）	蚂蚁 $mo^{13}n_i^{31}$	蛐蟮 $tɕ^hioʔ^{55}zɛ^{44}$	蚕宝宝 $zɛ^{22}ɓɔ^{55}ɓɔ^{53}$
嘉定	蚂蚁 $mo^{24}n_i^{21}$	曲蟮 $tɕ^hioʔ^{55}ziɪ^{21}$	蚕宝宝 $ziɪ^{24}pɔ^{22}pɔ^{21}$
宝山	蚂蚁 $mɤ^{24}n_i^{22}$	#⁵蟮 $ts^hoʔ^{55}ze^{21}$	蚕宝宝 $ze^{22}pɔ^{55}pɔ^{21}$
崇明	蚂蚁 $mo^{313}n_i^{33}$	触善 $ts^hoʔ^5zo^{33}$	蚕 zie^{24}

地点＼词条	0244蜘蛛会结网的	0245蚊子统称	0246苍蝇统称
中心城区（南）	蜘蛛 tsɿ⁵⁵tsɿ²¹ 结蛛 tɕiɿʔ³³tsɿ⁵³	蚊虫 mən²²zoŋ⁵³ 蚊子 mən²²tsɿ⁵³	苍蝇 tsʰã⁵⁵ɦiŋ²¹
中心城区（北）	蜘蛛 tsɿ⁵⁵tsɿ²¹	蚊子 mən²²tsɿ⁴⁴	苍蝇 tsʰã⁵⁵ɦiŋ²¹
松江	蛛蛛 tɕy³⁵tɕy⁵³	蚊子 mən¹³tsɿ⁵³	苍蝇 tsʰɒ̃³⁵iŋ⁵³
闵行	结蛛 tɕiɿʔ²tɕy⁴⁴	蚊子 mən²²tsɿ⁴⁴	苍蝇 tsʰã⁴⁴ɦiŋ⁴⁴
青浦	结蛛 tsiɿʔ⁵⁵tsy⁵¹	蚊子 mən²³tsɿ⁵¹	苍蝇 tsʰã⁵⁵ɦiəŋ³¹
金山	蛛蛛 tɕy²⁴tɕy⁵³	蚊子 mən¹³tsɿ⁵³	苍蝇 tsʰã²⁴iŋ⁵³
奉贤	蛛蛛 tɕy⁴⁴tɕy⁵³	蚊子 mən²³tsɿ⁵³	苍蝇 tsʰã⁴⁴ɦiŋ⁵³
浦东（川沙）	结蛛 tɕiɿʔ³³tɕyɛ⁵³	蚊虫 mən²²zoŋ²²	苍蝇 tsʰã⁵⁵in⁵³
浦东（惠南）	结蛛 tɕiɿʔ⁵⁵tɕyɛ³⁵	蚊子 mən²²tsɿ³³	苍蝇 tsʰã⁵⁵ɦin⁵³
嘉定	结蛛 tɕiɿʔ³³tsɿ⁵³	蚊子 mən²⁴tsɿ²¹	苍蝇 tsʰã⁵⁵iŋ²¹
宝山	结蛛 tɕiɿʔ³³tsɿ⁵²	蚊子 mẽŋ²⁴tsɿ³¹	苍蝇 tsʰɒ̃⁵⁵ɦĩŋ²¹
崇明	结蛛 tɕiəʔ⁵tsɿ⁵⁵	蚊子 mən²⁴tsɿ⁰	苍蝇 tsʰã⁵⁵n̩.in⁵⁵

地点＼词条	0247 跳蚤咬人的	0248 虱子	0249 鱼
中心城区（南）	跳虱 tʰiɔ³³səʔ⁴⁴ 跳蚤 tʰiɔ³³tsɔ⁵³	老白虱 lɔ²²bʌʔ⁵⁵səʔ²¹	鱼 ɦŋ̍²³
中心城区（北）	跳虱 tʰiɔ³³səʔ⁴⁴ 跳蚤 tʰiɔ³³tsɔ⁴⁴	老白虱 lɔ²²bʌʔ⁵⁵səʔ²¹	鱼 ɦŋ̍²³
松江	跳虱 tʰiɔ³⁵səʔ³¹	白虱 baʔ²səʔ²	鱼 ɦŋ̍³¹
闵行	跳虱 tʰiɔ⁴⁴səʔ²	虱子 səʔ⁴tsɿ⁴⁴	鱼 ŋ̍³¹
青浦	跳虱 tʰiɔ³³tsɔ³⁵	白虱 baʔ³³səʔ⁵⁵ 猫虱 mɔ²³səʔ³³	鱼 ɦŋ̍³¹
金山	跳虱 tʰiɔ²⁴səʔ⁴	虱子 səʔ⁴tsɿ³³	鱼 ɦŋ̍³¹
奉贤	跳虱 tʰiɔ⁴⁴sɔ⁴⁴ 跳虱 tʰiɔ³⁵səʔ²¹	白虱 bɑʔ⁴²səʔ²¹	鱼 ɦŋ̍³¹
浦东（川沙）	蚤虱 tsɔ³³səʔ⁵³	虱子 səʔ⁴⁴tsɿ⁴⁴	鱼 ŋ̍²¹³
浦东（惠南）	蚤虱 tsɔ³⁵səʔ⁵³	虱 səʔ⁵⁵ 老白虱 lɔ²²bʌʔ⁵⁵səʔ⁵³	鱼 ŋ̍¹¹³
嘉定	臭虫 tsʰɤ³⁵zoŋ²¹	白虱 baʔ²²səʔ⁵⁵	鱼 ɦŋ̍²³¹
宝山	老白虱 lɔ²²bʌʔ⁵⁵səʔ²¹ 跳虱 tʰiɔ³⁵səʔ³¹	虱子 səʔ³³tsɿ⁴⁴	鱼 ɦŋ̍³¹
崇明	跳蚤 tʰiɔ⁴²⁴səʔ⁵	老米颠 lɔ³¹³mi³³tie⁵⁵	鱼 ŋei²⁴

地点＼词条	0250 鲤鱼	0251 鳙鱼 胖头鱼	0252 鲫鱼
中心城区（南）	鲤鱼 li²²ɦŋ̍⁵³	胖头鱼 pʰã⁵⁵dɤ³³ɦŋ̍²¹ 花鲢 ho⁵⁵li²¹	河鲫鱼 ɦu²²tɕi⁵⁵ɦŋ̍²¹ 鲫鱼 tɕi³³ɦŋ̍⁵³
中心城区（北）	鲤鱼 li²²ɦŋ̍⁴⁴	胖头鱼 pʰã³³dɤ⁵⁵ɦŋ̍²¹ 花鲢鱼 ho⁵⁵li³³ɦŋ̍²¹	河鲫鱼 ɦu²²tɕi⁵⁵ɦŋ̍²¹
松江	鲤鱼 li²⁴ɦŋ̍³¹	花鲢 ho³⁵li⁵³	鲫鱼 tɕi³⁵ɦŋ̍³¹
闵行	鲤鱼 li¹³ŋ̍²²	胖头鱼 pʰã²²dɤ⁴⁴ŋ̍⁴⁴	鲫鱼 tɕiʔ²ŋ̍⁴⁴
青浦	鲤鱼 li²³ɦŋ̍⁵¹	花鲢头 ho⁵⁵liɪ⁵³də³¹	鲫鱼 tɕi⁵⁵ɦŋ̍³¹
金山	鲤鱼 li¹³ŋ̍⁵³	大头鱼 dɑ²³dɤ⁵⁵ɦy³¹	鲫骨头 tɕiʔ⁴kuʔ³dɤ²¹
奉贤	鲤鱼 li²⁴ɦŋ̍²¹	胖头鱼 pʰã⁵³dɤ³³ɦŋ̍²¹	鲫鱼 tɕi⁴⁴ɦŋ̍⁵³
浦东（川沙）	鲤鱼 li²²ŋ̍⁵³	花鲢 ho⁵⁵li⁵³	鲫鱼 tɕiʔ³³ŋ̍⁵³
浦东（惠南）	鲤鱼 li¹³ŋ̍⁵³	花鲢头 ho⁵⁵li⁵⁵dɤ⁵³	鲫鱼 tɕi⁵⁵ŋ̍⁵³
嘉定	鲤鱼 li²²ɦŋ̍⁵³	胖头鱼 pʰã⁵⁵dɤ²²ɦŋ̍²¹	鲫鱼 tɕi⁵⁵ɦŋ̍²¹
宝山	鲤鱼 li²²ɦŋ̍⁵²	花鲢 fɤ⁵⁵le²¹ 胖头鱼 pʰɒ⁵⁵dɑɪ³³ɦŋ̍²¹	河鲫鱼 vu²²tsɿʔ⁵⁵ɦŋ̍²¹
崇明	鲤鱼 li³¹³ŋei⁵⁵	黄连头 ɦuã²⁴lie³³də⁵⁵	鲫鱼 tɕiəʔ⁵ŋei⁵⁵

地点 \ 词条	0253 甲鱼	0254 鳞鱼的	0255 虾统称
中心城区（南）	甲鱼 tɕiA‿ʔ³³ɦŋ̍⁵³	鳞 liŋ²³	虾 hø⁵²
中心城区（北）	甲鱼 tɕiɛ‿ʔ³³ɦŋ̍⁴⁴	鳞 liŋ²³	虾¹ hø⁵² 虾² ho⁵²
松江	甲鱼 ciaʔ⁴ɦŋ̍⁵³	鳞 liŋ³¹	虾 hø⁴⁴
闵行	甲鱼 tɕiaʔ²ŋ̍⁴⁴	鳞片 liŋ¹³pʰi⁴⁴	虾 hø³⁵
青浦	甲鱼 tɕiaʔ⁵⁵ɦŋ̍⁵¹	鱼鳞瓣 ɦŋ̍²³liəŋ⁵³bE³¹	柴虾 za²³ho⁵¹
金山	甲鱼 ciʌʔ³ŋ̍⁵³	鳞 liəŋ³¹	虾 hy⁴⁴
奉贤	甲鱼 tɕiɑʔ‿³³ɦŋ̍³⁴	鳞 liŋ³¹	虾 hø⁴⁴
浦东（川沙）	甲鱼 tɕiA‿ʔ³³ŋ̍⁵³	鳞 lin²¹³	虾 hø⁵³
浦东（惠南）	甲鱼 tɕiA‿ʔ⁵⁵ŋ̍⁵³	鳞 lin¹¹³	虾 hø⁵³
嘉定	甲鱼 tɕiaʔ⁵⁵ɦŋ̍²¹	鱼鳞瓣 ɦŋ̍²²liŋ⁵⁵bE²¹	虾 hɤ⁵³
宝山	甲鱼 tɕiA‿ʔ³³ɦŋ̍⁵²	鳞 l̥iŋ³¹	虾 hɤ⁵³
崇明	脚鱼 tɕiɑʔ⁵ŋei⁵⁵	鳞 lən²⁴	虾 ho⁵³

地点 \ 词条	0256 螃蟹 统称	0257 青蛙 统称	0258 癞蛤蟆 表皮多疙瘩
中心城区（南）	蟹 hᴀ^{34}	田鸡 di^{22}tɕi^{53}	癞蛤巴 lᴀ^{22}kɐʔ^{55}po^{21}
中心城区（北）	蟹 hɑ^{34}	青蛙 tɕiŋ^{55}o^{21}	癞蛤蟆¹ la^{22}kɐʔ^{55}po^{21} 癞蛤蟆² la^{22}ka^{55}po^{21}
松江	蟹 hɑ^{44}	田鸡 di^{13}tɕi^{53}	赖蛤巴 la^{22}kəʔ^{5}po^{31}
闵行	蟹 hɑ^{55}	田鸡 di^{22}tɕi^{44}	癞格包 la^{22}kaʔ^{4}pɔ^{22}
青浦	蟹 hɑ^{43}	青蛙 tsʰiəŋ^{55}o^{31}	癞蛤巴 la^{33}kaʔ^{55}po^{31}
金山	蟹 hɑ^{44}	田鸡 di^{13}tɕi^{53}	癞蛤巴 lɑ^{23}kəʔ^{5}ɓo^{31}
奉贤	蟹 hɑ^{44}	田鸡 di^{23}tɕi^{53} 蛤多 kəʔ^{33}tu^{53} 青蛙 tɕʰiŋ^{44}o^{53}	癞蛤巴 lɑ^{22}kəʔ^{55}po^{21}
浦东（川沙）	蟹 hᴀ^{44}	田鸡 di^{22}tɕi^{22}	癞蛤巴 lᴀ^{22}kəʔ^{55}ɓo^{53}
浦东（惠南）	蟹 hᴀ^{44}	田鸡 di^{22}tɕi^{33}	老蛤巴 lɔ^{13}kᴀʔ^{55}ɓo^{53}
嘉定	蟹 ha^{423}	青蛙 tsʰiŋ^{55}ho^{21}	麻子癞团 mo^{22}tsɿ^{55}la^{22}dɤ^{21}
宝山	蟹 hɑ^{34}	田鸡 de^{22}tɕi^{52}	癞团 la^{22}dɤ^{52} 癞蛤巴 la^{22}kəʔ^{55}pɤ^{21}
崇明	蟹 hɑ^{424}	田鸡 die^{24}tɕi^{55}	癞沟把 la^{313}kɵ^{55}po^0

词条 地点	0259 马	0260 驴	0261 骡
中心城区（南）	马 mo²³	驴 lu²³	骡 lu²³
中心城区（北）	马 mo²³	驴 ly²³ 驴子 ly²²tsʅ⁴⁴ 毛驴 mɔ²²ly⁴⁴	骡 lu²³ 骡子 lu²²tsʅ⁴⁴
松江	马 mo¹³	驴子 ly¹³tsʅ⁵³	骡子 lu¹³tsʅ⁵³
闵行	马 mo¹³	驴 ly³¹	（无）
青浦	马 mo²²⁴	驴子 ly²³tsʅ⁵¹	骡子 ləu²³tsʅ⁵¹
金山	马 mo¹³	驴 lu³¹	骡 le¹³
奉贤	马 mo²⁴	驴 ly²⁴ 驴 lu²⁴	骡 lu²⁴
浦东（川沙）	马 mo²¹³	驴子 ly²²tsʅ²²	骡子 lu²²tsʅ²²
浦东（惠南）	马 mo¹¹³	驴 ly¹¹³	骡 lu¹¹³
嘉定	马 mo²¹³	驴子 li²⁴tsʅ²¹	驴子 li²⁴tsʅ²¹
宝山	马 mɤ²³	驴 li³¹	骡 lu²³
崇明	马 mo²⁴²	（无）	（无）

地点 \ 词条	0262 牛	0263 公牛 统称	0264 母牛 统称
中心城区（南）	牛 ɲiɤ²³	雄牛 ɦioŋ²²ɲiɤ⁵³	雌牛 tsʰɿ⁵⁵ɲiɤ²¹
中心城区（北）	牛 ɲiɤ²³	公牛 koŋ⁵⁵ɲiɤ²¹	母牛 mu³³ɲiɤ⁴⁴
松江	牛 ɲiɯ³¹	雄牛 ɦioŋ¹³ɲiɯ⁵³	雌牛 tsʰɿ³⁵ɲiɯ⁵³
闵行	牛 ɲiɤ³¹	雄牛 ɦioŋ¹³ɲiɤ⁴⁴	雌牛 tsʰɿ²²ɲiɤ⁴⁴
青浦	牛 ɲiə³¹	公牛 koŋ⁵⁵ɲiə³¹	母牛 mu²²ɲiə⁵³
金山	牛 ɲiɤ³¹	雄牛 ɦioŋ¹³ɲiɤ⁵³	雌牛 tsʰɿ²⁴ɲiɤ⁵³
奉贤	牛 ɲiɤ³¹	雄牛 ɦioŋ²³ɲiɤ⁵³	雌牛 tsʰɿ⁴⁴ɲiɤ⁵³
浦东（川沙）	牛 ɲiɤ²¹³	雄牛 ɦioŋ²²ɲiɤ²²	雌牛 tsʰɿ²²ɲiɤ²²
浦东（惠南）	牛 ɲiɤ¹¹³	雄牛 ɦioŋ²²ɲiɤ³³	雌牛 tsʰɿ²²ɲiɤ⁵³
嘉定	牛 ɲy²³¹	雄牛 ɦioŋ²²ɲy⁵³	母牛 mu²⁴ɲy²¹
宝山	牛 ɲy³¹	雄牛 ɦioŋ²²ɲy⁵²	雌牛 tsʰɿ⁵⁵ɲy²¹
崇明	牛 ɲiɵ²⁴	雄老牛 ɦyoŋ²⁴lɔ⁰ɲiɵ⁵⁵	雌老牛 tsʰɿ⁵⁵lɔ⁵⁵ɲiɵ⁵⁵

地点 \ 词条	0265 放牛	0266 羊	0267 猪
中心城区（南）	放牛 fã³⁴ȵiɤ²³	羊 ɦiã²³	猪猡 tsʅ⁵⁵lu²¹
中心城区（北）	放牛 fã⁴⁴ȵiɤ²³	羊 ɦiã²³	猪猡 tsʅ⁵⁵lu²¹
松江	放牛 fɒ̃³³ȵiɯ³¹	羊 ɦiã̞³¹	猪猡 tsʅ³⁵lu⁵³
闵行	放牛去 fã⁴⁴ȵiɤ²²tɕʰi²²	羊 ɦiã³¹	猪猡 tsʅ⁴⁴lu⁴⁴
青浦	放牛 fã⁴⁵ȵiə³¹	羊 ɦiã̞³¹	猪猡 tsʅ⁵⁵ləu³¹
金山	看牛 kʰø²⁴ȵiɤ⁵³	羊 ɦiẽ³¹	猪猡 tsʅ²⁴lu⁵³
奉贤	放牛 fã⁵³ȵiɤ²¹	羊 ɦiã³¹	猪 tsʅ⁵³ 猪猡 tsʅ⁴⁴lu⁵³
浦东（川沙）	放牛 fã⁵⁵ȵiɤ¹³	羊 ɦiã²¹³	猪 tsʅ⁵³
浦东（惠南）	放牛 fã³⁵ȵiɤ⁵³	羊 ɦiã¹¹³	猪 tsʅ⁵³
嘉定	放牛 fã³⁵ȵy²¹	羊 ɦiã²³¹	猪猡 tsʅ⁵⁵lu²¹
宝山	放牛 fɒ̃⁵⁵ȵy²¹	羊 ɦiã³¹	猪猡 tsʅ⁵⁵lu²¹
崇明	放牛 fã⁴²⁴ȵiə⁵⁵	羊 ɦiã²⁴	猪奴 tsʅ⁵⁵nu⁵⁵

地点＼词条	0268 种猪 配种用的公猪	0269 公猪 成年的,已阉的	0270 母猪 成年的,未阉的
中心城区（南）	猪郎 tsʅ⁵⁵lã²¹	雄猪 ɦioŋ²²tsʅ⁵³	老母猪 lɔ²²mu⁵⁵tsʅ²¹
中心城区（北）	种猪 tsoŋ³³tsʅ⁴⁴	公猪 koŋ⁵⁵tsʅ²¹	母猪 mu³³tsʅ⁴⁴
松江	公猪 koŋ³⁵tsʅ⁵³	公猪 koŋ³⁵tsʅ⁵³	老母猪 lɔ²²ɦm̩⁵⁵tsʅ³¹
闵行	猪郎 tsʅ⁴⁴lã⁴⁴	雄猪猡 ɦioŋ²²tsʅ⁴⁴lu⁴⁴	雌猪猡 tsʰʅ⁴⁴tsʅ⁵⁵lu⁴⁴
青浦	种猪 tsoŋ⁴⁴tsʅ⁵³	公猪 koŋ⁵⁵tsʅ³¹	母猪 mu²²tsʅ⁵³
金山	猪郎 tsʅ²⁴lã⁵³	雄猪 ɦioŋ¹³tsʅ⁵³	母猪 m̩²⁴tsʅ⁵³
奉贤	猪郎 tsʅ⁴⁴lã⁵³	肉猪 ȵioʔ²²tsʅ⁵³	老母猪 lɔ²²m̩⁵⁵tsʅ²¹
浦东（川沙）	猪郎 tsʅ⁵⁵lã⁵³	雄猪 ɦioŋ²²tsʅ²²	老母猪 lɔ²²m̩⁵⁵tsʅ⁵³
浦东（惠南）	猪郎 tsʅ⁵⁵lã⁵³	雄猪 ɦioŋ²²tsʅ³³	老母猪 lɔ²²m̩⁵⁵tsʅ⁵³
嘉定	猪郎 tsʅ⁵⁵lã²¹	壮猪 tsã³⁵tsʅ²¹	老姆猪 lɔ²²n̩⁵⁵tsʅ²¹
宝山	猪郎 tsʅ⁵⁵lõ²¹	雄猪猡 ɦioŋ²²tsʅ⁵⁵lu²¹	老母猪 lɔ²²m̩²³tsʅ⁵²
崇明	公猪 koŋ⁵⁵tsʅ⁵⁵	雄猪 ɦyoŋ²⁴tsʅ⁵⁵	雌猪 tsʰʅ⁵⁵tsʅ⁵⁵

地点 \ 词条	0271 猪崽	0272 猪圈	0273 养猪
中心城区（南）	小猪猡 ɕiɔ³³tsʅ⁵⁵lu²¹	猪圈 tsʅ⁵⁵tɕʰyø²¹	养猪猡 ɦiã²²tsʅ⁵⁵lu²¹
中心城区（北）	小猪猡 ɕiɔ³³tsʅ⁵⁵lu²¹	猪棚 tsʅ⁵⁵bã²¹ 猪猡棚 tsʅ⁵⁵lu³³bã²¹	养猪猡 ɦiã³³tsʅ⁵⁵lu²¹
松江	小猪猡 ɕiɔ³³tsʅ⁵⁵lu³¹	猪栏 tsʅ³⁵lɛ⁵³	养猪猡 ɦiæ̃²²tsʅ⁵⁵lu³¹
闵行	小猪猡 ɕiɔ²²tsʅ⁴⁴lu²²	猪棚 tsʅ⁴⁴bã⁴⁴	养猪猡 ɦiã²²tsʅ⁴⁴lu²²
青浦	小猪猡 siɔ⁴⁴tsʅ⁵⁵ləu³¹	猪圈 tsʅ⁵⁵tɕyø³¹ 猪棚 tsʅ⁵⁵bæ̃³¹	养猪猡 ɦiæ̃³⁵tsʅ⁵⁵ləu³¹
金山	小猪猡 ɕiɔ³⁴tsʅ⁵⁵lu³¹	猪棚 tsʅ²⁴bã⁵³	养猪 iɛ̃¹³tsʅ⁵³
奉贤	小猪猡 ɕiɔ³³tsʅ⁵⁵lu²¹	猪棚栏 tsʅ⁵⁵sɑʔ³³lɛ²¹	养猪 ɦiã²²tsʅ⁵³
浦东（川沙）	小猪猡 ɕiɔ²²tsʅ⁵⁵lu⁵³	猪栏舍 tsʅ⁵⁵lɛ⁵⁵sə²¹	养猪猡 ɦiã²²tsʅ⁵⁵lu⁵³
浦东（惠南）	小猪猡 ɕiɔ³⁵tsʅ⁵⁵lu⁵³	猪棚 tsʅ⁵⁵bã⁵³	养猪猡 ɦiã¹³tsʅ⁵⁵lu⁵³
嘉定	小猪猡 tsiɔ³³tsʅ⁵⁵lu²¹	猪圈 tsʅ³⁵dʑiɤ²¹	养猪猡 ɦiã²²tsʅ⁵⁵lu²¹
宝山	小猪猡 siɔ³³tsʅ³⁴lu⁵²	猪圈 tsʅ⁵⁵dʑiɤ²¹	养猪猡 ɦiã²²tsʅ⁵⁵lu²¹
崇明	小猪奴 ɕiɔ⁴²⁴tsʅ³³nu⁵⁵	猪圈 tsʅ⁵⁵dʑyø⁰	养猪奴 ɦiã³¹³tsʅ³³nu⁵⁵

词条 地点	0274 猫	0275 公猫	0276 母猫
中心城区（南）	猫 mɔ²³	雄猫 ɦioŋ²²mɔ⁴⁴	雌猫 tsʰɿ⁵⁵mɔ²¹
中心城区（北）	猫¹ mɔ⁵² 猫² mɔ²³	雄猫 ɦioŋ²²mɔ⁴⁴	雌猫 tsʰɿ⁵⁵mɔ²¹
松江	猫 mɔ³¹	雄猫 ɦioŋ¹³mɔ⁵³	雌猫 tsʰɿ³⁵mɔ⁵³
闵行	猫 mɔ¹³	雄猫 ɦioŋ²²mɔ³¹	雌猫 tsʰɿ⁴⁴mɔ³¹
青浦	猫 mɔ⁵¹	雄猫 ɦioŋ²³mɔ⁵¹	雌猫 tsʰɿ⁵⁵mɔ³¹
金山	猫 mɔ³¹	雄猫 ɦioŋ¹³mɔ⁵³	雌猫 tsʰɿ²⁴mɔ⁵³
奉贤	猫 mɔ³¹	雄猫 ɦioŋ²³mɔ⁵³	雌猫 tsʰɿ⁴⁴mɔ⁵³
浦东（川沙）	猫 mɔ⁵³	雄猫 ɦioŋ²²mɔ²²	雌猫 tsʰɿ²²mɔ²²
浦东（惠南）	猫 mɔ⁵³	雄猫 ɦioŋ²²mɔ³³	雌猫 tsʰɿ²²mɔ⁵³
嘉定	猫咪 mɔ²²ȵi⁵³	雄猫 ɦioŋ²²mɔ⁵³	雌猫 tsʰɿ⁵⁵mɔ²¹
宝山	猫儿 mã⁵³ 猫 mɔ⁵³	雄猫儿 ɦioŋ²²mã⁵² 雄猫 ɦioŋ²²mɔ⁵²	雌猫儿 tsʰɿ⁵⁵mã²¹ 雌猫 tsʰɿ⁵⁵mɔ²¹
崇明	猫猊 mɔ²⁴ȵi⁵⁵	雄猫 ɦiyoŋ²⁴mɔ⁵⁵	雌猫 tsʰɿ⁵⁵mɔ⁵⁵

地点＼词条	0277 狗通称	0278 公狗	0279 母狗
中心城区（南）	狗 kɤ³⁴	雄狗 ɦioŋ²²kɤ⁵³	雌狗 tsʰɿ⁵⁵kɤ²¹
中心城区（北）	狗 kɤ³⁴	雄狗 ɦioŋ²²kɤ⁴⁴	雌狗 tsʰɿ⁵⁵kɤ²¹
松江	狗 kɯ⁴⁴	雄狗 ɦioŋ¹³kɯ⁵³	雌狗 tsʰɿ³⁵kɯ⁵³
闵行	狗 kɤ⁵⁵	雄狗 ɦioŋ¹³kɤ⁵³	雌狗 tsʰɿ⁴⁴kɤ⁴⁴
青浦	狗 kə⁴³	雄狗 ɦioŋ²³kə⁵¹	雌狗 tsʰɿ⁵⁵kə³¹
金山	狗 kɤ⁴⁴	雄狗 ɦioŋ¹³kɤ⁵³	雌狗 tsʰɿ²⁴kɤ⁵³
奉贤	狗 kɤ⁴⁴	雄狗 ɦioŋ²³kɤ⁵³	雌狗 tsʰɿ⁴⁴kɤ⁵³
浦东（川沙）	狗 kɤ⁴⁴	雄狗 ɦioŋ²²kɤ²²	雌狗 tsʰɿ²²kɤ²²
浦东（惠南）	狗 kɤ⁴⁴	雄狗 ɦioŋ²²kɤ³³	雌狗 tsʰɿ³³kɤ²²
嘉定	狗 kɤ⁴²³	雄狗 ɦioŋ²⁴kɤ²¹	雌狗 tsʰɿ³⁵kɤ²¹
宝山	狗 kʌɪ³⁴	雄狗 ɦioŋ²⁴kʌɪ³¹	雌狗 tsʰɿ⁵⁵kʌɪ²¹ 老母狗 lɔ²²m̩⁵⁵kʌɪ²¹
崇明	狗 kə⁴²⁴	雄狗 ɦyoŋ²⁴kə⁰	雌狗 tsʰɿ⁵⁵kə⁰

词条\地点	0280 叫狗~	0281 兔子	0282 鸡
中心城区（南）	叫 tɕiɔ³⁴	兔子 tʰu³³tsɿ⁴⁴	鸡 tɕi⁵²
中心城区（北）	叫 tɕiɔ³⁴	兔子 tʰu³³tsɿ⁴⁴	鸡 tɕi⁵²
松江	叫 ɕiɔ³⁵	兔子 tʰu⁵⁵tsɿ³¹	鸡 tɕi⁵³
闵行	叫 tɕiɔ³⁵	兔子 tʰu⁴⁴tsɿ⁴⁴	鸡 tɕi⁵³
青浦	叫 tɕiɔ³⁵	兔子 tʰəu⁵⁵tsɿ³¹	鸡 tɕi⁵¹
金山	叫 ɕiɔ³⁵	兔子 tʰu³³tsɿ³¹	鸡 tɕi⁵³
奉贤	叫 tɕiɔ³⁵	兔子 tʰu⁵³tsɿ²¹	鸡 tɕi⁵³
浦东（川沙）	叫 tɕiɔ³⁵	兔子 tʰu³⁵tsɿ²¹	鸡 tɕi⁵³
浦东（惠南）	叫 tɕiɔ³⁵	兔子 tʰu³⁵tsɿ³¹	鸡 tɕi⁵³
嘉定	叫 tɕiɔ⁴²³	兔子 tʰu³⁵tsɿ²¹	鸡 tɕi⁵³
宝山	叫 tɕiɔ³⁴	兔子 tʰu⁵⁵tsɿ²¹	鸡 tɕi⁵³
崇明	叫 tɕiɔ³³	兔子 tʰu⁵⁵tsɿ⁰	鸡 tɕi⁵³

地点＼词条	0283 公鸡 成年的，未阉的	0284 母鸡 已下过蛋的	0285 叫 公鸡～（即打鸣儿）
中心城区（南）	雄鸡 ɦioŋ²²tɕi⁴⁴	雌鸡 tsʰɿ⁵⁵tɕi²¹	叫 tɕiɔ³⁴
中心城区（北）	雄鸡 ɦioŋ²²tɕi⁴⁴ 公鸡 koŋ⁵⁵tɕi²¹	雌鸡 tsʰɿ⁵⁵tɕi²¹ 母鸡 mu³³tɕi⁴⁴ 老母鸡 lɔ²²mu⁵⁵tɕi²¹	叫 tɕiɔ³⁴
松江	雄鸡 ɦioŋ¹³tɕi⁵³	老婆鸡 lɔ²²bu⁵⁵tɕi³¹	叫 ciɔ³⁵
闵行	雄鸡 ɦioŋ²²tɕi⁵³	老婆鸡 lɔ²²bu⁴⁴tɕi²²	叫 tɕiɔ³⁵
青浦	雄鸡 ɦioŋ²³tɕi⁵¹	雌鸡 tsʰɿ⁵⁵tɕi³¹	叫 tɕiɔ³⁵
金山	雄鸡 ɦioŋ¹³tɕi⁵³	雌鸡 tsʰɿ²⁴tɕi⁵³	啼 di³¹
奉贤	雄鸡 ɦioŋ²³tɕi⁵³	雌鸡 tsʰɿ⁴⁴tɕi⁵³	啼 di³¹
浦东（川沙）	雄鸡 ɦioŋ²²tɕi²²	雌鸡 tsʰɿ²²tɕi²²	叫 tɕiɔ³⁵
浦东（惠南）	雄鸡 ɦioŋ²²tɕi³³	雌鸡 tsʰɿ²²tɕi³³	叫 tɕiɔ³⁵
嘉定	雄鸡 ɦioŋ²²tɕi⁵³	老婆鸡 lɔ²²bu²⁴tɕi²¹	啼 di²³¹
宝山	雄鸡 ɦioŋ²²tɕi⁵²	雌鸡 tsʰɿ⁵⁵tɕi²¹ 老母鸡 lɔ²²m̩²³tɕi⁵²	叫 tɕiɔ³⁴
崇明	雄鸡 ɦyoŋ²⁴tɕi⁵⁵	老婆鸡 lɔ³¹³bu³³tɕi⁵⁵	啼 di²⁴

词条 地点	0286 下 鸡~蛋	0287 孵 ~小鸡	0288 鸭
中心城区（南）	拆 tsʰAʔ⁵⁵	伏 buʔ²³	鸭子 Aʔ³³tsɿ⁵³
中心城区（北）	拆 tsʰɐʔ⁵⁵	孵 buʔ²³	鸭 ɐʔ⁵⁵ 鸭子 ɐʔ³³tsɿ⁴⁴
松江	拆 tsʰaʔ⁴	菢 buʔ¹³	鸭 æʔ⁴
闵行	生蛋 sã⁴⁴dɛ⁴⁴	孵小鸡 buʔ²²ɕiɔ⁴⁴tɕi⁵³	鸭 æʔ⁵
青浦	拆蛋 tsʰəʔ⁵⁵dɛ³⁵	孵 buʔ²²⁴	鸭 æʔ⁵⁵
金山	生 sɛ̃⁵³	孵 buʔ¹³	鸭 æʔ⁵
奉贤	生 sã⁵³	伏 buʔ²⁴	鸭 æʔ⁵⁵
浦东（川沙）	拆 tsʰAʔ⁵⁵	孵 buʔ²¹³	鸭 æʔ⁵⁵
浦东（惠南）	拆 tsʰAʔ⁵⁵	孵 buʔ¹¹³	鸭 æʔ⁵⁵
嘉定	斥蛋 tsʰaʔ⁵⁵dɛ²¹³	孵小鸡 buʔ²⁴siɔ⁵⁵tɕi²¹	鸭 aʔ⁵⁵
宝山	拆 tsʰAʔ⁵⁵	伏 buʔ²³	鸭 Aʔ⁵⁵
崇明	生 sã⁵³	伏 buʔ³¹³	鸭 ʔæʔ⁵

地点 \ 词条	0289 鹅	0290 阉~公的猪	0291 阉~母的猪
中心城区（南）	鹅 ŋu²³ 白乌龟 bʌʔ¹¹u²²tɕy²³	镦 təŋ⁵²	镦 təŋ⁵²
中心城区（北）	白乌龟 bɐʔ¹¹u²²tɕy²³	镦 təŋ⁵²	镦 təŋ⁵²
松江	鹅 ŋu³¹	劁 ɕi⁴⁴	（无）
闵行	鹅头 ŋu²²dɤ⁴⁴	镦 ɖəŋ⁵³	镦 ɖəŋ⁵³
青浦	鹅 ŋəu³¹	劁卵子 sɪ⁴⁴lø⁵⁵tsɿ³¹	（无）
金山	鹅 ŋu³¹	劁 sɪɪ³⁵	劁 sɪɪ³⁵
奉贤	鹅 ŋu³¹	镦 ɖəŋ⁵³	镦 ɖəŋ⁵³
浦东（川沙）	白乌龟 bʌʔ²²u²²tɕy³⁴	镦 ɖən⁵³	扎 tsæʔ⁵⁵
浦东（惠南）	鹅 ŋu¹¹³ 白乌龟 bʌʔ²²u²²tɕy³⁵	镦 ɖən⁵³	镦 ɖən⁵³
嘉定	鹅 ŋu²³¹	镦 təŋ⁵³	镦 təŋ⁵³
宝山	鹅 ŋu³¹	镦 tẽŋ⁵³	镦 tẽŋ⁵³
崇明	鹅 ŋ̍²⁴	骟 sø³³	骟 sø³³

地点＼词条	0292 阉~鸡	0293 喂~猪	0294 杀猪 统称,注意婉称
中心城区(南)	骟 təŋ^{52}	喂 y^{34}	杀猪猡 sAʔ^{55}tsɿ^{55}lu^{21}
中心城区(北)	骟 təŋ^{52}	喂 y^{34}	杀猪猡 sæʔ^{44}tsɿ^{55}lu^{21}
松江	镦 ɕi^{44}	喂 y^{35}	杀猪猡 sæʔ^{3}tsɿ^{35}lu^{53}
闵行	镦卵子 ɕi^{22}lø^{44}tsɿ^{53}	喂 y^{35}	杀猪猡 sæʔ^{2}tsɿ^{44}lu^{44}
青浦	(无)	喂 y^{35}	杀猪猡 saʔ^{55}tsɿ^{55}ləu^{31}
金山	镦 sii^{35}	喂 y^{35}	杀猪 sæʔ^{3}tsɿ^{55}lu^{31}
奉贤	骟 dəŋ^{53}	喂 y^{35}	杀猪猡 sæʔ^{33}tsɿ^{44}lu^{53}
浦东(川沙)	骟 dən^{53}	喂 ɦø^{13}	杀猪猡 sæʔ^{22}tsɿ^{55}lu^{53}
浦东(惠南)	骟 dən^{53}	喂 ɦø^{113}	杀猪猡 sAʔ^{55}tsɿ^{55}lu^{31}
嘉定	骟 təŋ^{53}	淘猪食 dɔ^{22}tsɿ^{55}zəʔ^{21}	杀猪猡 saʔ^{33}tsɿ^{55}lu^{21}
宝山	骟 tẽŋ^{53}	(无)	杀猪猡 sAʔ^{33}tsɿ^{34}lu^{52}
崇明	骗 sø^{33}	拨食 pəʔ^{5}zəʔ^{5}	杀猪奴 sæʔ^{5}tsɿ^{33}nu^{55}

地点＼词条	0295 杀~鱼	0296 村庄—个~	0297 胡同 统称：一条~
中心城区（南）	杀 sAʔ⁵⁵	村 tsʰəŋ⁵² 村子 tsʰəŋ⁵⁵tsɿ²¹	弄堂 loŋ²²dã⁵³
中心城区（北）	杀 sɐʔ⁵⁵	村庄 tsʰəŋ⁵⁵tsã²¹	弄堂 loŋ²²doŋ⁴⁴
松江	杀 sæʔ⁴	村寨 tsʰəŋ³⁵kʰu⁵³	弄堂 loŋ²²dɒ̃²²
闵行	杀 sæʔ⁵	石基 zaʔ²²tɕi⁴⁴	弄堂 loŋ²²dã⁴⁴
青浦	杀 saʔ⁵⁵	村 tsʰəŋ⁵¹	弄堂 loŋ²²dã³⁵
金山	杀 sæʔ⁵	大落 daʔ¹²lɔʔ⁴	弄堂 loŋ¹³dã³¹
奉贤	#¹zɿ³¹	村 tsʰəŋ⁵³ 宅基 zaʔ²²tɕi⁵³	弄堂 loŋ⁴²dã²¹
浦东（川沙）	杀 sAʔ⁵⁵	石＝头 zəʔ²²dɤ³⁴	弄堂 loŋ²²dã⁵³
浦东（惠南）	杀 sæʔ⁵⁵	村庄 tsʰən⁵⁵tsã⁵³	弄堂 loŋ¹³dã³¹
嘉定	杀鱼 saʔ³³ŋ⁵³	宅 zaʔ²³	弄堂 loŋ²²dã⁵³
宝山	杀 sAʔ⁵⁵	宅 zAʔ¹²	弄堂 loŋ²²dɒ̃⁵²
崇明	破鱼 pʰu⁴²⁴ŋei⁵⁵	村 tsʰən⁵³	弄 loŋ³¹³

地点＼词条	0298 街道	0299 盖房子	0300 房子 整座的，不包括院子
中心城区（南）	马路 mo²²lu⁵³	造房子 zɔ²³vã²²tsɿ⁴⁴	房子 vã²²tsɿ⁴⁴
中心城区（北）	街道 ka⁵⁵dɔ²¹	造房子 zɔ³³vã²²tsɿ⁴⁴	房子 vã²²tsɿ⁴⁴
松江	街 ka⁵³	造房子 zɔ²²vɒ̃⁵⁵tsɿ³¹	房子 vɒ̃¹³tsɿ⁵³
闵行	街道 ka⁴⁴dɔ⁴⁴	造房子 zɔ²²vã⁴⁴tsɿ²²	房子 vã²²tsɿ⁴⁴
青浦	街道 ka⁵⁵dɔ³¹	造房子 zɔ²⁴vã²³tsɿ⁵¹	房子 vã²³tsɿ⁵¹
金山	街道 kɑ⁵⁵dɔ³¹	造房子 zɔ²³vã⁵⁵tsɿ³¹	房子 vã¹³tsɿ⁰
奉贤	街路 kɑ⁵⁵lu²¹	造房子 zɔ²²βã⁵⁵tsɿ²¹	房子 βã²³tsɿ⁵³
浦东（川沙）	街道 kʌ⁵⁵dɔ²¹	造房子 zɔ²²βã⁵⁵tsɿ²¹	房子 βã²²tsɿ²²
浦东（惠南）	街道 kʌ⁵⁵dɔ³¹	造房子 zɔ¹³βã⁵⁵tsɿ⁵³	房子 βã²²tsɿ³³
嘉定	街路 ka⁵⁵lu²¹	造房子 zɔ²²vã⁵⁵tsɿ²¹	房子 ɦuã²⁴tsɿ²¹
宝山	街道 ka⁵⁵dɔ²²	造房子 zɔ²³ βɒ̃²⁴tsɿ³¹	房子 βɒ̃²⁴tsɿ³¹
崇明	街 kɑ⁵³	起房子 tɕʰi⁴²⁴uã⁵⁵tsɿ⁰	房子 vã²⁴tsɿ⁰

地点 \ 词条	0301 屋子 房子里分隔而成的,统称	0302 卧室	0303 茅屋 茅草等盖的
中心城区（南）	房间 vã²²kɛ⁵³	房间 vã²²kɛ⁵³	茅草棚 mɔ²²tsʰɔ⁵⁵bã²¹ 草棚棚 tsʰɔ³³bã⁵⁵bã²¹
中心城区（北）	房间 vã²²kɛ⁴⁴	睏觉房间 kʰuəŋ⁵⁵kɔ³³vã³³kɛ²¹	草棚棚 tsʰɔ³³bã⁵⁵bã²¹
松江	房间 vɒ̃¹³kɛ⁵³	房间 vɒ̃¹³kɛ⁵³	草棚 tsʰɔ³⁵bæ̃³¹
闵行	房间 vã²kɛ⁴⁴	困觉房间 kʰuəŋ³³kɔ⁵⁵vã²²kɛ⁴⁴	草棚 tsʰɔ⁴⁴bã²²
青浦	屋子 vã²³tsɿ⁵¹	房间 vã²³kɛ⁵¹	草棚 tsʰɔ⁴⁴bæ̃⁵³
金山	房间 vã¹³kɛ⁵³	睏个房间 kəŋ³⁵ɦəʔ⁰vã¹³kɛ⁵³	草棚屋 tsʰɔ³⁴bã⁵⁵oʔ³
奉贤	房间 βã²³kɛ⁵³	房间 βã²³kɛ⁵³	草屋 tsʰɔ³⁵oʔ²¹
浦东（川沙）	房间 βã²²kɛ²²	房间 βã²²kɛ²²	草屋 tsʰɔ³³oʔ⁵³
浦东（惠南）	房间 βã²²kɛ³³	房间 βã²²kɛ³³	草屋 tsʰɔ³⁵oʔ⁵³
嘉定	房间 ɦuã²²kɛ⁵³	房间 ɦuã²²kɛ⁵³	草棚棚 tsʰɔ³³bã⁵⁵bã²¹
宝山	房间 βɒ̃²²kɛ⁵²	睏觉个房间 kʰuɛŋ⁵⁵kɔ³³ɦəʔ²¹βɒ̃²²kɛ⁵²	草屋 tsʰɔ³³oʔ⁵²
崇明	屋 ʔoʔ⁵	房头 vã²⁴də⁵⁵	草屋 tsʰɔ⁴²⁴ʔoʔ⁵

地点 \ 词条	0304 厨房	0305 灶 统称	0306 锅 统称
中心城区（南）	灶披间 tsɔ³³pʰi⁵⁵kɛ²¹ 灶头间 tsɔ³³dʏ⁵⁵kɛ²¹	灶头 tsɔ³³dʏ⁵³	镬子 ɦuoʔ¹¹tsʅ²³
中心城区（北）	灶披间 tsɔ³³pʰi⁵⁵kɛ²¹	灶头 tsɔ³³dʏ⁴⁴	镬子 ɦoʔ¹¹tsʅ²³
松江	烧饭间 sɔ⁵⁵vɛ³³kɛ³¹	灶头 tsɔ⁵⁵dɯ³¹	镬子 ɦɒʔ²tsʅ²²
闵行	灶间 tsɔ⁴⁴kɛ²²	灶头 tsɔ⁴⁴dʏ²²	镬子 ɦuəʔ²²tsʅ⁴⁴
青浦	灶头间 tsɔ³³də⁵⁵kɛ³¹	灶头 tsɔ³³də⁵²	锅子 kəu⁵⁵tsʅ³¹
金山	灶头间 tsɔ⁴³dʏ³³kɛ²¹	灶头 tsɔ³³dʏ³¹	镬子 ɦɔʔ³tsʅ³³
奉贤	灶间 tsɔ⁵³kɛ²¹ 灶头间 tsɔ³³dʏ⁴⁴kɛ⁵³	灶头 tsɔ⁵³dʏ²¹ 灶 tsɔ³⁵	镬子 ɦoʔ⁴²tsʅ²¹
浦东（川沙）	灶头间 tsɔ²²dʏ⁵⁵kɛ⁵³	灶头 tsɔ³³dʏ⁵³	镬子 βɔʔ²²tsʅ³⁴
浦东（惠南）	灶头间 tsɔ³⁵dʏ⁵⁵kɛ⁵³	灶头 tsɔ³¹dʏ⁵³	镬 βɒʔ²³
嘉定	灶下间 tsɔ³³ɦʏ⁵⁵kɛ²¹	灶头 tsɔ³⁵dʏ²¹	镬子 ɦuoʔ²²tsʅ²⁴
宝山	灶头间 tsɔ³³dʌɪ³⁴kɛ⁵²	灶头 tsɔ³³dʌɪ⁵²	镬子 ɦoʔ²²tsʅ²³
崇明	灶下 tsɔ³³o⁰	灶 tsɔ³³	镬 ɦɦoʔ²

地点 \ 词条	0307 饭锅 煮饭的	0308 菜锅 炒菜的	0309 厕所 旧式的,统称
中心城区（南）	饭镬子 vɛ²²ɦuoʔ⁵⁵tsɿ²¹	菜镬子 tsʰɛ³³ɦuoʔ⁵⁵tsɿ²¹	茅坑 mɔ²²kʰã⁵³ 坑棚间 kʰã⁵⁵bã³³kɛ²¹ 马桶间 mo²²doŋ⁵³kɛ²¹
中心城区（北）	钢中镬子 kã⁵⁵tsoŋ³³ɦoʔ³³tsɿ²¹	铁镬子 tʰɪʔ³³ɦoʔ⁵⁵tsɿ²¹	坑棚间 kʰã⁵⁵bã³³kɛ²¹ 厕所 tsʰɿ³³su⁴⁴
松江	镬子 ɦɒʔ²tsɿ²²	镬子 ɦɒʔ²tsɿ²²	马桶间 mo²²doŋ⁵⁵kɛ³¹
闵行	饭镬子 vɛ²²ɦuæʔ⁴⁴tsɿ²²	菜锅 tsʰe²²ɦuæʔ⁴⁴tsɿ²²	坑棚 kã⁴⁴bã⁵³
青浦	饭锅 vɛ²²kəu⁵³	炒菜锅 tsʰɔ³³tsʰɛ⁵⁵kəu³¹	厕所 tsʰɿ³³səu³⁵ 坑缸间 kʰæ³³kã⁵⁵kɛ³¹
金山	饭锅 vɛ¹³ku³¹	菜锅 tsʰɛ³³ku³¹	坑棚 kʰɛ̃²⁴bã⁵³
奉贤	饭镬子 βɛ²²ɦoʔ⁵⁵tsɿ²¹ 饭镬 βɛ²⁴ɦoʔ²¹	菜镬子 tsʰe³³ɦoʔ⁵⁵tsɿ²¹	坑棚 kʰã⁴⁴bã⁵³
浦东（川沙）	饭镬子 βɛ²²βɔʔ⁵⁵tsɿ⁵³	菜镬子 tsʰe²²βɔʔ⁵⁵tsɿ²¹	坑棚 kʰã⁵⁵bã⁵³
浦东（惠南）	饭镬子 βɛ³¹βɒʔ⁵⁵tsɿ⁵⁵ 饭镬 βɛ³¹βɒʔ⁵³	菜镬子 tsʰɛ³⁵βɒʔ⁵⁵tsɿ⁵⁵ 菜镬 tsʰɛ³⁵βɒʔ⁵³	坑棚 kʰã⁵⁵bã⁵³
嘉定	饭镬子 vɛ²²ɦuoʔ⁵⁵tsɿ²¹	炒菜镬子 tsʰɔ³³tsʰɛ⁵⁵ɦuoʔ²²tsɿ²¹	坑棚 kʰã⁵⁵bã²¹
宝山	饭镬子 vɛ²²ɦoʔ⁵⁵tsɿ²¹	菜镬子 tsʰɛ³³ɦoʔ⁵⁵tsɿ²¹	坑棚间 kʰã⁵⁵bã³³kɛ²¹
崇明	饭镬 væ³¹³o⁰	镬子 ɦoʔ²tsɿ⁰	坑棚 kʰã⁵⁵bã⁵⁵

地点＼词条	0310 檩左右方向的	0311 柱子	0312 大门
中心城区（南）	桁条 ɦã²²diɔ⁵³	定柱 diŋ²²zɿ⁵³ 柱头 zɿ²²dɤ⁵³	大门 du²²məŋ⁵³
中心城区（北）	梁 liã²³	柱子 zɿ²²tsɿ⁴⁴	大门 du²²məŋ⁴⁴
松江	梁 liæ̃³¹	柱头 ʑy²⁴dɯ³¹	大门 du²²məŋ²²
闵行	椽子 ze²²tsɿ⁴⁴	柱头 ʑy³⁵dɤ²²	大门 du²²məŋ⁴⁴
青浦	横梁 væ̃²³liæ̃⁵¹	廊柱脚 lã²⁵zɿ⁵³tɕiaʔ³³	大门 dəu²⁵məŋ¹¹
金山	梁道 liẽ¹³dɔ³¹	柱头 ʑy¹³dɤ⁵³	大门 du¹³miəŋ³¹
奉贤	桁条 ɦã²³diɔ⁵³	柱头 ʑy²⁴dɤ²¹	大门 du⁴²məŋ²¹
浦东（川沙）	桁条 ɦã²²diɔ²²	柱子 zɿ¹³tsɿ²¹	大门 du²²məŋ⁵³
浦东（惠南）	檩条 lin²²diɔ⁵³	廊柱 lã²²ɦy³³	大门 du¹³məŋ⁵³
嘉定	椽子 zir²⁴tsɿ²¹	柱头 zɿ²²dɤ⁵³	大门 du²²məŋ⁵³
宝山	（无）	柱头 zɿ²²dʌɿ⁵²	大门 du²²mẽŋ⁵²
崇明	桁料 ɦɦã²⁴liɔ⁰	柱头 ɖʐɿ³¹³dɵ⁵⁵	大门 du³¹³məŋ⁵⁵

地点 \ 词条	0313 门槛儿	0314 窗 旧式的	0315 梯子 可移动的
中心城区（南）	门槛 mən²²kʰɛ⁵³	窗 tsʰã⁵² 窗门 tsʰã⁵⁵mən²¹	扶梯 βu²²tʰi⁵³
中心城区（北）	门槛 mən²²kʰɛ⁴⁴	窗 tsʰã⁵²	胡梯 ɦu²²tʰi⁴⁴
松江	门槛 mən¹³kʰɛ⁵³	窗 tsʰɒ̃⁵³	胡梯 vu¹³tʰi⁵³
闵行	门槛 mən²²kʰɛ⁴⁴	窗 tsʰã⁵³	扶梯 ɦu²²tʰi⁴⁴
青浦	门槛 mən²³kʰɛ⁵¹	窗 tsʰã⁵¹	扶梯 vu²³tʰi⁵¹
金山	门口 miəŋ¹³kʰɤ⁵³	窗 tsʰã⁵³	扶梯 vu¹³tʰi⁵³
奉贤	门坎 mən²³kʰɛ⁵³	窗 tsʰã⁵³	扶梯 βu²³tʰi⁵³
浦东（川沙）	门槛 mən²²kʰɛ²²	窗 tsʰã⁵³	扶梯 βu²²tʰi²²
浦东（惠南）	门槛 mən²²kʰɛ³³	窗 tsʰã⁵³	扶梯 βu²²tʰi³³
嘉定	户槛 u⁵⁵kʰɛ²¹	窗 tsʰã⁵³	扶梯 ɦu²²tʰi⁵³
宝山	捂槛 u³³kʰɛ⁵²	窗 tsʰɒ̃⁵³	扶梯 vu²²tʰi⁵²
崇明	户槛 ɦu⁵⁵kʰæ⁰	窗 tsʰã⁵³	梯 tʰi⁵³

地点 \ 词条	0316 扫帚 统称	0317 扫地	0318 垃圾
中心城区（南）	笤帚 diɔ²²tsɤ⁵³ 扫帚 sɔ³³tsɤ⁵³	扫地 sɔ³⁴di²³	垃圾 ləʔ¹¹səʔ²³ 垃圾 lᴀ²²ɕi⁵³
中心城区（北）	扫帚 sɔ³³tsɤ⁴⁴	扫地 sɔ⁴⁴di²³	垃圾 la²²ɕi⁴⁴
松江	扫帚 sɔ⁵⁵tsɯ³¹	扫地 sɔ³³di¹³	垃圾 la²²ɕi³⁵ 齷齪 ɒʔ⁴tsʰɒʔ⁴ 又
闵行	扫帚 sɔ⁴⁴tsɤ²²	扫地 sɔ⁴⁴di⁴⁴	垃圾 la²²si⁴⁴
青浦	扫帚 sɔ⁴⁴tsəu⁵³	扫地 sɔ⁴⁴di⁴⁵	垃圾 la²²ɕi⁵³ 老槽 lɔ²³zɔ⁵¹
金山	扫帚 sɔ³³tsɤ³¹	扫地皮 sɔ³⁴di⁵⁵bi³¹	老槽 lɔ¹³zɔ⁵³
奉贤	扫帚 sɔ⁵³tsɤ²¹	扫地 sɔ⁴⁴di⁴⁴	垃圾 lɑ²²ɕi³⁴
浦东（川沙）	扫帚 sɔ³⁵tsɤ²¹	扫地 sɔ⁴⁴di⁴⁴	垃圾 lᴀ²²ɕi²²
浦东（惠南）	扫帚 sɔ³⁵tsɤ³¹	扫地 sɔ⁴⁴di⁴⁴	垃圾 lᴀ²²ɕi³³
嘉定	扫帚 sɔ³⁵tsɤ²¹	扫地 sɔ³³di⁵³	垃圾 ləʔ²²səʔ⁵⁵
宝山	扫帚 sɔ³³tsʌɪ⁵²	扫地 sɔ³³di⁵²	垃圾 lɑ²⁴si³¹
崇明	扫帚 sɔ³³tsɵ⁰	掃地 sɔ⁴²⁴li³³	垃圾 ləʔ²səʔ⁵

地点 \ 词条	0319 家具 统称	0320 东西 我的～	0321 炕 土、砖砌的，睡觉用
中心城区（南）	家生 kᴀ⁵⁵sã²¹	物事 məʔ¹¹zʅ²³	（无）
中心城区（北）	家生 ka⁵⁵sã²¹	物事 mɐʔ¹¹zʅ²³	炕 kʰã⁵²
松江	家生 ka³⁵sæ̃⁵³	物事 məʔ²zʅ³⁵	（无）
闵行	家生 ka⁴⁴sã⁵³	物事 məʔ²²zʅ⁴⁴	（无）
青浦	家具 tɕia⁵⁵tɕy³¹	物事 məʔ³³zʅ³⁴	炕 kʰã³⁵
金山	家生 kɑ²⁴sɛ̃⁵³	物事 məʔ²zʅ³⁵	炕 kʰã⁴⁴
奉贤	家生 kɑ⁴⁴sã⁵³	物事 məʔ²²zʅ³⁴	（无）
浦东（川沙）	家生 kᴀ⁵⁵sã⁵³	物事 məʔ²²zʅ³⁴	炕 kʰã³⁵
浦东（惠南）	家具 kᴀ⁵⁵dʑy³¹ 家生 kᴀ⁵⁵sã⁵³	物事 məʔ²²zʅ¹¹³	炕 kʰã³⁵
嘉定	家生 ka⁵⁵sã²¹	物事 məʔ²²zʅ²⁴	（无）
宝山	家生 kɑ⁵⁵sã²¹ 家具 tɕia⁵⁵dʑy²¹	物事 məʔ²²zʅ²³	（无）
崇明	家生 ka⁵⁵sã⁵⁵	物事 məʔ²zʅ³³	（无）

地点＼词条	0322 床 木制的,睡觉用	0323 枕头	0324 被子
中心城区（南）	床 zã²³	枕头 tsən³³dɤ⁵³	被头 bi²²dɤ⁵³
中心城区（北）	床 zã²³ 眠床 mi²²zã⁴⁴	枕头 tsən³³dɤ⁴⁴	被头 bi²²dɤ⁴⁴
松江	床 zɒ̃³¹	枕头 tsən³⁵dɯ³¹	被头 bi²⁴dɯ³¹
闵行	床 zã³¹	枕头 tsiŋ⁴⁴dɤ²²	被头 bi²⁴dɤ²²
青浦	床 zã³¹	枕头 tsən⁴⁴də⁵³	被子 bi²²də⁵³
金山	床 zã³¹	枕头 tsən³³dɤ³¹	被头 bi¹³dɤ⁵³
奉贤	床 zã³¹	枕头 tsən³⁵dɤ²¹	被头 bi²⁴dɤ²¹
浦东（川沙）	床 zã²¹³	枕头 tsən³³dɤ⁵³	被头 bi²²dɤ⁵³
浦东（惠南）	床 zã¹¹³	枕头 tsən³⁵dɤ⁵³	被头 bi¹³dɤ⁵³
嘉定	床 zã²³¹	枕头 tsiŋ³⁵dɤ²¹	被头 bi²²dɤ⁵³
宝山	床 zɒ̃³¹	枕头 tsɛ̃ŋ³³dʌɪ⁵²	被头 bi²²dʌɪ⁵²
崇明	床 zã²⁴	枕头 tsən⁴²⁴də⁵⁵	被 bi²⁴²

地点＼词条	0325 棉絮	0326 床单	0327 褥子
中心城区（南）	棉花絮 mi²²ho⁵⁵ɕi²¹	单被 tɛ⁵⁵bi²¹	褥子 ȵioʔ¹¹tsʅ²³ 垫被 di²²bi⁵³
中心城区（北）	棉花胎 mi²²ho⁵⁵tʰɛ²¹	床单 zã²²tɛ⁴⁴ 单被 tɛ⁵⁵bi²¹ 被单 bi²²tɛ⁴⁴	垫被 di²²bi⁴⁴
松江	被絮 bi²²ɕi³⁵	床单 zɒ̃¹³tɛ⁵³	褥子 ȵioʔ²tsʅ²²
闵行	棉花毯 mi²²ho⁴⁴tʰɛ⁴⁴	褥单 ȵioʔ²²dʑɛ⁴⁴	垫被 di²²bi⁴⁴
青浦	棉絮 miɿ²³ɕi⁵¹	床单 zã²³tɛ⁵¹	褥子 ȵyoʔ¹¹tsʅ³⁴
金山	被絮 bi³³si³³	床单 zã¹³dɛ⁵³	褥子 ȵyoʔ²³tsʅ³³
奉贤	被絮 bi²²ɕi³⁴ 棉花胎 mi²²ho⁴⁴tʰɛ⁵³	褥子 ȵioʔ⁴²tsʅ²¹	褥子 ȵioʔ⁴²tsʅ²¹
浦东（川沙）	被絮 bi²²ɕi³⁴	床单 zã²²dɛ²²	垫子 di²²tsʅ³⁴
浦东（惠南）	被絮 bi³¹ɕi³⁵	被单 bi¹³dɛ⁵³ 床单 zã²²dɛ³³	被絮 bi³¹ɕi³⁵
嘉定	褥子 ȵioʔ²²tsʅ²⁴	被单 bi²²tɛ⁵³	被絮 bi²²si²⁴
宝山	棉絮 me²⁴si³¹	床单 zɒ̃²²tɛ⁵²	垫被 de²⁴bi³¹
崇明	老棉絮 lɔ³¹³mie⁵⁵ɕi⁰	被单 bi³¹³tø⁵⁵	垫被 die³¹³bi³³

地点＼词条	0328 席子	0329 蚊帐	0330 桌子统称
中心城区（南）	席子 ziɪʔ¹¹tsʅ²³	帐子 tsã³³tsʅ⁵³ 蚊帐 mən²²tsã⁵³	台子 dɛ²²tsʅ⁵³
中心城区（北）	席子 ziɪʔ¹¹tsʅ²³	蚊帐 mən²²tsã⁴⁴	台子 dɛ²²tsʅ⁴⁴
松江	席 ziɪʔ²	帐子 tsæ̃⁵⁵tsʅ³¹	台子 dɛ¹³tsʅ⁵³
闵行	草席 tsʰɔ⁴⁴ziɪʔ²²	帐子 tsã⁴⁴tsʅ²²	柏子 dɛ²²tsʅ⁴⁴
青浦	席子 ziɪʔ¹¹tsʅ³⁴	帐子 tsæ̃⁵⁵tsʅ³¹	台子 dɛ²³tsʅ⁵¹
金山	簟席 miʔ³ziəʔ²	帐子 tsɛ̃³⁵tsʅ⁰	台子 dɛ¹³tsʅ⁰
奉贤	席 ziəʔ²³	帐子 tsã⁵³tsʅ²¹	台子 dɛ²³tsʅ⁵³
浦东（川沙）	席子 ziɪʔ²²tsʅ³⁴	蚊帐 mən²²tsã⁴⁴	台子 dɛ²²tsʅ²²
浦东（惠南）	席子 ziɪʔ²²tsʅ¹¹³	蚊帐 mən²²tsã³⁵ 帐子 tsã³⁵tsʅ⁵³	台子 dɛ²²tsʅ³³
嘉定	席子 ziɪʔ²²tsʅ²⁴	蚊帐 mən²⁴tsã²¹	台子 dɛ²⁴tsʅ²¹
宝山	席子 zɿʔ²²tsʅ²³	蚊帐 mɛ̃ŋ²⁴tsã³¹	台子 dɛ²⁴tsʅ³¹
崇明	眠衣 mie²⁴ʔi⁵⁵	帐子 tsã⁵⁵tsʅ⁰	台子 dɛ²⁴tsʅ⁰

地点＼词条	0331 柜子 统称	0332 抽屉 桌子的	0333 案子 长条形的
中心城区（南）	橱 zʅ²³	抽头 tsʰɤ⁵⁵dɤ²¹	条几 diɔ²²tɕi⁵³
中心城区（北）	橱 zʅ²³	抽斗 tsʰɤ⁵⁵tɤ²¹ 抽屉 tsʰɤ⁵⁵tʰi²¹	茶几 zo²²tɕi⁴⁴
松江	橱 ʑy³¹	抽头 tsʰɯ³⁵dɯ⁵³	（无）
闵行	柜 dʑy³¹	抽头 tsʰɤ⁴⁴dɤ⁴⁴	长台子 zã²²de⁴⁴tsʅ⁴⁴
青浦	柜 dʑy²²⁴	抽斗 tsʰɤ⁵⁵tə³¹	长台 zæ̃²³dᴇ⁵¹
金山	橱 ʑy³¹	抽头 tsʰɤ²⁴dɤ⁵³	长台子 zẽ²³dẽ⁵⁵tsʅ³¹
奉贤	橱 ʑy³¹	抽头 tsʰɤ⁴⁴dɤ⁵³	长几 zã²³tɕi⁵³
浦东（川沙）	橱 zʅ²¹³	抽斗 tsʰɤ⁵⁵dɤ²¹	角几 kɔʔ⁴⁴tɕi⁴⁴ 长桌子 zã²²tsoʔ²²tsʅ²²
浦东（惠南）	橱 ʑy¹¹³ 橱子 ʑy²²tsʅ³³	抽斗 tsʰɤ⁵⁵dɤ³¹	长案 zã²²ø³³ 长条桌 zã²²diɔ³³tsoʔ³³
嘉定	箱承 siã⁵⁵zəŋ²¹	抽头 tsʰɤ⁵⁵dɤ²¹	长柸子 zã²²dᴇ²⁴tsʅ²¹
宝山	柜子 guʌɪ²⁴tsʅ³¹	抽头 tsʰʌɪ⁵⁵dʌɪ²¹	#⁶ 凳 tsʰɛ̃ŋ⁵⁵tɛ̃ŋ²¹
崇明	柜 dʑy³¹³	抽头 tsʰə⁵⁵də⁵⁵	茶几 dʑo²⁴tɕi⁵⁵

地点 \ 词条	0334 椅子 统称	0335 凳子 统称	0336 马桶 有盖的
中心城区（南）	靠背矮凳 $k^h ɔ^{55} pE^{33} A^{33} təŋ^{21}$ 椅子 $y^{33} tsʅ^{44}$	矮凳 $A^{33} təŋ^{44}$ 凳子 $təŋ^{33} tsʅ^{44}$	马桶 $mo^{22} doŋ^{53}$
中心城区（北）	靠背椅子 $k^h ɔ^{55} pe^{33} i^{33} tsʅ^{21}$	矮凳 $a^{33} təŋ^{44}$	马桶 $mo^{22} doŋ^{44}$
松江	椅子 $y^{55} tsʅ^{31}$	凳子 $təŋ^{55} tsʅ^{31}$	马桶 $mo^{24} doŋ^{31}$
˚闵行	靠背凳 $k^h ɔ^{33} pe^{55} təŋ^{22}$	凳 $dəŋ^{35}$	马桶 $mo^{13} doŋ^{22}$
青浦	椅子 $i^{44} tsʅ^{53}$	凳子 $təŋ^{44} tsʅ^{53}$	马桶 $mo^{22} doŋ^{53}$ 子孙桶 $tsʅ^{44} sən^{55} doŋ^{31}$
金山	椅子 $i^{24} tsʅ^{53}$	凳子 $dəŋ^{13} tsʅ^{0}$	马桶 $mo^{13} doŋ^{53}$
奉贤	椅子 $y^{35} tsʅ^{21}$	凳子 $təŋ^{53} tsʅ^{21}$	马桶 $mo^{24} doŋ^{21}$
浦东（川沙）	椅子 $y^{35} tsʅ^{21}$	凳子 $dən^{35} tsʅ^{21}$	马桶 $mo^{13} doŋ^{21}$
浦东（惠南）	椅子 $i^{35} tsʅ^{31}$	凳 $dən^{35}$	马桶 $mo^{13} doŋ^{31}$
嘉定	椅子 $y^{24} tsʅ^{21}$	排机 $ba^{24} ŋəʔ^{21}$	马桶 $mɤ^{24} doŋ^{21}$
宝山	椅子 $i^{33} tsʅ^{52}$	凳 $tẽŋ^{34}$	马桶 $mɤ^{24} doŋ^{31}$
崇明	椅子 $ʔi^{33} tsʅ^{0}$	凳 $tən^{33}$	马桶 $mo^{313} doŋ^{33}$

地点＼词条	0337 菜刀	0338 瓢 舀水的	0339 缸
中心城区（南）	薄刀 boʔ¹¹tɔ²³ 菜刀 tsʰE³³tɔ⁴⁴	水勺 sŋ³³zoʔ⁴⁴	缸 kã⁵²
中心城区（北）	菜刀 tsʰE³³tɔ⁴⁴ 切菜刀 tɕʰiɪʔ³³tsʰE⁵⁵tɔ²¹	勺 zɔ²³ 瓢 biɔ²³	缸 kã⁵²
松江	切菜刀 tɕʰiɪʔ³tsʰE⁵⁵tɔ³¹	缸勺 kɒ̃⁵⁵zɒʔ³¹	缸 kɒ̃⁵³
闵行	切菜刀 tsʰiɪʔ⁵tsʰe⁵⁵tɔ²²	勺子 zɔʔ²²tsŋ⁴⁴	缸 kã⁵³
青浦	菜刀 tsʰE⁴⁴tɔ⁵³	勺子 zɔʔ¹¹tsŋ³⁴	缸 kã⁵¹
金山	菜刀 tsʰε³³dɔ³¹	瓢勺 biɔ¹³kɤ⁵³	缸 kã⁵³
奉贤	薄刀 bɔʔ²²dɔ⁵³ 菜刀 tsʰe⁵³tɔ²¹	广勺 kuã³⁵zoʔ²¹	缸 kã⁵³
浦东（川沙）	菜刀 tsʰe³³dɔ⁵³	勺 zɔʔ²³	缸 kã⁵³
浦东（惠南）	菜刀 tsʰE³⁵dɔ⁵³	勺 zɔʔ²³	缸 kã⁵³
嘉定	面刀 miɪ²²tɔ⁵³	勺子 zɔʔ²²tsŋ²⁴	水缸 sŋ³⁵kã²¹
宝山	菜刀 tsʰε²⁴tɔ³¹	水勺子 sŋ³³zoʔ³⁴tsŋ⁵²	缸 kɒ̃⁵³
崇明	薄刀 boʔ²tɔ⁵⁵	舀勺 ɦiɔ³¹³zoʔ⁵	缸 kã⁵³

地点 \ 词条	0340 坛子 装酒的~	0341 瓶子 装酒的~	0342 盖子 杯子的~
中心城区（南）	甏 bã²³	老酒瓶 lɔ²²tɕiɤ⁵⁵biŋ²¹	盖头 kɛ³³dɤ⁵³
中心城区（北）	甏 bã²³	瓶 biŋ²³	盖头 kɛ³³dɤ⁴⁴
松江	甏 bæ̃¹³	瓶 biŋ³¹	盖头 kɛ³⁵dɯ³¹
闵行	酒甏 tɕiɤ⁴⁴bã⁴⁴	酒瓶 tɕiɤ⁵⁵biŋ²²	盖头 ke⁵⁵dɤ²²
青浦	甏 bæ̃²²⁴	瓶 biəŋ³¹	盖头 kɪ³³də⁵²
金山	甏 bɛ̃¹³	瓶 biəŋ¹³	盖头 ke²⁴dɤ⁵³
奉贤	甏 bã²⁴	瓶 biŋ³¹	盖头 ke³⁵dɤ²¹
浦东（川沙）	甏 bã²¹³	瓶子 bin²²tsʅ²²	盖头 kɛ²²dɤ⁵³
浦东（惠南）	甏 bã¹¹³	瓶 bin¹¹³	盖头 kɛ³⁵dɤ⁵³
嘉定	甏 bã²¹⁴	瓶 biŋ²³¹	茶杯盖头 zo²²pɪɪ⁵⁵kɪɪ²²dɤ²¹
宝山	甏 bã²³ 坛子 de²⁴tsʅ³¹	瓶 bĩŋ³¹	盖头 ke³³dʌɪ⁵²
崇明	坛 die²⁴	壶 ɦu²⁴	齏头 kie⁴²⁴də⁵⁵

地点 \ 词条	0343 碗 统称	0344 筷子	0345 汤匙
中心城区（南）	饭碗 vE²²ø⁵³ 碗 ø³⁴	筷 kʰuE⁵² 筷子 kʰuE⁵⁵tsɿ²¹	调羹 diɔ²²kã⁵³ 抄 tsʰɔ⁵²
中心城区（北）	碗 uø³⁴	筷子 kʰuE⁵⁵tsɿ²¹	调羹 diɔ²²kã⁴⁴
松江	碗 ue⁴⁴	筷 kʰuɛ⁴⁴	瓢羹 biɔ¹³kæ̃⁵³
闵行	碗 ue⁵⁵	筷 kʰuɛ³⁵	条羹 diɔ²²kã⁴⁴
青浦	碗 ui⁴³	筷 kʰuE³⁵	瓢羹 biɔ²³kæ̃⁵¹
金山	碗 ue⁴⁴	筷 kʰuɛ³⁵	瓢勺 biɔ¹³kɤ⁵³
奉贤	碗 ue⁴⁴ 碗盏 ue³³tsɛ⁵³	筷 kʰuɛ⁴⁴	汤瓢 tʰã⁴⁴biɔ⁵³ 调羹 dziɔ²³kã⁵³
浦东（川沙）	碗 ue⁴⁴	筷子 kʰuɛ³⁵tsɿ²¹	调羹 diɔ²²kã⁵³
浦东（惠南）	碗 uE⁴⁴	筷 kʰuE⁵³	蛋勺 dɛ¹³zɔʔ⁵³
嘉定	碗 ue⁴²³	筷 kʰuE⁵³	白勺 baʔ²²zɔʔ²⁴
宝山	碗 ue³⁴	筷子 kʰuɛ⁵⁵tsɿ²¹	酒勺 tsy⁵⁵zɔʔ²¹ 调羹 diɔ²²kã⁵²
崇明	碗 ʔue⁴²⁴	筷 kʰuæ³³	调羹 diɔ²⁴kã⁵⁵

地点＼词条	0346柴火_统称_	0347火柴	0348锁
中心城区（南）	柴爿 zᴀ^{22}ɓᴇ^{53}	洋火 ɦiã^{22}fu^{53} 自来火 zᱞ^{22}lᴇ^{55}fu^{21}	锁 su^{34}
中心城区（北）	柴爿 za^{22}ɓᴇ^{44}	自来火 zᱞ^{22}lᴇ^{55}hu^{21} 洋火 ɦiã^{22}hu^{44}	锁 su^{34}
松江	柴 za^{31}	自来火 zᱞ^{22}lɛ^{22}fu^{22}	锁 su^{44}
闵行	柴 zɑ^{31}	自来火 zᱞ^{22}lɛ^{55}fu^{21} 洋火 ɦiã^{24}fu^{31}	锁 su^{34}
青浦	稻柴 dɔ^{22}za^{53}	自来火 zᱞ^{22}lɛ^{55}fu^{31}	锁 səu^{43}
金山	硬柴 ŋã^{13}zɑ^{31}	擘来火 bi^{32}lɛ^{22}fu^{21}	锁 su^{44}
奉贤	柴 zɑ^{31}	自来火 zᱞ^{42}lɛ^{33}fu^{21}	锁 su^{44}
浦东（川沙）	柴爿 zᴀ^{22}ɓe^{22}	自来火 zᱞ^{22}lɛ^{55}ɸu^{21}	锁 su^{44}
浦东（惠南）	柴 zᴀ^{113} 柴爿 zᴀ^{22}ɓɛ^{33}	自来火 zᱞ^{13}lɛ^{55}ɸu^{53}	锁 su^{44}
嘉定	柴 za^{231}	洋火 ɦiã^{24}hu^{21}	锁 su^{423}
宝山	柴 zɑ^{31}	自来火 zᱞ^{22}lɛ^{34}fu^{53} 洋火 ɦiã^{24}fu^{31}	锁 su^{34}
崇明	柴 zɑ^{24}	自来火 zᱞ^{313}læ^{33}hu^{0}	锁 su^{424}

地点＼词条	0349 钥匙	0350 暖水瓶	0351 脸盆
中心城区（南）	钥匙 ɦiA^{11}z̩^{23}	热水瓶 n̻iɪʔ^{11}sɿ^{22}biŋ^{23}	面盆 mi^{22}bəŋ^{53}
中心城区（北）	钥匙 ɦiɐʔ^{11}z̩^{23}	热水瓶 n̻iɪʔ^{11}sɿ^{22}biŋ^{23}	面盆 mi^{22}bəŋ^{44}
松江	钥匙 ɦia^{2}z̩^{53}	热水瓶 n̻iɪʔ^{2}sɿ^{55}biŋ^{53}	面盆 mi^{22}bəŋ^{22}
闵行	钥匙 ɦia^{22}z̩^{44}	热水瓶 n̻iɪʔ^{22}sɿ^{44}biŋ^{44}	面盆 mi^{22}bəŋ^{44}
青浦	钥匙 ɦia^{11}z̩^{52}	热水瓶 n̻iɪʔ^{11}sɿ^{34}biəŋ^{31}	脸盆 miɪ^{25}bəŋ^{11}
金山	钥匙 ɦiɑʔ^{2}z̩^{53}	热水壶 n̻iɪʔ^{2}sɿ^{55}vu^{31}	面盆 miɪ^{13}bã^{31}
奉贤	钥匙 ɦiɑʔ^{22}z̩^{53}	热水瓶 n̻iɪʔ^{22}sɿ^{34}biŋ^{53}	面盆 mi^{42}bəŋ^{21}
浦东（川沙）	钥匙 ɦiA^{22}z̩^{34}	热水瓶 n̻iɪʔ^{22}sɿ^{55}biŋ^{53}	面盆 mi^{22}bəŋ^{53}
浦东（惠南）	钥匙 ɦiA^{22}z̩^{113}	热水瓶 n̻iɪʔ^{22}sɿ^{44}biŋ^{53}	面盆 mi^{13}bəŋ^{53}
嘉定	钥匙 ɦia^{22}z̩^{24}	热水瓶 n̻iɪʔ^{22}sɿ^{22}biŋ^{24}	面盆 miɪ^{22}bəŋ^{53}
宝山	钥匙 ɦiA^{22}z̩^{23}	热水瓶 n̻iɪʔ^{22}sɿ^{23}bĩŋ^{52}	面盆 me^{22}bẽŋ^{52} 揩面盆 kʰa^{55}me^{33}bẽŋ^{21}
崇明	钥匙 ɦiɑʔ^{2}z̩^{55}	热水壶 n̻iɐʔ^{2}sɿ^{33}hu^{55}	面锣 mie^{313}lu^{55}

地点 \ 词条	0352 洗脸水	0353 毛巾洗脸用	0354 手绢
中心城区（南）	揩面水 kʰʌ⁵⁵mi³³sɿ²¹	揩面毛巾 kʰʌ⁵⁵mi³³mɔ³³tɕiŋ²¹	绢头 tɕyø³³dɤ⁴⁴
中心城区（北）	揩面水 kʰa⁵⁵mi³³sɿ²¹	揩面毛巾 kʰa⁵⁵mi³³mɔ³³tɕiŋ²¹ 毛巾 mɔ²²tɕiŋ⁴⁴	绢头 tɕyø³³dɤ⁴⁴
松江	揩面水 kʰa⁵⁵mi³³sɿ³¹	毛巾 mɔ¹³ɕiŋ⁵³	绢头 tɕyø⁵⁵dɯ³¹
闵行	揩面水 kʰa⁴⁴mi²²sɿ²²	毛巾 mɔ²²tɕiŋ⁴⁴	绢头 tɕiø⁴⁴dɤ²²
青浦	揩面水 kʰɑ⁵⁵miɪ³³sɿ³¹	毛巾 mɔ²³tɕiəŋ⁵¹	绢头 tɕyø⁵⁵də³¹
金山	揩面水 kʰɑ⁴⁴miɪ³³sɿ³¹	手巾 sɤ²⁴ɕiɑŋ⁵³	绢头 tɕy³³dɤ³¹
奉贤	揩面水 kʰɑ⁵⁵mi³³sɿ²¹	手巾 sɤ³⁵tɕiŋ²¹ 毛手巾 mɔ²⁴sɤ³³tɕiŋ²¹ 毛巾 mɔ²³tɕiŋ⁵³	绢头 tɕiø⁵³dɤ²¹
浦东（川沙）	汏面水 dʌ²²mi⁵⁵sɿ²¹	毛巾 mɔ²²tɕin²²	绢头 tɕyø³³dɤ⁵³
浦东（惠南）	揩面水 kʰʌ⁵⁵mi⁵⁵sɿ⁵³	毛巾 mɔ²²tɕin³³ 手巾 sɤ³⁵tɕin⁵³	绢头 tɕyø³⁵dɤ⁵³
嘉定	揩面水 kʰa³³miɪ⁵⁵sɿ²¹	揩面毛巾 kʰa³³miɪ⁵⁵mɔ²²tɕiŋ²¹	绢头 tɕiɤ³⁵dɤ²¹
宝山	揩面水 kʰɑ³³me³⁴sɿ⁵²	毛巾 mɔ²⁴tɕĩ²²	绢头 tɕiɤ³³dʌɪ⁵²
崇明	面汤 mie³¹³tʰã⁵⁵	揩面布 kʰɑ⁵⁵mie⁰pu⁰	绢头 tɕyø⁴²⁴də⁵⁵

地点＼词条	0355 肥皂 洗衣服用	0356 梳子 旧式的,不是篦子	0357 缝衣针
中心城区（南）	肥皂 bi²²zɔ⁵³	木梳 moʔ¹¹sɿ²³	引线 ɦiŋ²²ɕi⁵³
中心城区（北）	肥皂 bi²²zɔ⁴⁴	木梳 moʔ¹¹sɿ²³	引线 ɦiŋ²²ɕi⁴⁴ 理线 li²²ɕi⁴⁴
松江	肥皂 bi²⁴zɔ³¹	木梳 mɒʔ²sɿ⁵³	引线 iŋ⁵⁵ɕi³¹
闵行	肥皂 bi¹³zɔ⁴⁴	木梳 mɔʔ²²sɿ⁴⁴	繗线 liŋ⁴⁴si⁴⁴
青浦	肥皂 bi²³zɔ⁵¹	木梳 mɔʔ¹¹sɿ⁵²	引线 iəŋ⁴⁴siɿ³³
金山	皮皂 bi¹³zɔ³¹	木梳 mɔʔ²sɿ⁵³	引线 ɦiəŋ³³siɿ³³
奉贤	肥皂 bi²⁴zɔ²¹	木梳 mɔʔ²²sɿ⁵³	引线 iŋ⁴⁴ɕi⁴⁴
浦东（川沙）	肥皂 bi²²zɔ⁴⁴	木梳 mɔʔ²²sɿ³⁴	引线 ɦin⁴⁴ɕi⁴⁴
浦东（惠南）	肥皂 bi²²zɔ³³	木梳 mɔʔ²²sɿ¹¹³	引线 ɦin³¹ɕi³⁵
嘉定	肥皂 bi²⁴zɔ²¹	木梳 mɔʔ²²sɿ²⁴	引线 ɦiɿ²²siɿ²⁴
宝山	肥皂 bi²⁴zɔ³¹	木梳 mɔʔ²²sɿ²³	引线 ɦĩŋ²²se²³
崇明	肥皂 bi²⁴zɔ⁰	木梳 mɔʔ²sɿ⁵⁵	耳线 ɦȵi³³ɕie⁰

地点 \ 词条	0358 剪子	0359 蜡烛	0360 手电筒
中心城区（南）	剪刀 tɕi^{33}tɔ^{44}	蜡烛 lʌʔ^{11}tsoʔ^{23}	手电筒 sɤ^{33}di^{55}doŋ^{21}
中心城区（北）	剪刀 tɕi^{33}tɔ^{44}	洋蜡烛 ɦiã^{22}lɐʔ^{55}tsoʔ^{2}	电筒 di^{22}doŋ^{44} 手电筒 sɤ^{33}di^{55}doŋ^{21}
松江	剪刀 tɕi^{35}tɔ^{31}	蜡烛 læʔ^{2}tsoʔ^{2}	电筒 di^{22}doŋ^{22}
闵行	剪刀 tsi^{44}tɔ^{22}	蜡烛 læʔ^{22}tsoʔ^{44}	电筒 di^{22}doŋ^{44}
青浦	剪刀 tsiɪ^{44}tɔ^{53}	蜡烛 læʔ^{33}tsoʔ^{55}	手电筒 sə^{44}diɪ^{55}doŋ^{31}
金山	剪刀 tsiɪ^{24}dɔ^{53}	蜡烛 læʔ^{3}tsoʔ^{2}	电筒 di^{13}doŋ^{31}
奉贤	剪刀 tɕi^{35}tɔ^{21}	蜡烛 læʔ^{53}tsoʔ^{22} #^{2}烛 tse^{53}tsoʔ^{21}	手电筒 sɤ^{33}di^{55}doŋ^{21} 电光灯 di^{42}kuã^{33}təŋ^{21}
浦东（川沙）	剪刀 tɕi^{33}dɔ^{53}	蜡烛 læʔ^{22}tsoʔ^{34}	电石灯 di^{22}zʌʔ^{55}ɖən^{53}
浦东（惠南）	剪刀 tɕi^{35}dɔ^{53}	蜡烛 læʔ^{22}tsoʔ^{35}	手电筒 sɤ^{35}di^{55}doŋ^{53}
嘉定	剪刀 tsiɪ^{35}tɔ^{21}	蜡烛 laʔ^{22}tsoʔ^{24}	电筒 diɪ^{22}doŋ^{53}
宝山	剪刀 tse^{35}tɔ^{31}	蜡烛 lʌʔ^{22}tsoʔ^{55}	电筒 de^{22}doŋ^{52}
崇明	剪刀 tɕie^{424}tɔ^{55}	蜡烛 læʔ^{2}tsoʔ^{5}	电筒 die^{313}doŋ^{55}

地点 \ 词条	0361 雨伞 挡雨的,统称	0362 自行车	0363 衣服 统称
中心城区（南）	洋伞 ɦiã²²sɛ⁵³	脚踏车 tɕiᴀʔ³³dᴀʔ⁵⁵tsʰo²¹	衣裳 i⁵⁵zã²¹
中心城区（北）	阳伞 ɦiã²²sɛ⁴⁴	脚踏车 tɕiɐʔ³dɐʔ⁵⁵tsʰo²¹	衣裳 i⁵⁵zã²¹
松江	伞 sɛ³⁵	脚踏车 ciaʔ³dæʔ⁵tsʰo⁵³	衣裳 i³⁵zɒ̃⁵³
闵行	伞 sɛ³⁵	脚踏车 tɕiaʔ²dæʔ²²tsʰo⁴⁴	衣裳 i⁴⁴zã⁴⁴
青浦	洋伞 ɦiæ̃²³sɛ⁵¹	脚踏车 tɕiaʔ³³daʔ³³tsʰo⁵¹	衣裳 i⁵⁵zã³¹
金山	雨伞 y⁴⁴sɛ⁴⁴	脚踏车 ʔciaʔ⁴dæʔ³tsʰo²¹	衣裳 i²⁴zã⁵³
奉贤	伞 sɛ³⁵ 聚立 ʑy²⁴liʔ²¹	脚踏车 tɕiaʔ³³dæʔ⁴⁴tsʰo⁵³ 自行车 z̩⁴²ɦi³³tsʰo²¹	衣裳 i⁴⁴zã⁵³
浦东（川沙）	伞 sɛ⁴⁴	脚踏车 tɕiᴀʔ²²dæʔ⁵⁵tsʰo⁵³	衣裳 i⁵⁵zã⁵³
浦东（惠南）	伞 sɛ³⁵ 雨伞 ɦiy³¹sɛ³⁵	脚踏车 tɕiᴀʔ³³dæʔ⁴⁴tsʰo⁴⁴	衣裳 i⁵⁵zã⁵³
嘉定	伞 sɤ⁴²³	脚踏车 tɕiaʔ³³daʔ⁵⁵tsʰɤ²¹	衣裳 i⁵⁵zã²¹
宝山	伞 sɤ³⁴	脚踏车 tɕiᴀʔ³³dᴀʔ⁵⁵tsʰɤ²²	衣裳 i⁵⁵zɒ̃²¹
崇明	伞 sø⁴²⁴	脚踏车 tɕiaʔ⁵dæʔ⁵tsʰo⁵⁵	衣裳 ʔi⁵⁵zã⁵⁵

地点 \ 词条	0364 穿~衣服	0365 脱~衣服	0366 系~鞋带
中心城区（南）	着 tsAʔ⁵⁵	脱 tʰoʔ⁵⁵	缚 boʔ¹² 扎 tsAʔ⁵⁵
中心城区（北）	着 tsɐʔ⁵⁵	脱 tʰəʔ⁵⁵	系 tɕi³⁴ 结 tɕiiʔ⁵⁵ 扎 tsɐʔ⁵⁵
松江	着 tsaʔ⁴	脱 tʰəʔ⁴	缆 lɛ¹³
闵行	着 tsaʔ⁵	脱 tʰœʔ⁵	扎 tsæʔ⁵
青浦	着 tsaʔ⁵⁵	脱 tʰøʔ⁵⁵	缆 lE²²⁴
金山	着 tsɑʔ⁵	脱 tʰəʔ⁵	#¹lɛ¹³
奉贤	着 tsɑʔ⁵⁵ 穿 tsʰe⁵³	脱 tʰəʔ⁵⁵	扎 tsæʔ⁵⁵ 缚 βɔʔ²³
浦东（川沙）	着 tsAʔ⁵⁵	脱 tʰœʔ⁵⁵	缚 βɔʔ²³
浦东（惠南）	着 tsAʔ⁵⁵	脱 tʰəʔ⁵⁵	缚 βɒʔ²³
嘉定	着 tsAʔ⁵⁵	脱 tʰoʔ⁵⁵	缚 boʔ²³
宝山	着 tsAʔ⁵⁵	脱 tʰoʔ⁵⁵	缚 boʔ¹²
崇明	着 tsɑʔ⁵	脱 tʰøʔ⁵	系 tɕi³³

地点＼词条	0367 衬衫	0368 背心 带两条杠的，内衣	0369 毛衣
中心城区（南）	衬衫 tsʰən³³sɛ⁵³	背心马甲 pE³³ɕin⁵⁵mo³³kA ʔ²¹ 汗衫背心 fiø²²sɛ⁵⁵pE³³ɕin²¹ 马甲 mo²²kA ʔ⁴⁴	绒线衫 ȵioŋ²²ɕi⁵⁵sɛ²¹
中心城区（北）	衬衫 tsʰən³³sɛ⁴⁴ 布衫 pu³³sɛ⁴⁴	汗衫马夹 fiø²²sɛ⁵⁵mo³³kɐʔ²¹ 马夹 mo²²kɐʔ⁴⁴ 汗衫背心 fiø²²sɛ⁵⁵pE³³ɕin²¹	绒线衫 ȵioŋ²²ɕi⁵⁵sɛ²¹
松江	衬衫 tɕʰəŋ⁵⁵sɛ³¹	背心 pe⁵⁵ɕin³¹	绒线衫 ȵioŋ²²ɕi²²sɛ²²
闵行	衬衫 tsʰəŋ⁴⁴sɛ²²	背心 ɓe⁴⁴sin²²	绒线衫 ȵioŋ²²si²²sɛ⁴⁴
青浦	衬衫 tsʰəŋ³³sɛ⁵²	背心 pI⁵⁵siəŋ³¹	绒线衫 ȵioŋ²³siɪ⁴²sɛ²¹
金山	衬衫 tsʰəŋ³³sɛ³¹	背心 ɓe³³siəŋ³¹	头上衫 dɤ²³zã⁵⁵sɛ³¹ 绒线衫 ȵioŋ³²siɪ²²sɛ²¹
奉贤	衬衫 tsʰəŋ⁵³sɛ²¹	背心 pe⁵³ɕin²¹	绒线衫 ȵioŋ²⁴ɕi³³sɛ²¹
浦东（川沙）	衬衣 tsʰən³³i⁵³	后背心 fiɤ²²ɓe⁵⁵ɕin⁵³	绒线衫 ȵioŋ²²ɕi²²sɛ²²
浦东（惠南）	衬衫 tsʰən³⁵sɛ⁵³	背心 ɓɛ²²ɕin⁵³ 马夹 mo ʔ²²kA ʔ⁵³	绒线衫 ȵioŋ²²ɕi⁴⁴sɛ⁴⁴
嘉定	衬衫 tsʰən³⁵sɛ²¹	汗衫马夹 fiɤ²²sɛ⁵⁵mo²²kaʔ²¹	绒线衫 ȵioŋ²²siɪ⁵⁵sɛ²¹
宝山	衬衫 tsʰɛ̃ŋ³⁵sɛ³¹	汗衫背心 fiɤ²²sɛ⁵⁵pʌɪ⁵³sĩŋ²¹	绒线衫 ȵioŋ²²se²³sɛ⁵²
崇明	衬衫 tsʰən⁴²⁴sæ⁵⁵	汗背心 hfiø³¹³pei³³ɕin⁵⁵	头绳衫 dɵ²⁴zən³³sæ³³

地点 \ 词条	0370 棉衣	0371 袖子	0372 口袋 衣服上的
中心城区（南）	棉袄 mi²²ɔ⁵³	袖子管 ʑiɤ²²tsɿ⁵⁵kuø²¹ 袖子 ʑiɤ²²tsɿ⁴⁴	袋袋 dɛ²²dɛ⁵³
中心城区（北）	棉袄 mi²²ɔ⁴⁴	袖子管 ʑiɤ²²tsɿ⁵⁵kø²¹ 袖子 ʑiɤ²²tsɿ⁴⁴	袋袋 dɛ²²dɛ⁴⁴
松江	棉袄 mi¹³ɔ⁵³	袖子 ʑiɯ²²tsɿ²²	袋袋 dɛ²²dɛ³⁵
闵行	棉衣裳 mi²²i⁴⁴zã²²	袖子 ʑiɤ²²tsɿ⁴⁴	袋袋 dɛ²²dɛ⁴⁴
青浦	老棉袄 lɔ²²mi⁵⁵ɔ³¹	袖子 ʑiɵ²⁵tsɿ¹¹	袋袋 dɛ²²dɛ³⁵
金山	棉衣 miɪ²⁴i⁵³	袖口 ɦiɤ¹³kʰɤ⁵³	口袋 kʰɤ⁴⁴dɛ⁴⁴
奉贤	棉袄 mi²³ɔ⁵³	袖子 ʑiɤ⁴²tsɿ²¹ 袖子管 ʑiɤ²²tsɿ⁴⁴kue⁵³	袋袋 dɛ²²dɛ³⁴
浦东（川沙）	棉袄 mi²²ɔ²²	袖子 ʑiɤ¹³tsɿ²¹	袋袋 dɛ²²dɛ³⁴
浦东（惠南）	棉袄 mi²²ɔ³³	袖子 ʑiɤ¹³tsɿ³¹	袋袋 dɛ³¹dɛ³⁵
嘉定	棉袄 miɪ²²ɔ⁵³	袖子管 ʑy²²tsɿ⁵⁵kue²¹	袋袋 dɛ²⁴dɛ²¹
宝山	布袄 pu⁵⁵ɔ²¹ 棉袄 me²⁴ɔ³¹	袖子 ʑy²⁴tsɿ³¹ 袖子管 ʑy²²tsɿ⁵⁵kue²¹	袋袋 dɛ²²dɛ²³
崇明	棉衣裳 mie²⁴ʔi³³zã⁵⁵	袖子 ʑiɵ³¹³tsɿ³³	袋袋 dɛ³¹³dɛ³³

地点 \ 词条	0373 裤子	0374 短裤	0375 裤腿
中心城区（南）	裤子 kʰu⁵⁵tsɿ²¹	短裤 tø³³kʰu⁵³	裤脚管 kʰu³³tɕiaʔ⁵⁵kø²¹
中心城区（北）	裤子 kʰu³³tsɿ⁴⁴	短裤 tø³³kʰu⁴⁴	裤脚管 kʰu³³tɕiɪʔ⁵⁵kuø²¹
松江	裤子 kʰu⁵⁵tsɿ³¹	短裤 tø⁴⁴kʰu⁴⁴	裤脚 kʰu⁵⁵ɕiaʔ³¹
闵行	裤子 kʰu⁴⁴tsɿ²²	短裤 tø⁴⁴kʰu⁴⁴	裤脚管 kʰu²²tɕiaʔ⁴⁴kue²²
青浦	裤子 kʰəu⁵⁵tsɿ³¹	短裤 tø⁴⁴kʰəu³³	裤脚管 kʰəu⁴⁴tɕiaʔ⁵⁵kui³¹
金山	脚管 ʔɕiaʔ³kue³³	半裤头 ɓe³⁴kʰu⁵⁵dɤ³¹	裤脚管 kʰu³⁴ʔɕiaʔ⁵kue³¹
奉贤	裤子 kʰu⁵³tsɿ²¹	短裤 tø⁴⁴kʰu⁴⁴	裤脚管 kʰu³³tɕiɑʔ⁵⁵kue²¹
浦东（川沙）	裤子 kʰu³⁵tsɿ²¹	短裤 dø⁴⁴kʰu⁴⁴	裤脚管 kʰu²²tɕiaʔ⁵⁵kue²¹
浦东（惠南）	裤子 kʰu³⁵tsɿ³¹	短裤 dø⁴⁴kʰu⁴⁴	裤脚管 kʰu³⁵tɕiaʔ⁵⁵kuɛ⁵³
嘉定	裤子 kʰu³⁵tsɿ²¹	短脚裤 tɤ³⁵tɕiaʔ²²kʰu²¹	裤脚管 kʰu³³tɕiaʔ⁵⁵kue²¹
宝山	裤子 kʰu⁵⁵tsɿ²¹	短脚裤 tɤ³³tɕiaʔ⁵⁵kʰu²¹ 短裤 tɤ³³kʰu⁵²	裤子脚 kʰu³³tsɿ³⁴tɕiaʔ⁵²
崇明	裤子 kʰu⁵⁵tsɿ⁰	短裤头 tø⁴²⁴kʰu³³də⁵⁵	裤脚管 kʰu⁴²⁴tɕiaʔ⁵kue⁰

地点＼词条	0376 帽子 统称	0377 鞋子	0378 袜子
中心城区（南）	帽子 mɔ²²tsɿ⁵³	鞋子 ɦA²²tsɿ⁵³	袜子 mA ʔ$\underline{11}$tsɿ²³
中心城区（北）	帽子 mɔ²²tsɿ⁴⁴	鞋子 ɦa²²tsɿ⁴⁴	袜子 mɐʔ$\underline{11}$tsɿ²³
松江	帽子 mɔ²²tsɿ²²	鞋子 ɦa¹³tsɿ⁵³	袜 mæʔ²
闵行	帽子 mɔ²²tsɿ⁴⁴	鞋子 ɦa¹³tsɿ⁴⁴	袜 mæʔ$\underline{23}$
青浦	帽子 mɔ²⁵tsɿ¹¹	鞋子 ɦa²³tsɿ⁵¹	袜子 mæʔ$\underline{11}$tsɿ³⁴
金山	帽子 mɔ¹³tsɿ³¹	鞋子 ɦɑ¹³tsɿ⁵³	袜子 mæʔ³tsɿ²
奉贤	帽子 mɔ⁴²tsɿ²¹	鞋子 ɦɑ²³tsɿ⁵³	袜 mæʔ$\underline{23}$
浦东（川沙）	帽子 mɔ¹³tsɿ²¹	鞋子 ɦA²²tsɿ²²	袜子 mA ʔ$\underline{22}$tsɿ³⁴
浦东（惠南）	帽 mɔ¹³ 帽子 mɔ¹³tsɿ³¹	鞋子 ɦA²²tsɿ³³	袜 mæʔ$\underline{23}$ 袜子 mæʔ²²tsɿ¹¹³
嘉定	帽子 mɔ²⁴tsɿ²¹	鞋子 ɦa²⁴tsɿ²¹	袜子 maʔ$\underline{22}$tsɿ²⁴
宝山	帽子 mɔ²⁴tsɿ³¹	鞋子 ɦa²⁴tsɿ³¹	洋袜 ɦiã²⁴mAʔ$\underline{31}$ 袜子 mA ʔ$\underline{22}$tsɿ²³
崇明	帽子 mɔ²⁴tsɿ⁰	鞋子 ɦɦɑ²⁴tsɿ⁰	袜子 mæʔ²tsɿ⁰

地点＼词条	0379 围巾	0380 围裙	0381 尿布
中心城区（南）	围巾 ɦy²²tɕiŋ⁵³	饭单 vE²²tE⁵³ 围裙 ɦy²²dʑioŋ⁵³	尿布 sɿ⁵⁵pu²¹
中心城区（北）	围巾 ɦy²²tɕiŋ⁴⁴	围身布 ɦy²²sən⁵⁵pu²¹	尿布 sɿ⁵⁵pu²¹
松江	围巾 ɦy¹³ciŋ⁵³	围身头 ɦy²²sən⁵⁵dɯ³¹	尿布 sɿ⁵⁵pu³¹
闵行	围巾 ɦy²²tɕiŋ⁴⁴	围身头 ɦy²²sən⁴⁴dɤ⁴⁴	尿布 sɿ²²pu⁴⁴
青浦	围巾 ɦui²³tɕiəŋ⁵¹ 围巾 ɦy²³tɕiəŋ⁵¹	桌裙 tso²⁵⁵tɕyəŋ⁵¹ 饭单 vE²²tE⁵³	尿布 sɿ⁵⁵pu³¹
金山	围巾 ɦy¹³ciəŋ⁵³	布栏 pu³³lɛ³¹	衲布 nɑʔ²pu³⁵
奉贤	围巾 ɦy²³tɕiŋ⁵³	灶裙 tsɔ⁵³dʑyŋ²¹	尿布 sɿ⁵⁵pu²¹ 污纳 u³⁵nɑʔ²¹
浦东（川沙）	围巾 ɦy²²tɕin²²	饭单 βɛ²²dɛ⁵³	尿布 sɿ⁵⁵ɓu²¹
浦东（惠南）	围巾 ɦy²²tɕin³³	桌巾 tsoʔ⁵⁵tɕin⁵³ 饭单 βɛ³⁵dɛ⁵³	尿布 sɿ⁵⁵ɓu³¹ 护＝乃 βu¹³nɛ⁵³
嘉定	围巾 ɦy²⁴tɕiŋ²¹	作裙 tsoʔ⁵⁵dʑiŋ⁵³	尿布 sɿ⁵⁵pu²¹
宝山	围巾 ɦi²⁴tɕĩŋ³¹	桌裙 tsoʔ³³dʑĩŋ⁵²	尿布 sɿ⁵⁵pu²²
崇明	围颈 ɦy²⁴tsin³³	围腰 ɦy²⁴ʔiɔ⁵⁵	尿布 sɿ⁵⁵pu⁰

地点＼词条	0382 扣子	0383 扣~扣子	0384 戒指
中心城区（南）	纽头 ȵiɤ²²dɤ⁵³ 纽子 ȵiɤ²²tsɿ⁵³	纽 ȵiɤ²³	戒指 kᴀ³³tsɿ⁵³
中心城区（北）	钮子 ȵiɤ²²tsɿ⁴⁴	钮 ȵiɤ²³	戒指 ka³³tsɿ⁴⁴
松江	纽子 ȵiɯ²⁴tsɿ³¹	纽 ȵiɯ¹³	戒指 ka⁵⁵tsɿ³¹
闵行	纽子 ȵiɤ¹³tsɿ²²	纽 ȵiɤ¹³	戒指 ka⁴⁴tsɿ²²
青浦	纽子 ȵiə²²tsɿ⁵³	纽 ȵiə²²⁴	戒指 ka⁵⁵tsɿ³¹
金山	钮子 ȵiɤ¹³tsɿ⁵³	钮 ȵiɤ¹³	戒指 kɑ³³tsɿ³¹
奉贤	纽子 ȵiɤ²⁴tsɿ²¹	纽 ȵiɤ²⁴	戒指 kɑ⁵³tsɿ²¹
浦东（川沙）	纽子 ȵiɤ¹³tsɿ²¹	扭 ȵiɤ²¹³	戒指 kᴀʔ⁵⁵tsɿ²¹
浦东（惠南）	纽子 ȵiɤ¹³tsɿ³¹	扭 ȵiɤ¹¹³	戒指 kᴀ³⁵tsɿ³¹
嘉定	纽头 ȵy²²dɤ²⁴	纽 ȵy²¹³	戒指 ka³⁵tsɿ²¹
宝山	纽头 ȵy²²dʌɪ²³	纽 ȵy²³	戒指 kɑ⁵⁵tsɿ³¹
崇明	钮头 ŋɵ³¹³dɵ⁵⁵	钮 ŋɵ²⁴²	戒指 kɑ³³tsɿ⁰

地点＼词条	0385 手镯	0386 理发	0387 梳头
中心城区（南）	镯头 zoʔ^{11}dɤ^{23}	剃头 tʰi^{34}dɤ^{23}	梳头 sʅ^{52}dɤ^{23}
中心城区（北）	镯头 zoʔ^{11}dɤ^{23}	剃头 tʰi^{44}dɤ^{23}	梳头 sʅ^{44}dɤ^{23}
松江	镯头 zɒʔ^{2}dɯ^{53}	剃头 tʰi^{55}dɯ^{31}	梳头 sʅ^{35}dɯ^{53}
闵行	手镯头 sɤ^{22}zɔʔ^{44}dɤ^{22}	剃头 tʰi^{44}dɤ^{22}	梳头 sʅ^{44}dɤ^{44}
青浦	手镯 sə^{44}zɔʔ^{53} 镯头 zoʔ^{11}də^{52}	剃头 tʰi^{55}də^{31}	梳头 sʅ^{55}də^{31}
金山	手镯 sɤ^{23}zɔʔ^{4}	轧头发 gæʔ^{2}dɤ^{55}fæʔ^{3}	梳头 sʅ^{24}dɤ^{53}
奉贤	镯头 zoʔ^{22}dɤ^{53}	理发 li^{24}fæʔ^{21} 剃头 tʰi^{53}dɤ^{21}	梳头 sʅ^{44}dɤ^{53}
浦东（川沙）	镯头 zoʔ^{22}dɤ^{34}	剃头 tʰi^{33}dɤ^{53}	梳头 sʅ^{55}dɤ^{53}
浦东（惠南）	镯头 zoʔ^{23}dɤ^{113}	剃头 tʰi^{33}dɤ^{53} 轧头 gʌʔ^{22}dɤ^{113}	梳头 sʅ^{55}dɤ^{53}
嘉定	手镯 sɤ^{35}dʑyoʔ^{21}	剃头 tʰi^{35}dɤ^{21}	梳头 sʅ^{55}dɤ^{21}
宝山	手镯 sʌɪ^{33}dʑioʔ^{52}	轧头 gʌʔ^{22}dʌɪ^{23} 剃头 tʰi^{33}dʌɪ^{52}	梳头 sʅ^{55}dʌɪ^{21}
崇明	手镯 sɵ^{424}zoʔ^{5}	剃头 tʰi^{424}dɵ^{55}	梳头 sʅ^{55}dɵ^{55}

地点＼词条	0388 米饭	0389 稀饭 用米熬的,统称	0390 面粉 麦子磨的,统称
中心城区（南）	饭 vɛ²³	粥 tsoʔ⁵⁵	面粉 mi²²fəŋ⁵³
中心城区（北）	饭 vɛ²³	粥 tsoʔ⁵⁵	面粉 mi²²fəŋ⁴⁴
松江	饭 vɛ¹³	粥 tsoʔ⁴	面粉 mi²²fəŋ²²
闵行	饭 ʋɛ¹³	粥 tsoʔ⁵	面粉 mi²²fəŋ⁴⁴
青浦	饭 vɛ²²⁴	粥 tsoʔ⁵⁵	面粉 miɪ²⁵fəŋ¹¹
金山	饭 vɛ¹³	粥 tsɔʔ⁵	面粉 miɪ³³fəŋ³¹
奉贤	饭 βɛ²⁴	粥 tsoʔ⁵⁵	面粉 mi⁴²fəŋ²¹
浦东（川沙）	白米饭 bɐʔ²²mi²²βɛ³⁴	粥 tsoʔ⁵⁵	面粉 mi¹³fən²¹
浦东（惠南）	饭 βɛ¹³ 米饭 mi³¹βɛ³⁵	粥 tsoʔ⁵⁵	面粉 mi¹³fən³¹
嘉定	饭 vɛ²¹³	粥 tsoʔ⁵⁵	面粉 miɪ²⁴fəŋ²¹
宝山	饭 vɛ²³	粥 tsoʔ⁵⁵	干面 kɤ⁵⁵me²² 面粉 me²⁴fẽŋ³¹
崇明	白米饭 bɑʔ²mi³³uæ³³	粥 tsoʔ⁵	干面 kø⁵⁵mie⁰

地点＼词条	0391 面条 统称	0392 面儿 玉米~,辣椒~	0393 馒头 无馅的,统称
中心城区（南）	面 mi²³	粉 fəŋ³⁴	馒头 mø²² dɤ⁵³
中心城区（北）	面 mi²³ 切面 tɕʰiʔ³³mi⁴⁴	粉 fəŋ³⁴	馒头 mø²² dɤ⁴⁴
松江	面 mi¹³	粉 fəŋ⁴⁴	馒头 me¹³ dɯ⁵³
闵行	面条 mi²²diɔ⁴⁴	（无）	包子 ɓɔ⁴⁴tsɿ⁴⁴
青浦	面条 miɪ²²diɔ⁵³	面 miɪ²²⁴	馒头 mɪ²³də⁵¹
金山	面 miɪ¹³	粉 fəŋ⁴⁴	面包 miɪ³³ɓɔ³¹
奉贤	面 mi²⁴ 面条 mi⁴²diɔ²¹	粉 fəŋ⁴⁴	面包 mi⁴²ɓɔ²¹
浦东（川沙）	面条 mi²²diɔ⁵³	珠珠面粉 tsø⁵⁵tsø⁵⁵mi⁵⁵fən³¹	淡馒头 dɛ²²mɛ⁵⁵dɤ⁵³
浦东（惠南）	面 mi¹³	珠珠面粉 tsø⁵⁵tsø⁵⁵mi⁵⁵fən³¹	面包 mi²²ɓɔ⁵³ 馒头 mɛ²²dɤ³³
嘉定	面 miɪ²¹³	（无）	面包 miɪ²²pɔ⁵³
宝山	切面 tsʰɿʔ³³me⁴⁴ 面 me²³	粉 fɛ̃ŋ³⁴	馒头 me²²dʌɪ⁵²
崇明	面 mie³¹³	粉 fən⁴²⁴	面包 mie³¹³pɔ⁵⁵

地点 \ 词条	0394 包子	0395 饺子	0396 馄饨
中心城区（南）	馒头 mø²²dɤ⁵³	水饺 sɿ³³tɕiɔ⁵³ 饺子 tɕiɔ³³tsɿ⁵³	馄饨 ɦuəŋ²²dən⁵³
中心城区（北）	馒头 mø²²dɤ⁴⁴	饺子 tɕiɔ³³tsɿ⁴⁴ 水饺 sɿ³³tɕiɔ⁴⁴	馄饨 ɦuəŋ²²dən⁴⁴
松江	馒头 me¹³dɯ⁵³	饺子 ciɔ⁵⁵tsɿ³¹	馄饨 vəŋ¹³dən⁵³
闵行	馒头 me²²dɤ⁴⁴	水饺 sɿ²²tɕiɔ⁴⁴	馄饨 ɦuəŋ²²dən⁴⁴
青浦	面包 miɪ²⁵pɔ¹¹ 馒头 mɪ²³də⁵¹	水饺 sɿ⁴⁴tɕiɔ⁵³	馄饨 ɦuəŋ²³dən⁵¹
金山	馒头 me¹³dɤ⁵³	饺子 ciɔ²⁴tsɿ⁵³	馄饨 ɦuəŋ¹³dən³¹
奉贤	馒头 me²³dɤ⁵³	水饺子 sɿ³³tɕiɔ⁵⁵tsɿ²¹	馄饨 βəŋ²³dən⁵³
浦东（川沙）	肉馒头 ɲiɔʔ²²mɛ²²dɤ³⁴ 菜馒头 tsʰe²²mɛ⁵⁵dɤ⁵³ 豆沙馒头 dɤ²²so⁵⁵mɛ⁵⁵dɤ²¹	饺子 tɕiɔ³⁵tsɿ²¹	馄饨 βən²²dən⁴⁴
浦东（惠南）	包子 ɓɔ⁵⁵tsɿ³¹	饺子 tɕiɔ³⁵tsɿ³¹ 水饺 sɿ³⁵tɕiɔ³¹	馄饨 βən²²dən³³
嘉定	馒头 miɪ²²dɤ⁵³	水饺子 sɿ³³tɕiɔ⁵⁵tsɿ²¹	馄饨 ɦuəŋ²²dən⁵³
宝山	馒头 me²²dʌɪ⁵² 包子 pɔ⁵⁵tsɿ²¹	饺子 tɕiɔ³³tsɿ⁵²	馄饨 ɦuẽn²²dẽn⁵²
崇明	馒头 mie²⁴də⁵⁵	饺子 tɕiɔ⁴²⁴tsɿ⁵⁵	馄饨 ɦuən²⁴dən⁵⁵

地点 \ 词条	0397 馅儿	0398 油条 旧称	0399 豆浆
中心城区（南）	馅子 ɦɛ²²tsʅ⁵³ 馅头 ɦɛ²²dɤ⁵³	油煠烩 ɦiɤ²²zᴀʔ⁵⁵kuɛ²¹ 油条 ɦiɤ²²diɔ⁵³	豆腐浆 dɤ²²βu⁵⁵tɕiã²¹
中心城区（北）	馅子 ɦɛ²²tsʅ⁴⁴	油条 ɦiɤ²²diɔ⁴⁴ 油炸桧 ɦiɤ²²zɐʔ⁵⁵kuɛ²¹	豆腐浆 dɤ²²vu⁵⁵tɕiã²¹
松江	馅子 ŋɛ²⁴tsʅ³¹	油条 ɦiuɯ¹³diɔ⁵³	豆腐浆 duɯ²²vu⁵⁵tɕiæ³¹
闵行	馅头 ɦɛ¹³dɤ⁴⁴	油炸桧 ɦiɤ²²zᴀʔ²²kuɛ⁴⁴	豆腐浆 dɤ²²ɸu⁴⁴tɕiã²²
青浦	馅子 ɦɛ²²tsʅ⁵³	油条 ɦiə²³diɔ⁵¹ 油煠烩 ɦiə⁴⁵zᴀʔ³³kui²¹	豆腐浆 də²²vu⁵⁵tɕiæ̃³¹
金山	馅头 ɦɛ¹³dɤ⁵³	油条 ɦiɤ¹³diɔ⁵³	豆浆 dɤ¹³tɕiɛ̃³¹
奉贤	馅头 ɦɛ²⁴dɤ²¹ 芯子 ɕiŋ⁴⁴tsʅ⁵³	油条 ɦiɤ²³diɔ⁵³ 油煠烩 ɦiɤ⁴²zɒʔ²²kuɛ²¹	豆腐浆 dɤ²²βu⁵⁵tɕiã²¹
浦东（川沙）	馅头 ɦɛ²²dɤ⁵³	油炸桧 ɦiɤ²²zᴧʔ²²kuɛ²²	豆腐浆 dɤ²²βu⁵⁵tɕiã⁵³
浦东（惠南）	馅头 ɦɛ¹³dɤ⁵³	油炸桧 ɦiɤ²²zᴧʔ³³kuɛ³³ 油条 ɦiɤ²²diɔ³³	豆腐浆 dɤ²²βu⁴⁴tɕiã⁵³
嘉定	心 siŋ⁵³	油炸桧 ɦy²²zɑʔ⁵⁵kuɛ²¹	豆腐浆 dɤ²²u⁵⁵tsiã²¹
宝山	心 sĩŋ⁵³	油煠烩 ɦy²²zᴧʔ²²fʌɪ²³ 油条 ɦy²²diɔ⁵²	豆腐浆 dᴧɪ²²vu⁵⁵tsiã²¹
崇明	心 ɕin⁵³	油煠桧 ɦiə²⁴zæʔ⁵kuei⁰	豆腐浆 də³¹³u³³tɕiã⁵⁵

地点 \ 词条	0400 豆腐脑	0401 元宵 食品	0402 粽子
中心城区（南）	豆腐花 dɤ²²βu⁵⁵ho²¹	圆子 ɦyø²²tsʅ⁵³	粽子 tsoŋ³³tsʅ⁵³
中心城区（北）	豆腐花 dɤ²²vu⁵⁵ho²¹	圆子 ɦyø²²tsʅ⁴⁴	粽子 tsoŋ³³tsʅ⁴⁴
松江	豆腐花 dɯ²²vu⁵⁵ho³¹	汤团 tʰɑ̃³⁵dø⁵³	粽子 tsoŋ⁵⁵tsʅ³¹
闵行	豆腐花 dɤ²²ɦu⁴⁴ho²²	圆子 ɦiø²²tsʅ⁴⁴	粽子 tsoŋ⁴⁴tsʅ²²
青浦	水豆腐花 sʅ⁴⁴də⁵⁵vu⁵³ho³¹	汤圆 tʰã⁵⁵ɦyø³¹ 圆子 ɦyø²³tsʅ⁵¹	粽子 tsoŋ⁵⁵tsʅ³¹
金山	豆腐浆 dɤ²³vu⁵⁵ciɛ̃³¹	小圆团 ɕiɔ³⁴ɦyɸ⁵⁵dø³¹	粽子 tsoŋ³³tsʅ³¹
奉贤	豆腐花 dɤ²²βu⁵⁵ho²¹	圆子 ɦiø²³tsʅ⁵³	粽子 tsoŋ⁵³tsʅ²¹
浦东（川沙）	豆腐花 dɤ²²βu⁵⁵ho⁵³	圆子 ɦyø²²tsʅ²²	粽子 tsoŋ³⁵tsʅ²¹
浦东（惠南）	豆腐花 dɤ²²βu⁴⁴ho⁵³	圆子 ɦyø²²tsʅ⁵⁵	粽子 tsoŋ³⁵tsʅ⁵³
嘉定	豆腐花 dɤ²²u⁵⁵ho²¹	圆团 ɦiɤ²²dɤ⁵³	粽子 tsoŋ³⁵tsʅ²¹
宝山	豆腐花 dʌɪ²²vu⁵⁵fɤ²¹	汤圆 tʰɑ̃⁵⁵ɦiɤ²¹	粽子 tsoŋ⁵⁵tsʅ²¹
崇明	豆腐花 də³¹³u³³ho⁵⁵	团圆 dø²⁴ɦyø⁵⁵	粽子 tsoŋ⁵⁵tsʅ⁰

地点 \ 词条	0403 年糕	0404 点心 统称	0405 菜 吃饭时吃的,统称
中心城区(南)	年糕 ɲi²²kɔ⁵³	点心 ti³³ɕiŋ⁵³	小菜 ɕiɔ³³tsʰE⁵³
中心城区(北)	年糕 ɲi²²kɔ⁴⁴	点心 ti³³ɕiŋ⁴⁴	小菜 ɕiɔ³³tsʰE⁴⁴
松江	年糕 ɲi²²kɔ⁵³	点心 ti³⁵ɕiŋ³¹	菜 tsʰɛ³⁵
闵行	年糕 ɲi²²kɔ⁴⁴	点心 ti⁴⁴siŋ²²	菜 tsʰe³⁵
青浦	年糕 ɲiɿ²³kɔ⁵¹	点心 tiɿ⁴⁴siəŋ⁵³	菜 tsʰE³⁵
金山	年糕 ɲi¹³kɔ⁵³	点心 ɖi²⁴siəŋ⁵³	菜 tsʰe³⁵
奉贤	年糕 ɲi²³kɔ⁵³	点心 ti³⁵ɕiŋ²¹ 茶点 zo²³ti⁵³	小菜 ɕiɔ³⁵tsʰe²¹
浦东(川沙)	年糕 ɲi²²kɔ²²	点心 ɖi³³ɕiŋ⁵³	菜 tsʰe³⁵
浦东(惠南)	年糕 ɲi²²kɔ³³	点心 ɖi³⁵ɕin⁵³	菜 tsʰE³⁵
嘉定	年糕 ɲiɿ²²kɔ⁵³	点心 tiɿ³⁵siŋ²¹	菜 tsʰE⁴²³
宝山	年糕 ɲie²²kɔ⁵²	点心 te³³sĩŋ⁵²	菜 tsʰɛ³⁴
崇明	糕 kɔ⁵³	糕点 kɔ⁵⁵tie⁰	小菜 ɕiɔ⁴²⁴tsʰæ⁵⁵

词条 地点	0406 干菜 统称	0407 豆腐	0408 猪血 当菜的
中心城区（南）	菜干 tsʰɛ³³kø⁵³	豆腐 dɤ²²βu⁵³	猪血 tsɿ⁵⁵ɕioʔ²¹
中心城区（北）	霉干菜 me²²kø⁵⁵tsʰɛ²¹	豆腐 dɤ²²vu⁴⁴	猪血 tsɿ⁵⁵ɕioʔ²¹
松江	干菜 kø⁵⁵tsʰɛ³¹	豆腐 dɯ²²vu³⁵	猪血 tsɿ⁵⁵ɕyøʔ³¹
闵行	干菜 kø⁴⁴tsʰe²²	豆腐 dɤ²²ɦu⁴⁴	猪血 tsɿ⁴⁴ɕyəʔ²²
青浦	干菜 kø⁵⁵tsʰɛ³¹	豆腐 də²²vu³⁵	猪血 tsɿ⁵⁵ɕyəʔ³³
金山	霉菜 me¹³tsʰɛ⁵³	豆腐 dɤ³³vu³³	猪血 tsɿ⁴⁴ɕyøʔ²
奉贤	干头菜 kø⁴⁴dɤ⁴⁴tsʰe²¹	豆腐 dɤ²²βu³⁴	猪血 tsɿ⁵³ɕyøʔ²¹
浦东（川沙）	菜干 tsʰe³³kø⁵³	豆腐 dɤ²²βu⁵³	红血 ɦoŋ²²ɕyœʔ⁴⁴
浦东（惠南）	菜干 tsʰɛ³⁵kø⁵³	豆腐 dɤ³¹βu³⁵	猪血 tsɿ⁵⁵ɕyœʔ⁵³
嘉定	菜干 tsʰɛ³⁵kɤ²¹	豆腐 dɤ²⁴ɦu²¹	猪血 tsɿ⁵⁵ɕioʔ²¹
宝山	菜干 tsʰɛ³³kɤ⁵²	豆腐 dʌɪ²⁴vu³¹	猪血 tsɿ⁵⁵ɕioʔ²¹
崇明	干货 kø⁵⁵ho⁰	豆腐 də²⁴u⁰	猪血豆腐 tsɿ⁵⁵ɕyoʔ⁵də⁵⁵u⁰

地点 \ 词条	0409 猪蹄当菜的	0410 猪舌头当菜的,注意婉称	0411 猪肝当菜的,注意婉称
中心城区（南）	蹄髈 di²²pʰã⁵³	门腔 mən²²tɕʰiã⁵³ 猪舌头 tsʅ⁵⁵zəʔ³³dɣ²¹	猪肝 tsʅ⁵⁵kø²¹
中心城区（北）	蹄髈 di²²pʰã⁴⁴	门腔 mən²²tɕʰiã⁴⁴	猪肝 tsʅ⁵⁵kø²¹
松江	蹄髈 di¹³pʰɐ̃⁵³	猪舌头 tsʅ³³zəʔ⁵dɯ³¹ 赚头 zɛ²⁴dɯ³¹ 讳称	猪肝 tsʅ³⁵kø⁵³
闵行	蹄胖 di²²pʰã⁵³	猪舌头 tsʅ⁴⁴zəʔ⁴⁴dɣ⁴⁴	猪肝 tsʅ⁴⁴kø⁵³
青浦	猪蹄 tsʅ⁵⁵di³¹ 猪脚 tsʅ⁵⁵tɕiaʔ³³	猪舌头 tsʅ⁵⁵zəʔ⁵³də³³ 猪赚头 tsʅ⁵⁵zɛ²³də⁵¹	猪肝 tsʅ⁵⁵kø³¹
金山	猪脚 tsʅ⁴⁴ȵiaʔ²	猪舌头 tsʅ⁴⁴zəʔ³dɣ³¹	猪肝 tsʅ²⁴kø⁵³
奉贤	蹄髈 di²³pʰã⁵³ 脚统 tɕiaʔ⁵³tʰoŋ²¹	赚头 zɛ²⁴dɣ²¹ 门腔 məŋ²³tɕʰiã⁵³	猪肝 tsʅ⁴⁴kø⁵³ #³ 油肝 kuɛ⁴⁴hiɣ⁴⁴kø⁵³
浦东（川沙）	猪脚爪 tsʅ⁵⁵tɕiAʔ⁵⁵tsɔ²¹	门腔 mən²²tɕʰiã²²	猪肝 tsʅ⁵⁵kø⁵³
浦东（惠南）	猪脚 tsʅ⁵⁵tɕiAʔ⁵³ 脚爪 tɕiA²²tso¹¹³	门腔 mən³⁵tɕʰiã⁵⁵ 猪舌头 tsʅ⁵⁵zəʔ⁵⁵dɣ⁵³	猪肝 tsʅ⁵⁵kø⁵³
嘉定	猪脚爪 tsʅ⁵⁵tɕiaʔ²²tsɔ²¹	门腔 mən²²tsʰiã⁵³	猪肝 tsʅ⁵⁵kɣ²¹
宝山	猪脚爪 tsʅ⁵⁵tɕiAʔ³³tsɔ²¹	门腔 mɛ̃ŋ²²tɕʰiã⁵² 猪舌头 tsʅ⁵⁵zəʔ³³dʌɣ²¹ 猪赚头 tsʅ⁵⁵zɛ³³dʌɣ²¹	猪肝 tsʅ⁵⁵kɣ²¹
崇明	猪脚爪 tsʅ⁵⁵tɕiaʔ⁵tsɔ⁰	猪赚头 tsʅ⁵⁵dzæ⁰də⁵⁵	猪肝 tsʅ⁵⁵kø⁵⁵

地点＼词条	0412 下水 猪牛羊的内脏	0413 鸡蛋	0414 松花蛋
中心城区（南）	内脏 nE²²zã⁵³	鸡蛋 tɕi⁵⁵dE²¹	皮蛋 bi²²dE⁴⁴
中心城区（北）	内脏 nE²²zã⁴⁴	蛋 dE²³ 鸡蛋 tɕi⁵⁵dE²¹	皮蛋 bi²²dE⁴⁴
松江	下作 ɦɔ²⁴tsɒʔ³¹	鸡蛋 tɕi⁵⁵dɛ³¹	皮蛋 bi²⁴dɛ³¹
闵行	下脚 ɦɔ¹³tɕiaʔ²	鸡蛋 tɕi⁴⁴dɛ⁴⁴	皮蛋 bi¹³dɛ⁴⁴
青浦	肚肠老槽 du²²zã⁴⁴lɔ³²zɔ²¹	鸡蛋 tɕi⁵⁵dɛ³¹	皮蛋 bi²³dɛ⁵¹
金山	下材 ɦo³³zɛ³³	鸡蛋 tɕi⁵⁵dɛ³¹	皮蛋 bi¹³dɛ³¹
奉贤	下水 hɔ²²sʅ³⁴	鸡蛋 tɕi⁵⁵dɛ²¹	皮蛋 bi²⁴dɛ²¹ 松花蛋 soŋ⁴⁴ho⁴⁴dɛ²¹
浦东（川沙）	下脚 ɦo²²tɕiAʔ³⁴	鸡蛋 tɕi⁵⁵dɛ²¹	皮蛋 bi²²dɛ⁴⁴
浦东（惠南）	下脚 ɦo¹³tɕiAʔ⁵³	鸡蛋 tɕi⁵⁵dɛ³¹	皮蛋 bi²²dɛ³⁵
嘉定	下水 ɦiɤ²⁴sʅ²¹	鸡蛋 tɕi⁵⁵dE²¹	皮蛋 bi²⁴dE²¹
宝山	下脚 ɦiɤ²²tɕiAʔ⁵²	鸡蛋 tɕi⁵⁵dɤ²²	皮蛋 bi²⁴dɤ²²
崇明	杂碎 dzəʔ²sei³³	鸡蛋 tɕi⁵⁵dø⁰	皮蛋 bi²⁴dø⁰

地点＼词条	0415猪油	0416香油	0417酱油
中心城区（南）	猪油 tsɿ⁵⁵ɦiɤ²¹	麻油 mo²²ɦiɤ⁴⁴	酱油 tɕiã³³ɦiɤ⁵³
中心城区（北）	猪油 tsɿ⁵⁵ɦiɤ²¹	麻油 mo²²ɦiɤ⁴⁴	酱油 tɕiã³³ɦiɤ⁴⁴
松江	猪油 tsɿ³⁵ɦiɯ³¹	麻油 mo¹³ɦiɯ⁵³	酱油 tɕiã⁵⁵ɦiɯ³¹
闵行	猪油 tsɿ⁴⁴ɦiɤ⁴⁴	麻油 mo²²ɦiɤ⁴⁴	酱油 tɕiã⁴⁴ɦiɤ²²
青浦	猪油 tsɿ⁵⁵ɦiə³¹	麻油 mo²³ɦiə⁵¹	酱油 tsiæ³³ɦiə⁵²
金山	猪油 tsɿ²⁴ɦiɤ⁵³	香油 ɕiẽ²⁴ɦiɤ⁵³	酱油 ɕiẽ³³ɦiɤ³¹
奉贤	猪油 tsɿ⁴⁴ɦiɤ⁵³	麻油 mo²³ɦiɤ⁵³	酱油 tɕiã⁵³ɦiɤ²¹
浦东（川沙）	猪油 tsɿ⁵⁵ɦiɤ⁵³	麻油 mo²²ɦiɤ²²	酱油 tɕiã³³ɦiɤ⁵³
浦东（惠南）	猪油 tsɿ⁵⁵ɦiɤ⁵³ 荤油 fən⁵⁵ɦiɤ⁵³	麻油 mo²²ɦiɤ³³ 香油 ɕiã⁵⁵ɦiɤ⁵³	酱油 tɕiã³⁵ɦiɤ⁵³
嘉定	猪油 tsɿ⁵⁵ɦy²¹	麻油 mo²²ɦy⁵³	酱油 tsiã³⁵ɦy²¹
宝山	猪油 tsɿ⁵⁵ɦy²¹	香油 ɕiã⁵⁵ɦy²¹	酱油 tsiã³⁵ɦy²¹
崇明	猪油 tsɿ⁵⁵ɦiə⁵⁵	麻油 mo²⁴ɦiə⁵⁵	酱油 tɕiã⁴²⁴ɦiə⁵⁵

地点 \ 词条	0418 盐 名词	0419 醋 注意婉称	0420 香烟
中心城区（南）	盐 ɦi²³	醋 tsʰu³⁴	香烟 ɕiã⁵⁵iˑ²¹
中心城区（北）	盐 ɦi²³	醋 tsʰu³⁴	香烟 ɕiã⁵⁵iˑ²¹
松江	盐 ɦi³¹	醋 tsʰu³⁵	香烟 ɕiæ̃³⁵iˑ⁵³
闵行	盐 ɦi³¹	醋 tsʰu³⁵	香烟 ɕiã⁴⁴iˑ²²
青浦	盐 ɦiɿ³¹	醋 tsʰəu³⁵	香烟 ɕiæ̃⁵⁵iɿ³¹
金山	盐 ɦiɿ³¹	醋 tsʰu³⁵	香烟 ɕiẽ²⁴ɦiɿ⁵³
奉贤	盐 ɦi²¹	醋 tsʰu³⁵	香烟 ɕiã⁴⁴iˑ⁵³
浦东（川沙）	盐 ɦi²¹³	香醋 ɕiã⁵⁵tsʰu²¹	香烟 ɕiã⁵⁵iˑ⁵³
浦东（惠南）	盐 ɦi¹¹³	醋 tshu³⁵ 香醋 ɕiã⁵⁵tsʰu³¹	香烟 ɕiã⁵⁵iˑ⁵³
嘉定	盐 ɦiɿ²³¹	醋 tsʰu⁴²³	香烟 ɕiã⁵⁵iɿ²¹
宝山	盐 ɦie³¹	醋 tsʰu³⁴	香烟 ɕiã⁵⁵ɦie²¹
崇明	盐 ɦie²⁴	酸醋 sø⁵⁵tsʰu⁰	香烟 ɕiã⁵⁵ʔie⁵⁵

地点 \ 词条	0421 旱烟	0422 白酒	0423 黄酒
中心城区（南）	（无）	高粱 kɔ⁵⁵liã²¹ 高粱酒 kɔ⁵⁵liã³³tɕiɤ²¹ 白酒 bAʔ¹¹tɕiɤ²³	黄酒 ɦuã²²tɕiɤ⁵³ 绍兴酒 zɔ²²ɕiɲ⁵⁵tɕiɤ²¹
中心城区（北）	板烟 pE³³i⁴⁴	高粱酒 kɔ⁵⁵liã³³tɕiɤ²¹ 白酒 bɐʔ¹¹tɕiɤ²³	黄酒 ɦuã²²tɕiɤ⁴⁴ 老酒 lɔ²²tɕiɤ⁴⁴
松江	潮烟 zɔ¹³i⁵³	烧酒 sɔ³⁵tɕiɯ⁵³	黄酒 võ¹³tɕiɯ⁵³
闵行	八丝烟 pæʔ²²sɿ⁴⁴i²²	老白酒 lɔ²²baʔ⁴⁴tɕiɤ²²	黄酒 ɦuã²²tɕiɤ⁴⁴
青浦	（无）	白酒 baʔ¹¹tɕiə³⁴	黄酒 ɦuã²³tɕiə⁵¹
金山	水烟 sɿ²⁴ɦiɿ⁵³	土烧酒 tʰu³⁴siɔ⁵⁵tɕiɤ³¹	黄酒 ɦuã¹³tɕiɤ⁵³
奉贤	（无）	酒 tɕiɤ⁴⁴	黄酒 ɦuã²³tɕiɤ⁵³ 老酒 lɔ²²tɕiɤ⁵³
浦东（川沙）	旱烟 ɦø²²i⁵³	烧酒 sɔ⁵⁵tɕiɤ²¹	绍兴酒 zɔ²²ɕiɲ⁵⁵tɕiɤ²¹ 鬃头酒 pʰã²²dɤ²²tɕiɤ²²
浦东（惠南）	旱烟 ɦø³⁵i⁵³	烧酒 sɔ⁵⁵tɕiɤ³¹ 老酒 lɔ¹³tɕiɤ³¹ 老白酒 lɔ²²bAʔ⁵⁵tɕiɤ⁵³	黄酒 βã²²tɕiɤ³³ 绍兴酒 zɔ²²ɕiɲ⁵⁵tɕiɤ⁵³ 鬃头酒 bã²²dɤ⁵⁵tɕiɤ⁵³
嘉定	旱烟 ɦɤ²²iɿ⁵³	烧酒 sɔ³⁵tsɿ²¹	黄酒 ɦuã²⁴tsɿ²¹
宝山	（无）	白酒 bAʔ²²tsɿ²³	黄酒 ɦuã²⁴tsɿ³¹
崇明	旱烟 ɦɦø³¹³ʔie⁵⁵	烧酒 sɔ⁵⁵tɕiə⁰	黄酒 ɦuã²⁴tɕiə⁰

地点 \ 词条	0424 江米酒 酒酿,醪糟	0425 茶叶	0426 沏~茶
中心城区（南）	酒酿 tɕiɤ³³ȵiã⁵³	茶叶 zo²²ɦiɪʔ⁴⁴	泡 pʰɔ³⁴
中心城区（北）	老白酒 lɔ²²bɐʔ⁵⁵tɕiɤʔ²¹	茶叶 zo²²ɦiɪʔ⁴⁴	泡 pʰɔ³⁴
松江	酒酿糟 tɕiɯ³³ȵiæ̃⁵⁵tsɔ³¹	茶叶 zo²²ɦiɪʔ²	泡 pʰɔ³⁵
闵行	酒拌糟 tɕiɤ²²bɐ⁴⁴tsɔ²²	茶叶 zo²²ɦiɪʔ⁴⁴	倒茶 tɔ³⁵zo²²
青浦	老白酒 lɔ²²baʔ⁴⁴tɕiə³¹	茶叶 zo⁴⁵ɦiɪʔ³¹	沏 tɕʰi³⁵
金山	酒酿糟 tɕiɤ³⁴ȵiɛ̃⁵⁵tsɔ³¹	茶叶 zo³³ɦiɪʔ²	泡 pʰɔ³⁵
奉贤	酒酿 tɕiɤ³⁵ȵiã²¹	茶叶 zo⁴²ɦiɪʔ²¹	泡 pʰɔ³⁵
浦东（川沙）	老白酒 lɔ²²bʌʔ⁵⁵tɕiɤ²¹	茶叶 zo²²ɦiɪʔ⁴⁴	泡 pʰɔ³⁵
浦东（惠南）	酒半 tɕiɤ¹³bɛ³¹	茶叶 zo²²ɦiɪʔ²³	泡 pʰɔ³⁵
嘉定	酒板糟 tsy³³pE⁵⁵tsɔ²¹	茶叶 zo²⁴ɦiɪʔ²¹	泡 pʰɔ⁴²³
宝山	酒板糟 tsy³³pɛ³⁴tsɔ⁵² 酒酿 tsy³³ȵiã⁵²	茶叶 zɤ²⁴ɦiɪʔ³¹	泡 pʰɔ³⁴
崇明	酒板 tɕiə³³pæ⁰	茶叶 dʑo²⁴ɦiɪʔ⁵	泡 pʰɔ³³

词条 地点	0427冰棍儿	0428做饭 统称	0429炒菜 统称,和做饭相对
中心城区(南)	棒冰 bã²²piŋ⁵³	烧饭 sɔ⁵²vɛ²³	烧小菜 sɔ⁵²ɕiɔ³³tsʰɛ⁴⁴
中心城区(北)	棒冰 bã²²piŋ⁴⁴	烧饭 sɔ⁴⁴vɛ²³	烧小菜 sɔ⁴⁴ɕiɔ³³tsʰɛ⁴⁴
松江	棒冰 bã²²piŋ⁵³	烧饭 sɔ⁵³vɛ¹³	烧菜 sɔ⁵³tsʰɛ³⁵
闵行	棒冰 bã²²ɓiŋ⁵³	烧饭 sɔ⁴⁴vɛ⁴⁴	炒菜 tsʰɔ⁴⁴tsʰe⁴⁴
青浦	棒冰 bã²²piəŋ⁵³	烧饭 sɔ⁵⁵vɛ²³	炒菜 tsʰɔ⁴⁴tsʰɛ³³
金山	棒冰 bã¹³ɓiəŋ⁵³	烧饭 sɔ⁵⁵vɛ³¹	炒菜 tsʰɔ⁴⁴tsʰɛ⁴⁴
奉贤	棒冰 bã²²ɓiŋ⁵³	烧饭 sɔ⁵⁵βɛ²¹	烧小菜 sɔ⁵⁵ɕiɔ³³tsʰe²¹
浦东(川沙)	棒冰 bã³³ɓin⁵³	烧饭 sɔ⁵⁵βɛ²¹	烧菜 sɔ⁵⁵tsʰe³⁵
浦东(惠南)	棒冰 bã¹³ɓin⁵³	烧饭 sɔ⁵⁵βɛ³¹	炒菜 tsʰɔ³⁵tsʰɛ⁵⁵ 烧菜 sɔ⁵⁵tsʰɛ⁵³
嘉定	棒冰 bã²²piŋ⁵³	烧饭 sɔ⁵⁵vɛ²¹³	烧菜 sɔ⁵⁵tsʰɛ²¹
宝山	棒冰 bã²²pĩ⁵²	烧饭 sɔ⁵⁵vɛ²¹	烧菜 sɔ⁵² tsʰɛ³⁴
崇明	棒冰 bã³¹³pin⁵⁵	烧饭 sɔ⁵⁵uæ⁰	烧小菜 sɔ⁵⁵ɕiɔ⁰tsʰæ⁵⁵

地点 \ 词条	0430 煮~带壳的鸡蛋	0431 煎~鸡蛋	0432 炸~油条
中心城区（南）	煠 zʌʔ¹²	煎 tɕi⁵²	氽 tʰəŋ³⁴
中心城区（北）	煠 zɐʔ¹²	煎 tɕi⁵²	煎 tɕi⁵² 煠 zɐʔ¹²
松江	烧 sɔ⁵³	煎 tɕi⁵³	氽 tʰəŋ⁴⁴
闵行	烧 sɔ⁵³	煎 tsi⁵³	炸 tso³⁵
青浦	煠 zæʔ¹²	煎 tsiɿ⁵¹	氽 tʰəŋ⁴³
金山	煠 zæʔ¹²	煎 tsiɿ⁵³	氽 tʰəŋ⁴⁴
奉贤	烧 sɔ⁵³	煎 tɕi⁵³	氽 tʰəŋ⁴⁴
浦东（川沙）	烧 sɔ⁵³	煎 tɕi⁵³	炸 tso³⁵
浦东（惠南）	烧 sɔ⁵³	煎 tɕi⁵³	炸 tso³⁵
嘉定	煠 zaʔ²³	煎 tsiɿ⁵³	炸 tsɤ⁴²³
宝山	煠 zʌʔ¹²	煎 tse⁵³	炸 tsɤ³⁴
崇明	煠 zæʔ²	炒 tsʰɔ⁴²⁴	煎 tɕie⁵³

地点 \ 词条	0433 蒸~鱼	0434 揉~面做馒头等	0435 擀~面，~皮儿
中心城区（南）	蒸 tsəŋ⁵²	捫 ȵioʔ¹²	擀 kø³⁴
中心城区（北）	蒸 tsəŋ⁵²	揉 ȵioʔ¹²	（无）
松江	蒸 tsəŋ⁵³	# ¹ȵiɒʔ²	（无）
闵行	蒸 tsəŋ³⁵	捫 ȵiɔʔ²³	（无）
青浦	蒸 tsəŋ⁵¹	捫 ȵyoʔ¹²	剁 tɔu⁴³
金山	蒸 tsəŋ⁵³	捫 ʔȵyoʔ⁵	（无）
奉贤	蒸 tsəŋ⁵³	捫 ȵiɔʔ²³	擀 kø⁴⁴
浦东（川沙）	蒸 tsəŋ⁵³	揉 ȵyœʔ²³	擀 kø⁴⁴
浦东（惠南）	蒸 tsəŋ⁵³	揉 ȵiɔʔ¹³	（无）
嘉定	蒸 tsəŋ⁵³	捫 ȵioʔ²³	擀 kɤ⁴²³
宝山	蒸 tsẽŋ⁵³	捫 ȵioʔ¹²	擀 kɤ³⁴
崇明	炖 tən³³	捫 ȵyoʔ²	擀 kø⁴²⁴

词条 地点	0436 吃早饭	0437 吃午饭	0438 吃晚饭
中心城区（南）	吃早饭 tɕiɪʔ$\underline{^{55}}$tsɔ^{33}vɛ^{44}	吃中饭 tɕʰiɪʔ$\underline{^{55}}$tsoŋ^{55}vɛ^{21}	吃夜饭 tɕʰiɪʔ$\underline{^{55}}$ɦiA^{22}vɛ^{44}
中心城区（北）	吃早饭 tɕʰioʔ^{44}tsɔ^{33}vɛ^{44}	吃中饭 tɕʰioʔ^{44}tsoŋ^{55}vɛ^{21}	吃夜饭 tɕʰioʔ^{44}ɦiA^{22}vɛ^{44}
松江	吃早饭 cʰiaʔ^{24}tsɔ^{44}vɛ^{44}	吃昼饭 cʰiaʔ^{24}tsɯ^{44}vɛ^{44}	吃晚饭 cʰiaʔ^{24}ia^{44}vɛ^{44}
闵行	吃早饭 tɕʰiəʔ^{24}tsɔ^{44}vɛ^{44}	吃中饭 tɕʰiəʔ^{24}tsoŋ^{44}vɛ^{44}	吃夜饭 tɕʰiəʔ^{24}ɦiA^{22}vɛ^{44}
青浦	吃早饭 tɕʰiəʔ^{55}tsɔ^{44}vɛ^{45}	吃中饭 tɕʰiəʔ^{55}tsoŋ^{55}vɛ^{31}	吃夜饭 tɕʰiəʔ^{55}ɦiA^{22}vɛ^{35}
金山	吃早饭 tɕʰiʌʔ$\underline{^{5}}$tsɔ^{55}vɛ^{31}	吃点心 tɕʰiʌʔ^{5}tiɪ^{55}siəŋ^{31}	吃夜饭 tɕʰiʌʔ^{5}ɦiA^{33}vɛ^{33}
奉贤	吃早饭 tɕʰiəʔ$\underline{^{55}}$tsɔ^{44}βɛ^{44}	吃中饭 tɕʰiəʔ$\underline{^{33}}$tsoŋ^{55}βɛ^{21} 吃点心 tɕʰiəʔ$\underline{^{33}}$ti^{44}ɕiŋ^{53}	吃夜饭 tɕʰiəʔ$\underline{^{55}}$ɦiA^{22}βɛ^{34}
浦东（川沙）	吃早饭 tɕʰiʌʔ$\underline{^{55}}$tsɔ^{55}βɛ^{55}	吃中饭 tɕʰiʌʔ^{22}tsoŋ^{55}βɛ^{21}	吃夜饭 tɕʰiʌʔ$\underline{^{55}}$ɦiA^{22}βɛ^{34}
浦东（惠南）	吃早饭 tɕʰiʌʔ$\underline{^{55}}$tsɔ^{44}βɛ^{44}	吃中饭 tɕʰiʌʔ$\underline{^{33}}$tsoŋ^{55}βɛ^{55}	吃夜饭 tɕʰiʌʔ$\underline{^{33}}$ɦiA^{55}βɛ^{53}
嘉定	吃早饭 tɕʰiɪʔ$\underline{^{33}}$tsɔ^{55}vɛ^{21}	吃饭 tɕʰiɪʔ$\underline{^{55}}$vɛ^{21}	吃夜饭 tɕʰiɪʔ$\underline{^{33}}$ɦiA^{55}vɛ^{21}
宝山	吃粥 tɕʰiəʔ$\underline{^{55}}$tsoʔ$\underline{^{22}}$	吃饭 tɕʰiəʔ$\underline{^{33}}$vɛ^{44} 吃中饭 tɕʰiəʔ$\underline{^{33}}$tsoŋ^{55}vɛ^{21}	吃夜饭 tɕʰiəʔ$\underline{^{33}}$ɦiA^{55}vɛ^{21}
崇明	吃早饭 tɕʰiəʔ^{5}tsɔ^{33}uæ^{0}	吃中饭 tɕʰiəʔ^{5}tsoŋ^{55}uæ^{0}	吃夜饭 tsʰiəʔ^{5}ɦiA^{55}uæ^{0}

地点＼词条	0439 吃~饭	0440 喝~酒	0441 喝~茶
中心城区（南）	吃 tɕʰiɪʔ⁵⁵	吃 tɕʰiɪʔ⁵⁵	吃 tɕʰiɪʔ⁵⁵
中心城区（北）	吃 tɕʰioʔ⁵⁵	吃 tɕʰioʔ⁵⁵	吃 tɕʰioʔ⁵⁵
松江	吃 cʰiaʔ⁴	吃 cʰiaʔ⁴	吃 cʰiaʔ⁴
闵行	吃 tɕʰiəʔ⁵	吃 tɕʰiəʔ⁵	吃 tɕʰiəʔ⁵
青浦	吃 tɕʰiəʔ⁵⁵	吃 tɕʰiəʔ⁵⁵	吃 tɕʰiəʔ⁵⁵
金山	吃 ciʌʔ⁵	吃 ciʌʔ⁵	吃 ciʌʔ⁵ 喝 həʔ⁵
奉贤	吃 tɕʰiəʔ⁵⁵	吃 tɕʰiəʔ⁵⁵	吃 tɕʰiəʔ⁵⁵ 呷 hæʔ⁵⁵
浦东（川沙）	吃 tɕʰiʌʔ⁵⁵	吃 tɕʰiʌʔ⁵⁵	吃 tɕʰiʌʔ⁵⁵
浦东（惠南）	吃 tɕʰiʌʔ⁵⁵	吃 tɕʰiʌʔ⁵⁵	吃 tɕʰiʌʔ⁵⁵
嘉定	吃 tɕʰiɪʔ⁵⁵	吃 tɕʰiɪʔ⁵⁵	吃 tɕʰiɪʔ⁵⁵
宝山	吃 tɕʰiəʔ⁵⁵	吃 tɕʰiəʔ⁵⁵	吃 tɕʰiəʔ⁵⁵
崇明	吃 tɕʰiəʔ⁵	吃 tɕʰiəʔ⁵	吃 tɕʰiəʔ⁵

地点 \ 词条	0442 抽~烟	0443 盛~饭	0444 夹 用筷子~菜
中心城区（南）	吃 tɕʰiɪʔ⁵⁵	盛 zəŋ²³	搛 tɕi⁵²
中心城区（北）	吃 tɕʰioʔ⁵⁵	盛 zəŋ²³	搛 tɕi⁵²
松江	吃 ɕʰiaʔ⁴	盛 zəŋ³¹	夹 kæʔ⁴
闵行	吃 tɕʰiəʔ⁵	盛 zəŋ³¹	搛 tɕiɪʔ⁵
青浦	吃 tɕʰiəʔ⁵⁵	盛 zəŋ³¹	夹 kæʔ⁵⁵
金山	吃香烟 ciʌʔ⁵ɕiẽ⁵⁵ɦiɪ³¹ 抽烟 tsʰɤɦiɪ⁵³	盛 zəŋ³¹	搛 ciɪ⁴⁴
奉贤	吃 tɕʰiəʔ⁵⁵	盛 zəŋ³¹	挟 tɕiɪʔ⁵⁵
浦东（川沙）	吃 tɕʰiʌʔ⁵⁵	添 tʰi⁵³	搛 tɕiɪʔ⁵⁵
浦东（惠南）	吃 tɕʰiʌʔ⁵⁵	盛 zəŋ¹¹³ 添 tʰi⁵³	搛 tɕiɪʔ⁵⁵
嘉定	吃 tɕʰiɪʔ⁵⁵	盛 zəŋ²³¹	挟 kaʔ⁵⁵
宝山	吃 tɕʰiəʔ⁵⁵	盛 zə̃ŋ³¹	搛 tɕie⁵³
崇明	吃 tɕʰiəʔ⁵	盛 zəŋ²⁴	搛 tɕiə⁵³

地点 \ 词条	0445 斟~酒	0446 渴口~	0447 饿肚子~
中心城区（南）	酾 sᴀ⁵² 倒 tɔ³⁴	干 kø⁵²	饿 ŋu²³
中心城区（北）	倒 tɔ³⁴	干 kø⁵²	饿 ŋu²³
松江	筛 sɑ⁵³	干 kø⁵³	饿 ŋu¹³
闵行	筛 sɑ⁵³	干 kø⁵³	饿 ŋu¹³
青浦	倒 tɔ⁴³	干 kø⁵¹	饿 ŋəu²²⁴
金山	筛 sɑ⁵³	渴 kʰɔʔ⁵	饿 ŋu¹³
奉贤	酾 sɑ⁵³	干 kø⁵³	饿 ŋu²⁴
浦东（川沙）	煞 sᴀʔ⁵⁵	干 kø⁵³	饿 ŋu¹³
浦东（惠南）	酾 sᴀ⁵³	干 kø⁵³	饿 ŋu¹³
嘉定	筛 sɑ⁵³	干 kɤ⁵³	饿 ŋu²¹³
宝山	倒 tɔ³⁴ 酾 sɑ⁵³	干 kɤ⁵³	饿 ŋu²³
崇明	筛 sɑ⁵³	干 kø⁵³	饿 ŋ̍³¹³

地点 \ 词条	0448 噇 吃饭~着了	0449 头 人的,统称	0450 头发
中心城区（南）	噇 iɿʔ^{55}	骷郎头 kʰu^{55}lã^{33}dɤ^{21} 头 dɤ^{23}	头发 dɤ^{22}fʌʔ^{44}
中心城区（北）	噇 iɿʔ^{5}	头 dɤ^{23} 骷郎头 kʰu^{55}lɑ^{33}dɤ^{21}	头发 dɤ^{22}fɐʔ^{4}
松江	噇 iɿʔ^{4}	头 dɯ^{31}	头发 dɯ^{22}fæʔ^{2}
闵行	哽 kã^{55}	骷郎头 kʰu^{22}lã^{44}dɤ^{44}	头发 dɤ^{22}fæʔ^{4}
青浦	哽 kæ̃^{43}	头 də^{31}	头发 də^{45}faʔ^{31}
金山	噇 iɿ^{44}	头 dɤ^{31}	头发 dɤ^{33}fæʔ^{2}
奉贤	噇 iɿʔ^{55}	头 dɤ^{31}	头发 dɤ^{42}fæʔ^{21}
浦东（川沙）	噇 iɿʔ^{55}	头 dɤ^{213}	头发 dɤ^{22}fæʔ^{44}
浦东（惠南）	噇 iɿʔ^{55}	头 dɤ^{113}	头发 dɤ^{22}fæʔ^{33}
嘉定	噇 iɿʔ^{55}	头 dɤ^{231}	头发 dɤ^{24}faʔ^{21}
宝山	噇 iɿʔ^{55}	头 dʌɪ^{31}	头发 dʌɪ^{22}fʌʔ^{52}
崇明	噇 ʔiə^{5}	头斗 də^{24}bæ^{55}	头发 də^{24}fæʔ^{5}

地点＼词条	0451 辫子	0452 旋	0453 额头
中心城区（南）	辫子 bi²²tsʅ⁵³ 小辫子 ɕiɔ³³bi⁵⁵tsʅ²¹	䐁 lu²³	额角头 ŋʌʔ¹¹koʔ²²dɤ²³
中心城区（北）	小辫子 ɕiɔ³³bi⁵⁵tsʅ²¹ 辫子 bi²²tsʅ⁴⁴	转 tsø³⁴ 旋 ʑi²³	额角头 ŋʌʔ¹¹koʔ²²dɤ²³
松江	辫子 bi²⁴tsʅ³¹	旋 ʑi³¹	额角头 ŋaʔ²koʔ⁵dɯ⁵³
闵行	辫子 bi¹³tsʅ⁴⁴	转 tsø⁵⁵	额骨头 ŋaʔ²²koʔ²dɤ⁴⁴
青浦	辫子 bii²²tsʅ⁵³	头䐁 də²³ləu⁵¹	额角头 ŋaʔ¹¹koʔ¹¹də⁵²
金山	辫子 bii¹³tsʅ⁵³	头发巴 dɤ³²fæʔ²po²¹	额角头 ŋaʔ³koʔ³dɤ²¹
奉贤	辫子 bi⁴²tsʅ²¹	头䐁 dɤ²³lu⁵³	额角头 ŋaʔ²²kɔʔ⁴⁴dɤ⁵³
浦东（川沙）	辫子 bi¹³tsʅ²¹	头䐁 dɤ²²lu²²	额角头 ŋʌʔ²²kɔʔ²²dɤ³⁴
浦东（惠南）	辫子 bi¹³tsʅ³¹	头䐁 dɤ²²lu³³	额角头 ŋʌʔ²²kɒʔ³³dɤ³⁵
嘉定	辫子 bii²⁴tsʅ²¹	䐁 lu²³¹	额角头 ŋaʔ²²kɔʔ²²dɤ²⁴
宝山	辫子 be²⁴tsʅ³¹	头䐁 dʌɪ²²lu⁵²	额角头 ŋʌʔ¹¹koʔ²²dʌɪ²³
崇明	辫子 bie³¹³tsʅ³³	箵 lu²⁴	额骨头 ŋaʔ²kuəʔ⁵də⁵⁵

地点 \ 词条	0454 相貌	0455 脸洗~	0456 眼睛
中心城区（南）	卖相 mᴀ²²ɕiã⁵³ 相貌 ɕiã⁵⁵mɔ²¹	面孔 mi²²kʰoŋ⁵³	眼睛 ŋɛ²²tɕiŋ⁵³
中心城区（北）	卖相 ma²²ɕiã⁴⁴	面孔 mi²²kʰoŋ⁴⁴	眼睛 ŋɛ²²tɕiŋ⁴⁴
松江	相貌 ɕiæ⁴⁴mɔ⁴⁴	面孔 mi²²kʰoŋ²²	眼睛 ŋɛ²⁴tɕiŋ³¹
闵行	卖相 ma²²ɕiã⁴⁴	面孔 mi²²kʰoŋ⁴⁴	眼睛 ŋɛ¹³tsiŋ²²
青浦	相貌 siæ³³mɔ³⁵	面孔 miɿ²⁵kʰoŋ¹¹	眼睛 ŋɛ²²tsiəŋ⁵³
金山	面相 miɿ³³ɕiɛ̃³³	面孔 miɿ¹³kʰoŋ³¹	眼睛 ŋɛ¹³ɕiəŋ⁵³
奉贤	卖相 mɑ²²ɕiã³⁴	面 mi²⁴	眼睛 ŋɛ²⁴tɕiŋ²¹
浦东（川沙）	卖相 mᴀ²²ɕiã³⁴	面 mi¹³	眼睛 ŋɛ²²tɕiŋ⁵³
浦东（惠南）	卖相 mᴀ³¹ɕiã³⁵ 面孔 mi²²kʰoŋ³³	面 mi¹³ 面孔 mi²²kʰoŋ³³	眼睛 ŋɛ¹³tɕin⁵³
嘉定	生相 sã⁵⁵siã²¹	面孔 miɿ²⁴kʰoŋ²¹	眼睛 ŋɛ²²tsiŋ⁵³
宝山	卖相 mɑ²⁴siã³¹	面孔 me²⁴kʰoŋ³¹	眼乌珠 ŋɛ²²u²³tsʅ⁵² 眼睛 ŋɛ²²tsĩŋ⁵²
崇明	卖相 mɑ²⁴ɕiã³³	面孔 mie²⁴kʰoŋ⁰	眼睛 ŋæ³¹³tɕin⁵⁵

地点 \ 词条	0457 眼珠 统称	0458 眼泪 哭的时候流出来的	0459 眉毛
中心城区（南）	眼乌珠 ŋE^{22}u^{55}tsɿ^{21}	眼泪水 ŋE^{22}li^{55}sɿ^{21}	眉毛 mi^{22}mɔ^{53}
中心城区（北）	眼乌珠 ŋE^{22}u^{55}tsɿ^{21}	眼泪水 ŋE^{22}li^{55}sɿ^{21}	眉毛 mi^{22}mɔ^{44}
松江	眼乌珠 ŋɛ^{22}u^{55}tsy^{31}	眼泪 ŋɛ^{22}li^{35}	眉毛 mi^{13}mɔ^{53}
闵行	眼乌珠 ŋɛ^{13}u^{44}tsu^{22}	眼泪 ŋɛ^{22}li^{44}	眉毛 mi^{22}mɔ^{44}
青浦	眼乌珠 ŋE^{22}u^{55}tɕy^{31}	眼泪水 ŋE^{22}li^{55}sɿ^{31}	眉毛 mɿ^{23}mɔ^{51}
金山	眼佛 ŋɛ^{12}vəʔ^{4}	眼泪 ŋɛ^{33}li^{33}	眉毛 mi^{13}mɔ^{53}
奉贤	眼 ŋɛ^{24}βəʔ^{21} 眼乌珠 ŋɛ^{22}u^{55}tɕy^{21}	眼泪 ŋɛ^{22}li^{34} 眼泪水 ŋɛ^{22}li^{55}sɿ^{21}	眉毛 mi^{23}mɔ^{53}
浦东（川沙）	眼乌珠 ŋɛ^{22}u^{55}tsɿ^{53}	眼泪 ŋɛ^{22}li^{34}	眉毛 mi^{22}mɔ^{22}
浦东（惠南）	眼乌珠 ŋɛ^{13}u^{44}tɕy^{53}	眼泪 ŋɛ^{31}li^{35}	眉毛 mi^{22}mɔ^{33}
嘉定	眼乌珠 ŋE^{22}u^{55}tsɿ^{21}	眼泪 ŋE^{22}li^{24}	眉毛 mi^{22}mɔ^{53}
宝山	眼乌珠 ŋɛ^{22}u^{55}tsɿ^{21} 黑眼乌珠 həʔ^{33}ŋɛ^{34}u^{55}tsɿ^{21}	眼泪 ŋɛ^{22}li^{23}	眉毛 mi^{22}mɔ^{52}
崇明	眼睛乌子 ŋæ^{313}tɕin^{55}ʔu^{55}tsɿ^{0}	眼泪 ŋæ^{242}li^{0}	眉毛 mi^{24}mɔ^{55}

地点 \ 词条	0460耳朵	0461鼻子	0462鼻涕 统称
中心城区（南）	耳朵 ȵi²²tu⁵³	鼻头 bɿʔ¹¹dɤ²³	鼻涕 bɿʔ¹¹tʰi²³
中心城区（北）	耳朵 ȵi²²tu⁴⁴	鼻头 bɿʔ¹¹dɤ²³	鼻涕 bɿʔ¹¹tʰi²³ 鼻涕水 bɿʔ¹¹tʰi²²sʅ²³
松江	耳朵 ȵi²⁴tu³¹	鼻头 bəʔ²dɯ⁵³	鼻涕 bəʔ²tʰi³⁵
闵行	耳朵 ȵi¹³ɖu²²	鼻头 bəʔ²²dɤ⁴⁴	鼻涕 bəʔ²²tʰi⁴⁴
青浦	耳朵 ȵi²²təu⁵³	鼻子 bəʔ¹¹də⁵²	鼻涕 bəʔ¹¹tʰi³⁴
金山	耳朵 ȵi¹³tu⁵³	鼻头 bəʔ²dɤ⁵³	鼻涕 bəʔ²tʰi³⁵
奉贤	耳朵 ȵi²⁴tu²¹	鼻头 bɿʔ²²dɤ⁵³	鼻涕 bɿʔ²²tʰi³⁴
浦东（川沙）	耳朵 ȵi¹³ɖu²¹	鼻头 bɿɪʔ²²dɤ³⁴	鼻涕 bɿɪʔ²²tʰi³⁴
浦东（惠南）	耳朵 ȵi¹³ɖu³¹	鼻头 bɿɪʔ²²dɤ¹¹³	鼻涕 bɿɪʔ²²tʰi¹³
嘉定	耳朵 ȵi²²tu⁵³	鼻头 bɿɪʔ²²dɤ²⁴	鼻涕 bɿɪʔ²²tʰi²⁴
宝山	耳朵 ȵi²²tu⁵²	鼻头 bɿʔ²²dʌɤ²³	鼻涕 bɿʔ²²tʰi²³
崇明	耳朵 ȵi³¹tu³³	鼻头 biəʔ²də⁵⁵	鼻涕 biəʔ²tʰi³³

地点 \ 词条	0463 擤~鼻涕	0464 嘴巴 人的,统称	0465 嘴唇
中心城区(南)	擤 hən³⁴	嘴巴 tsɿ³³po⁵³ 嘴 tsɿ³⁴	嘴唇皮 tsɿ³³zən⁵⁵bi²¹
中心城区(北)	擤¹ hən³⁴ 擤² ɕin³⁴	嘴巴 tsɿ³³po⁴⁴	嘴唇皮 tsɿ³³zən⁵⁵bi²¹
松江	擤 hən³⁵	嘴巴 tsɿ³⁵po³¹	嘴唇 tsɿ³⁵zən³¹
闵行	擤 hən³⁵	嘴巴 tsɿ⁴⁴ɓo²²	嘴唇 tsɿ⁴⁴zən²²
青浦	揩 kʰE⁵¹	嘴巴 tsɿ⁴⁴po⁵³	嘴唇皮 tsɿ⁴⁴zən⁵⁵bi³¹
金山	哄 ⁼hoŋ³⁵	嘴巴 tsɿ²⁴po⁵³	嘴唇 tsɿ²⁴zən⁵³
奉贤	擤 hən⁵³	嘴巴 tsɿ³⁵po²¹	嘴唇皮 tsɿ³³zən⁵⁵bi²¹
浦东(川沙)	擤 hən³⁵	嘴巴 tsɿ³³ɓo⁵³	嘴唇皮 tsɿ²²zən⁵⁵bi⁵³
浦东(惠南)	擤 hən³⁵	嘴巴 tsɿ³⁵ɓo⁵³	嘴唇皮 tsɿ²²zən⁵⁵bi⁵³
嘉定	擤 hən⁴²³	嘴 tsɿ⁴²³	嘴唇皮 tsɿ³⁵zən⁵⁵bi²¹
宝山	擤鼻涕 hẽn³³bɿʔ⁵⁵tʰi²¹	嘴巴 tsɿ⁵⁵pɤ²¹	嘴唇皮 tsɿ³³zẽn⁵⁵bi²¹
崇明	吹 tsʰɿ³³	嘴巴 tsɿ⁴²⁴po⁵⁵	嘴唇 tsɿ⁴²⁴zen⁵⁵

地点＼词条	0466 口水~流出来	0467 舌头	0468 牙齿
中心城区（南）	馋唾水 zɛ²²tʰu⁵⁵sɿ²¹	舌头 zəʔ¹¹dɤ²³	牙齿 ŋA²²tsʰɿ⁵³
中心城区（北）	涎唾水 zɛ²²tʰu⁵⁵sɿ²¹	舌头 zɐʔ¹¹dɤ²³	牙齿 ŋa²²tʰ⁴⁴
松江	馋唾水 zɛ²⁴tʰu³³sɿ³¹	舌头 zəʔ²dɯ⁵³	牙齿 na¹³tsʰɿ⁵³
闵行	馋唾水 zɛ²²tʰu²²sɿ⁴⁴	舌头 zəʔ²²dɤ⁴⁴	牙齿 ŋa²²tsʰɿ⁴⁴
青浦	涎油水 ɦiɪ²³ɦiə⁵⁵sɿ³¹	舌头 zəʔ¹¹də⁵²	牙齿 ŋa²³tsɿ⁵¹
金山	馋口水 zɛ²³tʰu⁵⁵sɿ³¹	舌头 zəʔ²dɤ⁵³	牙齿 ŋɑ¹³tsʰɿ⁵³
奉贤	馋唾水 zɛ²⁴tʰu³³sɿ²¹	舌头 zəʔ²²dɤ⁵³	牙齿 ŋa²³tsʰɿ⁵³
浦东（川沙）	馋唾 zɛ²²tʰu⁴⁴	舌头 zəʔ²²dɤ³⁴	牙齿 ŋA²²tsʰɿ²²
浦东（惠南）	馋唾水 zɛ²²tʰu⁴⁴sɿ⁵³	舌头 zəʔ²²dɤ¹¹³	牙齿 ŋA²²tsʰɿ³³
嘉定	馋唾水 zɛ²²tʰu⁵⁵sɿ²¹	舌头 zəʔ²²dɤ²⁴	牙齿 ŋa²⁴tsʰɿ²¹
宝山	馋唾水 zɛ²²tʰu²³sɿ⁵²	舌头 zəʔ²²dʌɪ²³	牙齿 ŋa²⁴tsʰɿ³¹
崇明	馋唾 zæ²⁴tʰɑ³³	舌头 zəʔ²də⁵⁵	牙齿 ŋa²⁴tsʰɿ³³

地点 \ 词条	0469 下巴	0470 胡子 嘴周围的	0471 脖子
中心城区（南）	下巴 ɦo²²bo⁵³	胡苏 ɓu²²su⁵³ 胡子 ɓu²²tsɿ⁵³	头颈 dɤ²²tɕiŋ⁵³
中心城区（北）	下巴 ɦo²²bo⁴⁴	胡子 ɦu²²tsɿ⁴⁴	头颈 dɤ²²tɕiŋ⁴⁴
松江	下巴 ɦo²⁴bo³¹	胡子 vu¹³tsɿ⁵³	胴颈 duɯ²²ciŋ²²
闵行	下巴骨 ɦo¹³bo⁴⁴kuəʔ²	胡须 ɦu²²su⁴⁴	头颈骨 dɤ²²tɕiŋ²²kuəʔ⁴
青浦	下巴 ɦo²²po⁵³	胡子 ɦu²³tsɿ⁵¹	头颈 də²³tɕiəŋ⁵¹
金山	下巴 ɦo¹³bo⁵³	胡子 ɦu¹³tsɿ⁵³	头颈 dɤ¹³ciəŋ⁵³
奉贤	下巴 ɦo²⁴bo²¹	胡须 ɓu²³su⁵³ 胡子 ɓu²³tsɿ⁵³	胴颈 dɤ⁴²tɕiŋ²¹
浦东（川沙）	下巴 ɦo²²ɓo⁵³	胡子 ɓu²²tsɿ²²	颈骨 tɕin³³kuəʔ⁵³
浦东（惠南）	下巴 ɦo¹³ɓo⁵³	胡子 ɓu²²tsɿ³³	头颈骨 dɤ²²tɕin⁴⁴kuəʔ⁵³
嘉定	下巴 ɦɤ²²bɤ⁵³	胡须 ɦu²²sy⁵³	颈骨 tɕiŋ³⁵kuəʔ²¹
宝山	下巴 ɦɤ²²pɤ⁵²	胡须 vu²²si⁵² 胡子 vu²⁴tsɿ³¹	颈骨 tɕiŋ³⁵kuəʔ³¹
崇明	下爬 ɦɦo³¹³bo⁵⁵	苏牙 su⁵⁵ŋa⁵⁵	颈骨 tɕin⁴²⁴kuəʔ⁵

地点＼词条	0472 喉咙	0473 肩膀	0474 胳膊
中心城区（南）	咕咙 βu^{22}loŋ^{53}	肩胛 tɕi^{55}kʌʔ^{21}	手臂把 sʏ^{33}pi^{55}po^{21}
中心城区（北）	胡咙 ɦu^{22}loŋ^{44} 喉咙 ɦʏ^{22}loŋ^{44}	肩胛 tɕi^{55}kɐʔ^{21}	手臂膊 sʏ^{33}pi^{55}po^{21}
松江	胡咙 vu^{13}loŋ^{53}	肩胛 tɕi^{55}ka^{31}	臂膊 pi^{35}pɔʔ^{31}
闵行	喉咙 ɦʏ^{22}loŋ^{44}	肩胛 tɕi^{44}ka^{53}	臂膀 pi^{44}pã^{22}
青浦	胡咙 ɦu^{23}loŋ^{51}	肩胛 tɕiɪ^{55}ka^{31}	臂把 pi^{33}bo^{52}
金山	胡咙 ɦu^{13}loŋ^{53}	肩胛 ɕiɪ^{44}kɑʔ^{2}	臂膊 ɓi^{23}pɔʔ^{4}
奉贤	咕咙 ɦu^{22}loŋ^{53}	肩架 tɕi^{44}kɑ^{53}	臂膊 pi^{35}pɔ^{21}
浦东（川沙）	胡咙 βu^{22}loŋ^{22}	肩胛 tɕi^{55}kʌʔ^{53}	臂巴 ɓi^{33}ɓo^{53}
浦东（惠南）	胡咙 βu^{22}loŋ^{33}	肩胛 tɕi^{55}kʌ^{53}	臂把 ɓi^{35}ɓo^{53}
嘉定	胡咙 ɦu^{22}loŋ^{53}	肩胛 tɕiɪ^{55}ka^{21}	臂把 pi^{35}pʏ^{21}
宝山	咕咙 vu^{22}loŋ^{52}	肩胛 tɕie^{55}kʌʔ^{21}	臂把 pi^{33}pʏ^{52}
崇明	胡咙 ɦu^{24}loŋ^{55}	肩家 tɕie^{55}ka^{55}	臂巴 pi^{424}po^{55}

地点＼词条	0475 手 方言指(打√)：只指手；包括臂：他的～摔断了	0476 左手	0477 右手
中心城区(南)	手 sɤ³⁴	左手 tsu³³sɤ⁵³ 左手 tɕi³³sɤ⁵³ 假手 tɕiA³³sɤ⁵³	顺手 zəŋ²²sɤ⁵³ 右手 ɦiɤ²²sɤ⁵³
中心城区(北)	手 sɤ³⁴ 包括臂	假手 ka³³sɤ⁴⁴ 左手 tsu³³sɤ⁴⁴	顺手 zəŋ²²sɤ⁴⁴ 右手 ɦiɤ²²sɤ⁴⁴
松江	手 sɯ⁴⁴	借手 tɕi⁵⁵sɯ³¹	右手 ɦiɯ²²sɯ²²
闵行	手 sɤ⁵⁵	左手 tɕi⁴⁴sɤ²²	右手 ɦiɤ²²sɤ⁴⁴
青浦	手 sə⁴³	左手 tsəu⁴⁴sə⁵³	右手 ɦie²⁵sə¹¹
金山	手 sɤ⁴⁴	左手 tsu²⁴sɤ⁵³	上前手 zɑ̃²³ziɪ⁵⁵sɤ³¹
奉贤	手 sɤ⁴⁴	挤手 tɕi⁵³sɤ²¹ 左手 tsu⁵³sɤ²¹	右手 ɦiɤ⁴²sɤ²¹
浦东(川沙)	手 sɤ⁴⁴	反手 fɛ³³sɤ⁵³	顺手 zən¹³sɤ²¹
浦东(惠南)	手 sɤ⁴⁴	奇手 dʑi¹³sɤ³¹	右手 ɦiɤ¹³sɤ³¹
嘉定	手 sɤ⁴²³	左手 tsi³⁵sɤ²¹	右手 ɦy²⁴sɤ²¹
宝山	手 sʌɪ³⁴	左手 tsu⁵⁵sʌɪ²¹	右手 ɦy²⁴sʌɪ³¹
崇明	手 sə⁴²⁴	济手 tɕi³³sə⁰	右手 ɦie³¹³lsə³³

地点＼词条	0478 拳头	0479 手指	0480 大拇指
中心城区（南）	拳头 dzyø²² dɤ⁵³	手节头 sɤ³³tɕiɿ⁵⁵dɤ²¹	大手节头 du²²sɤ⁵⁵tɕiɿ³³dɤ²¹
中心城区（北）	拳头 dzyø²² dɤ⁴⁴	手节头 sɤ³³tɕiɿ⁵⁵dɤ²¹	大节拇头 du²²tɕiɿ⁵⁵mɐʔ³³dɤ²¹
松江	拳头 dzyø¹³ dɯ⁵³	节头骨 tsiɿʔ³dɯ⁵⁵kuəʔ³¹	大节头骨 du²²tsiɿʔ⁵dɯ³³kuəʔ³¹
闵行	拳头 dʑiø²² dɤ⁴⁴	手节头 sɤ²²tɕiɿʔ⁴dɤ²²	大节头 du²²tɕiɿʔ⁴dɤ²²
青浦	拳头 dzyø²³ də⁵¹	手节头 sə⁴⁴tsiɿʔ⁵⁵də³¹	大节头骨 dəu²²tsiɿʔ⁵⁵də⁵⁵kuəʔ³¹
金山	拳头 dzyø¹³ dɤ³¹	节头骨 tsiɿʔ³dɤ⁵⁵kuəʔ³	大每节头骨 du²²me⁵⁵tsiɿʔ⁴dɤ⁴⁴kuəʔ²
奉贤	拳头 dʑiø²³ dɤ⁵³	手指头 sɤ³³tsʅ⁵⁵dɤ²¹ 节头骨 tɕiɿʔ³³dɤ⁵⁵kuəʔ²¹	大拇指 da²²mu⁴⁴tsʅ⁵³ 大节骨头 du²²tɕiɿʔ⁵⁵kuəʔ³³dɤ²¹
浦东（川沙）	拳头 dʑyø²² dɤ²²	节头骨 tɕiɿʔ²²dɤ⁵⁵kuəʔ⁵³	大节头骨 du²²tɕiɿʔ⁵⁵dɤ⁵⁵kuəʔ²¹
浦东（惠南）	拳头 dʑyø²² dɤ³³	节头骨 tɕiɿʔ³³dɤ⁵⁵kuəʔ³¹	大节头骨 du²²tɕiɿʔ⁵⁵dɤ⁵⁵kuəʔ³¹
嘉定	拳头 dʑiɤ²² dɤ⁵³	指头骨 tsiɿʔ³³dɤ⁵⁵kuəʔ²¹	大指骨头 du²²tsiɿʔ⁵⁵kuəʔ²²dɤ²¹
宝山	拳头 dʑiɤ²² dʌɪ⁵²	节头骨 tsɪʔ³³dʌɪ³⁴kuəʔ⁵²	大节头骨 du²²tsɪʔ²³dʌɪ⁵⁵kuəʔ²¹
崇明	拳头 dʑyø²⁴ dɵ⁵⁵	节头 tɕiɵʔ⁵dɵ⁵⁵	大节头 du³¹³tɕiɵʔ⁵dɵ⁵⁵

地点 \ 词条	0481食指	0482中指	0483无名指
中心城区（南）	食指 zəʔ¹¹tsʅ²³	中指 tsoŋ⁵⁵tsʅ²¹ 中节末头 tsoŋ⁵⁵tɕiɿʔ³³məʔ³³dɤ²¹	无名指 ɦu²²miɲ⁵³tsʅ²¹
中心城区（北）	食指 zɐʔ¹¹tsʅ²³	中指 tsoŋ⁵⁵tsʅ²¹	无名指 ɦu²²miɲ⁵⁵tsʅ²¹
松江	食指 zəʔ²tsʅ²²	中指 tsoŋ³⁵tsʅ⁵³	无名指 vu²²miɲ⁵⁵tsʅ³¹
闵行	食指 zəʔ²²tsʅ⁴⁴	中指 tsoŋ⁴⁴tsʅ⁴⁴	无名指 ɦu²²mĩ⁴⁴tsʅ²²
青浦	食指 zəʔ¹¹tsʅ⁵²	中指 tsoŋ⁵⁵tsʅ³¹	无名指 ɦu²³miəŋ⁵⁵tsʅ³¹
金山	食指 zəʔ⁴tsʅ³³	中指 tsoŋ²⁴tsʅ⁵³	无名指 vu²³miəŋ⁵⁵tsʅ³¹
奉贤	食指 zəʔ²²tsʅ⁵³	中指 tsoŋ⁴⁴tsʅ⁵³	无名指 βu²²miɲ²³tsʅ⁵³
浦东（川沙）	二节头骨 ȵi²²tɕiɿʔ⁵⁵dɤ⁵⁵kuəʔ²¹	当中节头骨 dɑ̃⁵⁵tsoŋ⁵⁵tɕiɿʔ⁵⁵dɤ⁵⁵kuəʔ²¹	末脚第二只节头骨 moʔ²²tɕiʌʔ³⁴di²²ȵi¹²tsʌʔ⁵⁵tɕiɿʔ⁵⁵dɤ⁵⁵kuəʔ²¹
浦东（惠南）	第二只节头骨 di³¹ȵi³⁵tsʌʔ⁵⁵tɕiɿʔ⁵⁵dɤ⁵⁵kuəʔ³¹	当中节头骨 dɑ̃⁵⁵tsoŋ⁵³tɕiɿʔ⁵⁵dɤ⁵⁵kuəʔ³¹	末脚第二只节头骨 məʔ²²tɕiʌʔ²³di³¹ȵi³⁵tsʌʔ⁵⁵tɕiɿʔ⁵⁵dɤ⁵⁵kuəʔ³¹
嘉定	食指 zəʔ²²tsʅ²⁴	中指骨头 tsoŋ⁵⁵tsiɿʔ²²kuəʔ²²dɤ²¹	无名指 ɦu²²miɲ⁵⁵tsʅ²¹
宝山	食指 zəʔ²²tsʅ²³	中节头骨 tsoŋ⁵⁵tsiɿʔ³³dʌɿ²²kuəʔ²¹	无名指 vu²²mĩ⁵⁵tsʅ²¹
崇明	二节头 ȵi³¹³tɕiəʔ⁵dɵ⁵⁵	当中节头 tɑ̃⁵⁵tsoŋ⁵⁵tɕiəʔ⁵dɵ⁵⁵	（无）

地点 \ 词条	0484 小拇指	0485 指甲	0486 腿
中心城区（南）	小指末头 ɕiɔ³³tsʅ⁵⁵məʔ³³dɤ²¹ 小指头 ɕiɔ³³tsʅ⁵⁵dɤ²¹ 小节末头 ɕiɔ³³tɕiɪʔ⁵⁵məʔ³³dɤ²¹ 小节头 ɕiɔ³³tɕiɪʔ⁵⁵dɤ²¹	节掐 tɕiɪʔ³³kʰʌʔ⁴⁴	髈 pʰã⁵²
中心城区（北）	小节拇头 ɕiɔ³³tɕiɪʔ⁵⁵məʔ³³dɤ²¹ 小手指头 ɕiɔ³³sɤ⁵⁵tsʅ³³dɤ²¹	指掐 tsʅ³³kʰɐʔ⁴⁴ 节掐 tɕiɪʔ³³kʰɐʔ⁴⁴	腿 tʰe³⁴
松江	小节头骨 ɕiɔ³³tsiɪʔ⁵duʔ³³kuəʔ³¹	节掐 tɕiɪʔ⁴kʰæʔ⁴	大腿 du²²tʰe²²
闵行	小节头 ɕiɔ²²tɕiɪʔ⁴dɤ²²	指甲 tsʅ⁴⁴kʰæʔ²	脚 tɕiaʔ⁵
青浦	小节头骨 siɔ⁴⁴tsiɪʔ⁵⁵dəʔ⁵⁵kuəʔ³¹	节掐指 tsiɪʔ⁵⁵kʰaʔ⁵⁵tsʅ⁵⁵	大腿 dəu²⁵tʰɪ¹¹
金山	小每≡节头骨 ɕiɔ³³me⁵⁵tsiɪʔ⁴dɤ⁴⁴kuəʔ²	指爪 tsʅ²⁴tsɔ⁵³	腿 tʰi⁴⁴
奉贤	小指 ɕiɔ³³tsʅ⁵³ 小节骨头 ɕiɔ³³tɕiɪʔ⁵⁵kuəʔ³³dɤ²¹	节掐 tɕiɪʔ⁵³kʰæʔ²¹	腿 tʰe⁴⁴
浦东（川沙）	小节头骨 ɕiɔ²²tɕiɪʔ⁵⁵dɤ⁵⁵kuəʔ²¹	节掐 tɕiɪʔ³³kʰʌʔ⁵³	腿 tʰe⁴⁴
浦东（惠南）	小节头骨 ɕiɔ²²tɕiɪʔ⁵⁵dɤ⁵⁵kuəʔ³¹	节掐 tɕiɪʔ²²kʰʌʔ³⁵	腿 tʰE⁴⁴
嘉定	小指骨头 siɔ³³tsiɪʔ⁵⁵kuəʔ²²dɤ²¹	手指甲 sɤ³³tsiɪʔ⁵⁵kʰaʔ²¹	大腿 du²⁴tʰɤ²¹
宝山	小节头骨 siɔ³³tsiɪʔ³⁴dʌɪ⁵⁵kuəʔ²¹	节掐指 tsiɪʔ³³kʰʌʔ³⁴tsʅ⁵²	大腿 du²²tʰʌɪ⁵² 小腿 siɔ³³tʰʌɪ⁵²
崇明	小节头 ɕiɔ⁴²⁴tɕiəʔ⁵dɵ⁵⁵	指掐 tsʅ⁴²⁴kʰæʔ⁵	腿 tʰei⁴²⁴

地点＼词条	0487 脚 方言指(打√)：只指脚；包括小腿；包括小腿和大腿；他的～压断了	0488 膝盖 指部位	0489 背 名词
中心城区（南）	脚 tɕiA$ʔ^{55}$	脚馒头 tɕiA$ʔ^{33}$mø^{55}dɤ^{21}	背脊 pE^{33}tɕiɪʔ^{44} 背心 pE^{33}ɕiŋ^{53}
中心城区（北）	脚 tɕiɐʔ^{55} 包括小腿和大腿	膝馒头 tɕiɪʔ^{33}mo^{55}dɤ^{21}	背 pei^{34} 背脊 pei^{33}tɕiɪʔ^{44}
松江	脚 ciaʔ^4	脚馒头 ciaʔ^{3}me^{55}dɯ^{53}	背脊骨 pe^{33}tɕiɪʔ^{5}kuəʔ^{31}
闵行	脚 tɕiaʔ^5	脚馒头 tɕiaʔ^{2}me^{22}dɤ^{44}	背脊骨 ɓe^{22}tɕiɪʔ^{4}kuəʔ^2
青浦	脚 tɕiaʔ^{55}	脚馒头 tɕiaʔ^{55}mɪ^{35}də^{31}	背 pɪ^{35}
金山	脚 ciaʔ^{12}	脚馒头 ciaʔ^{3}me^{55}dɤ^{31}	背脊骨 ɓe^{34}tsiaʔ^{5}kuəʔ^3
奉贤	脚 tɕiɑʔ^{55}	脚馒头 tɕiɑʔ^{33}me^{34}dɤ^{53}	背脊骨 pe^{33}tɕiɪʔ^{55}kuəʔ^{21} 背侧骨 pe^{33}tsə^{55}kuəʔ^{21}
浦东（川沙）	脚 tɕiAʔ^{55}	脚馒头 tɕiAʔ^{22}mɛ^{55}dɤ^{53}	背脊骨 ɓe^{22}tɕiɪʔ^{55}kuəʔ^{53}
浦东（惠南）	脚 tɕiAʔ^{55}	脚馒头 tɕiAʔ^{33}mɛ^{55}dɤ^{31}	背 ɓE^{35}
嘉定	脚 tɕiAʔ^{55}	脚馒头 tɕiAʔ^{33}miɪ^{55}dɤ^{21}	背心 piɪ^{35}siŋ^{21}
宝山	脚 tɕiAʔ^{55}	脚馒头 tɕiAʔ^{33}me^{55}dʌɪ^{21}	背心 pʌɪ^{35}sĩŋ^{31}
崇明	脚 tɕiɑʔ^5	雀馒头 tɕʰiɑʔ^{5}mie^{55}də^{55}	背肌 pei^{424}tɕi^{55}

地点＼词条	0490 肚子腹部	0491 肚脐	0492 乳房女性的
中心城区（南）	肚皮 du²²bi⁵³	肚皮眼 du²²bi⁵⁵ŋɛ²¹ 肚脐眼 du²²zi⁵⁵ŋɛ²¹	奶奶 nᴀ²²nᴀ⁵³
中心城区（北）	肚皮 du²²bi⁴⁴	肚皮眼 du²²bi⁵⁵ŋɛ²¹ 肚脐眼 du²²zi⁵⁵ŋɛ²¹	奶奶 na²²na⁴⁴ 乳房 ʐɿ²²vã⁴⁴
松江	肚皮 du²⁴bi³¹	肚脐眼 du²²zi⁵⁵ŋɛ³¹	奶奶头 na²²na⁵⁵dɯ³¹
闵行	肚皮 du¹³bi²²	肚脐眼 du²²ʑi⁴⁴ŋɛ²²	妈妈头 ma²²ma⁴⁴dɤ⁴⁴
青浦	肚皮 dəu²²bi⁵³	肚脐眼 dəu²²zi⁵⁵ŋɛ³¹	奶奶 na⁵⁵na³¹
金山	肚皮 du¹³bi⁵³	肚脐眼 du²³zi⁵⁵ŋɛ³¹	妈妈 mɑ¹³mɑ⁵³
奉贤	肚皮 du²⁴bi²¹	肚脐眼 du²²zi⁵⁵ŋɛ²¹	妈妈 ma⁴⁴ma⁵³
浦东（川沙）	肚皮 du²²bi⁵³	肚脐眼 du²²zi⁵⁵ŋɛ²¹	奶奶 nᴀ²²nᴀ⁴⁴
浦东（惠南）	肚皮 du¹³bi⁵³	肚脐眼 du¹³zi⁵⁵ŋɛ⁵³	妈妈 mᴀ²²mᴀ³³
嘉定	肚皮 du²²bi⁵³	肚皮眼 du²²bi⁵⁵ŋɛ²¹	奶奶 na⁵⁵na²¹
宝山	肚皮 du²²bi⁵²	肚脐眼 du²²zi²³ŋɛ⁵² 肚脐 du²²zi⁵²	奶 nɑ²³
崇明	肚皮 du³¹³bi⁵⁵	肚皮子 du³¹³bi⁵⁵tsɿ⁰	奶 na²⁴²

地点\词条	0493 屁股	0494 肛门	0495 阴茎 成人的
中心城区（南）	屁股 pʰi⁵⁵ku²¹	洞疰 doŋ²²koŋ⁵³ 屁眼 pʰi⁵⁵ŋɛ²¹	卵 lø²³
中心城区（北）	屁股 pʰi⁵⁵ku²¹ 臀部 dəŋ²²bu⁴⁴	屁眼 pʰi⁵⁵ŋɛ²¹ 肛门 kã⁵⁵məŋ²¹	卵子 lø²²tsɿ⁴⁴ 卵 lø²³ 卵泡 lø²²pʰɔ⁴⁴
松江	屁股 pʰi⁵⁵ku³¹	洞宫 ⁼doŋ²²koŋ²²	卵 lø¹³
闵行	屁股 pʰi⁴⁴ku²²	屁股眼 pʰi²²ku⁴⁴ŋɛ²²	卵头子 lø²²dɤ⁴⁴tsɿ²²
青浦	屁股 pʰi³³kəu⁵²	臀疰 dəŋ²³koŋ⁵¹	卵头子 lø²²dɤ⁵⁵tsɿ³¹
金山	屁股 pʰi³³ku³¹	同疰 doŋ¹³koŋ³¹	卵 lø¹³
奉贤	屁股 pʰi⁵³ku²¹	洞疰 doŋ⁴²koŋ²¹ 肛门 kã⁴⁴məŋ⁵³	卵 lø²⁴ 卵头子 lø²²dɤ⁵⁵tsɿ²¹
浦东（川沙）	屁股 pʰi³⁵ku²¹	臀疰 dəŋ²²koŋ⁵³	卵子 lø¹³tsɿ²¹
浦东（惠南）	屁股 pʰi³⁵ku³¹	屁眼 pʰi³⁵ŋɛ³¹ 臀疰 dəŋ²²koŋ³³	卵 lø¹¹³
嘉定	屁股 pʰi³⁵ku²¹	臀#² dəŋ²²koŋ⁵³	卵 lɤ²¹³
宝山	屁股 pʰi⁵⁵ku²¹	屁眼洞 pʰi³³ŋɛ³⁴doŋ⁵² 臀疰 dẽŋ²²koŋ⁵² 肛门 kõ⁵⁵mẽŋ²¹	卵 lɤ²³
崇明	屁股 pʰi³³ku⁰	洞肛 doŋ³¹³koŋ⁵⁵	小刁 ɕiɔ⁴²⁴tiɔ⁵⁵

地点 \ 词条	0496 女阴 成人的	0497 肏 动词	0498 精液
中心城区（南）	屄 pi⁵²	戳 tsʰoʔ⁵⁵	虫 zoŋ²³
中心城区（北）	屄 pi⁵²	戳 tsʰoʔ⁵⁵	精液 tɕin⁵⁵ɦiɪʔ²¹
松江	屄 pi⁵³ 毣 toʔ⁴ 旧称	肏屄 tsʰoʔ⁴pi⁵³	卵虫 lø²⁴zoŋ³¹
闵行	屄 pi⁵³	戳 tsʰoʔ²ɖoʔ⁴	㞗 zoŋ³¹
青浦	屄 pi⁵¹	戳 tsʰɔʔ⁵⁵	精液 tsiəŋ⁵⁵ɦiɪʔ³¹
金山	笃 ⁼ɖɔʔ⁵	戳 tsʰɔʔ⁵	卵虫 lø¹³zoŋ⁵³
奉贤	豚 toʔ⁵⁵ 下身 ɦo²⁴səŋ²¹	戳 tsʰɔʔ⁵⁵	精液 tɕin⁵³ɦiɪʔ²¹
浦东（川沙）	屄 ɕi⁵³	肏 tsʰoʔ⁵⁵	精子 tɕin⁵⁵tsɿ²¹
浦东（惠南）	屄 ɕi⁵³ 屇 ɖoʔ⁵⁵	肏 tsʰɒʔ⁵⁵	射冲 zɤ²²tsʰoŋ³³
嘉定	屄 pi⁵³	肏 tsʰɔʔ⁵⁵	卵虫 ⁼lɤ²²zoŋ⁵³
宝山	屄 pi⁵³	戳 tsʰoʔ⁵⁵	虫 zoŋ³¹
崇明	屄 pi⁵³	戳 tsʰoʔ⁵	㞗 zoŋ²⁴

地点 \ 词条	0499 来月经 注意婉称	0500 拉屎	0501 撒尿
中心城区（南）	老鬼三来了 lɔ^{22}tɕy^{55}sE^{21}lE^{22}lə^{44} 老朋友来了 lɔ^{22}bã^{55}ɦiɤ^{21}lE^{22}lə^{44}	拆＝污 tsʰAʔ^{55}u^{34} 射污 zA^{23}u^{34}	拆＝尿 tsʰAʔ^{55}sɿ^{52} 射尿 zA^{22}sɿ^{53}
中心城区（北）	老朋友来了 lɔ^{22}bã^{55}ɦiɤ^{33}lE^{33}lɐʔ^{21}	惹＝屙 za^{22}u^{44} 拆屙 tsʰɐʔ^{33}u^{44}	惹＝尿 za^{22}sɿ^{44} 拆＝尿 tsʰɐʔ^{33}sɿ^{44}
松江	月经 ȵyøʔ^{2}ciŋ^{53}	拆＝恶 tsʰaʔ^{4}vu^{35}	拆＝尿 tsʰaʔ^{4}sɿ^{53}
闵行	老鬼三来特 lɔ^{22}tɕy^{44}sɛ^{22}le^{13}də^{22}	射恶 tsʰaʔ^{4}u^{44}	射尿 tsʰaʔ^{4}sɿ^{44}
青浦	身浪来了 səŋ^{55}lã^{31}lE^{23}lə^{51}	射恶 za^{22}u^{55}	射尿 za^{25}sɿ^{11}
金山	身落到 səŋ^{44}lɔʔ^{3}dɔ^{31}	#^{2}屙 za^{33}u^{33}	#^{2}尿 za^{13}sɿ^{31}
奉贤	来老鬼三 lɛ^{24}lɔ^{22}tɕy^{55}sɛ^{21} 来老朋友 lɛ^{24}lɔ^{22}bã^{55}ɦiɤ^{21}	拆＝污 tsʰaʔ^{33}u^{34} 射污 za^{22}u^{34}	拆＝尿 tsʰaʔ^{33}sɿ^{53} 射尿 za^{22}sɿ^{53}
浦东（川沙）	老鬼三 lɔ^{22}tɕy^{55}sɛ^{53}	拆＝巴乌 tsʰAʔ^{22}ɓo^{55}u^{53}	拆＝尿 tsʰaʔ^{33}sɿ^{53}
浦东（惠南）	老鬼三 lɔ^{22}tɕy^{55}sɛ^{53} 身浪到 sən^{55}nã^{33}dɔ^{35}	拆＝乌 tsʰaʔ^{55}u^{35}	拆＝尿 tsʰaʔ^{55}sɿ^{53}
嘉定	身浪来 səŋ^{55}lã^{22}lE^{21}	斥＝污 tsʰaʔ^{33}u^{35}	撒尿 tsʰaʔ^{33}sɿ^{53}
宝山	老朋友来哉 lɔ^{22}bã^{55}ɦiy^{21}lɛ^{35}zəʔ^{21}	拆＝污 tsʰAʔ^{55}u^{34}	拆＝尿 tsʰAʔ^{33}sɿ^{52}
崇明	身浪来 sən^{55}lã^{0}lɛ^{33}	射恶 ɖɑ^{24}ʔu^{33}	射尿 ɖɑ^{313}sɿ^{55}

地点 \ 词条	0502 放屁	0503 相当于"他妈的"的口头禅	0504 病了
中心城区（南）	拆=屁 tsʰAʔ⁵⁵pʰi³⁴ 放屁 fɑ³⁴pʰi³⁴	戳那 tsʰAʔ⁵⁵nA²¹ 戳那娘 tsʰAʔ³³nA⁴⁴n̠iã²³	生毛病 sã⁵²mɔ²²biŋ⁵³
中心城区（北）	拆=屁 tsʰɐʔ⁴⁴pʰi³⁴ 放屁 fɑ⁴⁴pʰi³⁴	#¹ 倻 tsʰɐʔ⁵⁵na²¹ #¹ 倻娘 tsʰɐʔ⁵⁵na³³n̠iã²³ #¹ 倻娘个屄 tsʰɐʔ⁵⁵na³³n̠iã²²fiɐʔ⁴pi⁵²	生病勒 sã⁴⁴biŋ²²lɐʔ⁴⁴ 生毛病勒 sã⁴⁴mɔ²²biŋ⁵⁵lɐʔ²¹
松江	拆=屁 tsʰaʔ²⁴pʰi³⁵	戳侬 tsʰɒʔ⁵na³¹	生病 sæ⁵⁵biŋ³¹
闵行	射屁 tsʰaʔ⁴pʰi⁴⁴	娘个头 n̠iã²²gəʔ²²dɤ⁴⁴	生毛病 sã⁴⁴mɔ⁴⁴biŋ²²
青浦	拆=屁 tsəʔ⁵⁵pʰi³⁵	娘个屄 n̠iæ²³kəʔ⁵⁵pi³¹	生病哉 sæ⁵⁵biəŋ³¹tsE²¹
金山	#² 屁 zɑ³³pʰi³³	#³ 妈屄 lɑ³³mɑ⁵⁵pi³¹	生病 sɛ̃⁵⁵biəŋ³¹
奉贤	拆=屁 tsʰaʔ³³pʰi³⁴ 放屁 fɑ⁴⁴pʰi⁴⁴	倻娘个 na²⁴n̠iã²⁴fiəʔ²¹	生病了 sã⁵⁵biŋ³³lɛ²¹
浦东（川沙）	拆=屁 tsʰAʔ³³pʰi³⁴	戳奶 tsʰɒʔ⁴⁴nA⁴⁴	生病 sã⁵⁵bin²¹
浦东（惠南）	放屁 fɑ³⁵pʰi³¹ 拆=屁 tsʰAʔ⁵⁵pʰi³⁵	敨奶 tsʰɒʔ⁵⁵nA⁴⁴	生病 sã⁵⁵bin³¹ 生毛病 sã⁵⁵mɔ⁵⁵bin³¹
嘉定	擦=屁 tsʰaʔ³³pʰi³⁵	敨倻娘 tsʰɔʔ³³na⁵⁵n̠iã²¹	生病则 sã⁵⁵biŋ²²tsəʔ²¹
宝山	拆=屁 tsʰaʔ⁵⁵pʰi³⁴ 放屁 fɒ³⁴pʰi³⁴	戳倻 tsʰɔʔ⁵⁵nɑ²¹	生毛病哉 sã⁵³mɔ²²bĩŋ⁵⁵zəʔ²¹
崇明	射屁 dʑɑ²⁴pʰi³³	戳夷特娘 tsʰoʔ⁵fiiº dəʔº n̠iã²⁴	生病 sã⁵⁵bin⁰

地点 \ 词条	0505 着凉	0506 咳嗽	0507 发烧
中心城区（南）	着冷 zaʔ$\underline{^{12}}$lã^{23}	咳嗽 kʰəʔ$\underline{^{33}}$sɤ^{53}	发寒热 fʌʔ^{55}ɦø^{22}ȵiɪʔ$\underline{^{44}}$
中心城区（北）	着凉 zɐʔ$\underline{^{22}}$lã^{23}	咳嗽 kʰəʔ$\underline{^{33}}$sɤ^{44}	发寒热 fɐʔ$\underline{^{44}}$ɦø^{22}ȵiɪʔ$\underline{^{44}}$
松江	受冷 zɯ^{13}læ^{13}	咳嗽 kʰəʔ^{4}sɯ^{35}	发寒热 fæʔ^{3}ɦø^{55}ȵiɪʔ$\underline{^{31}}$
闵行	伤风 sã^{44}foŋ^{44}	咳嗽 kʰəʔ^{2}sɤ^{44}	发寒热 fæʔ^{2}ɦø^{44}ȵiɪʔ^{22}
青浦	着凉 zaʔ$\underline{^{11}}$liæ̃^{34}	咳嗽 kʰəʔ$\underline{^{55}}$səu^{35}	发寒热 fæʔ$\underline{^{55}}$ɦø^{45}ȵiɪʔ$\underline{^{31}}$
金山	冻阿勒 ɖoŋ^{23}ɑ^{55}li^{31}	呛 tɕʰiɛ̃^{35}	发寒热 fæʔ^{3}ɦø^{55}ȵiɪʔ^{3}
奉贤	着冷 zɑʔ$\underline{^{42}}$lã^{21}	咳嗽 kʰəʔ$\underline{^{33}}$sɤ^{34}	发寒热 fæʔ$\underline{^{33}}$ɦø^{55}ȵiɪʔ$\underline{^{21}}$
浦东（川沙）	受冷得 zɤ^{22}lã^{34}ɖʌʔ$\underline{^{33}}$	咳嗽 kʰəʔ$\underline{^{33}}$sɤ^{34}	寒热 ɦø^{22}ȵiɪʔ$\underline{^{44}}$
浦东（惠南）	着冷 zʌʔ$\underline{^{22}}$lã^{113}	咳嗽 kʰəʔ$\underline{^{22}}$sɤ^{35}	发寒热 fæʔ$\underline{^{33}}$ɦø^{55}ȵiɪʔ$\underline{^{31}}$
嘉定	着瀴则 zaʔ$\underline{^{22}}$iŋ^{22}tsəʔ$\underline{^{55}}$	咳嗽 kʰɔʔ$\underline{^{33}}$sɤ^{35}	发寒热 faʔ$\underline{^{33}}$ɦɤ^{55}ȵiɪʔ$\underline{^{21}}$
宝山	着冷 zʌʔ$\underline{^{22}}$lã^{23}	齁#^{7}hʌɪ^{55}bʌʔ$\underline{^{21}}$ 咳嗽 kʰoʔ$\underline{^{44}}$sʌɪ^{23}	发寒热 fʌʔ$\underline{^{33}}$ɦɤ^{34}ȵiɪʔ^{52} 发高烧 fʌʔ$\underline{^{33}}$kɔ^{55}sɔ^{21}
崇明	受寒 zɵ^{313}ø^{55}	咳嗽 kʰəʔ^{5}sɵ^{33}	发热 fæʔ^{5}ȵiəʔ^{5}

地点\词条	0508 发抖	0509 肚子疼	0510 拉肚子
中心城区（南）	发抖 fʌʔ⁵⁵tɤ³⁴	肚皮痛 du²²bi⁴⁴tʰoŋ³⁴	肚皮射 du²²bi⁴⁴zʌ²³
中心城区（北）	发抖 fɐʔ⁴⁴tɤ³⁴	肚皮痛 du²²bi⁵⁵tʰoŋ²¹	肚皮惹 ⁼du²²bi⁵⁵za²¹
松江	发抖 fæʔ⁴tɯ⁴⁴	肚皮痛 du²²bi⁵⁵tʰoŋ³¹	肚皮 #²du²²bi⁵⁵za³¹
闵行	抖 ʤɤ⁵⁵	肚皮痛 du¹³bi²²tʰoŋ²²	肚皮惹 ⁼du²²bi⁴⁴za²²
青浦	发抖 fæʔ⁵⁵tə⁵⁵	肚皮疼 du²²bi⁵⁵tʰoŋ³¹	肚皮射 du²²bi⁵⁵za²²⁴
金山	发抖 fæʔ⁴ʔdɤ³³	肚皮痛 du²²bi⁵⁵tʰoŋ³¹	肚里 #²du²²li⁵⁵za³¹
奉贤	发抖 fæʔ³³ëɤ³⁴	肚皮痛 du⁴²bi²²tʰoŋ²¹	肚皮射 du⁴²bi²²za²¹
浦东（川沙）	发抖 fæʔ⁴⁴dɤ⁴⁴	肚皮痛 du²²bi⁵⁵tʰoŋ²¹	肚皮拆 du²²bi⁵⁵tsʰʌʔ⁵³
浦东（惠南）	发抖 fæʔ⁵⁵dɤ⁴⁴	肚皮痛 du¹³bi⁵⁵tʰoŋ³¹	肚皮泻 du¹³bi⁵⁵ɕiʌ³¹
嘉定	#³#³抖 gəʔ²²gəʔ²²tɤ²⁴	肚皮痛 du²²bi⁵⁵tʰoŋ²¹	斥薄沥 tsʰaʔ³³boʔ⁵⁵li²¹
宝山	#⁸#⁸抖 gəʔ¹¹gəʔ²²tʌɪ²³ 发抖 fʌʔ⁴⁴tʌɪ²³	肚皮痛 du²²bi²³ tʰoŋ³⁴	拆#¹¹痢 tsʰʌʔ³³mɤ⁵⁵li²² 肚皮射 du²²bi⁵⁵za²²
崇明	落落抖 loʔ²loʔ²tə⁰	肚里疼 du³¹³li³³tʰoŋ⁰	肚里射 du³¹³li³³ʥa³¹³

地点 \ 词条	0511 患疟疾	0512 中暑	0513 肿
中心城区（南）	生疟疾 sã⁵² ȵiɿʔ¹¹ ziɿʔ²³	中暑 tsoŋ³³ sɿ⁵³ 痊夏 tsɿ⁵² ɦo²³	颟 hᴇ⁵² 肿 tsoŋ³⁴
中心城区（北）	生冷热病 sã⁴⁴ lã²² ȵiɿ⁵⁵ biŋ²¹	发痧 fɐʔ⁴⁴ so⁵²	颟 hᴇ⁵² 肿 tsoŋ³⁴
松江	疟子 ŋɔʔ² tsɿ²²	发痧 fæʔ⁴ so⁵³	肿 tsoŋ⁴⁴
闵行	生疟子病 sã⁴⁴ ŋɔʔ²² tsɿ²² biŋ⁴⁴	喝痧 hɔʔ²² so⁴⁴	肿 tsoŋ⁵⁵
青浦	发疟子 fæʔ⁵⁵ ŋɔʔ¹¹ tsɿ³⁴	中暑 tsoŋ³³ su⁵²	肿 tsoŋ⁴³
金山	熬猪头 ŋɔ²³ tsɿ⁵⁵ dɤ³¹	中暑 tsoŋ²⁴ sy⁵³	肿 tsoŋ⁴⁴
奉贤	发疟子 fæʔ⁵⁵ ŋɔʔ⁴⁴ tsɿ⁴⁴	中暑 tsoŋ⁵³ ɕy²¹	光 ⁼kuã⁵³ 颟 he⁵³
浦东（川沙）	发寒热 fæʔ⁵⁵ ɦø²² ȵiɿʔ⁴⁴	中暑 tsoŋ³⁵ sɿ²¹	光 ⁼kuã⁵³
浦东（惠南）	发疟子 fæʔ³³ ŋɔ⁵⁵ tsɿ³¹	中暑 tsoŋ³⁵ ɕy³¹	光 ⁼kuã⁵³
嘉定	生疟疾 sã⁵⁵ ȵia²² ziɿʔ²⁴	黑 ⁼暑 hɔʔ³³ sɤ⁵³	肿 tsoŋ⁴²³
宝山	生冷热病 sã⁵³ lã²² ȵiɿ⁵⁵ bĩŋ²¹	中暑 tsoŋ⁵⁵ sɿ²¹	颟 hʌɪ⁵³ 肿 tsoŋ³⁴
崇明	发寒热 fæʔ⁵ ø⁵⁵ ȵiəʔ⁵	黑痧 hɔʔ⁵ so⁵⁵	虚 hei⁵³

地点＼词条	0514 化脓	0515 疤 好了的	0516 癣
中心城区（南）	滚脓 guəŋ²³noŋ²³	疤 po⁵²	癣 ɕi³⁴
中心城区（北）	滚脓 kuəŋ⁴⁴noŋ²³ 拱脓 koŋ⁴⁴noŋ²³ 化脓 huo⁴⁴noŋ²³	疤 po⁵²	癣 ɕi³⁴
松江	化脓 ho³³loŋ³¹	疤 po⁵³	癣 ɕi⁴⁴
闵行	化脓 ho⁴⁴noŋ¹³	疤斑 ɓo⁴⁴ɓɛ⁴⁴	癣 si⁵⁵
青浦	化脓 ho³³noŋ⁵²	疤 po⁵¹	癣 sɿ⁴³
金山	出脓 tsʰəʔ³noŋ⁵³	疤斑 ɓo²⁴ʔbɛ⁵³	癣 sɿ⁴⁴
奉贤	作脓 tsɔʔ³³noŋ⁵³	疤 po⁵³	癣 ɕi⁴⁴
浦东（川沙）	化脓 ho³³noŋ⁵³	疤瘢 ɓo⁵⁵ɓɛ⁵³	癣 ɕi⁴⁴
浦东（惠南）	化脓 ho¹³noŋ⁵³	疤 ɓo⁵³	癣 ɕi⁴⁴
嘉定	作脓 tsɔʔ³³noŋ⁵³	疤 pɤ⁵³	癣 sɿ⁴²³
宝山	生脓 sã⁵² noŋ³¹ 化脓 fɤ³⁴noŋ³¹	疤 pɤ⁵³	癣 se³⁴
崇明	滚 kuən³³	疤板 po⁵⁵pæ⁰	癣 ɕie³³

地点 \ 词条	0517 痣凸起的	0518 疙瘩蚊子咬后形成的	0519 狐臭
中心城区（南）	痣 tsɿ³⁴	块 kʰuɛ³⁴	狐臭 vu²²tsʰɤ⁵³ 猪狗臭 tsɿ⁵⁵kɤ³³tsʰɤ²¹
中心城区（北）	痣 tsɿ³⁴	块 kʰue³⁴	狐臭 ɦu²²tsʰɤ⁴⁴
松江	痣 tsɿ³⁵	蚊子块 mən²²tsɿ⁵⁵kʰue³¹	猪狗臭 tsɿ³³kɯ⁵⁵tsʰɯ³¹
闵行	痣 tsɿ⁵⁵	块 kʰue³⁵	猪狗臭 tsɿ²²kɤ⁴⁴tsʰɤ³⁵
青浦	痣 tsɿ³⁵	块 kʰui³⁵	猪狗臭 tsɿ⁵⁵kə⁵⁵tsʰə³¹
金山	痣 tsɿ³⁵	肿块 tsoŋ⁴⁴kʰue⁴⁴	马狗臭 mo²³kɤ⁵⁵tsʰɤ³¹
奉贤	痣 tsɿ⁴⁴	块 kʰue³⁵	猪狗臭 tsɿ⁴⁴kɤ⁴⁴tsʰɤ²¹
浦东（川沙）	痣 tsɿ⁴⁴	块 kʰue³⁵	肢胳臭 tsɿ⁵⁵kəʔ⁵⁵tsʰɤ²¹
浦东（惠南）	痣 tsɿ³⁵	块 kʰuɛ³⁵	肢胳臭 tsɿ⁵⁵kəʔ⁵⁵tsʰɤ³¹
嘉定	痣 tsɿ⁴²³	块 kʰue⁴²³	胳落钻里臭 kəʔ³³loʔ⁵⁵tsɤ²²li²²tsʰɤ²⁴
宝山	痣 tsɿ³⁴	块 kʰuʌɪ³⁴	猪狗臭 tsɿ⁵⁵kʌɪ³³tsʰʌɪ²¹
崇明	痣 tsɿ³³	块 kʰuei³³	猪狗臭 tsɿ⁵⁵kɵ⁰tsʰɵ⁰

地点＼词条	0520看病	0521诊脉	0522针灸
中心城区（南）	看医生 kø³³i⁵⁵sã²¹ 看毛病 kø³⁴mɔ²²biŋ⁵³	搭脉 tɐʔ⁵⁵mɐʔ¹²	打金针 tã³³tɕin⁵⁵tsəŋ²¹
中心城区（北）	看毛病 kʰø⁴⁴mɔ²²biŋ⁴⁴ 看医生 kʰø⁴⁴i⁵⁵sã²¹	搭脉 tɐʔ⁴⁴mɐ¹²	打金针 tã⁴⁴tɕin⁵⁵tsəŋ²¹
松江	看病 kʰø³³biŋ¹³	把脉 po³⁵maʔ³¹	针灸 tsəŋ⁵⁵ciɯ³¹
闵行	看毛病 kʰø⁴⁴mɔ²²biŋ²²	搭脉 tæʔ⁴mæʔ⁴⁴	针灸 tsəŋ⁴⁴tɕiɤ⁴⁴
青浦	看病 kʰø³³biəŋ³⁵	搭脉 tæʔ⁵⁵maʔ²⁴	针灸 tsəŋ⁵⁵tɕiə³¹
金山	看病 kʰø⁴⁴biəŋ⁴⁴	把脉 ɓo²³maʔ⁴	针灸 tsəŋ⁵⁵ciɤ³¹
奉贤	看毛病 kʰø⁵³mɔ³³biŋ²¹	搭脉息 ɖæʔ⁵⁵maʔ⁴²ɕiɿʔ²¹	行针 ɦã²³tsəŋ⁵³
浦东（川沙）	看毛病 kʰø²²mɔ⁵⁵bin²¹	搭脉 ɖæʔ³³mɐʔ⁵³	打金针 ɖã²²tɕin⁵⁵tsəŋ⁵³
浦东（惠南）	看毛病 kʰø³⁵mɔ⁵⁵bin³¹	搭脉 ɖæʔ⁵⁵mɐʔ⁵³	行针 ɦã²²tsən³³
嘉定	看毛病 kɤ³⁵mɔ²⁴biŋ²¹	访脉 fã⁵³maʔ²³	针灸 tsəŋ⁵⁵tɕy²¹
宝山	看毛病 kʰɤ³³mɔ⁵⁵bĩŋ²¹	搭脉 tɐʔ⁵⁵mɐʔ²²	针灸 tsẽŋ⁵⁵tɕy²¹ 打金针 tã³³tɕin⁵⁵tsẽŋ²¹
崇明	看毛病 kʰø⁴²⁴mɔ⁵⁵bin⁰	把脉 po⁵⁵maʔ⁵	针灸 tsən⁵⁵tɕiə⁰

地点 \ 词条	0523 打针	0524 打吊针	0525 吃药 统称
中心城区（南）	打针 tã³³tsən⁵³	吊盐水 tiɔ³⁴ɦi²²sʅ⁴⁴	吃药 tɕʰiɪʔ⁵⁵ɦiaʔ¹²
中心城区（北）	打针 tã⁴⁴tsən⁵²	吊盐水 tiɔ⁴⁴ɦi²²sʅ⁴⁴	吃药 tɕiɐʔ⁴⁴ɦiɐʔ¹²
松江	打针 tæ³⁵tsən³¹	挂盐水 ko³³ɦi¹³sʅ⁵³	吃药 cʰiaʔ²⁴ɦiaʔ⁴
闵行	打针 dã⁴⁴tsən²²	吊盐水 tiɔ⁴⁴ɦi²²sʅ⁴⁴	吃药 tɕʰiɔʔ²⁴ɦiaʔ⁴⁴
青浦	打针 tæ⁴⁴tsən⁵³	挂盐水 ko³³ɦiɪ⁴⁵sʅ³¹	吃药 tɕʰiɔʔ⁵⁵ɦiaʔ²⁴
金山	打针 tɛ̃²⁴tsəŋ⁵³	挂盐水 ko⁴³ɦiɪ³³sʅ²¹	吃药 tɕʰiʌʔ⁴ɦiɑʔ²
奉贤	打针 tã³⁵tsən²¹	吊盐水 tiɔ³⁵ɦi²³sʅ⁵³	吃药 tɕʰiɔʔ⁵⁵ɦiaʔ²³
浦东（川沙）	打针 dã³³tsən⁵³	吊盐水 diɔ³⁵ɦi²²sʅ²²	吃药 tɕʰiʌʔ³³ɦiʌʔ⁵³
浦东（惠南）	打针 dã³⁵tsən⁵³	挂盐水 ko³⁵ɦi⁵⁵sʅ⁵³	吃药 tɕʰiʌʔ⁵⁵ɦiʌʔ⁵³
嘉定	打针 dã³⁵tsən²¹	挂盐水 kuɤ³⁵ɦiɪ²⁴sʅ²¹	吃药 tɕʰiɪʔ⁵⁵ɦiaʔ²¹
宝山	打针 tã³³tsɛ̃ŋ⁵²	吊盐水 tiɔ³³ɦie⁵⁵sʅ²¹ 吊盐水针 tiɔ³³ɦie⁵⁵sʅ³³tsɛ̃ŋ²¹	吃药 tɕʰiɔʔ⁵⁵ɦiʌʔ¹²
崇明	打针 tã⁴²⁴tsən⁵⁵	挂盐水 ko³³ɦie²⁴sʅ⁰	吃药 tɕʰiɔʔ⁵ɦiɑʔ⁵

地点＼词条	0526 汤药	0527 病轻了	0528 说媒
中心城区（南）	汤药 tʰã⁵⁵ɦiAʔ²¹	病好一眼了 biŋ²³hɔ³³iɪʔ⁵⁵ŋɛ³³ləʔ²¹	做媒 tsu³⁴mɛ²³
中心城区（北）	中药 tsoŋ⁵⁵ɦiɐʔ²¹	毛病好一眼勒 mɔ²²biŋ⁴⁴hɔ³³iɪʔ⁵⁵ŋɛ³³ləʔ²¹	做媒 tsu⁴⁴me²³
松江	汤药 tʰɒ̃⁵⁵ɦiaʔ³¹	病轻啦哩 biŋ¹³cʰiŋ⁵⁵la³³li³¹	做媒 tsu³³me³¹
闵行	中药 tsoŋ⁴⁴ɦiaʔ²²	病好一眼特 biŋ¹³ hɔ⁴⁴iɪʔ⁴ŋɛ²²dəʔ²²	做媒人 tsu⁴⁴mi²²n̠iŋ²²
青浦	中药 tsoŋ⁵⁵ɦiaʔ³¹	好点拉哉 hɔ³³tiɪ⁵⁵la³³tsɛ²¹	做媒人 tsu³³mi²³n̠iəŋ⁵¹
金山	汤药 tʻã⁴⁴ɦiaʔ²	病好了 biəŋ²³hɔ⁵⁵lə³¹	做媒人 tsu⁴³me³³n̠iəŋ²¹
奉贤	汤药 tʰã⁵³ɦiaʔ²²	病好一眼 biŋ²⁴hɔ⁴⁴iɪʔ⁴⁴ŋɛ⁴⁴	做媒 tsu⁵³me²¹
浦东（川沙）	中药 tsoŋ⁵⁵ɦiAʔ⁵³	好点了 hɔ²²di⁴⁴lə²¹	做媒 tsu²²me³⁴
浦东（惠南）	煎药 tɕi⁵⁵ɦiAʔ⁵³ 中药汤 tsoŋ⁵⁵ɦiAʔ⁵⁵tʰã⁵³	毛病轻了 mɔ¹³biŋ⁵³tɕʰin⁵⁵lə³¹	做媒 tsu³⁵mɛ⁵³
嘉定	中药 tsoŋ⁵⁵ɦia ʔ²¹	毛病好点哉 mɔ²⁴biŋ²¹hɔ³³tiɪ⁵⁵tsɛ²¹	做媒人 tsu³⁵me²²n̠iŋ⁵³
宝山	剂药 tsi⁵⁵ɦiaʔ²¹	毛病好点哉 mɔ²⁴bĩŋ³¹ hɔ³³te⁵⁵zəʔ²¹	做媒人 tsu³⁴mʌɪ²²n̠ĩŋ⁵²
崇明	药汤 ɦiaʔ²tʰã⁵⁵	病好点特 bin³¹³hɔ⁴²⁴tie⁵³dəʔ⁰	做瞒人 tsu⁴²⁴mie³³n̠in⁵⁵

地点＼词条	0529 媒人	0530 相亲	0531 订婚
中心城区（南）	媒婆 mɛ²²bu⁵³ 媒人 mɛ²²n̠iŋ⁵³	相亲 ɕiã⁵²tɕʰiŋ⁵²	订婚 tiŋ³³huəŋ⁴⁴
中心城区（北）	媒人 me²²n̠iŋ⁴⁴ 红娘 ɦoŋ²²n̠iã⁴⁴	约会 iɐʔ³³ɦuɛ⁴⁴ 介绍朋友 tɕia³³zɔ⁴⁴bã²²ɦɤ⁴⁴	订婚 tiŋ³³huəŋ⁴⁴
松江	媒人 me¹³n̠iŋ⁵³	相亲 ɕiæ̃³³tɕʰiŋ⁵³	订婚 tiŋ⁵⁵fəŋ³¹
闵行	媒人 mi²²n̠iŋ⁴⁴	相亲 siã⁴⁴tsʰiŋ⁵³	定亲 diŋ²²tsʰiŋ⁴⁴
青浦	介绍人 tɕia³³zɔ⁵⁵n̠iəŋ³¹	相亲 siæ̃⁵⁵tsʰiəŋ³¹	订婚 tiəŋ³³fəŋ⁵²
金山	媒人 me¹³n̠iəŋ⁵³	找对象 tsɔ³⁴ɖe⁵⁵ɦiɛ̃³¹	订婚 ɖiəŋ³³fəŋ³¹
奉贤	媒人 me²³n̠iŋ⁵³ 介绍人 tɕia³³zɔ⁵⁵n̠iŋ²¹	相亲 ɕiã⁴⁴tɕʰiŋ⁵³	订婚 tiŋ⁵³fəŋ²¹
浦东（川沙）	媒婆 me²²bu²²	相亲 ɕiã⁵⁵tɕʰin⁵³	订婚 ɖin³³fən⁵³
浦东（惠南）	媒人 mɛ²²n̠in³³	看亲 kʰø³⁵tɕʰin⁵³	订婚 ɖin³⁵fən⁵³
嘉定	媒人 me²²n̠iŋ⁵³	相亲 siã⁵⁵tsʰiŋ²¹	走通 tsɤ³⁵tʰoŋ²¹
宝山	媒人 mʌɤ²²n̠ĩŋ⁵²	相亲 siã⁵⁵tsʰĩŋ²¹	订婚 tĩŋ³³fẽŋ⁵²
崇明	瞒人 mie²⁴n̠in⁵⁵	看人 kʰø⁴²⁴n̠in⁵⁵	定亲 din³¹³tɕʰin⁵⁵

地点＼词条	0532 嫁妆	0533 结婚 统称	0534 娶妻子 男子~，动宾
中心城区（南）	嫁妆 kᴀ³³tsã⁵³ 陪嫁 bᴇ²²kᴀ⁵³	好日 hɔ³³ȵiɪʔ⁴⁴ 结婚 tɕiɪʔ³³huəŋ⁵³	讨娘子 tʰɔ³⁴ȵiã²²tsɿ⁵³ 讨老婆 tʰɔ³⁴lɔ²²bu⁵³
中心城区（北）	陪嫁 be²²ka⁴⁴ 嫁妆 ka³³tsã⁴⁴	结婚 tɕiɪʔ³³huəŋ⁴⁴ 好日 hɔ³³ȵiɪʔ⁴⁴	讨老婆 tʰɔ⁴⁴lɔ²²bu⁴⁴ 讨家主婆 tʰɔ⁴⁴ka⁵⁵tsɿ³³bu²¹ 讨娘子 tʰɔ⁴⁴ȵiã²²tsɿ⁴⁴
松江	嫁妆 ka⁵⁵tsã̃³¹	结婚 tɕiɪʔ⁴fəŋ⁵³	讨娘子 tʰɔ³³ȵiæ̃⁵⁵tsɿ³¹
闵行	嫁妆 ka⁴⁴tsã²²	做事体 tsu²²zɿ⁴⁴tʰi²²	讨娘子 tʰɔ²²ȵiã⁴⁴tsɿ²²
青浦	嫁妆 ka⁵⁵tsã³¹	结婚 tsiɪʔ⁵⁵fəŋ³¹	讨娘子 tʰɔ⁴⁴ȵiæ̃⁵⁵tsɿ³¹
金山	嫁妆 ka³³tsã³¹	结婚 tɕiɪʔ³fəŋ⁵³	讨娘子 tʰɔ⁴⁴ȵiɛ̃¹³tsɿ⁵³
奉贤	嫁妆 ka⁵³tsã²¹	好日 hɔ³⁵ȵiɪʔ²¹ 结婚 tɕiɪʔ³³fəŋ⁵³	讨娘子 tʰɔ³⁵ȵiã²³tsɿ⁵³ 讨家小 tʰɔ³⁵ka⁴⁴ɕiɔ⁵³
浦东（川沙）	嫁妆 kᴀ³³tsã⁵³	结婚 tɕiɪʔ³³fən⁵³	讨老婆 tʰɔ³³lɔ²²bu⁵³
浦东（惠南）	嫁妆 kᴀ³⁵tsã⁵³	结婚 tɕiɪʔ⁵⁵fən⁵³	讨娘子 tʰɔ³⁵ȵiã⁵⁵tsɿ⁵³
嘉定	嫁妆 ka³⁵tsã²¹	结婚 tɕiɪʔ³³huəŋ⁵³	讨娘子 tʰɔ³³ȵiã²⁴tsɿ²¹
宝山	嫁妆 ka³³tsɐ̃⁵² 陪嫁 bʌɪ²⁴ka³¹	结婚 tɕiɪʔ³³fɛŋ⁵²	讨娘子 tʰɔ³³ȵiã³⁴tsɿ⁵²
崇明	嫁妆 ka⁴²⁴tsã⁵⁵	结婚 tɕiə?⁵huən⁵⁵	寻娘子 zin²⁴ȵiã⁵⁵tsɿ⁰

地点 \ 词条	0535 出嫁 女子~	0536 拜堂	0537 新郎
中心城区（南）	出嫁 tsʰəʔ³³kᴀ⁵³	拜堂 pᴀ³⁴dɑ̃²³ 拜天地 pᴀ³³tʰi⁵⁵di²¹	新官人 ɕin⁵⁵kø³³n̠in²¹ 新郎官 ɕin⁵⁵lɑ̃³³kø²¹
中心城区（北）	出嫁 tsʰɐʔ³³ka⁴⁴	拜堂 pa⁴⁴dɑ̃²³	新郎 ɕin⁵⁵lɑ̃²¹ 新郎倌 ɕin⁵⁵lɑ̃³³kø²¹ 新官人 ɕin⁵⁵kø³³n̠in²¹
松江	出嫁 tsʰəʔ⁴ka³⁵	拜堂 pa⁵⁵dɑ̃³¹	新郎官 ɕin³³lɑ̃⁵⁵kue³¹
闵行	本脱 ɓən⁴⁴tʰəʔ	拜堂 pa⁴⁴dɑ̃²²	新倌人 sin⁴⁴kue⁴⁴n̠in⁴⁴
青浦	出嫁 tsʰəʔ⁵⁵ka³⁵	拜堂 pa³³dɑ̃⁵²	新相公 siaŋ⁵⁵siɑ̃⁵³koŋ³¹ 新官人 siaŋ⁵⁵kui⁵⁵n̠iəŋ³¹
金山	出门 tsʰəʔ⁵miəŋ⁵³	拜堂 ɓɑ³³dɑ̃³¹	新相公 ɕiəŋ⁴⁴ɕiɛ̃³³koŋ³¹
奉贤	出嫁 tsʰəʔ³³ka³⁴	拜堂 pa⁵³dɑ̃²¹	新郎 ɕin⁴⁴lɑ̃⁵³ 新相公 ɕin⁵⁵ɕiɑ̃³³koŋ²¹
浦东（川沙）	出嫁 tsʰəʔ³³kᴀ³⁴	拜堂 ɓᴀ³³dɑ̃⁵³	新郎官 ɕin⁵⁵lɑ̃⁵⁵kue⁵³
浦东（惠南）	出嫁 tsʰəʔ⁵⁵kᴀ³⁵	拜堂 ɓᴀ¹³dɑ̃⁵³	新郎官 ɕin⁵⁵lɑ̃⁵⁵kuᴇ⁵³
嘉定	出嫁 tsʰəʔ³³ka³⁵	拜堂 pa³⁵dɑ̃²¹	新相公 sin⁵⁵siɑ̃³³koŋ²¹
宝山	出嫁 tsʰəʔ⁴⁴ka²³	拜堂 pa³³dɑ̃⁵²	新女婿 sĩ⁵⁵n̠i³³si²¹ 新郎官 sĩ⁵⁵lɔ̃³³kuɛ²¹
崇明	出户口 tsʰəʔ⁵ɦu³³kʰɵ⁵⁵	拜堂 pa⁴²⁴dɑ̃⁵⁵	新小官 ɕin⁵⁵ɕiɔ⁰kue⁵⁵

地点 \ 词条	0538 新娘子	0539 孕妇	0540 怀孕
中心城区（南）	新娘子 ɕiŋ⁵⁵n̠iã³³tsʅ²¹	大肚皮 du²²du⁵⁵bi²¹	有喜 ɦiɤ²³ɕi³⁴
中心城区（北）	新娘子 ɕiŋ⁵⁵n̠iã³³tsʅ²¹	大肚皮 du²²du⁵⁵bi²¹	大肚皮勒 du²²du⁵⁵bi³³lɐʔ²¹
松江	新娘子 ɕiŋ³³n̠iæ̃⁵⁵tsʅ³¹	大肚皮娘子 du²²du⁵⁵bi⁵⁵n̠iæ̃³³tsʅ³¹	有喜 ɦiɯ²⁴ɕi³¹
闵行	新娘子 siŋ⁴⁴n̠iã⁴⁴tsʅ⁴⁴	大肚皮娘子 du²²du⁴⁴bi²²n̠iã²²tsʅ²²	有啊则 ɦiɤ²²a⁴⁴tsəʔ⁴
青浦	新娘子 siəŋ⁵⁵n̠iæ̃²³tsʅ⁵¹	有喜娘子 ɦiə²²ɕi⁴³n̠iæ̃²³tsʅ³¹	有喜 ɦiəi²²ɕi³⁵
金山	新娘子 ɕiəŋ³³n̠iẽ⁵⁵tsʅ³¹	大肚皮 du²³du⁵⁵bi³¹	生小囡 sẽ⁴⁴ɕiɔ³³nø³¹
奉贤	新娘子 ɕiŋ⁴⁴n̠iã⁴⁴tsʅ⁵³	大肚皮 du²²du⁴⁴bi⁵³	大肚皮 du²²du⁴⁴bi⁵³
浦东（川沙）	新娘子 ɕin⁵⁵n̠iã⁵⁵tsʅ²¹	大肚皮 du²²du⁵⁵bi⁵³	有喜阿得 ɦiɤ¹³ɕi⁵⁵ʌ⁵⁵dʌʔ⁵³
浦东（惠南）	新娘子 ɕin⁵⁵n̠iã⁵⁵tsʅ⁵³	大肚皮 du²²du⁵⁵bi⁵³	有喜 ɦiɤ¹³ɕi³¹ 有小囡 ɦiɤ¹³ɕiɔ⁵⁵nø⁵³
嘉定	新娘子 siŋ⁵⁵n̠iã³³tsʅ²¹	大肚皮 du²⁴du²²bi²¹	有囡则 ɦiɣ²²nɣ⁵⁵zəʔ²¹
宝山	新娘子 sĩŋ⁵⁵n̠iã³³tsʅ²¹	大肚皮 du²²du⁵⁵bi²¹ 大肚皮 du²⁴du³³bi²¹	有喜 ɦiy²⁴ɕi³⁴ 有小囡哉 ɦiy²²siɔ⁵⁵nɣ³³zəʔ²¹ 拖身 tʰu⁵⁵sẽŋ²¹
崇明	新人 cin⁵⁵n̠in⁵⁵	膨肚皮娘子 bã³¹³du³³bi⁵⁵n̠iã⁵⁵tsʅ⁰	肚皮里有小囡 du³¹³bi⁵⁵li⁰ɦiə²⁴²ɕiɔ⁴²⁴nø⁵⁵

地点＼词条	0541 害喜 妊娠反应	0542 分娩	0543 流产
中心城区（南）	（无）	养小人 ɦiã²²ɕiɔ⁵⁵n̠ʲin²¹	流产 liɤ²²tsʰɛ⁵³ 小人落脱了 ɕiɔ³³n̠ʲin⁴⁴loʔ¹¹tʰəʔ²²ləʔ²³
中心城区（北）	有反应 ɦiɤ²²fɛ³³in⁴⁴	养小人 ɦiã²²ɕiɔ³³n̠ʲin⁴⁴ 生小人 sã⁴⁴ɕiɔ³³n̠ʲin⁴⁴	小产 ɕiɔ³³tsʰɛ⁴⁴
松江	（无）	养小囡 ɦiæ̃²²ɕiɔ⁵⁵nø³¹	小舍姆 ɕiɔ³³so⁵⁵ɦm̩³¹ 流产 liɯ¹³tsʰɛ⁵³
闵行	来喜 lɛ²²ɕi⁴⁴	养小囡 ɦiã²²ɕiɔ⁴⁴nø²²	落脱啊特 lɔʔ²²tʰəʔ²a²²dəʔ²²
青浦	（无）	临盆 liəŋ²³bəŋ⁵¹	小产 siɔ⁴⁴tsʰɛ⁵³
金山	来喜 lɛ¹³ɕi⁵³	养小囡 ɦiɛ̃²³ɕiɔ⁵⁵nø³¹	做小舍姆 tsu³⁵ɕiɔ³⁴so⁵⁵m̩³¹
奉贤	有反应 ɦiɤ²⁴fɛ⁴⁴in⁴⁴	养小囡 ɦiã²²ɕiɔ⁵⁵nø²¹	落脱 lɔʔ⁴²tʰəʔ²¹ 做小舍姆 tsu³⁵ɕiɔ³³so⁵⁵m̩²¹
浦东（川沙）	囡做怪 nø²²tsu⁵⁵kuᴀ⁵⁵	养囡得 ɦiã²²nø⁵⁵dʌʔ²¹	小产 ɕiɔ³⁵tsʰɛ²¹
浦东（惠南）	囡做怪 nø³⁵tsoʔ⁵⁵kuᴀ⁵⁵	养囡 ɦiã¹³ɕiɔ⁵⁵nø⁵³	小产 ɕiɔ³⁵tsʰɛ³¹
嘉定	有喜 ɦy²⁴ɕi²¹³	养囡 ɦiã²²nɤ⁵³	坏脱则 ɦua²²tʰəʔ⁵⁵tsəʔ²¹
宝山	（无）	养小囡 ɦiã²²siɔ²³nɤ⁵²	小产 siɔ³³tsʰɛ⁵² 流产 ly²⁴tsʰɛ³¹
崇明	避小囡 bi³¹³ɕiɔ⁴²⁴nø⁵⁵	生小囡 sã⁵⁵ɕiɔ⁴²⁴nø⁵⁵	小产 ɕiɔ³³tsʰæ⁰

地点＼词条	0544 双胞胎	0545 坐月子	0546 吃奶
中心城区（南）	双胞胎 sã⁵⁵pɔ³³tʰE²¹	做舍姆 tsu³³so⁵⁵m̩²¹	吃奶奶 tɕʰiɿʔ⁵⁵nA²²nA⁵³ 吃奶水 tɕʰiɿʔ⁵⁵nA²²sʅ⁵³
中心城区（北）	双胞胎 sã⁵⁵pɔ³³tʰE²¹	做沙姆 tsu³³so⁵⁵m̩²¹	吃奶 tɕʰiɿʔ⁴⁴na²³
松江	双胞胎 sɒ̃³³pɔ⁵⁵tʰe³¹	做舍姆 tsu³³so³⁵ɦm̩⁵³	吃奶 cʰiaʔ³na¹³
闵行	双胞胎 sã⁴⁴pɔ⁴⁴tʰe⁴⁴	月子里 ɦyəʔ²²tsʅ⁴⁴li⁴⁴	吃妈妈 tɕʰiəʔ²ma⁴⁴ma⁵³
青浦	双胞胎 sã⁴⁴pɔ⁵⁵tʰE³¹	做舍母 tsu³³so⁴⁴ɦm̩⁵³	吃奶 tɕʰiəʔ⁵⁵na³⁵
金山	双生子 sã³³sẽ⁵⁵tsʅ³¹	做舍姆 tsu⁴³so³³m̩²¹	吃妈妈 tɕʰiʌʔ³mɑ⁵⁵mɑ³¹
奉贤	双胞胎 sã⁴⁴pɔ⁴⁴tʰe⁵³	做舍姆 tsu³⁵so⁴⁴m̩⁴⁴	吃妈妈 tɕʰiəʔ²⁴⁴ma⁴⁴ma⁵³
浦东（川沙）	双胞头 sã⁵⁵ɓɔ⁵⁵dɚ⁵³	辣月子里 læʔ²³n̩yœʔ²²tsʅ²²li²²	吃奶 tɕʰiʌʔ³³nA³⁴
浦东（惠南）	双胞头 sã⁵⁵ɓɔ⁵⁵dɚ⁵³	做舍姆 tsu³⁵so⁵⁵m̩⁵³	吃妈妈 tɕʰiʌʔ⁵⁵mA²²mA³³
嘉定	双胞胎 sã⁵⁵pɔ³³tʰE²¹	做舍母 tsu³³sɤ³⁵n̩²¹	吃奶 tɕʰiɿʔ³³na²¹³
宝山	双胞胎 sɒ̃⁵⁵pɔ³³tʰɛ²¹	做舍母 tsu³³sɤ⁵⁵m̩²¹	吃奶 tɕʰiəʔ⁵⁵na²³
崇明	双胞头 sã⁵⁵pɔ⁵⁵də⁵⁵	做舍五 tsu⁴²⁴so³³n̩⁰	吃奶 tɕʰiəʔ⁵na³³

地点 \ 词条	0547 断奶	0548 满月	0549 生日
中心城区（南）	断奶 dø²³nA²³	满月 mø²²ɦioʔ⁴⁴	生日 sã⁵⁵ɲiɪʔ²¹
中心城区（北）	断奶 dø²²na²³ 割奶 kɐʔ⁴⁴na²³	满月 mø²²ɦioʔ⁴⁴	生日 sã⁵⁵ɲiɪʔ²¹
松江	断奶 tø⁵⁵na³¹	满月 me²⁴ȵyø³¹	生日 sæ̃⁵⁵ɲiɪʔ³¹
闵行	隔奶 kaʔ²⁴na⁴⁴	满月 me¹³ȵyəʔ²²	生日 sã⁴⁴ɲiɪʔ²²
青浦	断奶 dø²²na³⁵	满月 mɪ²²ȵyəʔ⁴⁴	生日 sæ̃⁵⁵ɲiɪʔ³¹
金山	断奶 dø¹³na⁵³	满月 me¹²ȵyøʔ⁴	生日 sɛ̃⁴⁴ɲiɪʔ²
奉贤	断奶 dø²²na⁵³	满月 me²⁴ȵyøʔ²¹	生日 sã⁵³ɲiɪʔ²¹
浦东（川沙）	隔奶 kAʔ³³nA³⁴	满月 me²²ȵyœʔ⁵³	生日 sã⁵⁵ɲiɪʔ⁵³
浦东（惠南）	隔奶 kAʔ⁵⁵nA⁴⁴ 断奶 dø³⁵nA³¹	满月 mE¹³ȵyœʔ⁵³	生日 sã⁵⁵ɲiɪʔ⁵³
嘉定	隔奶 kaʔ³³na⁵³	满月 mɪɪ²⁴ŋəʔ²¹	生日 sã⁵⁵ɲiɪʔ²¹
宝山	隔奶 kAʔ⁵⁵na²³ 断奶 dɤ²⁴na³¹	满月 me²²ŋəʔ⁵²	生日 sã⁵⁵ɲiɪʔ²¹
崇明	隔奶 kaʔ⁵nɑ³³	满月 mie³¹³ȵyoʔ⁵	生日 sã⁵⁵ɲiəʔ⁵

地点 \ 词条	0550 做寿	0551 死 统称	0552 死 婉称，最常用的几种，指老人：他~了
中心城区（南）	做寿 tsu³⁴zɤ²³	死 ɕi³⁴ 死脱 ɕi³³tʰəʔ⁴⁴	呒没了 m̩²²məʔ²²ləʔ²³ 走脱了 tsɤ³³tʰəʔ⁵⁵ləʔ²¹ 翘辫子 tɕʰiɔ³⁴bi²²tsɿ⁵³ 过世 ku³³sɿ⁴⁴ 谢世 ʑia²²sɿ⁴⁴ 去了 tɕʰi³³ləʔ⁴⁴
中心城区（北）	做寿 tsu⁴⁴zɤ²³ 做生日 tsu⁴⁴sã⁵⁵n̩iʔ²¹	死 ɕi³⁴	走脱勒 tsɤ³³tʰəʔ⁵⁵lɐʔ²¹ 没勒 mɐ¹²lɐʔ²³ 跑勒 bɔ²²lɐʔ⁴⁴
松江	做寿 tsu³³zɯ¹³	死脱 ɕi³⁵tʰəʔ³¹	老掉 lɔ²²diɔ³⁵
闵行	做寿 tsu²²zɤ⁴⁴	去啊特 tɕʰi²²a⁴⁴dzɤʔ²²	呒没啊特 m̩⁴⁴məʔ⁴⁴a⁴⁴dzɤʔ⁴⁴
青浦	做寿 tsu³³zə³⁵	死 ɕi⁴³	走 tsə⁴³ 过 kəu³⁵ 没哉 məʔ⁵¹tsE³¹
金山	做寿 tsu⁴⁴zɤ⁴⁴	死 si⁴⁴	走 tsɤ⁴⁴
奉贤	做寿 tsu³⁵zɤ²⁴	死 ɕi⁴⁴	呒没唻 m̩⁵³məʔ³³lɛ²¹ 走唻 tsɤ⁴⁴lɛ⁴⁴ 过世唻 ku⁴⁴sɿ⁴⁴lɛ⁵³
浦东（川沙）	做寿 tsu³³zɤ¹³	死 ɕi⁴⁴	走了 tsɤ⁴⁴lə⁵³
浦东（惠南）	做寿 tsu⁵⁵zɤ³¹	死 ɕi⁴⁴	没了 mA ʔ¹³lə³¹
嘉定	做寿 tsu³⁵zɤ²¹³	死脱则 si³⁵tʰəʔ³³zE²¹	故 ku⁴²³
宝山	做寿 tsu³⁴zʌɪ²³	死 si³⁴	呒没了 ɦm̩²²məʔ⁵⁵ləʔ²¹ 跑脱哉 bɔ²²tʰəʔ⁵⁵zəʔ²¹
崇明	做生日 tsu⁴²⁴sã⁵⁵n̩ieʔ⁵	死 ɕi⁴²⁴	过脱 ku³³tʰəʔ⁵ 老百年 lɔ³¹³paʔ⁵nie⁵⁵

地点＼词条	0553 自杀	0554 咽气	0555 入殓
中心城区（南）	自杀 zɿ²²sʌʔ⁴⁴	断气 dø²³tɕʰi³⁴	大殓 dʌ²²li⁵³
中心城区（北）	自杀 zɿ²²sɐʔ⁴⁴	断气 dø³³tɕʰi³⁴	大殓 da²²li⁴⁴
松江	自杀 zɿ²⁴sæʔ³¹	断气 dø²²tɕʰi³⁵	大殓 da²²li³⁵
闵行	自杀 zɿ¹³sæʔ²	断气 dø²²tɕʰi⁴⁴	收成 sʏ⁴⁴dzəŋ⁴⁴
青浦	自杀 zɿ²²sæʔ⁵⁵	咽气 iʳ³³tɕʰi³⁵	入殓 zəʔ¹¹liʳ³⁴
金山	自杀 zɿ¹²sæʔ⁴	咽气 i⁴⁴tɕʰi⁴⁴	装棺材 tsã⁵³kue²⁴zɛ⁵³
奉贤	自杀 zɿ²⁴sæʔ²¹	断气 dø²²tɕʰi³⁴	收成 sʏ⁴⁴zəŋ⁵³
浦东（川沙）	寻短见 ʑin²²dø²²tɕi²²	断气 dø²²tɕʰi³⁴	进棺材 tɕin²²kue⁵⁵zɛ⁵³
浦东（惠南）	寻短见 ʑin²²dø²²tɕi³⁵ 自杀 zɿ¹³sʌʔ⁵³	断气 dø³¹tɕʰi³⁵	入殓 zəʔ²²li¹³
嘉定	自杀 zɿ²²saʔ⁵⁵	断气 dʏ²²tɕʰi²⁴	入殓 zəʔ²²liʳ²⁴
宝山	自杀 zɿ²⁴sʌʔ³¹	断气 dʏ²³tɕʰi³⁴	（无）
崇明	寻死 ʑin²⁴ɕi⁰	脱气 tʰəʔ⁵tɕʰi³³	入殓 ȵiəʔ²lie³³

地点＼词条	0556 棺材	0557 出殡	0558 灵位
中心城区（南）	棺材 kø⁵⁵zᴇ²¹	出殡 tsʰəʔ³³piŋ⁵³	灵位 liŋ²²ɦuᴇ⁴⁴
中心城区（北）	棺材 kø⁵⁵zᴇ²¹ 寿材 zɤ²²zᴇ⁴⁴	出丧 tsʰɐʔ³³sã⁴⁴ 大出丧 du²²tsʰɐʔ⁵⁵sã²¹	牌位 ba²²ɦuei⁴⁴
松江	棺材 kue³⁵zɛ⁵³	出丧 tsʰəʔ⁴sɒ̃⁵³	神主牌位 zəŋ²⁴tɕy³³ba³³vei³¹
闵行	棺材 kue⁴⁴zɛ⁴⁴	送葬 soŋ⁴⁴tsã²²	牌位 ba⁴⁴ɦue⁴⁴
青浦	棺材 kui⁵⁵zᴇ³¹	出丧 tsʰəʔ⁵⁵sã⁵¹	牌位 ba²³ɦui⁵¹
金山	棺材 kue²⁴zɛ⁵³	出棺材 tsʰəʔ³kue⁵⁵zᴇ³¹	牌位头 bɑ³²ue²²dɤ²¹
奉贤	棺材 kue⁴⁴zɛ⁵³	出殡 tsʰəʔ³³piŋ⁵³	牌位 bɑ²⁴ve²¹
浦东（川沙）	棺材 kue⁵⁵zɛ⁵³	出殡 tsʰəʔ³³ɓin⁵³	牌位 ɓᴀ²²βe⁴⁴
浦东（惠南）	棺材 kuᴇ⁵⁵zᴇ⁵³ 寿材 zɤ¹³zᴇ⁵³	送葬 soŋ⁵⁵tsã³¹	牌位 ɓᴀ²²ɦuᴇ³⁵
嘉定	棺材 kue⁵⁵zᴇ²¹	送葬 soŋ⁵⁵tsã⁴²³	牌位 ba²⁴ɦue²¹
宝山	棺材 kue⁵⁵zɛ²¹	出葬 tsʰəʔ⁴⁴tsɒ̃²³	牌位 bɑ²²ɦuʌɪ⁵²
崇明	棺材 kue⁵⁵ʥɛ⁵⁵	出丧 tsʰəʔ⁵sã⁵⁵	牌位 bɑ²⁴ɦuei⁰

词条 地点	0559 坟墓 单个的,老人的	0560 上坟	0561 纸钱
中心城区（南）	坟墓 vəŋ²²mu⁵³ 坟墩头 vəŋ²²təŋ⁵⁵dɤ²¹	上坟 zã²³vəŋ²³	锡箔 ɕiɪʔ³³boʔ⁴⁴ 冥钞 miŋ²²tsʰɔ⁵³ 长锭 zã²²diŋ⁵³
中心城区（北）	坟墩头 vəŋ²²təŋ⁵⁵dɤ²¹	（无）	锡箔 ɕiɪʔ³³boʔ⁴⁴
松江	坟墩 vəŋ¹³təŋ⁵³	上坟 zɔ̃²²vəŋ³¹	锡箔 ɕiɪʔ⁴bɒʔ⁴
闵行	坟墩头 vəŋ²²təŋ⁴⁴dɤ⁴⁴	上坟 zã¹³vəŋ²²	锡箔 siɪʔ⁴boʔ⁴⁴
青浦	坟墓 vəŋ²³mə⁵¹	上坟 zã²²vəŋ⁵³	纸钿 tsɿ⁴⁴diɪ⁵³
金山	坟头 vəŋ¹³dɤ⁵³	扫墓 sɔ⁴⁴mo⁴⁴	鬼钞票 tɕy³⁴tsʰɔ⁵⁵pʰiɔ³¹
奉贤	墓 mo²⁴	上坟 zã²²βəŋ³⁴	纸钱 tsɿ⁵⁵zi²¹
浦东（川沙）	坟山 βəŋ²²sɛ²²	上坟 zã²²βəŋ⁵³	锡箔 ɕiɪʔ³³ɓoʔ⁵³
浦东（惠南）	坟山 βəŋ²²sɛ³³	上坟 zã¹³βəŋ⁵³	锡箔 ɕiɪʔ⁵⁵ɓoʔ⁵³ 鬼钞票 tɕy³⁵tsʰɔ⁵⁵pʰiɔ³¹
嘉定	坟 vəŋ²³¹	上坟 zã²²vəŋ⁵³	假钞票 ka³³tsʰɔ⁵⁵pʰiɔ²¹
宝山	坟 vẽŋ³¹ 坟墩头 vẽŋ²²tẽŋ⁵⁵dʌɪ²¹ 坟墓 vẽŋ²⁴mu²²	上坟 zɔ̃²²vẽŋ⁵²	锡箔 sɪʔ⁵⁵boʔ²²
崇明	坟 vən²⁴	上坟 zã³¹³uən⁵⁵	阴钞票 ʔin⁵⁵tsʰɔ⁴²⁴pʰiɔ³³

词条\地点	0562老天爷	0563菩萨 统称	0564观音
中心城区（南）	天老爷 tʰi⁵⁵lɔ³³ɦiA²¹	菩萨 bu²²sAʔ⁴⁴	观音娘娘 kø⁵⁵iŋ³³n̻iã³³n̻iã²¹ 观世音菩萨 kø⁵⁵sŋ̍³³iŋ²¹bu²²sAʔ⁴⁴
中心城区（北）	老天爷 lɔ²²tʰi⁵⁵ɦia²¹	菩萨 bu²²sɐʔ⁴⁴	观音菩萨 kø⁵⁵iŋ³³bu³³sɐʔ²¹ 观音娘娘 kø⁵⁵iŋ³³n̻iã³³n̻iã²¹ 观世音菩萨 kø⁵⁵sŋ̍³³iŋ³³bu³³sɐʔ²¹
松江	天老爷 tʰi⁵⁵lɔ³³ɦia³¹	菩萨 bu²²sæʔ²	观音 kue³⁵iŋ⁵³
闵行	天老爷 tʰi⁴⁴lɔ²²ɦia²²	菩萨 bu²²sæʔ⁴⁴	观世音 kue⁴⁴sŋ̍²²iŋ⁴⁴
青浦	老天爷 lɔ²²tʰiɪ⁵⁵ɦia³¹	菩萨 bu²³saʔ³¹	观世音 kui⁵⁵sŋ̍⁴⁴iəŋ³¹
金山	老天爷 lɔ²³tʰiɪ⁵⁵ɦia³¹	菩萨 bu³³sæʔ²	观音 kue²⁴iəŋ⁵³
奉贤	老天爷 lɔ²²tʰi⁵⁵ɦiɑ²¹ 天老爷 tʰi⁵⁵lɔ³³ɦiɑ²¹	菩萨 bu²⁴sæʔ²¹	观世音 kue⁴⁴sŋ̍⁴⁴iŋ⁵³
浦东（川沙）	老天爷 lɔ²²tʰi⁵⁵ɦiA⁵³	菩萨 bu²²sAʔ⁴⁴	观音菩萨 kue⁵⁵in⁵⁵bu⁵⁵sAʔ²¹ 观音娘娘 kue⁵⁵in⁵⁵n̻iã²²n̻iã²²
浦东（惠南）	老天爷 lɔ¹³tʰi⁵⁵ɦiA⁵³	菩萨 bu²²sAʔ³³	观音 kuE⁵⁵in⁵³ 观音娘娘 kuE⁵⁵in⁵⁵n̻iã⁵⁵n̻iã³¹
嘉定	天老爷 tʰiɪ⁵⁵lɔ²²ɦia²¹	烂泥菩萨 lE²²n̻i⁵⁵bu²²saʔ²¹	观音娘娘 kue⁵⁵iŋ²²n̻iã⁵⁵n̻iã²¹
宝山	老天爷 lɔ²²tʰe²³ɦia⁵²	菩萨 bu²²sAʔ⁵²	观音娘娘 kue⁵⁵iŋ³³n̻iã⁵⁵n̻iã²¹ 观音 kue⁵⁵ĩŋ²¹
崇明	天公公 tʰie⁵⁵koŋ⁵⁵koŋ⁵⁵	菩萨 bu²⁴sæ⁵⁵	观世音菩萨 kue⁵⁵sŋ̍⁵⁵ʔin⁵⁵bu⁵⁵sæ⁵⁵

地点 \ 词条	0565 灶神 口头的叫法，其中如有方言亲属称谓要释义	0566 寺庙	0567 祠堂
中心城区（南）	灶家菩萨 tsɔ³³kʌ⁵⁵bu²²sʌʔ²¹ 灶头老爷 tsɔ³³dɤ⁵⁵lɔ²²ɦiʌ²¹	庙 miɔ²³ 和尚庙 ɦu²²zã⁵⁵miɔ²¹	祠堂 zɿ²²dã⁴⁴
中心城区（北）	灶君老爷 tsɔ³³tɕioŋ⁵⁵lɔ³³ɦia²¹ 灶君菩萨 tsɔ³³tɕioŋ⁵⁵bu³³sɐʔ²¹	庙 miɔ²³ 庙里 miɔ²²li⁴⁴	祠堂 zɿ²²dã⁴⁴
松江	灶君阿太 tsɔ⁵⁵tɕyŋ³³aʔ³tʰa³¹	庙 miɔ¹³	祠堂 zɿ¹³dɒ̃⁵³
闵行	灶君公公 tsɔ²²tɕyŋ⁴⁴koŋ⁴⁴koŋ²²	寺庙 zɿ¹³miɔ⁴⁴	祠堂 zɿ²²dã⁵³
青浦	灶神 tsɔ³⁵zəŋ⁵²	寺庙 zɿ²²miɔ³⁵	祠堂 zɿ²³dã⁵¹
金山	灶头公公 tsɔ³³dɤ⁵⁵koŋ³³koŋ²¹	庙 miɔ¹³	祠堂 zɿ¹³dã³¹
奉贤	灶君老爷 tsɔ⁵³tɕyŋ³³lɔ³³ɦia²¹ 灶君伯伯 tsɔ⁵³tɕyŋ³³paʔ³³paʔ²¹	庙 miɔ²⁴	祠堂 zɿ²³dã⁵³
浦东（川沙）	灶精太太 tsɔ³³tɕin⁵⁵tʰʌ⁵⁵tʰʌ²¹	庙 miɔ¹³	祠堂 zɿ²²dã²²
浦东（惠南）	灶精公公 tsɔ³⁵tɕin⁵⁵koŋ⁵⁵koŋ³¹	庙 miɔ¹³	祠堂 zɿ²²dã³³
嘉定	灶君公公 tsɔ³³tɕiŋ⁵⁵koŋ²²koŋ²¹	庙 miɔ²¹³	祠堂 zɿ²²dã⁵³
宝山	灶君太太 tsɔ³³tɕỹ³⁴tʰa⁵⁵tʰa²¹ 灶头公公 tsɔ³³dʌɪ³⁴koŋ⁵⁵koŋ²¹	庙 miɔ²³	祠堂 zɿ²²dɒ̃⁵²
崇明	灶君公公 tsɔ⁴²⁴tɕyn³³koŋ⁵⁵koŋ⁵⁵	庙 miɔ³¹³	祠堂 dʐɿ²⁴dã⁵⁵

地点 \ 词条	0568 和尚	0569 尼姑	0570 道士
中心城区（南）	和尚 ɦu²²zã⁵³	尼姑 ȵi²²ku⁵³	道士 dɔ²²zɿ⁵³
中心城区（北）	和尚 ɦu²²zã⁴⁴	尼姑 ȵi²²ku⁴⁴	道士 dɔ²²zɿ⁴⁴
松江	和尚 vu²⁴zɒ̃³¹	尼姑 ȵi¹³ku⁵³ 师姑 sɿ³⁵ku⁵³ 旧称	道士 dɔ²⁴zɿ³¹
闵行	和尚 ɦu¹³zã⁴⁴	尼姑 ȵi²²ku⁵³	道士 dɔ¹³zɿ⁴⁴
青浦	和尚 ɦu²³zã⁵¹	尼姑 ȵi²³kəu⁵¹	道士 dɔ²²zɿ⁵³
金山	和尚 ɦu¹³zã⁵³	师姑 sɿ²⁴ku⁵³	道士 dɔ¹³zɿ⁵³
奉贤	和尚 βu²⁴zã²¹	尼姑 ȵi²³ku⁵³	道士 dɔ²⁴zɿ²¹
浦东（川沙）	和尚 βu²²zã⁴⁴	尼姑 ȵi²²ku²²	道士 dɔ¹³zɿ²¹
浦东（惠南）	和尚 ɦu²²zã³⁵	尼姑 ȵi²²ku³³	道士 dɔ¹³zɿ³¹
嘉定	和尚 ɦu²⁴zã²¹	尼姑 ȵi²²ku⁵³	道士 dɔ²⁴zɿ²¹
宝山	和尚 vu²⁴zɒ̃²²	尼姑 ȵi²²ku⁵²	道士 dɔ²⁴zɿ³¹
崇明	和尚 ɦɦu²⁴zã⁰	尼姑 ȵi²⁴ku⁵⁵	道士 dɔ³¹³zɿ³³

地点 \ 词条	0571 算命 统称	0572 运气	0573 保佑
中心城区（南）	算命 sø³⁴miŋ²³	运道 ɦioŋ²²dɔ⁵³ 运气 ɦioŋ²²tɕʰi⁵³	保佑 pɔ³³ɦiɤ⁵³
中心城区（北）	算命 sø⁴⁴miŋ²³	运道 ɦioŋ²²dɔ⁴⁴	保佑 pɔ³³ɦiɤ⁴⁴
松江	算命 sø³³miŋ¹³	运道 ɦioŋ²²dɔ³⁵	保佑 pɔ⁴⁴ɦiɯ⁴⁴
闵行	算命 sø²²miŋ⁴⁴	运道 ɦyoŋ²²dɔ⁴⁴	保佑 ɓɔ⁴⁴ɦiɤ⁴⁴
青浦	算命 sø³³miəŋ³⁵	运气 ɦyəŋ²²tɕʰi³⁵ 运道 ɦyəŋ²²dɔ³⁵	保佑 pɔ⁴⁴ɦiə⁵³
金山	算命 sø⁴⁴miəŋ⁴⁴	运气 ɦioŋ³³tɕʰi³³	保佑 ɓɔ²⁴ɦiɤ⁵³
奉贤	算命 sø⁴⁴miŋ⁴⁴	运道 ɦyŋ²²dɔ³⁴ 运气 ɦyŋ²²tɕʰi³⁴	保佑 ɓɔ⁴⁴ɦiɤ⁴⁴
浦东（川沙）	算命 sø⁵⁵min²¹	运道 ɦioŋ²²dɔ³⁴	保佑 ɓɔ⁴⁴ɦiɤ⁴⁴
浦东（惠南）	算命 sø⁵⁵min³¹	运道 ɦioŋ³¹dɔ³⁵	保佑 ɓɔ⁴⁴ɦiɤ⁴⁴
嘉定	算命 sɤ⁵⁵miŋ²¹	运道 ɦiŋ²⁴dɔ²¹	保佑 pɔ³³ɦy⁵³
宝山	算命 sɤ³⁴mĩŋ²³	运道 ɦĩŋ²⁴dɔ³¹ 运气 ɦĩŋ²²tɕʰi²³	保佑 pɔ³³ɦy⁵²
崇明	算命 sø³³min⁰	运气 ɦyn³¹³tɕʰi³³	保佑 pɔ⁴²⁴ɦiə³³

地点 \ 词条	0574 人 一个~	0575 男人 成年的,统称	0576 女人 三四十岁已婚的,统称
中心城区（南）	人 ȵiŋ²³	男人家 nø²²ȵiŋ⁵⁵kA²¹ 男人 nø²²ȵiŋ⁵³	女人家 ȵy²²ȵiŋ⁵⁵kA²¹ 女人 ȵy²²ȵiŋ⁵³
中心城区（北）	人 ȵiŋ²³	男人 nø²²ȵiŋ⁴⁴ 男人家 nø²²ȵiŋ⁵⁵ka²¹	女人 ȵy²²ȵiŋ⁴⁴ 女人家 ȵy²²ȵiŋ⁵⁵ka²¹
松江	人 ȵiŋ³¹	男人 ne¹³ȵiŋ⁵³	女人 ȵy²⁴ȵiŋ³¹
闵行	人 ȵiŋ³¹	男人家 ne²²ȵiŋ⁴⁴ka⁴⁴	女人家 ȵy²²ȵiŋ⁴⁴ka²²
青浦	人 ȵiəŋ³¹	男人 nɪ²³ȵiəŋ⁵¹	女人 ȵy²²ȵiəŋ⁵³
金山	人 ȵiəŋ³¹	男人 ne¹³ȵiəŋ⁵³	女人 ȵi¹³ȵiəŋ⁵³
奉贤	人 ȵiəŋ³¹	男人 ne²³ȵiŋ⁵³ 男人家 ne²²ȵiŋ⁴⁴ka⁵³	女人 ȵy²⁴ȵiŋ²¹ 女人家 ȵy²²ȵiŋ⁵⁵kɑ²¹
浦东（川沙）	人 ȵin²¹³	男人 nɛ²²ȵin²²	女人 ȵy²²ȵin⁵³
浦东（惠南）	人 ȵin¹¹³	男人 nE²²ȵin³³	女人 ȵy³⁵ȵin⁵³
嘉定	人 ȵiŋ²³¹	男人 ȵiɪ²²ȵiŋ⁵³	女人 ȵy²²ȵiŋ⁵³
宝山	人 ȵĩŋ³¹	男人 ne²²ȵĩŋ⁵²	女人 ȵi²²ȵĩŋ⁵²
崇明	人 ȵin²⁴	男人 nie²⁴ȵin⁵⁵	女人 ȵy³¹³ȵin⁵⁵

地点 \ 词条	0577 单身汉	0578 老姑娘	0579 婴儿
中心城区（南）	光棍 kuã⁵⁵kuəŋ²¹ 单身汉 tᴇ⁵⁵səŋ³³hø²¹	老姑娘 lɔ²²ku⁵⁵ȵiã²¹	小毛头 ɕiɔ³³mɔ⁵⁵dɤ²¹
中心城区（北）	王老五 ɦuã²²lɔ⁵⁵ɦŋ²¹ 光棍 kuã⁵⁵kuəŋ²¹	老姑娘 lɔ²²ku⁵⁵ȵiã²¹	小毛头 ɕiɔ³³mɔ⁵⁵dɤ²¹ 毛毛头 mɔ⁵⁵mɔ³³dɤ²¹
松江	光棍 kuɒ̃³⁵kuəŋ⁵³	老姑娘 lɔ²²ku⁵⁵ȵiã³¹	小小囡 ɕiɔ³³ɕiɔ⁵⁵nø³¹
闵行	一个头人 iʔ²²ku⁴⁴dɤ²²ȵiŋ²²	宿大姑娘 soʔ⁴du⁴⁴ku²²ȵiã²²	新小囡 siŋ⁴⁴siɔ⁴⁴nø⁴⁴
青浦	单身汉 tᴇ⁵⁵səŋ⁵⁵hø³¹	老姑娘 lɔ²²ku⁵⁵ȵiã³¹	小小囡 siɔ⁴⁴siɔ⁵⁵nø³¹ 毛毛头 mɔ²³mɔ⁵⁵də³¹
金山	独头胚 dɔʔ²dɤ⁵⁵pʰi³¹	老姑娘 lɔ²³ku⁵⁵ȵiẽ³¹	小囡 ɕiɔ²⁴nø⁵³ 小把戏 ɕiɔ²³ɓa⁵⁵ɕi³¹
奉贤	单身汉 tɛ⁴⁴səŋ⁴⁴hø²¹	老姑娘 lɔ²²ku⁵⁵ȵiã²¹	小小囡 ɕiɔ³³ɕiɔ⁵⁵nø²¹
浦东（川沙）	光棍 kuã⁵⁵kuən²¹	老大姑娘 lɔ²²du³⁴ku⁵⁵ȵiã⁵³	毛毛头 mɔ²²mɔ²²dɤ²²
浦东（惠南）	光郎头 kuã⁵⁵lã⁵⁵dɤ⁵³	老姑娘 lɔ¹³ku⁵⁵ȵiã⁵³	小毛头 ɕiɔ³⁵mɔ⁵⁵dɤ⁵³
嘉定	独干子人 dɔʔ²²kɤ⁵⁵tsɿ⁵⁵ȵiŋ²¹	老姑娘 lɔ²²ku⁵⁵ȵiŋ²¹	小毛囡 siɔ³³mɔ⁵⁵nɤ²¹
宝山	光棍 kuɒ̃⁵⁵kuẽŋ²¹ 单身汉 tɛ⁵⁵sẽŋ³³hɤ²¹	老丫头 lɔ²²ɤ⁵⁵dʌɪ²¹ 老姑娘 lɔ²²ku⁵⁵ȵiã²¹	小毛头 siɔ³³mɔ⁵⁵dʌɪ²¹ 毛毛头 mɔ²²mɔ²³dʌɪ⁵²
崇明	光棍 kuã⁵⁵kuən⁰	老小娘 lɔ³¹³ɕiɔ³³ȵiã⁵⁵	朝数里小囡 tsɔ⁵⁵su⁰li⁰ɕiɔ⁴²⁴nø⁵⁵

地点＼词条	0580 小孩 三四岁的，统称	0581 男孩 统称：外面有个～在哭	0582 女孩 统称：外面有个～在哭
中心城区（南）	小囡 ɕiɔ³³nø⁵³	男小囡 nø²²ɕiɔ⁵⁵nø²¹	女小囡 n̠y²²ɕiɔ⁵⁵nø²¹
中心城区（北）	小囡 ɕiɔ³³nø⁴⁴ 小人 ɕiɔ³³n̠iŋ⁵⁵	男小人 nø²²ɕiɔ⁵⁵n̠iŋ²¹ 男小囡 nø²²ɕiɔ⁵⁵nø²¹	女小囡 n̠y²²ɕiɔ⁵⁵nø²¹ 小姑娘 ɕiɔ³³ku⁵⁵n̠iã²¹
松江	小囡 ɕiɔ²⁴nø³¹	男小囡 nɛ²⁴ɕiɔ³³nø³¹	女小囡 n̠y²²ɕiɔ⁵⁵nø³¹
闵行	小鬼头 ɕiɔ²²tɕy⁴⁴dɤ²²	小囡囡 ɕiɔ²²nø⁴⁴nø²²	小姑娘 ɕiɔ²²ku⁴⁴n̠iã²²
青浦	小囡 siɔ⁴⁴nø⁵³ 小毛头 siɔ⁴⁴mɔ⁵⁵də³¹	男小囡 nɪ²³siɔ⁴²nø²¹	女小囡 n̠y²²siɔ⁴²nø²¹
金山	小囡 ɕiɔ²⁴nø⁵³	男小囡 nɛ²³ɕiɔ⁵⁵nø³¹	女小囡 n̠y²³ɕiɔ⁵⁵nø³¹
奉贤	小囡 ɕiɔ³⁵nø²¹	男囡头 nø²⁴nø³³dɤ²¹	小姑娘 ɕiɔ³³ku⁵⁵n̠iã²¹
浦东（川沙）	小囡 ɕiɔ³⁵nø²¹	男小人 nɛ²²ɕiɔ²²n̠in²²	女小人 n̠y²²ɕiɔ⁵⁵n̠in⁵³
浦东（惠南）	小囡 ɕiɔ³⁵nø⁵³	男囡头 nE²²nø³³dɤ³⁵	小姑娘 ɕiɔ³⁵ku⁵⁵n̠iã⁵³ 女小囡 n̠y¹³ɕiɔ⁵⁵nø⁵³
嘉定	小囡 siɔ³⁵nɤ²¹	男小囡 nir²²siɔ³⁵nɤ²¹	女小囡 n̠y²²siɔ³⁵nɤ²¹
宝山	小囡 siɔ³⁵nɤ³¹	男囡 nɛ²²nɤ⁵² 男囡头 nɛ²²nɤ²³dʌɤ⁵²	小姑娘 siɔ³³ku³⁴n̠iã⁵²
崇明	小小囡 ɕiɔ⁴²⁴ɕiɔ³³nø⁵⁵	猴子 hɦiɘ²⁴tsʅ⁰	小娘精 ɕiɔ⁴²⁴n̠iã³³tɕin⁵⁵

地点 \ 词条	0583 老人 七八十岁的,统称	0584 亲戚 统称	0585 朋友 统称
中心城区(南)	老人 lɔ²²n̠iŋ⁵³	亲眷 tɕʰin⁵⁵tɕyø²¹	朋友 bã²²ɦiɤ⁵³
中心城区(北)	老人 lɔ²²n̠iŋ⁴⁴	亲眷 tɕʰin⁵⁵tɕyø²¹	朋友 bã²²ɦiɤ⁴⁴
松江	老人 lɔ²⁴n̠iŋ³¹	亲眷 tɕʰin⁵⁵tɕyø³¹	朋友 bæ̃¹³ɦiɯ⁵³
闵行	老娘家 lɔ²²n̠iã⁴⁴ka²²	亲眷 tsʰiŋ⁴⁴tɕiø⁴⁴	朋友 bã¹³ɦiɤ⁴⁴
青浦	老人 lɔ²²n̠iəŋ⁵³	亲眷 tsʰiəŋ⁵⁵tɕyø³¹	朋友 bæ̃²³ɦiə⁵¹
金山	老人 lɔ¹³n̠iəŋ⁵³	亲眷 tsʰiəŋ⁵⁵tɕy³¹	朋友 bẽ¹³ɦiɤ⁵³
奉贤	老人 lɔ²⁴n̠iŋ²¹	亲眷 tɕʰin⁵⁵tɕiø²¹	朋友 bã²²ɦiɤ⁵³
浦东(川沙)	老人 lɔ²²n̠in⁵³	亲眷 tɕʰin⁵⁵tɕyø²¹	朋友 bã²²ɦiɤ²²
浦东(惠南)	老人 lɔ¹³n̠in⁵³	亲眷 tɕʰin⁵⁵tɕyø³¹	朋友 bã²²ɦiɤ³³
嘉定	老年纪人 lɔ²²n̠iɪ⁵⁵tɕi²²n̠iŋ²¹	亲眷 tsʰin⁵⁵tɕiɤ²¹	朋友 bã²⁴ɦiy²¹
宝山	老年人 lɔ²²n̠ie²³n̠ĩŋ⁵² 老年纪 lɔ²²n̠ie⁵⁵tɕi²¹	亲眷 tsʰĩŋ⁵⁵tɕiɤ²¹	朋友 bã²⁴ɦiy³¹
崇明	老人家 lɔ³¹³n̠in³³kɑ⁵⁵	亲眷 tɕʰin⁵⁵tɕyø⁰	朋友 bã²⁴ɦiθ⁰

地点 \ 词条	0586 邻居 统称	0587 客人	0588 农民
中心城区（南）	邻舍 liŋ²²so⁵³	人客 n̠iŋ²²kʰaʔ⁴⁴ 客人 kʰaʔ³³n̠iŋ⁵³	农民 noŋ²²miŋ⁵³
中心城区（北）	邻居 liŋ²²tɕy⁴⁴ 邻舍 liŋ²²so⁴⁴ 邻舍隔壁 liŋ²²so⁵⁵kɐʔ³³piʔ²¹	人客 n̠iŋ²²kʰɐʔ⁴⁴ 客人 kʰɐʔ³³n̠iŋ⁴⁴	乡下人 ɕiã⁵⁵ɦo³³n̠iŋ²¹ 种田个 tsoŋ⁴⁴di²²ɦɪʔ⁴⁴
松江	隔壁邻舍 kæʔ³piiʔ³liŋ⁵⁵so³¹	客人 kʰaʔ²n̠iŋ⁵³	乡下人 ɕiæ̃⁵⁵ɦɔ³³n̠iŋ³¹
闵行	隔壁邻舍 kaʔ⁴piiʔ⁴liŋ⁴⁴so⁴⁴	人客 n̠iŋ²²kʰaʔ⁴⁴	种田个 tsoŋ⁴⁴di²²gəʔ²²
青浦	邻居 liəŋ²³tɕy⁵¹ 邻舍 ləŋ²³so⁵¹	客人 kʰaʔ⁵⁵n̠iəŋ⁵¹	农民 noŋ²³miəŋ⁵¹
金山	隔壁 kæʔ⁴ɕiəʔ²	客人 kʰæʔ³n̠iəŋ⁵³	农民 loŋ¹³miəŋ⁵³
奉贤	邻舍 liŋ²⁴so²¹	客人 kʰaʔ³³n̠iŋ⁵³	农民 noŋ²³miŋ⁵³ 种田人 tsoŋ⁵³di²²n̠iŋ²¹
浦东（川沙）	邻舍 lin²²so⁴⁴	客人 kʰaʔ³³n̠in⁵³	种地个 tsoŋ⁴⁴di⁴⁴əʔ²¹
浦东（惠南）	邻舍 lin²²so³⁵	客人 kʰaʔ⁵⁵n̠in⁵³	农民 noŋ²²min³³
嘉定	乡邻 ɕiã⁵⁵liŋ²¹	客人 kʰaʔ³³n̠iŋ⁵³	种田人 tsoŋ³³diɪ⁵⁵n̠iŋ²¹
宝山	隔壁邻舍 kaʔ³³piiʔ⁵⁵lĩŋ³³sɤ²¹	客人 kʰaʔ³³n̠ĩŋ⁵²	农民 noŋ²²mĩŋ⁵² 种田人 tsoŋ³³de³⁴n̠ĩŋ⁵²
崇明	邻舍 ləŋ²⁴so³³	客人 kʰɑʔ⁵n̠in⁵⁵	种田人 tso⁴²⁴lie³³n̠in⁵⁵

地点 \ 词条	0589 商人	0590 手艺人	0591 泥水匠
中心城区（南）	生意人 sã⁵⁵i³³n̠iɲ²¹ 商人 sã⁵⁵n̠iɲ²¹	手艺人 sɤ³³n̠i⁵⁵n̠iɲ²¹	泥水匠 n̠i²²sʅ⁵⁵ziã²¹
中心城区（北）	生意人 sã⁵⁵ɦi³³n̠iɲ²¹ 做生意个 tsu⁴⁴sã⁵⁵ɦi³³ɦɐʔ²¹	手艺人 sɤ³³n̠i⁵⁵n̠iɲ²¹	泥水匠 n̠i²²sʅ⁵⁵ziã²¹
松江	做生意人 tsu⁵⁵sæ̃³³i³³n̠iŋ³¹	匠人师父 ziæ̃²²n̠iŋ²²sʅ²²vu²²	泥水匠 n̠i²²sʅ⁵⁵ziæ̃³¹
闵行	做生意个 tsu⁴⁴sã²²ɦi²²gəʔ⁴⁴	手艺人 sɤ²²n̠i⁴⁴n̠iŋ²²	泥水匠 n̠i²²sʅ⁴⁴ziã⁴⁴
青浦	生意人 sæ̃⁵⁵i³¹n̠iəŋ²¹	匠人师傅 ziæ̃²²n̠iəŋ³⁵sʅ⁵⁵vu³¹	泥水匠 n̠i²³sʅ⁵⁵ziæ̃³¹
金山	做生意人 tsu³³sɛ̃⁵⁵i³³n̠iəŋ⁵³	手艺人 sɤ²³n̠i⁵⁵n̠iəŋ³¹	泥水匠 n̠i²³sʅ⁵⁵ɦiẽ³¹
奉贤	生意人 sã⁵⁵i³³n̠iŋ²¹	手艺人 sɤ³³n̠i⁵⁵n̠iŋ²¹	泥水匠 n̠i²³sʅ⁵⁵ziã²¹
浦东（川沙）	生意人 sã⁵⁵i⁵⁵n̠in⁵³	手艺人 sɤ²²ɦi⁵⁵n̠in⁵³	泥水匠 n̠i²²sʅ²²ɦiã²²
浦东（惠南）	做生意个 tsu³⁵sã⁵⁵i³¹ə³¹	手艺人 sɤ³⁵n̠i⁵⁵n̠in⁵³	泥水匠 n̠i²²sʅ³³ɦiã³³
嘉定	做生意人 tsu³⁵sã²²i²²n̠iŋ²¹	匠人 ziã²²n̠iŋ⁵³	泥水匠 n̠i²⁴sʅ²²ziã²¹
宝山	做生意人 tsu³³sã⁵⁵i³³n̠ĩɲ²¹ 商人 sɔ̃⁵⁵n̠ĩɲ²¹	手艺人 sʌi³³n̠i⁵⁵n̠ĩŋ²¹	泥水匠 n̠i²²sʅ⁵⁵ziã²¹
崇明	做生意人 tsu⁴²⁴sã⁵⁵ʔi⁰n̠in⁵⁵	手艺人 sɵ⁴²⁴n̠i³³n̠in⁵⁵	泥水匠 n̠i²⁴sʅ⁰iã⁰

地点＼词条	0592木匠	0593裁缝	0594理发师
中心城区（南）	木匠 moʔ¹¹ziã²³	裁缝 zᴇ²²voŋ⁵³	剃头师父 tʰi³³dɤ⁵⁵sɿ³³βu²¹
中心城区（北）	木匠 moʔ¹¹ziã²³	裁缝 zᴇ²²voŋ⁴⁴	剃头师傅 tʰi³³dɤ⁵⁵sɿ³³vu²¹
松江	木匠 mɒʔ²ziæ̃³⁵	裁缝师父 zᴇ²²voŋ⁵⁵sɿ³³vu³¹	剃头师父 tʰi⁵⁵dɯ³³sɿ³³vu³¹
闵行	木匠 mɔʔ²²ziã⁴⁴	做衣裳个 tsu⁴⁴i²² zã²²gəʔ⁴⁴	剃头个 tʰi⁴⁴dɤ²²gəʔ²²
青浦	木匠 moʔ¹¹ziæ̃³⁴	裁缝 zᴇ²³voŋ⁵¹	剃头师傅 tʰi³³də³⁵sɿ⁵⁵vu³¹
金山	木匠 moʔ³ɦiẽ³⁵	裁缝 zᴇ¹³foŋ³¹	轧头发 gæʔ²dɤ⁵⁵fæʔ³
奉贤	木匠 mɔʔ²²ziã³⁴	裁缝师父 zᴇ²²ɦoŋ⁵⁵sɿ³³βu²¹ 做衣裳 tsu⁵³i³³zã²¹	剃头师父 tʰi³³dɤ³³sɿ³³βu²¹ 理发师 li²²fæʔ⁵⁵sɿ²¹
浦东（川沙）	木匠 moʔ²²ɦiã³⁴	裁缝 zᴇ²²βoŋ⁴⁴	剃头师傅 tʰi³³dɤ⁵⁵sɿ⁵⁵βu²¹
浦东（惠南）	木匠 moʔ²²ɦiã¹¹³	裁缝 zᴇ²²ɦoŋ³³ 做衣裳个 tsu²²i⁵⁵zã⁵⁵ə⁵³	剃头师傅 tʰi¹³dɤ⁵³sɿ⁵⁵βu³¹
嘉定	木匠 moʔ²²ziã²⁴	裁缝 zᴇ²²voŋ⁵³	剃头个 tʰi³⁵dɤ²²kəʔ²¹
宝山	木匠 moʔ²²ziã²³	裁缝 zᴇ²²ɦoŋ⁵²	轧头师父 gᴀʔ¹¹dʌɪ²²sɿ²²vu²³
崇明	木匠 moʔ²iã³³	裁缝师傅 zɛ²⁴uoŋ⁵⁵sɿ⁵⁵u⁰	剃头师傅 tʰi⁴²⁴də³³sɿ⁵⁵u⁰

地点 \ 词条	0595 厨师	0596 师傅	0597 徒弟
中心城区（南）	烧饭师父 sɔ⁵⁵vɛ³³sɿ³³βu²¹	师父 sɿ⁵⁵βu²¹	徒弟 du²²di⁵³
中心城区（北）	烧饭师傅 sɔ⁵⁵vɛ³³sɿ³³vu²¹ 大菜师傅 da²²tsʰɛ⁵⁵sɿ³³vu²¹	师傅 sɿ⁵⁵vu²¹	学生意 ɦoʔ¹¹sã²²i²³ 徒弟 du²²di⁴⁴
松江	烧饭师父 sɔ⁵⁵vɛ³³sɿ³³vu³¹	师父 sɿ⁵⁵vu³¹	徒弟 du¹³di⁵³
闵行	烧来吃个 sɔ⁴⁴le²²tɕʰiə ʔ²²gə ʔ²²	老师 lɔ¹³sɿ²²	学生子 ɦoʔ²²sã⁴⁴tsɿ⁴⁴
青浦	厨房师傅 zy²³vã⁵¹sɿ⁵⁵vu³¹	师傅 sɿ⁵⁵vu³¹	徒弟 dəu²³di⁵¹
金山	厨师 zy¹³sɿ⁵³	师傅 sɿ⁵⁵vu³¹	徒弟 du¹³di⁵³
奉贤	烧饭师父 sɔ⁵⁵βɛ³³sɿ³³βu²¹ 饭师父 βɛ⁴²sɿ²²βu²¹	师父 sɿ⁵⁵βu²¹	学生子 ɦoʔ²²sã⁴⁴tsɿ⁵³ 徒弟 du²³di⁵³
浦东（川沙）	厨师 ʐɿ²²sɿ²²	师傅 sɿ⁵⁵βu²¹	徒弟 du²²di⁴⁴
浦东（惠南）	厨师 ʐy²²sɿ³³ 饭师傅 βɛ¹³sɿ⁵⁵βu⁵³	师傅 sɿ⁵⁵βu³¹	徒弟 du²²di³⁵
嘉定	烧饭师傅 sɔ³³vɛ⁵⁵sɿ²²ɦu²¹	师傅 sɿ⁵⁵ɦu²¹	徒弟 du²⁴di²¹
宝山	厨师老爷 ʐɿ²²sɿ⁵⁵lɔ³³ɦiɑ²¹ 厨师 ʐɿ²²sɿ⁵²	师父 sɿ⁵⁵vu²¹	学生意个 ɦoʔ¹¹sã²²i²²ɦəʔ²³ 徒弟 du²⁴di³¹
崇明	厨师傅 ʥɿ²⁴sɿ⁵⁵u⁰	师父 sɿ⁵⁵u⁰	徒弟 du²⁴li⁰

词条\地点	0598 乞丐 统称,非贬称(无统称则记成年男的)	0599 妓女	0600 流氓
中心城区（南）	叫化子 kɔ³³hoɁ⁵⁵tsɿ²¹ 讨饭化子 tʰɔ³³vE⁵⁵hoɁ³³tsɿ²¹	妓女 dʑi²²ȵy⁵³	流氓 liɤ²²mã⁵³
中心城区（北）	讨饭个 tʰɔ⁴⁴vɐ²²ɦəɁ⁴⁴ 叫花子 kɔ³³hoɁ⁵⁵tsɿ²¹	卖肉个 ma³³ȵioɁ¹¹ɦəɁ²³	流氓 liɤ²²mã⁴⁴
松江	讨饭告花子 tʰɔ³³vɛ⁵⁵kɔ³³hoɁ³³tsɿ³¹	野鸡 ɦia²⁴tɕi³¹	流氓 liɯ¹³mɒ̃⁵³
闵行	叫花子 kɔ⁴⁴hoɁ⁵⁵tsɿ²²	婊子 ɕiɔ⁴⁴tsɿ⁴⁴	流氓 liɤ²²mã⁴⁴
青浦	叫化子 kɔ³³hoɁ⁵⁵tsɿ³¹	妓女 dʑi²²ȵy⁵³	流氓 liə²³mã⁵¹
金山	讨饭 tʰɔ⁴⁴vɛ⁴⁴	妓女 dʑi¹³ȵy⁵³	流氓 liɤ¹³mã⁵³
奉贤	叫化子 kɔ³³hɔɁ⁵⁵tsɿ²¹	妓女 dʑi⁴²ȵy²¹ 鸡 tɕi⁵³ 玻璃瓶 pu⁴⁴li⁴⁴biŋ⁵³	流氓 liɤ²³mã⁵³
浦东（川沙）	讨饭个 tʰɔ⁵⁵βɛ⁵⁵ə²¹	野鸡 ɦiA²²tɕi⁵³	塌皮 tʰæɁ³³bi⁵³
浦东（惠南）	叫化子 kɔ³⁵hoɁ⁵⁵tsɿ⁵³ 讨饭个 tʰɔ³⁵βɛ⁵³ə³¹	野鸡 ɦiA¹³tɕi⁵³ 妓女 dʑi³⁵ȵy⁵⁵	流氓 liɤ²²mã³³ 塌皮 tʰæɁ²²bi¹¹³
嘉定	叫花子 kɔ³³hoɁ⁵⁵tsɿ²¹	野鸡 ɦia²²tɕi⁵³	流氓 ly²⁴mã²¹
宝山	讨饭人 tʰɔ³³vɛ⁵⁵nĩn²¹ 叫花子 kɔ³³fɤ⁵⁵tsɿ²¹	妓女 dʑi²²ȵy⁵²	流氓 ly²²mɒ̃²³ 流氓 ly²⁴mɒ̃³¹
崇明	挂花子 ko⁴²⁴hoɁ⁵⁵tsɿ⁰	野鸡 ɦia³¹³tɕi⁵⁵	浪荡 lã⁵⁵tʰã⁵⁵

地点 \ 词条	0601 贼	0602 瞎子 统称,非贬称(无统称则记成年男的)	0603 聋子 统称,非贬称(无统称则记成年男的)
中心城区(南)	贼骨头 zəʔ¹¹kuəʔ²²dɤ²³	瞎子 hAʔ³³tsɿ⁵³	聋聋 loŋ²²bã⁵³
中心城区(北)	贼骨头 zəʔ¹¹kuəʔ²²dɤ²³ 贼 zəʔ¹² 偷物事个 tʰɤ⁴⁴meʔ¹¹zɿ²²ɦɤʔ²³	瞎子 hɐʔ³³tsɿ⁴⁴ 看勿出个 kʰø³³veʔ⁵⁵tsʰəʔ³³ɦɤʔ²¹	聋膨 loŋ²²bã⁴⁴
松江	贼骨头 zəʔ²²kuəʔ²⁵dɯ⁵³	瞎子 hæʔ⁴tsɿ⁴⁴	聋鬃 loŋ²⁴bæ̃³¹
闵行	贼骨头 zəʔ²²kuəʔ²dɤ⁴⁴	瞎子 hæʔ⁴tsɿ⁴⁴	聋 loŋ¹³bã²²
青浦	贼骨头 zəʔ³³kuəʔ⁵⁵də⁵³	瞎子 haʔ⁵⁵tsɿ⁵⁵	聋聋 loŋ²³bæ̃⁵¹
金山	贼骨头 zəʔ⁴kuəʔ³dɤ²¹	瞎子 hæʔ⁴tsɿ³³	聋 loŋ¹³bɛ̃⁵³
奉贤	贼 zəʔ²³ 贼骨头 zəʔ⁴²kuəʔ²²dɤ²¹	瞎眼 hæʔ⁴²ŋɛ²¹ 瞎子 hæʔ³³tsɿ³⁴	聋聋 loŋ²⁴bã²¹
浦东(川沙)	贼骨头 zəʔ²²kuəʔ²²dɤ³⁴	瞎眼 hæʔ⁴⁴ŋɛ̃⁴⁴	聋膨 loŋ²²bã⁴⁴
浦东(惠南)	贼 zəʔ²³ 贼骨头 zəʔ²²kuəʔ³³dɤ³⁵	瞎眼 hæʔ²²ŋɛ¹¹³	聋膨 loŋ²²bã³³
嘉定	贼骨头 zəʔ²²kuoʔ²²dɤ²⁴	瞎子 haʔ⁵⁵tsɿ²¹	聋鬃 loŋ²⁴bã²¹
宝山	贼骨头 zəʔ¹¹kuəʔ²²dʌɪ²³ 小偷 sio³³tʰʌɪ⁵²	瞎子 hAʔ⁵⁵tsɿ²¹	聋聋 loŋ²⁴bã³¹
崇明	贼 zəʔ²	瞎子 hæʔ⁵tsɿ³³	聋蚌 loŋ²⁴bã⁰

地点 \ 词条	0604 哑巴 统称,非贬称(无统称则记成年男的)	0605 驼子 统称,非贬称(无统称则记成年男的)	0606 瘸子 统称,非贬称(无统称则记成年男的)
中心城区(南)	哑子 o³³tsŋ⁵³	驼背 du²²pɛ⁵³	跷脚 tɕʰiɔ⁵⁵tɕiʌʔ²¹
中心城区(北)	哑子 o³³tsŋ⁴⁴	驼背 du²²pei⁴⁴	翘脚 tɕʰiɔ⁵⁵tɕiʔ²¹
松江	哑子 o³⁵tsŋ³¹	驼背 du²⁴pe³¹	跷脚 cʰiɔ⁵⁵ciaʔ³¹
闵行	哑子 o⁴⁴tsŋ⁴⁴	撅背 tɕyəʔ⁴ɦe⁴⁴	折脚 zəʔ²²tɕiaʔ⁴
青浦	哑子 o⁴⁴tsŋ⁵³	驼背 dəu²³pɪ⁵¹	跷脚 tɕʰiɔ⁵⁵tɕiaʔ³³
金山	哑子 o²⁴tsŋ⁵³	驼背 du¹³ɦe³¹	趑脚 cʰiɔ²³ʔciaʔ⁴
奉贤	哑子 o³³tsŋ⁵³	驼背 du²⁴pe²¹	跷脚 tɕʰiɔ⁵⁵tɕiaʔ²¹ 折脚 zəʔ⁴²tɕiaʔ²¹
浦东(川沙)	哑子 o³⁵tsŋ²¹	驼背 du²²ɦe⁴⁴	翘脚 tɕʰiʌʔ³³tɕiaʔ⁵³
浦东(惠南)	哑子 o³⁵tsŋ³¹	驼背 du²²ɦɛ³³	折脚 zʌʔ²²tɕiʌʔ³⁵
嘉定	哑子 ɤ³⁵tsŋ²¹	驼背 du²⁴piɪ²¹	坏脚 ɦua²⁴tɕiaʔ²¹
宝山	哑子 ɤ⁵⁵tsŋ²¹	驼背 du²⁴pʌɪ³¹ 駒背 hʌɪ⁵⁵pʌɪ²¹	#⁹脚 poʔ⁵⁵tɕiaʔ²¹ 跷脚 tɕʰiʌʔ⁵⁵tɕiaʔ²¹
崇明	哑子 ʔo³³tsŋ⁰	驼背 du²⁴pei³³	坏脚子 ɦua³¹³tɕiaʔ⁵tsŋ⁰

地点 \ 词条	0607 疯子 统称,非贬称(无统称则记成年男的)	0608 傻子 统称,非贬称(无统称则记成年男的)	0609 笨蛋 蠢的人
中心城区(南)	神经病 zəŋ²²tɕiŋ⁵⁵biŋ²¹	戇大 gã²²du⁵³	戇大 gã²²du⁵³
中心城区(北)	神经病 zəŋ²²tɕiŋ⁵⁵biŋ²¹	戇大 gã²²du⁴⁴	戇大 gã²²du⁴⁵ 阿戇 ɐ̃³³ɡã⁴⁴
松江	踱头 doʔ²dɯ⁵³	戇大 gɒ̃²²du³⁵	戇大 gɒ̃²²du³⁵
闵行	疯子 hoŋ⁴⁴tsɿ⁴⁴	十三点 zəʔ²²sɛ⁴⁴ʨi⁴⁴	戇大 gã²²dɤ⁴⁴
青浦	神经病 zəŋ²²tɕiəŋ⁵⁵biəŋ³¹	踱头 doʔ¹¹də⁵²	踱棺材 doʔ¹¹kui⁵⁵zɛ³¹
金山	踱棺材 dɔʔ²kue⁵⁵zɛ³¹	踱头 doʔ²dɤ⁵³	笨蛋 bəŋ³³dɛ³³
奉贤	痴子 tsʰɿ⁴⁴tsɿ⁵³ 神经病 zəŋ²²tɕiŋ⁵⁵biŋ²¹	踱头 doʔ²²dɤ⁵³ 戇大 gã²²du³⁴	戇大 gã²²du³⁴
浦东(川沙)	神经病 zen²²tɕin²²bin²²	戇大 gã²²du⁴⁴	戇大 gã²²du⁴⁴
浦东(惠南)	神经病 zəŋ²²tɕin³³bin³³	戇大 gã²²du³⁵	戇大 gã²²du³⁵
嘉定	痴子 tsʰɿ³⁵tsɿ²¹	戇大 gã²²du²⁴	戇大 gã²²du²⁴
宝山	痴子 tsʰɿ⁵⁵tsɿ²¹ 痴蠹头 tsʰɿ⁵⁵doʔ³³dʌɪ²¹	戇大 gɒ̃²²du²³	笨蛋 bẽŋ²⁴dɛ³¹
崇明	痴子 tsʰɿ⁵⁵tsɿ⁰	乌子 ʔu⁵⁵tsɿ⁰	戇头 gã²⁴²du⁰

地点＼词条	0610 爷爷 呼称,最通用的	0611 奶奶 呼称,最通用的	0612 外祖父 叙称
中心城区（南）	老爹 lɔ²²tiᴀ⁵³	唔奶 n̩⁵⁵nᴀ²¹	外公 ŋᴀ²²koŋ⁵³
中心城区（北）	老爹 lɔ²²tia⁴⁴	唔奶 n̩⁵⁵na²¹	外公 ŋa²²koŋ⁴⁴
松江	大大 da²²da³⁵	奶奶 na⁴⁴na⁴⁴	外公 ŋa²²koŋ²²
闵行	大大 da²²da²²	阿奶 aʔ⁴na⁴⁴	外公大大 ŋa²²koŋ²²da²²da⁴⁴
青浦	大大 da²²da³⁵	亲妈 tsʰiən⁵⁵ma³¹	外公 ŋa²⁵koŋ¹¹
金山	阿大 aʔ³da³⁵	阿奶 aʔ³na³³	外公 ŋa¹³koŋ³¹
奉贤	大大 da²²da³⁴	奶奶 na²²na³⁴	大大 da²²da³⁴
浦东（川沙）	大大 dᴀ²²dᴀ³⁴	阿奶 ᴀʔ³³nᴀ⁵³	外公 ŋᴀ²²koŋ⁵³
浦东（惠南）	大大 dᴀ³¹dᴀ³⁵	阿奶 ᴀʔ⁵⁵nᴀ⁴⁴	外公 ŋᴀ²²koŋ³³
嘉定	大爹 du²²tia⁵³	亲妈 tsʰin⁵⁵ma²¹	外公 ŋa²²koŋ⁵³
宝山	大爹 du²²tia⁵²	老姆妈 lɔ²²m̩⁵⁵ma²¹	外公 ŋa²²koŋ⁵²
崇明	公公 koŋ⁵⁵koŋ⁵⁵	亲婆 tɕin⁵⁵bu⁵⁵	外公 ŋa³¹³koŋ⁵⁵

地点 \ 词条	0613 外祖母叙称	0614 父母合称	0615 父亲叙称
中心城区（南）	外婆 ŋA²²bu⁵³	爷娘 ɦiA²²n̠iã⁴⁴	爷 ɦiA²³
中心城区（北）	外婆 ŋa²²bu⁴⁴	爷娘 ɦia²²n̠iã⁴⁴	爷 ɦia²³
松江	外婆 ŋa²²bu²²	爷娘 ɦia¹³n̠iæ̃⁵³	爷 ɦia³¹
闵行	外公阿奶 ŋa²²koŋ²²aʔ²na⁴⁴	爷姆娘 ɦia¹³lɔ²²n̠iã³¹	爷 ɦia³¹
青浦	外婆 ŋa²⁵bu¹¹	爷娘 ɦia²³n̠iæ̃⁵¹	爷 ɦia³¹
金山	外婆 ŋa¹³bu³¹	爷娘 ɦia¹³n̠iɛ̃⁵³	爷 ɦia³¹
奉贤	奶奶 na²²na³⁴	爷娘 ɦia²³n̠iã⁵³	爹爹 tia⁴⁴tia⁵³ 爷 ɦia³¹
浦东（川沙）	外婆 ŋA²²bu⁵³	爷娘 ɦiA²²n̠iã²²	伲爷 n̠i¹³ɦiã¹³
浦东（惠南）	外婆 ŋA²²bu³³	爷娘 ɦiA²²n̠iã³³	爷 ɦiA¹¹³
嘉定	外婆 ŋa²²bu⁵³	爷娘 ɦia²²n̠iã⁵³	爷 ɦia²³¹
宝山	外婆 ŋa²²bu⁵²	爷娘 ɦia²²n̠iã⁵²	爷 ɦia³¹ 爷老头子 ɦia²²lɔ⁵⁵dʌɪ³³tsʅ²¹
崇明	外婆 ŋa³¹³bu⁵⁵	爷娘 ɦia²⁴n̠iã⁵⁵	爷 ɦia²⁴

词条 地点	0616母亲 叙称	0617爸爸 呼称,最通用的	0618妈妈 呼称,最通用的
中心城区（南）	娘 ȵiã²³	爹爹 tiᴀ⁵⁵tiᴀ²¹	姆妈 m̩⁵⁵mᴀ²¹
中心城区（北）	娘 ȵiã²³	阿伯 ɐʔ³³pɐʔ⁴⁴	姆妈 m̩⁵⁵ma²¹
松江	娘 ȵiæ̃³¹	阿伯 aʔ²⁴paʔ² 爹爹 tia³⁵tia⁵³ 又	姆妈 m̩³⁵ma⁵³
闵行	娘 ȵiã¹³	爷 ɦia³¹	娘 ȵiã¹³
青浦	娘 ȵiæ̃³¹	爹爹 tia⁵⁵tia³¹ 阿爸 aʔ⁵⁵paʔ⁵⁵	姆妈 ɦm̩⁵⁵ma³¹ 娘 ȵiæ̃³¹
金山	娘 ȵiɛ̃³¹	阿伯 aʔ²ɓaʔ²	阿妈 aʔ³ma⁵³
奉贤	娘 ȵiã³¹ 姆妈 m̩⁴⁴mɑ⁵³	爹爹 tia⁴⁴tia⁵³ 阿伯 aʔ⁵³pɑ²¹	姆妈 m̩⁴⁴ma⁵³ 阿妈 ɑʔ³³ma⁵³
浦东（川沙）	姆妈 m̩⁵⁵mᴀ⁵³	爹爹 ɖiᴀ⁵⁵ɖiᴀ⁵³	姆妈 m̩⁵⁵mᴀ⁵³
浦东（惠南）	娘 ȵiã¹¹³	阿爸 ᴀʔ⁵⁵ɓᴀʔ⁵³	阿妈 ᴀʔ⁵⁵mᴀ⁵³
嘉定	娘 ȵiã²³¹	阿爹 aʔ³³tia⁵³	姆妈 m̩⁵⁵ma²¹
宝山	娘 ȵiã³¹	爹爹 tia⁵⁵tia²¹ 阿爹 ᴀʔ³³tia⁵²	姆妈 m̩⁵⁵ma²¹
崇明	娘 ȵiã²⁴	爹爹 tia⁵⁵tia⁵⁵	姆妈 m̩⁵⁵ma⁵⁵

地点 \ 词条	0619 继父 叙称	0620 继母 叙称	0621 岳父 叙称
中心城区（南）	晚爷 mɛ²²ɦia⁴⁴	晚娘 mɛ²²n̠ia⁵³	丈人 zã²²n̠iŋ⁵³
中心城区（北）	后爷 ɦɤ²²ɦia⁴⁴ 晚爷 mɛ²²ɦia⁴⁴	后娘 ɦɤ²²n̠ia⁴⁴ 晚娘 mɛ²²n̠ia⁴⁴	丈人 zã²²n̠iŋ⁴⁴ 丈人老头 zã²²n̠iŋ⁵⁵loʔ³³dɤ²¹ 丈人阿伯 zã²²n̠iŋ⁵⁵aʔ³pɐʔ²¹
松江	后爷 ɦɯ²⁴ɦia³¹	后娘 ɦɯ²⁴n̠iæ³¹	丈人 zæ̃²⁴n̠iŋ³¹
闵行	晚爷 mɛ¹³ɦia²²	晚娘 mɛ¹³n̠ia²²	丈人 zã¹³n̠iŋ²²
青浦	继爹 tɕi⁴⁵tia³¹ 过房爷 ku³³vã³⁵ɦia³¹	继娘 tɕi⁴⁵n̠iæ³¹ 过房娘 ku⁵⁵vã⁵³n̠iæ³¹	丈人阿爸 zæ̃²²n̠iəŋ³⁵aʔ³³paʔ³¹
金山	继爹 tɕi²³dia³¹	继妈 tɕi³³ma³¹	丈人 zã¹³n̠iəŋ⁵³
奉贤	晚爷 mɛ²⁴ɦia²¹	晚娘 mɛ²⁴n̠ia²¹	丈人 zã²⁴n̠iŋ²¹
浦东（川沙）	晚爷 mɛ²²ɦia⁵³	晚娘 mɛ²²n̠ia⁵³	丈人 zã²²n̠iŋ⁵³
浦东（惠南）	过继爷 ku³⁵tɕi⁵⁵ɦia⁵³	过继娘 ku³⁵tɕi⁵⁵n̠ia⁵³	丈人 zã¹³n̠iŋ⁵³
嘉定	晚爷 mɛ²²ɦia⁵³	晚娘 mɛ²²n̠ia⁵³	丈人 zã²²n̠iŋ⁵³
宝山	晚爷 mɛ²²ɦia⁵² 后爷 ɦʌɪ²²ɦia⁵²	晚娘 mɛ²²n̠ia⁵² 后娘 ɦʌɪ²²n̠ia⁵²	丈人 zã²²n̠ɪŋ⁵² 丈人老头 zã²²n̠ɪŋ⁵⁵loʔ³³dʌɪ²¹
崇明	晚爷 mæ³¹³ɦia⁵⁵	晚娘 mæ³¹³n̠ia⁵⁵	丈人 ɖzã³¹³n̠in⁵⁵

地点＼词条	0622岳母叙称	0623公公叙称	0624婆婆叙称
中心城区（南）	丈姆娘 zã²²m̩⁵⁵n̠iã²¹	阿公 ᴀʔ³³koŋ⁴⁴	阿婆 ᴀʔ³³bu⁵³
中心城区（北）	丈母娘 zã²²m̩⁵⁵n̠iã²¹	阿公 ɐʔ³³koŋ⁴⁴ 公公 koŋ⁵⁵koŋ²¹ 阿公老头 ɐʔ³³koŋ⁵⁵lɔ⁵³dɤ²¹	阿婆 ɐʔ³³bu⁴⁴
松江	丈母娘 zæ̃²²ɦm̩⁵⁵n̠iæ̃³¹	阿公 æʔ²⁴koŋ⁵³	婆婆 bu²²bu³⁵
闵行	丈母 zã²²m̩⁴⁴	公 koŋ⁵³	婆 bu³¹
青浦	丈母娘 zæ̃²²ɦm̩⁵⁵n̠iæ̃³¹	公阿爹 koŋ⁵⁵aʔ⁵⁵tia⁵¹	婆阿妈 bu²³aʔ⁵⁵ma⁵¹
金山	丈母 zã¹³m̩⁵³	公公 koŋ²⁴koŋ⁵³	婆婆 bu¹³bu⁵³
奉贤	丈母 zã²⁴m̩²¹	公 koŋ⁵³	婆 bu³¹
浦东（川沙）	丈母 zã¹³m̩²¹	公阿爹 koŋ⁵⁵ᴀʔ⁵⁵dɪᴀ⁵³	婆阿妈 bu²²ᴀʔ²²mᴀ²²
浦东（惠南）	丈母 zã¹³m̩³¹	公阿爹 koŋ⁵⁵ᴀʔ⁵⁵dɪᴀ⁵³	婆婆 bu²²bu³³ 婆阿妈 bu²²ᴀʔ³³mᴀ³³
嘉定	丈母 zã²⁴m̩²¹	阿公 aʔ³³koŋ⁵³	阿婆 aʔ³³bu⁵³
宝山	丈母娘 zã²²m̩⁵⁵n̠iã²¹	老阿公 lɔ²²ᴀʔ²³koŋ⁵²	老阿婆 lɔ²²ᴀʔ²³bu⁵²
崇明	丈母娘 dzã³¹³n̩³³n̠iã⁵⁵	公 koŋ⁵³	婆 bu²⁴

地点 \ 词条	0625 伯父 呼称,统称	0626 伯母 呼称,统称	0627 叔父 呼称,统称
中心城区（南）	伯伯 pʌʔ³³pʌʔ⁴⁴ 大伯伯 du²²pʌʔ⁵⁵pʌʔ²¹	伯姆 pʌʔ³³m̩⁵³ 大姆妈 du²²m̩⁵⁵mʌ²¹	爷叔 ɦiA²²soʔ⁴⁴
中心城区（北）	伯伯 pɐʔ³³pɐʔ⁴⁴	大姆妈 du²²m̩⁵⁵ma²¹	爷叔 ɦia²²soʔ⁴⁴
松江	伯伯 paʔ⁴paʔ⁴	姆妈 m̩⁵⁵ma³¹	爷叔 ɦia²²soʔ²
闵行	老伯伯 lɔ²²paʔ⁴⁴paʔ²²	老姆妈 lɔ²²m̩⁴⁴ma²²	爷叔 ɦia²²soʔ⁴
青浦	伯伯 paʔ⁵⁵paʔ⁵⁵	妈妈娘 ma⁵⁵ma⁵⁵ȵiæ³¹	爷叔 ɦia²³soʔ³³
金山	老伯伯 lɔ²³paʔ⁵paʔ³	妈妈 mɑ¹³mɑ³³	阿叔 ɑʔ⁴soʔ²
奉贤	伯伯 paʔ⁴⁴paʔ⁴⁴	大妈 du⁴²ma²¹	叔叔 soʔ⁴²soʔ²¹ 阿叔 æʔ³³soʔ⁵³
浦东（川沙）	伯伯 ɓʌʔ³³ɓʌʔ⁵³	妈妈 mʌ⁵⁵mʌ⁵³	爷叔 ɦiA²²soʔ⁴⁴
浦东（惠南）	伯伯 ɓʌʔ²²ɓʌʔ³³ 老伯伯 lɔ¹³ɓʌʔ⁵⁵ɓʌʔ⁵³	姆妈 m̩²²mʌ³³ 老姆妈 lɔ¹³m̩⁵⁵mʌ⁵³	爷叔 ɦiA²²soʔ³³
嘉定	伯伯 paʔ⁵⁵paʔ²¹	妈妈 ma⁵⁵ma²¹	爷叔 ɦia²²soʔ⁵⁵
宝山	阿伯 ʌʔ⁵⁵pʌʔ²² 伯伯 pʌʔ⁵⁵pʌʔ²²	嬷嬷 mɑ⁵⁵mɑ²²	阿伯 ʌʔ⁵⁵pʌʔ²² 爷叔 ɦia²⁴soʔ³¹
崇明	老伯 lɔ³¹³paʔ⁵	妈妈 ma⁵⁵ma⁵⁵	爷叔 ɦia²⁴soʔ⁵

词条\地点	0628 排行最小的叔父 呼称，如"幺叔"	0629 叔母 呼称，统称	0630 姑 统称，呼称(无统称则记分称：比父大，比父小；已婚，未婚)
中心城区（南）	小爷叔 ɕiɔ³³ ɦiA⁵⁵ soʔ²¹	婶婶 səŋ³³ səŋ⁴⁴	孃孃 n̻ia⁵⁵ n̻iã²¹
中心城区（北）	小爷叔 ɕiɔ³³ ɦia⁵⁵ soʔ²¹	婶婶 səŋ³³ səŋ⁴⁴	孃孃 n̻ia⁵⁵ n̻iã²¹
松江	小爷叔 ɕiɔ³³ ɦia⁵⁵ soʔ³¹	婶妈 səŋ³⁵ ma³¹	孃孃 n̻iæ̃⁴⁴ n̻iæ̃⁴⁴
闵行	小爷叔 ɕiɔ²² ɦia⁴⁴ soʔ²	婶妈 səŋ⁴⁴ ma²²	嬷嬷 mo⁴⁴ mo⁴⁴
青浦	小爷叔 siɔ⁴⁴ ɦia²³ soʔ³³	婶娘 səŋ⁴⁴ n̻iæ̃⁵³ 婶妈 səŋ⁴⁴ ma⁵³	姆母 mu⁵⁵ mu⁵⁵
金山	爷叔 ɦia³³ soʔ²	阿婶 aʔ⁴ səŋ³³	阿娘 aʔ³ n̻iɛ̃⁵³
奉贤	小爷叔 ɕiɔ³³ ɦia⁵⁵ soʔ²¹	婶娘 səŋ³⁵ n̻iã²¹ 阿娘 aʔ³³ n̻iã⁴⁴	姑妈 ku⁴⁴ ma⁵³ 娘娘 n̻iã⁴⁴ n̻iã⁴⁴
浦东（川沙）	小爷叔 ɕiɔ²² ɦiA⁵⁵ soʔ⁵³	婶婶 səŋ³⁵ səŋ²¹	孃孃 n̻ia⁵⁵ n̻iã⁵³
浦东（惠南）	小爷叔 ɕiɔ³⁵ ɦiA⁵⁵ soʔ⁵³	婶婶 səŋ³⁵ səŋ³¹	孃孃 n̻ia²² n̻iã³³
嘉定	小爷叔 siɔ³³ ɦia⁵⁵ soʔ²¹	婶娘 səŋ³⁵ n̻iã²¹	娘娘（小）n̻iã⁵⁵ n̻iã²¹
宝山	爷叔 ɦia²⁴ soʔ³¹	嬷嬷 ma⁵⁵ ma²²	嬷嬷 mɤ²² mɤ²³ 孃孃 n̻ia⁵⁵ n̻iã²¹ 阿娘 Aʔ³³ n̻iã⁵²
崇明	小叔叔 ɕiɔ⁴²⁴ soʔ⁵ soʔ⁵	好妈妈 hɔ⁴²⁴ ma⁵⁵ ma⁵⁵	姑娘 ku⁵⁵ n̻iã⁵⁵

地点＼词条	0631 姑父呼称,统称	0632 舅舅呼称	0633 舅妈呼称
中心城区（南）	姑夫 ku^{55}fu^{21}	娘舅 ȵiã^{22}dziɤ^{44}	舅妈 dziɤ^{22}mɐ^{53}
中心城区（北）	姑父 ku^{55}fu^{21}	娘舅 ȵiã^{22}dziɤ^{44}	舅妈 dziɤ^{22}ma^{44}
松江	夫夫 fu^{55}fu^{31}	娘舅 ȵiæ̃^{13}ʝiɯ^{53}	舅妈 ʝiɯ^{24}ma^{31}
闵行	夫夫 fu^{44}fu^{44}	娘舅 ȵiã^{31}dziɤ^{44}	舅妈 dziɤ^{13}ma^{22}
青浦	夫父 fu^{55}fu^{31}	娘舅 ȵiæ̃^{23}dziə^{51}	舅妈 dziə^{22}ma^{53}
金山	夫夫 fu^{44}fu^{0}	娘舅 ȵiɛ̃^{13}ʔʝiɤ^{53}	舅妈 ʔʝiɤ^{13}ma^{53}
奉贤	夫夫₁ fu^{44}fu^{53} 夫夫₂ fu^{53}fu^{21}	娘舅 ȵiã^{23}dziɤ^{53}	舅妈 dziɤ^{24}mɑ^{21}
浦东（川沙）	继爹 tɕi^{33}diɐ^{53}	娘舅 ȵiã^{22}dziɤ^{44}	舅妈 dziɤ^{22}mɐ^{53}
浦东（惠南）	继爹 tɕi^{35}diɐ^{53}	娘舅 ȵiã^{22}dziɤ^{35} 舅舅 dziɤ^{31}dziɤ^{35}	舅妈 dziɤ^{13}mɐ^{53}
嘉定	姑父 ku^{55}fu^{21}	娘舅 ȵiã^{24}dzʮ^{21}	舅妈 dzʮ^{22}ma^{53}
宝山	姑夫 ku^{55}fu^{21}	娘舅 ȵiã^{24}dzʮ^{31}	舅妈 dzʮ^{22}mɑ^{52}
崇明	寄爷 tɕi^{424}ɦia^{55}	寄爷 tɕi^{424}ɦia^{55}	寄娘 tɕi^{424}ȵiã^{55}

地点 \ 词条	0634 姨 统称,呼称(无统称则记分 称:比母大,比母小;已婚,未婚)	0635 姨父 呼称,统称	0636 弟兄 合称
中心城区（南）	阿姨 A⁵⁵ɦi²¹	姨夫 ɦi²²fu⁴⁴	弟兄 di²²ɕioŋ⁴⁴ 兄弟 ɕioŋ⁵⁵di²¹
中心城区（北）	阿姨 a⁵⁵ɦi²¹	姨父 ɦi²²fu⁴⁴	兄弟 ɕioŋ⁵⁵di²¹ 弟兄 di²²ɕioŋ⁴⁴
松江	阿姨 a³⁵ɦi⁵³	姨夫 ɦi¹³fu⁵³	兄弟 ɕioŋ³⁵di⁵³
闵行	娘娘 ȵiã⁴⁴ȵiã²²	夫夫 fu⁴⁴fu²²	弟兄 di¹³ɕioŋ²²
青浦	伲娘 ɦiŋ⁵⁵ȵiæ³¹	夫父 fu⁵⁵fu³¹	弟兄 di²²ɕioŋ⁵³
金山	娘姨 ȵiẽ¹³ɦi⁵³	姨父 ɦi¹³fu⁵³	弟兄 di¹³ɕioŋ⁵³
奉贤	姨妈 ɦi²³mɑ⁵³ 阿姨 a⁴⁴ɦi⁴⁴	姨夫 ɦi²³fu⁵³ 夫夫 fu⁵³fu²¹	弟兄淘里 di²²ɕioŋ⁵⁵dɔ³³li²¹
浦东（川沙）	孃孃 ȵiã⁵⁵ȵiã⁵³	继爹 tɕi³³diA⁵³	弟兄 di²²ɕioŋ⁵³
浦东（惠南）	孃孃 ȵiã²²ȵiã³³	继爹 tɕi³⁵diA⁵³	弟兄 di¹³ɕioŋ⁵³
嘉定	阿姨 a⁵⁵ɦi²¹	姨夫 ɦi²²fu⁵³	兄弟淘 ɕioŋ⁵⁵di³³dɔ²¹
宝山	大姨 du²²ɦi⁵² 娘姨 ȵiã²²ɦi⁵²	姨夫 ɦi²²fu⁵²	弟兄淘 di²²ɕioŋ⁵⁵dɔ²¹ 弟兄淘里 di²²ɕioŋ⁵⁵dɔ³³li²¹
崇明	娘姨 ȵiã²⁴ɦi⁵⁵	寄爷 tɕi⁴²⁴ɦiɑ⁵⁵	弟兄 di³¹³ɕyoŋ⁵⁵

地点＼词条	0637 姊妹 合称,注明是否可包括男性	0638 哥哥 呼称,统称	0639 嫂子 呼称,统称
中心城区(南)	姐妹 tɕi³³mɛ⁴⁴ 姊妹 tsɿ³³mɛ⁴⁴	阿哥 ᴀʔ³³ku⁵³	阿嫂 ᴀʔ³³sɔ⁵³
中心城区(北)	姐妹 tɕi³³me⁴⁴ 姊妹 tsɿ³³me⁴⁴	阿哥 ɐʔ³³ku⁴⁴	阿嫂 ɐʔ³³sɔ⁴⁴
松江	姊妹 tsɿ⁴⁴me⁴⁴	阿哥 æʔ⁴ku⁵³	阿嫂 æʔ⁴sɔ⁴⁴
闵行	姊妹 tsɿ⁴⁴me⁴⁴	阿哥 aʔ²²ku⁴⁴	嫂嫂 sɔ⁴⁴sɔ²²
青浦	姐妹 tɕia⁴⁴mɿ³³	阿哥 aʔ⁵⁵ku⁵¹	阿嫂 aʔ⁵⁵sɔ⁵⁵
金山	姊妹道里 zɿ³³me⁵⁵dɔ³³li²¹	大佬 du¹³lɔ³¹	阿嫂 ɑʔ⁴sɔ³³
奉贤	姊妹淘里 tsɿ³³me⁵⁵dɔ³³li²¹	阿哥 ɑʔ³³ku⁵³	嫂嫂 sɔ³⁵sɔ²¹
浦东(川沙)	姊妹 tsɿ⁴⁴me⁴⁴	阿哥 ᴀʔ³³ku⁵³	阿嫂 ᴀʔ³³sɔ⁵⁵
浦东(惠南)	姊妹 tsɿ⁴⁴mɛ⁴⁴	阿哥 ᴀʔ⁵⁵ku⁵³	阿嫂 ᴀʔ⁵⁵sɔ⁴⁴
嘉定	姊妹淘 tsi³³me⁵⁵dɔ²¹	阿哥 aʔ³³ku⁵³	阿嫂 aʔ⁵⁵sɔ²¹
宝山	姐妹淘 tsi³³mʌɪ⁵⁵dɔ²¹ 姐妹淘里 tsi³³mʌɪ⁵⁵dɔ³³li²¹ 女姐妹 ȵy²²tsi⁵⁵mʌɪ²¹	阿哥 ᴀʔ³³ku⁵² 哥哥 ku⁵⁵ku²¹	嫂嫂 sɔ⁵⁵sɔ²¹ 阿嫂 ᴀʔ⁵⁵sɔ²¹
崇明	姊们 tsɿ⁴²⁴mən⁵⁵	阿哥 ʔaʔ⁵ku⁵⁵	阿嫂 ʔæʔ⁵sɔ³³

地点＼词条	0640 弟弟叙称	0641 弟媳叙称	0642 姐姐呼称,统称
中心城区（南）	阿弟 ɑʔ³³di⁵³	弟新妇 di²²ɕin⁵⁵vu²¹	阿姐 ɑʔ³³tɕiɑ⁴⁴ 阿姊 ɑʔ³³tɕi⁴⁴
中心城区（北）	阿弟 ɐʔ³³di⁴⁴ 弟弟 di²²di⁴⁴	弟新妇 di²²ɕin⁵⁵vu²¹	阿姐 ɐʔ³³tɕiɑ⁴⁴ 姐姐 tɕiɑ³³tɕiɑ⁴⁴
松江	弟弟 di²²di³⁵ 兄弟 ɕioŋ³⁵di⁵³ 又	弟新妇 di²²ɕin⁵⁵vu³¹	阿姊 æʔ⁴tɕi⁴⁴
闵行	弟弟 di²²di⁴⁴	弟新妇 di²²sin⁴⁴ɦu²²	阿姐 aʔ²tɕi⁴⁴
青浦	弟弟 di²²di³⁵	弟新妇 di²²siən⁵⁵vu³¹	阿姐 aʔ⁵⁵tɕiɑ⁵⁵
金山	弟弟 di¹³di⁵³	弟新妇 di²³siən⁵⁵vu³¹	阿姐 ɑʔ⁰tɕi⁴⁴
奉贤	弟弟 di²²di³⁴ 阿弟 æʔ⁴⁴di⁴⁴	弟新妇 di²²ɕiən⁵⁵βu²¹	阿姐 æʔ⁴⁴tɕi⁴⁴ 阿姐 ɑʔ³³tɕiɑ⁵³
浦东（川沙）	兄弟 ɕioŋ⁵⁵di²¹	弟新妇 di²²ɕin⁵⁵βu²¹	阿姐 ɑʔ³³tɕi⁵⁵
浦东（惠南）	弟弟 di³¹di³⁵ 兄弟 ɕioŋ⁵⁵di³¹	弟新妇 di¹³ɕin⁵⁵βu⁵³	阿姐 ɑʔ²²tɕi³³
嘉定	兄弟 ɕioŋ⁵⁵di²¹	弟新妇 di²²sin⁵⁵vu²¹	阿姊 aʔ⁵⁵tsi²¹
宝山	兄弟 ɕioŋ⁵⁵di²¹ 弟弟 di²²di²³ 阿弟 ɑʔ³³di⁴⁴	弟新妇 di²²sĩ²³vu⁵²	阿姐 ɑʔ⁵⁵tsi²¹
崇明	兄弟 ɕyoŋ⁵⁵li⁰	弟新妇 di³¹³ɕin⁵⁵u⁰	阿姐 ʔæʔ⁵tɕiɑ⁵⁵

地点 \ 词条	0643 姐夫_{呼称}	0644 妹妹_{叙称}	0645 妹夫_{叙称}
中心城区（南）	姐夫 tɕiA^{33}fu^{53}	阿妹 Aʔ^{33}mE^{53}	妹夫 mE^{22}fu^{53}
中心城区（北）	姐夫 tɕia^{33}fu^{44} 阿哥 ɐʔ^{33}ku^{44}	阿妹 ɐʔ^{33}mei^{44} 妹妹 mei^{22}mei^{44}	妹夫 mei^{22}fu^{44}
松江	姐夫 tɕia^{35}fu^{31}	姊妹 tsη^{44}me^{44} 妹妹 me^{44}me^{44} 又	妹夫 me^{22}fu^{22}
闵行	阿哥 aʔ^{2}ku^{44}	妹妹 me^{22}me^{44}	妹夫 me^{22}fu^{44}
青浦	姐夫 tɕia^{44}fu^{53}	妹妹 mɪ^{22}mɪ^{35}	妹夫 mɪ^{25}fu^{11}
金山	姐夫 tɕiɑ^{24}fu^{53}	妹妹 me^{33}me^{33}	妹夫 me^{33}fu^{31}
奉贤	姐夫 tɕiɑ^{35}ɸu^{21}	妹妹 me^{22}me^{34} 阿妹 æʔ^{44}me^{44}	妹夫 me^{42}ɸu^{21}
浦东（川沙）	姐夫 tɕiA^{33}fu^{53}	阿妹 Aʔ^{33}me^{55}	妹夫 me^{22}fu^{53}
浦东（惠南）	姐夫 tɕiA^{22}ɸu^{53}	妹妹 mE^{31}mE^{35}	妹夫 mE^{13}ɸu^{53}
嘉定	姐夫 tsia^{35}fu^{21}	姊妹 tsi^{33}me^{53}	妹夫 mE^{22}fu^{53}
宝山	阿哥 Aʔ^{33}ku^{52} 姐夫 tsiɑ^{33}fu^{52}	姐妹 tsi^{33}mʌi^{52} 阿妹 Aʔ^{33}mʌi^{44}	妹夫 mʌi^{22}fu^{52}
崇明	阿哥 ʔaʔ^{5}ku^{55}	姊妹 tsη^{424}mei^{33}	姊妹婿 tsη^{424}mei^{33}ɕi^0

地点 \ 词条	0646 堂兄弟 叙称,统称	0647 表兄弟 叙称,统称	0648 妯娌 弟兄妻子的合称
中心城区(南)	堂兄弟 dã^{22}ɕioŋ^{55}di^{21}	表兄弟 piɔ^{33}ɕioŋ^{55}di^{21}	妯娌 dzioʔ^{11}li^{23}
中心城区(北)	堂兄弟 dã^{22}ɕioŋ^{55}di^{21}	表兄弟 piɔ^{33}ɕioŋ^{55}di^{21}	妯娌 zoʔ^{11}li^{23}
松江	堂份兄弟 dã^{22}vəŋ^{55}ɕioŋ^{55}di^{31}	表兄弟 piɔ^{33}ɕioŋ^{55}di^{31}	伯姆淘里 pæʔ^{3}m̥^{55}dɔ^{55}li^{31}
闵行	叔伯兄弟 soʔ^{46}ɓaʔ^{25}ɕioŋ^{44}di^{44}	表兄弟 ɓiɔ^{22}ɕioŋ^{44}di^{22}	伯母淘里 ɓaʔ^{2}m̥^{44}dɔ^{44}li^{22}
青浦	叔伯兄弟 soʔ^{55}paʔ^{55}ɕioŋ^{55}di^{31}	姑表兄弟 ku^{55}piɔ^{31}ɕioŋ^{55}di^{31}	伯姆道里 paʔ^{55}m̥^{55}dɔ^{55}li^{31}
金山	堂兄弟 dã^{23}ɕioŋ^{55}di^{31}	表兄弟 ɓiɔ^{34}ɕioŋ^{55}di^{31}	伯母道里 ɓæʔ^{34}m̥^{44}dɔ^{44}li^{21}
奉贤	堂房里兄弟 dã^{42}βã^{22}li^{21}ɕioŋ^{44}di^{53}	表兄弟 piɔ^{33}ɕioŋ^{55}di^{21}	伯姆淘里 paʔ^{33}m̥^{55}dɔ^{33}li^{21} 妯娌 dzioʔ^{44}li^{44}
浦东(川沙)	叔伯兄弟 soʔ^{55}ɓʌ^{55}ɕioŋ^{55}di^{21}	表兄弟 ɓiɔ^{22}ɕioŋ^{55}di^{21}	八姆淘里 ɓæʔ^{33}m̥^{55}dɔ^{55}li^{21}
浦东(惠南)	叔伯兄弟 soʔ^{55}ɓʌʔ^{55}ɕioŋ^{55}di^{31}	表兄弟 ɓiɔ^{35}ɕioŋ^{55}di^{31}	八姆淘里 ɓæʔ^{22}m̥^{113}dɔ^{33}li^{31}
嘉定	堂兄弟淘 dã^{22}ɕioŋ^{55}di^{22}dɔ^{21}	表兄弟 piɔ^{33}ɕioŋ^{55}di^{21}	伯姆淘 paʔ^{33}ŋ̍^{55}dɔ^{21}
宝山	叔伯兄弟 soʔ^{33}pʌʔ^{55}ɕioŋ^{33}di^{21}	娘舅弟兄淘 ɲiã^{24}dʑy^{33}di^{33}ɕioŋ^{33}dɔ^{21}	伯姆淘 pʌʔ^{33}m̥^{34}dɔ^{52}
崇明	叔伯兄弟 soʔ^{5}paʔ^{5}ɕyoŋ^{55}li^{0}	表兄弟 piɔ^{424}ɕyoŋ^{55}li^{0}	妯论 dzoʔ^{2}lən^{33}

地点 \ 词条	0649 连襟 姊妹丈夫的关系,叙称	0650 儿子 叙称:我的~	0651 儿媳妇 叙称:我的~
中心城区（南）	连襟 li²²tɕiŋ⁵³	儿子 n̩i²²tsŋ⁵³	新妇 ɕiŋ⁵⁵vu²¹
中心城区（北）	连襟 li²²tɕiŋ⁴⁴	儿子 n̩i²²tsŋ⁴⁴	新妇 ɕiŋ⁵⁵vu²¹
松江	连襟 li¹³ɕiŋ⁵³	儿子 ɦŋ²⁴tsŋ³¹	新妇 ɕiŋ³⁵vu⁵³
闵行	连襟 li²²tɕiŋ⁴⁴	儿子 n̩i²²tsŋ⁴⁴	新妇 siŋ⁴⁴ɦu⁵³
青浦	连襟 liɪ²³tɕiəŋ⁵¹	儿子 n̩i²³tsŋ⁵¹	新妇 siəŋ⁵⁵vu³¹
金山	连襟 liɪ¹³ɕiəŋ⁵³	儿子 ɦŋ²⁴tsŋ⁵³	新妇 siəŋ²⁴vu⁵³
奉贤	连襟 li²⁴tɕiəŋ²¹	儿子 ¹ɦŋ²⁴tsŋ²¹ 儿子 ²n̩i²⁴tsŋ²¹	新妇 ɕiəŋ⁴⁴βu⁵³
浦东（川沙）	连襟 liɪ²²tɕin²²	儿子 n̩i²²tsŋ²²	新妇 ɕin⁵⁵βu²¹
浦东（惠南）	连襟 li²²tɕin³³	儿子 n̩i²²tsŋ³³	儿子新妇 n̩i²²tsŋ³³ɕin⁵⁵βu³¹ 新妇 ɕin⁵⁵βu³¹
嘉定	连襟 liɪ²²tɕiŋ⁵⁵dɔ²¹	儿子 n̩i²⁴tsŋ²¹	新妇 siŋ³⁵ɦu²¹
宝山	连襟 le²²tɕĩŋ⁵²	猴⁼子 ɦʌɪ²⁴tsŋ³¹ 儿子 n̩i²⁴tsŋ³¹	新妇 sĩŋ⁵⁵vu²¹ 猴⁼子新妇 ɦʌɪ²²tsŋ⁵⁵sĩŋ³³vu²¹
崇明	连襟 lie²⁴tɕin⁵⁵	儿子 n̩²⁴tsŋ⁰	新妇 ɕin⁵⁵u⁰

地点 \ 词条	0652 女儿 叙称；我的～	0653 女婿 叙称；我的～	0654 孙子 儿子之子
中心城区（南）	囡儿 nø²² ɦɿŋ⁵³	女婿 ȵy²² ɕi⁵³	孙子 səŋ⁵⁵ tsɿ²¹
中心城区（北）	囡儿 nø²² ɦɿŋ⁴⁴	女婿¹ ȵy²² ɕi⁴⁴ 女婿² ȵy²² ɕy⁴⁴	孙子 səŋ⁵⁵ tsɿ²¹
松江	囡儿 nø¹³ ɦɿŋ⁵³	女婿 ȵi²² ɕi³⁵	孙子 səŋ³⁵ tsɿ⁵³
闵行	囡儿 nø²² ŋ̍⁴⁴	女婿 ȵi²² ɕi⁴⁴	孙子 səŋ⁴⁴ tsɿ⁴⁴
青浦	女儿 nø²² ɦɿŋ⁵³	女婿 ȵy²² ɕi³⁵	孙子 səŋ⁵⁵ tsɿ³¹
金山	囡姑娘 nø²³ ku⁵⁵ ȵiɛ̃³¹	女婿 ȵy³³ si³³	孙子 səŋ²⁴ tsɿ⁵³
奉贤	囡 nø²⁴ 囡儿 nø²² ɦɿŋ⁵³	女婿 ȵi²² ɕi³⁴	孙子 səŋ⁴⁴ tsɿ⁵³
浦东（川沙）	囡儿 nø³³ ŋ̍⁵³	女婿 ȵy²² ɕi³⁴	孙子 səŋ⁵⁵ tsɿ²¹
浦东（惠南）	囡儿 nø¹³ ɦɿŋ³¹	女婿 ȵi³¹ ɕi³⁵	孙子 səŋ⁵⁵ tsɿ³¹
嘉定	囡儿 nʏ²² ŋ̍⁵³	女婿 ȵi²² si²⁴	孙子 səŋ³⁵ tsɿ²¹
宝山	丫头 ɤ⁵⁵ dʌɪ²¹ 囡儿 nʏ²² ɦɿŋ⁵²	女婿 ȵi²² si²³	孙子 sẽŋ⁵⁵ tsɿ²¹
崇明	丫头 ʔuo⁵⁵ dɵ⁵⁵	女婿 ȵy²⁴² ɕi⁰	孙子 səŋ⁵⁵ tsɿ⁰

地点 \ 词条	0655 重孙子 儿子之孙	0656 侄子 弟兄之子	0657 外甥 姐妹之子
中心城区（南）	重孙 zoŋ²²səŋ⁴⁴	阿侄 ɐʔ³³zəʔ⁴⁴	外甥 ŋA²²sã⁵³
中心城区（北）	重孙 zoŋ²²səŋ⁴⁴ 重孙子 zoŋ²²səŋ⁵⁵tsʅ²¹	阿侄 ɐʔ³³zəʔ⁴⁴ 侄子 zɐʔ¹¹tsʅ²³	外甥 ŋa²²sã⁴⁴
松江	玄孙 ɦiø¹³səŋ⁵³ 重孙 zoŋ¹³səŋ⁵³ 又	阿侄 æʔ⁴zəʔ⁴	外甥 ŋa²²sæ̃²²
闵行	重孙子 zoŋ²²səŋ⁴⁴tsʅ⁴⁴	侄子 zəʔ²²tsʅ⁴⁴	外孙 ŋa²²sã⁴⁴
青浦	重孙子 zoŋ²³səŋ⁵⁵tsʅ³¹	阿侄 aʔ⁵⁵zəʔ⁵⁵	外甥 ŋa²²sæ̃⁵³
金山	孙尾 səŋ²⁴n̠i⁵³	阿侄 aʔ⁴zəʔ²	外甥 ŋa¹³sɛ̃³¹
奉贤	重孙子 zoŋ²²səŋ⁵⁵tsʅ²¹	阿侄 æʔ⁴²zəʔ²¹	外甥 ŋa²⁴sã²¹
浦东（川沙）	远孙 ɦyø²²sən⁴⁴	阿侄 ɐʔ³³zəʔ⁵³	外甥 ŋA²²sã⁵³
浦东（惠南）	远孙 ɦyø¹³sən³³	阿侄 ɐʔ²²zəʔ²³	外甥 ŋA¹³sã⁵³
嘉定	玄孙 ɦiɤ²²səŋ⁵³	阿侄 aʔ⁵⁵zəʔ²¹	外甥 ŋa²²sã⁵³
宝山	重孙 zoŋ²²sɛ̃ŋ⁵²	阿侄 ɐʔ⁵⁵zəʔ²² 侄子 zəʔ²²tsʅ²³	外甥 ŋa²²sã⁵²
崇明	玄孙 ɦyø²⁴sən⁵⁵	阿侄 ʔæʔ⁵dzəʔ⁵	外甥 ŋa³¹³sã⁵⁵

地点 \ 词条	0658 外孙 女儿之子	0659 夫妻 合称	0660 丈夫 叙称,最通用的,非贬称;她的～
中心城区（南）	外孙 ŋA²²sã⁵³	夫妻 fu⁵⁵tɕʰi²¹	男人 nø²²n̠iŋ⁵³ 老公 lɔ²²koŋ⁵³
中心城区（北）	外孙 ŋa²²sã⁴⁴	夫妻 fu⁵⁵tɕʰi²¹ 夫妻道里 fu⁵⁵tɕʰi³³dɔ³³li²¹	男人 nø²²n̠iŋ⁴⁴ 老公 lɔ²²koŋ⁴⁴
松江	外甥 ŋa²²sæ²²	夫妻 fu³⁵tɕʰi⁵³	男人 ne¹³n̠iŋ⁵³
闵行	外孙囡 ŋa²²sã²²nø⁴⁴	夫妻淘里 fu⁴⁴tɕʰi⁴⁴dɔ⁴⁴li⁴⁴	男人 nø³¹n̠iŋ⁴⁴
青浦	外孙 ŋa²⁵sæ¹¹	夫妻 fu⁵⁵tsʰi³¹	男人 nɪ²³n̠iəŋ⁵¹ 老公 lɔ²²koŋ⁵³
金山	外孙 ŋɑ¹³səŋ³¹	夫妻 fu²⁴tɕʰi⁵³	男人 ne¹³n̠iəŋ⁵³
奉贤	外孙 ŋɑ²⁴sã²¹ 外生孙子 ŋɑ²¹sã³⁴səŋ⁵⁵tsɿ²¹	夫妻 ɸu⁴⁴tɕʰi⁵³ 夫妻淘里 ɸu⁴⁴tɕʰi⁴⁴dɔ⁵⁵li²¹	男人 ne²³n̠iəŋ⁵³
浦东（川沙）	外孙 ŋA²²sã⁵³	夫妻 fu⁵⁵tɕʰi⁵³	男人 ne²²n̠in²²
浦东（惠南）	外孙 ŋA¹³sã⁵³	夫妻 ɸu⁵⁵tɕʰi⁵³	丈夫 zã²²ɸu³³ 男人 nᴇ²²n̠in³³ 老公 lɔ³⁵koŋ⁵³
嘉定	外甥 ŋa²²sã⁵³	夫妻淘 fu⁵⁵tsʰi²²dɔ²¹	男人 nir²²n̠iŋ⁵³
宝山	外孙 ŋa²²sã⁵²	夫妻淘 fu⁵⁵tsʰi³³dɔ²¹ 夫妻 fu⁵⁵tsʰi²¹	男人 ne²²n̠ĩŋ⁵² 老公 lɔ²²koŋ⁵²
崇明	外甥 ŋa³¹³sã⁵⁵	夫妻 fu⁵⁵tɕʰiə⁵ʔ	男人家 nie²⁴n̠in³³kɑ⁵⁵

地点 \ 词条	0661 妻子 叙称,最通用的,非贬称:他的~	0662 名字	0663 绰号
中心城区（南）	娘子 ȵiã²²tsɿ⁵³ 家主婆 kᴀ⁵⁵tsɿ³³bu²¹ 老婆 lɔ²²bu⁵³	名字 miŋ²²zɿ⁵³	绰号 tsʰᴀʔ³³ɦɔ⁵³
中心城区（北）	老婆 lɔ²²bu⁴⁴ 家主婆 ka⁵⁵tsɿ³³bu²¹	名字 miŋ²²zɿ⁴⁴	绰号 tsʰa³³ɦɔ⁴⁴
松江	女人 ȵy²⁴ȵiŋ³¹	名字 miŋ²⁴zɿ³¹	野号 ɦia²²ɦɔ³⁵
闵行	女人 ȵy¹³ȵiŋ²²	名头 miŋ²²dɤ⁴⁴	绰号 tsʰaʔ³³ɦɔ⁴⁴
青浦	女人 ȵy²²ȵiəŋ⁵³ 老婆 lɔ²²bu⁵³	名字 miəŋ²³zɿ⁵¹	野号 ɦia²²ɦɔ³⁵
金山	女人 ȵy¹³ȵiəŋ⁵³	名字 miəŋ¹³zɿ³¹	野号 ɦiɑ³³ɦɔ³³
奉贤	娘子 ȵiã²³tsɿ⁵³ 屋里向 oʔ³³li⁴⁴ɕiã⁵³ 家主婆 kɑ⁵⁵tsɿ³³bu²¹	名字 miŋ²⁴zɿ²¹	绰号 tsʰɑʔ³³ɦɔ³⁴
浦东（川沙）	娘子 ȵiã²²tsɿ²²	名字 min²zɿ⁴⁴	绰号 tsʰɔʔ³³ɦɔ²¹
浦东（惠南）	娘子 ȵiã²²tsɿ³³ 老婆 lɔ³⁵bu⁵³	名字 min²²zɿ³³	绰号 tsʰɒʔ²²ɦɔ¹³
嘉定	娘子 ȵiã²⁴tsɿ²¹	名字 miŋ²⁴zɿ²¹	绰号 tsʰa³³ɦɔ³⁵
宝山	娘子 ȵiã²⁴tsɿ³¹ 老婆 lɔ²²bu⁵²	名字 mĩŋ²⁴zɿ³¹	绰号 tsʰə³³ɦɔ³⁴
崇明	娘子 ȵiã²⁴tsɿ⁰	名字 min²⁴zɿ⁰	绰号 tsʰɑ⁴²⁴ɔ³³

地点＼词条	0664 干活儿 统称；在地里~	0665 事情 一件~	0666 插秧
中心城区（南）	做生活 tsu³³sã⁵⁵ɦuoʔ²¹	事体 zɿ²²tʰi⁵³	插秧 tsʰʌʔ⁵⁵iã⁵²
中心城区（北）	做生活 tsu³³sã⁵⁵ɦuɐʔ²¹	事体 zɿ²²tʰi⁴⁴	插秧 tsʰəʔ⁴⁴iã⁵²
松江	做生活 tsu⁵⁵sæ̃³³vəʔ³¹	事体 zɿ²²tʰi²²	插秧 tsʰæʔ²⁴iæ̃⁵³
闵行	做生活 tsu⁴⁴sã²²ʋəʔ⁴⁴	事体 zɿ²²tʰi⁴⁴	种秧 tsoŋ⁴⁴iã²²
青浦	做生活 tsu⁴⁴sæ̃⁵⁵vuəʔ³³	事体 zɿ²⁵tʰi¹¹	插秧 tsʰæʔ⁵⁵iæ̃⁵¹
金山	做生活 tsu⁴³sɛ̃³³vəʔ³	事体 zɿ¹³tʰi³¹	种秧 tsoŋ³³iɛ̃³¹
奉贤	做生活 tsu⁵³sã³³vəʔ²¹	事体 zɿ⁴²tʰi²¹	插秧 tsʰæʔ³³iã⁵³
浦东（川沙）	做生活 tsu²²sã⁵⁵ʋəʔ⁵³	事体 zɿ²²tʰi⁵³	莳秧 zɿ²²iã⁵³
浦东（惠南）	做生活 tsu³⁵sã⁵⁵βəʔ⁵³	事体 zɿ⁴⁴tʰi⁴⁴	插秧 tsʰæʔ⁵⁵iã⁵³ 莳秧 zɿ¹³iã⁵³
嘉定	做生活 tsu³³sã⁵⁵ɦuəʔ²¹	事体 zɿ²⁴tʰi²¹	莳秧 zɿ²²iã⁵³
宝山	做生活 tsu³³sã³⁴βuəʔ⁵²	事体 zɿ²⁴tʰi³¹	莳秧 zɿ²²iã⁵² 插秧 tsʰʌʔ³³iã⁵²
崇明	做生活 tsu⁴²⁴sã³³uəʔ⁵	事体 zɿ²⁴tʰi⁰	莳稻 zɿ²⁴dɔ⁰

地点＼词条	0667 割稻	0668 种菜	0669 犁
中心城区（南）	斫稻 tsoʔ⁵⁵dɔ²³	种菜 tsoŋ³⁴tsʰE³⁴	犁 li²³ 犁耙 li²²bo⁵³
中心城区（北）	割稻 kɐʔ⁴⁴dɔ²³	种菜 tsoŋ⁴⁴tsʰE³⁴	犁 li²³
松江	割稻 kəʔ⁴dɔ⁴⁴	种菜 tsoŋ³³tsʰɛ³⁵	犁 li³¹
闵行	斫稻 tsoʔ⁴dɔ⁴⁴	种菜 tsoŋ⁴⁴tsʰe⁴⁴	犁 li³¹
青浦	割稻 kaʔ⁵⁵dɔ³⁵	种菜 tsoŋ³³tsʰE³⁵	犁 li³¹
金山	斫稻 tsɔʔ⁴dɔ³³	种菜 tsoŋ⁴⁴tsʰɛ⁴⁴	犁 li³¹
奉贤	斫稻 tsʰɔʔ⁴²dɔ²¹	种菜 tsoŋ³⁵tsʰe³⁵	犁 li³¹
浦东（川沙）	斫稻 tsoʔ⁴⁴dɔ⁴⁴	种菜 tsoŋ⁵⁵tsʰe³⁵	犁 li²¹³
浦东（惠南）	斫稻 tsoʔ²²dɔ¹¹³	种菜 tsoŋ⁵⁵tsʰE³¹	犁 li¹¹³
嘉定	斫稻 tsoʔ⁵⁵dɔ²¹	种菜 tsoŋ⁵⁵tsʰE²¹	缲田 tsʰiɔ³⁵diɪ²¹
宝山	斫稻 tsoʔ³³dɔ⁴⁴ 割稻 koʔ⁵⁵dɔ²¹	种菜 tsoŋ⁵⁵tsʰe²²	犁 li³¹
崇明	斫稻 tsoʔ⁵dɔ³³	种地园 tsoŋ⁴²⁴li³³ɦyø⁵⁵	犁 li²⁴

地点 \ 词条	0670 锄头	0671 镰刀	0672 把儿刀~
中心城区（南）	锄头 zɿ²²dɤ⁵³ 锄头 zu²²dɤ⁵³	镰刀 li²²tɔ⁵³	柄 piŋ³⁴
中心城区（北）	锄头 ¹zu²²dɤ⁴⁴ 锄头 ²zɿ²²dɤ⁴⁴	镰刀 li²²tɔ⁴⁴	柄 piŋ³⁴
松江	锄头 zɿ¹³dɯ⁵³	横 ⁼væ̃³¹ 鑁子 tɕiɿʔ⁴tsɿ⁴⁴	柄 piŋ³⁵
闵行	锄头 zɿ²²dɤ⁴⁴	鐯 tɕi³⁵	柄 ɦiŋ³⁵
青浦	锄头 zɿ²³də⁵¹	鎙子 tɕiɿʔ⁵⁵tsɿ⁵⁵	柄 piəŋ³⁵
金山	锄头 zɿ¹³dɤ⁵³	横刀 ɦuẽ¹³dɔ⁵³	柄柄 ɦiəŋ³³ɦiəŋ³¹
奉贤	锄头 zɿ²²dɤ⁵³	横 ɦuã³¹ 镰刀 li²³tɔ⁵³	柄 piŋ³⁴
浦东（川沙）	锄头 zɿ²²dɤ²²	横刀 βã²²dɔ²² 镰刀 li²²dɔ²²	刀柄 dɔ⁵⁵βin²¹
浦东（惠南）	锄头 zɿ²²dɤ³³	横刀 βã²²dɔ³³	刀柄 dɔ⁵⁵ɦin³¹
嘉定	锄头 zɿ²²dɤ⁵³	鎙子 tɕiɿʔ⁵⁵tsɿ²¹	柄 piŋ⁴²³
宝山	锄头 zɿ²²dʌɿ⁵²	撅子 tɕiɔʔ⁵⁵tsɿ²¹	柄 pĩŋ³⁴
崇明	锄头 zɿ²⁴də⁵⁵	小尖 ɕiɔ⁴²⁴tɕie⁵⁵	柄中 pin⁴²⁴tsoŋ⁵⁵

地点 \ 词条	0673 扁担	0674 箩筐	0675 筛子 统称
中心城区（南）	扁担 pi³³tɛ⁵³	箩筐 lu²²kʰuã⁵³	筛子 sᴀ⁵⁵tsʅ²¹
中心城区（北）	扁担 pi³³dɛ⁴⁴	箩筐 lu²²kʰuã⁴⁴ 筐 kʰuã⁵²	筛子 sa⁵⁵tsʅ²¹
松江	扁担 pi⁴⁴tɛ⁴⁴	箩筐 lu²⁴kʰuɒ̃³¹	筛子 sʅ³⁵tsʅ⁵³
闵行	扁担 ɓi⁴⁴ɗɛ⁴⁴	篮头 lɛ²²dɤ⁴⁴	筛子 sʅ⁴⁴tsʅ⁵³
青浦	扁担 piɪ⁴⁴tɛ³³	箩筐 ləu²³kʰuã⁵¹	筛子 sa⁵⁵tsʅ³¹
金山	扁担 ɓiɪ⁴⁴ɗɛ⁴⁴	箩筐 lu¹³kʰuã⁵³	筛子 sʅ²⁴tsʅ⁵³
奉贤	扁担 ɓi⁴⁴ɗe⁴⁴	箩筐 lu²⁴kʰuã²¹	筛子 sʅ⁴⁴tsʅ⁵³
浦东（川沙）	扁担 ɓi⁴⁴ɗɛ⁴⁴	箩筐 lu²²kʰuã²²	糠筛 kʰã⁵⁵sʅ⁵³
浦东（惠南）	扁担 ɓi⁴⁴ɗɛ⁴⁴	箁 bu¹¹³	筛子 sᴀ⁵⁵tsʅ³¹
嘉定	扁担 piɪ³³tɛ⁵³	箩筐 lu²⁴kʰuã²¹	糠筛 kʰã̃⁵⁵sʅ²¹
宝山	扁担 pe³³tɛ⁵²	箩筐 lu²⁴kʰuɒ̃³¹	筛 sʅ⁵³
崇明	扁担 pie⁴²⁴tæ³³	淘箩 dɔ²⁴lu⁵⁵	筛子 sᴀ⁵⁵tsʅ⁰

地点 \ 词条	0676 簸箕 农具,有梁的	0677 簸箕 簸米用	0678 独轮车
中心城区(南)	簸箕 ¹fən⁵⁵tɕi²¹ 簸箕 ²pən⁵⁵tɕi²¹	簸箕 ¹fən⁵⁵tɕi²² 簸箕 ²pən⁵⁵tɕi²²	独轮车 doʔ¹¹lən²²tsʰo²³
中心城区(北)	大疙瘩 du²²kəʔ⁵⁵dæʔ⁵³	小疙瘩 ɕiɔ²²kəʔ⁵⁵dæʔ⁵³	牛头车 n̠iɤ²²dɤ²²tsʰo²²
松江	(无)	(无)	独轮车 doʔ¹¹lən³⁵tsʰo⁵¹
闵行	粪箕 fən³⁵tɕi²¹	粪箕 fən³⁵tɕi²¹	(无)
青浦	畚箕 ɓən³⁵tɕi⁵³	脚笾 tɕiAʔ⁵⁵ɓi⁵⁵	独轮车 du³¹lən³³tsʰo³⁵
金山	粪箕 fən⁵⁵tɕi³¹	(无)	独轮车 doʔ²lən⁵⁵tsʰo⁵³
奉贤	粪箕 fən⁴²⁴tɕi⁵⁵	粪箕 fən⁴²⁴tɕi⁵⁵	小车子 ɕiɔ⁴²⁴tsʰɵ⁵⁵tsɿ⁰
浦东(川沙)	畚箕 fẽn⁵⁵tɕi³¹	畚箕 fẽn⁵⁵tɕi³¹	独轮车 doʔ¹¹lẽn²²tsʰɤ²³
浦东(惠南)	(无)	簸匦 ɓu⁵³pi²¹	独轮车 doʔ²²lən⁴⁴tsʰo⁵³
嘉定	粪箕 fən³³tɕi³¹	筛子 sɿ²⁴tsɿ⁵³	独轮车 dɔʔ²lən⁵⁵tsʰo³¹
宝山	畚箕 fẽn⁵⁵tɕi²¹	畚箕 fẽn⁵⁵tɕi²¹	独轮车 doʔ¹¹lẽn²²tsʰɤ²³
崇明	箕 dA²³	畚箕 pən⁵⁵tɕi²¹	独轮车 doʔ¹¹lən²²tsʰo²³

地点＼词条	0679 轮子 旧式的,如独轮车上的	0680 碓 整体	0681 臼
中心城区(南)	轮盘 ləŋ²²bø⁵³	春棒 tsʰoŋ³³bã⁵³	石臼 zaʔ¹¹dʑiɤ²³
中心城区(北)	轮盘 ləŋ²²bø⁴⁴	碓 tsø⁵²	臼 dʑiɤ²³
松江	轮盘 ləŋ¹³be⁵³	(无)	臼 ʑɯ¹³
闵行	(无)	(无)	石臼 zaʔ²²dʑiɤ⁴⁴
青浦	轮盘 ləŋ²³bɿ⁵¹	(无)	石臼 zaʔ¹¹dʑiə³⁴
金山	轮盘 ləŋ¹³be⁵³	凿子 zɔʔ³tsɿ³³	臼 ʔʑiɤ¹³
奉贤	轮盘 ləŋ²³be⁵³	(无)	臼 dʑiɤ²⁴
浦东(川沙)	轮盘 ləŋ²²bø²²	春臼 tsʰən⁵⁵dʑiɤ²¹	臼 dʑiɤ²¹³
浦东(惠南)	轮盘 ləŋ²²bɛ³³	摇臼 ɦiɔ²²ɕiɤ³³	摇臼 ɦiɔ²²ɕiɤ³³
嘉定	轮盘 ləŋ²²bɿ⁵³	臼 dʑy²¹³	钵 pəʔ⁵⁵
宝山	轮盘 lẽŋ²²be⁵²	碓具 tʌɪ⁵⁵dʑy²¹	臼 dʑy²³
崇明	车陀 tsʰo⁵⁵du⁵⁵	春米梛头 tsʰoŋ⁴²⁴mi³³lã⁵⁵dɵ⁵⁵	石臼 zaʔ²dʑiɵ³³

地点 \ 词条	0682 磨 名词	0683 年成	0684 走江湖 统称
中心城区（南）	磨 mu²³	年势 ȵi²²sʅ⁵³	跑码头 bɔ²³mo²²dɤ⁴⁴
中心城区（北）	磨 mu²³ 磨子 mu²²tsʅ⁴⁴	收成 sɤ⁵⁵zəŋ²¹	走江湖 tsɤ³³kã⁵⁵ɦu²¹ 跑江湖 bɔ²²kã⁵⁵ɦu²¹
松江	磨子 mo²²tsʅ²²	年成 ȵi¹³zəŋ⁵³	跑江湖 bɔ²²kɒ̃⁵⁵vu³¹ 走江湖 tsɯ³³kɒ̃⁵⁵vu³¹ 又
闵行	磨子 mo²²tsʅ⁴⁴	收成 sɤ⁴⁴ʥəŋ⁴⁴	跑码头 bɔ¹³mo²²dɤ²²
青浦	磨子 mu²⁵tsʅ¹¹	年成 ȵir²³zəŋ⁵¹	走江湖 tsə⁴⁴kã⁵⁵ɦu³¹
金山	磨 mo³¹	年成 ȵi¹³zəŋ⁵³	走江湖 tsɤ³⁴kã⁵⁵vu³¹
奉贤	磨 mo²⁴ 磨子 mo²⁴tsʅ²¹	年成 ȵi²³zəŋ⁵³ 年头 ȵi²³dɤ⁵³	走江湖 tsɤ³³kã⁵⁵βu²¹
浦东（川沙）	磨 mu²¹³	收成 sɤ⁵⁵zən⁵³	跑码头 bɔ²²mo⁵⁵dɤ⁵³
浦东（惠南）	磨 mu¹¹³	年成 ȵi²²zən³³ 收成 sɤ⁵⁵zən⁵³	走江湖 tsɤ³⁵kã⁵⁵ɦu⁵³ 跑码头 bɔ¹³mo²²dɤ³³
嘉定	磨子 mu²⁴tsʅ²¹	年成 ȵir²²zəŋ⁵³	跑江湖 bɔ³³kã⁵⁵ɦu²¹
宝山	磨子 mu²⁴tsʅ³¹	收成 sʌɪ⁵⁵zẽɲ²¹	跑码头 bɔ²²mɤ⁵⁵dʌɪ²¹ 走江湖 tsʌɪ³³kɒ̃⁵⁵vu²¹
崇明	磨子 mu²⁴tsʅ⁰	年景 nie²⁴tɕin⁰	跑码头 bɔ²⁴mo⁰dɵ⁵⁵

地点 \ 词条	0685 打工	0686 斧子	0687 钳子
中心城区（南）	做生活 tsu³³sã⁵⁵ɦuoʔ²¹	斧头 fu³³dɤ⁵³	老虎钳 lɔ²²fu⁵⁵dʑi²¹
中心城区（北）	做生活 tsu³³sã⁵⁵ɦuɐʔ²¹	斧头 fu³³dɤ⁴⁴	钳子 dʑi²²tsɿ⁴⁴ 老虎钳 lɔ²²hu⁵⁵dʑi²¹
松江	打工 tæ³⁵koŋ³¹ 新的说法 做生活 tsu⁵⁵sæ³³vəʔ³¹ 旧称	斧头 fu³⁵dɯ³¹	钳子 dʑi¹³tsɿ⁵³
闵行	打工 dã⁴⁴koŋ²²	斧头 fu⁴⁴dɤ²²	钳子 dʑi²²tsɿ⁴⁴
青浦	帮工 pã⁵⁵koŋ³¹	斧头 fu⁴⁴də⁵³	老虎钳 lɔ²²fu⁵⁵dʑi³¹
金山	打工 dɛ̃²⁴koŋ⁵³	斧头 fu²⁴dɤ⁵³	老虎钳 lɔ²³fu⁵⁵dʑi³¹
奉贤	打工 tã³³koŋ⁵³	斧头 ɸu³⁵dɤ²¹	钳 dʑi³¹ 钳子 dʑi²³tsɿ⁵³
浦东（川沙）	做生活 tsu²²sã⁵⁵ʋəʔ⁵³	斧头 ɸu³³dɤ⁵³	老虎钳 lɔ²²ɸu⁵⁵dʑi⁵³
浦东（惠南）	做生活 tsu³⁵sã⁵⁵βəʔ⁵³	斧头 ɸu³¹dɤ⁵³	老虎钳 lɔ¹³ɸu⁵⁵dʑi⁵³
嘉定	出去做生活 tsʰəʔ³³tɕi⁵⁵tsu³³sã³⁵ɦuəʔ²¹	斧头 hu³⁵dɤ²¹	老虎钳 lɔ²²hu⁵⁵dʑiɪ²¹
宝山	做小工 tsu³⁴siɔ³³koŋ⁵² 打工 tã³³koŋ⁵²	斧头 fu³³dʌɪ⁵²	老虎钳 lɔ²²fu⁵⁵dʑie²¹
崇明	做生活 tsu⁴²⁴sã³³uəʔ⁵	斧头 fu⁴²⁴də⁵⁵	钳 dʑie²⁴

地点 \ 词条	0688 螺丝刀	0689 锤子	0690 钉子
中心城区（南）	捻凿 ȵi⁵⁵zɔʔ²¹	榔头 lã²²dɤ⁵³	洋钉 ɦiã²²tiŋ⁵³
中心城区（北）	捻凿 ȵi⁵⁵zɔʔ²¹	榔头 lã²²dɤ⁴⁴	洋钉 ɦiã²²tiŋ⁴⁴
松江	捻凿 ȵi⁵⁵zɒʔ³¹	榔头 lõ¹³dɯ⁵³	洋钉 ɦiæ̃¹³tiŋ⁵³
闵行	捻凿 ȵi⁴⁴zɔʔ²²	鎯头 lã²²dɤ⁴⁴	洋钉 ɦiã²²ɖiŋ⁴⁴
青浦	捻凿 ȵiɪ²²zɔʔ⁴⁴	榔头 lã²³də⁵¹	钉 tiəŋ⁵¹
金山	捻凿 ȵi¹²zɔʔ⁴	鎯头 lã¹³dɤ⁵³	钉 ɖiəŋ⁵³
奉贤	捻凿 ȵi⁵³zɔʔ²¹	榔头 lã²³dɤ⁵³	钉 ɖiŋ⁵³
浦东（川沙）	捻凿 ȵi⁵⁵zɔʔ²¹	榔头 lã²²dɤ²²	洋钉 ɦiã²²ɖin²²
浦东（惠南）	捻凿 ȵi⁵⁵zɒʔ⁵³	榔头 lã²²dɤ³³	洋钉 ɦiã³⁵ɖin⁵⁵
嘉定	捻凿 ȵiɪ⁵⁵zɔʔ²¹	鎯头 lã²²dɤ⁵³	洋钉 ɦiã²²tiŋ⁵³
宝山	捻凿 ȵie⁵⁵zɔʔ²¹ 螺丝刀 lu²²sɿ⁵⁵tɔ²¹	榔头 lõ²²dʌɪ⁵²	洋钉 ɦiã²²tĩŋ⁵² 钉子 tĩŋ⁵⁵tsɿ²¹
崇明	研凿 ȵie⁵⁵zɔʔ⁵	榔头 lã²⁴də⁵⁵	钉 tin⁵³

地点＼词条	0691 绳子	0692 棍子	0693 做买卖
中心城区（南）	绳 zəŋ²³ 绳子 zəŋ²²tsɿ⁵³	棒头 bɑ̃²²dɤ⁵³	做生意 tsu³³sã⁵⁵i²¹
中心城区（北）	绳子 zəŋ²²tsɿ⁴⁴	棒头 bɑ̃²²dɤ⁴⁴	做生意 tsu³³sã⁵⁵i²¹
松江	绳 zəŋ³¹	棒头 bɔ̃²⁴dɯ³¹	做生意 tsu⁵⁵sæ̃³³i³¹
闵行	绳 zəŋ³¹	棒头 bɑ̃¹³dɤ²²	做生意 tsu⁴⁴sã²²i³⁵
青浦	绳 zəŋ³¹	木棍 moʔ¹¹kuəŋ³⁴	做生意 tsu⁴⁴sæ̃⁵⁵i³¹
金山	绳 zəŋ³¹	棒头 bɑ̃¹³dɤ³¹	做生意 tsu⁴³sɛ̃³³i²¹
奉贤	绳 zəŋ³¹ 绳子 zəŋ²³tsɿ⁵³	棒头 bɑ̃²⁴dɤ²¹	做生意 tsu⁵³sã³³i²¹
浦东（川沙）	绳子 zən²²tsɿ²²	棒头 bɑ̃³³dɤ⁵³	做生意 tsu²²sã⁵⁵øi²¹
浦东（惠南）	绳子 zən²²tsɿ³³	棒 bɑ̃¹¹³ 棒头 bɑ̃¹³dɤ⁵³	做生意 tsu³⁵sã⁵⁵i³¹
嘉定	绳 zəŋ²³¹	棒头 bɑ̃²²dɤ⁵³	做生意 tsu³⁵sã⁵⁵i²¹
宝山	绳 zẽŋ³¹	棒 bɔ̃²³	做生意 tsu³³sã⁵⁵i²¹
崇明	绳 zən²⁴	棒 bɑ̃²⁴²	做生意 tsu⁴²⁴sã⁵⁵ʔi⁰

地点＼词条	0694 商店	0695 饭馆	0696 旅馆旧称
中心城区（南）	店家 ti³³kʌ⁴⁴ 商店 sã⁵⁵ti²¹	饭店 vɛ²²ti⁵³ 饭馆 vɛ²²kø⁵³	栈房 zɛ²²vã⁵³
中心城区（北）	店 ti³⁴	饭店 vɛ²²ti⁴⁴	栈房 zɛ²²vã⁴⁴ 旅馆 ly²²kø⁴⁴
松江	店家 ti⁵⁵ka³¹	饭店 vɛ²²ti³⁵	栈房 zɛ²⁴vɒ̃³¹ 客栈 kʰaʔ²zɛ⁴⁴ 又
闵行	店 ɖi³⁵	饭店 ʋɛ²²ɖi⁴⁴	客栈 kʰaʔ⁴ʥɛ⁴⁴
青浦	商店 sã⁵⁵tiɪ³¹	饭馆 vɛ²²tiɪ³⁵	旅馆 ly²²kui³⁵ 客栈 kʰəʔ⁵⁵zɛ⁵⁵
金山	商店 sã⁵⁵ɖiɪ³¹	饭馆 vɛ¹³kue³¹	客栈 kʰɑʔ³zɛ³⁵
奉贤	店 ɖi³⁵	饭店 βɛ²²ɖi³⁴ 饭馆 βɛ²²kue³⁴	客栈 kɑʔ⁴⁴zɛ⁴⁴
浦东（川沙）	商店 sã⁵⁵ɖi²¹	饭店 βɛ²²ɖi³⁴	客栈 kʰʌʔ³³zɛ³⁴
浦东（惠南）	商店 sã⁵⁵ɖi³¹	饭馆 βɛ³¹kuɛ³⁵	栈房 zɛ¹³βã⁵³
嘉定	店 tiɪ⁴²³	饭店 vɛ²⁴tiɪ²¹	栈房 zɛ²²vã⁵³
宝山	商店 sõ⁵⁵te²²	饭店 vɛ²⁴te²²	栈房 zɛ²²vɒ̃⁵² 旅馆 ly³³kue⁵²
崇明	店 tie³³	馆子店 kue⁴²⁴tsŋ³³tie⁰	栈房 ʥæ³¹³uã⁵⁵

地点 \ 词条	0697 贵	0698 便宜	0699 合算
中心城区（南）	贵 tɕy³⁴	嘇 dzia̋²³ 便宜 bi²²n̩i⁵³	合算 kəʔ³³sø⁵³
中心城区（北）	贵 tɕy³⁴	便宜 bi²²n̩i⁴⁴ 强 dzia̋²³	合算 kɐʔ³³sø⁴⁴
松江	贵 tɕy³⁵	便宜 bi¹³n̩i⁵³	佮算 kəʔ⁴sø³⁵ 相赢 ɕiæ̃³⁵iŋ⁵³ 又
闵行	贵 tɕy³⁵	强 dʑia³¹	合算 kəʔ⁴sø⁴⁴
青浦	贵 tɕy³⁵	便宜 bii²³n̩i⁵¹	合算 kəʔ⁵⁵sø³⁵
金山	贵 tɕy³⁵	便宜 bii¹³n̩i³¹	合算 kəʔ³sø³⁵
奉贤	贵 tɕy³⁵	嘇 dzia³¹	合算 kəʔ³³sø³⁴
浦东（川沙）	贵 tɕy³⁵	便宜 dʑia²¹³	合算 kəʔ³³sø³⁴
浦东（惠南）	贵 tɕy³⁵	嘇 dʑiã¹¹³	合算 kəʔ⁵⁵sø³⁵
嘉定	贵 tɕy⁴²³	强 dʑia²³¹	合算 kəʔ³³sʅ³⁵
宝山	贵 tɕi³⁴ 价钿大 ka⁵⁵de²¹du²³	嘇 dzia³¹ 便宜 be²²n̩i⁵²	合算 kəʔ³³sʅ⁴⁴
崇明	贵 tɕy³³	强 dʑia²⁴	合算 kəʔ⁵sø³³

地点＼词条	0700 折扣	0701 亏本	0702 钱 统称
中心城区（南）	折头 tsəʔ³³dɤ⁵³ 折扣 tsəʔ³³kʰɤ⁵³	折本 zɐʔ¹¹pəŋ²³	铜钿 doŋ²²di⁵³ 洋钿 ɦiã²²di⁵³ 钞票 tsʰɔ³³pʰiɔ⁵³
中心城区（北）	折头 tsɐʔ³³dɤ⁴⁴ 折扣 tsɐʔ³³kʰɤ⁴⁴	蚀本 zɐʔ¹¹pəŋ²³	钞票 tsʰɔ³³pʰiɔ⁴⁴
松江	折扣 tsəʔ⁴kʰɯ³⁵	折本 zəʔ²pəŋ²²	钞票 tsʰɔ⁴⁴pʰɔ⁴⁴
闵行	打折 dã⁴⁴tsəʔ²	折本 zəʔ²²ɓəŋ⁴⁴	钞票 tsʰɔ⁴⁴pʰiɔ⁴⁴
青浦	折扣 tsəʔ⁵⁵kʰə³⁵	亏本 kʰui⁴⁴pəŋ³³	钞票 tsʰɔ⁴⁴pʰiɔ³³
金山	折扣 tsəʔ³kʰɤ³⁵	亏本 kʰue²⁴ɓəŋ⁵³	钞票 tsʰɔ⁵⁵pʰiɔ³¹
奉贤	折头 tsəʔ³³dɤ⁵³	折本 zəʔ⁴²pəŋ²¹	铜钿 doŋ²³di⁵³
浦东（川沙）	打折扣 dã²²tsʌʔ⁵⁵kʰɤ²¹	蚀本 zəʔ²²ɓən³⁴	钞票 tsʰɔ⁵⁵pʰiɔ⁵³ 铜钿 doŋ²²di²²
浦东（惠南）	打折扣 dã²²tsʌʔ⁵⁵kʰɤ³¹ 打折头 dã²²tsʌʔ⁵⁵dɤ⁵³	蚀本 zəʔ²²ɓən¹¹³	钞票 tsʰɔ⁵⁵pʰiɔ⁵⁵ 铜钿 doŋ²²di³³
嘉定	折扣 tsəʔ³³kʰɤ³⁵	折本 zəʔ²²pəŋ²⁴	铜钿 doŋ²²diɪ⁵³
宝山	折头 tsəʔ³³dʌɪ⁵² 折扣 tsəʔ⁴⁴kʰʌɪ²³	蚀脱 zəʔ²²tʰəʔ⁵⁵ 蚀本 zəʔ²²pẽŋ²³ 亏本 kʰuʌɪ⁵⁵pẽŋ²¹	钞票 tsʰɔ³³pʰiɔ⁵² 铜钿 doŋ²²de⁵²
崇明	打折 tã⁴²⁴tsøʔ⁵	蚀本 zəʔ²pən³³	钞票 tsʰɔ⁴²⁴pʰiɔ⁴⁴

地点 \ 词条	0703 零钱	0704 硬币	0705 本钱
中心城区（南）	零碎铜钿 liŋ²²sᴇ⁵⁵doŋ²²di²¹	角子 koʔ³³tsʅ⁵³	本钿 pən³³di⁵³
中心城区（北）	零碎钞票 liŋ²²sei⁵⁵tsʰɔ³³pʰiɔ²¹ 零头 liŋ²²dɤ⁴⁴	硬币 ŋã²²bi⁴⁴ 角子 koʔ³³tsʅ⁴⁴	本钿 pən³³di⁴⁴
松江	零散钞票 liŋ²²sᴇ²²tsʰɔ²²pʰiɔ²² 小钞票 ɕiɔ³³tsʰɔ⁵⁵pʰiɔ³¹ 又	铅角子 kʰɛ⁵⁵kɒʔ³tsʅ³¹	本钿 pən³⁵di³¹
闵行	零用钿 liŋ²²ɦioŋ²²di⁴⁴	铅角子 kʰɛ⁴⁴kɔʔ²tsʅ²²	本钿 ɓəŋ⁴⁴diɪ²²
青浦	零头 liəŋ²³də⁵¹	硬币 ŋã²²bi³⁵	本钿 pəŋ⁴⁴diɪ⁵³
金山	零钿 liəŋ¹³di⁵³	硬币 ŋɛ̃³³bi³³	本钿 ɓiəŋ¹³di⁵³
奉贤	零碎铜钿 liŋ²⁴sᴇ³³doŋ²²di²¹	角子 koʔ³³tsʅ³⁴	本钿 pəŋ³⁵di²¹
浦东（川沙）	零碎钞票 liŋ²²sᴇ⁴⁴tsʰɔ⁵⁵pʰiɔ²¹	铜板 doŋ²²ɓɛ²²	本钿 ɓəŋ³³di⁵³
浦东（惠南）	零碎钞票 liŋ²²sᴇ³⁵tsʰɔ⁵⁵pʰiɔ³¹	开角子 kʰᴇ⁵⁵koʔ⁵⁵tsʅ⁵³	本钿 ɓəŋ³⁵di⁵³
嘉定	零碎铜钿 liŋ²²sᴇ⁵⁵doŋ²²diɪ²¹	铅角子 kʰᴇ⁵⁵kɔʔ²²tsʅ²¹	本头钿 pəŋ³³dɤ⁵⁵diɪ²¹
宝山	零散钞票 lĩŋ²²sɛ⁵⁵tsʰɔ³³pʰiɔ²¹ 零散铜钿 lĩŋ²²sɛ⁵⁵doŋ³³de²¹	硬币 ŋã²²bi⁵²	本钿 pẽŋ³⁵de³¹
崇明	零碎钞票 liŋ³¹³sei³³tsʰɔ⁴²⁴pʰiɔ³³	锡角子 ɕiaʔ⁵koʔ⁵tsʅ⁰	本钿 pən⁴²⁴lie⁵⁵

地点 \ 词条	0706 工钱	0707 路费	0708 花~钱
中心城区（南）	工钿 koŋ⁵⁵di²¹	盘缠 bø²²zø⁵³	用 ɦioŋ²³
中心城区（北）	工钿 koŋ⁵⁵di²¹	车马费 tsʰo⁵⁵mo³³fi²¹ 车钿 tsʰo⁵⁵di²¹ 跑路钿 bɔ²²lu⁵⁵di²¹	用 ɦioŋ²³
松江	工钿 koŋ³⁵di⁵³	路费 lu²²fi³⁵ 盘缠 be¹³ze⁵³ 旧称	用脱 ɦioŋ²⁴tʰə‿ʔ³¹
闵行	工钿 koŋ⁴⁴di⁵³	盘缠钿 be²²dʑɛ⁴⁴di⁴⁴	用 ɦioŋ¹³
青浦	工钿 koŋ⁵⁵dɿ³¹	路费 ləu²²fi³⁵	用钞票 ɦioŋ³³tsʰɔ⁵⁵pʰiɔ³¹ 开销 kʰE⁵⁵siɔ³¹
金山	工钿 koŋ²⁴di⁵³	路费 lu³³fi³³	花 ho³⁵
奉贤	工钿 koŋ⁴⁴di⁵³	盘缠 be²³ze⁵³ 盘缠钿 be²²ze³³di⁵³	化 ho³⁵ 用 ɦioŋ²⁴
浦东（川沙）	工钿 koŋ⁵⁵di⁵³	盘缠钿 bɛ²²zɛ²²di²²	用 ɦioŋ¹³
浦东（惠南）	工钿 koŋ⁵⁵di⁵³	路费 lu³¹fi³⁵ 盘缠 be²²zɛ³³	用 ɦioŋ¹³
嘉定	工钿 koŋ⁵⁵dɿ²¹	盘缠 bɿ²²zɿ⁵³	用 ɦioŋ²¹³
宝山	工钿 koŋ⁵⁵de²¹	盘钿 be²²de⁵² 乘车费 tsʰẽŋ³³tsʰɤ⁵⁵fi²² 路费 lu²⁴fi³¹	用 ɦioŋ²³
崇明	工钿 koŋ⁵⁵lie⁵⁵	盘缠 bie²⁴zø⁵⁵	用 ɦiyoŋ³¹³

词条\地点	0709 赚 卖一斤能~一毛钱	0710 挣 打工~了一千块钱	0711 欠 ~他十块钱
中心城区（南）	赚 zɛ²³	赚 zɛ²³	欠 tɕʰi³⁴
中心城区（北）	赚 zɛ²³	赚 zɛ²³	空 kʰoŋ³⁴ 欠 tɕʰi³⁴
松江	赚着 zɛ²⁴zaʔ³¹	赚 zɛ¹³	缺 tɕʰyøʔ⁴ 空 kʰoŋ³⁵ 又
闵行	赚 zɛ¹³	赚 zɛ¹³	缺 tɕʰyəʔ⁵
青浦	赚 zɛ²²⁴	寻 ziəŋ³¹	欠 tɕʰi³⁵
金山	赚 zɛ¹³	挣 tsəŋ⁵³	欠 tɕʰiɪ³⁵
奉贤	赚 zɛ²⁴	寻 ziŋ³¹	欠 tɕʰi³⁵ 缺 tɕʰyøʔ⁵⁵
浦东（川沙）	赚 zɛ¹³	赚 zɛ¹³	空 kʰoŋ³⁵
浦东（惠南）	赚 zɛ¹³	寻 ʑin¹¹³	缺 tɕʰyœʔ⁵⁵ 空 kʰoŋ³⁵
嘉定	赚 zɛ²¹³	赚 zɛ²¹³	欠 tɕʰiɪ⁴²³
宝山	赚 zɛ²³	赚 zɛ²³	空 ˭kʰoŋ³⁴ 欠 tɕʰie³⁴
崇明	赚 dzæ²⁴²	寻 ʑin²⁴	欠 tɕʰie³³

地点 \ 词条	0712 算盘	0713 秤 统称	0714 称 用杆秤~
中心城区（南）	算盘 sø³³bø⁵³	秤 tsʰəŋ³⁴ 磅秤 pã⁵⁵tsʰəŋ²¹	称 tsʰəŋ⁵²
中心城区（北）	算盘 sø³³bø⁴⁴	秤 tsʰəŋ³⁴	称 tsʰəŋ⁵²
松江	算盘 sø⁵⁵be³¹	秤 tsʰəŋ³⁵	称 tsʰəŋ⁵³
闵行	算盘 sø⁴⁴be²²	秤 tsʰəŋ³⁵	称 tsʰəŋ³⁵
青浦	算盘 sø⁴⁴bɿ⁵³	秤 tsʰəŋ³⁵	称 tsʰəŋ⁵¹
金山	算盘 sø³³be³¹	秤 tsʰəŋ³⁵	称 tsʰəŋ⁵³
奉贤	算盘 sø⁵³be²¹	秤 tsʰəŋ³⁵	称 tsʰəŋ⁵³
浦东（川沙）	算盘 sø³³bɛ⁵³	秤 tsʰən³⁵	称 tsʰən⁵³
浦东（惠南）	算盘 sø³⁵bɛ⁵³	秤 tsʰən³⁵	称 tsʰən⁵³
嘉定	算盘 sɤ³⁵bɿɪ²¹	秤 tsʰəŋ⁵³	称 tsʰəŋ⁴²³
宝山	算盘 sɤ³⁵be³¹	秤 tsʰɛ̃ŋ³⁴	称 tsʰɛ̃ŋ⁵³
崇明	算 sø³³bie⁵⁵	秤 tsʰən³³	称 tsʰən⁵³

地点 \ 词条	0715赶集	0716集市	0717庙会
中心城区（南）	（无）	（无）	庙会 miɔ²²ɦuɛ⁵³
中心城区（北）	赶集 kø⁴⁴ziɪʔ¹²	集市 ziɪʔ¹¹zɿ²³	庙会 miɔ²²ɦuei⁴⁴
松江	（无）	（无）	（无）
闵行	赶集 kø⁴⁴ziɪʔ²²	市场 zɿ¹³ʥã²²	庙会 miɔ²²ʋi⁴⁴
青浦	上街浪 zã²²ka⁵⁵lã³¹	集市 ziɪʔ²²zɿ³⁴	庙会 miɔ²²ɦui³⁵
金山	赶集 kø²³ziɪʔ⁴	集市 ziɪʔ¹²zɿ³³	做社 tsu³³zɔ³¹
奉贤	（无）	（无）	庙会 miɔ²²ɦue³⁴
浦东（川沙）	到城里去买物事去 dɔ³⁵zən²²li²²tɕʰi³⁵mʌ³⁵məʔ²²zɿ³⁴tɕʰi⁵³	市场 zɿ²²zã⁵³	庙会 miɔ²²βe³⁴
浦东（惠南）	到城里头去 dɔ³⁵zən³¹li¹³dɤ³³tɕʰi³¹	市场 zɿ³⁵zã⁵³	庙会 miɔ³¹ɦuɛ³⁵
嘉定	上街浪 zã²²ka⁵⁵lã²¹	市场 zɿ²²zã⁵³	庙会 miɔ²⁴ɦue²¹
宝山	（无）	（无）	庙会 miɔ²²ɦuʌɪ²³
崇明	上镇 zã²⁴²tsən⁰	（无）	（无）

地点 \ 词条	0718 学校	0719 教室	0720 上学
中心城区（南）	学堂 ɦioʔ$\underline{^{11}}$dã^{23}	课堂 kʰu^{33}dã^{53}	去学堂 tɕʰi^{34}ɦioʔ$\underline{^{11}}$dã^{23}
中心城区（北）	学堂 ɦioʔ$\underline{^{11}}$dã^{23}	教室 tɕio^{33}sɐʔ$\underline{^{44}}$	读书 doʔ$\underline{^{11}}$sʅ^{23}
松江	学堂 ɦiɒʔ^{2}dɒ̃^{53}	课堂 kʰu^{55}dɒ̃^{31}	读书 doʔ^{2}sy^{53}
闵行	学堂 ɦioʔ^{22}dã^{44}	课堂间 kʰu^{22}dã^{44}kɛ^{53}	读书 doʔ^{22}ɕy^{44}
青浦	学堂 ɦioʔ$\underline{^{11}}$dã^{52}	教室 tɕio^{33}sə$\underline{^{55}}$ʔ	上学 zã^{22}ɦioʔ$\underline{^{34}}$
金山	学堂 ɦioʔ^{2}dã^{53}	教室 cio^{23}sɐʔ^{4}	上学 zã^{12}ɦiɑʔ^{4}
奉贤	学堂 ɦioʔ$\underline{^{22}}$dã^{53}	课堂 kʰu^{53}dã^{21}	上学 zã^{42}ɦioʔ$\underline{^{21}}$
浦东（川沙）	学堂 ɦioʔ$\underline{^{22}}$dã^{34}	课堂 kʰu^{33}dã^{53}	上学 zã^{22}ɦioʔ$\underline{^{53}}$
浦东（惠南）	学堂 ɦiɑʔ$\underline{^{22}}$dã^{113}	课堂 kʰu^{35}dã^{53} 教室 tɕio$\underline{^{35}}$sə$\underline{^{53}}$ʔ	读书 doʔ$\underline{^{22}}$ɕy^{113}
嘉定	学堂 ɦioʔ$\underline{^{22}}$dã^{24}	课堂 kʰu^{35}dã^{21}	上学 zã^{24}ɦioʔ$\underline{^{21}}$
宝山	学堂 ɦioʔ$\underline{^{22}}$dɒ̃^{23}	课堂 kʰu^{55}dɒ̃^{21} 教室 tɕio$\underline{^{35}}$sə$\underline{^{31}}$ʔ	读书去 doʔ$\underline{^{11}}$sʅ^{22}tɕʰi^{23} 上学 zɒ̃^{24}ɦioʔ$\underline{^{31}}$
崇明	学堂 ɦɦioʔ^{2}dã^{55}	课堂 kʰu^{424}dã^{55}	学里去 ɦɦioʔ^{2}li^{33}kʰi^{33}

地点 \ 词条	0721 放学	0722 考试	0723 书包
中心城区（南）	放学 fã³⁴ɦoʔ²³	考试 kʰɔ³³sʅ⁵³	书包 sʅ⁵⁵pɔ²¹
中心城区（北）	放学 fã⁴⁴ɦoʔ¹²	考试 kʰɔ³³sʅ⁴⁴	书包 sʅ⁵⁵pɔ²¹
松江	放学 fɒ̃³⁵ɦoʔ³¹	考试 kʰɔ⁴⁴sʅ⁴⁴	书包袋 sy³³pɔ⁵⁵dɛ³¹
闵行	放学 fã⁴⁴ɦoʔ²²	考试 kʰɔ⁴⁴sʅ⁴⁴	书包 sy⁴⁴ɓɔ⁴⁴
青浦	放学 fã³³ɦoʔ²⁴ 放夜学 fã³³ɦia⁵⁵ɦoʔ³¹	考试 kʰɔ⁴⁴sʅ³³	书包 sy⁵⁵pɔ³¹
金山	放学 fã²³ɦiɑʔ⁴	考试 kʰɔ⁴⁴sʅ⁴⁴	书包 sy²⁴ɓɔ⁵³
奉贤	放学 ɸã³⁵ɦoʔ²¹	考试 kʰɔ⁴⁴sʅ⁴⁴	书包 ɕy⁴⁴ɓɔ⁵³
浦东（川沙）	放学 fã³³ɦoʔ⁵³	考试 kʰɔ⁴⁴sʅ⁴⁴	书包 sʅ⁵⁵ɓɔ²¹
浦东（惠南）	放学 fã³⁵ɦɑʔ⁵³	考试 kʰɔ³³sʅ⁴⁴	书包 ɕy⁵⁵ɓɔ⁵³
嘉定	放夜学 fã³³ɦia²⁴ɦoʔ²¹	考试 kʰɔ³³sʅ⁵³	书包 sʅ⁵⁵pɔ²¹
宝山	放学 fɒ̃³⁵ɦoʔ³¹	考试 kʰɔ³⁵sʅ³¹	书包 sʅ⁵⁵pɔ²¹
崇明	放学 fã⁴²⁴oʔ⁵	测验 tsʰəʔ⁵ȵie³³	书包 sʅ⁵⁵pɔ⁵⁵

地点 \ 词条	0724 本子	0725 铅笔	0726 钢笔
中心城区（南）	簿子 bu²²tsʅ⁵³	铅笔 kʰɛ⁵⁵pɪʔ²¹	自来水笔 zʅ²²lɛ⁵⁵sʅ²²pɪʔ²¹ 钢笔 kã⁵⁵pɪʔ²¹
中心城区（北）	簿子 bu²²tsʅ⁴⁴	铅笔 kʰɛ⁵⁵pɪʔ²¹	钢笔 kã⁵⁵pɪʔ²¹ 自来水笔 zʅ²²lɛ⁵⁵sʅ³³pɪʔ²¹
松江	簿子 bu²⁴tsʅ³¹	铅笔 kʰɛ⁵⁵piɪʔ³¹	钢笔 kɒ̃⁵⁵piɪʔ³¹
闵行	簿子 bu¹³tsʅ²²	铅笔 kʰɛ⁴⁴ɕiɪʔ²²	钢笔 kã⁴⁴ɕiɪʔ²²
青浦	簿子 bu²⁵tsʅ¹¹	铅笔 kʰɛ⁵⁵piɪʔ³³	钢笔 kã⁵⁵piɪʔ³³
金山	簿子 bu¹³tsʅ⁵³	铅笔 kʰɛ⁴⁴ɕiəʔ²	钢笔 kã⁴⁴ɕiəʔ²
奉贤	簿子 bu²⁴tsʅ²¹	铅笔 kʰɛ⁵⁵pɪʔ²¹	钢笔 kã⁵⁵pɪʔ²¹ 自来水笔 zʅ⁴²lɛ²²sʅ²²pɪʔ²¹
浦东（川沙）	簿子 bu¹³tsʅ²¹	铅笔 kʰɛ⁵⁵ɕiɪʔ⁵³	钢笔 kã⁵⁵ɕiɪʔ⁵³
浦东（惠南）	簿子 bu¹³tsʅ³¹	铅笔 kʰɛ⁵⁵ɕiɪʔ⁵³	钢笔 kã⁵⁵ɕiɪʔ⁵³
嘉定	簿子 bu²⁴tsʅ²¹	铅笔 kʰɛ⁵⁵piɪʔ²¹	钢笔 kã⁵⁵piɪʔ²¹
宝山	簿子 bu²⁴tsʅ³¹	铅笔 kʰɛ⁵⁵pɪʔ²¹	钢笔 kɒ̃⁵⁵pɪʔ²¹
崇明	簿子 bu³¹³tsʅ³³	铅笔 kʰæ⁵⁵piəʔ⁵	钢笔 kã⁵⁵piəʔ⁵

地点＼词条	0727圆珠笔	0728毛笔	0729墨
中心城区（南）	原子笔 ȵyø²²tsʅ⁵⁵pɿʔ²¹	毛笔 mɔ²²pɿʔ⁴⁴	墨 məʔ¹²
中心城区（北）	圆珠笔 ȵyø²²tsʅ⁵⁵pɿʔ²¹	毛笔 mɔ²²pɿʔ⁴⁴	墨 mɐʔ¹²
松江	圆珠笔 ɦø²²tɕy⁵⁵piɿʔ³¹	毛笔 mɔ²²piɿʔ²	墨 məʔ²
闵行	圆珠笔 ɦø³¹tsʅ⁴⁴ɕiɿʔ²²	毛笔 mɔ²²ɕiɿʔ⁴⁴	墨 məʔ²³
青浦	圆珠笔 ȵyø²³tsʅ⁵⁵piɿʔ³³	毛笔 mɔ²³piɿʔ³³	墨 məʔ¹²
金山	原珠笔 ȵyø²³tsy⁵⁵ɕiəʔ³	毛笔 mɔ³³ɕiəʔ²	墨 məʔ¹²
奉贤	原子笔 ȵiø²⁴tsʅ³³pɿʔ²¹ 圆珠笔 ɦø²⁴tɕy³³pɿʔ²¹	毛笔 mɔ⁴²pɿʔ²¹	墨 məʔ²³
浦东（川沙）	圆珠笔 ȵyø²²tsʅ²²ɕiɿʔ⁵³	毛笔 mɔ²²ɕiɿʔ⁴⁴	墨 mʌʔ²³
浦东（惠南）	原子笔 ȵyø²²tsʅ⁵⁵ɕiɿʔ⁵³	毛笔 mɔ²²ɕiɿʔ³³	墨 mʌʔ²³
嘉定	原珠笔 ȵiʏ²²tsʅ⁵⁵piɿʔ²¹	毛笔 mɔ²⁴piɿʔ²¹	墨 məʔ²³
宝山	原子笔 ȵiʏ²²tsʅ²³pɿʔ⁵²	毛笔 mɔ²⁴pɿʔ³¹	墨 məʔ¹²
崇明	原子笔 ȵyø²⁴tsʅ⁰piəʔ⁵	毛笔 mɔ²⁴piəʔ⁵	墨 məʔ²

词条\地点	0730 砚台	0731 信—封~	0732 连环画
中心城区（南）	砚台 ȵi²² dɛ⁵³	信 ɕiŋ³⁴	小书 ɕiɔ³³ sʅ⁵³ 连环图画 li²² guɛ⁵⁵ du²² ɦo²¹
中心城区（北）	砚台 ȵi²² dɛ⁴⁴	信 ɕiŋ³⁴	小书 ɕiɔ³³ sʅ⁴⁴ 小人书 ɕiɔ³³ ȵiŋ⁵⁵ sʅ²¹
松江	砚台 ȵi²² dɛ²²	信 ɕiŋ³⁵	连环画 li²² guɛ⁵⁵ ɦo³¹
闵行	砚台 ȵi²² de⁴⁴	信 siŋ³⁵	小人书 ɕiɔ²² ȵiŋ⁴⁴ sy²²
青浦	砚台 ȵiɿ²⁵ dɛ¹¹	信 siəŋ³⁵	连环画 liɿ²² guɛ⁵⁵ ɦo³¹
金山	砚子 ȵi⁵⁵ tsʅ⁰	信 siəŋ³⁵	连环画 liɿ²³ guɛ⁵⁵ ɦo³¹
奉贤	砚台 ȵi⁴² de²¹	信 ɕiŋ³⁵	连环画 li²² guɛ⁵⁵ ɦo²¹
浦东（川沙）	砚台 ȵi²² dɛ⁵³	信 ɕiŋ³⁵	小人头书 ɕiɔ²² ȵiŋ⁵⁵ dɤ⁵⁵ sʅ²¹
浦东（惠南）	砚台 ȵi¹³ dɛ⁵³	信 ɕiŋ³⁵	小人书 ɕiɔ³⁵ ȵiŋ⁵⁵ ɕy⁵³
嘉定	砚台 ȵiɿ²² dɛ⁵³	信 siŋ⁴²³	连环图 liɿ²² guɛ²² du²⁴
宝山	砚台 ȵie²² de⁵²	信 sĩŋ³⁴	连环画 le²² guɛ⁵⁵ vuɤ²¹
崇明	面台 mie³¹³ dɛ⁵⁵	信 ɕin³³	小人书 ɕiɔ⁴²⁴ ȵin³³ sʅ⁵⁵

地点 \ 词条	0733 捉迷藏	0734 跳绳	0735 毽子
中心城区（南）	迷野猫猫 bø²² ɦia⁵⁵ mɔ²² mɔ²¹	跳绳 tʰiɔ³⁴ zəŋ²³	毽子 tɕi⁵⁵ tsɿ²¹
中心城区（北）	盘夜猫猫 bø²² ɦia⁵⁵ mɔ³³ mɔ²¹	跳绳 tʰiɔ⁴⁴ zəŋ²³	毽子 tɕi³³ tsɿ⁴⁴
松江	捉野猫 tsɒʔ³ ɦia⁵⁵ mɔ⁵³ 蟠＝野猫 be²² ɦia⁵⁵ mɔ⁵³ 又	跳绳 tʰiɔ⁵⁵ zəŋ³¹	毽子 tɕi⁵⁵ tsɿ³¹
闵行	跸夜猫 be²² ɦia⁴⁴ mɔ⁵³	跳绳 tʰiɔ⁴⁴ zəŋ²²	毽子 tɕi⁴⁴ tsɿ²²
青浦	迷野猫 bɿ²² ɦia⁵⁵ mɔ³¹	跳绳 tʰiɔ³³ zəŋ⁵²	毽子 tɕiɪ⁵⁵ tsɿ³¹
金山	捉野猫 tsɔʔ³ ɦia⁵⁵ mɔ³¹	跳绳 tʰiɔ³³ zəŋ³¹	毽子 ci³³ tsɿ³¹
奉贤	捉野猫 tsɔʔ³³ ɦiɑ⁴⁴ mɔ⁵³	跳绳 tʰiɔ⁵³ zəŋ²¹	毽子 tɕi⁵³ tsɿ²¹
浦东（川沙）	捉野猫 tsɔʔ²² ɦiA⁵⁵ mɔ⁵³	跳绳 tʰiɔ³³ nəŋ⁵³	毽子 tɕi³⁵ tsɿ²¹
浦东（惠南）	蟠野猫 bE²² ɦiA⁴⁴ mɔ⁵³	跳绳 tʰiɔ³⁵ zəŋ⁵³	毽子 tɕi³⁵ tsɿ³¹
嘉定	迷野猫 biɪ²² ɦia⁵⁵ mɔ²¹	跳绳 tʰiɔ³⁵ zəŋ²¹	毽踢 tɕiɪ⁵⁵ tiʔ²¹
宝山	迷野猫 be²² ɦia⁵⁵ mɔ²² 捉迷藏 tsɔʔ³³ mi⁵⁵ zɒ̃²²	跳绳 tʰiɔ³⁵ zẽŋ³¹	毽子 tɕie³³ tsɿ⁵²
崇明	畔野猫 bie³¹³ ɦiɑ³³ mɔ⁵⁵	跳绳 tʰiɔ⁴²⁴ zən⁵⁵	毽踢 tɕie⁴²⁴ tʰiəʔ⁵

地点＼词条	0736 风筝	0737 舞狮	0738 鞭炮 统称
中心城区（南）	鹞子 ɦiɔ²²tsɿ⁴⁴	舞狮子 ɦu²²sɿ⁵⁵tsɿ²¹	炮仗 pʰɔ⁵⁵zã²¹
中心城区（北）	鹞子 ɦiɔ²²tsɿ⁴⁴	舞狮 vu³³sɿ⁵²	炮仗 pʰɔ⁵⁵zã²¹
松江	鹞子 ɦiɔ²²tsɿ²²	舞狮子 vu²²sɿ⁵⁵tsɿ³¹	鞭炮 pi⁵⁵pʰɔ³¹ 成串的 炮仗 pʰɔ⁵⁵zã³¹ 单个的，多指二踢脚等较大的鞭炮
闵行	鹞子 ɦiɔ²²tsɿ⁴⁴	舞狮 ɦu²²sɿ⁵³	炮仗 pʰɔ²²zã⁴⁴
青浦	鹞子 ɦiɔ²⁵tsɿ¹¹	舞狮 ɦu²²sɿ⁵³	炮仗 pʰɔ³³zæ̃³⁵
金山	鹞子 ɦiɔ¹³tsɿ³¹	舞狮 vu¹³sɿ⁵³	炮仗 pʰɔ³³zɛ̃³¹
奉贤	鹞子 ɦiɔ³⁵tsɿ²¹ 风筝 hoŋ⁵⁵tsəŋ²¹	狮子滚绣球 sɿ⁴⁴tsɿ⁵³kuəŋ³³ɕiɤ⁵⁵dziɤ²¹	鞭炮 pi⁵⁵pʰɔ²¹ 炮仗 pʰɔ⁵⁵zã²¹
浦东（川沙）	鹞子 ɦiɔ¹³tsɿ²¹	舞狮子 βu²²sɿ⁵⁵tsɿ²¹	炮仗 pʰɔ⁵⁵zã²¹
浦东（惠南）	鹞子 ɦiɔ¹³tsɿ³¹	舞狮 βu¹³sɿ⁵³	炮仗 pʰɔ⁵⁵zã³¹
嘉定	鹞子 ɦiɔ²²tsɿ⁵³	甩龙灯 huᴇ³³loŋ⁵⁵təŋ²¹	百响 paʔ⁵⁵ɕiã²¹
宝山	鹞子 ɦiɔ²⁴tsɿ³¹ 风筝 hoŋ⁵⁵tsɛ̃ŋ²¹	跳狮子舞 tʰiɔ³⁴sɿ⁵⁵tsɿ³³vu²¹	爆仗 pɔ⁵⁵zã²¹
崇明	鹞子 ɦiɔ²⁴tsɿ⁰	（无）	巴上 pɔ⁵⁵zã⁰

地点＼词条	0739 唱歌	0740 演戏	0741 锣鼓 统称
中心城区（南）	唱歌 tsʰã³³ku⁴⁴	做戏 tsu³⁴ɕi³⁴	锣鼓家生 lu²²ku⁵⁵kʌ³³sã²¹
中心城区（北）	唱歌 tsʰã⁴⁴ku⁵²	唱戏 tsʰã⁴⁴ɕi³⁴	锣鼓家生 lu²²ku⁵⁵ka³³sã²¹
松江	唱歌 tsʰɒ̃⁵⁵ku³¹	做戏 tsu⁴⁴ɕi⁴⁴	锣鼓 lu¹³ku⁵³ 锣鼓家生 lu²²ku⁵⁵ka³³sæ̃³¹ 又
闵行	唱歌 tsʰã⁴⁴ku²²	做戏 tsu²²ɕi⁴⁴	锣鼓 lu²²ku⁴⁴
青浦	唱歌 tsʰã⁵⁵kəu³¹	做戏 tsu³³ɕi³⁵	锣鼓 ləu²³kəu⁵¹
金山	唱歌 tsʰã³³ku³¹	做戏 tsʰu⁴⁴ɕi⁴⁴	锣鼓 lu¹³ku⁵³
奉贤	唱歌 tsʰã⁵³ku²¹	做戏 tsu³⁵ɕi³⁵ 唱戏 tsʰã⁴⁴ɕi⁴⁴	锣鼓 lu²³ku⁵³
浦东（川沙）	唱歌 tsʰã³³ku⁵³	做戏 tsu⁵⁵ɕi²¹	锣鼓 lu²²ku²²
浦东（惠南）	唱歌 tsʰã³⁵ku⁵³	做戏 tsu⁵⁵ɕi³¹	锣鼓 lu²²ku³³
嘉定	唱歌 tsʰã³⁵ku²¹	做戏 tsu⁵⁵ɕi²²	锣鼓 lu²⁴ku²¹
宝山	唱歌 tsʰɒ̃⁵⁵ku²¹	做戏 tsu³⁴ɕi³⁴	锣鼓 lu²⁴ku³¹
崇明	唱歌 tsʰã⁴²⁴ku⁵⁵	做戏 tsu⁴²⁴ɕi³³	锣鼓 lu²⁴ku⁰

地点 \ 词条	0742 二胡	0743 笛子	0744 划拳
中心城区（南）	二胡 ȵi²²vu⁵³	笛子 dɪʔ¹¹tsʅ²³	豁拳 huA ʔ⁵⁵dʑyø²³ 猜拳 tsʰø⁵²dʑyø²³
中心城区（北）	胡琴 ɦu²²dʑiŋ⁴⁴ 二胡 ȵi²²vu⁴⁴	笛子 dɪʔ¹¹tsʅ²³	划拳¹ ɦuɐʔ²²dʑyø²³ 划拳² huɐʔ⁴⁴dʑyø²³
松江	胡琴 vu¹³ʝiŋ⁵³	笛 diɪʔ²	豁拳 fæʔ⁴dʑyø⁵³
闵行	二胡 ȵi²²ɦu⁴⁴	笛子 diɪʔ²²tsʅ⁴⁴	猜拳 tsʰø⁴⁴dʑiø⁴⁴
青浦	胡琴 ɦu²³dʑiəŋ⁵¹	笛子 diɪʔ¹¹tsʅ³⁴	发拳 fæʔ⁵⁵dʑyø⁵¹
金山	胡琴 vu¹³ʔʝiɛŋ⁵³	笛子 diɪʔ³tsʅ³³	发拳 fæʔ³dʑyø⁵³
奉贤	二胡 ȵi²⁴βu²¹	笛 dɪʔ²³	豁拳 fæʔ³³dʑiø⁵³
浦东（川沙）	二胡 ȵi²²βu⁵³	笛子 diɪʔ²²tsʅ³⁴	划拳 βAʔ²²dʑyø³⁴
浦东（惠南）	二胡 ȵi¹³ɦu⁵³	笛子 diɪʔ²²tsʅ¹¹³	猜拳 tsʰø⁵⁵dʑyø⁵³
嘉定	胡琴 ɦu²²dʑiŋ⁵³	笛子 diɪʔ²²tsʅ²⁴	豁拳 faʔ³³dʑiɤ⁵³
宝山	二胡 ȵi²²vu⁵²	笛子 dɪʔ²²tsʅ²³	豁千千 fAʔ³³tsʰe⁵⁵tsʰe²¹ 豁拳 fAʔ³³dʑiɤ⁵²
崇明	胡琴 ɦu²⁴dʑin⁵⁵	笛 diəʔ²	豁拳 huæʔ⁵dʑyø⁵⁵

地点 \ 词条	0745 下棋	0746 打扑克	0747 打麻将
中心城区（南）	着棋 tsʌʔ$\underline{^{55}}$dʑi^{23}	打扑克 tã^{34}pʰoʔ$\underline{^{33}}$kʰəʔ$\underline{^{44}}$	搓麻将 tsʰo^{52}mo^{22}tɕiã^{53}
中心城区（北）	着棋 tsɐʔ$\underline{^{44}}$dʑi^{23}	打派司 tã^{44}pʰa^{55}sɿ^{21}	搓麻将 tsʰo^{44}mo^{22}tɕiã^{44}
松江	着棋 tsɑʔ^{4}dʑi^{53}	打扑克 tæ^{33}pʰoʔ^{5}kʰəʔ$\underline{^{31}}$	车＝麻将 tsʰo^{55}mo^{33}tɕiæ^{31}
闵行	着棋 tsɑʔ^{2}dʑi^{31}	打扑克 dɑ̃^{22}pʰoʔ^{4}kʰəʔ^{2}	搓麻将 tsʰu^{44}mo^{22}tɕiã^{44}
青浦	着棋 tsɑʔ^{55}dʑi^{51}	打扑克 tæ^{44}pʰoʔ^{55}kʰəʔ^{33}	搓麻将 tsʰu^{55}mo^{33}tɕiæ^{31}
金山	着棋 tsɑʔ^{3}dʑi^{53}	打扑克 tã^{34}pʰoʔ^{5}kʰəʔ^{3}	搓麻将 tsʰo^{33}mo^{55}tɕiẽ^{31}
奉贤	着棋 tsɑʔ$\underline{^{33}}$dʑi^{53}	打扑克 tã^{33}pʰoʔ^{55}kʰəʔ$\underline{^{21}}$ 玩扑克牌 mɛ^{21}pʰoʔ$\underline{^{33}}$kʰəʔ$\underline{^{44}}$bɑ^{53}	搓麻将 tsʰo^{55}mo^{33}tɕiã^{21}
浦东（川沙）	着棋 tsʌʔ$\underline{^{33}}$dʑi^{53}	打牌 dã^{33}bʌ^{53}	搓麻将 tsʰu^{55}mo^{55}tɕiã^{21}
浦东（惠南）	着棋 tsʌʔ$\underline{^{55}}$dʑi^{53}	打牌 dã^{35}bʌ^{53}	搓麻将 tsʰu^{55}mo^{55}tɕiã^{53}
嘉定	着棋 tsɑʔ$\underline{^{33}}$dʑi^{53}	打牌 tã^{35}ba^{231}	叉麻将 tsʰɤ^{55}mo^{22}tsiã^{53}
宝山	着棋 tsʌʔ$\underline{^{33}}$dʑi^{52}	打牌 tã^{55}ba^{21} 打扑克 tã^{33}pʰoʔ$\underline{^{55}}$kʰəʔ$\underline{^{21}}$	搓麻将 tsʰɤ^{53}mɤ^{22}tsiã^{52}
崇明	着棋 tsɑʔ^{5}dʑi^{55}	打陀罗克 tã^{424}du^{24}lu^{55}kʰəʔ^{5}	叉麻将 tsʰo^{55}mo^{55}tɕiã^{55}

地点 \ 词条	0748变魔术	0749讲故事	0750猜谜语
中心城区（南）	变戏法 pi^{33}ɕi^{55}fʌʔ^{21}	讲故事 kã^{34}ku^{33}zʅ^{53}	猜谜谜子 tsʰø^{52}mɛ^{22}mɛ^{55}tsʅ^{21}
中心城区（北）	变戏法 pi^{44}ɕi^{55}fɐʔ^{21}	讲故事 kã^{44}ku^{33}zʅ^{44}	猜谜谜子 tsʰɛ^{44}me^{22}me^{55}tsʅ^{21}
松江	变戏法 pi^{33}ɕi^{44}fæʔ^{4}	讲故事 kɒ̃^{33}ku^{55}zʅ^{31}	猜枚枚子 tsʰø^{33}me^{22}me^{55}tsʅ^{31}
闵行	变戏法 ɦi^{22}ɕi^{44}fæʔ^{4}	讲故事 kã^{44}ku^{44}zʅ^{44}	猜谜谜子 tsʰe^{44}mi^{22}mi^{44}tsʅ^{44}
青浦	变戏法 piɪ^{33}ɕi^{55}fæʔ^{33}	讲故事 kã^{44}ku^{55}zʅ^{31}	猜谜谜子 tsʰø^{55}mi^{23}mi^{53}tsʅ^{31}
金山	变戏法 ɦiɪ^{34}ɕi^{55}fæʔ^{3}	讲故事 kã^{34}ku^{55}zʅ^{31}	猜谜谜子 tsʰø^{44}mi^{33}mi^{55}tsʅ^{31}
奉贤	变戏法 pi^{44}ɕi^{44}fæʔ^{44}	讲故事 kã^{33}ku^{55}zʅ^{21}	猜谜谜子 tsʰø^{53}me^{22}me^{33}tsʅ^{53}
浦东（川沙）	变戏法 ɦi^{22}ɕi^{55}fʌʔ^{53}	讲故事 kã^{22}ku^{55}zʅ^{21}	猜迷迷子 tsʰø^{55}me^{22}me^{55}tsʅ^{21}
浦东（惠南）	变戏法 ɦi^{35}ɕi^{55}fæʔ^{53}	讲故事 kã^{35}ku^{31}zʅ^{13}	猜谜谜子 tsʰø^{55}mɛ^{22}mɛ^{33}tsʅ^{31}
嘉定	变戏法 piɪ^{35}ɕi^{35}faʔ^{21}	讲故事 kã^{35}ku^{33}sʅ^{53}	猜谜谜子 tsʰɤ^{53}mi^{33}mi^{55}tsʅ^{21}
宝山	变戏法 pe^{34}ɕi^{33}fʌʔ^{52}	讲故事 kɒ̃^{55}ku^{33}zʅ^{21}	猜谜谜子 tsʰʌɪ^{53}mʌɪ^{22}mʌɪ^{55}tsʅ^{21} 猜谜语 tsʰʌɪ^{53}mi^{24}ȵy^{31}
崇明	变戏法 pie^{424}ɕi^{33}fæʔ^{5}	讲故事 kã^{313}ku^{33}zʅ^{55}	猜谜谜子 tsʰɛ^{55}mei^{313}mei^{33}tsʅ^{0}

词条\地点	0751 玩儿 游玩：到城里～	0752 串门儿	0753 走亲戚
中心城区（南）	白相 bəʔ¹¹ɕiã²³	走人家 tsɤ³⁴ɲiɲ²²kʌ⁵³	跑亲眷 bɔ²³tɕʰiɲ⁵⁵tɕyø²¹
中心城区（北）	白相 bɐʔ¹¹ɕiã²³	跑邻舍隔壁 bɔ³³liɲ²²so⁵⁵kɐʔ³³pɪʔ²¹	跑亲眷 bɔ³³tɕʰiɲ⁵⁵tɕyø²¹ 走亲眷 tsɤ⁴⁴tɕʰiɲ⁵⁵tɕyø²¹
松江	别=相 biɿʔ²ɕiæ³⁵	（无）	走亲眷 tsɯ³³tɕʰiɲ⁵⁵tɕyø³¹
闵行	孛相 bəʔ²²ɕiã⁴⁴	走孛相 tsɤ²²bəʔ²ɕiã²²	跑亲眷 bɔ²²tsʰiɲ⁴⁴tɕiø⁴⁴
青浦	白相 baʔ¹¹siæ³⁴	排街头 ba²³ka⁵⁵də³¹	跑亲眷 bɔ²³tsʰiəŋ⁵⁵tɕyø³¹
金山	白相干 baʔ²ɕiɛ̃⁵⁵kø³¹	走白相 tsɤ³⁴baʔ⁵ɕiɛ̃³¹	走亲眷 tsɤ³⁴tsʰiəŋ⁵⁵tɕyø³¹
奉贤	孛相 bɿʔ²²ɕiã³⁴	（无）	跑亲眷 pɔ⁵³tɕʰiəŋ³³tɕiø²¹
浦东（川沙）	白相 bʌʔ²²ɕiã³⁴	跑邻舍 bɔ¹³liɲ²²so⁴⁴	跑亲眷 bɔ¹³tɕʰiɲ⁵⁵tɕyø²¹
浦东（惠南）	白相 bʌʔ²²ɕiã¹¹³	到隔壁人家扯乱谈 dɔ³⁵kʌʔ⁵³ɲiɲ²²kʌ³³ tsʰʌ⁵⁵lø³¹dɛ³¹	望亲眷 mã¹³tɕʰiɲ⁵⁵tɕyø⁵³ 跑亲眷 bɔ¹³tɕʰiɲ⁵⁵tɕyø⁵⁵
嘉定	白相 biɿʔ²²siã²⁴	到啥人家去 tɔ³⁵sa³³ɲiŋ⁵⁵ka²²tɕʰi⁴²³	走亲眷 tsɤ³⁵tsʰiɲ³³tɕiɤ²¹
宝山	白相 bəʔ²²siã²³	到人家屋里白相 tɔ³³ɲĩɲ⁵⁵ka²¹uəʔ⁵⁵li²¹ bəʔ²²siã²³	走亲眷 tsʌɪ³³tsʰĩɲ⁵⁵tɕiɤ²¹
崇明	孛相 bəʔ²ɕiã³³	跑邻舍 bɔ²⁴lən⁵⁵so⁰	跑亲眷 bɔ²⁴tɕʰiɲ⁵⁵tɕyø⁰

地点＼词条	0754 看~电视	0755 听 用耳朵~	0756 闻 嗅：用鼻子~
中心城区（南）	看 kʰø³⁴	听 tʰiŋ⁵²	闻 mən²³
中心城区（北）	看 kʰø³⁴	听 tʰiŋ⁵²	闻 mən²³
松江	看 kʰø³⁵	听 tʰiŋ⁵³	闻 mən³¹ 嗅 hoŋ³⁵ 又
闵行	看 kʰø³⁵	听 tʰiŋ⁵³	闻 mən¹³
青浦	看 kʰø³⁵	听 tʰiəŋ⁵¹	闻 mən³¹
金山	看 kø³⁵	听 tʰiəŋ⁵³	嗅 hoŋ³⁵
奉贤	看 kʰø³⁵	听 tʰiŋ⁵³	嗅 hoŋ³⁵ 闻 mən²¹
浦东（川沙）	看 kʰø³⁵	听 tʰin⁵³	闻 mən²¹³
浦东（惠南）	看 kʰø³⁵	听 tʰin⁵³	闻 mən¹¹³
嘉定	看 kʰɤ⁴²³	听 tʰiŋ⁵³	#⁴həŋ⁴²³
宝山	看 kʰɤ³⁴	听 tʰĩŋ⁵³	#¹⁰hẽŋ³⁴ 闻 mẽŋ²³ #¹¹dẽŋ³¹
崇明	看 kʰø³³	听 tʰin³³	闻 bən²⁴

地点＼词条	0757 吸~气	0758 睁~眼	0759 闭~眼
中心城区（南）	吸 ɕiɪʔ⁵⁵	睁 tsã⁵²	闭 pi³⁴
中心城区（北）	吸 ɕiɪʔ⁵⁵	睁 tsã⁵²	闭 pi³⁴
松江	吸 ɕiɪʔ⁴	睁 tsæ̃⁵³	闭 pi³⁵
闵行	吸 ɕiɪʔ⁵	睁 tsã⁵³	闭 ɕi³⁵
青浦	吸 ɕiɪʔ⁵⁵	睁 tsæ̃⁵¹	闭 pi³⁵
金山	吸 ɕiɪʔ⁵	睁 tsəŋ⁵³	闭 ɕi³⁵
奉贤	吸 ɕiɪʔ⁵⁵	眒 tsã⁵³	闭 ɕi³⁵
浦东（川沙）	吸 ɕiɪʔ⁵⁵	睁 tsã⁵³	闭 ɕi³⁵
浦东（惠南）	吸 ɕiɪʔ⁵⁵	睁 tsã⁵³	闭 ɕiɪ³⁵
嘉定	吸 ɕiɪʔ⁵⁵	睁 tsã⁵³	闭 pi⁴²³
宝山	吸 ɕiɪʔ⁵⁵	眒 tsã⁵³	闭 pi³⁴
崇明	吸 ɕiəʔ⁵	睁 tsã⁵³	闭 pi³³

地点 \ 词条	0760 眨~眼	0761 张~嘴	0762 闭~嘴
中心城区（南）	瞱 sʌʔ^{55}	张 tsã^{52}	闭 pi^{34}
中心城区（北）	眨 ^{1}sɐʔ^{55} 眨 ^{2}tsɐʔ^{55}	张 tsã^{52}	闭 pi^{34}
松江	#^{3}sæʔ^4	张 tsæ̃^{53}	闭 pi^{35}
闵行	眨 sæʔ^5	张 tsã^{53}	闭 ɕi^{35}
青浦	眨 sæʔ^{55}	张 tsæ̃^{51}	闭 pi^{35}
金山	眨 sæʔ^5	张 tsɛ̃^{53}	闭 ɕi^{35}
奉贤	霎 sæʔ^{55}	张 tsã^{53}	闭 ɕi^{35}
浦东（川沙）	眨 sʌʔ^{55}	张 tsã^{53}	闭 ɕi^{35}
浦东（惠南）	瞱 sʌʔ^{55}	擘 ʙʌʔ^{55}	闭 ɕiɪ^{35}
嘉定	眨 saʔ^{55}	张 tsã^{53}	闭 pi^{423}
宝山	#^{12}tɕie^{34} 霎 sʌʔ^{55}	张 tsã^{53}	闭 pi^{34}
崇明	霎 sæʔ^5	开口 kʰɛ^{55}kʰɤ^0	抿 min^{242}

地点 \ 词条	0763 咬狗~人	0764 嚼把肉~碎	0765 咽~下去
中心城区（南）	咬 ŋɔ²³	嚼 ziaʔ¹²	咽 i³⁴
中心城区（北）	咬 ŋɔ²³	嚼 ziaʔ¹²	咽 i³⁴
松江	咬 ŋɔ¹³	嚼 ziaʔ²	咽 i³⁵
闵行	咬 ŋɔ¹³	嚼 ziaʔ²³	咽 i³⁵
青浦	咬 ŋɔ²²⁴	嚼 ziaʔ¹²	咽 iɪ³⁵
金山	咬 ŋɔ¹³	嚼 ziɑʔ¹²	咽 iɪ³⁵
奉贤	咬 ŋɔ²⁴	嚼 ziɑʔ²³	咽 i³⁵
浦东（川沙）	咬 ŋɔ²¹³	嚼 ziaʔ²³	咽 i³⁵
浦东（惠南）	咬 ŋɔ¹¹³	嚼 ziaʔ²³	咽 i³⁵
嘉定	咬 ŋɔ²¹³	嚼 ziaʔ²³	咽 iɪ⁴²³
宝山	咬 ŋɔ²³	嚼 ziaʔ¹²	咽 e³⁴
崇明	咬 ŋɔ²⁴²	嚼 ziaʔ²	咽 ʔie³³

地点＼词条	0766 舔 人用舌头~	0767 含 ~在嘴里	0768 亲嘴
中心城区（南）	舔 tʰi³⁴	含 ɦø²³	打开司 tã³³kʰɛ⁵⁵sɿ²¹ 香面孔 ɕiã⁵²mi²²kʰoŋ⁴⁴ 香嘴巴 ɕiã⁵²tsɿ³³po⁴⁴
中心城区（北）	舔 tʰi³⁴	含 ɦø²³	香嘴巴 ɕiã⁴⁴tsɿ³³po⁴⁴
松江	舔 tʰi⁴⁴	含 ɦɛ³¹	香面孔 ɕiæ̃⁵⁵mi³³kʰoŋ³¹
闵行	舔 tʰi⁵⁵	含 ɦɛ³¹	香嘴巴 ɕiã⁴⁴tsɿ²²ɓo²²
青浦	舔 tʰiɪ⁴³	含 ɦɛ³¹	香面孔 ɕiã⁵⁵miɪ⁵³kʰoŋ³¹
金山	舔 tʰiɪ⁴⁴	含 ɦɛ³¹	香面孔 ɕiẽ⁴⁴miɪ³³kʰoŋ³¹
奉贤	舔 tʰi⁴⁴	含 ɦɛ³¹	香嘴巴 ɕiã⁵⁵tsɿ³³po²¹
浦东（川沙）	舔 tʰi⁴⁴	含 ɦɛ²¹³	香嘴巴 ɕiã⁵⁵tsɿ⁵⁵ɓo²¹
浦东（惠南）	舔 tʰi⁴⁴	含 ɦɛ¹¹³	香鼻头 ɕiã⁵⁵biɪʔ⁵⁵dɤ⁵³ 咂嘴巴 tsʌʔ²²tsɿ⁵⁵ɓo⁵³
嘉定	舔 tʰiɪ⁴²³	含 ɦiɪ²³¹	香面孔 ɕiã⁵⁵miɪ²²kʰoŋ²¹
宝山	舔 tʰe³⁴	含 ɦɛ³¹	香嘴巴 ɕiã⁵⁵tsɿ³³pɤ²¹ 亲嘴 tsʰĩn⁵⁵tsɿ²¹
崇明	舔 tʰie³³	含 ɦɦie²⁴	嗅 hoŋ³³

地点 \ 词条	0769 吮吸 用嘴唇聚拢吸取液体，如吃奶时	0770 吐 上声，把果核儿~掉	0771 吐 去声，呕吐：喝酒喝~了
中心城区（南）	嗍 sɔʔ^{55}	吐 tʰu^{34}	吐 tʰu^{34}
中心城区（北）	嗍 sɔʔ^{55}	吐 tʰu^{34}	吐 tʰu^{34}
松江	嗍 sɒʔ^{4}	吐 tʰu^{35}	呕 ɯ^{44}
闵行	咂 tsæʔ^{5}	吐 tʰu^{35}	呕 ɤ^{55}
青浦	哽 kən^{43}	吐 tʰəu^{35}	吐 tʰəu^{35}
金山	吃妈妈 cʰiʌʔ^{3}ma^{55}ma^{31}	吐 tʰu^{44}	吐 tʰu^{35}
奉贤	嗍 sɔʔ^{55}	吐 tʰu^{44}	呕 ɤ^{44}
浦东（川沙）	吮 zən^{213}	吐 tʰu^{44}	吐 tʰu^{35}
浦东（惠南）	咂 tsʌʔ^{55}	吐 tʰu^{35}	吐 tʰu^{35}
嘉定	哽 kən^{423}	吐 tʰu^{423}	吐 tʰu^{423}
宝山	（无）	吐 tʰu^{34}	吐 tʰu^{34}
崇明	吮 zən^{242}	吐 tʰu^{424}	呕 ʔθ^{424}

词条\地点	0772 打喷嚏	0773 拿 用手把苹果~过来	0774 给 他~我一个苹果
中心城区（南）	打喷嚏 tã³³pʰəŋ⁵⁵tʰi²¹	拿 nɛ⁵²	拨 pəʔ⁵⁵
中心城区（北）	打喷嚏 tã⁴⁴pʰəŋ⁵⁵tʰi²¹	拿 nɛ⁵²	拨 pɐʔ⁵⁵
松江	打喷嚏 tæ̃³³pʰəŋ⁵⁵tʰi³¹	拿 no⁵³ 担 nɛ⁵³ 又	拨 pəʔ⁴
闵行	打喷嚏 dã⁴⁴bəʔ²²tʰi²²	拿 no⁵³	本 ɓəŋ⁵⁵
青浦	打喷嚏 tæ̃⁴⁴pʰəŋ⁵⁵tʰi³¹	拿 nɛ³¹	给 pəʔ⁵⁵
金山	打喷嚏 dɛ̃³⁴pʰəŋ⁵⁵tʰi³¹	拿 nɛ⁵³	本⁼ ɓəŋ⁴⁴
奉贤	打喷嚏 tã³³pʰəŋ⁵⁵tʰi²¹	拿₁ no⁵³ 拿₂ nɛ⁵³	拨 ɓəʔ⁵⁵
浦东（川沙）	打喷嚏 dã²²pʰəŋ⁵⁵tʰi²¹	拿 nɛ⁵³	拨 ɓəʔ⁵⁵
浦东（惠南）	打喷嚏 dã³⁵pʰəŋ⁵⁵tʰi³¹	拿 nɛ⁵³	拨 ɓəʔ⁵⁵
嘉定	打喷嚏 tã³⁵pʰəŋ³³tʰi²¹	拿 nɛ⁵³	拨 pəʔ⁵⁵
宝山	打喷嚏 tã³³pʰɛŋ⁵⁵tʰi²²	拿₁ nɛ⁵³ 拿₂ nɣ⁵³	拨 pəʔ⁵⁵
崇明	打昏嚏 tã⁴²⁴huən⁵⁵tʰi⁰	拿 næ⁵³	拨 pəʔ⁵

地点\词条	0775 摸~头	0776 伸~手	0777 挠~痒痒
中心城区（南）	摸 moʔ¹²	伸 sən⁵²	搔 tsɔ⁵²
中心城区（北）	摸 moʔ¹²	伸 sən⁵²	搔 tsɔ⁵²
松江	摸 mɒʔ²	伸 sən⁵³	抓 tsɔ⁵³
闵行	摸 moʔ²³	伸 sən⁵³	搔 tsɔ⁵³
青浦	广 ⁼kuã³⁵	伸 sən⁵¹	抓 tsɔ⁵¹
金山	摸 mɔ⁴⁴	伸 sən⁵³	抓 tsɔ⁵³
奉贤	摸 moʔ²³	伸 sən⁵³	搔 tsɔ⁵³
浦东（川沙）	摸 moʔ²³	伸 sən⁵³	抓 tsɔ⁵³
浦东（惠南）	摸 moʔ²³	伸 sən⁵³	抓 tsɔ⁵³
嘉定	捋 lu⁵³	伸 sən⁵³	搔 tsɔ⁵³
宝山	撸 lu⁵³ 摸 moʔ¹²	伸 sẽn⁵³	搔 tsɔ⁵³
崇明	广 kuã³³	伸 sən⁵³	搔 tsɔ⁵³

地点＼词条	0778 掐 用拇指和食指的指甲～皮肉	0779 拧～螺丝	0780 拧～毛巾
中心城区（南）	掐 kʰʌʔ⁵⁵	捻 ȵi⁵²	绞 kɔ³⁴
中心城区（北）	掐 kʰɐʔ⁵⁵	捻 ȵi⁵²	绞 kɔ³⁴
松江	掐 kʰæʔ⁴ 嫡 ⁼tiɪʔ⁴ 又	截 ⁼ziɪʔ² 绞 kɔ³⁵ 又	绞 kɔ³⁵
闵行	掐 kʰæʔ⁵	捻 ȵi⁵³	绞 kɔ⁵⁵
青浦	掐 kʰæʔ⁵⁵	捻 ȵiɪ⁴³	绞 kɔ⁴³
金山	扣 ⁼kʰɤ⁵³	捻 ȵiɪ¹³	绞 kɔ⁴⁴
奉贤	掐 kʰæʔ⁵⁵	捻 ȵi²⁴	绞 kɔ⁴⁴ 挤 tɕi⁴⁴
浦东（川沙）	擿 ɖiɪʔ⁵⁵	捻 ȵi⁵³	紾 tsən⁵³
浦东（惠南）	擿 ɖiɪʔ⁵⁵	捻 ȵi¹¹³	紾 tsən⁵³
嘉定	掐 kʰaʔ⁵⁵	捻 ȵiɪ⁵³	绞 kɔ⁴²³
宝山	掐 kʰʌʔ⁵⁵ 捏 ȵiʌʔ¹²	捻 ȵie⁵³	绞 kɔ³⁴
崇明	摘 tiəʔ⁵	研 ȵie⁵³	绞 kɔ⁴²⁴

地点＼词条	0781 捻 用拇指和食指来回～碎	0782 掰 把橘子～开,把馒头～开	0783 剥 ～花生
中心城区（南）	扼 ȵi⁵²	擘 pᴀʔ⁵⁵	剥 poʔ⁵⁵
中心城区（北）	捻 ȵi⁵²	掰 pE⁵²	剥 poʔ⁵⁵
松江	捻 ȵi⁵³	掰 paʔ⁴	剥 poʔ⁴
闵行	捻 ȵi⁵³	掰 ɓɛ⁵³	剥 ɓɔʔ⁵
青浦	捻 ȵiɪ⁴³	掰 paʔ⁵⁵	剥 poʔ⁵⁵
金山	捏 ȵiɪʔ¹²	扳 ɓɛ⁵³	剥 ɓɔʔ¹²
奉贤	捻 ȵi²⁴	掰 ɓɛ⁵³	剥 ɓɔʔ⁵⁵
浦东（川沙）	捻 ȵi⁵³	掰 ɓɛ⁵³	剥 ɓɔʔ⁵⁵
浦东（惠南）	捻 ȵi¹¹³	掰 ɓɛ⁵³	剥 ɓɔʔ⁵⁵
嘉定	捻 ȵiɪ⁵³	擘 paʔ⁵⁵	剥 poʔ⁵⁵
宝山	捻 ȵie⁵³	掰 pE⁵³ 擘 pᴀʔ⁵⁵	剥 poʔ⁵⁵
崇明	研 ȵie⁵³	擘 pɑʔ⁵	剥 poʔ⁵

地点＼词条	0784 撕 把纸~了	0785 折 把树枝~断	0786 拔 ~萝卜
中心城区（南）	扯 tsʰɐ³⁴	拗 ɔ³⁴	拔 bɐʔ¹²
中心城区（北）	扯 tsʰa³⁴	拗 ɔ³⁴	拔 bɐʔ¹²
松江	扯 tsʰa⁴⁴	拗 ɔ³⁵	拔 bæʔ²
闵行	扯 tsʰa⁵⁵	拗 ɔ⁵⁵	拔 bæʔ²³
青浦	扯 tsʰa⁵¹	拗 ɔ³⁵	拔 bæʔ¹²
金山	撕 sʅ⁵³	拗 ɔ⁴⁴	拔 bæʔ¹²
奉贤	扯 tsʰɑ⁴⁴	拗 ɔ³⁵	拔 bæʔ²³
浦东（川沙）	拆 tsʰɐʔ⁵⁵	折 tsəʔ⁵⁵	拔 bɐʔ²³
浦东（惠南）	扯 tsʰɐ⁴⁴	折 tsʌʔ⁵⁵	拔 bæʔ²³
嘉定	扯 tsʰa⁵³	弯 uɛ⁵³	拔 baʔ²³
宝山	扯 tsʰɑ⁵³ 撕 sʅ⁵³	弯 uɛ⁵³	拔 bɐʔ¹²
崇明	扯 tsʰɑ⁵³	扳 pæ⁵³	拢 bæʔ²

地点 \ 词条	0787 摘~花	0788 站站立:~起来	0789 倚斜靠:~在墙上
中心城区（南）	采 tsʰɛ³⁴ 扚 tɪʔ⁵⁵	立 lɪʔ¹²	隑 gɛ²³
中心城区（北）	摘 tsɐʔ⁵⁵	立 lɪʔ¹²	隑 gɛ²³
松江	采 tsʰɛ⁴⁴ 嫡 ᵗtɪɪʔ⁴ 又	立 lɪɪʔ²	靠 kʰɔ³⁵ 隑 gɛ¹³ 又
闵行	摘 tsɔʔ⁵	立 lɪɪʔ²³	倚 gɛ¹³
青浦	采 tsʰɛ⁴³	立 lɪɪʔ¹²	徛 gɛ²²⁴
金山	#⁴ɲ.ɪɪ⁴⁴	立 lɪɪʔ¹²	徛 gɛ¹³
奉贤	扚 dɪɪʔ⁵⁵ 采 tsʰe⁴⁴	立 lɪʔ²³	隑 ge²⁴
浦东（川沙）	摘 tsᴀʔ⁵⁵	立 lɪɪʔ²³	隑 kɛ³⁵
浦东（惠南）	摘 tsᴀʔ⁵⁵	碌 lo²³ 立 lɪɪʔ²³	隑 gɛ¹¹³
嘉定	采 tsʰɛ⁴²³	立 lɪɪʔ²³	徛 gɛ²¹³
宝山	立 lɪʔ¹²	立 lɪʔ¹²	隑 gɛ²³
崇明	採 tsʰɛ⁴²⁴	立 lɪʔ¹²	徛 gei²⁴² 隑 gɛ³¹³

地点＼词条	0790 蹲~下	0791 坐~下	0792 跳青蛙~起来
中心城区（南）	匍 bu²³ 蹲 təŋ⁵²	坐 zu²³	跳 tʰiɔ³⁴
中心城区（北）	蹲 təŋ⁵² #²gu²³	坐 zu²³	跳 tʰiɔ³⁴
松江	部 ⁼bu¹³	坐 zu¹³	跳 tʰiɔ³⁵
闵行	匍 bu¹³	坐 zu¹³	跳 tʰiɔ³⁵
青浦	蹲 təŋ⁵¹	坐 zəu²²⁴	跳 tʰiɔ³⁵
金山	孵 bu¹³	坐 zu¹³	跳 tʰiɔ³⁵
奉贤	伏 bu²⁴ 蹲 dəŋ⁵³	坐 zu²⁴	跳 tʰiɔ³⁵
浦东（川沙）	蹲 dən⁵³	坐 zu²¹³	跳 tʰiɔ³⁵
浦东（惠南）	蹲 dən⁵³	坐 zu¹¹³	跳 tʰiɔ³⁵
嘉定	蹲 təŋ⁵³	坐 zu²¹³	跳 tʰiɔ⁴²³
宝山	蹲 tẽŋ⁵³	坐 zu²³	跳 tʰiɔ³⁴
崇明	伏 bu³¹³	坐 zu²⁴²	跳 tʰiɔ⁵³

地点＼词条	0793迈 跨过高物；从门槛上～过去	0794踩 脚～在牛粪上	0795翘 ～腿
中心城区（南）	跨 kʰo³⁴	踏 dɐʔ¹²	翘 tɕʰiɔ³⁴
中心城区（北）	跨 kʰo³⁴	踏 deʔ¹²	翘 tɕʰiɔ⁵²
松江	跨 kʰo³⁵	踏 dæʔ²	翘 cʰiɔ³⁵
闵行	跨 kʰo³⁵	踏 dæʔ²³	翘 tɕʰiɔ³⁵
青浦	跨 kʰu³⁵	踏 dæʔ¹²	翘 tɕʰiɔ³⁵
金山	跨 kʰo³⁵	踩 tsʰɛ⁴⁴	翘 cʰiɔ³⁵
奉贤	跨 kʰo³⁵	踏 dæʔ²³	翘 tɕʰiɔ³⁵
浦东（川沙）	跨 kʰo³⁵	踏 dæʔ²³	翘 tɕʰiɔ³⁵
浦东（惠南）	跨 kʰo³⁵	踏 dæʔ²³	翘 tɕʰiɔ³⁵
嘉定	跨 kʰo⁴²³	踏 daʔ²³	跷 tɕʰiɔ⁴²³
宝山	跨 kʰuɤ³⁴	踏 dɐʔ¹²	翘 tɕʰiɔ⁵³
崇明	跨 kʰo³³	踏 dæʔ²	跷 tɕʰiɔ⁵³

地点＼词条	0796 弯~腰	0797 挺~胸	0798 趴~着睡
中心城区（南）	弯 uE⁵²	挺 tʰiŋ³⁴	扑 pʰoʔ⁵⁵
中心城区（北）	弯 uE⁵²	挺 tʰiŋ³⁴	扑 pʰoʔ⁵⁵
松江	弯 uɛ⁵³ 伛 ɯ⁵³ 又	挺 tʰiŋ⁴⁴	覆 pʰoʔ⁴
闵行	弯 ʋɐ⁵³	挺 tʰiŋ⁵⁵	扑转来 pʰoʔ²tse⁴⁴lɤ²²
青浦	弯 uE⁵¹	挺 tʰiəŋ⁴³	合扑 ɦəʔ³³pʰoʔ⁵⁵
金山	弯 uɛ⁵³	挺 tʰiŋ⁴⁴	扑 pʰɔʔ⁵
奉贤	弯 uɛ⁵³	挺 tʰiŋ⁴⁴	#⁴ba³¹
浦东（川沙）	弯 uE⁵³	挺 tʰin⁴⁴	趴 pʰA⁵³
浦东（惠南）	弯 uE⁵³	挺 tʰin⁴⁴	趴 ɓA³⁵
嘉定	弯 uE⁵³	挺 tʰiŋ⁴²³	合扑 ɦəʔ²²pʰoʔ⁴⁴
宝山	弯 uE⁵³	挺 tʰiŋ³⁴	扑 pʰoʔ⁵⁵
崇明	弯 ʔuæ⁵³	挺 tʰin²⁴²	合扑 ɦɦəʔ²pʰoʔ⁵

地点＼词条	0799 爬 小孩在地上~	0800 走 慢慢儿~	0801 跑 慢慢儿走,别~
中心城区（南）	蹩 bɛ²³ 爬 bo²³	跑 bɔ²³ 走 tsɤ³⁴	奔 pəɲ⁵²
中心城区（北）	爬 bo²³	走 tsɤ³⁴ 跑 bɔ²³	奔 pəɲ⁵²
松江	爬 bo³¹ #⁴bɛ³¹ 又	走 tsɯ⁴⁴	跑 bɔ³¹ 奔 pəŋ⁵³ 又
闵行	蹩 bɛ³¹	走 tsɤ⁵⁵	跑 bɔ³¹
青浦	蹩 bɛ³¹	走 tsə⁴³	跑 bɔ³¹
金山	爬 bo³¹	走 tsɤ⁴⁴	跑 bɔ³¹
奉贤	蹩 bɛ³¹	跑 ɓɔ³⁵	跑 bɔ³¹
浦东（川沙）	爬 bo²¹³	走 tsɤ⁴⁴	跑 bɔ²¹³
浦东（惠南）	爬 bɛ¹¹³	走 tsɤ⁴⁴	跑 bɔ¹¹³
嘉定	爬 bɛ²³¹	跑 bɔ²³¹	跑 bɔ²³¹
宝山	蹩 bɛ³¹	走 tsʌɪ³⁴	跑 bɔ³¹
崇明	蹩 bæ²⁴	跑 bɔ²⁴	跑 bɔ²⁴

词条 地点	0802 逃 逃跑：小偷～走了	0803 追 追赶：～小偷	0804 抓 ～小偷
中心城区（南）	逃 dɔ²³	追 tsø⁵²	捉 tsoʔ⁵⁵
中心城区（北）	逃 dɔ²³	追 ¹tsø⁵² 追 ²tsei⁵²	捉 tsoʔ⁵⁵
松江	逃 dɔ³¹	追 tsø⁵³	捉 tsɒʔ⁴
闵行	逃 dɔ³¹	追 tsø⁵³	捉 tsɔʔ⁵
青浦	逃 dɔ³¹	追 tsø⁵¹	捉 tsɔʔ⁵⁵
金山	逃 dɔ³¹	追 tsø⁵³	抓 tsɑ⁵³
奉贤	逃 dɔ³¹	追 tsø⁵³	捉 tsɔʔ⁵⁵
浦东（川沙）	逃 dɔ²¹³	追 tsø⁵³	捉 tsɔʔ⁵⁵
浦东（惠南）	逃 dɔ¹¹³	追 tsø⁵³	抓 tsɔ⁵³
嘉定	逃 dɔ²³¹	追 tsɤ⁵³	捉 tsoʔ⁵⁵
宝山	逃 dɔ³¹	追 tsʌɪ⁵³	捉 tsoʔ⁵⁵
崇明	逃 dɔ²⁴	追 tsei⁵³	捉 tsoʔ⁵

地点＼词条	0805 抱 把小孩~在怀里	0806 背 ~孩子	0807 搀 ~老人
中心城区（南）	抱 bɔ²³	背 pᴇ⁵²	搀 tsʰᴇ⁵²
中心城区（北）	抱 bɔ²³	背 pei⁵²	搀 tsʰᴇ⁵²
松江	抱 bɔ¹³	背 pe³⁵ 驮 du³¹ 又	扶 vu³¹
闵行	抱 bɔ¹³	背 ɓe³⁵	搀 tsʰɛ⁵³
青浦	抱 bɔ²²⁴	背 pɪ³⁵	搀 tsʰᴇ⁵¹
金山	抱 bɔ¹³	背 ɓe³⁵	扶 vu³¹
奉贤	抱 bɔ²⁴	背 ɓe³⁵	搀 tsʰɛ⁵³
浦东（川沙）	抱 bɔ²¹³	背 ɓe³⁵	搀 tsʰɛ⁵³
浦东（惠南）	抱 bɔ¹¹³	背 ɓᴇ³⁵	牵 tɕʰi⁵³
嘉定	抱 bɔ²¹³	驮 du²³¹	搀 tsʰᴇ⁵³
宝山	抱 bɔ²³	驮 du³¹ 背 pʌɪ³⁴	搀 tsʰɛ⁵³ 扶 vu³¹
崇明	抱 bɔ²⁴²	驮 du²⁴	搀 tsʰæ⁵³

地点＼词条	0808 推 几个人一起~汽车	0809 摔 跌：小孩~倒了	0810 撞 人~到电线杆上
中心城区（南）	推 tʰɛ⁵²	掼 ɡuɛ²³ 跌 tɪʔ⁵⁵	撞 zã²³
中心城区（北）	推 tʰei⁵²	掼 ɡuɛ²³	撞 zã²³
松江	推 tʰe⁵³	掼 ɡuɛ¹³	撞 zɒ̃¹³ 碰 bæ̃¹³ 又
闵行	推 tʰe⁵³	掼 ɡuɛ¹³	撞 zã¹³
青浦	推 tʰɪ⁵¹	跌 tɪʔ⁵⁵	撞 zã²²⁴
金山	推 tʰe⁵³	掼 ɡuɛ¹³	撞 zã¹³
奉贤	推 tʰe⁵³	跌 ɖɪʔ⁵⁵	撞 zã²⁴
浦东（川沙）	推 tʰe⁵³	掼 ɡuɛ¹³	撞 zã²¹³
浦东（惠南）	推 tʰɛ⁵³	跌 ɖɪʔ⁵⁵ 掼 ɡuɛ¹³	撞 zã¹³
嘉定	推 tʰɤ⁵³	跌 tɪʔ⁵⁵	砍 ˀkʰiɪ⁴²³
宝山	推 tʰʌɪ⁵³	跌 tɪʔ⁵⁵	撞 zɒ̃²³
崇明	拽 ɦiəʔ²	跌 tiəʔ⁵	撞 ʥã²⁴²

地点 \ 词条	0811 挡 你~住我了,我看不见	0812 躲 躲藏:他~在床底下	0813 藏 藏放,收藏:钱~在枕头下面
中心城区(南)	攩 tʰã⁵² 挡 tã³⁴	迓 iA⁵² 迷 bø²³	囥 kʰã³⁴
中心城区(北)	攩 tʰã⁵² 挡 tã³⁴	迓 ia⁵²	囥 kʰã³⁴
松江	#⁵tʰɒ̃⁵³ 遮 tso⁵³ 又	# ⁶iɑ⁵³	囥 kʰɒ̃³⁵
闵行	攩 tʰã⁵³	钻 tsø⁵³	囥 kʰã³⁵
青浦	攩 tʰã⁵¹	迷 bɪ²²⁴	囥 kʰã³⁵
金山	挡 tʰã⁵³	雅 ˭iɑ⁵³	囥 kʰã³⁵
奉贤	攩 tʰã⁵³	迓 ˭iɑ⁵³	囥 kʰã³⁵
浦东(川沙)	挡 tʰã⁵³	迷 ɓe³⁵	囥 kʰã³⁵
浦东(惠南)	挡 tʰã⁵³	霞 ˭iA⁵³	囥 kʰã³⁵
嘉定	#⁵tʰã⁵³	鸦 ˭ia⁵³	囥 kʰã⁴²³
宝山	挡 tɒ̃³⁴ 攩 tʰɒ̃⁵³	迓 iɑ⁵³ 躲 tu³⁴	囥 kʰɒ̃³⁴
崇明	汤 ˭tʰã⁵³	畔 bie³¹³	囥 kʰã³³

地点＼词条	0814 放 把碗～在桌子上	0815 摞 把砖～起来	0816 埋 ～在地下
中心城区（南）	摆 pᴀ³⁴	叠 dəʔ¹² 幢 zã²³	埋 mᴀ²³
中心城区（北）	摆 pᴀ34	叠 diɪʔ¹²	埋 ma²³
松江	放 fɒ̃³⁵	叠 dəʔ²	埋 ma⁵³
闵行	放 fã³⁵	堆 dɕe⁵³	埋 ma⁵³
青浦	放 fã³⁵	叠 dəʔ¹² 砌 tɕʰi³⁵	埋 ma³¹
金山	放 fã³⁵	叠 dəʔ¹²	埋 ma⁵³
奉贤	放 fã³⁵ 安 ø⁵³	叠 dəʔ²³	埋 ma⁵³
浦东（川沙）	放 fã³⁵	叠 dæʔ²³	埋 mᴀ²¹³
浦东（惠南）	放 fã³⁵	达 ⁼dæʔ²³	埋 mᴀ¹¹³
嘉定	放 fã⁴²³	撞 zã²¹³	罯 əʔ⁵⁵
宝山	摆 pa³⁴ 放 fɒ̃³⁴	碓 loʔ¹²	盦 əʔ⁵⁵
崇明	摆 pɑ⁴²⁴	叠 dəʔ²	埋 mɑ²⁴

地点＼词条	0817 盖 把茶杯~上	0818 压 用石头~住	0819 摁 用手指按：~图钉
中心城区（南）	盖 kɛ³⁴	搚 kʰAʔ⁵⁵	揿 tɕʰin³⁴
中心城区（北）	盖 kɛ³⁴	搚 kʰɐʔ⁵⁵ 压 ɐʔ⁵⁵	揿 tɕʰin³⁴
松江	盖 kɛ⁴⁴	压 æʔ⁴ #⁷kʰæʔ⁴ 又	揿 cʰin³⁵
闵行	盖 ke⁵⁵	压 æʔ⁵	揿 tɕʰin³⁵
青浦	盖 kɪ⁴³	压 æʔ⁵⁵	揿 tɕʰiəŋ³⁵
金山	盖 ke⁴⁴	压 æʔ⁵	揿 cʰiəŋ³⁵
奉贤	盖 ke⁴⁴	压 æʔ⁵⁵	揿 tɕʰin³⁵
浦东（川沙）	盖 ke⁴⁴	压 Aʔ⁵⁵	揿 tɕʰin³⁵
浦东（惠南）	盖 kɛ⁴⁴	压 æʔ⁵⁵	揿 tɕʰin³⁵
嘉定	鑈 kiɪ⁴²³	搚 ⁼kʰaʔ⁵⁵	搚 tɕʰin⁴²³
宝山	盖 ke³⁴	压 Aʔ⁵⁵	揿 tɕʰĩn³⁴
崇明	鑈 kie⁴²⁴	搚 kʰæʔ⁵	揿 tɕʰin³³

地点\词条	0820 捅 用棍子～鸟窝	0821 插 把香～到香炉里	0822 戳 ～个洞
中心城区（南）	戳 zoʔ¹² 捅 tʰoŋ³⁴	插 tsʰɐʔ⁵⁵	戳 zoʔ¹² 戳 tsʰoʔ⁵⁵
中心城区（北）	（无）	插 tsʰɐʔ⁵⁵	戳 tsʰoʔ⁵⁵ 凿 zoʔ¹²
松江	戳 tsʰɔʔ⁵	插 tsʰæʔ⁴	戳 tsʰɔʔ⁴
闵行	戳 tsʰɔʔ⁵	插 tsʰæʔ⁵	戳 tsʰɔʔ⁵
青浦	戳 tsʰɔʔ⁵⁵	插 tsʰæʔ⁵⁵	戳 tsʰɔʔ⁵⁵
金山	戳 tsʰɔʔ⁵	插 tsʰæʔ⁵	旋 ziɪ¹³
奉贤	通 tʰoŋ⁵³	插 tsʰæʔ⁵⁵	戳 tɕʰioʔ⁵⁵
浦东（川沙）	松 ⁼soŋ⁵³	插 tsʰæʔ⁵⁵	戳 tsʰoʔ⁵⁵
浦东（惠南）	松 ⁼soŋ⁵³	插 tsʰæʔ⁵⁵	戳 tsʰoʔ⁵⁵
嘉定	戳 tsʰɔʔ⁵⁵	插 tsʰɐʔ⁵⁵	戳 tsʰɔʔ⁵⁵
宝山	戳 tsʰɔʔ⁵⁵ 通 tʰoŋ⁵³	插 tsʰɐʔ⁵⁵	戳 tsʰɔʔ⁵⁵
崇明	崇 dzoŋ²⁴ 同音借用字	插 tsʰæʔ⁵	戳 tsʰɔʔ⁵

地点 \ 词条	0823 砍~树	0824 剁 把肉~碎做馅儿	0825 削~苹果
中心城区（南）	斮 tsɛ⁵² 斫 tsoʔ⁵⁵	斮 tsɛ⁵²	揳 tɕʰi⁵² 削 ɕiAʔ⁵⁵
中心城区（北）	砍 kʰɛ³⁴	斮 tsɛ⁵²	削 ɕiɐʔ⁵⁵
松江	斮 tsɛ⁵³	斮 tsɛ⁵³	削 ɕiaʔ⁴
闵行	砍 kʰe⁵⁵	斩 tsɛ⁵³	削 siaʔ⁵
青浦	斮 tsɛ⁵¹	斮 tsɛ⁵¹	削 siaʔ⁵⁵
金山	劈 pʰiəʔ⁵	斮 tsɛ⁵³	削 ɕiɑʔ⁵
奉贤	斮 tsɛ⁵³	剁 dɔʔ⁵⁵	削 ɕiɑʔ⁵⁵
浦东（川沙）	砍 kʰɛ⁴⁴	斮 tsɛ⁵³	削 ɕiAʔ⁵⁵
浦东（惠南）	砍 kʰɛ⁴⁴	斮 tsɛ⁵³	削 ɕiAʔ⁵⁵
嘉定	截 ziɪʔ²³	斮 tsɛ⁵³	揳 tsʰiɪ⁵³
宝山	砍 kʰe³⁴	斮 tsɛ⁵³	削 siAʔ⁵⁵ 揳 tse⁵³
崇明	劈 pʰiəʔ⁵	斩 tsæ⁵³	揳 tɕʰie⁵³

地点 \ 词条	0826 裂 木板~开了	0827 皱 皮~起来	0828 腐烂 死鱼~了
中心城区（南）	齾 kuɑʔ⁵⁵ 豁 huɑʔ⁵⁵	皱 tsɤ³⁴	烂 lᴇ²³
中心城区（北）	裂 lɪʔ¹²	皱 tsɤ³⁴	坏脱 ɦuɑ²² tʰɐʔ⁴⁴ 臭脱 tʰɤ³³ tʰɐʔ⁴⁴
松江	裂 lɪʔ² #⁸ kuaʔ⁵ 又	皱 tɕiɯ³⁵	烂 lɛ¹³
闵行	裂 lɪʔ²³	皱 tsɤ³⁵	烂脱 lɛ¹³ tʰəʔ²
青浦	齾 kuaʔ⁵⁵ 刮 kuᴇ⁴³	皱 tsə³⁵	腐烂 vu²² lᴇ³⁵
金山	裂 lɪʔ¹²	皱 tsɤ³⁵	烂脱 lɛ¹² tʰəʔ⁴
奉贤	#⁵ kuɑʔ⁵⁵	皱 tɕiɤ³⁵	烂 lɛ²⁴
浦东（川沙）	裂 lɪʔ²³	皱 tɕiɤ³⁵	烂脱 lɛ²² tʰəʔ⁵³
浦东（惠南）	裂 lɪʔ²³	皱 tɕiɤ³⁵	烂脱 lɛ¹³ tʰəʔ⁵³
嘉定	刮 kuaʔ⁵⁵	皱 tsɤ⁴²³	烂脱则 lᴇ²² tʰəʔ⁵⁵ tsəʔ²¹
宝山	裂 lɪʔ¹²	#¹³ tsy³⁴ 皱 tsʌɪ³⁴	烂脱 lᴇ²² tʰəʔ⁵²
崇明	矿 kuã⁴²⁴	皱 tɕiə³³	烂 læ³¹³

地点 \ 词条	0829 擦 用毛巾~手	0830 倒 把碗里的剩饭~掉	0831 扔 丢弃；这个东西坏了，~了它
中心城区（南）	揩 kʰʌ⁵²	# ¹tsʰE⁵² # ²ɦuAʔ¹² 倒 tɔ³⁴	丢 toʔ⁵⁵ 掼 guE²³
中心城区（北）	揩 kʰa⁵²	倒 tɔ³⁴	掼 guE²³
松江	揩 kʰa⁵³	倒 tɔ⁴⁴ 乏 ⁼væʔ²又	掼 guE¹³ 丢 tɔʔ⁴又
闵行	揩 kʰa⁵³	倒 dɔ³⁵	掼 guE¹³
青浦	揩 kʰa⁵¹	倒 tɔ⁴³	掼 guE²²⁴
金山	揩 kʰɑ⁵³	倒 dɔ³⁵	丢 dɔʔ⁵
奉贤	揩 kʰɑ⁵³	倒 tɔ⁴⁴	丢 tɔʔ⁵⁵
浦东（川沙）	揩 kʰʌ⁵³	倒 dɔ⁴⁴	掼 guɛ¹³
浦东（惠南）	揩 kʰʌ⁵³	倒 dɔ⁴⁴	掼 guɛ¹³
嘉定	揩 kʰa⁵³	# ⁶脱 ɦuaʔ²²tʰəʔ⁴⁴	掼脱 guE²²tʰəʔ⁴⁴
宝山	揩 kʰɑ⁵³	倒 tɔ³⁴	掼 guE²³ 丢 toʔ⁵⁵
崇明	揩 kʰɑ⁵³	滑 ɦuæʔ²	丢 tɔʔ⁵

地点 \ 词条	0832 扔 投掷；比一比谁～得远	0833 掉 掉落，坠落；树上～下一个梨	0834 滴 水～下来
中心城区（南）	丢 toʔ⁵⁵ 掼 guɛ²³	#³də ʔ¹² 落 loʔ¹²	渧 ti³⁴
中心城区（北）	掼 guɛ²³	落 loʔ¹²	滴 tɪʔ⁵⁵
松江	掼 guɛ¹³ 丢 tɒʔ⁴ 又	落 lɒʔ²	滴 tɪʔ⁴ 渧 ti³⁵ 又
闵行	丢 ʥɔʔ⁵	落 lɔʔ²³	滴 ʥɪʔ⁵
青浦	掼 guɛ²²⁴	落 lɔʔ¹²	滴 tɪʔ⁵⁵ 沥 li²²⁴
金山	掼 guɛ¹³	落 lɔʔ¹²	渧 dĩ³⁵
奉贤	丢 ʥəʔ⁵⁵	落 lɔʔ²³	滴 dɪʔ⁵⁵ 渧 ti³⁵
浦东（川沙）	丢 ʥɔʔ⁵⁵	落 lɔʔ²³	滴 dɪʔ⁵⁵
浦东（惠南）	丢 ʥɒʔ⁵⁵	落 lɒʔ²³	滴 dɪʔ⁵⁵
嘉定	丢 tɔʔ⁵⁵	落 lɔʔ²³	渧 ti⁴²³
宝山	殿 tsɛ̃ŋ⁵³ 丢 toʔ⁵⁵ 掼 guɛ²³	落 lɔʔ¹²	滴 tɪʔ⁵⁵
崇明	掼 guæ²⁴²	落 loʔ²	渧 ti³³

地点 \ 词条	0835 丢 丢失：钥匙~了	0836 找 寻找：钥匙~到	0837 捡 ~到十块钱
中心城区（南）	#⁴脱 dəʔ¹¹tʰəʔ²³ 落脱 loʔ¹¹tʰəʔ²³ 勿见脱 vəʔ²²tɕi⁵⁵tʰəʔ²¹	寻 ʑin²³	拾 ʑiɪʔ¹²
中心城区（北）	落脱 loʔ¹¹tʰɐʔ²³	寻 ʑin²³	拾 ʑiɪʔ¹²
松江	落脱 lɒʔ²tʰəʔ² #⁹脱 fæʔ⁴tʰəʔ⁴ 又	寻 ʑiŋ³¹	#¹⁰ȵiɪʔ²
闵行	落 lɔʔ²³	寻 ʑiŋ³¹	# ŋəʔ²³
青浦	发脱哉 fæʔ⁵⁵tʰəʔ⁵⁵zE⁴³	寻着 ʑiəŋ⁴⁵zaʔ³¹	额⁼着 ŋəʔ²³zaʔ²⁴
金山	落 lɔʔ¹²	寻 ʑiəŋ³¹	#⁵ȵiɪ⁴⁴
奉贤	落 lɔʔ²³	寻 ʑiŋ³¹	#⁶ȵiɪʔ²³
浦东（川沙）	落脱 lɔʔ²²tʰəʔ⁵³	寻 ʑin²¹³	拾 ʑiɪʔ²³
浦东（惠南）	落脱 lɒʔ²²tʰəʔ²³	寻 ʑin¹¹³	拾 ʑiɪʔ²³
嘉定	落脱 loʔ²²tʰəʔ²²	寻 ʑin²³¹	抠 ŋəʔ²³
宝山	落脱 lɔʔ²²tʰəʔ⁵⁵	寻 ʑĩn³¹	拾 ʑɪʔ¹² #¹⁴ŋəʔ¹²
崇明	落脱 loʔ²tsəʔ⁵	寻 ʑin²⁴	拾 ʑiəʔ²

地点 \ 词条	0838 提 用手把篮子~起来	0839 挑~担	0840 扛 káng,把锄头~在肩上
中心城区（南）	拎 liŋ⁵²	挑 tʰiɔ⁵²	扛¹ gɑ̃²³ 掮 dʑi²³ 扛² kɑ̃⁵²
中心城区（北）	拎 liŋ⁵²	挑 tʰiɔ⁵²	扛 gɑ̃²³
松江	拎 liŋ⁵³	挑 tʰiɔ⁵³	扛 kɑ̃⁵³ 掮 dʑi³¹ 又
闵行	拎 liŋ⁵³	挑 tʰiɔ⁵³	扛 kɑ̃⁵³
青浦	拎 liəŋ⁵¹	挑 tʰiɔ⁵¹	扛 kɑ̃⁵¹
金山	拎 liəŋ⁵³	挑 tʰiɔ⁵³	扛 kɑ̃⁵³
奉贤	拎 liŋ⁵³	挑 tʰiɔ⁵³	掮 dʑi³¹
浦东（川沙）	拎 lin⁵³	挑 tʰiɔ⁵³	扛 kɑ̃⁵³
浦东（惠南）	拎 lin⁵³	挑 tʰiɔ⁵³	扛 kɑ̃⁵³
嘉定	拎 liŋ⁵³	挑 tʰiɔ⁵³	掮 dʑir²³¹
宝山	拎 lĩ⁵³	挑 tʰiɔ⁵³	扛 kɑ̃⁵³
崇明	捰 li⁵⁵	挑 tʰiɔ⁵³	掮 dʑie²⁴

词条 地点	0841 抬~轿	0842 举~旗子	0843 撑~伞
中心城区(南)	抬 dɛ²³	揰 dzi²³	撑 tsʰã⁵²
中心城区(北)	抬 dɛ²³	撑 tsʰã⁵²	撑 tsʰã⁵²
松江	抬 dɛ³¹	举 tɕy⁴⁴	撑 tsʰæ⁵³
闵行	抬 dɛ³¹	举 tɕy⁵⁵	撑 tsʰã³⁵
青浦	抬 dɛ³¹	举 tɕy⁴³	撑 tsʰæ⁵¹
金山	抬 dɛ³¹	举 cy⁴⁴	撑 tsʰɛ̃⁵³
奉贤	抬 dɛ³¹	举 tɕy⁴⁴	撑 tsʰã⁵³
浦东(川沙)	抬 dɛ²¹³	举 tɕy³⁵	撑 tsʰã³⁵
浦东(惠南)	抬 dɛ¹¹³	举 tɕy³⁵	撑 tsʰã⁵³
嘉定	抗 kã⁵³	扯 tsʰa⁵³	撑 tsʰã⁵³
宝山	扛 kɒ̃⁵³ 抬 dɛ³¹	捐 dzie³¹ 举 tɕy⁵³	撑 tsʰã⁵³
崇明	扛 kã⁵³	捐 dzie²⁴	撑 tsʰã⁵³

地点 \ 词条	0844 撬 把门~开	0845 挑 挑选,选择:你自己~一个	0846 收拾 ~东西
中心城区（南）	挢 dʑiɔ²³	拣 kɛ³⁴	收捉 sɤ⁵⁵tsɔʔ²¹
中心城区（北）	挢 dʑiɔ²³ 撬 tɕʰiɔ³⁴	拣 kɛ³⁴	收作 sɤ⁵⁵tsɔʔ²¹
松江	#¹¹jiɔ¹³	挑 tʰiɔ⁵³ 拣 kɛ⁴⁴ 又	收捉 sɯ⁵⁵tsɒʔ³¹
闵行	撬 tɕʰiɔ⁵³	挑 tʰiɔ⁵³	收作 sɤ⁴⁴tsɔʔ²
青浦	撬 tɕʰiɔ⁵¹	挑 tʰiɔ⁵¹	理物事 li²³məʔ¹¹zɿ³⁴
金山	撬 cʰiɔ⁵³	拣 kɛ⁴⁴	收作 sɤ⁴⁴tsɔʔ²
奉贤	撬 tɕʰiɔ⁵³	拣 kɛ⁴⁴	收作 sɤ⁵⁵tsɔʔ²¹
浦东（川沙）	撬 tɕʰiɔ⁵³	拣 kɛ⁴⁴	收捉 sɤ⁵⁵tsɔʔ⁵³
浦东（惠南）	撬 tɕʰiɔ⁵³	拣 kɛ⁴⁴	收捉 sɤ⁵⁵tsɔʔ⁵³
嘉定	撬 tɕʰiɔ⁵³	拣 kɛ⁴²³	理 li²¹³
宝山	挢 dʑiɔ²³	挑 tʰiɔ⁵³ 拣 kɛ³⁴	收作 sʌɪ⁵⁵tsɔʔ²¹ 整理 tsɐ̃ŋ³³li⁵²
崇明	撬 dʑiɔ²⁴²	拣 kæ⁴²⁴	理 li²¹³

地点 \ 词条	0847 挽~袖子	0848 涮把杯子~一下	0849 洗~衣服
中心城区（南）	缲 tɕʰiɔ⁵²	盪 dã²³ 洸 kuã³⁴	汏 dᴀ²³
中心城区（北）	缲 tɕʰiɔ⁵²	涮 sɐʔ⁵⁵	汏 da²³
松江	卷 tɕyø⁴⁴ 缲 tɕʰiɔ⁵³ 又	啯 kɒʔ⁴	汏 da¹³
闵行	卷 tɕiø⁵⁵	盪 dã¹³	汏 da¹³
青浦	缲 tɕʰiɔ⁵¹	汏 da²²⁴ 盪 dã²²⁴	汏 da²²⁴
金山	翘 tɕʰiɔ⁵³	刷 sɐʔ⁵	净 ziəŋ¹³
奉贤	缲 tɕʰiɔ⁵³	盪 dã²⁴	汏 da²⁴
浦东（川沙）	跷 ˭tɕʰiɔ⁵³	汏 dᴀ²¹³	汏 dᴀ²¹³
浦东（惠南）	翘 ˭tɕʰiɔ³⁵	盪 dã¹¹³	汏 dᴀ¹¹³
嘉定	挽 tsʰiɔ⁵³	盪 dã²¹³	汏 da²¹³
宝山	缲 tsʰiɔ⁵³	盪 dɒ̃²³	汏 da²³
崇明	撬 tɕʰiɔ⁵³	盪 dã²⁴²	净 ʑin³¹³

地点 \ 词条	0850 捞~鱼	0851 拴~牛	0852 捆~起来
中心城区（南）	撩 liɔ⁵²	缚 boʔ¹²	缚 boʔ¹² 绑 pã³⁴
中心城区（北）	捉 tsoʔ⁵⁵ 撩 liɔ⁵²	缚 boʔ¹²	绑 pã³⁴ 捆 kʰuəŋ³⁴
松江	撩 liɔ³¹	缆 lɛ¹³	扎 tsæʔ⁴
闵行	捞 lɔ⁵³	扎 tsæʔ⁵	扎 tsæʔ⁵
青浦	捞 lɔ⁵¹ 绷 pæ̃⁵¹	缆 lᴇ²²⁴	扎 tsaʔ⁵⁵
金山	捉 tsɔʔ⁵	拦 lɛ¹³	捆 kʰuəŋ⁴⁴
奉贤	撩 liɔ³¹	缚 βɔʔ²³	捆 kʰuəŋ⁴⁴
浦东（川沙）	捉 tsɔʔ⁵⁵	牵 tɕʰi⁵³ 缚 βɔʔ²³	扎 tsæʔ⁵⁵
浦东（惠南）	捉 tsoʔ⁵⁵	缚 βɒʔ²³	捆 kʰuən⁴⁴
嘉定	捞 liɔ⁵³	缚 boʔ²³	扎 tsaʔ⁵⁵
宝山	撩 liɔ⁵³ 捞 lɔ⁵³	缚 boʔ¹²	捆 kʰuẽŋ³⁴
崇明	捉 tsoʔ⁵	牵 tɕʰie⁵³	扎 tsæʔ⁵

地点 \ 词条	0853 解~绳子	0854 挪~桌子	0855 端~碗
中心城区（南）	解 kᴀ³⁴ 解 gᴀ²³	捅 tʰoŋ³⁴	掇 təʔ⁵⁵ 端 tø⁵²
中心城区（北）	解 ka³⁴	移 ɦi²³	端 tø⁵²
松江	解 gɑ¹³	移 ɦi³¹	掇 təʔ⁴
闵行	解 ka⁵⁵	扯 tsʰa⁵³	端 dø⁵³
青浦	解 ka⁴³	搬 pɪ⁵¹ 移 i⁵¹	端 tø⁵¹
金山	解 gɑ¹³	移 ɦi³¹	端 dø⁵³
奉贤	解 ka⁴⁴	挪 no⁵³	端 dø⁵³
浦东（川沙）	解 kᴀ⁴⁴	移 ɦi²¹³	端 dø⁵³
浦东（惠南）	解 kᴀ⁴⁴	扯 tsʰᴀ⁴⁴	哄 ⁼hoŋ⁴⁴
嘉定	解 ka⁴²³	搬 pɪ⁵³	抬 dᴇ²³¹
宝山	解 ka³⁴	搬 pe⁵³	抬 dɛ³¹ 拿 nɤ⁵³
崇明	解 kɑ⁴²⁴	搬 pɪ⁵³	抬 dɛ²⁴

词条　　地点	0856 摔碗~碎了	0857 掺~水	0858 烧~柴
中心城区（南）	掼 guɛ²³	#⁴tɕʰiã⁵²	烧 sɔ⁵²
中心城区（北）	掼 guɛ²³	#³tɕʰiã⁵² 掺 tsʰE⁵²	烧 sɔ⁵²
松江	掼 guɛ¹³	羼 tɕʰiã⁵³	烧 sɔ⁵³
闵行	掼 guɛ¹³	阴 iŋ³⁵	烧 sɔ⁵³
青浦	掼 guɛ²²⁴	呛 tsʰiã⁵¹	烧 sɔ⁵¹
金山	掼 guɛ¹³	掺 tsʰiɪ⁵³	烧 sɔ⁵³
奉贤	掼 guɛ²⁴	掺 tsʰɛ⁵³	烧 sɔ⁵³
浦东（川沙）	掼 guɛ¹³	呛 tɕʰiã⁵³	烧 sɔ⁵³
浦东（惠南）	掼 guɛ¹³	呛 tɕʰiã³⁵	烧 sɔ⁵³
嘉定	跌 tiɪʔ⁵⁵	#⁷tsʰiã⁵³	烧 sɔ⁵³
宝山	掼 guɛ²³	#¹⁵tsʰiã⁵³	烧 sɔ⁵³
崇明	跌 tiəʔ⁵	掺 tsʰie⁵³	烧 sɔ⁵³

地点 \ 词条	0859 拆~房子	0860 转~圈儿	0861 捶用拳头~
中心城区（南）	拆 tsʰAʔ⁵⁵	兜 tɤ⁵² 转 tsø³⁴	捎 soŋ⁵²
中心城区（北）	拆 tʰsɐʔ⁵⁵	兜 tɤ⁵²	敲 kʰɔ⁵²
松江	拆 tsʰaʔ⁴	转 tse⁴⁴	敲 kʰɔ⁵³
闵行	拆 tsʰaʔ⁵	转 tse⁵⁵	敲 kʰɔ⁵³
青浦	拆 tsʰaʔ⁵⁵	转 tsø³⁵	敲 kʰɔ⁵¹
金山	拆 tsʰɑʔ⁵	兜 dɤ⁵³	捶 zø³¹
奉贤	拆 tsʰɑʔ⁵⁵	转 tse⁴⁴	敲 kʰɔ⁵³
浦东（川沙）	拆 tsʰAʔ⁵⁵	转 tsø⁴⁴	敲 kʰɔ⁵³
浦东（惠南）	拆 tsʰAʔ⁵⁵	转 tsø⁴⁴	打 dã⁴⁴ 敲 kʰɔ⁵³
嘉定	拆 tsʰaʔ⁵⁵	兜 tɤ⁵³	敲 kʰɔ⁵³
宝山	拆 tsʰAʔ⁵⁵	转 tse³⁴	敲 kʰɔ⁵³
崇明	拆 tsʰɑʔ⁵	转 tsø³³	敲 kʰɔ⁵³

词条\地点	0862打 统称；他～了我一下	0863打架 动手；两个人在～	0864休息
中心城区（南）	打 tã³⁴ 捆 kuᴀʔ⁵⁵	打相打 tã³³ɕiã⁵⁵tã²¹	休息 ɕiɤ⁵⁵ɕiɪʔ²¹
中心城区（北）	打 tã³⁴	打相打 tã³³ɕiã⁵⁵tã²¹	休息 ɕiɤ⁵⁵ɕiɪʔ²¹
松江	打 tæ̃⁴⁴	打相打 tæ̃³³ɕiæ̃⁵⁵tæ̃³¹	休息 ɕiɯ⁵⁵ɕiɪʔ³¹ 歇 ɕiɪʔ⁴ 又
闵行	打 dã⁵⁵	吵相骂 tsʰɔ²²ɕiã⁴⁴mo²²	勿做啥 vəʔ⁴⁴tsu⁴⁴sa⁴⁴
青浦	打 tæ̃⁴³	打相打 tæ̃⁴⁴siæ̃⁵⁵tæ̃³¹	休息 ɕiə⁵⁵siɪʔ³³
金山	打 dɛ̃⁴⁴	打相打 dɛ̃³⁴ɕiɛ̃⁵⁵ʔdɛ̃³¹	休息 ɕiɤ⁴⁴ɕiəʔ²
奉贤	打 tã⁴⁴	打相打 tã³³ɕiã⁵⁵tã²¹	休息 ɕiɤ⁵³ɕiɪʔ²¹
浦东（川沙）	打 dã⁴⁴	打相打 dã²²ɕiã⁵⁵dã²¹	歇歇 ɕiɪʔ³³ɕiɪʔ⁵³
浦东（惠南）	打 dã⁴⁴	打相打 dã³⁵ɕiã⁵⁵dã⁵³	歇一歇 ɕiɪʔ³³iɪʔ⁵⁵ɕiɪʔ³¹
嘉定	打 tã⁴²³	打相打 tã³³siã³⁵tã²¹	休息 ɕy⁵⁵siɪʔ²¹
宝山	打 tã³⁴	打相打 tã³³siã⁵⁵tã²¹	歇一歇 ɕiɪʔ³³iɪʔ³⁴ɕiɪʔ⁵² 敲一敲 tʰʌɪ³³iɪʔ⁵⁵tʰʌɪ²¹
崇明	打 tã⁴²⁴	打相打 tã⁴²⁴ɕiã⁵⁵tã⁰	爽 sã⁴²⁴

地点 \ 词条	0865打哈欠	0866打瞌睡	0867睡 他已经~了
中心城区（南）	打呵唏 tã³³ho⁵⁵ɕi²¹	打瞌銃 tã³⁴kʰɐʔ³³tsʰoŋ⁴⁴	睏 kʰuən³⁴
中心城区（北）	打哈欠 tã⁴⁴ho⁵⁵ɕi²¹	打瞌冲 tã³³kʰɐʔ⁵⁵tsʰoŋ²¹ 眯 mi⁵²	睏 kʰuən³⁴
松江	打花⁼线⁼ tæ³³ho⁵⁵ɕi³¹	打瞌銃 tæ³³kʰəʔ⁵tsʰoŋ³¹	睏 kʰuəŋ³⁵
闵行	打霍闪 dã²²hoʔ⁴ɕi²²	打瞌 dã²²kʰəʔ⁴tsʰoŋ²²	困觉 kʰuəŋ⁴⁴kɔ²²
青浦	打呵唏 tæ⁴⁴ho⁵⁵ɕi³¹	打瞌眈 tæ⁴⁴kʰəʔ⁵⁵tsʰoŋ³¹	睏觉 kʰuəŋ³³kɔ³⁵
金山	打哈欠 dɛ³⁴ho⁵⁵ɕiɪ³¹	打瞌 dã³⁴kʰəʔ⁵tsʰoŋ³¹	睏 kʰuəŋ³⁵
奉贤	打哈希 tã³⁵hɔʔ³³ɕi³⁴	打瞌眈 tã³⁵kʰəʔ³³tsʰoŋ³⁴	睏 kʰuəŋ³⁵
浦东（川沙）	打霍险 dã²²hɔʔ⁵⁵ɕi²¹	打瞌眈 dã²²kʰəʔ⁵⁵tsʰoŋ²¹	睏觉 kʰuən⁵⁵kɔ²¹
浦东（惠南）	打霍歇 dã³⁵hɔʔ⁵⁵ɕiɪʔ⁵³	打瞌眈 dã³⁵kʰəʔ⁵⁵tsʰoŋ³¹	睏 kʰuəŋ³⁵
嘉定	打呵欠 tã³⁵hɤ²²ɕiɪ²¹	打瞌眈 tã³⁵kʰəʔ³³tsʰoŋ³⁵	睏 kʰuən⁴²³
宝山	打哈唏 tã³³hɑ⁵⁵ɕi²¹	打瞌眈 tã³³kʰəʔ⁵⁵tsʰoŋ²²	睏 kʰuẽŋ³⁴
崇明	打呼汉 tã⁴²⁴hu⁵⁵hø⁰	打瞌眈 tã⁴²⁴kʰəʔ⁵tsʰoŋ⁰	睏 kʰuən³³

地点＼词条	0868 打呼噜	0869 做梦	0870 起床
中心城区（南）	打昏涂 tã³³huəŋ⁵⁵du²¹	做梦 tsu³⁴mã²³	踎起来 loʔ¹¹tɕʰi²²lɛ²³
中心城区（北）	打呼噜 tã⁴⁴hu⁵⁵lu²¹ 打呼 tã⁴⁴hu⁵²	做梦 tsu⁴⁴mã²³	落起来 loʔ¹¹tɕʰi²²lɛ²³ 爬起来 bo²²tɕʰi⁵⁵lɛ²¹
松江	打昏陀 ⁼tæ̃³³fəŋ⁵⁵du³¹	做梦 tsu³³mɒ̃¹³	碌起来 loʔ²tɕʰi⁵⁵lɛ³¹
闵行	打呼咙 d̥ã²²fu⁴⁴loŋ²²	做梦 tsu²²mã⁴⁴	落起来 lɔʔ²²tɕʰi²²lɛ⁴⁴
青浦	打呼噜 tæ̃⁴⁴hu⁵⁵lu³¹	做梦 tsu³³mã³⁵	起床 tɕʰi⁴⁴zã⁵³
金山	打昏涂 d̥ɛ̃³⁴huə⁵⁵du³¹	做梦 tsu⁴⁴mã⁴⁴	碌起来 lɔʔ²tɕʰi⁵⁵lɛ³¹
奉贤	打昏涂 tã⁴⁴fəŋ⁴⁴du⁵³	做梦 tsu³⁵mã²⁴	踎起来 lɔʔ²²tɕʰi⁵⁵lɛ²¹
浦东（川沙）	打风塗 ⁼d̥ã²²foŋ⁵⁵du⁵³	做梦 tsu⁵⁵mã²¹	碌起来 lɔʔ²²tɕʰi²²lɛ⁵³
浦东（惠南）	打风塗 ⁼d̥ã³⁵hoŋ⁵⁵du³¹	做梦 tsu⁵⁵mã³¹	碌起来 lɔʔ²²tɕʰi⁴⁴lɛ⁵³
嘉定	打睏涂 tã³³kʰuəŋ³⁵du²¹	做梦 tsu³³mã²¹³	#⁸起来 lɔʔ²²tɕʰi²²lɛ⁵³
宝山	打呼噜 tã³³fu⁵⁵lu²¹	做梦 tsu³⁴moŋ²³	起来 tɕʰi⁵⁵lɛ²¹
崇明	打昏涂 tã⁴²⁴huən³³du⁵⁵	做梦 tsu³³mã⁰	蓵出来 bæ²⁴tsʰəʔ⁵lɛ³³

词条 地点	0871 刷牙	0872 洗澡	0873 想 思索；让我～一下
中心城区（南）	刷牙齿 səʔ⁵⁵ŋᴀ²²tsʰɿ⁵³	忽浴 hoʔ⁵⁵ɦioʔ²³ 汏浴 dᴀ²²ɦioʔ⁴⁴	想 ɕiã³⁴ 忖 tsʰən³⁴
中心城区（北）	刷牙齿 sɐʔ⁴⁴ŋa²²tsʰɿ⁴⁴	汏浴 da²²ɦioʔ⁴⁴ 忽浴 ho⁴⁴ɦioʔ¹²	想 ɕiã³⁴
松江	刷牙齿 səʔ³ŋa⁵⁵tsʰɿ⁵³	汏浴 da²⁴ɦioʔ³¹	想 ɕiæ̃⁴⁴
闵行	刷牙齿 səʔ²²ŋa⁴⁴tsʰɿ⁴⁴	汏浴 da¹³ɦioʔ²²	想 siã⁵⁵
青浦	刷牙齿 saʔ⁵⁵ŋa²³tsɿ⁵¹	汏浴 da²²ɦyoʔ³⁴	想 siæ̃⁴³
金山	刷牙齿 səʔ³ŋa⁵⁵tsʰɿ³¹	汏浴 dɑ¹²ɦyɔʔ⁴	想 ɕiẽ⁴⁴
奉贤	刷牙齿 səʔ³³ŋa⁴⁴tsʰɿ⁵³	汏浴 dɑ²⁴ɦioʔ²¹	想 ɕiã⁴⁴
浦东（川沙）	刷牙齿 sᴀʔ²²ŋᴀ⁵⁵tsʰɿ²¹	汏浴 dᴀ²²ɦioʔ⁵³	想 ɕiã⁴⁴
浦东（惠南）	刷牙齿 sᴀʔ²²ŋᴀ⁵⁵tsʰɿ³¹	汏浴 dᴀ²²ɦioʔ⁵³	想 ɕiã⁴⁴
嘉定	刷牙齿 səʔ³³ŋa²⁴tsʰi²¹	汏浴 da²⁴ɦio²¹³	想 siã⁴²³
宝山	刷牙齿 səʔ³³ŋa⁵⁵tsʰɿ²¹	汏浴 dɑ²⁴ɦioʔ³¹	想 siã³⁴
崇明	刷牙齿 søʔ⁵ŋɑ⁵⁵tsʰɿ⁰	汏浴 dɑ³¹³ȵyoʔ⁵	想 ɕiã⁴²⁴

地点 \ 词条	0874 想 想念；我很~他	0875 打算 我~开个店	0876 记得
中心城区（南）	牵记 tɕʰi⁵⁵tɕi²¹	想 ɕiã³⁴	记得 tɕi³³təʔ⁴⁴
中心城区（北）	牵记 tɕʰi⁵⁵tɕi²¹	打算 tã³³sø⁴⁴ 准备 tsən³³pe⁴⁴ 想 ɕiã³⁴	记得 tɕi³³təʔ⁴⁴
松江	想 ɕiæ̃⁴⁴	打算 tæ̃⁴⁴sø⁴⁴	记得 tɕi³³təʔ⁵³ 连调特殊
闵行	想 siã⁵⁵	打算 dã⁴⁴sø⁴⁴	记得 tɕi²²təʔ⁴
青浦	想 siæ̃⁴³	打算 tæ̃⁴⁴sø³³	记得 tɕi³³təʔ⁵⁵
金山	想 ɕiɛ̃⁴⁴	打算 dã⁴⁴sø⁴⁴	记得 tɕi²³təʔ⁴
奉贤	想 ɕiã⁴⁴	打算 tã⁴⁴sø⁴⁴	记得 tɕi³³təʔ³⁴
浦东（川沙）	想 ɕiã⁴⁴	打算 dã⁴⁴sø⁴⁴	记得 tɕi³³dʌʔ⁵³
浦东（惠南）	想 ɕiã⁴⁴	打算 dã⁴⁴sø⁴⁴	记得 tɕi³³dʌʔ⁵³
嘉定	念 ȵiɛ²¹³	想 siã⁴²³	记得 tɕi³³təʔ⁵⁵
宝山	想 siã³⁴	准备 tsẽn³³bʌɪ⁵² 打算 tã³³sɤ⁵²	记得 tɕi³³təʔ⁵²
崇明	思量 sɿ⁵⁵liã⁵⁵	想 ɕiã⁴²⁴	记得 tɕi³³təʔ⁵

地点＼词条	0877 忘记	0878 怕 害怕；你别~	0879 相信 我~你
中心城区（南）	忘记 mã³³tɕi⁵³	吓 hʌʔ⁵⁵ 怕 pʰo³⁴	相信 ɕiã⁵⁵ɕin²¹
中心城区（北）	忘记 mã²²tɕi⁴⁴	吓 hɐʔ⁵⁵	相信 ɕiã⁵⁵ɕin²¹
松江	忘记 mɒ̃²²tɕi³⁵	怕 pʰo³⁵	相信 ɕiæ̃⁵⁵ɕiŋ³¹
闵行	忘记 mã²²tɕi⁴⁴	吓 haʔ⁵	相信 siã⁴⁴siŋ²²
青浦	忘记 mã²²tɕi³⁵	怕 pʰu³⁵ 吓 haʔ⁵⁵	相信 siæ̃⁵⁵siən³¹
金山	忘记 mã³³tɕi³³	吓 haʔ⁵	相信 ɕiẽ⁵⁵ɕiən³¹
奉贤	忘记 mã²²tɕi³⁴	吓 haʔ⁵⁵	相信 ɕiã⁵⁵ɕin²¹
浦东（川沙）	忘记 mã²²tɕi⁴⁴	吓 hʌʔ⁵⁵	相信 ɕiã⁵⁵ɕin²¹
浦东（惠南）	忘记 mã¹³tɕi³¹	吓 hʌʔ⁵⁵	相信 ɕiã⁵⁵ɕin³¹
嘉定	忘记 mã²⁴tɕi²¹	吓 haʔ⁵⁵	相信 siã⁵⁵siŋ²¹
宝山	忘记脱 mɒ̃²²tɕi⁵⁵tʰəʔ²¹	吓 hʌʔ⁵⁵	相信 siã⁵⁵sĩŋ²²
崇明	忘记 mã³¹³tɕi⁵⁵	吓 haʔ⁵	相信 ɕiã⁵⁵ɕin⁰

地点 \ 词条	0880 发愁	0881 小心 过马路要~	0882 喜欢 ~看电视
中心城区（南）	愁 zɤ²³	当心 tã⁵⁵ɕiŋ²¹	欢喜 hø⁵⁵ɕi²¹
中心城区（北）	担心 tɛ⁵⁵ɕiŋ²¹	当心 tã⁵⁵ɕiŋ²¹	欢喜 hø⁵⁵ɕi²¹
松江	忧 iɯ⁵³	当心 tɒ̃³⁵ɕiŋ⁵³	欢喜 hue³⁵ɕi⁵³ 相信 ɕiæ⁵⁵ɕiŋ³¹ 又
闵行	发愁 fæʔ²zɤ⁴⁴	当心 dã⁴⁴siŋ⁵³	欢喜 hue⁴⁴ɕi⁵³
青浦	担忧 tɛ⁵⁵iə³¹	当心 tã⁵⁵siəŋ³¹	欢喜 hui⁵⁵ɕi³¹ 喜欢 ɕi⁴⁴hui⁵³
金山	发忧 fæʔ³iɤ⁵³	小心 ɕiɔ²⁴siəŋ⁵³	相信 ɕiẽ⁵⁵ɕiəŋ³¹
奉贤	忧 iɤ⁵³	当心 tã⁴⁴ɕiŋ⁵³	欢喜 ɸe⁴⁴ɕi⁵³
浦东（川沙）	发愁 fæʔ³³zɤ⁵³	当心 dã⁵⁵ɕin⁵³	欢喜 hue⁵⁵ɕi²¹
浦东（惠南）	发忧 fæʔ⁵⁵ɦiɤ⁵³	当心 dã⁵⁵ɕin⁵³	喜欢 ɕi³⁵huɛ⁵³ 欢喜 huɛ⁵⁵ɕi³¹
嘉定	上心事 zã²²siŋ⁵⁵zʅ²¹	当心 tã⁵⁵siŋ²¹	欢喜 hue⁵⁵ɕi²¹
宝山	上心事 zɒ̃²²sĩŋ⁵⁵zʅ²¹	当心 tɒ̃⁵⁵sĩŋ²¹	欢喜 fe⁵⁵ɕi²¹
崇明	担心 tæ⁵⁵ɕin⁰	当心 tã⁵⁵ɕin⁵⁵	欢喜 hue⁵⁵ɕi⁰

地点 \ 词条	0883 讨厌~这个人	0884 舒服凉风吹来很~	0885 难受生理的
中心城区（南）	讨厌 tʰɔ³³i⁵³ 讨惹厌 tʰɔ³³zA⁵⁵i²¹	适意 səʔ³³i⁵³	难过 nɛ²²ku⁴⁴
中心城区（北）	讨厌 tʰɔ³³i⁴⁴ 勿欢喜 vɐʔ²²hø⁵⁵ɕi²¹	惬意 ɕia³³i⁴⁴ 适意 səʔ³³i⁴⁴	勿适意 vɐʔ²²səʔ⁵⁵i²¹ 难过 nɛ²²ku⁴⁴
松江	讨厌 tʰɔ⁴⁴i⁴⁴ 惹厌 za²²i³⁵ 又	适意 səʔ⁴i³⁵	难过 nɛ²⁴ku³¹
闵行	讨厌 tʰɔ⁴⁴ɦi⁴⁴	适意 səʔ⁴ɦi⁴⁴	难过 nɛ¹³ku⁴⁴
青浦	讨厌 tʰɔ⁴⁴iɪ³³	适意 səʔ⁵⁵i³⁵	勿适意 vɐʔ¹¹səʔ⁵⁵i⁵⁵
金山	讨厌 tʰɔ⁴⁴i⁴⁴	舒服 sy⁴⁴vɔʔ²	难过 nɛ⁵⁵ku³¹
奉贤	讨厌 tʰɔ⁴⁴i⁴⁴	适意 səʔ³³i³⁴	难过 nɛ²⁴ku²¹
浦东（川沙）	讨厌 tʰɔ⁴⁴i⁴⁴	适意 səʔ³³i³⁴	难过 nɛ²²ku⁴⁴
浦东（惠南）	讨厌 tʰɔ⁴⁴i⁴⁴	惬意 ɕiA⁴⁴i⁴⁴ 适意 səʔ⁵⁵i³⁵	难过 nɛ²²ku³⁵
嘉定	讨厌 tʰɔ³³iɪ⁵³	趁心 tsʰəŋ³⁵siŋ²¹	不适意 vəʔ²²səʔ⁵⁵i²¹
宝山	讨厌 tʰɔ³³e⁵²	适意 səʔ³³i⁴⁴	难过 nɛ²⁴ku²²
崇明	讨厌 tʰɔ⁴²⁴ʔie³³	我爽 ŋ⁵⁵sã⁰	难过 nø²⁴ku³³

地点 \ 词条	0886 难过 心理的	0887 高兴	0888 生气
中心城区（南）	难过 nɛ²²ku⁴⁴ 殟塞 uəʔ³³səʔ⁴⁴	开心 kʰɛ⁵⁵ɕiŋ²¹ 快活 kʰA³³ɦuoʔ⁴⁴	动气 doŋ²²tɕʰi⁴⁴ 气 tɕʰi³⁴
中心城区（北）	勿适意 vəʔ²²səʔ⁵⁵i²¹ 难过 nɛ²²ku⁴⁴	开心 kʰɛ⁵⁵ɕiŋ²¹ 捂心 u⁵⁵ɕiŋ²¹	生气 sã⁴⁴tɕʰi³⁴ 勿开心 vəʔ²²kʰɛ⁵⁵ɕiŋ²¹
松江	难过 nɛ²⁴ku³¹	开心 kʰɛ³⁵ɕiŋ⁵³	光火 kuã³⁵fu⁵³
闵行	难过 nɛ¹³ku⁴⁴	开心 kʰe⁴⁴siŋ⁵³	勿开心 vəʔ²²kʰe⁴⁴siŋ⁵³
青浦	难过 nɛ²³kəu⁵¹	开心 kʰɛ⁵⁵siəŋ³¹	生气 sæ̃⁵¹tɕʰi³⁵
金山	难过 nɛ⁵⁵ku³¹	高兴 kɔ⁵⁵ɕiəŋ³¹	光火 kuæ̃²⁴fu⁵³
奉贤	难过 nɛ²⁴ku²¹	高兴 kɔ⁵⁵ɕiŋ²¹ 开心 kʰe⁴⁴ɕiŋ⁵³	生气 sã⁵⁵tɕʰi²¹ 光火 kuã⁴⁴ɸu⁵³
浦东（川沙）	难过 nɛ²²ku⁴⁴	开心 kʰɛ⁵⁵ɕin⁵³	光火 kuã⁵⁵ɸu²¹
浦东（惠南）	难过 nɛ²²ku³⁵	开心 kʰɛ⁵⁵ɕin⁵³	光火 kuã⁵⁵ɸu³¹
嘉定	不适意 vəʔ²²səʔ⁵⁵i²¹	开心 kʰɛ⁵⁵siŋ²¹	勿开心 vəʔ²²kʰɛ⁵⁵siŋ²¹
宝山	难过 nɛ²⁴ku²²	开心 kʰɛ⁵⁵sĩŋ²¹	生气 sã⁵⁵tɕʰi²²
崇明	殟塞 ʔuəʔ⁵səʔ⁵	开心 kʰɛ⁵⁵ɕin⁵⁵	恨 ɦɦən³¹³

地点 \ 词条	0889 责怪	0890 后悔	0891 忌妒
中心城区（南）	怪 kuA³⁴	懊愣 ɔ⁵⁵lɔ²¹ 懊悔 ɔ⁵⁵huE²¹	妒忌 tu³³dʑi⁵³
中心城区（北）	埋怨 ma²²yø⁴⁴ 责怪 tsɐʔ²³kua⁴⁴	懊恅 ɔ⁵⁵lɔ²¹ 懊悔 ɔ⁵⁵hue²¹ 后悔 ɦɤ²²hue⁴⁴	妒忌 tu³³dʑi⁴⁴
松江	怪 kua³⁵	懊恅 ɔ⁴⁴lɔ⁴⁴	妒忌 tu⁴⁴dʑi⁴⁴
闵行	怪 kua³⁵	懊愣 ɔ²²lɔ⁴⁴	眼热 ŋɛ¹³ȵiɿʔ²²
青浦	责怪 tsɐʔ⁵⁵kua³⁵	懊愣 ɔ³³lɔ³⁵	耐勿得 nE²²vəʔ⁵⁵təʔ³¹
金山	责怪 tsaʔ³kuɑ³⁵	后悔 ɦɤ³³fe³³	吃醋 cʰiʌʔ³tsʰu³⁵
奉贤	怪 kuɑ³⁵	后悔 ɦɤ²²ɸe³⁴ 懊愣 ɔ⁴⁴lɔ⁴⁴	眼红 ŋɛ²⁴ɦioŋ²¹
浦东（川沙）	怪 kuA³⁵	懊恼 ɔ⁵⁵lɔ²¹	眼热 ŋɛ²²ȵiɿʔ⁵³
浦东（惠南）	怪 kuA³⁵	懊悔 ɔ³⁵fE³¹	眼熬 ŋɛ³¹ŋɔ³⁵
嘉定	怪 kuɑ⁴²³	懊愣 ɔ⁵⁵lɔ²¹	眼红 ŋE²²ɦioŋ⁵³
宝山	埋怨 mɑ²⁴ɦiɤ³¹ 怪 kuɑ³⁴	懊愣 ɔ⁵⁵lɔ²¹	眼热 ŋɛ²⁴ȵiɿʔ³¹ 眼红 ŋE²²ɦioŋ⁵² 妒忌 tu³³dʑi⁵²
崇明	怪 kuɑ³³	懊恼ʔɔ⁵⁵lɔ⁰	妒忌 tu⁴²⁴dʑi³³

地点＼词条	0892 害羞	0893 丢脸	0894 欺负
中心城区（南）	难为情 nɛ²²ɦue⁵⁵ziŋ²¹	坍台 tʰɛ⁵²dɛ²³ 退招势 tʰɛ³³tsɔ⁵⁵sʅ²¹	欺瞒 tɕʰi⁵⁵mø²¹
中心城区（北）	难为情 nɛ²²ɦue⁵⁵ziŋ²¹	齆面孔 viɔ²³mi²²kʰoŋ⁴⁴ 坍招势 tʰɛ⁴⁴tsɔ⁵⁵sʅ²¹	欺负 tɕʰi⁵⁵vu²¹
松江	怕难为情 pʰo³³nɛ²²ve⁵⁵ziŋ³¹	坍台 tʰɛ³⁵dɛ⁵³	欺负 tɕʰi⁵⁵vu³¹
闵行	怕难为情 pʰo⁴⁴nɛ²²ɦue²²ziŋ²²	坍板 tʰɛ⁴⁴ɓɛ⁴⁴	欺 tɕʰi⁵³
青浦	难为情 nɛ²²ɦui⁵⁵ziəŋ³¹	坍台 tʰɛ⁵¹dɛ³¹	欺负 tɕʰi⁵⁵vu³¹
金山	怕丑 pʰo³³tsʰʅ³¹	消面孔 ɕiɔ³³miɪ⁵⁵kʰoŋ³¹	欺负 tɕʰi⁵⁵vu³¹
奉贤	现世 ɦi²²sʅ³⁴ 难为情 nɛ²³βe³³ziŋ⁵³ 坍惷 tʰɛ⁵⁵tsʰoŋ²¹	坍台 tʰɛ⁴⁴dɛ⁵³	欺侮 tɕʰi⁵⁵u²¹
浦东（川沙）	难为情 nɛ²²βe²²dʑin²²	坍招势 tʰɛ⁵⁵tsɔ⁵⁵sʅ²¹	欺负 tɕʰi⁵⁵βu²¹
浦东（惠南）	难为情 nɛ¹³βɛ⁵⁵ɦin⁵⁵	坍招势 tʰɛ⁵⁵tsɔ⁵⁵sʅ³¹	欺负 tɕʰi⁵⁵βu³¹
嘉定	难为情 nɛ²²ɦue⁵⁵ziŋ²¹	塌台 tʰɛ⁵³dɛ²¹	欺瞒 tɕʰi⁵⁵miɪ²¹
宝山	怕面说＝羞 pʰɤ³³me⁵⁵sɔʔ³³sy²¹ 难为情 nɛ²²ɦuʌɪ⁵⁵zĩŋ²¹	坍招势 tʰɛ⁵⁵tsɔ³³sʅ²¹ 坍台 tʰɛ⁵⁵dɛ²¹	欺侮 tɕʰi⁵⁵vu²¹
崇明	怕羞牛 pʰo⁴²⁴ɕiɵ³³niɵ⁵⁵	坍宠 tʰæ⁵⁵tsʰoŋ⁰	欺 tɕʰi⁵³

地点 \ 词条	0895 装~病	0896 疼~小孩儿	0897 要我~这个
中心城区（南）	假装 kA³³tsã⁵³ 装 tsã⁵²	宝贝 pɔ³³pE⁵³ 热麻 nɿʔ¹¹mo²³	要 iɔ³⁴
中心城区（北）	装 tsã⁵²	宝贝 pɔ³³pei⁴⁴	要 iɔ³⁴
松江	装 tsɒ̃⁵³	宝贝 pɔ⁴⁴pe⁴⁴	要 iɔ³⁵
闵行	装 tsã⁵³	痛 tʰoŋ³⁵	要 ɦiɔ³⁵
青浦	装 tsã⁵¹	肉麻 ȵyoʔ¹¹mo⁵²	要 iɔ³⁵
金山	装 tsã⁵³	宝贝 ɓɔ⁴⁴ʔbe⁴⁴	要 iɔ³⁵
奉贤	装 tsã⁵³	宝贝 ɓɔ⁴⁴ɓe⁴⁴	要 iɔ³⁵
浦东（川沙）	装 tsã⁵³	宝贝 ɓɔ⁴⁴ɓe⁴⁴	要 iɔ³⁵
浦东（惠南）	装 tsã⁵³	宝贝 ɓɔ⁴⁴ɓE⁴⁴	要 iɔ³⁵
嘉定	假样头 ka³³hiã³⁵dɤ²¹	宝贝 pɔ³³piɪ⁵³	要 iɔ⁴²³
宝山	装 tsɒ̃⁵³	宝贝 pɔ³³pʌɪ⁵²	要 ɦiɔ³⁴
崇明	装个 tsã⁵⁵gəʔ⁰	值钿 dzəʔ²lie⁵⁵	要 ʔiɔ³³

词条 地点	0898有 我~一个孩子	0899没有 他~孩子	0900是 我~老师
中心城区（南）	有 ɦiɤ²³	呒没 ɦm̩²²mɐʔ⁴⁴	是 zɿ²³
中心城区（北）	有 ɦiɤ²³	呒没 m̩²²mɐʔ⁴⁴ 没 mɐʔ¹²	是 zɿ²³
松江	有 ɦiɯ¹³	呒没 m̩⁵⁵məʔ³¹	是 zɿ¹³
闵行	有 ɦiɤ¹³	呒没 m̩⁴⁴məʔ²²	是 zɿ¹³
青浦	有 ɦiə²²⁴	呒没 ɦm̩⁵⁵məʔ³¹	是 zɿ²²⁴
金山	有 ɦiɤ¹³	呒没 ɦm̩³³məʔ²	是 zɿ¹³
奉贤	有 ɦiɤ²⁴	呒没 ɦm̩⁵³məʔ²¹	是 zɿ²⁴
浦东（川沙）	有 ɦiɤ²¹³	没得 moʔ²²dʌʔ⁵³	是 zɿ²¹³
浦东（惠南）	有 ɦiɤ¹¹³	没有 ɦm̩²²mʌʔ³³	是 zɿ¹¹³
嘉定	有 ɦy²¹³	呒没 ɦm̩²²məʔ⁵⁵	是 zɿ²¹³
宝山	有 ɦy²³	呒没 ɦm̩²²məʔ⁵²	是 zɿ²³
崇明	有 ɦiə²⁴²	无得 n̩²⁴təʔ⁵	是 zɿ²⁴²

地点 \ 词条	0901 不是 他~老师	0902 在 他~家	0903 不在 他~家
中心城区（南）	勿是 vəʔ¹¹zɿ²³	辣辣 lʌʔ¹¹lʌ²³	勿辣辣 vəʔ²²lʌʔ⁵⁵lʌʔ²¹
中心城区（北）	勿是 vɐʔ¹¹zɿ²³	辣勒 lɐʔ¹¹lɐʔ²³ 辣海 lɐʔ¹¹hE²³	勿辣勒 vɐʔ²²lɐʔ⁵⁵lɐʔ²¹ 勿辣海 vɐʔ²²lɐʔ⁵⁵hE²¹
松江	勿是 uəʔ⁴zɿ⁴⁴	立垃 liɪʔ²la³⁵	勿立垃 uəʔ⁴liɪʔ⁴la⁴⁴
闵行	勿是 vəʔ⁴⁴zɿ⁴⁴	勒辣 ləʔ²²laʔ⁴⁴	勿勒辣 vəʔ⁴⁴ləʔ⁴⁴laʔ⁴⁴
青浦	勿是 vəʔ⁵⁵zɿ⁵⁵	勒辣 ləʔ¹¹la³⁴	不勒辣 vəʔ³³ləʔ³³la³³
金山	勿是 uəʔ⁴zɿ³³	有拉 ɦiɤ¹³la⁵³	勿有拉 uəʔ³ɦiɤ⁵⁵la³¹
奉贤	勿是 ʋəʔ⁵³zɿ⁴⁴	立拉 lɪʔ²²lɑ²³	勿立拉 ʋəʔ⁵³lɪʔ³³lɑ²¹
浦东（川沙）	勿是 ʋəʔ²²zɿ³⁴	勒辣 ləʔ²²læʔ³⁴	勿辣 ʋəʔ²²læʔ⁵³
浦东（惠南）	勿是 ʋəʔ²²zɿ¹¹³	勒辣 ləʔ²²læʔ²³	勿勒辣 ʋəʔ²²ləʔ³³læʔ³⁵
嘉定	勿是 ʋəʔ⁵⁵zɿ²¹	勒浪 ləʔ²²lɑ̃²⁴	勿勒浪 fəʔ⁵⁵ləʔ⁵⁵lɑ̃²¹
宝山	勿是 ʋəʔ⁵⁵zɿ²¹	勒 ləʔ¹² 勒浪 ləʔ²²lɑ̃²³ 勒特 ləʔ²²dəʔ²³	勿勒 ʋəʔ³³ləʔ⁵⁵ 勿勒特 ʋəʔ³³ləʔ³⁴dəʔ⁵² 勿勒浪 ʋəʔ³³ləʔ³⁴lɑ̃⁵²
崇明	弗是 fəʔ⁵zɿ³³	勒勒 ləʔ²ləʔ⁵	弗勒勒 fəʔ⁵ləʔ⁵ləʔ⁰

地点 \ 词条	0904 知道 我~这件事	0905 不知道 我~这件事	0906 懂 我~英语
中心城区（南）	晓得 ɕiɔ³³təʔ⁴⁴	勿晓得 vəʔ²²ɕiɔ⁵⁵təʔ²¹	懂 toŋ³⁴
中心城区（北）	晓得 ɕiɔ³³təʔ⁴⁴	勿晓得 vɐʔ²²ɕiɔ⁵⁵tɐʔ²¹	懂 toŋ³⁴ 会 ɦuei²³
松江	晓得 ɕiɔ⁴⁴təʔ³⁵ 连调特殊	勿晓得 uəʔ⁴ɕiɔ⁴⁴təʔ⁴	懂 toŋ⁴⁴
闵行	晓得 ɕiɔ⁴⁴təʔ⁴	勿晓得 vəʔ⁴⁴ɕiɔ⁴⁴təʔ⁴	懂 ɖoŋ⁵⁵
青浦	晓得 ɕiɔ⁴⁴təʔ⁵⁵	不晓得 vəʔ⁵⁵ɕiɔ⁵⁵təʔ³³	懂 toŋ⁴³
金山	晓得 ɕiɔ²³təʔ⁴	勿晓得 uəʔ⁵ɕiɔ⁵⁵təʔ³	懂 ɖoŋ⁴⁴
奉贤	晓得 ɕiɔ⁴⁴təʔ⁴⁴	勿晓得 vəʔ⁵³ɕiɔ³³təʔ²¹	懂 ɖoŋ⁴⁴
浦东（川沙）	晓得 ɕiɔ³³tʌʔ⁵³	勿晓得 vəʔ²²ɕiɔ⁵⁵tʌʔ²¹	懂 ɖoŋ⁴⁴
浦东（惠南）	晓得 ɕiɔ³⁵tʌʔ⁵³	勿晓得 vəʔ²²ɕiɔ³³tʌʔ⁵³	懂 ɖoŋ⁴⁴
嘉定	晓得 ɕiɔ³⁵təʔ²¹	勿晓得 fəʔ⁵⁵ɕiɔ³³təʔ²¹	会 ue⁴²³
宝山	晓得 ɕiɔ³⁵təʔ³¹	勿晓得 vəʔ³³ɕiɔ³⁴təʔ⁵²	会 uʌɪ³⁴ 懂 toŋ³⁴
崇明	晓得 ɕiɔ⁴²⁴təʔ⁵	弗晓得 fəʔ⁵ɕiɔ³³təʔ⁵	会 ʔuei³³

地点 \ 词条	0907 不懂 我~英语	0908 会 我~开车	0909 不会 我~开车
中心城区（南）	勿懂 vəʔ¹¹toŋ²³	会 uᴇ³⁴ 会得 uᴇ³³təʔ⁴⁴	勿会 vəʔ¹¹uᴇ²³ 勿会得 vəʔ²²uᴇ⁵⁵təʔ²¹
中心城区（北）	勿懂 vɐʔ²²toŋ⁴⁴ 勿会 vɐʔ¹¹ɦuei²³	会 ɦuei²³	勿会 vɐʔ¹¹ɦuei²³
松江	不懂 uəʔ⁴toŋ⁴⁴	会 ue³⁵	不会 uəʔ⁴ve³⁵
闵行	勿懂 vəʔ⁴⁴ɖoŋ⁴⁴	会 ɦue¹³	勿会 vəʔ⁴⁴ɦue⁴⁴
青浦	勿懂 vəʔ⁵⁵toŋ⁵⁵	会 ɦui²²⁴	勿会 vəʔ¹¹ɦui³⁴
金山	勿懂 uəʔ⁴ʔɖoŋ³³	会 ɦue¹³	勿会 uəʔ³ɦue³⁵
奉贤	勿懂 vəʔ⁵³toŋ⁴⁴	会得 ɦue²³təʔ⁴⁴	勿会 vəʔ³³ɦue³⁴
浦东（川沙）	勿懂 vəʔ²²ɖoŋ³⁴	会 βe¹³	勿会 vəʔ²²βe³⁴
浦东（惠南）	勿懂 vəʔ²²ɖoŋ¹¹³	会 ɦuᴇ¹³	勿会 vəʔ²²ɦuᴇ¹³
嘉定	勿会 vəʔ²²ɦue²⁴	会 ue⁴²³	勿会 vəʔ²²ɦue²⁴
宝山	勿会 vəʔ⁴⁴uʌɪ²³ 勿懂 vəʔ⁵⁵toŋ²¹	会 uʌɪ³⁴ 会得 uʌɪ³³təʔ⁵²	勿会 vəʔ⁴⁴uʌɪ²³ 勿会得 vəʔ³³uʌɪ³⁴təʔ⁵²
崇明	弗会 fəʔ⁵ʔuei³³	会得 ʔuei⁴²⁴təʔ⁵	弗会得 fəʔ⁵ʔuei³³təʔ⁵

地点 \ 词条	0910 认识 我~他	0911 不认识 我~他	0912 行 应答语
中心城区（南）	认得 ȵin²²təʔ⁴⁴	勿认得 vəʔ²²ȵin⁵⁵təʔ²¹	好 hɔ³⁴ 来三 lɛ²²sɛ⁵³
中心城区（北）	认得 ȵin²²təʔ⁴⁴	勿认得 vɐʔ²²ȵin⁵⁵təʔ²¹	可以 kʰu³³ɦi⁴⁴ 好个 hɔ³³ɦəʔ⁴⁴ 来三 lɛ²²sɛ⁴⁴
松江	认得 ȵiŋ¹³təʔ⁵³ 连调特殊	勿认得 uəʔ³³ȵin⁵⁵təʔ⁵³	好 hɔ⁴⁴
闵行	认得 ȵin²²təʔ⁴	勿认得 vəʔ⁴⁴ȵin⁴⁴təʔ⁴	好 hɔ⁵⁵
青浦	认得 ȵiəŋ²²təʔ⁵⁵	不认得 vəʔ¹¹ȵiəŋ⁵⁵təʔ³³	可以 kʰɔ⁴⁴ɦi⁵³ 好 hɔ⁴³
金山	认得 ȵiəŋ¹²təʔ⁴	勿认得 uəʔ³ȵiəŋ⁵⁵təʔ³	好 hɔ⁴⁴
奉贤	认得 ȵin²³təʔ⁴⁴	勿认得 vəʔ³³ȵin⁴⁴təʔ⁵³	好个 hɔ⁴⁴gəʔ⁴⁴ 可以 kʰɔ³³ɦi⁵³
浦东（川沙）	认得 ȵin²²tʌʔ⁵³	勿认得 vəʔ²²ȵin⁵⁵tʌʔ⁵³	来三 lɛ²²sɛ²²
浦东（惠南）	认得 ȵin¹³tʌʔ⁵³	勿认得 vəʔ²²ȵin⁵⁵tʌʔ⁵³	来三 lɛ²²sɛ³³
嘉定	认得 ȵin²²təʔ⁵⁵	勿认得 fəʔ⁵⁵ȵin²²təʔ⁵⁵	好 hɔ⁴²³
宝山	认得 ȵĩn²⁴təʔ³¹	勿认得 vəʔ³³ȵĩn³⁴təʔ⁵²	来事 lɛ²⁴ʐ̩³¹ 来三 lɛ²²sɛ⁵² 好 hɔ³⁴
崇明	认得 ȵin³¹³təʔ⁵	弗认得 fəʔ⁵ȵin³³təʔ⁵	噢 ɦɔ²⁴²

地点 \ 词条	0913 不行 应答语	0914 肯~来	0915 应该~去
中心城区（南）	勿好 vəʔ¹¹hɔ²³ 勿来三 vəʔ²²lɛ⁵⁵sɛ²¹	肯 kəŋ³⁴	应该 iŋ⁵⁵kɛ²¹
中心城区（北）	勿可以 vəʔ²²kʰu⁵⁵ɦi²¹ 勿好 vəʔ²²hɔ⁴⁴ 勿来三 vəʔ²²lɛ⁵⁵sɛ²¹	肯 kʰəŋ³⁴ 愿意 ȵyø²²i⁴⁴	应该 iŋ⁵⁵kɛ²¹
松江	勿好 uɐʔ⁴hɔ⁴⁴	肯 kʰəŋ⁴⁴	应该 iŋ³⁵kɛ⁵³
闵行	勿好 vəʔ⁴⁴hɔ⁴⁴	肯 kʰəŋ⁵⁵	应该 iŋ⁴⁴kɛ⁵³
青浦	勿可以 vəʔ¹¹kʰɔ⁴⁴ɦi⁵³ 勿好 vəʔ¹¹hɔ³⁴	肯 kʰəŋ⁴³	应该 iəŋ⁵⁵kɛ³¹
金山	勿好 uɐʔ⁴hɔ³³	肯 kʰəŋ⁴⁴	应该 iəŋ²⁴kɛ⁵³
奉贤	勿好 ʋəʔ⁴⁴hɔ⁴⁴ 勿来三 ʋəʔ³³lɛ³⁴sɛ⁵³	肯 kʰəŋ⁴⁴	应该 iŋ⁴⁴kɛ⁵³
浦东（川沙）	勿来三 ʋəʔ²²lɛ⁵⁵sɛ⁵³	肯 kʰən⁴⁴	应当 in⁵⁵dã⁵³
浦东（惠南）	勿来三 ʋəʔ²²lɛ⁵⁵sɛ⁵³	肯 kʰən⁴⁴	应当 in³⁵dã⁵³
嘉定	勿好 vəʔ⁵⁵ɦɔ²¹	肯 kʰəŋ⁴²³	应当 iŋ⁵⁵tã²¹
宝山	勿来事 ʋəʔ³³lɛ⁵⁵ẓ̩²² 勿来三 ʋəʔ³³lɛ³⁴sɛ⁵² 勿好 ʋəʔ⁵⁵hɔ²¹	肯 kʰɛ̃ŋ³⁴	应该 ĩŋ⁵⁵kɛ²¹
崇明	弗来四 həʔ⁵lɛ⁵⁵sɿ⁰	肯 kʰən⁴²⁴	应该 ʔin⁵⁵kɛ⁵⁵

地点 \ 词条	0916 可以~去	0917 说~话	0918 话说~
中心城区（南）	好 hɔ³⁴ 可以 kʰu³³i⁵³	讲 kã³⁴	闲话 ɦɛ²²ɦo⁵³
中心城区（北）	可以 kʰu³³ɦi⁴⁴ 好 hɔ³⁴	讲 kã³⁴	闲话 ɦɛ²²ɦo⁴⁴
松江	可以 kʰɔ³⁵ɦi³¹ 好 hɔ⁴⁴又	讲 kɒ̃⁴⁴	闲话 ɦɛ²⁴ɦo³¹
闵行	可以 kʰu²²ɦi⁴⁴	说 sœʔ⁵	话 ɦo¹³
青浦	可以 kʰɔ⁴⁴ɦi⁵³	讲张 kã⁵⁵tsæ̃³¹	闲话 ɦɛ²³ɦo⁵¹
金山	可以 kʰu³⁵i⁰	讲 kã⁴⁴	话 ɦo¹³
奉贤	可以 kʰɔ³³ɦi⁵³ 好 hɔ⁴⁴	讲 kã⁴⁴	闲话 ɦɛ²⁴ɦo²¹
浦东（川沙）	可以 kʰu⁴⁴ɦi⁴⁴	讲 kã⁴⁴	讲闲话 kã⁵⁵ɦɛ²²ɦo⁴⁴
浦东（惠南）	可以 kʰɔ³⁵ɦi⁵³	讲 kã⁴⁴	讲闲话 kã³⁵ɦɛ⁵⁵ɦo³¹
嘉定	好 hɔ⁴²³	讲 kã⁴²³	闲话 ɦɛ²⁴ɦu²¹
宝山	可以 kʰu³³ɦi⁵²	讲 kɒ̃³⁴	闲话 ɦɛ²⁴βɤ³¹
崇明	可以 kʰu³³ʔi⁰	话 ɦuo³¹³	说话 soʔ⁵ɦuo³³

地点\词条	0919聊天儿	0920叫~他一声儿	0921吆喝 大声喊
中心城区（南）	茄山河 gA²²sE⁵⁵βu²¹	喊 hE³⁴ 叫 tɕiɔ³⁴	哗啦哗啦喊 ɦuA²²lA⁵⁵ɦuA³³lA³³hE²¹
中心城区（北）	茄山河 ga²²sE⁵⁵ɦu²¹ 吹牛屄 tsʰʅ⁴⁴ȵiɤ²²pi⁴⁴ 谈山海经 dE³³sE⁵⁵hE³³tɕiŋ²¹	叫 tɕiɔ³⁴ 喊 hE³⁴	叫 tɕiɔ³⁴ 喊 hE³⁴
松江	讲白摊 kõ³³baʔtʰɛ⁵³ 讲闲话 kõ³³ɦiɛ⁵⁵ɦo³¹ 又	叫 ciɔ³⁵	哇啦哇啦 va²²la²²va²²la²²
闵行	戛山胡 ga²²sɛ⁴⁴ɦo⁴⁴	喊 hE³⁵	喊 hɛ³⁵
青浦	谈山海经 dE²³sE⁵⁵hE³³tɕiəŋ²¹ 讲闲讲张 kã⁴⁴ɦiɛ²³kã⁴⁴tsæ³¹ 茄山河 ga⁴⁴sE⁵⁵ɦo³¹	喊 hE³⁵	喊叫 hE⁴³tɕiɔ³⁵
金山	讲山海经 kã³³sɛ³³hɛ⁵⁵ciəŋ³¹	喊 hE³⁵	大喊 du³³hɛ³³
奉贤	茄山河 ga²²sɛ⁴⁴ɦu⁵³ 讲张 kã³⁵tsã²¹	喊 hE³⁵	哇啦哇啦喊 ɦuɑ²²lɑ⁵⁵ɦuɑ⁵⁵lɑ²¹hɛ³⁵
浦东（川沙）	茄山河 gA²²sɛ⁵⁵βu⁵³	叫 tɕiɔ³⁵	（无）
浦东（惠南）	扯乱谈 tsʰA⁵⁵lø³¹dɛ³¹	叫 tɕiɔ³⁵	哇啦哇啦 uA³⁵lA⁵⁵uA⁵⁵lA⁵⁵
嘉定	白话 baʔ²²ɦo²⁴	喊 hE⁴²³	哇声楞 ɦuɑ²²sã⁵⁵ləŋ²¹
宝山	讲山海经 kõ³³sɛ⁵⁵hɛ³³tɕĩŋ²¹ 茄山河 ga²²sɛ⁵⁵vu²¹	叫 tɕiɔ³⁴ 喊 hɛ³⁴	（无）
崇明	讲神 gã³¹³zən⁵⁵	喊 hæ³³	哇啦三声 ɦuɑ²⁴²lɑ²⁴²sæ⁵⁵sən⁵⁵

地点＼词条	0922 哭 小孩~	0923 骂 当面~人	0924 吵架 动嘴：两个人在~
中心城区（南）	哭 $k^ho\textipa{P}^{55}$	骂 mo^{23}	寻相骂 $\textipa{z}in^{22}\textipa{C}i\tilde{a}^{55}mo^{21}$ 吵相骂 $ts^ho^{33}\textipa{C}i\tilde{a}^{55}mo^{21}$
中心城区（北）	哭 $k^ho\textipa{P}^{55}$	骂 mo^{23}	寻相骂 $\textipa{z}in^{22}\textipa{C}i\tilde{a}^{55}mo^{21}$ 吵相骂 $ts^ho^{33}\textipa{C}i\tilde{a}^{55}mo^{21}$
松江	哭 $k^ho\textipa{P}^4$	骂 mo^{13}	吵相骂 $ts^ho^{33}\textipa{C}i\tilde{æ}^{55}mo^{31}$
闵行	哭 $k^ho\textipa{P}^5$	骂山门 $mo^{22}s\varepsilon^{22}m\textipa{@}\eta^{44}$	做闹 $tsu^{22}n\textipa{O}^{44}$
青浦	哭 $ko\textipa{P}^{55}$	骂 mo^{224}	吵架 $ts^h\textipa{O}^{44}ka^{33}$
金山	哭 $k^ho\textipa{P}^5$	骂 mo^{13}	相骂 $\textipa{C}i\tilde{\varepsilon}^{24}mo^{31}$
奉贤	哭 $k^ho\textipa{P}^{55}$	骂 mo^{24}	相骂 $\textipa{C}i\tilde{a}^{55}mo^{21}$ 寻相骂 $\textipa{z}in^{23}\textipa{C}i\tilde{a}^{55}mo^{21}$ 吵相骂 $ts^ho^{33}\textipa{C}i\tilde{a}^{55}mo^{21}$
浦东（川沙）	哭 k^hu^{44}	骂 mo^{13}	吵相骂 $ts^ho^{22}\textipa{C}i\tilde{a}^{55}mo^{21}$
浦东（惠南）	哭 $k^ho\textipa{P}^{55}$	损 $sø^{35}$	寻相骂 $\textipa{z}in^{22}\textipa{C}i\tilde{a}^{44}mo^{44}$
嘉定	哭 $k^ho\textipa{P}^{55}$	骂 mo^{213}	淘气 $d\textipa{O}^{24}t\textipa{C}^hi^{21}$
宝山	哭 $k^ho\textipa{P}^{55}$	骂 $m\textipa{7}^{23}$	伴=淘气 $be^{22}d\textipa{O}^{55}t\textipa{C}^hi^{21}$ 吵相骂 $ts^ho^{33}si\tilde{a}^{55}m\textipa{7}^{21}$
崇明	哭 $k^ho\textipa{P}^5$	骂 mo^{313}	骂相骂 $mo^{313}\textipa{C}i\tilde{a}^{55}mo^0$

地点 \ 词条	0925 骗~人	0926 哄~小孩	0927 撒谎
中心城区（南）	骗 pʰi³⁴	哄 hoŋ³⁴ 骗 pʰi³⁴	说鬼话 səʔ⁵⁵tɕy³³ɦo⁵³ 说谎 səʔ⁵⁵huã³⁴
中心城区（北）	骗 pʰi³⁴ 花 ho⁵²	哄 hoŋ³⁴	吹牛屄 tsʰʅ⁴⁴ȵiɤ²²pi⁴⁴ 瞎讲 hɐʔ³³kã⁴⁴
松江	骗 pʰi³⁵	骗 pʰi³⁵	说谎 səʔ⁴huã⁴⁴
闵行	骗 pʰi³⁵	哄 hoŋ⁵⁵	骗人 pʰi²²ȵiŋ⁴⁴
青浦	骗 pʰiɪ³⁵	骗 pʰiɪ³⁵	说谎 søʔ⁵⁵fã⁵⁵
金山	骗 pʰiɪ³⁵	哄 hoŋ⁴⁴	瞎讲 hæʔ⁴kã³³
奉贤	骗 pʰi³⁵	骗 pʰi³⁵	瞎话 hæʔ³³ɦo³⁴ 瞎讲 hæʔ⁵⁵kã⁴⁴ 说鬼话 səʔ⁵⁵tɕy⁴⁴ɦo⁴⁴
浦东（川沙）	骗 pʰi³⁵	哄 hoŋ⁴⁴	骗人 pʰi³³ȵin⁵³
浦东（惠南）	骗 pʰi³⁵	骗 pʰi³⁵	吹牛屄 tsʰʅ⁵⁵ȵiɤ⁵⁵ɓi⁵³ 骗人 pʰi³⁵ȵin⁵³
嘉定	骗 pʰiɪ⁴²³	骗 pʰiɪ⁴²³	吹牛屄 tsʰʅ⁵⁵ȵy²²pi²¹
宝山	骗 pʰe³⁴	骗 pʰe³⁴	骗人 pʰe³⁴ȵiŋ³¹ 吹牛屄 tsʰʅ⁵³ȵy²²pi⁵² 说谎 səʔ⁵⁵fɒ̃³⁴
崇明	拐 kuɑ⁴²⁴	骗 pʰie³³	拆讲 tsʰɑʔ⁵kã³³

地点＼词条	0928 吹牛	0929 拍马屁	0930 开玩笑
中心城区（南）	吹牛屄 tsʰʅ⁵²n̠iɤ²²pi⁴⁴	拍马屁 pʰʌʔ⁵⁵mo²²pʰi⁵³	寻开心 zin²²kʰɛ⁵⁵ɕin²¹ 打朋 tã³⁴bã²³
中心城区（北）	吹牛屄 tsʰʅ⁴⁴n̠iɤ²²pi⁴⁴ 瞎讲 hɐʔ⁴⁴kã⁴⁴	拍马屁 pʰɐʔ⁴⁴mo²²pʰi⁴⁴	打棚 tã⁴⁴bã²³ 寻开心 zin²²kʰɛ⁵⁵ɕin²¹
松江	吹牛屄 tsʰʅ³³n̠iɯ⁵⁵pi³¹	拍马屁 pʰaʔ³mo²²pʰi³⁵	打棚 tæ̃³⁵bæ̃³¹
闵行	吹牛屄 tsʰʅ⁴⁴n̠iɤ⁴⁴6i⁴⁴	拍马屁 pʰaʔ⁴⁴mo⁴⁴pʰi⁴⁴	吹牛屄 tsʰʅ⁴⁴n̠iɤ⁴⁴6i⁴⁴
青浦	吹牛皮 tsʰʅ⁵⁵n̠iə⁵⁵bi³¹	拍马屁 pʰaʔ⁵⁵mo²²pʰi³⁵	开玩笑 kʰɛ⁵¹ɦuɐ²²sio³⁵
金山	吹牛 tsʰʅ²⁴n̠iɤ⁵³	拍马屁 pʰɑ³mo⁵⁵pʰi³¹	开玩笑 kʰɛ⁴⁴ɦuɛ³³ɕio³¹
奉贤	吹牛 tsʰʅ⁴⁴n̠iɤ⁵³ 吹牛屄 tsʰʅ⁴⁴n̠iɤ⁴⁴pi⁵³	拍马屁 pʰɑʔ⁵³mo³³pʰi²¹	开玩笑 kʰe⁴⁴ɦuɐ⁴⁴ɕio⁴⁴ 打朋 tã³⁵bã²¹
浦东（川沙）	吹牛屄 tsʰʅ⁵⁵n̠iɤ⁵⁵6i⁵³	拍马屁 pʰʌʔ⁵⁵mo⁵⁵pʰi⁵⁵	寻开心 zin²²kʰɛ²²ɕin²²
浦东（惠南）	吹牛屄 tsʰʅ⁵⁵n̠iɤ⁵⁵6i⁵³	拍马屁 pʰʌʔ⁵⁵mo⁵⁵pʰi⁵⁵	寻开心 zin²²kʰɛ³³ɕin³³
嘉定	吹牛屄 tsʰʅ⁵⁵n̠y²²pi²¹	拍马屁 pʰaʔ⁵⁵mo³³pʰi²¹	寻开心 zin²²kʰɛ³⁵sin²¹
宝山	吹牛屄 tsʰʅ⁵³n̠y²²pi⁵²	拍马屁 pʰʌʔ⁵⁵mɤ²²pʰi²³	讲笑话 kɒ̃³³sio⁵⁵βuɤ²¹ 打朋 tã⁵⁵bã²¹ 开玩笑 kʰɛ⁵⁵ɦuɐ³³sio²¹
崇明	吹牛屄 tsʰʅ⁵⁵n̠iə⁵⁵pi⁵⁵	拍马屁 pʰɑʔ⁵mo³³pʰi⁵⁵	寻开心 zin²⁴kʰɛ³³ɕin⁵⁵

地点 \ 词条	0931 告诉~他	0932 谢谢 致谢语	0933 对不起 致歉语
中心城区（南）	告诉 kɔ⁵⁵su²¹	谢谢侬 ʑiA²²ʑiA⁵⁵noŋ²¹	对勿起 tE³³vɐʔ⁵⁵tɕʰi²¹ 勿好意思 vɐʔ²²hɔ⁵⁵i³³sɿ²¹
中心城区（北）	讲拨……听 kã³³pɐʔ⁴⁴…tʰiŋ⁵²	谢谢 ʑia²²ʑia⁴⁴	对勿起 tE³³vɐʔ⁵⁵tɕʰi²¹ 勿好意思 vɐʔ¹¹hɔ⁵⁵i³³sɿ²¹
松江	告诉 kɔ⁴⁴su⁴⁴	谢谢 ʑia²⁴ʑia³¹	对勿起 tE³³uɐʔ⁵tɕʰi³¹
闵行	讲 kã⁵⁵	谢谢 ʑia²²ʑia⁵³	对勿起 tE⁴⁴vɐʔ²²tɕʰi²²
青浦	讲拨伊听 kã⁴⁴pɐʔ⁵⁵⋅³³i³³tʰiəŋ⁵¹	谢谢 ʑia²²ʑia⁵³	对勿起 tɿ³³vɐʔ⁴⁴tɕʰi³¹
金山	告诉 kɔ⁴⁴su⁴⁴	谢谢 ʑiɑ¹³ʑiɑ³¹	对勿起 ɖe³⁴uɐʔ⁵tɕʰi³¹
奉贤	告诉 kɔ⁴⁴su⁴⁴ 讲一声 kã³³iʔ⁴⁴sã⁵³	谢谢 ʑiɑ²²ʑiɑ⁵³ 罪过 ze²²ku³⁴	对勿起 tE³³ʋɐʔ⁵⁵tɕʰi²¹ 勿好意思 ʋɐʔ³³hɔ⁴⁴i⁵⁵sɿ²¹
浦东（川沙）	脱伊讲 tʰəʔ⁵⁵ɦi⁵⁵kã⁵⁵	谢谢 ʑiA²²ʑiA³⁴	对勿起 tE²²ʋɐʔ⁵⁵tɕʰi²¹
浦东（惠南）	脱伊讲 tʰəʔ⁵⁵ɦi⁵⁵kã⁵⁵	谢谢 ʑiA³¹ʑiA³⁵	对勿起 tE³¹ʋɐʔ¹³tɕʰi³¹
嘉定	关照 kuE⁵⁵tsɔ²¹	谢谢 ʑia²²ʑia⁵³	对勿起 tɤ⁵⁵ʋɐʔ²²tɕʰi²¹
宝山	上⁼复 zɒ̃²²foʔ⁵²	谢谢 ʑiɑ²²ʑiɑ⁵²	对勿起 tʌɪ³³ʋɐʔ⁵⁵tɕʰi²¹
崇明	告诉 kɔ⁵⁵su⁰	谢谢 ʑiɑ³¹³iɑ³³	对勿住 tei⁴²⁴uɐʔ⁵⁵zɿ⁰

地点 \ 词条	0934 再见 告别语	0935 大 苹果~	0936 小 苹果~
中心城区（南）	再会 tsɛ⁵⁵ɦuɛ²¹	大 du²³	小 ɕiɔ³⁴
中心城区（北）	再会 tsɛ⁵⁵ɦuɛ²¹ 明朝会 miɲ²²tsɔ⁵⁵ɦuɛ²¹	大 du²³	小 ɕiɔ³⁴
松江	再会 tsɛ⁴⁴ve⁴⁴	大 du¹³	小 ɕiɔ⁴⁴
闵行	再会 tsɛ⁴⁴ɦue⁴⁴	大 du¹³	小 siɔ⁵⁵
青浦	再会 tsɛ³³ɦui³⁵	大 dəu²²⁴	小 siɔ⁴³
金山	再见 tsɛ⁴⁴tɕi⁴⁴	大 du¹³	小 ɕiɔ⁴⁴
奉贤	再会 tsɛ⁴⁴βe⁴⁴ 晏歇会 ɛ³³ɕi⁵⁵βe²¹ 下坎会 ɦɔ²²dɑ³⁴βe⁵³	大 du²⁴	小 ɕiɔ⁴⁴
浦东（川沙）	再会 tsɛ⁵⁵βe²¹	大 du¹³	小 ɕiɔ⁴⁴
浦东（惠南）	再会 tsɛ¹³ɦuɛ³¹	大 du¹³	小 ɕiɔ⁴⁴
嘉定	晏歇会 ɛ³⁵ɕiɿ²²ɦuɛ²¹	大 du²¹³	小 siɔ⁴²³
宝山	再会 tsɛ⁵⁵ɦuʌɪ²¹ 晏歇会 ɛ⁵⁵ɕiɿʔ³³ɦuʌɪ²¹ 碰头会 bã²²dʌɪ⁵⁵ɦuʌɪ²¹	大 du²³	小 siɔ³⁴
崇明	再会 tsɛ³³ɦuei⁰	大 du³¹³	小 ɕiɔ⁴²⁴

地点 \ 词条	0937 粗 绳子~	0938 细 绳子~	0939 长 线~
中心城区（南）	粗 tsʰu⁵²	细 ɕi³⁴	长 zã²³
中心城区（北）	粗 tsʰu⁵²	细 ɕi³⁴	长 zã²³
松江	粗 tsʰu⁵³	细 ɕi³⁵	长 zæ̃³¹
闵行	粗 tsʰu⁵³	细 si³⁵	长 zã³¹
青浦	粗 tsʰəu⁵¹	细 si³⁵	长 zæ̃³¹
金山	粗 tsʰu⁵³	细 si³⁵	长 zɛ̃³¹
奉贤	粗 tsʰu⁵³	细 ɕi³⁵	长 zã³¹
浦东（川沙）	粗 tsʰu⁵³	细 ɕi³⁵	长 zã²¹³
浦东（惠南）	粗 tsʰu⁵³	细 ɕi³⁵	长 zã¹¹³
嘉定	粗 tsʰu⁵³	细 si⁴²³	长 zã²³¹
宝山	粗 tsʰu⁵³	细 si³⁴	长 zã³¹
崇明	粗 tsʰu⁵³	细 ɕi³³	长 dzã²⁴

词条\地点	0940 短线~	0941 长时间~	0942 短时间~
中心城区（南）	短 tø³⁴	长 zã²³	短 tø³⁴
中心城区（北）	短 tø³⁴	长 zã²³	快 kʰua³⁴
松江	短 tø⁴⁴	长 zæ̃³¹	短 tø⁴⁴
闵行	短 tø⁵⁵	长 zã³¹	短 tø⁵⁵
青浦	短 tø⁴³	长 zæ̃³¹	短 tø⁴³
金山	短 dø⁴⁴	长 zɛ̃³¹	短 dø⁴⁴
奉贤	短 dø⁴⁴	长 zã³¹	短 dø⁴⁴
浦东（川沙）	短 dø⁴⁴	长 zã²¹³	短 dø⁴⁴
浦东（惠南）	短 dø⁴⁴	长 zã¹¹³	短 dø⁴⁴
嘉定	短 tɤ⁴²³	长 zã²³¹	短 tɤ⁴²³
宝山	短 tɤ³⁴	长 zã³¹	短 tɤ³⁴
崇明	短 tø⁴²⁴	长 dzã²⁴	短 tø⁴²⁴

地点 \ 词条	0943 宽路~	0944 宽敞房子~	0945 窄路~
中心城区（南）	阔 kʰuoʔ⁵⁵	宽舒 kʰø⁵⁵sɿ²¹	狭 ɦʌʔ¹²
中心城区（北）	阔 kʰø⁵²	大 du²³	狭 ɦɐʔ¹²
松江	阔 kʰuəʔ⁴	宽舒 kʰue³⁵sɿ⁵³	狭 ɦæʔ²
闵行	阔 kʰuəʔ⁵	大 du¹³	狭 ɦæʔ²³
青浦	宽 kʰui⁵¹	宽敞 kʰui⁵⁵tsʰæ̃³¹	狭 ɦaʔ¹²
金山	阔 kʰuəʔ⁵	宽敞 kʰue¹³tsʰã³¹	狭 ɦæʔ¹²
奉贤	阔 kʰuəʔ⁵⁵ 宽 kʰue⁵³	宽舒 kʰue⁴⁴sɿ⁵³	狭 ɦæʔ²³
浦东（川沙）	阔 kʰuəʔ⁵⁵	大唻 du²²lɛ⁵³	狭 ɦʌʔ²³
浦东（惠南）	阔 kʰuəʔ⁵⁵	世界大 sɿ⁵⁵kʌ³¹du¹³ 大唻 du²²lɛ⁵³	狭 ɦʌʔ²³
嘉定	阔 kʰuəʔ⁵⁵	大 du²¹³	狭 ɦɑʔ²³
宝山	阔 kʰuəʔ⁵⁵	大 du²³ 宽敞 kʰue⁵⁵tsʰã²¹	狭 ɦʌʔ¹²
崇明	阔 kʰuəʔ⁵	大 du³¹³	狭 hɦæʔ²

地点＼词条	0946 高 ~飞机飞得~	0947 低 ~鸟飞得~	0948 高 ~他比我~
中心城区（南）	高 kɔ⁵²	低 ti⁵²	长 zã²³
中心城区（北）	高 kɔ⁵²	低 ti⁵²	长 zã²³
松江	高 kɔ⁵³	低 ti⁵³	长 zæ̃³¹
闵行	高 kɔ⁵³	低 ɖi⁵³	长 zã³¹
青浦	高 kɔ⁵¹	低 ti⁵¹	高 kɔ⁵¹
金山	高 kɔ⁵³	低 ɖi⁵³	高 kɔ⁵³
奉贤	高 kɔ⁵³	低 ti⁵³	长 zã³¹ 高 kɔ⁵³
浦东（川沙）	高 kɔ⁵³	低 ɖi⁵³	长 zã²¹³
浦东（惠南）	高 kɔ⁵³	低 ɖɪ⁵³	长 zã¹¹³
嘉定	高 kɔ⁵³	低 ti⁵³	长 zã²³¹
宝山	高 kɔ⁵³	低 ti⁵³	高 kɔ⁵³
崇明	高 kɔ⁵³	低 ti⁵³	长 ʥã²⁴

地点 \ 词条	0949 矮 他比我~	0950 远 路~	0951 近 路~
中心城区（南）	矮 ᴀ³⁴	远 ɦyø²³	近 dʑin²³
中心城区（北）	矮 a³⁴	远 ɦyø²³	近 dʑin²³
松江	矮 a⁴⁴	远 ɦø¹³	近 ʥin¹³
闵行	矮 a⁵⁵	远 ɦiø¹³	近 dʑin¹³
青浦	矮 a⁴³	远 ɦyø²²⁴	近 dʑiəŋ²²⁴
金山	矮 ɑ⁴⁴	远 ɦyø¹³	近 ʥiəŋ¹³
奉贤	矮 ɑ⁴⁴	远 ɦø²⁴	近 dʑin²⁴
浦东（川沙）	矮 ᴀ⁴⁴	远 ɦyø²¹³	近 dʑin²¹³
浦东（惠南）	矮 ᴀ⁴⁴	远 ɦyø¹¹³	近 dʑin¹¹³
嘉定	矮 tɤ⁴²³	远 ɦiɤ²¹³	近 dʑin²¹³
宝山	矮 ɑ³⁴	远 ɦiɤ²³	近 dʑĩn²³
崇明	矮 ʔɑ⁴²⁴	远 ɦyø²⁴²	近 dʑin²⁴²

地点＼词条	0952 深~水~	0953 浅~水~	0954 清~水~
中心城区（南）	深 səŋ⁵²	浅 tɕʰi³⁴	清 tɕʰiŋ⁵²
中心城区（北）	深 səŋ⁵²	浅 tɕʰi³⁴	清 tɕʰiŋ⁵²
松江	深 səŋ⁵³	浅 tɕʰi⁴⁴	清 tɕʰiŋ⁵³
闵行	深 səŋ⁵³	浅 tɕʰi⁵⁵	清爽 tsʰiŋ⁴⁴sã⁴⁴
青浦	深 səŋ⁵¹	浅 tsʰiɪ⁴³	清 tsʰiəŋ⁵¹
金山	深 səŋ⁵³	浅 tsʰiɪ⁴⁴	清 tsʰiəŋ⁵³
奉贤	深 səŋ⁵³	浅 tɕʰi⁴⁴	清 tɕʰiŋ⁵³
浦东（川沙）	深 səŋ⁵³	浅 tɕʰi⁴⁴	清 tɕʰin⁵³
浦东（惠南）	深 səŋ⁵³	浅 tɕʰi⁴⁴	清 tɕʰin⁵³
嘉定	深 səŋ⁵³	浅 tsʰiɪ⁴²³	清 tsʰiŋ⁵³
宝山	深 sẽŋ⁵³	浅 tsʰe³⁴	清 tsʰĩŋ⁵³
崇明	深 sən⁵³	浅 tɕʰie⁴²⁴	清 tɕʰin⁵³

词条 地点	0955 浑水~	0956 圆	0957 扁
中心城区（南）	浑 ɦuəŋ²³	圆 ɦyø²³	扁 pi³⁴
中心城区（北）	浑 ɦuəŋ²³	圆 ɦyø²³	扁 pi³⁴
松江	浑 vəŋ³¹	圆 ɦiø³¹	扁 pi⁴⁴
闵行	醒䣛 oʔ⁴tsʰoʔ⁴	圆 ɦiø³¹	扁 ɓi⁵⁵
青浦	浑 ɦuəŋ³¹	圆 ɦyø³¹	扁 piɪ⁴³
金山	浑 ɦuəŋ³¹	圆 ɦyø³¹	扁 ɓiɪ⁴⁴
奉贤	浑 ɦuəŋ³¹	圆 ɦiø³¹	扁 pi⁴⁴
浦东（川沙）	浑 βən²¹³	圆 ɦyø²¹³	扁 ɓi⁴⁴
浦东（惠南）	浑 βən¹¹³	圆 ɦyø¹¹³	扁 ɓi⁴⁴
嘉定	浑 ɦuəŋ²³¹	圆 ɦiɤ²³¹	扁 piɪ⁴²³
宝山	浑 βũɛ̃ŋ³¹	圆 ɦiɤ³¹	扁 pe³⁴
崇明	浑 ɦuən²⁴	圆 ɦyø²⁴	扁 pie⁴²⁴

词条 地点	0958 方	0959 尖	0960 平
中心城区（南）	方 fã⁵²	尖 tɕi⁵²	平 biŋ²³
中心城区（北）	方 fã⁵²	尖 tɕi⁵²	平 biŋ²³
松江	方 fɒ̃⁵³	尖 tɕi⁵³	平 biŋ³¹
闵行	方 fã⁵³	尖 tsi⁵³	平 biŋ³¹
青浦	方 fã⁵¹	尖 tsɿ⁵¹	平 biəŋ³¹
金山	方 fã⁵³	尖 tsɿ⁵³	平 biəŋ³¹
奉贤	方 ɸã⁵³	尖 tɕi⁵³	平 biŋ³¹
浦东（川沙）	方 fã⁵³	尖 tɕi⁵³	平 bin²¹³
浦东（惠南）	方 fã⁵³	尖 tɕi⁵³	平 bin¹¹³
嘉定	方 fã⁵³	尖 tsɿ⁵³	平 biŋ²³¹
宝山	方 fɒ̃⁵³	尖 tse⁵³	平 bĩŋ³¹
崇明	方 fã⁵³	尖 tɕie⁵³	平 bin²⁴

地点＼词条	0961 肥~肉	0962 瘦~肉	0963 肥形容猪等动物
中心城区（南）	奘 tsã^{34}	腈 tɕiŋ^{52}	奘 tsã^{34}
中心城区（北）	壮 tsã^{34}	瘦 sɤ^{34}	壮 tsã^{34}
松江	壮 tsɒ̃^{35}	精 tɕiŋ^{53}	壮 tsɒ̃^{35}
闵行	壮 tsã^{35}	精 tsiŋ^{53}	壮 tsã^{35}
青浦	肥 vi^{31} 壮 tsã^{224}	瘦 sə^{35} 精 tsiəŋ^{51}	壮 tsã^{224}
金山	肥 vi^{31}	腈 tsiəŋ^{53}	壮 tsã^{35} 肥 vi^{31}
奉贤	奘 tsã^{35}	腈 tɕiŋ^{53}	奘 tsã^{35}
浦东（川沙）	油 ɦiɤ^{213}	瘦 sɤ^{35}	壮 tsã^{35}
浦东（惠南）	油 ɦiɤ^{113}	腈 tɕin^{53}	壮 tsã^{35}
嘉定	壮 tsã^{423}	瘦 sɤ^{423}	壮 tsã^{423}
宝山	奘 tsɒ̃^{34}	瘦 sʌɪ^{34}	奘 tsɒ̃^{34}
崇明	肥 vi^{24}	瘦 sɵ^{33}	壮 tsã^{33}

地点 \ 词条	0964 胖 形容人	0965 瘦 形容人、动物	0966 黑 黑板的颜色
中心城区（南）	奘 tsã³⁴ 胖 pʰã³⁴	瘦 sɤ³⁴	黑 hə‿ʔ⁵⁵
中心城区（北）	胖 pʰã³⁴	瘦 sɤ³⁴	黑 hɐʔ⁵⁵
松江	壮 tsɒ̃³⁵	瘦 sɯ³⁵	黑 həʔ⁴
闵行	胖 pʰã³⁵	瘦 sɤ³⁵	黑 həʔ⁵
青浦	胖 pʰã³⁵	瘦 sə³⁵	黑 hə‿ʔ⁵⁵
金山	胖 pʰã³⁵	瘦 sɤ³⁵	黑 hʌʔ⁵
奉贤	奘 tsã³⁵ 胖 pʰã³⁵	癀 ɕiʔ⁵⁵ 瘦 sɤ³⁵	黑 hə‿ʔ⁴⁴
浦东（川沙）	壮 tsã³⁵	癀 ɕiɪʔ⁵⁵	黑 hʌʔ⁵⁵
浦东（惠南）	壮 tsã³⁵	癀 ɕiɪʔ⁵⁵	黑 hʌʔ⁵⁵
嘉定	壮 tsã⁴²³	瘦 sɤ⁴²³	黑 hə‿ʔ⁵⁵
宝山	胖 pʰɒ̃³⁴	瘦 sʌɪ³⁴	黑 hə‿ʔ⁵⁵
崇明	胖 pʰã³³	瘦 sɵ³³	黑 həʔ⁵

地点 \ 词条	0967 白 雪的颜色	0968 红 国旗的主颜色，统称	0969 黄 国旗上五星的颜色
中心城区（南）	白 bʌʔ^{12}	红 ɦoŋ^{23}	黄 ɦuã^{23}
中心城区（北）	白 bɐʔ^{12}	红 ɦoŋ^{23}	黄 ɦuã^{23}
松江	白 baʔ^{2}	红 ɦoŋ^{31}	黄 vɒ̃^{31}
闵行	白 baʔ^{23}	红 ɦoŋ^{31}	黄 ɦuã^{31}
青浦	白 baʔ^{12}	红 ɦoŋ^{31}	黄 ɦuã^{31}
金山	白 bɑʔ^{12}	红 ŋw^{31}	黄 ɦuã^{31}
奉贤	白 baʔ^{23}	红 ɦoŋ^{31}	黄 ɦuã^{31}
浦东（川沙）	白 bʌʔ^{23}	红 ɦoŋ^{213}	黄 βã^{213}
浦东（惠南）	白 bʌʔ^{23}	红 ɦoŋ^{113}	黄 βã^{113}
嘉定	白 baʔ^{23}	红 ɦoŋ^{231}	黄 ɦuã^{231}
宝山	白 bʌʔ^{12}	红 ɦoŋ^{31}	黄 ɦuɒ̃^{31}
崇明	白 bɑʔ^{2}	红 ɦɦoŋ^{24}	黄 ɦuã^{24}

地点 \ 词条	0970 蓝 蓝天的颜色	0971 绿 绿叶的颜色	0972 紫 紫药水的颜色
中心城区（南）	蓝 lɛ²³	绿 loʔ¹²	紫 tsɿ³⁴
中心城区（北）	蓝 lɛ²³	绿 loʔ¹²	紫 tsɿ³⁴
松江	蓝 lɛ³¹	绿 loʔ²	紫 tsɿ⁴⁴
闵行	蓝 lɛ³¹	绿 loʔ²³	紫 tsɿ⁵⁵
青浦	蓝 lɛ³¹	绿 loʔ¹²	紫 tsɿ⁴³
金山	蓝 lɛ³¹	绿 lɔʔ¹²	紫 tsɿ⁴⁴
奉贤	蓝 lɛ³¹	绿 loʔ²³ 青 tɕʰiŋ⁵³	紫 tsɿ⁴⁴
浦东（川沙）	蓝 lɛ²¹³	绿 loʔ²³	紫 tsɿ⁴⁴
浦东（惠南）	蓝 lɛ¹¹³	绿 loʔ²³	紫 tsɿ³⁵
嘉定	蓝 lɛ²³¹	绿 loʔ²³	紫 tsɿ⁴²³
宝山	蓝 lɛ³¹	绿 loʔ¹²	紫 tsɿ³⁴
崇明	蓝 læ²⁴	绿 loʔ²	紫 tsɿ⁴²⁴

地点＼词条	0973 灰 草木灰的颜色	0974 多 东西~	0975 少 东西~
中心城区（南）	灰 huɛ⁵²	多 tu⁵² 交关 tɕiɔ⁵⁵kuɛ²¹	少 sɔ³⁴
中心城区（北）	灰 huei⁵²	交关 tɕiɔ⁵⁵kuɛ²¹ 麦克麦克 mɐ?²²kʰɐ?⁵⁵mɐ?³³kʰɐ?²¹ 多 tu⁵²	一眼眼 i??³³ŋɛ⁵⁵ŋɛ²¹ 少 sɔ³⁴
松江	灰 fe⁵³	多 tu⁵³	少 sɔ⁴⁴
闵行	灰 fi⁵³	多 ʥu⁵³	少 sɔ⁵⁵
青浦	灰 hui⁵¹	多 təu⁵¹	少 sɔ⁴³
金山	灰 hue⁵³	多 ʥu⁵³	少 sɔ⁴⁴
奉贤	灰 ɸe⁵³	多 ʥu⁵³ 行情 ɦiã²³ziŋ⁵³ 交关 tɕiɔ⁴⁴kuɛ⁵³	少 sɔ⁴⁴ 一眼眼 i??³³ŋɛ⁴⁴ŋɛ⁵³
浦东（川沙）	灰 hue⁵³	多 ʥu⁵³	少 sɔ⁴⁴
浦东（惠南）	灰 huɛ⁵³	多 ʥu⁵³	少 sɔ⁴⁴
嘉定	灰 hue⁵³	多 tu⁵³	少 sɔ⁴²³
宝山	灰 fʌɪ⁵³	多 tu⁵³	少 sɔ³⁴
崇明	灰 huei⁵³	多 tu⁵³	少 sɔ⁴²⁴

地点 \ 词条	0976 重担子~	0977 轻担子~	0978 直线~
中心城区（南）	重 zoŋ²³	轻 tɕʰin⁵²	直 zəʔ$\underline{12}$
中心城区（北）	重 zoŋ²³	轻 tɕʰin⁵²	直 zɐʔ$\underline{12}$
松江	重 zoŋ¹³	轻 cʰin⁵³	直 zəʔ²
闵行	重 zoŋ¹³	轻 tɕʰin⁵³	直 zəʔ$\underline{23}$
青浦	重 zoŋ²²⁴	轻 tɕʰiəŋ⁵¹	直 zəʔ$\underline{12}$
金山	重 zoŋ¹³	轻 cʰiəŋ⁵³	直 zəʔ$\underline{12}$
奉贤	重 zoŋ²⁴	轻 tɕʰiəŋ⁵³	直 zəʔ$\underline{23}$ 挺 tʰin⁴⁴
浦东（川沙）	重 zoŋ²¹³	轻 tɕʰin⁵³	直 zʌʔ$\underline{23}$
浦东（惠南）	重 zoŋ¹¹³	轻 tɕʰin⁵³	直 zʌʔ$\underline{23}$
嘉定	重 zoŋ²¹³	轻 tɕʰin⁵³	直 zəʔ$\underline{23}$
宝山	重 zoŋ²³	轻 tɕʰin⁵³	直 zəʔ$\underline{12}$
崇明	重 dzoŋ²⁴²	轻 tɕʰin⁵³	直 dzəʔ²

地点＼词条	0979 陡 坡~,楼梯~	0980 弯 弯曲;这条路是~的	0981 歪 帽子戴~了
中心城区（南）	陡 tɤ³⁴	弯 uᴇ⁵²	歪 huᴀ⁵²
中心城区（北）	陡 tɤ³⁴	弯 uᴇ⁵²	歪 ¹ua⁵² 歪 ²hua⁵²
松江	（无）	弯 uɛ⁵³	歪 fa⁵³
闵行	竖 zy¹³	弯 ʋɜ⁵³	歪 hua⁵³
青浦	陡 tə⁴³	弯 uᴇ⁵¹	歪 hua⁵¹
金山	陡 tɤ⁴⁴	弯 uɛ⁵³	歪 huɑ⁵³
奉贤	直 zəʔ²³	弯 uɛ⁵³	歪 huɑ⁵³
浦东（川沙）	陡 dɤ⁴⁴	弯 uɛ⁵³	歪 huᴀ⁵³
浦东（惠南）	巉 zɜ¹¹³	弯 uɛ⁵³	歪 huᴀ⁵³
嘉定	直 zəʔ²³	弯 uᴇ⁵³	歪 hua⁵³
宝山	#¹⁶zɜ²³ 陡 tʌɪ³⁴	弯 uɛ⁵³	歪 huɑ⁵³
崇明	巉 ɖʐæ²⁴²	弯 ʔuæ⁵³	歪 hua⁵³

词条\地点	0982 厚木板~	0983 薄木板~	0984 稠稀饭~
中心城区（南）	厚 ɦɤ^{23}	薄 boʔ$^{\underline{12}}$	黏 ȵiŋ^{23}
中心城区（北）	厚 ɦɤ^{23}	薄 boʔ$^{\underline{12}}$	厚 ɦɤ^{23}
松江	厚 ɦɯ^{13}	薄 bɒʔ^{2}	厚 ɦɯ^{13}
闵行	厚 ɦɤ^{13}	薄 bɔʔ$^{\underline{23}}$	厚 ɦɤ^{13}
青浦	厚 ɦɪə^{224}	薄 bɒʔ$^{\underline{12}}$	稠 zə^{31}
金山	厚 ɦɤ^{13}	薄 bɔʔ$^{\underline{12}}$	厚 ɦɤ^{13}
奉贤	厚 ɦɤ^{24}	薄 bɔʔ$^{\underline{23}}$	厚 ɦɤ^{24}
浦东（川沙）	厚 hɤ^{213}	薄 bɔʔ$^{\underline{23}}$	厚 hɤ^{213}
浦东（惠南）	厚 ɦɤ^{113}	薄 bɒʔ$^{\underline{23}}$	厚 ɦɤ^{113}
嘉定	厚 ɦɤ^{213}	薄 bɔʔ$^{\underline{23}}$	厚 ɦɤ^{213}
宝山	厚 ɦʌɪ^{23}	薄 bɔʔ$^{\underline{12}}$	黏 nĩŋ^{23} 厚 ɦʌɪ^{23}
崇明	厚 hɦɪə^{242}	薄 bɔʔ^{2}	厚 hɦɪə^{242}

词条 地点	0985 稀 稀饭~	0986 密 菜种得~	0987 稀 稀疏；菜种得~
中心城区（南）	薄 boʔ^{12} 瀣 ɡA^{23} 稀 ɕi^{52}	猛 $^=$mã^{23}	稀 ɕi^{52}
中心城区（北）	薄 boʔ^{12} 清当光水 tɕʰiŋ^{55}tã^{33}kuɑ̃^{33}sɿ^{21}	猛 $^=$mã^{23} 密 mɪʔ^{12}	稀稀拉拉 ɕi^{55}ɕi^{33} la^{33}la^{21} 稀 ɕi^{52}
松江	薄 bɒʔ^2	猛 $^=$mæ̃^{13} 密 mɪʔ^2 又	稀 ɕi^{53}
闵行	薄 bɔʔ^{23}	猛 $^=$mã^{13}	稀 ɕi^{53}
青浦	稀 ɕi^{51}	密 mɪʔ^{12}	稀 ɕi^{51}
金山	薄 bɔʔ^{12}	猛 $^=$mɛ̃^{13}	朗 lã^{13}
奉贤	薄 bɔʔ^{23}	猛 $^=$mã^{24}	稀 ɕi^{53}
浦东（川沙）	薄 bɔʔ^{23}	猛 $^=$mã^{213}	稀 ɕi^{53}
浦东（惠南）	薄 bɒʔ^{23}	猛 $^=$mã^{113}	稀 ɕi^{53}
嘉定	薄 bɔʔ^{23}	棚 mã^{213}	稀 ɕi^{53}
宝山	薄 bɔʔ^{12}	猛 $^=$mã^{23}	稀 ɕi^{53}
崇明	薄 bɔʔ^2	猛 $^=$mã^{242}	稀 ɕi^{53}

地点＼词条	0988 亮 指光线,明亮	0989 黑 指光线,完全看不见	0990 热 天气
中心城区（南）	亮 liã²³	暗 ø³⁴ 墨黜黑 mə‿ʔ¹¹tsʰə‿ʔ²³hɐʔ⁵⁵	热 n̠ɪɪʔ¹²
中心城区（北）	亮 liã²³	墨黜黑 mɐʔ¹¹tsʰɐʔ²²hə‿ʔ²³ 黑 hɐʔ⁵⁵	热 n̠ɪɪʔ¹²
松江	亮 liæ̃¹³	暗 e³⁵	热 n̠ɪɪʔ²
闵行	亮 liã¹³	暗 e³⁵	热 n̠ɪɪʔ²³
青浦	亮 liæ̃²²⁴	黑 hə‿ʔ⁵⁵	热 n̠ɪɪʔ¹²
金山	亮 liẽ¹³	黑 hʌʔ⁵	热 n̠ɪɪʔ¹²
奉贤	亮 liã²⁴	墨黑 mə‿ʔ⁴²hə‿ʔ²¹	热 n̠ɪɪʔ²³
浦东（川沙）	亮 liã¹³	暗 ø³⁵	热 n̠ɪɪʔ²³
浦东（惠南）	亮 liã¹³	暗 ɛ³⁵	热 n̠ɪɪʔ²³
嘉定	亮 liã²¹³	暗 ɪɪ⁴²³	热 n̠ɪɪʔ²³
宝山	亮 liã²³	黑 hə‿ʔ⁵⁵	热 n̠ɪɪʔ¹²
崇明	亮 liã³¹³	黑 hə‿ʔ⁵	热 n̠iəʔ²

地点 \ 词条	0991 暖和 天气	0992 凉 天气	0993 冷 天气
中心城区（南）	暖热 nø²²n̠iɿʔ⁴⁴	㴰 iŋ³⁴ 冷 lã²³	冷 lã²³ 㴰 iŋ³⁴
中心城区（北）	暖热 nø²²n̠iɿʔ⁴⁴	风凉 foŋ⁵⁵liã²¹	冷 lã²³
松江	暖热 nø²⁴n̠iɿʔ³¹	风凉 foŋ³⁵liæ̃⁵³	冷 læ̃¹³
闵行	暖热 nø¹³n̠iɿʔ²²	风凉 foŋ⁴⁴liã⁴⁴	冷 lã¹³
青浦	暖热 nø²²n̠iɿʔ³⁴	凉 liæ̃³¹	冷 læ̃²²⁴
金山	暖热 nø¹²n̠iɿʔ⁴	凉快 liæ̃⁵⁵kʰuɑ³¹	冷 lɛ̃¹³
奉贤	暖 nø²⁴	㴰 iəŋ³⁵	冷 lã²⁴
浦东（川沙）	暖 nø²¹³	㴰 iŋ⁵³	冷 lã²¹³
浦东（惠南）	暖 nø¹¹³	㴰 iŋ³⁵	冷 lã¹¹³
嘉定	暖热 nɤ²⁴n̠iɿ²¹	风凉 foŋ⁵⁵liã²¹	冷 lã²¹³
宝山	暖热 nɤ²⁴n̠iɿʔ³¹	冷 lã²³	冷 lã²³
崇明	暖 nø²⁴²	凉 liã²⁴	冷 lã²⁴²

地点 \ 词条	0994 热水	0995 凉水	0996 干 干燥；衣服晒~了
中心城区（南）	热 ɲiɪʔ¹² 暖热 nø²² ɲiɪʔ⁴⁴	冷 lã²³ 瀴 iŋ³⁴	干 kø⁵²
中心城区（北）	热 ɲiɪʔ¹²	冷 lã²³	干 kø⁵²
松江	热 ɲiɪʔ²	冷 læ̃¹³	干 kø⁵³
闵行	热 ɲiɪʔ²³	冷 lã¹³	干 kø⁵³
青浦	热 ɲiɪʔ¹²	凉 liæ̃³¹	干 kø⁵¹
金山	热 ɲiɪʔ¹²	凉 liɛ̃³¹	干 kø⁵³
奉贤	热 ɲiɪʔ²³ 烫 tʰɑ̃³⁵	冷 lã²⁴ 瀴 iən³⁴	干 kø⁵³
浦东（川沙）	热 ɲiɪʔ²³	冷 lã²¹³	干 kø⁵³
浦东（惠南）	热 ɲiɪʔ²³	冷 lã¹¹³	干 kø⁵³
嘉定	热 ɲiɪʔ²³	瀴 iŋ⁴²³	干 kɤ⁵³
宝山	热 ɲiɪʔ¹²	冷 lã²³	干 kɤ⁵³
崇明	热 ɲiəʔ²	冷 lã²⁴²	干 kø⁵³

地点 \ 词条	0997 湿 潮湿：衣服淋~了	0998 干净 衣服~	0999 脏 肮脏，不干净，统称：衣服~
中心城区（南）	潮 zɔ²³ 湿 səʔ⁵⁵	清爽 tɕʰin⁵⁵sã²¹ 干净 kø⁵⁵ziŋ²¹	齷齪 oʔ³³tsʰoʔ⁴⁴
中心城区（北）	湿 sɐʔ⁵⁵	清爽 tɕʰin⁵⁵sã²¹	齷齪 oʔ³³tsʰoʔ⁴⁴
松江	湿 saʔ⁴	清爽 tɕʰin³⁵sɑ̃⁵³	齷齪 ɒʔ⁴tsʰɒʔ⁴
闵行	湿 səʔ⁵	干净 kø⁴⁴ziŋ⁴⁴	齷齪 oʔ⁴tsʰoʔ⁴
青浦	湿 səʔ⁵⁵	干净 kø⁵⁵ziəŋ³¹	脏 tsã⁵¹ 齷齪 ɔʔ⁵⁵tsʰɔʔ⁵⁵
金山	湿 sʌʔ⁵	清爽 tsʰiən²⁴sã⁵³	邋 la¹³
奉贤	湿 saʔ⁵⁵	清爽 tɕʰin⁴⁴sã⁵³	齷齪 ɔʔ³³tsʰɔʔ⁴⁴
浦东（川沙）	湿 sʌʔ⁵⁵	清爽 tɕʰin⁵⁵sã²¹	齷齪 oʔ³³tsʰoʔ⁵³
浦东（惠南）	湿 sʌʔ⁵⁵	清爽 tɕʰin⁵⁵sã³¹	齷齪 ɒʔ⁵⁵tsʰɔʔ⁵³
嘉定	湿 saʔ⁵⁵	清爽 tsʰiŋ³⁵sã²¹	齷齪 oʔ⁵⁵tsʰoʔ²¹
宝山	湿 səʔ⁵⁵	清爽 tsʰiŋ⁵⁵sɔ̃²¹ 干净 kɤ⁵⁵zĩŋ²¹	齷齪 oʔ⁵⁵tsʰoʔ²¹
崇明	湿 səʔ⁵	干净 kø⁵⁵n̩in⁰	齷齪 ʔoʔ⁵tsʰoʔ⁵

地点 \ 词条	1000 快锋利：刀子～	1001 钝刀～	1002 快坐车比走路～
中心城区（南）	快 kʰuA³⁴	钝 dən²³	快 kʰuA³⁴
中心城区（北）	快 kʰua³⁴	钝 dən²³	快 kʰua³⁴
松江	快 kʰua³⁵	钝 dən¹³	快 kʰua³⁵
闵行	快 kʰua³⁵	钝 dən¹³	快 kʰua³⁵
青浦	快 kʰua³⁵	钝 dən²²⁴	快 kʰua³⁵
金山	快 kʰuɑ³⁵	钝 dən¹³	快 kʰuɑ³⁵
奉贤	快 kʰuɑ³⁵	钝 dən²⁴	快 kʰuɑ³⁵ 悚 sɔ³⁵
浦东（川沙）	快 kʰuA³⁵	钝 dən¹³	快 kʰuA³⁵
浦东（惠南）	快 kʰuA³⁵	钝 dən¹³	快 kʰuA³⁵
嘉定	快 kʰua⁴²³	钝 dən²¹³	快 kʰua⁴²³
宝山	快 kʰua³⁴	钝 dẽn²³	快 kʰua³⁴
崇明	快 kʰuɑ³³	钝 dən³¹³	快 kʰuɑ³³

地点 \ 词条	1003 慢 走路比坐车~	1004 早 来得~	1005 晚 来~了
中心城区（南）	慢 mɛ²³	早 tsɔ³⁴	晏 ɛ³⁴
中心城区（北）	慢 mɛ²³	早 tsɔ³⁴	晏 ɛ³⁴
松江	慢 mɛ¹³	早 tsɔ⁴⁴	晏 ɛ³⁵
闵行	慢 mɛ¹³	早 tsɔ⁵⁵	晏 ɛ³⁵
青浦	慢 mɛ²²⁴	早 tsɔ⁴³	晏 ɛ³⁵
金山	慢 mɛ¹³	早 tsɔ⁴⁴	晏 ɛ̃³⁵
奉贤	慢 mɛ²⁴	早 tsɔ⁴⁴	晏 ɛ³⁵
浦东（川沙）	慢 mɛ¹³	早 tsɔ⁴⁴	晏 ɛ³⁵
浦东（惠南）	慢 mɛ¹³	早 tsɔ⁴⁴	晏 ɛ³⁵
嘉定	慢 mɛ²¹³	早 tsɔ⁴²³	晏 ɛ⁴²³
宝山	慢 mɛ²³	早 tsɔ³⁴	晏 ɤ³⁴
崇明	慢 mæ³¹³	早 tsɔ⁴²⁴	晏 ʔø³³

地点＼词条	1006 晚 天色~	1007 松 捆得~	1008 紧 捆得~
中心城区（南）	夜 ɦiA²³	松 soŋ⁵²	紧 tɕiŋ³⁴
中心城区（北）	晏 E³⁴ 夜 ɦia²³	松 soŋ⁵²	紧 tɕiŋ³⁴
松江	晏³⁵	松 soŋ⁵³	紧 ciŋ⁴⁴
闵行	夜 ɦia¹³	松 soŋ⁵³	紧 tɕiŋ⁵⁵
青浦	晏 E³⁵	松 soŋ⁵¹	紧 tɕiəŋ⁴³
金山	晏 ɛ̃³⁵	松 soŋ⁵³	紧 ciəŋ⁴⁴
奉贤	夜 ɦia²⁴ 晏 ɛ³⁵	松 soŋ⁵³	紧 tɕiŋ⁴⁴
浦东（川沙）	晏 ɛ³⁵	松 soŋ⁵³	紧 tɕin⁴⁴
浦东（惠南）	晏 ɛ³⁵	松 soŋ⁵³	紧 tɕin⁴⁴
嘉定	暗 iɪ⁴²³	松 soŋ⁵³	牢 lɔ²³¹
宝山	夜 ɦia²³ 晏 e³⁴	松 soŋ⁵³	紧 tɕĩ³⁴
崇明	晏 ʔø³³	松 soŋ⁵³	紧 tɕin⁴²⁴

地点 \ 词条	1009 容易 这道题~	1010 难 这道题~	1011 新 衣服~
中心城区（南）	便当 bi²²tã⁵³	难 nɛ²³	新 ɕiŋ⁵²
中心城区（北）	容易 ɦioŋ²²ɦi⁴⁴ 便当 bi²²tã⁴⁴	难 nɛ²³	新 ɕiŋ⁵²
松江	便当 bi²²tɔ̃³⁵	难 nɛ³¹	新 ɕiŋ⁵³
闵行	便当 bi²²dã⁴⁴	难 nɛ³¹	新 siŋ⁵³
青浦	容易 ɦioŋ²³ɦi⁵¹	难 nɛ³¹	新 siəŋ⁵¹
金山	容易 ɦioŋ¹³ɦi³¹	难 nɛ³¹	新 ɕiəŋ⁵³
奉贤	容易 ɦioŋ²⁴ɦi²¹ 便当 bi²²tã³⁴	难 nɛ³¹	新 ɕiŋ⁵³
浦东（川沙）	便当 bi²²dã⁵³	难 nɛ²¹³	新 ɕiŋ⁵³
浦东（惠南）	便当 bi¹³dã⁵³ 勿难 vəʔ²²nɛ⁵³	难 nɛ¹¹³	新 ɕiŋ⁵³
嘉定	便当 piɪ³⁵tã²¹	难 nɛ²³¹	新 siŋ⁵³
宝山	容易 ɦioŋ²⁴ɦi³¹ 简单 tɕie³³tɛ⁵² 便当 be²⁴tɔ̃³¹	难 nɛ³¹	新 sĩŋ⁵³
崇明	便当 bie²⁴tã³³	难 nø²⁴	新 ɕiŋ⁵³

地点 \ 词条	1012 旧 衣服~	1013 老 人~	1014 年轻 人~
中心城区（南）	旧 dʑiɤ²³	老 lɔ²³	年轻 ȵi²²tɕʰiŋ⁵³ 后生 ɦɤ²²sã⁵³
中心城区（北）	旧 dʑiɤ²³	老 lɔ²³	年轻 ȵi²²tɕʰiŋ⁴⁴ 后生 ɦɤ²²sã⁴⁴
松江	旧 ʑɯ¹³	老 lɔ¹³	后生 ɦɯ²⁴sæ³¹
闵行	旧 dʑiɤ¹³	老 lɔ¹³	后生 ɦɤ¹³sã²²
青浦	旧 dʑiə²²⁴	老 lɔ²²⁴	年轻 ȵir²³tɕʰiəŋ⁵¹
金山	旧 ʑiɤ¹³	老 lɔ¹³	后生 ɦɤ¹³sɛ̃⁵³
奉贤	旧 dʑiɤ²⁴	老 lɔ²⁴	后生 ɦɤ²⁴sã²¹
浦东（川沙）	旧 dʑiɤ¹³	老 lɔ²¹³	后生 ɦɤ²²sã⁵³
浦东（惠南）	旧 dʑiɤ¹³	老 lɔ¹¹³	后生 ɦɤ¹³sã⁵³
嘉定	旧 dʑy²¹³	老 lɔ²¹³	年轻 ȵir²²tɕʰiŋ⁵³
宝山	旧 dzy²³	老 lɔ²³	年轻 ȵie²²tɕʰĩŋ⁵²
崇明	旧 dʑiə³¹³	老 lɔ²⁴²	后生 hɦə³¹³sã⁵⁵

地点 \ 词条	1015 软糖~	1016 硬骨头~	1017 烂肉煮得~
中心城区（南）	软 nyø²³	硬 ŋã²³	烂 lɛ²³ 酥 su⁵²
中心城区（北）	软 nyø²³	硬 ŋã²³	酥 su⁵²
松江	软 nyø¹³	硬 ŋæ̃¹³	酥 su⁵³
闵行	软 niø¹³	硬 ŋã¹³	烂 lɛ¹³
青浦	软 nyø²²⁴	硬 ŋæ̃²²⁴	烂 lɛ²²⁴
金山	软 nyø¹³	硬 ŋɛ̃¹³	烂 lɛ¹³
奉贤	软 niø²⁴	硬 ŋã²⁴	酥 su⁵³
浦东（川沙）	软 nyø²¹³	硬 ŋã²¹³	酥 su⁵³
浦东（惠南）	软 nyø¹¹³	硬 ŋã¹³	酥 su⁵³
嘉定	软 ŋir²¹³	硬 ŋã²¹³	酥 su⁵³
宝山	软 ŋe²³	硬 ŋã²³	酥 su⁵³ 烂 lɛ²³
崇明	软 nyø²⁴²	硬 ŋã³¹³	酥 su⁵³

地点 \ 词条	1018 糊 饭烧~了	1019 结实 家具~	1020 破 衣服~
中心城区（南）	焦 tɕiɔ⁵²	结足 tɕiɪʔ³³tsoʔ⁴⁴ 杀足 sAʔ³³tsoʔ⁴⁴ 扎实 tsAʔ³³zəʔ⁴⁴	破 pʰu³⁴
中心城区（北）	焦 tɕiɔ⁵²	牢 lɔ²³ 扎足 tsɐʔ³³tsoʔ⁴⁴	坏脱 ɦua²²tʰəʔ⁴⁴ 破 pʰu³⁴
松江	焦 tɕiɔ⁵³	牢 lɔ³¹	破 pʰu³⁵ 坏 va¹³ 又
闵行	焦 tsiɔ⁵³	结棍 tɕiɪʔ⁴kuəŋ⁴⁴	破 pʰu³⁵
青浦	糊 ɦu³¹	结实 tɕiɪʔ⁵⁵zəʔ²⁴	破 pʰu³⁵
金山	烂 lɛ¹³	牢固 lɔ¹³ku⁵³	破 pʰu³⁵
奉贤	焦 tɕiɔ⁵³	扎作 tsæʔ⁵³tsɔʔ²¹	破 pʰu³⁵
浦东（川沙）	焦 tɕiɔ⁵³	扎足 tsæʔ³³tsoʔ⁵³	破 pʰu³⁵
浦东（惠南）	焦 tɕiɔ⁵³	扎足 tsAʔ⁵⁵tsoʔ⁵³	碎脱 sɛ³⁵tʰəʔ⁵³
嘉定	焦 tsiɔ⁵³	扎制 tsaʔ³³tsɿ³⁵	破 pʰu⁴²³
宝山	焦 tsiɔ⁵³	恩⁼实 ɛ̃ŋ⁵⁵zəʔ²¹	坏脱 ɦuɑ²²tʰəʔ⁵²
崇明	焦 tɕiɔ⁵³	牢实 lɔ²⁴zəʔ⁵	破 pʰu³³

地点 \ 词条	1021 富 他家很~	1022 穷 他家很~	1023 忙 最近很~
中心城区（南）	有铜钿 ɦiɤ²²doŋ⁵⁵di²¹ 有钞票 ɦiɤ²²tsʰɔ⁵⁵pʰiɔ²¹	穷 dʑioŋ²³	忙 mã²³
中心城区（北）	有钞票 ɦiɤ²²tsʰɔ⁵⁵pʰiɔ²¹ 有铜钿 ɦiɤ³³doŋ²²di⁴⁴ 赅铜钿 kᴇ⁴⁴doŋ²²di⁴⁴	穷 dʑioŋ²³	忙 mã²³
松江	富 fu³⁵ 有铜钿 ɦiɯ²²doŋ⁵⁵di³¹ 又	穷 ɟioŋ³¹ 呒铜钿 m̩³³doŋ⁵⁵di³¹ 又	忙 mɒ̃³¹
闵行	财居 ze²²tɕy⁴⁴	穷 dʑioŋ³¹	忙 mã³¹
青浦	富 fu³⁵	穷 dʑioŋ³¹	忙 mã³¹
金山	富 fu³⁵	穷 ɟioŋ³¹	忙 mã³¹
奉贤	富 ɸu³⁵ 财主 ze²³tɕy⁵³	穷 dʑioŋ³¹	忙 mã³¹
浦东（川沙）	有钞票 ɦiɤ²²tsʰɔ⁵⁵pʰiɔ²¹	穷 dʑioŋ²¹³	忙 mã²¹³
浦东（惠南）	有钞票 ɦiɤ³⁵tsʰɔ³¹pʰiɔ³¹	穷 dʑioŋ¹¹³	忙 mã¹¹³
嘉定	有铜钿 ɦiy²²doŋ³⁵diɪ²¹	穷 dʑioŋ²³¹	忙 mã²³¹
宝山	有钞票 ɦiy²²tsʰɔ⁵⁵piɔ²¹ 开⁼心 kʰɛ⁵⁵sĩɲ²¹	穷 dʑioŋ³¹	忙 moŋ³¹
崇明	发财 fæʔ⁵dzɛ⁵⁵	穷 dʑyoŋ²⁴	忙 mã²⁴

地点 \ 词条	1024 闲 最近比较~	1025 累 走路走得很~	1026 疼 摔~了
中心城区（南）	空 kʰoŋ³⁴	吃力 tɕʰiɪʔ³³liɪʔ⁴⁴ 衰疼 sA⁵⁵du²¹	痛 tʰoŋ³⁴
中心城区（北）	空 kʰoŋ³⁴	吃力 tɕʰiɪʔ³³liɪʔ⁴⁴ 衰疼 sa⁵⁵du²¹	痛 tʰoŋ³⁴
松江	空 kʰoŋ³⁵	奢⁼驮⁼sa³⁵du⁵³	痛 tʰoŋ³⁵
闵行	闲 ɦiɛ³¹	奢⁼驮⁼sa⁴⁴du⁴⁴	痛 tʰoŋ³⁵
青浦	闲 ɦiE³¹	吃力 tɕʰiəʔ⁵⁵liɪʔ⁵⁵ 衰疼 sa⁵⁵du³¹	疼 tʰoŋ³⁵
金山	闲 ɦiɛ³¹	衰疼 sɑ²⁴du⁵³	痛 tʰoŋ³⁵
奉贤	闲 ɦiɛ³¹ 空 kʰoŋ³⁵	衰疼 sa⁴⁴du⁵³ 吃力 tɕʰiəʔ⁵³liɪʔ²¹	痛 tʰoŋ³⁵
浦东（川沙）	闲 ɦiɛ²¹³	筛⁼驮⁼sA⁵⁵du⁵³	痛 tʰoŋ³⁵
浦东（惠南）	闲 ɦiɛ¹¹³	筛⁼驮⁼sA⁵⁵du⁵³	痛 tʰoŋ³⁵
嘉定	空 kʰoŋ⁴²³	奢⁼驼⁼sa⁵⁵du²¹	痛 tʰoŋ⁴²³
宝山	空 kʰoŋ³⁴	吃力 tɕʰiəʔ⁵⁵liɪʔ²¹ 衰疼 sɑ⁵⁵du²¹	痛 tʰoŋ³⁴
崇明	空 kʰoŋ³³	吃力 tɕʰiəʔ⁵liəʔ⁵	痛 tʰoŋ³³

地点 \ 词条	1027 痒 皮肤~	1028 热闹 看戏的地方很~	1029 熟悉 这个地方我很~
中心城区（南）	痒 ɦiã²³	闹猛 nɔ²²mã⁵³ 闹热 nɔ²²ɲiɿʔ⁴⁴	熟 zoʔ¹²
中心城区（北）	痒 ɦiã²³	闹猛 nɔ²²mã⁴⁴	熟悉 zoʔ¹¹ɕiɿʔ²³ 熟 zoʔ¹²
松江	痒 ɦiæ̃¹³	闹猛 nɔ²²mæ̃²²	熟悉 zoʔ²ɕiɿʔ²
闵行	痒 ɦiã¹³	闹忙 nɔ²²mã⁴⁴	熟悉 zoʔ²²siɿʔ⁴
青浦	痒 ɦiæ̃²²⁴	热闹 ɲiɿʔ¹¹nɔ³⁴	熟悉 zoʔ³³siɿʔ⁵⁵
金山	痒 ɦiɛ̃¹³	热闹 ɲiɿʔ²nɔ³⁵	熟悉 zɔʔ³siɿʔ²
奉贤	痒 ɦiã²⁴ 叮 diŋ⁵³	闹热 nɔ²⁴ɲiɿʔ²¹ 闹猛 nɔ²⁴mã²¹	熟 zoʔ²³
浦东（川沙）	痒 ɦiã²¹³	闹猛 nɔ¹³mã²¹	熟唻 zoʔ²²lɛ³⁴
浦东（惠南）	痒 ɦiã¹¹³	闹猛 nɔ¹³mã⁵³	熟唻 zoʔ²²lɛ¹¹³ 熟悉 zoʔ²²ɕiɿʔ²³
嘉定	痒 ɦiã²¹³	闹猛 nɔ²⁴mã²¹	熟悉 zoʔ²²siɿʔ²⁴
宝山	痒 ɦiã²³	闹猛 nɔ²²mã⁵² 闹热 nɔ²⁴ɲiɿʔ³¹ 热闹 ɲiɿʔ²²nɔ²³	熟悉 zoʔ²²siʔ²³
崇明	叮人 tin⁵⁵ɲin⁵⁵	闹热 nɔ³¹³ɲiəʔ⁵	熟悉 zoʔ²ɕiəʔ⁵

地点＼词条	1030 陌生 这个地方我很～	1031 味道 尝尝～	1032 气味 闻闻～
中心城区（南）	陌生 mə$ʔ^{11}$sã^{23}	味道 mi^{22}dɔ^{53}	气味 tɕʰi^{55}mi^{21}
中心城区（北）	陌生 mɐ$ʔ^{11}$sã^{23}	味道 mi^{22}dɔ^{44}	气味 tɕʰi^{55}mi^{21} 味道 mi^{22}dɔ^{44}
松江	陌生 mɑʔ^{2}sæ̃^{53}	味道 mi^{22}dɔ^{35}	气味 tɕʰi^{44}mi^{44}
闵行	陌生 mɑʔ^{22}sã^{44}	味道 mi^{22}dɔ^{44}	气味 tɕʰi^{22}mi^{44}
青浦	陌生 mə$ʔ^{11}$sæ̃^{52}	味道 mɪ^{22}dɔ^{35}	气味 tɕʰi^{33}mɪ^{35}
金山	陌生 mɑʔ^{2}sẽ^{53}	滋味 tsɿ^{55}me^{31}	气味 tɕʰi^{44}me^{44}
奉贤	陌生 mɑʔ^{22}sã^{53} 生 sã^{53}	味道 mi^{22}dɔ^{34}	气味 tɕʰi^{44}mi^{44} 味道 mi^{22}dɔ^{34}
浦东（川沙）	陌生 mʌʔ^{22}sã^{34}	味道 mi^{22}dɔ^{34}	气味 tɕʰi^{55}mi^{21}
浦东（惠南）	陌生 mʌʔ^{22}sã^{113}	味道 mi^{31}dɔ^{35}	气味 tɕʰi^{55}mi^{31}
嘉定	陌生 mɑʔ^{22}sã^{24}	味道 mi^{24}dɔ^{21}	味道 mi^{24}dɔ^{21}
宝山	陌生 mə$ʔ^{22}$sã^{23}	味道 mi^{24}dɔ^{31}	味道 mi^{24}dɔ^{31} 气味 tɕʰi^{55}mi^{22}
崇明	陌生 mɑʔ^{2}sã^{55}	滋味 tsɿ^{55}mi^0	味道 mi^{313}dɔ^{22}

地点 \ 词条	1033 咸~菜	1034 淡~菜	1035 酸
中心城区（南）	咸 ɦiɛ²³	淡 dɛ²³	酸 sø⁵²
中心城区（北）	咸 ɦiɛ²³	淡 dɛ²³ 没味道 mɐʔ²²mi²²dɔ⁴⁴	酸 sø⁵²
松江	咸 ɦiɛ³¹	淡 dɛ¹³	酸 sø⁵³
闵行	咸 ɦiɛ³¹	淡 dɛ¹³	酸 sø⁵³
青浦	咸 ɦiɛ³¹	淡 dɛ²²⁴	酸 sø⁵¹
金山	咸 ɦiɛ³¹	淡 dɛ¹³	酸 sø⁵³
奉贤	咸 ɦiɛ²¹	淡 dɛ²⁴	酸 sø⁵³
浦东（川沙）	咸 ɦiɛ²¹³	淡 dɛ²¹³	酸 sø⁵³
浦东（惠南）	咸 ɦiɛ¹¹³	淡 dɛ¹³	酸 sø⁵³
嘉定	咸 ɦiɛ²³¹	淡 dɛ²¹³	酸 sɤ⁵³
宝山	咸 ɦiɛ³¹	淡 dɛ²³	酸 sɤ⁵³
崇明	咸 ɦɦiæ²⁴	淡 dæ²⁴²	酸 sø⁵³

词条 地点	1036 甜	1037 苦	1038 辣
中心城区（南）	甜 di²³	苦 kʰu³⁴	辣 lʌʔ¹²
中心城区（北）	甜 di²³	苦 kʰu³⁴	辣 lɐʔ¹²
松江	甜 di³¹	苦 kʰu⁴⁴	辣 læʔ²
闵行	甜 di³¹	苦 kʰu⁵⁵	辣 læʔ²³
青浦	甜 dir³¹	苦 kʰəu⁴³	辣 læʔ¹²
金山	甜 dir³¹	苦 kʰu⁴⁴	辣 læʔ¹²
奉贤	甜 di³¹	苦 kʰu⁴⁴	辣 læʔ²³
浦东（川沙）	甜 di²¹³	苦 kʰu⁴⁴	辣 læʔ²³
浦东（惠南）	甜 di¹¹³	苦 kʰu⁴⁴	辣 læʔ²³
嘉定	甜 dir²³¹	苦 kʰu⁴²³	辣 laʔ²³
宝山	甜 de³¹	苦 kʰu³⁴	辣 lʌʔ¹²
崇明	甜 die²⁴	苦 kʰu⁴²⁴	辣 læʔ²

地点 \ 词条	1039 鲜 鱼汤~	1040 香	1041 臭
中心城区（南）	鲜 ɕi⁵²	香 ɕiã⁵²	臭 tsʰɤ³⁴
中心城区（北）	鲜 ɕi⁵²	香 ɕiã⁵²	臭 tsʰɤ³⁴
松江	鲜 ɕi⁵³	香 ɕiæ̃⁵³	臭 tsʰɯ³⁵
闵行	鲜 si⁵³	香 siã⁵³	臭 tsʰɤ³⁵
青浦	鲜 sɿ⁵¹	香 siæ̃⁵¹	臭 tsʰə³⁵
金山	鲜 sɿ⁵³	香 ɕiẽ⁵³	臭 tsʰɤ³⁵
奉贤	鲜 ɕi⁵³	香 ɕiã⁵³	臭 tsʰɤ³⁵
浦东（川沙）	鲜 ɕi⁵³	香 ɕiã⁵³	臭 tsʰɤ³⁵
浦东（惠南）	鲜 ɕi⁵³	香 ɕiã⁵³	臭 tsʰɤ³⁵
嘉定	鲜 sɿ⁵³	香 ɕiã⁵³	臭 tsʰɤ⁴²³
宝山	鲜 se⁵³	香 ɕiã⁵³	臭 tsʰʌɿ³⁴
崇明	鲜 ɕie⁵³	香 ɕiã⁵³	臭 tsʰɵ³³

地点＼词条	1042 馊 饭~	1043 腥 鱼~	1044 好 人~
中心城区（南）	馊 sɤ⁵²	腥气 ɕiŋ⁵⁵tɕʰi²¹	好 hɔ³⁴
中心城区（北）	馊 sɤ⁵² 坏脱 ɦuɐʔ²²tʰeʔ⁴⁴	腥气 ɕiŋ⁵⁵tɕʰi²¹	好 hɔ³⁴
松江	馊 sɯ⁵³	腥气 ɕiŋ⁴⁴tɕʰi⁴⁴	好 hɔ⁴⁴
闵行	馊 sɤ⁵³	腥 siŋ⁵³	好 hɔ⁵⁵
青浦	馊 sə⁵¹	腥 siəŋ³⁵	好 hɔ⁴³
金山	馊 sɤ⁵³	腥 siəŋ⁵³	好 hɔ⁴⁴
奉贤	宿 soʔ⁵⁵ 馊 sɤ⁵³	腥气 ɕiŋ⁴⁴tɕʰi⁴⁴	好 hɔ⁴⁴
浦东（川沙）	馊 sɤ⁵³	腥 ɕin⁵³	好 hɔ⁴⁴
浦东（惠南）	馊 sɤ⁵³	腥 ɕin⁵³	好 hɔ⁴⁴
嘉定	馊 sɤ⁵³	腥气 siŋ⁵⁵tɕʰi²¹	好 hɔ⁴²³
宝山	馊 sʌɪ⁵³	腥气 sĩŋ⁵⁵tɕʰi²²	好 hɔ³⁴
崇明	馊 sɵ⁵³	腥气 ɕin⁵⁵tɕʰi⁰	好 hɔ⁴²⁴

地点 \ 词条	1045 坏 人~	1046 差 东西质量~	1047 对 账算~了
中心城区（南）	怴 tɕʰiɤ⁵²	推扳 tE⁵⁵pE²¹ 蹩脚 bɪʔ¹¹tɕiA²³	对 tE³⁴
中心城区（北）	坏 ɦua²³ 怴 tɕʰiɤ⁵²	推板 tʰei⁵⁵pE²¹ 勿灵 vɐʔ²²liŋ²³ 差 tsʰa⁵²	对 tei³⁴
松江	坏 va¹³	推板 tʰe³⁵pɛ⁵³	对 te³⁵
闵行	坏 ɦua¹³	胎板 tʰe⁴⁴ɓɛ⁴⁴	对 ɖe³⁵
青浦	坏 ɦua²²⁴	差 tsʰo⁵¹ 推扳 tʰɿ⁵⁵pE³¹ 勿好 vəʔ¹¹hɔ³⁴	对 tɿ³⁵
金山	坏 ɦuɑ¹³	推板 tʰe²⁴ʔɓɛ⁵³	轧平 gæʔ²biəŋ⁵³
奉贤	怴 tɕʰiɤ⁵³ 坏 ɦuɑ²⁴	差 tsʰo⁵³ 推扳 tʰe⁴⁴pɛ⁵³	对 te³⁵
浦东（川沙）	坏 βA¹³	推扳 tʰe⁵⁵ɓɛ²¹	对 te³⁵
浦东（惠南）	坏 ɦuA¹³	差 tsʰu⁵³ 推板 tʰE⁵⁵ɓɛ⁵³	对 tE³⁵
嘉定	怴 tɕʰy⁵³	推扳 tʰɤ⁵⁵pE²¹	对 tɤ⁴²³
宝山	坏 ɦuɑ²³	推扳 tʰʌɪ⁵⁵pɛ²¹	对 tʌɪ³⁴
崇明	坏 ɦuɑ³¹³	推扳 tʰei⁵⁵pæ⁵⁵	对 tei³³

地点 \ 词条	1048 错 账算~了	1049 漂亮 形容年轻女性的长相：她很~	1050 丑 形容人的长相：猪八戒很~
中心城区（南）	错 tsʰo⁵²	漂亮 pʰiɔ³³liã⁵³ 趣 ᵋtɕʰy³⁴ 好看 hɔ³³kʰø⁵³	难看 nɛ²²kʰø⁵³ 恶形 oʔ³³ɦiŋ⁵³
中心城区（北）	错 tsʰo⁵²	好看 hɔ³³kʰø⁴⁴ 漂亮 pʰiɔ³³liã⁴⁴	难看 nɛ²²kʰø⁴⁴
松江	错 tsʰu⁵³	漂亮 pʰiɔ⁴⁴liæ̃⁴⁴ 趣 tɕʰy³⁵ ᵡ	难看 nɛ²⁴kʰø³¹ 怕 pʰo³⁵ ᵡ
闵行	错 tsʰo⁵³	趣 tɕʰy³⁵	怕 pʰo³⁵
青浦	错 tsʰo⁵¹	漂亮 pʰiɔ⁴⁴liæ̃⁴⁵	丑 tsʰə³⁵
金山	错 tsʰo⁵³	趣 tsʰy³⁵	难看 nɛ¹³kʰø³¹
奉贤	错 tsʰo⁵³	漂亮 pʰiɔ⁴⁴liã⁴⁴ 好看 hɔ⁴⁴kʰø⁴⁴ 趣 ᵋtɕʰy³⁵	难过 nɛ²⁴ku²¹ 难看 nɛ²⁴kʰø²¹
浦东（川沙）	错 tsʰu⁵³	漂亮 pʰiɔ⁴⁴liã⁴⁴ 趣 tɕʰy³⁵	怕 pʰo³⁵
浦东（惠南）	错 tsʰu⁵³	漂亮 pʰiɔ⁴⁴liã⁴⁴ 趣 tɕʰy³⁵	怕 pʰo³⁵
嘉定	错 tsʰɤ⁵³	趣 tsʰy⁴²³	怕 pʰɤ⁴²³
宝山	错 tsʰɤ⁵³	出客 tsʰəʔ⁵⁵kʰɐʔ²² 好看 hɔ³³kʰɤ⁵² 漂亮 pʰiɔ³³liã⁵²	难看 nɛ²⁴kʰɤ²² 歪牙嘴 #¹⁷ fɐ⁵⁵ŋa³³tsŋ²²tɕʰie²¹
崇明	差 tsʰo⁵³	标致 piɔ⁵⁵tsŋ⁰	蠢 tsʰən⁴²⁴

地点＼词条	1051 勤快	1052 懒	1053 乖
中心城区（南）	勤快 dʑiŋ²²kʰuᴀ⁵³ 爽快 sã³³kʰuᴀ⁵³ 巴结 po⁵⁵tɕiɪʔ²¹	懒 lɛ²³ 懒惰 lɛ²²du⁵³	乖 kuᴀ⁵²
中心城区（北）	卖力 ma²²lɿʔ⁴⁴	懒 lɛ²³	乖 kuᴀ⁵² 听闲话 tʰiŋ⁴⁴ɦiɛ²²ɦo⁴⁴
松江	勤谨 ʑiŋ¹³ɕiŋ⁵³	懒惰 lɛ²²du³⁵	乖 kua⁵³
闵行	巴结 ɓo⁴⁴tɕiɪʔ²²	懒泡 lɛ¹³pʰɔ²²	乖 kua⁵³
青浦	勤快 dʑiəŋ²³kʰua⁵¹	懒 lɛ²²⁴	乖 kua⁵¹
金山	勤劲 ʑiəŋ¹³ɕiəŋ³¹	懒 lɛ¹³	乖 kuɑ⁵³
奉贤	勤谨 dʑiŋ²³tɕiŋ⁵³	懒 lɛ²⁴	乖 kuɑ⁵³ 奢遮 ɕia⁴⁴tsɑ⁵³
浦东（川沙）	勤快 dʑin²²kʰuᴀ⁴⁴	懒 lɛ²¹³	乖 kua⁵³
浦东（惠南）	巴结 ɓo⁵⁵tɕiɪʔ⁵³	懒 lɛ¹¹³	乖 kuᴀ⁵³
嘉定	煞悴 saʔ³³sɔ³⁵	懒惰 lɛ²²du²⁴	乖 kua⁵³
宝山	勤劳 dʑɿ̃²²lɔ⁵² 勤俭 dʑɿ̃²⁴dʑie²² 勤快 dʑɿ̃²⁴kʰuɑ²²	懒惰 lɛ²²du²³	乖巧 kua⁵⁵tɕʰiɔ²¹ 乖 kua⁵³
崇明	尽力 dʑin³¹³liɔʔ⁵	懒 læ²⁴²	乖 kua⁵³

地点＼词条	1054 顽皮	1055 老实	1056 傻痴呆
中心城区（南）	调皮 diɔ²²bi⁵³ 皮 bi²³	老实 lɔ²²zəʔ⁴⁴	戆 gã²³ 寿 zɤ²³
中心城区（北）	调皮 diɔ²²bi⁴⁴ 捣蛋 tɔ³³tE⁴⁴	老实 lɔ²²zɤʔ⁴⁴	戆 gã²³
松江	顽皮 mE¹³bi⁵³	老实 lɔ²²zəʔ²	戆 gɒ̃¹³
闵行	顽皮 mE²²bi⁴⁴	老实 lɔ²²zəʔ⁴⁴	憨大 gã²²du⁴⁴
青浦	顽皮 mE²³bi⁵¹	老实 lɔ⁴⁴zəʔ⁵³	踱头 doʔ¹¹də⁵²
金山	#⁶ 皮 lii¹³bi⁵³	老实 lɔʔ¹²zəʔ⁴	踱 doʔ¹²
奉贤	顽皮 mE²³bi⁵³ 皮 bi³¹	老实 lɔ⁴²zəʔ²¹	踱 doʔ²³ 戆 gã²⁴
浦东（川沙）	调皮 diɔ²²bi⁵³	老实 lɔ²²zəʔ⁵³	踱 ⁼doʔ²³
浦东（惠南）	调皮 diɔ²²bi³³	老实 lɔ¹³zəʔ⁵³	踱 ⁼dɒʔ²³
嘉定	皮 bi²³¹	老实 lɔ²⁴səʔ²¹	憨 gã²¹³
宝山	调皮 diɔ²²bi⁵² 顽皮 vE²²bi⁵²	老实 lɔ²²zəʔ⁵²	戆 gɒ̃²³ 戆兮⁼兮 gɒ̃²²ɕi⁵⁵ɕi²¹
崇明	顽皮 guæ²⁵bi⁵⁵	老实 lɔ²⁴zəʔ⁵	乌 ʔu⁵³

地点 \ 词条	1057 笨蠢	1058 大方不吝啬	1059 小气吝啬
中心城区（南）	笨 bəŋ²³	大方 dᴀ²²fã⁵³	小气 ɕiɔ³³tɕʰi⁵³
中心城区（北）	戆 gã²³	大方 da²²fã⁴⁴ 坦气 tʰE³³tɕʰi⁴⁴	小气 ɕiɔ³³tɕʰi⁴⁴ 勒煞吊死 ləʔ¹¹saʔ²²tiɔ²²ɕi²³ 小家排气 ɕiɔ³³ka⁵⁵ba³³tɕʰi²¹
松江	笨 bəŋ¹³	大方 da²²fɒ²²	小气 ɕiɔ⁴⁴tɕʰi⁴⁴
闵行	笨 bəŋ¹³	气量大 tɕʰi²²liã⁴⁴du¹³	小家败气 siɔ²²ka⁴⁴ba²²tɕʰi²²
青浦	笨 bəŋ²²⁴	大方 da²²fã⁵³	小气 siɔ⁴⁴tɕʰi³³
金山	笨 bəŋ¹³	气码大 tɕʰi³⁴mɑ⁵⁵du³¹	小气 ɕiɔ⁴⁴tɕʰi⁴⁴
奉贤	笨 bəŋ²⁴ 蠢 tsʰən⁴⁴	气量大 tɕʰi⁴⁴liã⁴⁴du²⁴ 派头大 pʰɑ⁵⁵dɤ²¹du²⁴	小气 ɕiɔ⁴⁴tɕʰi⁴⁴ 气量小 tɕʰi⁴⁴liã⁴⁴ɕiɔ⁴⁴
浦东（川沙）	笨 ɓən³⁵	大方 dᴀ²²fã⁵³	小气 ɕiɔ⁴⁴tɕʰi⁴⁴
浦东（惠南）	笨 ɓən³⁵	大方 dᴀ¹³fã⁵³	小气 ɕiɔ⁴⁴tɕʰi⁴⁴
嘉定	笨 bəŋ²¹³	大量 du²⁴liã²¹	小气 siɔ⁵⁵tɕʰi²¹
宝山	笨 bẽŋ²³	气量大 tɕʰi⁵⁵liã²²du²³ 大方 da²²fɒ⁵²	气量小 tɕʰi⁵⁵liã²²siɔ³⁴ 小气八⁼格⁼ siɔ³³tɕʰi⁵⁵pəʔ³³kəʔ²¹
崇明	笨 bəŋ²⁴²	大气 du²⁴tɕʰi⁴⁴	小气 ɕiɔ⁴²⁴tɕʰi³³

地点＼词条	1060 直爽 性格~	1061 犟 脾气~	1062 一 ~二三四五……，下同
中心城区（南）	直爽 zɐʔ¹¹sã²³	艮 ⁼gəŋ²³ 犟 dʑiã²³	一 iʔ⁵⁵
中心城区（北）	直爽 zɐʔ¹¹sã²³ 爽气 sã³³tɕʰi⁴⁴ 爽快 sã³³kʰua⁴⁴	犟 dʑiã²³ 耿 gəŋ²³	一 iʔ⁵⁵
松江	爽快 sɒ̃⁴⁴kʰua⁴⁴	犟 dʑiæ̃¹³ #¹²gəŋ¹³ 又	一 iʔ⁴
闵行	爽 sã⁵⁵	犟 dʑiã¹³	一 iʔ⁵
青浦	直爽 zəʔ¹¹sã³⁴	犟 dʑiæ̃²²⁴	一 iʔ⁵⁵
金山	直爽 zəʔ³sã³³	犟 ʝiẽ¹³	一 iʔ⁵
奉贤	爽 sã⁴⁴ 爽气 sã⁴⁴tɕʰi⁴⁴	犟 dʑiã²⁴ 艮 ⁼gəŋ²⁴	一 iʔ⁵⁵
浦东（川沙）	爽气 sã⁴⁴tɕʰi⁴⁴	犟 dʑiã²¹³	一 iʔ⁵⁵
浦东（惠南）	爽气 sã⁵⁵tɕʰi⁵⁵	犟 dʑiã¹¹³	一 iʔ⁵⁵
嘉定	爽 sã⁴²³	犟 dʑiã²¹³	一 iʔ⁵⁵
宝山	爽气 sɒ̃³³tɕʰi⁵² 直爽 zəʔ²²sɒ̃²³	犟 dʑiã²³	一 iʔ⁵⁵
崇明	直爽 dzɐʔ²sã³³	犟 dʑiã²⁴²	一 ʔiəʔ⁵

地点 \ 词条	1063 二	1064 三	1065 四
中心城区（南）	二 ȵi²³	三 sE⁵²	四 sɿ³⁴
中心城区（北）	二 ȵi²³ 两 liã²³	三 sE⁵²	四 sɿ³⁴
松江	二 ȵi¹³ 两 liæ̃¹³ 又	三 sɛ⁵³	四 sɿ³⁵
闵行	二 ȵi¹³	三 sɛ⁵³	四 sɿ³⁵
青浦	两 liæ̃²²⁴	三 sɛ⁵¹	四 sɿ³⁵
金山	二 liẽ¹³	三 sɛ⁵³	四 sɿ³⁵
奉贤	两 liã²⁴ 二 ȵi²⁴	三 sɛ⁵³	四 sɿ³⁵
浦东（川沙）	二 ȵi¹³	三 sɛ⁵³	四 sɿ³⁵
浦东（惠南）	二 ȵi¹³ 两 liã¹¹³	三 sɛ⁵³	四 sɿ³⁵
嘉定	二 ȵi²¹³	三 sɛ⁵³	四 sɿ⁴²³
宝山	二 ȵi²³ 两 liã²³	三 sɛ⁵³	四 sɿ³⁴
崇明	二 ȵi³¹³	三 sæ⁵³	四 sɿ³³

词条 地点	1066 五	1067 六	1068 七
中心城区(南)	五 ɦŋ̍²³	六 loʔ¹²	七 tɕʰiɪʔ⁵⁵
中心城区(北)	五 ɦŋ̍²³	六 loʔ¹²	七 tɕʰiɪʔ⁵⁵
松江	五 ɦŋ̍¹³	六 loʔ²	七 tɕʰiɪʔ⁴
闵行	五 ŋ̍¹³	六 loʔ²³	七 tsʰɿʔ⁵
青浦	五 ɦŋ̍²²⁴	六 loʔ¹²	七 tsʰiɪʔ⁵⁵
金山	五 ɦŋ̍¹³	六 lɔʔ¹²	七 tsʰiɪʔ⁵
奉贤	五 ɦŋ̍²⁴	六 loʔ²³	七 tɕʰiɪʔ⁵⁵
浦东(川沙)	五 ŋ̍²¹³	六 loʔ²³	七 tɕʰiɪʔ⁵⁵
浦东(惠南)	五 ŋ̍¹¹³	六 loʔ²³	七 tɕʰiɪʔ⁵⁵
嘉定	五 ɦŋ̍²¹³	六 lɔʔ²³	七 tsʰiɪʔ⁵⁵
宝山	五 ɦŋ̍²³	六 loʔ¹²	七 tsʰɿʔ⁵⁵
崇明	五 ŋ̍²⁴²	六 loʔ²	七 tɕʰiəʔ⁵

地点＼词条	1069 八	1070 九	1071 十
中心城区（南）	八 pʌʔ⁵⁵	九 tɕiɤ³⁴	十 zəʔ¹²
中心城区（北）	八 pɐʔ⁵⁵	九 tɕiɤ³⁴	十 zɐʔ¹²
松江	八 pæʔ⁴	九 ɕiɯ⁴⁴	十 zəʔ²
闵行	八 ɓæʔ⁵	九 tɕiɤ⁵⁵	十 zəʔ²³
青浦	八 paʔ⁵⁵	九 tɕiə⁴³	十 zəʔ¹²
金山	八 ɓæʔ⁵	九 ɕiɤ⁴⁴	十 zəʔ¹²
奉贤	八 ɓæʔ⁵⁵	九 tɕiɤ⁴⁴	十 zəʔ²³
浦东（川沙）	八 ɓæʔ⁵⁵	九 tɕiɤ⁴⁴	十 zəʔ²³
浦东（惠南）	八 ɓæʔ⁵⁵	九 tɕiɤ⁴⁴	十 zəʔ²³
嘉定	八 paʔ⁵⁵	九 tɕy⁴²³	十 zəʔ²³
宝山	八 pʌʔ⁵⁵	九 tɕy³⁴	十 zəʔ¹²
崇明	八 pæʔ⁵	九 tɕiɛ⁴²⁴	十 zəʔ²

地点 \ 词条	1072 二十 有无合音	1073 三十 有无合音	1074 一百
中心城区（南）	廿 ȵiE²³	三十 sE⁵⁵səʔ²¹	一百 iɪʔ³³pʌʔ⁴⁴
中心城区（北）	廿 nE²³	三十₁ sE⁵⁵sɐʔ²¹ 三十₂ sE⁵⁵zɐʔ²¹	一百 iɪʔ³³pɐʔ⁴⁴
松江	廿 ȵiɛ¹³	三十 sɛ⁵⁵səʔ³¹	一百 iɪʔ⁴paʔ⁴
闵行	廿 ȵiɛ¹³	三十 sɛ⁴⁴səʔ²	一百 iɪʔ⁴ɓæʔ⁴
青浦	廿 ȵiɛ²²⁴ 二十 ȵi²²səʔ⁵⁵	三十 sE⁵⁵səʔ³³	一百 iɪʔ⁵⁵paʔ⁵⁵
金山	二十 ȵiɛ¹³	三十 sɛ⁴⁴səʔ²	一百 iʔ⁴ɓɑʔ²
奉贤	二十₁ ɦiər²²səʔ⁵³ 廿 ȵiɛ²⁴ 二十₂ ȵi²²səʔ⁵³	三十 sɛ⁵³səʔ²¹	一百 iɪʔ³³pɑʔ³⁴
浦东（川沙）	廿 ȵiɛ¹³	三十 sɛ⁵⁵zəʔ⁵³	一百 iɪʔ³³ɓʌʔ⁵³
浦东（惠南）	廿 ȵiɛ¹¹³	三十 sɛ⁵⁵səʔ⁵³	一百 iɪʔ⁵⁵ɓʌʔ⁵³
嘉定	廿 ȵiE²¹³	三十 sE⁵⁵səʔ²¹	一百 iɪʔ⁵⁵paʔ²¹
宝山	廿 ȵiɛ²³ 二十 ɦiər²²səʔ⁵²	三十 sɛ⁵⁵səʔ²¹	一百 iɪʔ³³pʌʔ⁵²
崇明	廿 ȵiɛ³¹³	三十 sæ⁵⁵səʔ⁵	一百 ʔiəʔ⁵paʔ⁵

地点 \ 词条	1075 一千	1076 一万	1077 一百零五
中心城区（南）	一千 iɿʔ$\underline{^{33}}$tɕʰi^{53}	一万 iɿʔ$\underline{^{33}}$vE^{44}	一百零五 iɿʔ$\underline{^{33}}$pAʔ^{44}liŋ^{22}ɦŋ̍^{53}
中心城区（北）	一千 iɿʔ$\underline{^{33}}$tɕʰi^{44}	一万 iɿʔ$\underline{^{33}}$vE^{44}	一百零五 iɿʔ$\underline{^{33}}$pɐʔ^{44}liŋ^{33}ɦŋ̍^{23}
松江	一千 iɿʔ^{3}tɕʰi^{53}	一万 iɿʔ^{4}vɛ^{35}	一百零五 iɿʔ^{4}paʔ^{4}liŋ^{13}ɦŋ̍^{53}
闵行	一千 iɿʔ^{2}tsʰi^{44}	一万 iɿʔ^{4}ʋɛ^{44}	一百零五 iɿʔ^{4}ɓæʔ^{4}liŋ^{22}ŋ̍^{44}
青浦	一千 iɿʔ^{55}tsʰi^{51}	一万 iɿʔ^{55}vE^{35}	一百零五 iɿʔ^{55}paʔ^{55}liəŋ^{31}ɦŋ̍^{224}
金山	一千 iʔ^{3}tsʰiɿ^{53}	一万 iʔ^{3}vɛ^{35}	一百零五 iʔ^{3}ɓaʔ^{5}liəŋ^{33}ŋ̍^{21}
奉贤	一千 iɿʔ$\underline{^{33}}$tɕʰi^{53}	一万 iɿʔ$\underline{^{33}}$βɛ^{34}	一百零五 iɿʔ$\underline{^{33}}$paʔ^{44}liŋ^{24}ɦŋ̍^{24}
浦东（川沙）	一千 iɿʔ$\underline{^{33}}$tɕʰi^{53}	一万 iɿʔ$\underline{^{33}}$βɛ^{34}	一百零五 iɿʔ$\underline{^{33}}$ɓAʔ$\underline{^{53}}$lin^{22}ŋ̍^{22}
浦东（惠南）	一千 iɿʔ$\underline{^{55}}$tɕʰi^{53}	一万 iɿʔ$\underline{^{55}}$βɛ^{35}	一百零五 iɿʔ$\underline{^{55}}$ɓAʔ$\underline{^{53}}$lin^{31}ŋ̍^{13}
嘉定	一千 iɿʔ$\underline{^{33}}$tsʰiɿ^{53}	一万 iɿʔ$\underline{^{33}}$vE^{35}	一百零五 iɿʔ^{55}paʔ$\underline{^{33}}$liŋ^{35}ɦŋ̍^{21}
宝山	一千 iɿʔ$\underline{^{33}}$tsʰe^{52}	一万 iɿʔ$\underline{^{33}}$vɛ^{44}	一百零五 iɿʔ$\underline{^{33}}$pAʔ^{34}lĩŋ^{55}ɦŋ̍^{21}
崇明	一千 ʔiəʔ^{5}tɕʰie^{55}	一万 ʔiəʔ^{5}mæ^{33}	一百零五 ʔiəʔ^{5}paʔ^{5}lin^{24}ŋ̍^{0}

地点＼词条	1078 一百五十	1079 第一~，第二	1080 二两重量
中心城区（南）	一百五十 iɪʔ³³pᴀʔ⁴⁴ɦŋ²²səʔ⁴⁴	第一 di²²iɪʔ⁴⁴	二两 n̠i²²liã⁵³
中心城区（北）	一百五十 iɪʔ³³pɐʔ⁴⁴ɦŋ²²səʔ⁴⁴	第一 di²²iɪʔ⁴⁴	二两 n̠i²²liã⁴⁴
松江	一百五十 iɪʔ⁴paʔ⁴ɦŋ²²səʔ³⁵ "十"读清声母	第一 di²⁴iɪʔ³¹	二两 n̠i²²liæ̃⁵³
闵行	一百五十 iɪʔ⁴⁶æʔ⁴ŋ²²səʔ⁴	头一 dɤ²²iɪʔ⁴	二两 n̠i²²liã⁵³
青浦	一百五十 iɪʔ⁵⁵paʔ⁵⁵ɦŋ²²səʔ⁴⁴	第一 di²²iɪʔ⁵⁵	二两 n̠i²²liæ̃⁵³
金山	一百五十 iʔ³ɓaʔ⁵ŋ³³səʔ²	第一 di¹²iɪʔ²	二两 n̠i¹³liẽ³¹
奉贤	一百五十 iɪʔ⁴²paʔ²¹ɦŋ²¹səʔ³⁴ 一百五 iɪʔ⁴²paʔ²¹ɦŋ²⁴	第一 di²⁴iɪʔ²¹	二两 n̠i²²liã⁵³
浦东（川沙）	一百五十 iɪʔ³³ɓᴀʔ⁵³ŋ²²zəʔ⁵³	第一 di²²iɪʔ⁵³	二两 n̠i²²liã⁵³
浦东（惠南）	一百五十 iɪʔ⁵⁵ɓᴀʔ⁵³ŋ³¹səʔ¹³	第一 di¹³iɪʔ⁵⁵	二两 n̠i¹³liã⁵³
嘉定	一百五十 iɪʔ⁵⁵paʔ³³ɦŋ²²səʔ²¹	第一 di²⁴iɪʔ²¹	二两 n̠i²²liã⁵³
宝山	一百五 iɪʔ³³pᴀʔ⁴⁴ɦŋ²³ 一百五十 iɪʔ³³pᴀʔ⁴⁴ɦŋ²²səʔ²³	头一 dʌɪ²⁴iɪʔ³¹ 第一 di²⁴iɪʔ³¹	二两 n̠i²²liã⁵²
崇明	一百五十 ʔiəʔ⁵paʔ⁵n̩²⁴²səʔ⁰	第一 di³¹³ʔiəʔ⁵	二两 n̠i³¹³liã³³

地点 \ 词条	1081 几个 你有~孩子?	1082 俩 你们~	1083 仨 你们~
中心城区（南）	几个 tɕi³³ɦɐʔ⁴⁴	两家头 liã²²kA⁵⁵dɤ²¹	三家头 sE⁵⁵kA³³dɤ²¹
中心城区（北）	几个 tɕi³³ɦɐʔ⁴⁴	两家头 liã²²kA⁵⁵dɤ²¹	三家头 sE³³kA⁵⁵dɤ²¹
松江	几个 tɕi⁴⁴kɯ⁴⁴	两个 liæ²²kɯ³⁵	三家头 sE³³ka⁵⁵dɯ³¹
闵行	几个 tɕi⁴⁴ku⁴⁴	（无）	（无）
青浦	几个 tɕi⁴⁴kə³³	俩 liæ̃²²⁴	仨 sE⁵¹
金山	几个 tɕi⁴⁴kə⁴⁴	两个 liɛ̃¹³kə⁰	三个 sɛ̃⁵⁵kə³¹
奉贤	几个 tɕi⁴⁴kɤ⁴⁴ 几化 tɕi⁴⁴hɔ⁴⁴	（无）	（无）
浦东（川沙）	几个 tɕi⁴⁴ə⁴⁴	两家头 liã²²kA⁵⁵dɤ⁵³	三家头 sE⁵⁵kA⁵⁵dɤ⁵³
浦东（惠南）	几个 tɕi⁴⁴kə⁴⁴	两家头 liã¹³kA⁵⁵dɤ⁵³	三家头 sE⁵⁵kA⁵⁵dɤ⁵³
嘉定	几个 tɕi³³kəʔ⁵⁵	两家头 liã²²ka²⁴dɤ²¹	三家头 sE⁵⁵ka²²dɤ²¹
宝山	几化 tɕi³³hɤ⁵² 几个 tɕi³³ɦɐʔ⁵²	两个 liã²²ɦəʔ²³	三个 sE⁵⁵ɦəʔ²¹
崇明	几个 tɕi⁴²⁴goʔ⁵	（无）	（无）

地点＼词条	1084 个把	1085 个_~人	1086 匹_~马
中心城区（南）	个把 ku³³po⁵³	个 ɦəʔ¹²	匹 pʰɪʔ⁵⁵ 只 tsAʔ⁵⁵
中心城区（北）	个把 ku³³ɓo⁴⁴	个 gəʔ¹²	匹 pʰɪʔ⁵⁵ 只 tsɐʔ⁵⁵
松江	个把 kɯ⁵⁵po³¹	个 kɯ³⁵	匹 pʰiɪʔ⁴
闵行	个把 ku⁴⁴ɓo⁴⁴	个 kəʔ⁵	只 tsaʔ⁵
青浦	个把 kə³³po⁵²	个 kə³⁵	匹 pʰiɪʔ⁵⁵
金山	个把 kə³⁵po⁰	个 kə³⁵	匹 pʰiəʔ⁵
奉贤	个把 kɤ⁵³po²¹	个 kɤ³⁵	匹 pʰɪʔ⁵⁵ 只 tsɑʔ⁵⁵
浦东（川沙）	个把 ku³⁵ɓo²¹	个 ɦəʔ²³	匹 pʰiɪʔ⁵⁵
浦东（惠南）	个把 kə⁵⁵ɓo³¹	个 gəʔ¹³	只 tsAʔ⁵⁵
嘉定	个把 kɤ³⁵pɤ²¹	人 kəʔ⁵⁵	只 tsAʔ⁵⁵
宝山	个把 kɤ⁵⁵pɤ²¹	个 gəʔ¹² 个 kɤ⁵³	只 tsAʔ⁵⁵
崇明	个把 ku³³po⁰	个 goʔ²	匹 pʰiəʔ⁵

词条 地点	1087 头_~牛	1088 头_~猪	1089 只_~狗
中心城区（南）	只 tsʌʔ⁵⁵	只 tsʌʔ⁵⁵	只 tsʌʔ⁵⁵
中心城区（北）	头 dɤ²³ 只 tsɐʔ⁵⁵	只 tsɐʔ⁵⁵	只 tsɐʔ⁵⁵
松江	头 dɯ³¹	只 tsaʔ⁴	只 tsaʔ⁴
闵行	只 tsaʔ⁵	只 tsaʔ⁵	只 tsaʔ⁵
青浦	头 də³¹	只 tsaʔ⁵⁵	只 tsaʔ⁵⁵
金山	头 dɤ³¹	头 dɤ³¹	只 tsaʔ⁵
奉贤	只 tsaʔ⁵⁵	只 tsaʔ⁵⁵	只 tsaʔ⁵⁵
浦东（川沙）	只 tsʌʔ⁵⁵	只 tsʌʔ⁵⁵	只 tsʌʔ⁵⁵
浦东（惠南）	只 tsʌʔ⁵⁵	只 tsʌʔ⁵⁵	只 tsʌʔ⁵⁵
嘉定	只 tsaʔ⁵⁵	只 tsaʔ⁵⁵	只 tsaʔ⁵⁵
宝山	只 tsʌʔ⁵⁵	只 tsʌʔ⁵⁵	只 tsʌʔ⁵⁵
崇明	只 tsɑʔ⁵	只 tsɑʔ⁵	只 tsɑʔ⁵

词条 地点	1090 只＿~鸡	1091 只＿~蚊子	1092 条＿~鱼
中心城区（南）	只 tsʌʔ⁵⁵	只 tsʌʔ⁵⁵	条 diɔ²³
中心城区（北）	只 tsɐʔ⁵⁵	只 tsɐʔ⁵⁵	条 diɔ²³
松江	只 tsaʔ⁴	只 tsaʔ⁴	条 diɔ³¹
闵行	只 tsaʔ⁵	只 tsaʔ⁵	条 diɔ³¹
青浦	只 tsaʔ⁵⁵	只 tsaʔ⁵⁵	条 diɔ³¹
金山	只 tsɑʔ⁵	只 tsɑʔ⁵	条 diɔ³¹
奉贤	只 tsɑʔ⁵⁵	只 tsɑʔ⁵⁵	条 diɔ³¹
浦东（川沙）	只 tsʌʔ⁵⁵	只 tsʌʔ⁵⁵	条 diɔ²¹³
浦东（惠南）	只 tsʌʔ⁵⁵	只 tsʌʔ⁵⁵	条 diɔ¹¹³
嘉定	只 tsʌʔ⁵⁵	只 tsʌʔ⁵⁵	条 diɔ²³¹
宝山	只 tsʌʔ⁵⁵	只 tsʌʔ⁵⁵	条 diɔ³¹
崇明	只 tsaʔ⁵	只 tsaʔ⁵	条 diɔ²⁴

地点 \ 词条	1093 条__~蛇	1094 张__~嘴	1095 张__~桌子
中心城区（南）	条 diɔ²³	只 tsʌʔ⁵⁵	只 tsʌʔ⁵⁵
中心城区（北）	条 diɔ²³	只 tsɐʔ⁵⁵ 张 tsã⁵²	只 tsɐʔ⁵⁵
松江	条 diɔ³¹	只 tsaʔ⁴	只 tsaʔ⁴
闵行	条 diɔ³¹	张 tsã⁵³	只 tsaʔ⁵
青浦	条 diɔ³¹	只 tsaʔ⁵⁵	只 tsaʔ⁵⁵
金山	条 diɔ³¹	张 tsɛ̃⁵³	张 tsɛ̃⁵³
奉贤	条 diɔ³¹	只 tsɒʔ⁵⁵	只 tsɒʔ⁵⁵
浦东（川沙）	条 diɔ²¹³	只 tsʌʔ⁵⁵	只 tsʌʔ⁵⁵
浦东（惠南）	条 diɔ¹¹³	只 tsʌʔ⁵⁵	只 tsʌʔ⁵⁵
嘉定	条 diɔ²³¹	张 tsã⁵³	只 tsʌʔ⁵⁵
宝山	条 diɔ³¹	只 tsʌʔ⁵⁵ 张 tsã⁵³	只 tsʌʔ⁵⁵
崇明	条 diɔ²⁴	张 tsã⁵³	张 tsã⁵³

词条 地点	1096 床__~被子	1097 领__~席子	1098 双__~鞋
中心城区（南）	条 diɔ²³	张 tsã⁵² 条 diɔ²³	双 sã⁵²
中心城区（北）	条 diɔ²³	条 diɔ²³	双 sã⁵²
松江	条 diɔ³¹	张 tsæ̃⁵³	双 sɒ̃⁵³
闵行	床 zã³¹	条 diɔ³¹	双 sã⁵³
青浦	床 zã³¹	张 tsæ̃⁵¹	双 sã⁵¹
金山	床 zã³¹ 条 diɔ³¹	条 diɔ³¹	双 sã⁵³
奉贤	条 diɔ³¹ 床 zã³¹	条 diɔ³¹	双 sã⁵³
浦东（川沙）	条 diɔ²¹³	条 diɔ²¹³	双 sã⁵³
浦东（惠南）	只 tsAʔ⁵⁵	条 diɔ¹¹³	双 sã⁵³
嘉定	条 diɔ²³¹	顶 tiŋ⁴²³	双 sã⁵³
宝山	条 diɔ³¹ 床 zɒ̃³¹	条 diɔ³¹	双 sɒ̃⁵³
崇明	条 diɔ²⁴	条 diɔ²⁴	双 sã³³

地点\词条	1099 把——~刀	1100 把——~锁	1101 根——~绳子
中心城区（南）	把 po³⁴	把 po³⁴	根 kəŋ⁵² 条 diɔ²³
中心城区（北）	把 po³⁴	把 po³⁴	根 kəŋ⁵²
松江	卜 boʔ²	橛 dʑyøʔ² 把 po⁴⁴ 又	根 kəŋ⁵³
闵行	把 ɓo⁵⁵	把 ɓo⁵⁵	根 kəŋ⁵³
青浦	把 po⁴³	把 po⁴³	根 kəŋ⁵¹
金山	把 po³⁵	把 po⁴⁴	根 kəŋ⁵³
奉贤	把 po⁴⁴	把 po⁴⁴	根 kəŋ⁵³
浦东（川沙）	把 ɓo⁴⁴	把 ɓo⁴⁴	根 kəŋ⁵³
浦东（惠南）	把 ɓo⁴⁴	把 ɓo⁴⁴	根 kəŋ⁵³
嘉定	把 pɤ⁴²³	把 pɤ⁴²³	根 kəŋ⁵³
宝山	把 pɤ³⁴	具 dʑi²³ 把 pɤ³⁴	根 kẽŋ⁵³
崇明	把 po³³	把 po³³	根 kəŋ⁵³

地点＼词条	1102 支＿～毛笔	1103 副＿～眼镜	1104 面＿～镜子
中心城区（南）	支 tsɿ^{52}	副 fu^{34}	面 mi^{23}
中心城区（北）	支 tsɿ^{52}	副 fu^{34}	面 mi^{23}
松江	支 tsɿ^{53}	副 fu^{35}	块 k^{h}ue^{35}
闵行	支 tsɿ^{53}	副 fu^{55}	面 mi^{13}
青浦	支 tsɿ^{51}	副 fu^{43}	面 miɪ^{224}
金山	支 tsɿ^{53}	副 fu^{35}	面 miɪ^{13}
奉贤	支 tsɿ^{53}	副 ɸu^{44}	面 mi^{24}
浦东（川沙）	支 tsɿ^{44}	副 fu^{44}	面 mi^{13}
浦东（惠南）	支 tsɿ^{44}	副 ɸu^{35}	面 mi^{13}
嘉定	支 tsɿ^{53}	副 fu^{423}	块 k^{h}ue^{423}
宝山	支 tsɿ^{53}	副 fu^{34}	面 me^{23}
崇明	支 tsɿ^{53}	副 fu^{33}	面 mie^{313}

地点 \ 词条	1105 块 一~香皂	1106 辆 一~车	1107 座 一~房子
中心城区（南）	块 kʰuɛ³⁴	部 bu²³	幢 zã²³
中心城区（北）	块 kʰue³⁴	部 bu²³	幢 zã²³
松江	块 kʰue³⁵	卜 boʔ²	幢 zɒ̃¹³
闵行	块 kʰue³⁵	部 bu¹³	幢 zã¹³
青浦	块 kʰui³⁵	辆 liæ̃²²⁴	座 zu²²⁴
金山	块 kʰue³⁵	辆 liɛ̃⁴⁴	幢 zã¹³
奉贤	块 kʰue³⁵	辆 liã²⁴ 部 bu²⁴	座 zu²⁴ 幢 zã²⁴
浦东（川沙）	块 kʰue³⁵	部 bu¹³	幢 tsã⁵³
浦东（惠南）	块 kʰuɛ³⁵	部 bu¹¹³	间 kɛ⁵³ 幢 zã¹¹³
嘉定	块 kʰue⁴²³	部 bu²¹³	幢 zã²¹³
宝山	块 kʰuʌɪ³⁴	部 bu²³ 辆 liã²³	幢 zɒ̃²³
崇明	块 kʰuei³³	部 bu³¹³	幢 dzã³¹³

地点 \ 词条	1108 座——桥	1109 条——河	1110 条——路
中心城区（南）	顶 tiŋ^{34}	条 diɔ^{23}	条 diɔ^{23}
中心城区（北）	座 zu^{23}	条 diɔ^{23}	条 diɔ^{23}
松江	顶 tiŋ^{44}	条 diɔ^{31}	条 diɔ^{31}
闵行	座 zu^{13}	条 diɔ^{13}	条 diɔ^{13}
青浦	座 zu^{224}	条 diɔ^{31}	条 diɔ^{31}
金山	座 zu^{13}	条 diɔ^{31}	条 diɔ^{31}
奉贤	座 zu^{24} 顶 tiŋ^{44}	条 diɔ^{31}	条 diɔ^{31}
浦东（川沙）	部 bu^{13}	条 diɔ^{213}	条 diɔ^{213}
浦东（惠南）	顶 dîn^{44}	条 diɔ^{113}	条 diɔ^{113}
嘉定	顶 tiŋ^{423}	条 diɔ^{231}	条 diɔ^{231}
宝山	副 fu^{34} 座 zu^{23}	条 diɔ^{31}	条 diɔ^{31}
崇明	条 diɔ^{24}	条 diɔ^{24}	条 diɔ^{24}

地点＼词条	1111 棵_~树	1112 朵_~花	1113 颗_~珠子
中心城区（南）	棵 kʰu³⁴	朵 tu³⁴	粒 lɪʔ¹²
中心城区（北）	棵 kʰu⁵²	朵 tu³⁴	只 tsɐʔ⁵⁵
松江	棵 kʰu⁵³	朵 to⁴⁴	颗 kʰu⁵³ 粒 liɪʔ² 又
闵行	棵 kʰu⁵³	朵 ɖu⁵⁵	颗 kʰu⁵³
青浦	棵 kʰəu⁵¹	朵 tu⁴³	颗 kʰəu⁵¹
金山	棵 kʰu⁵³	朵 to⁴⁴	颗 kʰu⁵³
奉贤	棵 kʰu⁵³	朵 tu⁴⁴	粒 lɪʔ²³
浦东（川沙）	棵 kʰu⁴⁴	朵 ɖu⁴⁴	粒 liɪʔ²³
浦东（惠南）	棵 kʰu³⁵	朵 ɖu⁴⁴	粒 liɪʔ²³
嘉定	棵 kʰu⁵³	朵 tu⁴²³	粒 liɪʔ²³
宝山	棵 kʰu⁵³	朵 tu³⁴	粒 lɪʔ¹² 颗 kʰu⁵³
崇明	棵 kʰu⁵³	朵 tu⁴²⁴	粒 liəʔ²

地点＼词条	1114 粒 ~米	1115 顿 ~饭	1116 剂 ~中药
中心城区（南）	粒 lɪʔ¹²	顿 təŋ³⁴	帖 tʰɪʔ⁵⁵
中心城区（北）	粒 lɪʔ¹²	顿 təŋ³⁴	帖 tʰɪʔ⁵⁵
松江	粒 liɪʔ²	顿 təŋ³⁵	帖 tʰiɪʔ⁴
闵行	粒 liɪʔ²³	顿 ɖəŋ³⁵	帖 tʰiɪʔ⁵
青浦	粒 liɪʔ¹²	顿 təŋ³⁵	剂 tɕi³⁵
金山	粒 liəʔ¹²	顿 ɖəŋ³⁵	帖 tʰiɪʔ⁵
奉贤	粒 lɪʔ²³	顿 təŋ³⁵	剂 tɕi³⁵ 帖 tʰɪʔ⁵⁵
浦东（川沙）	粒 liɪʔ²³	顿 ɖən³⁵	贴 tʰiɪʔ⁵⁵
浦东（惠南）	粒 liɪʔ²³	顿 ɖən³⁵	贴 tʰiɪʔ⁵⁵
嘉定	粒 liɪʔ²³	顿 təŋ⁴²³	帖 tʰiɪʔ⁵⁵
宝山	粒 lɪʔ¹²	顿 tẽŋ³⁴	帖 tʰɪʔ⁵⁵
崇明	粒 liəʔ²	顿 tən³³	帖 tʰiəʔ⁵

地点＼词条	1117 股——~香味	1118 行——~字	1119 块——~钱
中心城区（南）	股 ku³⁴	坨 dᴀ²³	块 kʰuɛ³⁴
中心城区（北）	股 ku³⁴	排 ba²³ 行 ɦã²³	块 kʰue³⁴
松江	股 ku⁴⁴	行 ɦɒ̃³¹ 埭 da¹³ 又	块 kʰue³⁵
闵行	股 ku⁵⁵	埭 da¹³	块 kʰue³⁵
青浦	股 ku⁴³	行 ɦã³¹	块 kʰui³⁵
金山	股 kəu⁴⁴	行 ɦã³¹	块 kʰue³⁵
奉贤	股 ku⁴⁴	行 ɦã³¹ 坨 dɑ²⁴	块 kʰue³⁵
浦东（川沙）	股 ku⁴⁴	排 bᴀ²¹³	块 kʰue³⁵
浦东（惠南）	股 ku⁴⁴	行 ɦã¹¹³	块 kʰuɛ³⁵
嘉定	股 ku⁴²³	埭 da²¹³	块 kʰue⁴²³
宝山	股 ku³⁴	坨 dɑ³¹ 行 ɦɒ̃³¹	块 kʰuʌɪ³⁴
崇明	股 ku³³	埭 dɑ³¹³	块 kʰuei³³

地点 \ 词条	1120 毛 角：一～钱	1121 件 一～事情	1122 点儿 一～东西
中心城区（南）	角 koʔ⁵⁵	桩 tsã⁵²	眼眼 ŋɛ²²ŋɛ⁴⁴ 沰沰 toʔ³³toʔ⁴⁴ 点点 ti³³ti⁴⁴
中心城区（北）	角 koʔ⁵⁵	桩 tsã⁵²	一眼 iɪʔ³³ŋɛ⁴⁴
松江	角 kɔʔ⁴	桩 tsɒ̃⁵³	一眼眼 iɪʔ³ȵiɛ⁵⁵ȵiɛ⁵³
闵行	角 kɔʔ⁵	件 dʑi¹³	一眼眼 iɪʔ²ŋɛ⁴⁴ŋɛ²²
青浦	角 koʔ⁵⁵	桩 tsã⁵¹	一点点 iɪʔ³³tiɪ⁵⁵tiɪ³¹ 一眼眼 iɪʔ³³ŋɛ⁵⁵ŋɛ³¹
金山	毛 mɔ³⁵	桩 tsã⁵³	一眼眼 iʔ³ŋɛ⁵⁵ŋɛ³¹
奉贤	角 koʔ⁵⁵	桩 tsã⁵³ 件 dʑi²⁴	眼眼 ŋɛ²²ŋɛ³⁴ 点点 ti⁴⁴ti⁴⁴
浦东（川沙）	角 koʔ⁵⁵	桩 tsã⁵³	一眼眼 iɪʔ²²ŋɛ⁵⁵ŋɛ²¹
浦东（惠南）	角 koʔ⁵⁵	桩 tsã⁵³	一眼眼 iɪʔ⁵⁵ŋɛ⁵⁵ŋɛ⁵³
嘉定	角 koʔ⁵⁵	椿 tsã⁵³	眼 ŋɛ²¹³
宝山	角 koʔ⁵⁵	样 ɦiã²³ 桩 tsɒ̃⁵³ 件 dʑie²³	点点 te³³te⁵² 眼眼 ŋɛ²²ŋɛ²³
崇明	角 kɔʔ⁵	椿 tsã⁵³	眼眼 ŋæ⁴²⁴ŋæ⁵⁵

地点＼词条	1123 些 一～东西	1124 下 打一～,动量,不是时量	1125 会儿 坐了一～
中心城区（南）	眼 ŋE²³ 点 ti³⁴	记 tɕi³⁴	歇 ɕiɪʔ⁵⁵ 歇歇 ɕiɪʔ³³ɕiɪʔ⁴⁴
中心城区（北）	一眼 iɪʔ³³ŋE⁴⁴	记 tɕi³⁴	歇 ɕiɪʔ⁵⁵
松江	一眼 iɪʔ⁴ȵiɛ⁴⁴	记 tɕi³⁵	一歇 iɪʔ⁴ɕiɪʔ⁴
闵行	一些些 iɪʔ²tɕi⁴⁴si²²	一记 iɪʔ²tɕiɪʔ⁵⁵	一歇歇 iɪʔ²ɕiɪʔ⁴ɕiɪʔ²
青浦	一点点 iɪʔ³³tiɪʔ⁵⁵tiɪʔ³¹ 一眼眼 iɪʔ³³ŋE⁵⁵ŋE³¹	记 tɕi³⁵	一歇歇 iɪʔ⁵⁵ɕi⁵⁵ɕi³¹
金山	眼 nɛ¹³	记 tɕi³⁵	一歇歇 iʔ⁴ɕiɪʔ³ɕiɪʔ²
奉贤	些 ɕi⁴⁴ 眼 ŋE²⁴	记 tɕi³⁵	歇歇 ɕi³³ɕi⁵³
浦东（川沙）	一眼 iɪʔ⁴⁴ŋe⁴⁴	记 tɕi³⁵	一歇 iɪʔ³³ɕiɪʔ⁵³
浦东（惠南）	一眼 iɪʔ⁵⁵ŋE⁵³	记 tɕi³⁵	一歇 iɪʔ⁵⁵ɕiɪʔ⁵³
嘉定	眼 ŋE²¹³	记 tɕi⁴²³	歇 ɕiɪʔ⁵⁵
宝山	点 te³⁴ 眼 ŋE²³	记 tɕi³⁴	歇歇 ɕiɪʔ⁵⁵ɕiɪʔ²² #¹⁸#¹⁸ɕie⁵⁵ɕie²¹
崇明	眼 ŋæ²⁴²	记 tɕi³³	歇歇 ɕiə⁵ɕiə⁵

词条 地点	1126 顿 打一~	1127 阵 下了一~雨	1128 趟 去了一~
中心城区（南）	顿 tən³⁴	阵 zən²³	趟 tʰã³⁴ 埭 dᴀ²³
中心城区（北）	顿 tən³⁴	阵 zən²³	趟 tʰã³⁴
松江	顿 tən³⁵	阵 zən³¹	趟 tʰɒ̃³⁵
闵行	顿 ɖən³⁵	阵 zən¹³	埭 da¹³
青浦	顿 tən³⁵	阵 zən²²⁴	趟 tʰã⁴³
金山	顿 ɖən³⁵	阵 zən¹³	趟 tʰã³⁵
奉贤	顿 tən³⁵	阵 zən²⁴	趟 tʰã³⁵ 埭 dɑ²⁴
浦东（川沙）	顿 ɖən³⁵	场 zã¹³	趟 tʰã³⁵
浦东（惠南）	顿 ɖən³⁵	阵 zən¹³	趟 tʰã³⁵
嘉定	顿 tən⁴²³	阵 zən²¹³	趟 tʰã⁴²³
宝山	顿 tẽn³⁴	#¹⁹ɕie⁵³ 阵 zẽŋ²³	趟 tʰɒ̃³⁴
崇明	顿 tən³³	阵 ʥən³¹³	趟 tʰã³³

地点 \ 词条	1129 我~姓王	1130 你~也姓王	1131 您 尊称
中心城区（南）	我 ŋu²³	侬 noŋ²³	（无）
中心城区（北）	我 ŋo²³	侬 noŋ²³	侬 noŋ²³
松江	我奴 ⁼ɦŋ²²nu³⁵	是奴 ⁼zəʔ²nu³⁵	是奴 ⁼zəʔ²nu³⁵
闵行	我 ŋ̍¹³	侬 noŋ¹³	（无）
青浦	我 ɦŋ̍²²⁴	你 nə²²⁴	（无）
金山	奴 nu³¹	助 ⁼zu¹³	您 ȵiəŋ¹³
奉贤	我侬 ɦŋ̍²²noʔ³⁴	实侬 zəʔ²²noŋ³⁴ 侬 noŋ²⁴	（无）
浦东（川沙）	我 ŋu²¹³	侬 noŋ²¹³	侬 noŋ²¹³
浦东（惠南）	我 ŋu¹¹³	侬 noŋ¹¹³	侬 noŋ¹¹³
嘉定	我 ɦŋ̍²¹³	侬 noŋ²¹³	侬 noŋ²¹³
宝山	实我 zəʔ²²ɦŋ̍²³ 我 ɦŋ̍²³	实侬 zəʔ²²noŋ²³ 侬 noŋ²³	（无）
崇明	我 ŋ̍²⁴²	你 n̩²⁴²	（无）

地点＼词条	1132 他~姓张	1133 我们 不包括听话人：你们别去，~去	1134 咱们 包括听话人：他们不去，~去吧
中心城区（南）	伊 ɦi²³	阿拉 ᴀʔ³³lᴀʔ⁴⁴ 我伲 ŋu²²ȵi⁵³	阿拉 ᴀʔ³³ʔᴀʔ⁴⁴ 我伲 ŋu²²ȵi⁵³
中心城区（北）	伊 ɦi²³	阿拉 ɐʔ³³lɐ⁴⁴	阿拉 ɐʔ³³lɐ⁴⁴
松江	渠 ɦi³¹	我倷 ˭ɦn̩²²na³⁵	我倷 ˭ɦn̩²²na³⁵
闵行	伊 ɦi³¹	伲 ȵi¹³	（无）
青浦	伊 i⁵¹	我伲 ŋo²²ȵi³⁵	我伲 ŋo²²ȵi³⁵
金山	伊 ɦi³¹	我伲 ŋo¹³ȵi⁵³	我伲 ŋo¹³ȵi⁵³
奉贤	实伊 zəʔ²²i⁵³ 伊 i⁵³	我倻 ɦŋ²²nɑ³⁴	我倻 ɦŋ²²nɑ³⁴
浦东（川沙）	伊 ɦi²¹³	伲 ȵi²¹³	伲 ȵi²¹³
浦东（惠南）	伊 ɦi¹¹³	伲 ȵi¹¹³	伲 ȵi¹¹³
嘉定	伊 i⁵³	我里 ɦŋ²²li⁵³	我里 ɦŋ²²li⁵³
宝山	实伊 zəʔ²²i²³ 伊 i⁵³	实我伲 zəʔ¹¹ɦn̩²³ȵi⁵² 我伲 ɦŋ²²ȵi⁵²	（无）
崇明	夷 ɦi²⁴	我里 ŋ̍²⁴²li⁰	我里 ŋ̍²⁴²li⁰

地点＼词条	1135 你们~去	1136 他们~去	1137 大家~一起干
中心城区（南）	㑚 nA²³	伊拉 ɦi²²lA⁵³	大家 dA²²kA⁵³
中心城区（北）	㑚 na²³	伊拉 ɦi²²la⁴⁴	阿拉 ɐʔ³³la⁴⁴ 大家 da²²ka⁴⁴
松江	是倷 ˭zəʔ²na³⁵	渠拉 ˭ɦi²⁴la³¹	大家 da²²ka²²
闵行	㑚 na¹³	伊拉 ɦi²²la⁴⁴	大家 da²²ka⁴⁴
青浦	㑚 na²²⁴	伊拉 i⁵⁵la³¹	大家 da²²ka³⁵
金山	实 #⁷zəʔ³lɑʔ²	伊 #⁸ɦi¹²dɑʔ⁴	大家 dɑ¹³kɑ³¹
奉贤	实㑚 zəʔ²²nɑ³⁴	伊拉 i⁴⁴la⁵³	大家 dɑ⁴²kɑ²¹
浦东（川沙）	㑚 nA²¹³	伊拉 ɦi²²lA²²	大家 dA²²kA⁵³
浦东（惠南）	㑚 nA¹¹³	伊拉 ɦi²²lA³⁵	大家 dA³⁵kA⁵³
嘉定	侬搭 noŋ²²taʔ⁵⁵	伊搭 i³³taʔ⁵⁵	大家 da²²ka⁵³
宝山	实侬特 zəʔ¹¹noŋ²³dəʔ⁵² 侬特 noŋ²²dəʔ⁵²	实伊特 zəʔ¹¹i²³dəʔ⁵² 伊特 i⁵⁵dəʔ²¹	大家 da²²ka⁵²
崇明	你特 n̩²⁴²dəʔ⁰	夷特 ɦi²⁴dəʔ⁰	大家 dɑ³¹³kɑ⁵⁵

地点 \ 词条	1138 自己 我~做的	1139 别人 这是~的	1140 我爸 ~今年八十岁
中心城区（南）	自家 zɿ²²kA⁵³	人家 ɲiɲ²²ka⁵³ 别人家 bɪʔ¹¹ɲiɲ²²ka²³	阿拉爷 Aʔ³³lAʔ⁴⁴ɦiA²³ 倷爷 ni²³ɦiA²³ 阿拉爹爹 Aʔ³³lAʔ⁴⁴tiA⁵⁵tiA²¹ 倷爹爹 ni²³tiA⁵⁵tiA²¹
中心城区（北）	自家 zɿ²²ka⁴⁴	人家 ɲiɲ²²ka⁴⁴ 别人 bɪʔ¹¹ɲiɲ²³	阿拉阿伯 ɐʔ³³lɐʔ³³pɐʔ⁴⁴ 阿拉爷 ɐʔ³³laʔ³³ɦia²³ 我爷 ŋo³³ɦia²³
松江	自家 zi²²ka²²	别人 bəʔ²ɲiɲ⁵³ 人家 ɲiɲ¹³ka⁵³ 又	我倷＝爷 ɦn̩²²na³⁵ɦia³¹
闵行	自家 zɿ²²ka⁴⁴	别人 bəʔ²²ɲiɲ⁴⁴	倷爷 ni¹³ɦia¹³
青浦	自家 zɿ²⁵ka¹¹	别人 bəʔ¹¹ɲiəŋ⁵²	倷爷 ni²³ɦia⁵¹
金山	自家 zɿ¹³kɑ³¹	别人 biəʔ²ɲiəŋ⁵³	奴爷 nu¹³ɦiɑ³¹
奉贤	自家 zɿ⁴²kɑ²¹	别人 bɪʔ²²ɲiɲ⁵³ 人家 ɲiɲ²³ka⁵³	我倗爷 ɦŋ²²nəʔ³⁴ɦia²¹
浦东（川沙）	自家 zɿ²²kA⁵³	人家 ɲiɲ²²kA²²	倷爷 ni¹³ɦiA¹³
浦东（惠南）	自家 zɿ²²kA³³	别人家 bəʔ²²ɲiɲ²²kA³⁵ 别人 bəʔ²²ɲiɲ¹¹³ 人家 ɲiɲ²²kA³³	倷爷 ni¹³ɦiA¹¹³
嘉定	自家 zɿ²²ka⁵³	别人 bəʔ²²ɲiɲ²⁴	我里爷 ɦŋ²²li⁵³ɦia²¹
宝山	自家 zɿ²²ka⁵²	人家 ɲĩŋ⁵⁵kɑ²¹ 别人 bɪʔ²²ɲĩŋ²³	我倷爷 ɦŋ²²ni⁵⁵ɦia²¹ 我倷爹爹 ɦŋ²²ni²³tia⁵⁵tia²¹
崇明	自家 zɿ³¹³ka⁵⁵	别人 bəʔ²ɲiɲ⁵⁵	我爷 ŋ²⁴²ɦia²⁴

地点 \ 词条	1141 你爸~在家吗?	1142 他爸~去世了	1143 这个 我要~,不要那个
中心城区(南)	倷爷 nᴀ²³ɦiᴀ²³ 倷爹爹 nᴀ²³tiᴀ⁵⁵tiᴀ²¹	伊拉爷 ɦi²²lᴀ⁴⁴ɦiᴀ²³ 伊拉爹爹 ɦi²²lᴀ⁴⁴tiᴀ⁵⁵tiᴀ²¹	迭个 dəʔ¹¹ɦəʔ²³ 迭个 dɪʔ¹¹ɦəʔ²³
中心城区(北)	倷爷 na³³ɦia²³ 倷阿伯 na³³ʔɐʔ³³pɐʔ⁴⁴	伊拉爷 ɦi²²la³³ɦia²³ 伊拉阿伯 ɦi²²la³³ʔɐʔ³³pɐʔ⁴⁴	迭个 dɪʔ¹¹ɦəʔ²³ 辩个 gəʔ¹¹ɦəʔ²³
松江	是倷⁼爷 zəʔ²na³⁵ɦia³¹	渠拉⁼爷 ɦi²⁴la³¹ɦia³¹	辩个 gəʔ²gɯ³⁵
闵行	倷爷 na¹³ɦia¹³	伊拉爷 ɦi²²la⁴⁴ɦia¹³	迭个 dɪʔ²²kəʔ⁴
青浦	伲爷 na²³ɦia⁵¹	伊拉爷 i⁵⁵la⁵³ɦia²¹	辩个 gəʔ³³kəʔ²⁴
金山	助爷 zu¹³ɦia³¹	伊爷 ɦi³¹ɦia³¹	辩个 gəʔ²kə³⁵
奉贤	实依爷 zəʔ²²noŋ³⁴ɦia³¹ 依爷 noŋ²⁴ɦia²¹ 实倷爷 zəʔ²²na³⁴ɦia³¹	实伊爷 zəʔ²²i³⁴ɦia³¹ 伊爷 i⁵³ɦia³¹ 实伊拉爷 zəʔ²²i³⁴la⁴⁴ɦia³¹	辩个 gəʔ²²kɤ³⁴
浦东(川沙)	倷爷 nᴀ¹³ɦiᴀ¹³	伊拉爷 ɦi²²lᴀ²²ɦiᴀ¹³	迭个 dəʔ²²ɦəʔ³⁴
浦东(惠南)	倷爷 nᴀ¹³ɦiᴀ¹¹³	伊爷 ɦi¹³ɦiᴀ¹¹³	迭个 dɪʔ²²gəʔ²³
嘉定	依搭爷 noŋ²²taʔ⁵⁵ɦia²¹	伊搭爷 i⁵⁵taʔ²²ɦia²¹	迭个 dɪʔ²²kəʔ²⁴
宝山	依特爷 noŋ²²dəʔ⁵⁵ɦia²¹ 依特爹爹 noŋ²²dəʔ²³tia⁵⁵tia²¹	伊特爷 i⁵⁵dəʔ³³ɦia²¹ 伊特爹爹 i⁵⁵dəʔ²¹tia⁵⁵tia²¹	迭个 dɪʔ²²ɦəʔ⁴⁴
崇明	你爷 n̩²⁴²ɦia²⁴	夷爷 ɦi²⁴ɦia²⁴	个个 kəʔ⁵gəʔ⁰

地点 \ 词条	1144 那个 我要这个,不要~	1145 哪个 你要~杯子?	1146 谁 你找~?
中心城区（南）	伊个 i⁵⁵ɦəʔ²¹	阿里一个 ɦA²²li⁵⁵iʔ³³ɦəʔ²¹	啥人 sA³³ȵiŋ⁵³
中心城区（北）	伊个 i⁵⁵ɦəʔ²¹ 埃个 ɛ⁵⁵ɦəʔ²¹	鞋里个 ɦa²²li⁵⁵ɦɛʔ²¹	啥人 sa³³ȵiŋ⁴⁴
松江	伊个 i⁵⁵kɯ³¹	何里个 ɦa²²li⁵⁵kɯ³¹	啥人 sa³⁵ȵiŋ³¹
闵行	伊个 i⁴⁴kəʔ²	哈里个 ha⁴⁴li⁴⁴kəʔ²	啥人 sa⁴⁴ȵiŋ²²
青浦	哀个 ɛ⁴⁵kəʔ³¹	阿里个 ɦa²³li⁵¹kəʔ³¹	啥人 sa³³ȵiəŋ⁵²
金山	哀个 ɛ⁵³kə⁰ 伊个 øi⁵³kə⁰	鞋里个 ɦa¹³li⁵kə⁰	哈人 ha²⁴ȵiəŋ⁵³
奉贤	哀个 ɛ⁴⁴kʏ⁵³	阿里个 ɦa²²li⁵⁵kʏ²¹	啥人 sa³³ȵiŋ⁵³
浦东（川沙）	衣个 i⁵⁵ɦəʔ⁵³	鞋里个 ɦA²²li⁵⁵ɦəʔ²¹	啥人 sA³³ȵin⁵³
浦东（惠南）	衣⁼个 i⁵⁵gəʔ⁵³	还有个 ɦɛ¹³ɦiʏ⁵⁵gəʔ³¹	啥人 sA⁵⁵ȵin⁵³
嘉定	伊个 i⁵⁵kəʔ²¹	何里个 ɦa²²li²⁴kəʔ²¹	啥人 hã⁵⁵ȵiŋ²¹
宝山	伊个 i⁵⁵ɦəʔ²¹	阿里只 ɦa²²li²³tsA ʔ⁵²	啥人 sa³³ȵĩŋ⁵²
崇明	个个 kəʔ⁵go ʔ⁰	哪其 la²⁴²ki⁵⁵	何人 ɦɦa²⁴²ȵin⁵⁵

地点 \ 词条	1147 这里 在～,不在那里	1148 那里 在这里,不在～	1149 哪里 你到～去?
中心城区（南）	迭搭 dɪʔ¹¹tʌʔ²³ 辫搭 gəʔ¹¹tʌʔ²³	伊搭 i⁵⁵tʌʔ²¹ 伊面 i⁵⁵mi²¹	阿里 ɦʌ²²li⁴⁴ 阿里搭 ɦʌ²²li⁵⁵tʌʔ²¹
中心城区（北）	迭搭 dɪʔ¹¹tɐʔ²³ 迭面 dɪʔ¹¹mi²³ 辫搭 gɐʔ¹¹tɐʔ²³	伊面 i⁵⁵mi²¹ 辫面 gɐʔ¹¹mi²³	啥地方 sa³³di⁵⁵fã²¹ 鞋里 ɦa²²li⁴⁴ 鞋里搭 ɦa²²li⁵⁵tɐʔ²¹
松江	个搭 gəʔ²tæʔ³⁵	伊搭 i⁵⁵tæʔ³¹	何搭 ɦa²⁴tæʔ³¹ 从变调看,此处"何"为"何里"的合音
闵行	特搭 də ʔ²²dæʔ⁴	伊搭 i⁴⁴dæʔ²	哈搭 ha⁴⁴dæʔ²
青浦	辫搭 gəʔ¹¹tæ³⁴	哀搭 ɛ⁴⁴tæ³³	阿里搭 ɦa³³li⁵⁵tæʔ³¹
金山	辫里 gəʔ³li⁵³ 辫滩 gəʔ³tʰɛ³³	记滩 tɕi³³tʰɛ³¹	鞋里 ɦɑ¹³li⁵³ 鞋滩 ɦɑ¹³tʰɛ⁵³
奉贤	辫搭 gəʔ²²tæʔ³⁴	哀搭 ɛ⁴⁴dæʔ⁴⁴	阿搭 ɦɑ²⁴tæʔ²¹
浦东（川沙）	迭面 dəʔ²²mi³⁴	衣面 i⁵⁵mi²¹	啥地方 sʌ²²di⁵⁵fã⁵³
浦东（惠南）	此地 tsʰʅ³⁵di³¹ 迭搭块 dɪʔ²²tʰəʔ³³kʰuɛ³⁵	伊搭块 i⁵⁵tæʔ⁵⁵kʰuɛ³¹	啥地方 sʌ³⁵di⁵⁵fã³¹
嘉定	迭里 diɪʔ²²li²⁴	一里 iɪʔ⁵⁵li²¹	何里 ɦa²²li²⁴
宝山	迭浪 dɪʔ²²lɔ̃²³ 迭搭块 dɪʔ¹¹tʌʔ²²kʰuʌɪ²³	伊浪 i⁵⁵lɔ̃²¹ 伊个浪 i⁵⁵ɦəʔ³³lɔ̃²¹	阿里 ɦa²²li²³
崇明	降个墩 tɕiɑ⁴²⁴kəʔ⁵tən⁵⁵	杠个墩 kã⁴²⁴kəʔ⁵tən⁵⁵	哪里 lɑ²⁴²li⁰

地点 \ 词条	1150 这样 事情是～的,不是那样的	1151 那样 事情是这样的,不是～的	1152 怎样 什么样；你要～的？
中心城区（南）	辂样 gəʔ¹¹ɦiã²³ 辂能样子 gəʔ¹¹nəŋ⁵⁵ɦiã³³tsɿ²¹	伊样 i⁵⁵ɦiã²¹ 伊能样子 i⁵⁵nəŋ³³ɦiã²²tsɿ²¹	哪能样子 nᴀ²²nəŋ⁵⁵ɦiã³³tsɿ²¹
中心城区（北）	迭能 dɪʔ¹¹nəŋ²³ 辂能 gɤʔ¹¹nəŋ²³ 迭能介 dɪʔ¹¹nəŋ²²ka²³	伊能 i⁵⁵nəŋ²¹ 埃能 ᴇ⁵⁵nəŋ²¹ 伊能介 i⁵⁵nəŋ³³ka²¹	哪能 na²²nəŋ⁴⁴ 哪能介 na²²nəŋ⁵⁵ka²¹
松江	是能介 zəʔ²nəŋ⁵⁵ka⁵³	伊能介 i⁵⁵nəŋ³³ka³¹	哪能介 na²²nəŋ⁵⁵ka³¹
闵行	特个能 dəʔ²²kəʔ²nəŋ⁴⁴	伊个能 i⁴⁴kəʔ²nəŋ²²	啥个样子 sa⁴⁴gəʔ⁴⁴jiã²²tsɿ⁴⁴
青浦	辂样 gəʔ¹¹ɦiæ̃³⁴	哀样 ᴇ⁵⁵ɦiæ̃³¹	阿里样 ɦa³³li⁵⁵ɦiæ̃³¹
金山	实介 zaʔ²kɑ³⁵	记⁼介 tɕi³⁵kɑ³⁵	哪能 nɑ¹³nəŋ³¹
奉贤	茄能 gɑ²²nəŋ⁵³	哀能 ɛ⁴⁴nəŋ⁵³	哪能 nɑ²²nəŋ⁵³
浦东（川沙）	辂能 gəʔ²²nəŋ³⁴	衣能 i⁵⁵nəŋ⁵³	哪能 nᴀ²²nəŋ⁵³
浦东（惠南）	迭能 dɪʔ²²nən¹¹³	衣⁼能 iɪʔ⁵⁵nən⁵³	哪能 nᴀ¹³nən⁵³
嘉定	辂愣 gəʔ²²ləŋ²⁴	一愣 iɪʔ⁵⁵ləŋ²¹	哪能 nã²²nəŋ⁵³
宝山	特能 dəʔ²²nə̃ŋ²³	伊能 i⁵⁵nə̃ŋ²¹	行⁼啥 ɦa²³sa³⁴ 哪能 nɑ²²nə̃ŋ⁵²
崇明	实其 zəʔ²ki⁵⁵	实其 zəʔ²ki⁵⁵	哪样 nã²⁴² "哪样" 的合音，无同音字

地点 \ 词条	1153 这么~贵啊	1154 怎么这个字~写?	1155 什么这个是~字?
中心城区（南）	介 kᴀ⁵²	哪能 nᴀ²²nəŋ⁵³	啥个 sᴀ³³ɦəʔ⁴⁴
中心城区（北）	介 ka⁵²	哪能 na²²nəŋ⁴⁴	啥个 sa³³ɦəʔ⁴⁴
松江	介 ka⁵³	哪能 na²²nəŋ⁵³	啥 sa⁵³
闵行	特能 dəʔ²²nəŋ⁴⁴	哪能 na²²nəŋ⁴⁴	啥个 sa⁴⁴gəʔ⁴⁴
青浦	辫能介 gəʔ²²nəŋ⁵⁵ka³¹	哪能介 na²²nəŋ⁵⁵ka³¹	啥 sa³⁵
金山	实介 zaʔ²ka³⁵	哪能 na¹³nəŋ³¹	哈物事 ha⁴⁴məʔ³ʑɿ³¹
奉贤	辫能 gəʔ²²nəŋ⁵³	哪能 na²²nəŋ⁵³	啥 sa³⁵
浦东（川沙）	介 kᴀ⁵³	哪能 nᴀ²²nəŋ⁵³	啥 sᴀ³⁵
浦东（惠南）	迭能 diɪʔ²²nən¹¹³ 介 kᴀ⁵³	哪能 nᴀ¹³nəŋ⁵³	啥 sᴀ³⁵
嘉定	辫愣 gəʔ²²ləŋ²⁴	哪能 nã²²nəŋ⁵³	啥个 sa³⁵gəʔ⁵³
宝山	实能 zəʔ²²nẽŋ²³ 迭能 dəʔ²²nẽŋ²³	哪能 na²²nẽŋ⁵²	啥个 sa³³ɦəʔ⁵⁵
崇明	能 nən²⁴	哪样 nã²⁴² "哪样"的合音,无同音字	哈 hɑ³³

地点＼词条	1156 什么 你找～?	1157 为什么 你～不去?	1158 干什么 你在～?
中心城区（南）	啥 sᴀ³⁴	为啥 ɦuᴇ²² sᴀ⁵³	做啥 tsu³⁴ sᴀ³⁴
中心城区（北）	啥物事 sa³³ mɐʔ⁵ zɿ²¹	为啥 ɦue³³ sa³⁴ 做啥 tsu⁴⁴ sa³⁴	做啥 tsu⁴⁴ sa³⁴
松江	啥物事 sa³³ məʔ⁵ zɿ³¹	为啥 ve²² sa³⁵	做啥 tsu³³ sa³⁵
闵行	啥 sa⁵⁵	为啥 ɦue²² sa⁴⁴	做啥 tsu⁴⁴ sa⁴⁴
青浦	啥 sa³⁵	为啥 ɦui²² sa³⁵	做啥 tsu⁴⁴ sa⁴⁵
金山	哈物事 hɑ⁴⁴ mə³ zɿ³¹	为啥 ɦue¹³ sa³⁵	做啥 tsu¹³ sa³⁵
奉贤	啥 sa³⁵	做啥 tsu⁴⁴ sa⁴⁴	做啥 tsu³⁵ sa³⁵
浦东（川沙）	啥 sᴀ³⁵	咋咾 tsᴀ³³ lɔ⁵³	做啥 tsu⁵⁵ sᴀ³⁵
浦东（惠南）	啥 sᴀ³⁵	为啥 βᴇ¹³ sᴀ⁵³ 做啥 tsu³⁵ sᴀ⁵³	做啥 tsu³⁵ sᴀ⁵³
嘉定	啥个 sa³³ gəʔ⁵⁵	为啥 ɦue²² sa²⁴	做啥个物事 tsu³⁵ sa³³ gəʔ⁵⁵
宝山	啥 sa³⁴ 啥物事 sa³³ mɐʔ⁵ zɿ²¹	为啥 ɦuʌɪ²³ sa³⁴ 为点啥 ɦuʌɪ²² te⁵⁵ sa³⁴	做点啥 tsu³³ te⁴⁴ sa³⁴ 行＝啥 hã³⁴ sɑ³⁴
崇明	哈物事 hɑ³³ məʔ⁵ zɿ⁰	做哇 tsu⁴²⁴ uɑ³³	做哇 tsu⁴²⁴ uɑ³³

地点 \ 词条	1159 多少 这个村有~人？	1160 很 今天~热	1161 非常 比上条程度深；今天~热
中心城区（南）	几化 tɕi³³ho⁵³ 多少 tu⁵⁵sɔ²¹	交关 tɕiɔ⁵⁵kuɛ²¹ 邪气 zia²²tɕʰi⁵³ 老…个 lɔ²³…gəʔ¹²	老老 lɔ²³lɔ²³ 一塌糊涂 iɪʔ³³tʰA⁵⁵βu²²du²¹
中心城区（北）	几化 tɕi³³ho⁴⁴ 多少 tu⁵⁵sɔ²¹	老 lɔ²³ 交关 tɕiɔ⁵⁵kuɛ²¹	邪气 zia²²tɕʰi⁴⁴
松江	几化 tɕi⁴⁴ho⁴⁴	蛮 mɛ⁵³	热起热来 niɪʔ²tɕi⁵⁵niɪʔ⁵lɛ³¹
闵行	几化 tɕi⁴⁴ho⁴⁴	邪气 zia²²tɕʰi⁴⁴	交交关关 tɕiɔ²²tɕiɔ⁴⁴kuɛ²²kuɛ⁴⁴
青浦	多少 tu⁵⁵sɔ³¹ 几化 tɕi⁴⁴ho³³	蛮 mɛ³¹	交关 tɕiɔ⁵⁵kuɛ³¹
金山	几化 tɕi⁴⁴ho⁴⁴	交关 ciɔ²⁴kɔ⁵³	咾 lɔ¹³
奉贤	几化 tɕi⁴⁴hɔ⁴⁴ 多少 tu⁴⁴sɔ⁵³	交关 tɕiɔ⁴⁴kuɛ⁵³	邪气 zia²⁴tɕʰi²¹
浦东（川沙）	几化 tɕi⁴⁴ho⁴⁴	邪 ziA²¹³	交关 tɕiɔ⁵⁵kuɛ⁵³
浦东（惠南）	几化 tɕi⁴⁴ho⁴⁴	邪 ziA¹¹³	交关 tɕiɔ⁵⁵kuɛ⁵³ 邪气 ziA³¹tɕhi³⁵
嘉定	几许 tɕi³³fiɤ⁵³	邪气 zia²²tɕʰi⁵³	热透热透 niɪ²²tʰɤ²⁴niɪ²²tʰɤ²¹
宝山	几化 tɕi³³hɤ⁵²	蛮 mɛ⁵³	交关 tɕiɔ⁵⁵kuɛ²¹
崇明	多话 tu⁵⁵ɦuo⁰	蛮 mæ⁵³	穷 dʑyoŋ²⁴

地点 \ 词条	1162 更 今天比昨天~热	1163 太 这个东西~贵,买不起	1164 最 弟兄三个中他~高
中心城区（南）	更加 kəŋ³³kᴀ⁴⁴	忒 tʰəʔ⁵⁵	顶 tiŋ³⁴ 最 tsø⁵²
中心城区（北）	还要 ɦɛ²²iɔ⁴⁴ 更加 kəŋ⁵⁵ka²¹	忒 tʰəʔ⁵⁵	顶 tiŋ⁵² 最 tsø⁵²
松江	更加 kəŋ³⁵kɑ⁵³	忒 tʰəʔ⁴	最 tsø⁵³ 顶 tiŋ⁴⁴ 又
闵行	更加 kəŋ⁴⁴kɑ⁵³	忒 tʰəʔ⁵	最 tsø⁵⁵
青浦	更加 kəŋ³³kɑ⁵²	忒 tʰəʔ⁵⁵	最 tsø⁴³
金山	更加 kəŋ²⁴kɑ⁵³	忒 tʰəʔ⁵	顶 diəŋ⁴⁴
奉贤	更加 kəŋ³³kɑ⁵³ 还要 ɛ³³iɔ³⁴	忒 tʰəʔ⁵⁵	顶 tiŋ⁴⁴
浦东（川沙）	还要 ɦɛ²²iɔ⁴⁴	介 kᴀ⁵³	最 tsø³⁵
浦东（惠南）	还要 ɦɛ¹³iɔ⁵⁵	忒 tʰəʔ⁵⁵	顶 dĩn⁴⁴
嘉定	还要 ɦuᴇ²⁴ɦiɔ²¹	忒 tʰəʔ⁵⁵	顶 tiŋ⁴²³
宝山	愈加 ɦi²²kɑ⁵²	忒 tʰəʔ⁵⁵	顶 tĩŋ³⁴ 最 tsʌɪ³⁴
崇明	爱要 ʔɛ⁴²⁴ʔiɔ³³	忒 tʰəʔ⁵	最 tsei³³

地点 \ 词条	1165 都 大家~来了	1166 一共 ~多少钱?	1167 一起 我和你~去
中心城区（南）	侪 zE²³	一共拢总 iɪʔ³³goŋ⁵⁵loŋ³³tsoŋ²¹ 一塌刮子 iɪʔ³³tʰAʔ⁵⁵kuAʔ³³tsɿ²¹ 亨八冷打 hã⁵⁵pAʔ³³lã²²tã²¹ 搁落三姆 goʔ¹¹loʔ⁵⁵sE³³ɦm̩²¹	一道 iɪʔ³³dɔ⁴⁴
中心城区（北）	侪 zE²³ 统统 tʰoŋ⁵⁵tʰoŋ²¹	一塌刮仔 iɪʔ³³tʰɐʔ⁵⁵kuɐʔ³³tsʰɿ²¹ 亨白浪当 hã⁵⁵bɐʔ³³lã³³tã²¹ 一共拢总 iɪʔ³³goŋ⁵⁵loŋ³³tsoŋ²¹	一道 iɪʔ³³dɔ⁴⁴
松江	侪 zɛ³¹	一共拢总 iɪʔ³goŋ⁵⁵loŋ⁵⁵tsoŋ³¹	一淘 iɪʔ³dɔ⁵³
闵行	侪 zɛ³¹	一塌刮子 iɪʔ²²tʰaʔ⁴⁴kuaʔ⁴⁴tsɿ⁴⁴	一道 iɪʔ²dɔ⁴⁴
青浦	侪 zɛ³¹	一共 iɪʔ⁵⁵koŋ⁵⁵	一道 iɪʔ⁵⁵dɔ⁵¹
金山	侪 zɛ³¹	一塌 iʔ⁴tʰæʔ²	一道 iʔ⁴dɔ³³
奉贤	齐 ʑi³¹	总共 tsoŋ⁴⁴goŋ⁴⁴ 共总 goŋ²²tsoŋ³⁴ 一塌刮子 iɪʔ³³tʰæʔ⁵⁵kuæʔ³³tsɿ²¹	一淘 iɪʔ³³dɔ⁵³
浦东（川沙）	侪 zɛ²¹³	一揢刮子 iɪʔ⁵⁵tʰɐʔ⁵⁵kuAʔ⁵⁵tsɿ²¹	一道 iɪʔ⁴⁴dɔ⁴⁴
浦东（惠南）	侪 zɛ¹¹³	一揢刮子 iɪʔ³³tʰɐʔ⁵⁵kuAʔ⁵⁵tsɿ³¹	一道 iɪʔ⁵⁵dɔ⁵³
嘉定	侪 zE²³¹	共总 goŋ²⁴tsoŋ²¹	一淘 iɪʔ⁵⁵dɔ²¹
宝山	侪 zɛ³¹ 秃 tʰoʔ⁵⁵	总共 tsoŋ³³goŋ⁵² 一共 iɪʔ³³goŋ⁴⁴ 亨八冷打 hã⁵⁵pAʔ³³lã³³tã²¹	一道 iɪʔ³³dɔ⁵²
崇明	裁 zɛ²⁴	共总 goŋ³¹³tsoŋ³³	一淘 ʔiə⁵dɔ⁵⁵

地点 \ 词条	1168 只 我~去过一趟	1169 刚 这双鞋我穿着~好	1170 刚 我~到
中心城区(南)	只 tsəʔ⁵⁵	刚刚 kã⁵⁵kã²¹ 正正 tsəŋ³³tsəŋ⁴⁴	刚刚 kã⁵⁵kã²¹
中心城区(北)	只 tsɐʔ⁵⁵	正 tsəŋ⁵²	刚刚 kã⁵⁵kã²¹
松江	只 tsəʔ⁴	刚刚 kɒ̃³⁵kɒ̃⁵³	刚刚 kɒ̃³⁵kɒ̃⁵³
闵行	只 tsəʔ⁵	眼眼叫 ŋɛ²²ŋɛ⁴⁴tɕiɔ²²	才 zeı³
青浦	只 tsəʔ⁵⁵	正 tsəŋ³⁵	刚 kã⁵¹
金山	只 tsəʔ⁵	刚 kã⁵³	刚 kã⁵³
奉贤	只 tsəʔ⁵⁵	正 tsəŋ⁵³	刚刚 kã⁴⁴kã⁵³
浦东(川沙)	只 tsʅ⁴⁴	正 tsəŋ³⁵	刚刚 kã⁵⁵kã⁵³
浦东(惠南)	只 tsʅ⁴⁴	正 tsəŋ⁵³	刚 kã⁵³ 刚刚 kã⁵⁵kã⁵³
嘉定	只有 tsəʔ⁵⁵y²¹	正 tsəŋ⁵³	刚刚 kã⁵⁵kã²¹
宝山	只 tsəʔ⁵⁵ 单 tɤ⁵³ 单清 tɤ⁵⁵tsʰĩŋ²¹	正 tsẽŋ⁵³	刚刚 kɒ̃⁵⁵kɒ̃²¹
崇明	得勒 təʔ⁵ləʔ⁵	正好 tsən³³hɔ⁰	眼眼 ŋæ⁴²⁴ŋæ⁵⁵

地点 \ 词条	1171 才 你怎么~来啊？	1172 就 我吃了饭~去	1173 经常 我~去
中心城区（南）	刚刚 kã⁵⁵kã²¹	就 ʑiɤ²³	常庄 zã²²tsã⁵³
中心城区（北）	刚刚 kã⁵⁵kã²¹	就 dʑiɤ²³	常常 zã²²zã⁴⁴ 经常 tɕiŋ⁵⁵zã²¹
松江	刚刚 kɒ̃³⁵kɒ̃⁵³	就 ʑiɯ¹³	常桩 zæ̃¹³tsɒ̃⁵³
闵行	刚 kã⁵³	就 zɤ¹³	常张 zã²²tsã⁵³
青浦	才 zE³¹	就 ziə²²⁴	经常 tɕiəŋ⁵⁵zæ̃³¹
金山	才 zɛ³¹	就 ʑiɤ¹³	常桩 zã¹³tsã⁵³
奉贤	刚刚 kã⁴⁴kã⁵³ 才 ze³¹	就 ʑiɤ²⁴	常桩 zã²³tsã⁵³
浦东（川沙）	刚刚 kã⁵⁵kã⁵³	就 ʑiɤ¹³	常桩 zã²²tsã²²
浦东（惠南）	才 zE¹¹³	就 ʑiɤ¹³	常朝 zã²²tsɔ³³
嘉定	刚刚 kã⁵⁵kã²¹	就 zɿ²³¹	常张 zã²²tsã⁵³
宝山	刚刚 kɒ̃⁵⁵kɒ̃²¹	就 zʌɪ³¹	常庄 zã²²tsɒ̃⁵²
崇明	那末勒 næ²⁴lə²⁰ 那末表示"那末"的合音，无同音字	就 zə²⁴	一直 ʔieʔ⁵ dzɤʔ⁵

地点＼词条	1174 又 他~来了	1175 还 他~没回家	1176 再 你明天~来
中心城区（南）	夷⁼ɦi²³ 又ɦiɤ²³	还ɦɛ²³	再tsɛ⁵²
中心城区（北）	又iɤ⁵²	还ɦɛ²³	再tsɛ⁵²
松江	又ɦi¹³	还ɛ⁴⁴	再tsɛ⁴⁴
闵行	又ɦi¹³	还ɦa¹³	再tsɛ⁵⁵
青浦	又ɦi²²⁴	还ɦɛ²²⁴	再tsɛ⁴³
金山	又ɦi¹³	还ɛ³⁵	再tsɛ³⁵
奉贤	夷⁼ɦi²⁴	还ɛ⁴⁴	再tsɛ⁵³
浦东（川沙）	又ɦi²¹³	还ɦɛ²¹³	再ɛ⁵³
浦东（惠南）	又ɦiɤ¹³	还ɦɛ¹¹³	再tsɛ⁵³
嘉定	亦ɦi²¹³	还ɦɛ²³¹	还ɦuɛ²³¹
宝山	夷⁼ɦi²³	还ɛ⁵³	还ɛ⁵³
崇明	又ɦi²⁴²	爱ʔɛ³³	爱ʔɛ³³

地点 \ 词条	1177 也 我~去；我~是老师	1178 反正 不用急，~还来得及	1179 没有 昨天我~去
中心城区（南）	也 ɦA²³	横竖 ɦuã²²sɿ⁵³ 反正 fE³³tsəŋ⁵³	呒没 ɦm̩²²mɐʔ⁴⁴ 勿曾 vəʔ¹¹zəŋ²³
中心城区（北）	也 ɦa²³	好坏 hɔ³³ɦua⁴⁴ 反正 fE³³tsəŋ⁴⁴	呒没 m̩²²mɐʔ⁴⁴ 没 mɐʔ⁴⁴
松江	也 ɦa¹³	横竖 væ̃²²ɕy²² "竖"读清声母	勿曾 uəʔ⁴zəŋ⁵³
闵行	也 ɦa¹³	反正 fɛ⁴⁴tsəŋ⁴⁴	呒没 m̩⁴⁴məʔ²²
青浦	也 ɦa²²⁴	反正 fɛ⁴⁴tsəŋ³³	呒没 ɦm̩⁵⁵məʔ³¹
金山	也 ɦa¹³	#⁹#¹⁰ tʰi²³tʰɑʔ⁴	呒没 ɦm̩¹²məʔ⁴
奉贤	也 ɦa²⁴	横竖 ɦuã²²sɿ³⁴	勿曾 ʋəʔ³³zəŋ⁵³ 呒没 m̩⁵⁵məʔ²¹
浦东（川沙）	也 ɦA²¹³	反正 fɛ⁴⁴tsən⁴⁴	没 məʔ²³
浦东（惠南）	也 ɦA¹¹³	反正 fɛ³⁵tsən⁵³	无呒 ɦm̩²²mAʔ³³
嘉定	鞋 =ɦa²¹³	横 #⁹ ɦuã²⁴sɿ²¹	勿曾 uəʔ²²zəŋ⁵³
宝山	也 ɦa²³	反正 fɛ³³tsɛ̃ŋ⁵²	齵 ʋĩŋ⁵³ 呒没 ɦm̩²²məʔ⁵²
崇明	也 ɦia²⁴²	横归 ɦuã³¹³kuei⁵⁵	无曾 n̩⁵⁵n̩in⁵⁵

地点 \ 词条	1180 不 明天我～去	1181 别 你～去	1182 甭 不用,不必: 你～客气
中心城区（南）	勿 vəʔ¹²	覅 viɔ²³	覅 viɔ²³
中心城区（北）	勿 vɐʔ¹²	勿要 vɐʔ¹¹ɕiɔ²³ 覅 viɔ²³	勿要 vɐʔ¹¹ɕiɔ²³ 覅 viɔ²³
松江	勿 uəʔ⁴	勿要 uəʔ⁴ɕiɔ³⁵	勿要 uəʔ⁴ɕiɔ³⁵
闵行	没 məʔ⁵	勿要 viɔ⁵⁵	勿要 viɔ³⁵
青浦	勿 vəʔ⁵⁵	勿要 vəʔ¹¹ɕiɔ³⁴	勿用 vəʔ¹¹ɦioŋ³⁴ 勿必 vəʔ³³piʔ⁵⁵
金山	勿 uəʔ⁵	勿要 uəʔ³ɕiɔ³⁵	勿用 uəʔ³ɦioŋ³⁵
奉贤	勿 vəʔ⁵⁵	休要 iɔ⁵³	休要 iɔ⁵³
浦东（川沙）	勿 vəʔ⁵⁵	嫑 viɔ⁴⁴	嫑 viɔ⁴⁴
浦东（惠南）	勿 vəʔ²³	勿要 vəʔ²²ɕiɔ¹¹³	勿要 vəʔ²²ɕiɔ¹¹³
嘉定	勿 uəʔ⁵⁵	勿要 vəʔ²²ɦiɔ²⁴	勿要 viɔ²¹³
宝山	勿 vəʔ⁵⁵	覅 viɔ²³ 勿要 vəʔ³³ɕiɔ⁴⁴	覅 viɔ²³ 勿要 vəʔ³³ɕiɔ⁴⁴
崇明	弗 fəʔ⁵	拗 ʔɔ⁵³	拗 ʔɔ⁵³

地点＼词条	1183 快 天~亮了	1184 差点儿 ~摔倒了	1185 宁可 ~买贵的
中心城区（南）	快 kʰuA³⁴	推板一眼眼 tʰE⁵⁵pE²¹iʔ³³ŋE⁵⁵ŋE²¹	情愿 ʑiŋ²²n̻yø⁵³
中心城区（北）	就要 dʑiɤ²²iɔ⁴⁴	推板一眼眼 tʰe³³pE³³iʔ³³ŋE⁵⁵ŋE²¹	情愿 ʑiŋ²²n̻yø⁴⁴ 宁可 n̻iŋ²²kʰu⁴⁴
松江	快 kua³⁵	差扳一眼 tsʰo³⁵pɛ⁵⁵iɪʔ³n̻iɛ³¹	情愿 ʑiŋ²⁴n̻yø³¹
闵行	快 kʰua³⁵	差板一眼眼 tsʰo⁴⁴ɕɛ²²iɪʔ²ŋɛ⁴⁴ŋɛ⁴⁴	情愿 ʑiŋ¹³n̻iø⁴⁴
青浦	快 kʰua³⁵	差一眼 tsʰo⁵⁵iɪʔ¹¹ŋE³⁴	宁可 n̻iən²²kʰɔ³⁵
金山	快 kʰuɑ³⁵	推扳一眼眼 tʰe²⁴ɕɛ⁵³iʔ³nɛ⁵⁵nɛ³¹	宁愿 n̻iən¹³n̻yø³¹
奉贤	快 kʰuɑ³⁵	推扳一眼眼 tʰe⁴⁴pɛ⁴⁴iɪʔ³³ŋɛ⁴⁴ŋɛ⁵³	宁使 n̻iŋ²²sɿ³⁴
浦东（川沙）	快 kʰuA³⁵	推扳眼 tʰe⁵⁵ɕɛ⁵⁵ŋɛ²¹	宁愿 n̻in²²n̻yø⁴⁴
浦东（惠南）	快 kʰuA³⁵	推扳一眼眼 tʰE⁵⁵ɕɛ⁵³iɪʔ⁵⁵ŋɛ⁵⁵ŋɛ⁵³	宁愿 n̻in²²n̻yø³³ 宁可 n̻in²²kʰɔ³³
嘉定	就要 dʑy²⁴ɦiɔ²¹	推扳一眼 tʰɤ⁵⁵pE²²iɪʔ²²ŋE²¹	情愿 ʑiŋ²²n̻iɤ²⁴
宝山	快 kʰuɑ³⁴	推扳一眼眼 tʰʌɪ⁵⁵pE²¹iɪʔ³³ŋE⁵⁵ŋE²¹	情愿 zĩŋ²⁴n̻iɤ³¹ 宁可 ɲĩŋ²²kʰu²³
崇明	就要 zθ²⁴ʔiɔ³³	急急为 tɕiəʔ⁵tɕiəʔ⁵ɦuei⁵⁵	喏今 zo³¹³tɕin⁵⁵

地点＼词条	1186 故意~打破的	1187 随便~弄一下	1188 白~跑一趟
中心城区（南）	存心 zən²²ɕiŋ⁵³ 有意 iɤ⁵⁵i²¹	随便 zø²²bi⁵³	白 bᴀʔ$\underline{12}$
中心城区（北）	存心 zən²²ɕiŋ⁴⁴	马马虎虎 ma⁵⁵ma³³fu³³fu²¹ 随便 zø²²bi⁴⁴	白 bɐʔ$\underline{12}$ 空 kʰoŋ⁵²
松江	有意 iɯ⁴⁴i⁴⁴	随便 zø²⁴bi³¹	白 baʔ²
闵行	特为 diɪʔ²²ɦue⁴⁴	马马虎虎 ma⁴⁴ma²²fu⁴⁴fu⁴⁴	白 baʔ$\underline{23}$
青浦	故意 kəu³³i³⁵	随便 zø²⁵biɪ¹¹	白白 baʔ$\underline{33}$baʔ$\underline{24}$
金山	要实介 iɔ³⁵zɑʔ²kɑ³⁵	随便 zø¹³biɪ³¹	白 bɑʔ$\underline{12}$
奉贤	存心 zəŋ²³ɕieŋ⁵³ 要咾 iɔ³³lɔ⁵³ 有意 ɦiɤ²²i³⁴	随便 zø²⁴bi²¹	白 baʔ$\underline{23}$
浦东（川沙）	有心个 ɦiɤ²²ɕin⁵⁵ɦəʔ$\underline{21}$	随便 zø²²bi⁴⁴	白 bᴀʔ$\underline{23}$
浦东（惠南）	成心个 zən³¹ɕin⁵⁵ə⁵³ 有意个 ɦiɤ³¹i³⁵ə⁵³	随便 zø²²bi³³	白 bᴀʔ$\underline{23}$
嘉定	有意 iy⁵⁵i²¹	随便 zɤ²²biɪ²⁴	空 kʰoŋ⁵³
宝山	存心 zẽŋ²²sĩŋ⁵² 故意 ku⁵⁵i²¹ 有意 y⁵⁵i²¹	随便 zʌɪ²²be²³	白 bᴀʔ$\underline{12}$
崇明	廸神 diəʔ²zən⁵⁵	随便 zei²⁴bie⁰	白 baʔ²

地点 \ 词条	1189 肯定~是他干的	1190 可能~是他干的	1191 一边~走，~说
中心城区（南）	肯定 kʰəŋ³³diŋ⁵³ 吃准 tɕʰiɪʔ³³tsəŋ⁴⁴	作兴 tsoʔ³³ɕiŋ⁵³ 讲勿定 kɑ̃³³vəʔ⁵⁵diŋ²¹	一面 iɪʔ³³mi⁵³ 一头 iɪʔ³³dɤ⁵³
中心城区（北）	肯定 kʰəŋ³³diŋ⁴⁴ 敲定 kʰɔ⁵⁵diŋ²¹ 绝对 ʑiɪʔ¹¹te²³	作兴 tsoʔ³³ɕiŋ⁴⁴ 可能 kʰu³³nəŋ⁴⁴ 大概 da²²kɛ⁴⁴	一面 iɪʔ³³mi⁴⁴ 一边 iɪʔ³³pi⁴⁴
松江	板 ⁼pɛ⁴⁴	作兴 tsoʔ⁵ɕiŋ³⁵	一头 iɪʔ⁴dɯ⁵³
闵行	肯定 kʰəŋ⁴⁴diŋ⁴⁴	作兴 tsoʔ⁴ɕiŋ⁴⁴	一面 iɪʔ⁴mi⁴⁴
青浦	肯定 kʰəŋ⁴⁴diəŋ³³	可能 kʰɔ⁴⁴nəŋ⁵³	一边 iɪʔ⁵⁵piɪ⁵¹
金山	板 ɓɛ⁴⁴	可能 kʰu²⁴nəŋ⁵³	一边 iʔ³³ɓiɪ⁵³
奉贤	板 ɓɛ⁴⁴ 板定 ɓɛ⁴⁴diŋ⁴⁴ 肯定 kʰəŋ⁴⁴diŋ⁴⁴	作兴 tsoʔ³³ɕiŋ⁵³	一头 iɪʔ³³dɤ⁵³
浦东（川沙）	肯定 kʰən⁴⁴din⁴⁴	作兴 tsoʔ³³ɕin⁵³	一定 iɪʔ³³din³⁴
浦东（惠南）	肯定 kʰən⁴⁴din⁴⁴	作兴 tsoʔ³¹ɕin⁴⁴	一登 ⁼iɪʔ⁵⁵ɗən⁵³
嘉定	肯定 kʰəŋ³³diŋ⁵³	作兴 tsoʔ³³ɕiŋ⁵³	一头 iɪʔ³³dɤ⁵³
宝山	肯定 kʰẽŋ³³dĩŋ⁵²	说勿定 səʔ³³vəʔ⁵⁵dĩŋ²¹ 讲勿定 kɔ̃³³vəʔ⁵⁵dĩŋ²¹ 可能 kʰu⁵⁵nẽŋ²¹	一头 iɪʔ³³dʌɪ⁵² 一边 iɪʔ³³pe⁵²
崇明	肯定 kʰən⁴²⁴lin³³	可能 kʰu⁴²⁴nən⁵⁵	一边 ʔiə⁵pie⁵⁵

地点 \ 词条	1192 和 我~他都姓王	1193 和 我昨天~他去城里了	1194 对 他~我很好
中心城区（南）	脱 tʰəʔ⁵⁵ 得 təʔ⁵⁵ 告 kɔ³⁴ 脱仔 tʰəʔ³³tsʅ⁴⁴	脱 tʰəʔ⁵⁵ 得 təʔ⁵⁵ 告 kɔ³⁴ 脱仔 tʰəʔ³³tsʅ⁴⁴	对 tE³⁴
中心城区（北）	脱 tʰɐʔ⁵⁵ 搭 tɐʔ⁵⁵	脱 tʰɐʔ⁵⁵ 搭 tɐʔ⁵⁵	对 tei³⁴
松江	搭 tæʔ⁴	搭 tæʔ⁴	对 te³⁵
闵行	搭 ɖæʔ⁵	搭 ɖæʔ⁵	搭 ɖæʔ⁵
青浦	跟 kəŋ⁵¹ 脱 tʰəʔ⁵⁵	脱 tʰəʔ⁵⁵ 跟 kəŋ⁵¹	对 tɿ³⁵
金山	脱 tʰəʔ⁵	脱 tʰəʔ⁵	对 ɖe³⁵
奉贤	搭 tæʔ⁵⁵ 脱 tʰəʔ⁵⁵	搭 tæʔ⁵⁵ 脱 tʰəʔ⁵⁵	对 te³⁵
浦东（川沙）	脱 tʰəʔ⁵⁵	脱 tʰəʔ⁵⁵	对 te³⁵
浦东（惠南）	搭仔 ɖæʔ⁵⁵tsʅ⁵⁵ 脱 tʰəʔ⁵⁵	搭仔 ɖæʔ⁵⁵tsʅ⁵⁵ 脱 tʰəʔ⁵⁵	对 tE³⁵
嘉定	脱 tʰəʔ⁵⁵	脱 tʰəʔ⁵⁵	对 tɚ⁴²³
宝山	脱 tʰəʔ⁵⁵ 同 doŋ³¹	脱 tʰəʔ⁵⁵ 同 doŋ³¹	脱 tʰəʔ⁵⁵ 对 tʌɪ³⁴
崇明	脱 tʰəʔ⁵	脱 tʰəʔ⁵	对 tei³³

地点 \ 词条	1195 往~东走	1196 向~他借一本书	1197 按~他的要求做
中心城区（南）	往 mã²³ 朝 zɔ²³	问 məŋ²³	照 tsɔ³⁴
中心城区（北）	朝 zɔ²³ 往 mã²³	问 məŋ²³	照 tsɔ³⁴
松江	朝 zɔ³¹	问 məŋ¹³	照 tsɔ³⁵
闵行	望 mã¹³	问 məŋ¹³	照 tsɔ³⁵
青浦	向 ɕiæ̃³⁵ 朝 zɔ³¹	脱 tʰəʔ⁵⁵	照 tsɔ³⁵
金山	望 mã¹³	问 məŋ¹³	照 tsɔ³⁵
奉贤	望 mã²⁴ 朝 zɔ³¹	问 məŋ²⁴	照 tsɔ³⁵
浦东（川沙）	朝 zɔ²¹³	问 mən¹³	照 tsɔ³⁵
浦东（惠南）	朝 zɔ¹¹³	问 mən¹³	照 tsɔ³⁵
嘉定	望 mã²¹³	问 məŋ²¹³	照 tsɔ⁴²³
宝山	朝 zɔ³¹	向 ɕiã³⁴	照 tsɔ³⁴ 按 ɣ⁵³
崇明	望 mã³¹³	问 mən³¹³	照 tsɔ³³

地点 \ 词条	1198 替~他写信	1199 如果~忙你就别来了	1200 不管~怎么劝他都不听
中心城区（南）	代 dɛ²³ 脱 tʰəʔ⁵⁵	假使 tɕiA³³ sɿ⁵³ 要是 iɔ³³ zɿ⁵³ 末 məʔ¹²	勿管 vəʔ¹¹ kø²³ 随便 zø²² bi⁵³
中心城区（北）	代 dɛ²³ 搭 tɐʔ⁵⁵	假使 tɕiA³³ sɿ⁴⁴ 如果 zɿ²² ku⁴⁴	随便 zø²² bi⁴⁴ 勿管 vɐʔ¹¹ kø²³
松江	搭 tæʔ⁴	假使 tɕia³³ sɿ⁵³	勿关 uəʔ⁴ kuɛ⁵³
闵行	搭 ɖæʔ⁵	假使 tɕia⁴⁴ sɿ⁴⁴	勿理 vəʔ⁴⁴ li⁴⁴
青浦	脱 tʰəʔ⁵⁵ 代 dɛ²²⁴	如果 zʅ²² kəu³⁵	勿管 vəʔ⁵⁵ kui⁵⁵
金山	代 dɛ¹³	如果 zy¹³ ku³¹	勿管 uəʔ⁴ kuɛ³³
奉贤	得 təʔ⁴ 脱 tʰəʔ⁵⁵	倘忙 tʰã³³ mã⁵³	随便 zø²⁴ bi²¹
浦东（川沙）	脱 tʰəʔ⁵⁵	假使 kA³³ sɿ⁵³	勿管 ʋəʔ⁴⁴ kue⁴⁴
浦东（惠南）	脱 tʰəʔ⁵⁵ 相帮 ɕiã⁵⁵ ɓã⁵³	假使 kA³⁵ sɿ⁵³	勿管 ʋəʔ²² kuɛ¹¹³
嘉定	脱 tʰəʔ⁵⁵	若然 zoʔ²² ziɪ²⁴	勿管 fəʔ³³ kuɛ⁵³
宝山	脱 tʰəʔ⁵⁵ 代 dɛ²³	假使 tɕia³⁵ sɿ³¹ 若讲 zAʔ⁷ kɔ̃²³	随便 zʌɪ²² be⁵² 勿管 ʋəʔ⁵⁵ kue²¹
崇明	帮 pã⁵³	若话 zɑʔ² ɦuo³³	弗管 fəʔ⁵ kue³³

语法卷

语 法 对 照

地点＼例句	0001 小张昨天钓了一条大鱼，我没有钓到鱼。
中心城区（南）	小张昨日仔钓了一条大鱼，我哦没钓着鱼。 ɕiɔ³³tsã⁴⁴zoʔ²²n̠ʲiɪʔ⁵⁵tsɿ²¹tiɔ³³ləʔ⁴⁴iɪʔ³³diɔ⁴⁴duʔ²²ɦŋ⁴⁴,ŋu²³ɦm̩²²məʔ⁴⁴tiɔ³³zɑʔ⁴⁴ɦŋ²³。
中心城区（北）	小张昨日钓了一条大鱼，我么没钓着。 ɕiɔ³³tsã⁴⁴zoʔ¹¹n̠ʲiɪʔ²³tiɔ⁵⁵ləʔ¹iɪʔ³³tiɔ²¹duʔ²²ɦŋ⁴⁴,ŋu²²məʔ⁴⁴məʔ⁵⁵tiɔ³³zeʔ²¹。
松江	小张昨日着一条大鱼，奴ᵐ勿曾钓着。 ɕiɔ³⁵tsæ̃³¹zoʔ²²n̠ʲiɪʔ²tiɔ³⁵zaʔ⁵iɪʔ³diɔ³¹duʔ²²ɦŋ²²,nu¹³uəʔ⁴zəŋ⁵³tiɔ³⁵zaʔ³¹。
闵行	小张昨日钓着一条大鱼，我哦没钓着。 ɕiɔ⁴⁴tsã²²zoʔ²²n̠ʲiɪʔ²²tiɔ⁴⁴zaʔ²²iɪʔ⁴diɔ⁴⁴duʔ²²ɦŋ⁴⁴,ɦŋ̍¹³m̩⁴⁴məʔ²²。
青浦	小张昨日钓了一条大鱼，我没钓着。 siɔ⁴⁴tsæ⁵³zoʔ³³n̠ʲiɪʔ²⁴tiɔ³³ləʔ²iɪʔ⁵⁵diɔ⁵¹dəu²⁵ɦŋ¹¹,ɦŋ²⁴məʔ³⁵tiɔ²²zaʔ²²。
金山	小张昨日钓了一条大鱼，奴钓勿着鱼。 ɕiɔ²⁴tsiɛ̃⁵³zo¹²n̠ʲiɪʔ⁴tiɔ³⁵ləʔ⁰iɪʔ³diɔ⁵³duʔ¹³ɦŋ³¹,nu¹³tiɔ³⁵uəʔ⁴zaʔ²ɦŋ³¹。
奉贤	昨日小张钓着一条大鱼，我哦没钓着。 zoʔ⁴²n̠ʲiɪʔ²¹ɕiɔ²⁴tsã³¹tiɔ³⁵zaʔ³¹iɪʔ³³diɔ³⁴duʔ²⁴ɦŋ³¹,ŋu²⁴ɦm̩⁴²məʔ²¹tiɔ³⁵zaʔ³¹。
浦东（川沙）	小张昨日子钓着一条大鱼，我钓勿着鱼。 ɕiɔ³³tsã⁵³zoʔ²n̠ʲiɪʔ²tsɿ³⁴tiɔ³⁵zʌʔ⁵⁵iɪʔ⁵⁵diɔ⁵⁵duʔ¹³ɦŋ⁵³,βu¹³ɖiɔ²²ʋəʔ²²zʌʔ⁵³ɦŋ²¹。
浦东（惠南）	小张昨日钓着一条大鱼，我没钓着鱼。 ɕiɔ³⁵tsã⁵³zoʔ²³n̠ʲiɪʔ²⁴ɖiɔ¹³zʌʔ⁵³iɪʔ⁵⁵ɖiɔ¹³duʔ¹³ɦŋ⁵³,ɦŋ¹³mʌ⁵⁵ɖiɔ¹³zʌʔ⁵³ɦŋ¹³。
嘉定	小张昨日子钓着了一条大鱼，我嬲钓着鱼。 siɔ³⁵tsã²¹zoʔ²²n̠ʲiɪʔ²²tsɿ⁵⁵tiɔ³⁵zaʔ²laʔ²²iɪʔ³³diɔ⁵³duʔ²²ɦŋ⁵³,ɦŋ²⁴fuəŋ⁵⁵tiɔ²²zaʔ²²ɦŋ²¹。
宝山	小张上日钓了一条大鱼，我一条也嬲钓着。 siɔ³³tsã⁵³zɤ²⁴n̠ʲiɪʔ³¹tiɔ³³ləʔ⁴⁴iɪʔ³³diɔ⁴⁴duʔ²²ɦŋ⁵³,ɦŋ²³iɪʔ³³diɔ⁵³ɦa²³ʋĩ⁵³tiɔ³³zʌʔ⁴⁴。
崇明	小张昨天钓着一条大鱼，我分宁钓着。 ɕiɔ⁴²⁴tsã⁵⁵zəʔ²n̠ʲi⁵⁵tiɔ³³zaʔ⁰iəʔ⁵diɔ⁵⁵duʔ³¹³ŋei⁵⁵,ɦŋ²⁴²fən⁵⁵n̠ʲin⁵⁵tiɔ³³zaʔ⁰。

地点 \ 例句	0002a. 你平时抽烟吗？ b. 不，我不抽烟。
中心城区（南）	a. 侬平常吃香烟哦？ b. 我勿吃香烟个。 a. noŋ²³biŋ²²zã⁴⁴tɕʰiɪʔ⁵⁵ɕiã⁵⁵i³³vA²¹? b. ŋu²³vəʔ¹¹tɕʰiɪʔ²³ɕiã⁵⁵i³³ɦɐ²¹。
中心城区（北）	a. 侬平常吃香烟哦？香烟侬平常吃哦？ b. 我勿吃个。我勿会吃。 a. noŋ²³biŋ²²zã⁴⁴tɕʰiɪʔ⁴⁴ɕiã⁵⁵i³³vA²¹? ɕiã⁵⁵i²¹noŋ²³biŋ²²zã⁴⁴tɕʰiɐ³³vA⁴⁴? b. ŋo²³vɐʔ²²tɕʰiɐʔ⁵⁵ɦɐ²¹。 ŋo²³vɐʔ²²ɦuei⁵⁵tɕʰiɐʔ²¹。
松江	a. 是奴ⁿ平常吃香烟伐？ b. 奴ⁿ勿吃个。 a. zəʔ²ɦu³⁵biŋ¹³zæ̃⁵³ɕʰia³ɕiæ̃³⁵i⁵⁵va³¹? b. nu¹³uəʔ⁴ɕʰiaʔ⁴ɦɯ⁴⁴。
闵行	a. 侬平常香烟吃伐？ b. 我勿吃个。 a. noŋ¹³biŋ²²zã⁴⁴ɕiã⁴⁴⁺⁴⁴tɕʰiɪʔ²vaʔ⁴⁴? b. ɦŋ¹³vəʔ²²tɕʰiɪʔ²gəʔ²²。
青浦	a. 你平常吃香烟伐？ b. 勿，勿吃香烟。 a. nə²³biən²³zæ̃⁵³tɕʰiə⁵⁵ɕiæ̃⁵⁵iɪ³¹va²²? b. vəʔ²³, vəʔ²²tɕʰiəʔ⁵⁵ɕiæ̃⁵⁵iɪ³¹。
金山	a. 助ⁿ平常吃香烟伐？ b. 勿，奴勿吃香烟。 a. zu¹³biəŋ¹³zã⁵³cʰiʌʔ⁴ɕiẽ²⁴iɪ⁵³vaʔ²? b. uəʔ⁵, nu¹³uə⁴cʰiʌʔ⁴ɕiẽ²⁴iɪ⁵³。
奉贤	a. 侬平常吃香烟哦？ b. 我勿吃个。 a. noŋ¹⁴biŋ²³zã⁵³tɕʰiəʔ³³ɕiã⁵⁵iⁿva²¹? b. ŋu¹³ʋəʔ³³tɕʰiəʔ⁵⁵ɦəʔ²¹。
浦东（川沙）	a. 侬平常吃香烟哦？ b. 我勿吃个。 a. noŋ¹³biŋ²²zã²²tɕʰiʌʔ⁵⁵ɕiã⁵⁵i⁵⁵ʋA⁵⁵? b. βu¹³ʋəʔ²²tɕʰiʌʔ⁵⁵ɦəʔ²¹。
浦东（惠南）	a. 侬平常中间吃香烟哦？ b. 我勿吃个。 a. noŋ¹³biŋ²²zã³³tsoŋ⁵⁵kɛ⁵³tɕʰiʌʔ⁵⁵ɕiã⁵⁵i⁵³ʋA¹³? b. ɦŋ¹³ʋəʔ²²tɕʰiʌʔ⁵⁵gəʔ³¹。
嘉定	a. 侬平常阿吃香烟个？ b. 勿吃个，我平常勿吃个。 a. noŋ²⁴biŋ²³zã⁵⁵aʔ³³tɕʰiɪʔ⁵⁵ɕiã⁵⁵i²²kəʔ²¹? b. fəʔ³³tɕʰiɪʔ⁵⁵kəʔ²¹, ɦŋ²⁴biŋ²²zã⁵⁵fəʔ³³tɕʰiɪʔ⁵⁵kəʔ²¹。
宝山	a. 侬平常香烟阿吃个？ b. 我从来勿吃个。 a. noŋ²³bĩn²³zɒ̃³⁴ɕiã⁵⁵e³¹ʌʔ³³tɕʰiəʔ⁵⁵gəʔ³¹? b. ɦŋ²³zoŋ²²lɛ³⁴ʋəʔ³³tɕʰiəʔ⁵⁵gəʔ³¹。
崇明	a. 你平时香烟吃伐？ b. 我弗吃个。 a. n̩²⁴²bin²⁴dzã⁵⁵ɕiã⁵⁵ʔie⁵⁵tɕʰiəʔ⁵væ⁰? b. ɦŋ²⁴²fəʔ⁵tɕʰiəʔ⁵go⁰。

地点 \ 例句	0003a. 你告诉他这件事了吗？ b. 是，我告诉他了。
中心城区（南）	a. 舒桩事体依讲拨伊听了哦？ b. 咳，我讲拨伊听了。 a. gəʔ¹¹tsã²³zŋ²²tʰi⁴⁴noŋ²³kã³³pəʔ⁵⁵ɦi²¹tʰiŋ⁵⁵ləʔ³³vA²¹? b. ɦE²³, ŋu²³kã³³pəʔ⁵⁵ɦi²¹tʰiŋ⁵⁵ləʔ²¹。
中心城区（北）	a. 舒桩事体依讲拨伊听了哦？ b. 我讲拨伊听了。 a. gɐʔ¹¹tsã²³zŋ²²tʰi⁴⁴noŋ²³kã³³pɐʔ⁵⁵ɦi²¹tʰiŋ⁵⁵lɐʔ³³va²¹? b. ŋo²³kã³³pɐʔ⁵⁵ɦi²¹tʰiŋ⁵⁵lɐʔ²¹。
松江	a. 舒桩事体助⁼告诉渠垃伐？ b. 奴⁼告诉渠垃哩。 a. gəʔ²tsɒ̃³⁵zŋ²²tʰi²²zu¹⁰kɔ⁴⁴su⁴⁴ɦi¹¹la⁴⁴va⁵³? b. nu¹³kɔ⁴⁴su⁴⁴ɦi¹¹la⁴⁴li⁵³。
闵行	a. 特桩事体依讲拨伊听了伐？ b. 我讲拨伊听啊哉。 a. dəʔ²²tsã⁴⁴zŋ²²tʰi²²noŋ¹³kã⁴⁴pəʔ⁴ɦi⁴⁴tʰiŋ⁴⁴ləʔ²²vaʔ²²? b. ɦiŋ¹³kã⁴⁴pəʔ⁴ɦi⁴⁴tʰiŋ⁴⁴aʔ²tsəʔ²。
青浦	a. 你告诉伊舒桩事体了伐？ b. 是个，我讲拨伊听阿则。 a. nə²³kɔ⁴⁴su³²i⁴⁴gəʔ³³tsã³³zŋ³³tʰi²²ləʔ²²va¹¹? b. zŋ²²gəʔ³⁴, ɦiŋ²²kã⁴⁴pəʔ⁵⁵;²²tʰiəŋ⁵⁵a³³zə²²。
金山	a. 助⁼告诉伊舒桩事体伐？ b. 是垃个，我回头伊了。 a. zu¹³kɔ⁴⁴su⁴⁴ɦi³¹gəʔ²³tsã⁵⁵zŋ³³tʰi³¹ləʔ⁰vaʔ¹²? b. zŋ¹³laʔ⁰gəʔ⁰, nu¹³ɦue¹³dʐ³¹ɦi¹³ləʔ⁰。
奉贤	a. 舒桩事体依讲拨伊听拉哦？ b. 咳，奴讲拉个。 a. gəʔ²²tsã³⁴zŋ²⁴tʰi³¹noŋ²⁴kã³³pəʔ⁵⁵i²¹tʰiŋ⁵⁵la³³va²¹? b. ɦiE¹³, ɦiŋ²²no³⁴kã³³la⁴⁴ɦəʔ⁵³。
浦东（川沙）	a. 依脱伊讲过迭桩事体哦？ b. 我脱伊讲过啊得。 a. noŋ¹³tʰəʔ⁵⁵ɦi⁵⁵kã³³ku⁵⁵dəʔ²²tsã⁵⁵zŋ²²tʰi⁵⁵vA⁵⁵? b. βu¹³tʰəʔ²⁵⁵ɦi⁵⁵kã³³ ku⁵⁵ ɦA²¹dʌ²¹。
浦东（惠南）	a. 依拿迭桩事体脱伊讲了吗？ b. 我脱伊讲了着。 a. noŋ¹³nɛ⁵³diŋʔ²³tsã⁵⁵zŋ³¹tʰi³⁵tʰəʔ²⁵⁵ɦi¹³kã⁵⁵ləʔ³³mA⁵³? b. ɦiŋ¹³tʰəʔ²⁵⁵ɦi¹³kã⁵⁵ləʔ³³zAʔ³³。
嘉定	a. 迭桩事体依曾阿话伊听过？ b. 是个，我话伊听过则。 a. diʔ²²tsã⁵⁵zŋ²⁴tʰi²¹noŋ²⁴zəŋ⁵⁵ɦu²²i⁵⁵tʰiŋ⁵⁵kuʔ²¹? b. zŋ²²kəʔ⁵⁵, ɦiŋ²⁴ɦu²²i⁵⁵tʰiŋ⁵⁵kuʔ²²tsəʔ²¹。
宝山	a. 依阿曾脱伊讲过迭桩事体？ b. 是个，我脱伊讲过哉。 a. noŋ²³ã⁵³tʰəʔ³³;³⁴kã⁵³kuʔ⁵³diŋ¹¹tsəʔ²³zŋ²⁴tʰi³¹? b. zŋ²²gəʔ³⁴, ɦiŋ²³tʰəʔ³³;⁴⁴kã⁵³kuʔ⁵⁵zə³¹。
崇明	a. 舒撞事体你爱宁告诉夷伐？ b. 我话个特。 a. kəʔ⁵tsã⁵⁵zŋ²⁴tʰi¹⁰ŋ²⁴²ɛ⁴²⁴n̩iŋ⁵⁵kɔ⁵⁵suʔ¹ɦi²⁴væʔ⁰? b. ɦiŋ²⁴²ɦuo³¹³gəʔ⁰dəʔ⁰。

例句 地点	0004你吃米饭还是吃馒头？
中心城区（南）	侬吃饭还是吃馒头啊？ noŋ²³tɕʰiɪʔ⁵⁵vɛ²³ɦɛ²²zŋ̍⁴⁴tɕʰiɪʔ⁵⁵mø²²dɤ⁵⁵ᴀ²¹？
中心城区（北）	侬吃饭还是吃馒头？ noŋ²³tɕʰiɐʔ⁴⁴vɛ²³ɦɛ²²zŋ̍⁴⁴tɕʰiɐʔ⁴⁴mo²²dɤ⁴⁴？
松江	是奴ᵁ吃饭还是吃馒头？ zəʔ²ɦu³⁵cʰiaʔ³vɛ¹³ɛ⁵⁵zŋ̍³¹cʰiaʔ³me¹³du⁵³？
闵行	侬吃饭还是吃馒头？ noŋ¹³tɕʰiəʔ⁴vɛ⁴⁴ɛ⁴⁴zŋ̍²²tɕʰiəʔ⁴me²²dɤ³¹？
青浦	你是吃米饭还是吃馒头？ nə²³zŋ̍²³tɕʰiəʔ⁵⁵mi²²vɛ³⁴ɦɛ⁵³zŋ̍³³tɕʰiəʔ⁵⁵mɪ²³də⁴³？
金山	助ᵁ吃米饭还是吃馒头？ zu¹³cʰiʌʔ⁵mi³³vɛ³³ɦɛ¹³zŋ̍³¹cʰiʌʔ⁵me¹³dɤ⁵³？
奉贤	侬吃饭还是吃馒头？ noŋ²⁴tɕʰiəʔ⁵⁵βɛ²⁴ɦɛ²²zŋ̍³⁴tɕʰiəʔ⁵⁵me²²dɤ⁵³？
浦东（川沙）	侬吃饭还是吃馒头？ noŋ¹³tɕʰiʌʔ⁵⁵βɛ¹³ɦɛ²²zŋ̍⁵⁵tɕʰiʌʔ⁵⁵me²²dɤ²²？
浦东（惠南）	侬吃米饭还是吃馒头？ noŋ¹³tɕʰiʌʔ⁵⁵mi³¹βɛ¹³ɦɛ⁵³zŋ̍⁵³tɕʰiʌʔ⁵⁵mɛ³¹dɤ¹³？
嘉定	侬吃饭还是吃馒头？ noŋ²⁴tɕʰiɪʔ⁵⁵vɛ²¹³uɛ⁵⁵zŋ̍²²tɕʰiɪʔ⁵⁵mɪɪ²²dɤ⁵³？
宝山	侬吃饭呢还是吃馒头？ noŋ²³tɕʰiəʔ⁵⁵vɛ²²nɛ⁴⁴ɛ⁵⁵zŋ̍³¹tɕʰiəʔ⁵⁵me²²dʌɪ⁵³？
崇明	你吃饭爱是拉馒头？ ŋ̍²⁴²tɕʰiəʔ⁵væ³³ʔɛ³¹⁰la⁵mie²⁴də⁵⁵？

地点 \ 例句	0005 你到底答应不答应他?
中心城区（南）	侬到底答应伊勿啦? noŋ²³tɔ⁵⁵ti²¹tAʔ³³iŋ⁵⁵ɦi³³vəʔ³³lA²¹?
中心城区（北）	侬到底答应勿答应? noŋ²³tɔ⁵⁵ti²¹tɐʔ³³iŋ⁵⁵vəʔ³³tɐʔ³³iŋ²¹?
松江	是奴ⁿ到底答应渠还是勿答应渠? zəʔ²ɦu³⁵tɔ⁵⁵ti³¹tæʔ²⁴iŋ³⁵ɦi⁵³ɛ⁵⁵zɹ³¹uəʔ³tæʔ⁵iŋ⁵⁵ɦi³¹?
闵行	侬到底肯还是勿肯? noŋ¹³ʥɔ⁴⁴ʥi⁴⁴kʰəŋ⁴⁴ɛ²²zɹ²²vəʔ²²kʰəŋ⁴⁴?
青浦	你到底答应勿答应伊? nə²³tɔ³³ti⁴⁴tæʔ⁵⁵iəŋ³³vəʔ²²tæʔ⁵⁵iəŋ³³i³¹?
金山	助ⁿ到底肯勿肯伊? zu¹³ʥɔ³³ʥi³¹kʰəŋ³⁴uəʔ⁵kʰəŋ³¹ɦi³¹?
奉贤	侬到底答应伊勿啦? noŋ²⁴tɔ⁵⁵ti²¹tɑʔ³³iŋ⁵⁵i³³vəʔ²²lɑ²¹?
浦东（川沙）	侬到底答应伊勿啦? noŋ¹³ʥɔ³⁵ʥi²¹dæʔ⁵⁵in⁵⁵ɦi⁵⁵vəʔ²²lA²¹?
浦东（惠南）	侬到底答应伊哦? noŋ¹³ʥɔ³⁵ʥi³¹dæʔ⁵⁵in⁵⁵ɦi⁵⁵vA³¹?
嘉定	侬到究阿答应伊? noŋ²⁴tɔ³⁵tɕy²¹əʔ³³taʔ⁵⁵iŋ²²i²¹?
宝山	侬到底阿答应伊? noŋ²³tɔ⁵⁵ti³¹Aʔ³³tAʔ⁵⁵ĩn³³i³¹?
崇明	你到底答应夷勿啦? ŋ²⁴²tɔ³³ti⁰tæʔ⁵ʔin³³ɦi²⁴uəʔ⁰lɑ⁰?

例句\地点	0006a. 叫小强一起去电影院看《刘三姐》。 b. 这部电影他看过了。/他这部电影看过了。/他看过这部电影了。
中心城区(南)	a. 喊小强一道到电影院去看《刘三姐》。b. 伊迭部电影看过了。 a. hɛ²³ɕiɔ²²dʑiã⁴⁴iɪʔ³³dɔ⁴⁴tɔ³⁴di²²iŋ⁵⁵ɦyø²¹tɕʰi³⁴kʰø³⁴liɤ²²sɛ⁵⁵tɕiA²¹。 b. ɦi²³də ʔ¹¹buʔ²³di²²iŋ⁴⁴kʰø³³ku⁵⁵lə ʔ²¹。
中心城区(北)	a. 叫小强一道到电影院看《刘三姐》。b. 伊搿只电影看过了。 a. tɕiɔ⁴⁴ɕiɔ³³tɕiã⁴⁴iɪʔ³³dɔ⁴⁴tɔ³⁴di²²iŋ⁵⁵ɦyø²¹kʰø³⁴liɤ²²sɛ⁵⁵tɕia²¹。 b. ɦi²³gɤʔ¹¹tsɿʔ²³di²²iŋ⁴⁴kʰø³³ku⁵⁵lɤʔ²¹。
松江	a. 叫小强一淘到电影院去看《刘三姐》搿部电影。b. 搿部电影渠看过啊哩。 a. ɕiɔ³³ɕiɔ³⁵dʑiã̃³¹iɪʔ³dɔ³¹tɔ³¹di²²iŋ⁵⁵ɦiɔ⁵³tɕʰi³³kʰø³³liu²²sɛ⁵⁵tɕia³¹fiəʔ²bu³³di²²iŋ²²。 b. gəʔ²bu³⁵di²²iŋ²²ɦi¹³kʰø⁴⁴ku⁴⁴ɦa⁵⁵li³¹。
闵行	a. 喊小强一道到电影院里去看《刘三姐》。b. 特部电影伊看过啊特。 a. hɛ⁴⁴ɕiɔ³⁵dʑia²²iɪʔ²dɔ⁴⁴tɔ⁴⁴di²²iŋ⁴⁴ɦiɔ²²li²²kʰø²²liɤ²²sɛ⁴⁴tɕia⁴⁴。 b. dəʔ²²buʔ²di²²iŋ⁴⁴ɦi¹³kʰø⁴⁴ku⁴⁴aʔ²²dəʔ²²。
青浦	a. 叫小强一道去电影院看《刘三姐》。b. 伊搿部电影看过了。 a. tɕiɔ³³siɔ⁴⁴dʑiæ⁵³iɪʔ⁵⁵dɔ⁵⁵tɕʰi⁴²di²²iəŋ³³ɦyø³²kʰø³²liə²²sɛ⁴⁴tsia³¹。 b. i⁵⁵gəʔ³³buʔ³³diɪ²²iəŋ³³kʰø³²ku³³ləʔ²¹。
金山	a. 叫小强一道去电影院看《刘三姐》。b. 伊搿部电影看过垃。 a. tɕiɔ³⁵ɕiɔ¹³dʑiɛ̃⁵³iɪʔ²dɔ³³tɕʰi⁵³di²³iŋ⁵⁵ɦyø³¹kʰø³⁵lɤ²³sɛ⁵⁵tɕiɑ³¹。 b. ɦi³¹kəʔ²buʔ³di¹³iŋ³¹kʰø³⁵kuºla²¹。
奉贤	a. 喊小强一淘去电影院看《刘三姐》。b. 搿部电影实伊看过唻。 a. hɛ³⁵ɕiɔ³⁵dʑiæ²¹iɪʔ³³dɔ⁵³tɕʰi³⁵di²²iŋ⁴⁴ɦɔ⁵³kʰø³⁵liɤ²²sɛ⁴⁴tɕiɑ⁵³。 b. gəʔ²²bu⁵⁵di³³²iŋ²¹zəʔ²²fii³⁴kʰø³³ku⁴⁴lɤ⁵³。
浦东(川沙)	a. 叫小强一道去电影院看《刘三姐》。b. 迭部电影伊看过啊得。 a. tɕiɔ³⁵ɕiɔ³³dʑiã⁵³iɪʔ³³dɔ³⁴tɕʰi²¹di²²iŋ⁵⁵ɦyø²¹kʰø⁵⁵liɤ²²sɛ⁵⁵tɕiA²²。 b. dəʔ²²bu³⁴di⁵⁵iŋ⁵⁵ɦi⁵⁵kʰø³³ku⁵⁵ɦʌ⁵³dʌʔ²¹。
浦东(惠南)	a. 叫小强一道到电影院看《刘三姐》。b. 迭部电影伊看过个。 a. tɕiɔ³⁵ɕiɔ²²dʑia³⁵iɪʔ⁵⁵dɔ⁵¹di⁵⁵iŋ⁵⁵ɦyø³¹kʰø⁵⁵liɤ²²sɛ⁵⁵tɕiA⁵⁵。 b. diɪʔ²²bu¹³di⁵⁵iŋ⁵⁵ɦi⁵⁵kʰø⁵⁵ku⁵³ɦiəʔ³¹。
嘉定	a. 交小强一淘到电影院里看刘三姐。b. 伊迭部电影看过哉。 a. kɔ⁵³siɔ³⁵dʑia²¹iɪʔ³³dɔ⁵⁵tɔ⁴²³tiɪ³⁵iŋ²²ɦiɤ⁵³li²¹kʰɤ³⁵ly²²sɛ⁵⁵sia²¹。 b. i⁴²³diɪʔ²²bu⁵³tiɪ³⁵iŋ²¹kʰɤ³³ku⁵⁵tsɛ²¹。
宝山	a. 喊小强一道到电影院去看《刘三姐》。b. 迭只电影伊看过哉。 a. hɛ³⁴siɔ³³dʑia⁵³iɪʔ²dɔ⁵⁵tɔ³⁴de²²ĩ³³ɦiɤ⁵³tɕʰi³⁴kʰɤ³⁴ly²²sɛ⁵⁵tsiɑ³¹。 b. diɪʔ²²tsA⁴⁴de²²ĩ⁴⁴i⁵³kʰɤ³³ku⁵⁵zɛ³¹。
崇明	a. 叫小强一淘到电影院看《刘三姐》。b. 个部电影夷看过特。 a. tɕiɔ³³ɕiɔ⁴²⁴dʑia⁵⁵iɔʔ⁵dɔ⁵³tɔ³³die³¹³ʔiŋ³³ɦiyø⁰kʰøʔ³³lie²⁴sæ⁵⁵tɕiɑ。 b. kəʔ⁵bu³³die³¹³ʔiŋ³³ɦi²⁴kʰø³³ku³³dəʔ⁰。

地点 \ 例句	0007 你把碗洗一下。
中心城区（南）	侬拿斝点碗盏汏一汏。 noŋ²³nɛ⁵²gəʔ¹¹tiɛ²³uø³³tsɛ⁴⁴dA²²iɪʔ⁵⁵dA²¹。
中心城区（北）	侬拿碗汏一汏。 noŋ²³nɛ⁴⁴uø³⁴dA²²iɪʔ⁵⁵dA²¹。
松江	是奴⁼担碗汏一汏。 zəʔ²ɦiŋ³⁵nɛ³³ue⁴⁴da²²iɪʔ⁵da³¹。
闵行	侬拿碗汏一汏。 noŋ¹³nɛ⁴⁴ue⁴⁴da¹³iɪʔ²da²²。
青浦	你拿碗汏一汏。 nə²³nɛ⁴⁴ui⁴⁴da²²iɪʔ⁵⁵da²²。
金山	助⁼把碗净一净。 zu¹³ɓa⁴⁴ue⁴⁴ziəŋ²³iɪʔ⁵ziəŋ³¹。
奉贤	侬担碗汏一汏。 noŋ²⁴dɛ⁵³ue³⁵dɑ²²iɪʔ⁵⁵dɑ²¹。
浦东（川沙）	侬拿碗汏一汏。 noŋ¹³nɛ⁵⁵ue⁵⁵dA²²iɪʔ⁵⁵dA²¹。
浦东（惠南）	侬拿碗盪一盪。 noŋ¹³nɛ⁵³ue⁴⁴dã³¹iɪʔ³³dã³⁵。
嘉定	侬拿碗汏一汏。 noŋ²⁴nɛ⁵⁵ue⁴²³da²²iɪʔ⁵⁵da²¹。
宝山	侬拿碗汏一汏。 noŋ²³nɛ⁵³ue³⁴da²²iɪʔ⁵⁵da³¹。
崇明	你拿碗净一净。 n̩²⁴²nɔ⁵⁵ʔue⁴²⁴zin³¹³ʔiəʔ⁵ʑin⁵⁵。

地点 \ 例句	0008 他把橘子剥了皮，但是没吃。
中心城区（南）	伊拿橘子皮剥脱了，不过伊吪没吃。 ɦi²³nE⁵²tɕio‿³³tsʅ⁵⁵bi²¹po‿³³tʰə‿⁵⁵lə‿²¹, pɐ‿³³ku⁴⁴ɦi²³fim̩²²mɐ‿⁴⁴tɕʰiɪ‿⁵⁵。
中心城区（北）	伊拿橘子皮剥脱了，不过吪没吃。 ɦi²³nE⁴⁴tɕio‿³³tsʅ⁵⁵bi²¹po‿³³tɤ‿⁵⁵lɤ‿²¹, pɐ‿³³ku⁴⁴m̩²²mɐ⁵⁵tɕiɐ‿²¹。
松江	橘子么渠剥仔皮，不过勿曾吃。 tɕyø‿²⁴tsʅ⁴⁴mə‿²⁴ɦi¹³po‿²⁴zʅ³⁵bi³¹, pə‿²⁴ku⁴⁴uə‿²⁴zəŋ⁵³cʰia‿⁴。
闵行	橘子伊皮剥啊哉，但是伊吪没吃。 tɕyø‿²⁴tsʅ⁴⁴ɦi¹³bi¹³pɔ‿²⁴a‿²⁴tsə‿⁴, dɛ²²zʅ⁴⁴ɦi¹³m̩²²mə‿²²tɕʰiə‿²⁴。
青浦	伊拿橘子皮剥了，但是没吃。 i‿⁴⁴nE⁴²tɕyə‿⁵⁵tsʅ⁵⁵bi⁴²po‿⁵⁵lə‿³³, dɛ²²zʅ²³mə‿⁴⁴tɕʰiə‿⁵⁵。
金山	伊拿橘子剥了皮，伊勿吃。 ɦi³¹nɛ⁵³tɕyø‿²⁴tsʅ³³ɓɔ‿²³liɔ‿⁵³bi³¹, ɦi³¹uə‿²⁴cʰiʌ‿²。
奉贤	伊担橘子剥仔皮，但勿吃。 i⁵³dɛ⁵³tɕyø‿⁴²tsʅ²¹po‿³³zʅ³⁴bi³¹, dɛ²⁴ʋəŋ³⁵tɕʰiə‿⁵⁵。
浦东（川沙）	伊拿橘子皮剥好啊得，伊倒没吃。 ɦi¹³nE⁵⁵tɕyœ‿⁵⁵tsʅ⁵⁵bi⁵⁵ɓɔ‿²²hɔ³⁴ɦA⁵⁵dʌ‿⁵⁵, ɦi¹³ɖɔ⁵⁵mə‿⁵⁵tɕʰiʌ‿²¹。
浦东（惠南）	伊拿橘子皮剥脱个，伊倒没吃。 ɦi¹³nE⁵⁵tɕyœ‿²²tsʅ³³bi³⁵ɓə‿⁵⁵tʰə‿⁵⁵gə‿⁵³, ɦi¹³ɖɔ⁵³mʌ‿¹³tɕʰiʌ‿⁵⁵。
嘉定	伊拿橘子皮剥脱则，吪没吃。 i⁵³nE⁵³tɕio‿⁵⁵tsʅ²²bi²¹po‿³³tʰə‿⁵⁵tsə‿²¹, fim̩²²mə‿⁵⁵tɕʰiɪ‿²¹。
宝山	伊拿橘子皮剥脱哉，不过勴吃个。 i⁵³nE⁵³tɕio‿³³tsʅ³⁴bi⁵³po‿⁵⁵tʰə‿³³zɛ³¹, pə‿³³ku⁴⁴ʋĩ⁵⁵tɕʰiə‿³³gə‿³¹。
崇明	夷拿橘子皮剥脱特，夷倒无吃。 ɦi²⁴næ⁵⁵tɕyo‿⁵tsʅ³³bi⁵⁵po‿⁵tʰə‿⁵də‿⁰, ɦi²⁴tɔ³³ŋ̍⁵⁵tɕʰiə‿⁵。

地点 \ 例句	0009 他们把教室都装上了空调。
中心城区（南）	伊拉教室里侪装好了空调。 ɦi²²lA⁴⁴tɕiɔ³³səʔ⁵⁵li²¹zE²³tsã⁵⁵hɔ³³ləʔ²¹kʰoŋ⁵⁵diɔ²¹。
中心城区（北）	伊拉辣海教室里侪装好了空调。 ɦi²²la⁴⁴ləʔ¹¹hE²³tɕiɔ³³səʔ⁵⁵li²¹zE²³tsã⁵⁵hɔ³³ləʔ²¹kʰoŋ⁵⁵diɔ²¹。
松江	渠拉⁼教室里侪装仔空调。 ɦi²⁴la³¹ciɔ³³səʔ⁵li⁵³zɛ¹³tsã⁵⁵zʅ³¹kʰoŋ³⁵diɔ⁵³。
闵行	伊拉拿教师里的空调侪装好啊哉。 ɦi¹³la⁴⁴nɛ⁴⁴tɕiɔ⁴⁴səʔ⁵li¹⁴gəʔ²⁴kʰoŋ⁴⁴diɔ⁴⁴zɛ¹³tsã⁴⁴hɔ³¹aʔ²tsəʔ²。
青浦	伊拉勒辣教室里侪装好了空调。 i⁴⁴la³³ləʔ²²la³⁴tɕiɔ³³səʔ⁵⁵li⁵³zE²³tsã⁵⁵hɔ³³ləʔ³¹kʰoŋ⁵⁵diɔ³¹。
金山	伊达把教室里装上了空调。 ɦi¹²dɑʔ²⁴ɓɑ⁴⁴ciɔ³⁴səʔ⁵li³¹tsã⁵⁵zã³¹liɔ⁰kʰoŋ¹³diɔ³¹。
奉贤	伊拉担教室里侪装仔空调。 i³³lɑ³⁴dɛ⁵³tɕiɔ³³səʔ⁵⁵li²¹zɛ³¹tsã⁵⁵zʅ²¹kʰoŋ⁴⁴diɔ⁵³。
浦东（川沙）	伊拉拿教室侪装好空调啊得。 ɦi¹³lA⁵⁵nE⁵⁵tɕiɔ⁵⁵səʔ⁵⁵zE¹³tsã⁵⁵hɔ⁵⁵kʰoŋ⁵⁵diɔ⁵³ɦA²²dʌʔ²¹。
浦东（惠南）	伊拉勒辣教室里侪装着空调。 ɦi¹³lA³³ləʔ²²læʔ²³tɕiɔ³⁵səʔ⁵³li³¹ɜɛ¹³tsã⁵⁵zAʔ³¹kʰoŋ⁵⁵diɔ³¹。
嘉定	伊搭拿教室里侪装好仔空调。 ɦi²⁴taʔ²¹nE⁵³tɕiɔ³³səʔ⁵⁵li²¹zE²⁴tsã³⁵hɔ²²tsəʔ²¹kʰoŋ³⁵diɔ²¹。
宝山	伊达课堂里秃⁼装仔空调哉。 i⁵⁵dAʔ³¹kʰu³³dõ³⁴li⁵³tʰoʔ⁵⁵tsɒ⁵⁵dəʔ³¹kʰoŋ⁵⁵diɔ³³zɛ³¹。
崇明	课堂里夷特孩⁼装好子空调个特。 kʰu⁴²⁴dã⁴⁴li⁰ɦi²⁴dəʔ²hɦɛ²⁴tsã⁵⁵hɔ⁰tsʅ⁰kʰoŋ⁵⁵diɔ⁵⁵gəʔ⁰dəʔ⁰。

例句 地点	0010 帽子被风吹走了。
中心城区（南）	帽子拨风吹脱了。 mɔ²²tsʅ⁴⁴pəʔ⁵⁵foŋ⁵²tsʰʅ⁵⁵tʰəʔ³³ləʔ²¹。
中心城区（北）	帽子拨风吹脱了。 mɔ²²tsʅ⁴⁴pɐʔ⁴⁴foŋ⁵²tsʰʅ⁵⁵tɐʔ³³lɐʔ²¹。
松江	帽子本=风吹脱啊哩。 mɔ²²tsʅ²²pəŋ³³foŋ⁵³tsʰʅ⁵⁵tʰəʔ³ɦa³³li³¹。
闵行	风拿帽子吹脱啊哉。 hoŋ⁴⁴nɛ⁴⁴mɔ²²tsʅ⁴⁴tsʰʅ⁴⁴tʰəʔ⁴a²²tsəʔ²。
青浦	帽子拨辣风吹脱了。 mɔ²⁵tsʅ¹¹pəʔ³³la²²foŋ⁵¹tsʰʅ⁵⁵tʰəʔ³³ləʔ²²。
金山	帽子本=风吹脱阿里。 mɔ¹³tsʅ³¹ɓəŋ³⁵hoŋ⁵³tsʰʅ⁴⁴tʰəʔ²ɦa⁰li⁰。
奉贤	帽子拨风吹脱唻。 mɔ²⁴tsʅ²¹pəʔ⁵⁵hoŋ⁵³tsʰʅ⁵⁵tʰəʔ³³lɛ²¹。
浦东（川沙）	帽子拨风吹脱啊得。 mɔ¹³tsʅ²¹ɓəʔ²²foŋ⁵⁵tsʰʅ⁵⁵tʰəʔ⁵⁵ɦʌʔ²²dʌʔ²¹。
浦东（惠南）	帽子拨辣风吹脱了。 mɔ¹³tsʅ³¹ɓəʔ⁵⁵læʔ⁵⁵foŋ⁵³tsʰʅ⁵⁵tʰəʔ⁵⁵lə³¹。
嘉定	帽子拨风吹脱则。 mɔ²⁴tsʅ²¹pəʔ³³foŋ⁵³tsʰʅ⁵⁵tʰəʔ²²tsE²¹。
宝山	帽子拨风吹脱哉。 mɔ²⁴tsʅ³¹pəʔ⁵⁵hoŋ⁵³tsʰʅ⁵⁵tʰəʔ³³zɛ³¹。
崇明	帽子拨勒风吹脱特。 mɔ²⁴tsʅ⁰pəʔ⁵ləʔ⁰foŋ⁵⁵tsʰʅ⁵⁵tʰəʔ⁵dəʔ⁰。

地点 \ 例句	0011 张明被坏人抢走了一个包，人也差点儿被打伤。
中心城区（南）	张明只包拨坏人抢脱了，人也推扳一眼拨伊打伤脱。 tsã⁵⁵miŋ²¹tsAʔ⁵⁵pɔ⁵²pəʔ⁵⁵ɦuA²²n̠iŋ⁴⁴tɕʰiã³³tʰəʔ⁵⁵lə²¹, n̠iŋ²³ɦA²³tʰE⁵⁵pE²¹ iɪʔ³³ŋE⁴⁴pəʔ³³ɦi⁴⁴tã³³sã⁵⁵tʰəʔ²¹。
中心城区（北）	张明拨坏人抢脱了只包，人也推扳一眼眼拨打伤脱。 tsã⁵⁵miŋ²¹pəʔ⁴⁴ɦuA²²n̠iŋ⁴⁴tɕʰiã³³təʔ⁵⁵lɐ²³ʔ³³tsɐʔ²¹pɔ⁵², n̠iŋ²³ɦA²³tʰE⁵⁵pE³³ iɪʔ³³ŋE⁴⁴ŋE²³pəʔ⁴⁴tã³³sã⁵⁵tʰəʔ²¹。
松江	张明拨坏人抢脱一只包，人也差一眼本＝打伤。 tsæ̃³⁵miŋ⁵³pəʔ⁴ɦua²²n̠iŋ⁴⁴tɕʰiæ³⁵tʰəʔ³iɪʔ²tsa³¹pɔ⁵³, n̠iŋ²⁴ɦa³¹tsʰo⁵⁵iɪʔ³ ŋe³¹pəŋ⁴⁴tæ̃³⁵sɐ̃³¹。
闵行	张明拨辣坏人夺脱一只包，人也差扳一眼眼被人家打伤。 tsã⁴⁴miŋ⁵³pəʔ⁴laʔ⁴⁴ɦua²²n̠iŋ⁴⁴dœʔ²³tʰəʔ²iɪʔ²tsaʔ²ɓɔ⁵³, n̠iŋ¹³ɦa¹³tsʰo⁴⁴ɓɛ⁴⁴iɪʔ²ŋɛ⁴⁴ŋɛ²²pəʔ⁴n̠iŋ²²ka⁴⁴tã⁴⁴sã²²。
青浦	张明个包拨辣坏人抢脱则，人也差一眼拨伊拉打伤。 tsæ̃⁴⁴miəŋ⁵⁵gəʔ³³pɔ⁵³pəʔ³³laʔ²²ɦua²²n̠iəŋ⁵³tsʰiæ⁴⁴tʰəʔ⁵³zəʔ²², n̠iəŋ²³ɦa²³tsʰo³³iɪʔ⁵⁵ŋE³¹pəʔ³³i³³la⁴⁴tæ̃³³sã³¹。
金山	小张本＝坏人抢走一只包，人也险险乎被打伤。 ɕiɔ²⁴tsɛ̃⁵³bəŋ³⁵ɦua¹³n̠iəŋ³¹cʰɛ̃²⁴tsɤ⁵³iɪʔ⁴tsaʔ²ɓɔ⁵³, n̠iəŋ³¹ɦia¹³ɕi⁵⁵ɦu³¹ bi¹³dɛ̃²⁴sã⁵³。
奉贤	张明拨坏人抢脱一只包，人也差一眼拨拉打伤。 tsã⁴⁴miŋ⁵³pəʔ⁵⁵ɦua⁴²n̠iŋ²¹tɕʰiã³tʰəʔ³⁴iɪʔ³³tsaʔ³⁴ɓɔ⁵³, n̠iŋ³¹ɦa²⁴tsʰo⁵³ iɪʔ³³ ŋe⁴⁴ŋe⁵³pəʔ³³la³⁴tã³⁵sã³¹。
浦东（川沙）	张明拨坏人抢脱一只包，人也推扳一眼眼拨人家打伤。 tsã⁵⁵min⁵³ɓəʔ¹³ɦuA²²n̠in⁵³tɕʰiã⁵⁵tʰəʔ⁵⁵iɪʔ⁵⁵tsAʔ⁵⁵ɓɔ⁵³, n̠in¹³ɦA¹³tʰe⁵⁵ɓɛ⁵⁵ iɪʔ²²ŋɛ⁵⁵ŋɛ²¹ɓəʔ²²n̠in²²kA⁵⁵dã³³sã⁵³。
浦东（惠南）	张明拨人家抢脱一只包，人也推扳一眼眼拨人家打伤。 tsã⁵⁵min⁵³ɓəʔ⁵⁵n̠in³⁵kA⁵⁵tɕʰiã⁵⁵tʰəʔ⁵⁵iɪʔ⁵⁵tsAʔ⁵⁵ɓɔ⁵³, n̠in¹³ɦA²²tʰɛ⁵⁵ɓɛ⁵⁵ iɪʔ⁵⁵ŋɛ⁵⁵ŋɛ³¹ɓəʔ⁵⁵n̠in³⁵kA⁵⁵dã³⁵sã⁵³。
嘉定	张明个包拨坏人抢脱则，人也推扳一眼拨伊打伤。 tsã⁵⁵miŋ²¹kəʔ³³pɔ⁵³pəʔ³³ɦua²²n̠iŋ⁵³tsʰiã³⁵tʰəʔ²²tsE²¹, n̠iŋ²⁴ɦia²¹tʰɤ⁵⁵pE²¹iɪʔ³³ŋE²¹pəʔ³³ɦi²⁴tã³⁵sã²¹。
宝山	张明只包拨拉坏人抢脱哉，人也推扳一眼眼拨伊打伤。 tsã⁵⁵mĩn³¹tsAʔ⁵⁵pɔ⁵³pəʔ³³lAʔ⁴⁴ɦua²²n̠ĩn⁵³tsʰiã³³tʰəʔ⁵⁵zɛ³¹, n̠ĩn²⁴ɦa³¹tʰAI⁵⁵pe³¹iɪʔ³³ŋe⁵⁵ŋe³¹pəʔ³³i⁴⁴tã³³sɐ̃⁵³。
崇明	张明拨勒坏人抢脱一只包，人推扳一眼眼打伤。 tsã⁵⁵min⁵⁵pəʔ⁵ləʔ⁰ɦua³¹³n̠in⁵⁵tɕʰiã⁴²⁴tʰəʔ⁵iəʔ⁵tsaʔ⁵pɔ⁵⁵, n̠in²⁴tʰei⁵⁵pæ⁵⁵ʔiəʔ⁵ŋæ⁵⁵ŋæ tã⁴²⁴sã⁵⁵。

地点 \ 例句	0012 快要下雨了，你们别出去了。
中心城区（南）	要落雨快了，倷勿要出去了。 iɔ³⁴loʔ²²ɦy⁵⁵kʰuA³³lɐʔ²¹, nA²³vəʔ¹¹iɔ²³tsʰɐʔ³³tɕʰi⁵⁵lɐʔ²¹。
中心城区（北）	落雨快了，倷覅出去了。 luoʔ¹¹ɦy²³kʰua³³lɐʔ⁴⁴, na²³viɔ²³tsʰɐʔ³³tɕʰi⁵⁵lɐʔ²¹。
松江	落雨快哉，惹＝覅出去哉。 lɒʔ²ɦy²²kʰua²²tsɛ²², za¹³uəʔ⁵tsʰəʔ²tɕʰi³³tsɛ³¹。
闵行	要落雨快哉，那勿要出去哉。 ɦiɔ⁴⁴lɔʔ²²ɦy²²kʰua²²ʥəʔ⁴⁴, na¹³vəʔ⁴⁴ɦiɔ⁴⁴tsʰəʔ⁴tɕʰi⁴⁴tsəʔ⁴。
青浦	快要落雨则，倷覅出去则。 kʰua³³iɔ³⁵lɔʔ³³ɦy²²tsəʔ³³, na²³viɔ³⁵tsʰəʔ³³tɕʰi³²tsəʔ²²。
金山	落雨快了，□勿要走了。 lɔʔ³ɦy³³kʰua³⁵li⁰, ɦɑ¹³uəʔ³iɔ³⁵tsɤ³⁵li⁰。
奉贤	要落雨快唻，尔倷覅出去唻。 iɔ³⁵lɔʔ⁴²ɦy²²kʰua²²lɛ²¹, ɦn̩²²na³⁴viɔ⁵³tsʰəʔ³³tɕʰi⁴⁴lɛ⁵³。
浦东（川沙）	就要落雨了，倷勿要出去得。 ziɤ²²iɔ³⁴lɔʔ²²ɦy³⁴lɤ⁵⁵, nA¹³vəʔ³³iɔ⁵³tsʰəʔ⁵⁵tɕʰi²¹dɤ²¹。
浦东（惠南）	就要落雨着，倷勿要出去着。 ziɤ¹³iɔ⁵³lɒʔ³¹ɦy¹³zAʔ³³, nA¹³vəʔ²²iɔ¹³tsʰəʔ²⁵⁵tɕʰi³⁵zAʔ³¹。
嘉定	落雨快则，我那＝覅出去则。 lɔʔ²²ɦy⁵⁵kua²²tsE²²¹, ɦŋ²²na⁵⁵viɔ²⁴tsʰəʔ³³tɕʰi⁵⁵tsE²¹。
宝山	马上要落雨快哉，尔特覅出去哉。 mɤ²²zɒ̃³⁴iɔ³⁴lɔʔ¹¹ɦi²³kʰuɑ⁵⁵zɛ³¹, ŋ²²dəʔ⁴⁴viɔ²²tsʰəʔ⁵⁵tɕʰi³³zɛ³¹。
崇明	就要落雨特，你特拗出去特。 zɵ²⁴ʔiɔ³³lɒʔ²ɦy³³dəʔ⁰, ŋ²⁴²dəʔ²⁰ʔɔ⁵⁵tsʰəʔ²⁵kʰi⁵⁵dəʔ⁰。

地点 \ 例句	0013 这毛巾很脏了,扔了它吧。
中心城区(南)	辫条毛巾老龌龊个,丑脱伊哎。 gəʔ¹¹dio²³mɔ²²tɕiŋ⁴⁴lɔ²³oʔ³³tsʰoʔ⁵⁵gəʔ²¹, toʔ³³tʰəʔ⁵⁵ɦi³³vA²¹。
中心城区(北)	迭条毛巾老龌龊了,掼脱伊哎。 dɿʔ¹¹dio²³mɔ²²tɕiŋ⁴⁴lɔ²³oʔ³³tsʰoʔ⁵⁵ləʔ²¹, guɛ²²tʰəʔ⁵⁵ɦi³³va²¹。
松江	辫条毛巾龌龊来,掼脱渠吧。 gəʔ²dio³⁵mɔ¹³ciŋ⁵³ɒʔ³tsʰəʔ⁵⁵lɛ⁵³, guɛ²²tʰəʔ⁵ɦi⁵⁵va³¹。
闵行	迭条毛巾龌蹉啊哉,侬掼脱伊好了。 diɿʔ²²dio⁴⁴mɔ²²tɕiŋ⁴⁴oʔ⁴tsʰoʔ²aʔ²dzəʔ⁴⁴, noŋ¹³guɛ¹³tʰəʔ²ɦi²²hɔ²²ləʔ²²。
青浦	辫条毛巾龌龊脱则,掼脱伊伐。 gəʔ¹¹dio⁵²mɔ²³tɕiəŋ⁴²ɔʔ³³tsʰɔʔ⁴⁴tʰəʔ³³zəʔ²², guɛ³³tʰəʔ⁴⁴i⁵⁵va³³。
金山	辫条毛巾交关邋,丑脱好了。 gəʔ²dio⁵³mɔ¹³ciəŋ⁵³ciɔ²⁴kuɛ⁵³la¹³, ɖəʔ⁴tʰəʔ²²hɔ³⁵lə⁰。
奉贤	辫条毛巾龌龊去龌龊来,丑脱伊哎。 gəʔ²²dio³⁴mɔ²³tɕiŋ⁵³ɔʔ³³tsʰɔʔ⁴⁴tɕʰi⁵³ɔʔ³³tsɔʔ⁴⁴lɛ⁵³, ɖəʔ³³tʰəʔ⁴⁴i⁵⁵va²¹。
浦东(川沙)	毛巾龌龊唻,掼脱伊。 mɔ²²tɕin²²oʔ³³tsʰoʔ⁵³lɛ¹³, guɛ¹³tʰəʔ⁵⁵ɦi⁵³。
浦东(惠南)	迭条毛巾邪龌龊了着,丑脱伊。 diɿʔ²²dio¹³mɔ²²tɕin³³ziA¹³ɔʔ²⁵tsʰoʔ⁵⁵lə⁵⁵zAʔ⁵⁵, ɖɒ¹³tʰəʔ⁵⁵ɦi³¹。
嘉定	迭墩⁼毛巾龌龊透则,掼脱仔拉倒。 diɿʔ²²təŋ³⁵mɔ²⁴tɕiŋ²¹oʔ³³tsʰoʔ⁵tʰɤ²²tsE²¹, guɛE²²tʰəʔ⁵⁵tsɿ²¹la⁵⁵tɔ⁵³。
宝山	迭条毛巾龌龊透龌龊透,丑脱伊哎。 dɿʔ¹¹dio²³mɔ²⁴tɕĩn³¹ɔʔ²⁵tsʰoʔ⁵⁵tʰʌɿ³¹ɔʔ²⁵tsɔʔ⁵⁵tʰʌɿ³¹, toʔ³³tʰəʔ⁵⁵i³³va³¹。
崇明	个宕揩面布恶足来,掼脱子好特。 kəʔ⁵dã³³kʰa⁵⁵mieʔ⁵⁵puʔoʔ²⁵tsoʔ⁵lɛ³³, guæ³¹³tʰəʔ⁵tsɿʰhɔ³³dəʔ⁰。

地点 \ 例句	0014我们是在车站买的车票。
中心城区（南）	阿拉个票子是辣辣车站买个。 ɐʔ^{33}lA^{55}gə^{21}pʰiɔ^{33}tsɿ^{44}zɿ^{23}lAʔ^{11}lAʔ^{23}tsʰo^{55}ʑE^{21}mA^{22}ɦəʔ^{44}。
中心城区（北）	阿拉是辣海车站买个车票。 ɐʔ^{33}la^{44}zɿ^{23}lɐʔ^{11}hE^{23}tsʰo^{55}ʑE^{21}ma^{22}ɦɐʔ^{44}tsʰo^{55}piɔ^{21}。
松江	我㑚是立垃车站买个车票。 ɦŋ̍^{22}na^{35}zɿ^{22}liɪʔ^{2}la^{35}tsʰo^{35}ʑɛ^{53}ma^{22}ɦəʔ^{31}tsʰo^{55}pʰiɔ^{31}。
闵行	倪辣辣车站里买个票。 n̠i^{13}laʔ^{22}laʔ^{44}tsʰo^{44}dʑɛ^{44}li^{44}ma^{22}gəʔ^{22}pʰiɔ^{35}。
青浦	我倪是勒辣车站里向买个车票。 ŋo^{23}n̠i^{55}zɿ^{44}ləʔ^{33}laʔ^{24}tsʰo^{55}ʑɛ^{55}li^{42}ɕiã^{21}ma^{22}gəʔ^{34}tsʰo^{55}pʰiɔ^{31}。
金山	吾俹有垃车站垃买垃个票子。 ɦŋ̍^{13}na^{53}ɦiɤ^{13}laʔ^{0}tsʰo^{44}zɛ^{33}lã^{31}ma^{13}laʔ^{0}gəʔ^{0}pʰiɔ^{35}tsɿ^{0}。
奉贤	尔俹是拉车站买拉个车票。 ɦŋ̍^{22}na^{34}zɿ^{24}laʔ^{24}tsʰo^{44}ʑɛ^{53}ma^{22}laʔ^{44}ɦəʔ^{53}tsʰo^{55}pʰiɔ^{21}。
浦东（川沙）	倪勒辣车站买个车票。 n̠i^{13}ləʔ^{22}lɐʔ^{34}tsʰo^{55}ʑɛ^{21}mA^{13}ɦəʔ^{55}tsʰo^{55}pʰiɔ^{21}。
浦东（惠南）	倪是勒辣车站买个车票。 n̠i^{13}zɿ^{53}ləʔ^{22}lɐʔ^{35}tsʰo^{55}ʑɛ^{31}mA^{113}ɦəʔ^{35}tsʰo^{55}pʰiɔ^{31}。
嘉定	我俚是勒浪车站买个车票。 ɦŋ̍^{22}li^{55}zɿ^{24}la^{22}lã^{55}tsʰɤ^{35}ʑE^{21}ma^{22}kəʔ^{55}tsʰɤ^{55}pʰiɔ^{21}。
宝山	我倪是勒特车站伊搭买个车票。 ɦŋ̍^{22}n̠i^{34}zɿ^{23}ləʔ^{11}dəʔ^{23}tsʰɤ^{55}ʑɛ^{33}i^{22}tAʔ^{31}ma^{22}gəʔ^{34}tsʰɤ^{55}pʰiɔ^{31}。
崇明	我俚是车站浪买个票。 ɦŋ̍^{242}li^{0}zɿ^{242}tsʰo^{55}dʑæ^{0}lã^{0}ma^{242}gəʔ^{0}pʰiɔ^{33}。

例句 地点	0015墙上贴着一张地图。
中心城区（南）	墙壁浪向贴辣海一张地图。 ʑiã²²pɿʔ⁵⁵lɑ̃³³ɕiã²¹tʰɿʔ³³lAʔ⁵⁵ɦɛ²¹iɿʔ³³tsã⁴⁴di²²du⁴⁴。
中心城区（北）	墙浪向贴辣一张地图。 ʑiã²²lɑ̃⁵⁵ɕiã²¹tʰɿʔ³³lɐʔ⁵⁵iɿʔ³³tsã²¹di²²du⁴⁴。
松江	墙壁浪贴仔一张地图。 ʑiã̃²⁴piɿʔ³³lɒ̃³¹tʰɿʔ³tsɿ⁵⁵iɿʔ³tsã̃³¹di²²du²²。
闵行	壁脚奴贴仔一张地图。 piɿʔ⁴tɕiaʔ⁴nu⁴⁴tʰɿʔ⁴tsɿ⁴⁴iɿʔ⁴tsã²²di²²du⁴⁴。
青浦	墙壁浪挂了一张地图。 ʑiã̃²³piɿʔ³³lɑ̃³³ko³⁵ləʔ⁴⁴iɿʔ⁴tsã̃⁴²di¹³du³¹。
金山	墙浪厢挂着一张地图。 ʑiã³²lɑ̃²²ɕiɛ̃²koʔ³⁵zaʔ⁰iɿʔ³tsɛ̃⁵³di¹³du³¹。
奉贤	墙浪贴仔一张地图。 ʑiã²⁴lɑ̃³¹tʰɿʔ³³tsɿ³⁴iɿʔ³³tsã³⁴di²⁴du³¹。
浦东（川沙）	墙壁浪贴着一只地图。 ʑiã²²ɓiɿʔ⁴⁴lɑ̃⁵⁵tʰɿʔ⁵⁵zAʔ⁵⁵iɿʔ⁵⁵tsAʔ⁵⁵di²²tʰu⁵³。
浦东（惠南）	墙浪贴着一张地图。 ʑiã̃¹³nɑ̃⁵⁵tʰiɿʔ⁵⁵zAʔ⁵³iɿʔ⁵⁵tsã⁵⁵di¹³tʰu⁵³。
嘉定	墙浪有张地图。 ʑiã²⁴lɑ̃²¹ɦy²²tsã̃⁵³di²²du⁵³。
宝山	壁脚浪贴勒一张地图。 pɿʔ³³tɕiAʔ⁵⁵lɒ̃³¹tʰɿʔ³³ləʔ²⁴iɿʔ³³tsã⁴⁴di²²du⁵³。
崇明	一张地图贴勒墙浪。 ʔiəʔ⁵tsã⁵⁵di³¹³du⁵⁵tʰiəʔ⁵ləʔ⁰ʑiã²⁴lɑ̃⁰。

例句　地点	0016 床上躺着一个老人。
中心城区（南）	床浪向睏辣海一个老人。 zã²²lã⁵⁵ɕiã²¹kʰuəŋ³³lAʔ⁵⁵hE²¹iʔ³³ɦəʔ⁴⁴lɔ²²ɲiŋ⁴⁴。
中心城区（北）	床浪向睏辣一个老人。 zã²²lã⁵⁵ɕiã²¹kʰuəŋ³³lɐʔ⁴⁴iʔ³³ɦəʔ⁴⁴lɔ²²ɲiŋ⁴⁴。
松江	床浪向睏仔一个老人。 zɒ̃²⁴lɒ̃³³ɕiæ³¹kʰuəŋ³³zɿ⁵⁵iʔ³kuɯ³¹lɔ²⁴ɲiŋ³¹。
闵行	床奴困着一个老娘家。 zã¹³nu¹³kʰuəŋ⁴⁴zaʔ²⁴⁴iʔ⁴gəʔ²⁴⁴lɔ²²ɲiã⁴⁴ka²²。
青浦	床浪向睏仔一个老人。 zã³⁴lã⁴²ɕiæ³³kʰuəŋ³³tsɿ⁴⁴iʔ⁴⁴kə³²lɔ²²ɲiəŋ⁴¹。
金山	床浪厢睏垃一个老人。 zã²lã²²ɕiɛ̃²kuən³⁵laʔ⁰iʔ¹²kəʔ²lɔ¹³ɲiəŋ⁵³。
奉贤	床浪躺拉一个老人。 zã²⁴lã³¹tʰã⁵⁵laʔ²¹iʔ³³kɤ³⁴lɔ²⁴ɲiŋ³¹。
浦东（川沙）	床浪向睏着一个老人。 zã²²lã⁴⁴ɕiã⁵⁵kʰuəŋ³³zAʔ⁵³iʔ⁵⁵ɦəʔ²¹lɔ²²ɲin⁵³。
浦东（惠南）	床浪睏辣一个老人。 zã¹²nã⁵⁵kʰuən³⁵læʔ⁵³iʔ⁵⁵gəʔ⁵³lɔ¹³ɲin⁵³。
嘉定	一个老人睏勒辣浪床浪。 iʔ³³kəʔ⁵⁵lɔ²²ɲin⁵³kʰuəŋ²²laʔ²⁵⁵lã²²zã²⁴lã²¹。
宝山	床浪睏仔一个老年纪人。 zɒ̃²⁴lɒ̃³¹kʰuɛ̃n³³dəʔ⁴⁴iʔ³³gəʔ⁴⁴lɔ²²ɲie²³tɕi⁵⁵ɲĩn³¹。
崇明	一个老人睏勒床浪。 ʔiə⁵gəʔ⁰lɔ³¹³ɲin⁵⁵kʰuən³³ləʔ⁰zã²⁴lã⁰。

地点 \ 例句	0017河里游着好多小鱼。
中心城区（南）	河浜里向交关小鱼辣辣游。 ɦu²² pã⁵⁵ li³³ ɕiã²¹ tɕiɔ⁵⁵ kuɛ²¹ ɕiɔ³³ ɦŋ̍⁴⁴ lʌʔ¹¹lʌʔ²³ ɦiɤ²³。
中心城区（北）	河浜里向交关小鱼辣海游。 ɦu²² pã⁵⁵ li³³ ɕiã²¹ tɕiɔ⁵⁵ kuɛ²¹ ɕiɔ³³ ɦŋ̍⁴⁴ lɐʔ¹² hɛ²³ ɦiɤ²³。
松江	河里向有交关鱼拉游。 vu²² li⁵⁵ ɕiæ̃³¹ ɦiɯ²² ciɔ⁵⁵ kuɛ³¹ ɦŋ̍³¹ la²² ɦiɯ³¹。
闵行	交关小鱼辣浜里游。 tɕiɔ⁴⁴ kuɛ⁴⁴ ɕiɔ¹³ ɦŋ̍²¹ la⁴⁴ɓã⁴⁴ li²² ɦiɤ¹³。
青浦	河里向有交关小鱼勒辣游。 ɦəu²² li³³ ɕiã⁴⁴ ɦiə³³ tɕiɔ⁵⁵ kuɛ³¹ siɔ⁴⁴ ɦŋ̍⁵³ ləʔ³³ la²⁴ ɦiə³¹。
金山	河里游唻行情行市小鱼。 ɦu³¹ li⁰ ɦiɤ¹ɛ³ ɦã²² ziŋ⁵⁵ ɦã³³ ʐɻ²¹ ɕiɔ²⁴ ɦŋ̍⁵³。
奉贤	河浜里游着交关小鱼。 βu²² pã⁴⁴ li⁵³ ɦiɤ²⁴ zəʔ³¹ tɕiɔ⁴⁴ kuɛ⁵³ ɕiɔ³⁵ ɦŋ̍³¹。
浦东（川沙）	河浜里游着交关小鱼。 βu²² ɓã²² li²² ɦiɤ²² zʌʔ⁵⁵ tɕiɔ⁵⁵ kuɛ⁵³ ɕiɔ³³ ɦŋ̍⁵³。
浦东（惠南）	河浜里交关小鱼勒辣游。 ɦu²² ɓã³³ li¹³ tɕiɔ⁵⁵ kuɛ⁵³ ɕiɔ³⁵ ɦŋ̍⁵³ ləʔ³³ læʔ³⁵ ɦiɤ¹¹³。
嘉定	河里交关小鱼勒浪辣游。 ɦu²⁴ li²¹ tɕiɔ⁵⁵ kuɛ²¹ siɔ³⁵ ɦŋ̍²¹ laʔ²² lã⁵⁵ ɦy²⁴。
宝山	河浜里有交关小毛鱼勒特游来游去。 βu²² pã²³ li⁵³ ɦy²³ tɕiɔ⁵⁵ kuɛ³¹ siɔ³³ mɔ⁵⁵ ɦŋ̍²¹ ləʔ²² dəʔ⁴⁴ ɦy²² lɛ⁵⁵ ɦy³³ tɕi³¹。
崇明	交关小鱼勒勒河里游。 tɕiə⁵⁵ kuæ⁵⁵ ɕiɔ⁴²⁴ ɦŋ̍⁰ lə² ləʔ⁰ hɦu²⁴ li⁰ ɦiə²⁴。

例句 地点	0018 前面走来了一个胖胖的小男孩。
中心城区（南）	前头走过来一个胖笃笃个男小囡。 ʑi²²dɤ⁴⁴tsɤ³³ku⁵⁵lɛ²¹iʔ³³gəʔ⁴⁴pʰã³³toʔ⁵⁵toʔ³³ɦəʔ²¹nø²²ɕiɔ⁵⁵nø²¹。
中心城区（北）	前头走过来一个胖笃笃个男小囡。 ʑi²²dɤ⁴⁴tsɤ³³ku⁵⁵lɛ²¹iɿʔ³³ɦɯ⁴⁴pʰã²²toʔ⁵⁵toʔ³³ɦəʔ²¹nø²²ɕiɔ⁵⁵nø²¹。
松江	前头走过来一个胖胖个男小囡。 ʑi¹³dɯ⁵³tsɯ³³ku⁵⁵lɛ³³iʔ²³kɯ³¹pʰə̃⁴⁴pʰə̃⁴⁴ɦɯ⁴⁴ne²⁴ɕiɔ³³nø³¹。
闵行	前头走过来一个胖小囡。 ʑi²²dɤ⁵³tsɤ⁴⁴ku²²lɛ²²iʔ²kuʔ³¹pʰã²²ɕiɔ²²nø⁵³。
青浦	前头来仔一个胖去胖来个男小囡。 dʑiɪ²³də⁵³lɛ²³tsɿ⁵³iɿʔ⁵⁵kəʔ³³pʰã³³tɕʰi⁴⁴pʰã³³lɛ⁵³gəʔ³³n̩ɪ²³siɔ⁴²nø²¹。
金山	前头走来一个蛮胖个小把戏。 ʑiɪ¹³dɤ⁵³tsɤ²⁴lɛ⁵³iɿʔ⁵kə⁰mɛ⁵⁵pʰã³¹gə⁰ɕiɔ³⁴ɓɑ⁵⁵ɕi³¹。
奉贤	前头走过来一个胖笃笃个男小囡。 ʑi²²dɤ⁵³tsɤ²²ku⁵⁵lɛ²¹iɿʔ³³kɤ³⁴pʰã²²toʔ⁵⁵toʔ³³ɦəʔ²¹ne²⁴ɕiɔ³³ne²¹。
浦东（川沙）	前头走过来一个胖墩墩个小囡囡头。 ʑi²²dɤ²²tsɤ⁵⁵ku⁵⁵lɛ²¹iɿʔ⁵⁵ɦəʔ²¹pʰã²²dən⁵⁵dən⁵⁵ɦəʔ²¹ɕiɔ²²nø⁵⁵nø⁵⁵dɤ²¹。
浦东（惠南）	前头走过来一个胖笃笃个男小囡。 ʑi²²dɤ³⁵tsɤ⁴⁴ku⁴⁴lɛ³¹iɿʔ⁵⁵gəʔ³⁵pʰã³⁵doʔ⁵⁵doʔ⁵⁵ɦəʔ³¹nɛ¹³ɕiɔ³⁵nø⁵⁵。
嘉定	前头有个男小人勒浪走过来，蛮壮个。 ʑiɪ²²dɤ⁵³ɦɯ²⁴gəʔ²¹n̩iɪ²²siɔ³⁵n̩iŋ²¹laʔ²²lã⁵⁵tsɤ³³ku⁵⁵lɛ²¹，mɛ⁵⁵tsã²²gəʔ²¹。
宝山	前头跑过来一个胖透胖透个男囡头。 ze²²dʌɪ⁵³pɔ²⁴ku³³lɛ³¹iɿʔ³³gəʔ⁴⁴pʰə̃³³tʰʌɪ⁵⁵pʰə̃³³tʰʌɪ²²ɦəʔ³¹ne²²nɤ²³dʌɪ⁵³。
崇明	一个胖小囡门前跑过来特。 ʔiəʔ⁵gəʔ⁰pʰã⁴²⁴ɕyø³³nø⁵⁵mən³¹³ie⁵⁵bɔ²⁴ku³³lɛ⁵⁵dəʔ⁰。

地点 \ 例句	0019他家一下子死了三头猪。
中心城区（南）	伊拉屋里向一记头死脱了三只猪猡。 ɦi²²lA⁴⁴oʔ³³li⁵⁵ɕiã²¹iɿ³³tɕi⁵⁵dʏ²¹ɕi³³tʰɐʔ⁵⁵ləʔ²¹sE⁵⁵tsAʔ²¹tsʅ⁵⁵lu²¹。
中心城区（北）	伊拉屋里向辣陌生头死脱了三只猪猡。 ɦi²²lA⁴⁴oʔ³³li⁵⁵ɕiã²¹lɐʔ¹¹mɐʔ²²sã²²dʏ²³ɕi³³tʰɐʔ⁵⁵lɐʔ²¹sE⁵⁵tsɐʔ²¹tsʅ⁵⁵lu²¹。
松江	渠拉″屋里向一记头死脱三只猪猡。 ɦi²²la⁵³oʔ³li⁵⁵ɕiæ³¹iʔ³tɕi⁵⁵du³¹ɕi³⁵tʰəʔ²¹sɛ⁵⁵tsa³¹tsʅ³⁵lu⁵³。
闵行	伊拉屋里厢快去快来三只猪猡侪死脱了。 ɦi¹³la⁴⁴oʔ²⁴li⁴⁴ɕiã⁵³kʰua²²tɕʰi⁴⁴kʰua⁴⁴le²²sɛ⁴⁴tsaʔ²tsʅ⁴⁴lu²²zɛ¹³ɕi²²tʰəʔ⁴ləʔ²²。
青浦	伊屋里向陌生头里三只猪猡死脱则。 i³⁵oʔ²⁴⁴li⁵⁵ɕiæ⁴²məʔ²²sã⁵⁵dʏ³³li²²sE⁵⁵tsəʔ³¹tsʅ⁵⁵ləu³¹ɕi³³tʰəʔ³³zəʔ²²。
金山	伊达屋里厢一记头死脱了三只猪猡。 ɦi¹²daʔ⁴oʔ³li⁵⁵ɕiẽ³¹iʔ²⁴tɕiʔ³dʏ²¹ɕi²³tʰəʔ²ləʔ⁰sɛ⁴⁴tsaʔ²tsʅ²⁴lu⁵³。
奉贤	伊屋里一记头死脱三只猪猡。 i⁵³oʔ³³li³⁴iʔ³³tɕi⁵⁵dʏ²¹ɕi³⁵tʰəʔ²¹sɛ⁵⁵tsaʔ²¹tsʅ⁴⁴lu⁵³。
浦东（川沙）	伊拉屋里一记头死脱三只猪猡。 ɦi²²lA²²oʔ²⁵⁵li⁵⁵iɿ⁵⁵tɕi⁵⁵dʏ⁵³ɕi³³tʰəʔ⁵⁵sE⁵⁵tsAʔ⁵⁵tsʅ⁵⁵lu²¹。
浦东（惠南）	伊拉屋里一下子死脱子三只猪猡。 ɦi²²lA³³ɒʔ²⁵⁵li³¹iɿ⁵⁵ɕiA⁵⁵tsʅ³⁵ɕi⁵⁵tʰəʔ²⁵⁵tsʅ³¹sɛ⁵⁵tsAʔ²⁵⁵tsʅ⁵⁵lu⁵³。
嘉定	伊搭屋里一上浪三只猪猡死脱则。 i⁵⁵taʔ²¹oʔ²⁵⁵li²¹iɿʔ²⁵⁵zã²⁴lã²¹sE⁵⁵tsaʔ²¹tsʅ⁵⁵lu²¹si³³tʰəʔ²⁵⁵tsəʔ²¹。
宝山	伊达屋里一上浪死脱仔三只猪猡。 i⁵⁵dəʔ³¹uəʔ²⁵⁵li³¹iɿʔ²⁵⁵zɒ̃³⁴lɒ̃⁵³si³³tʰəʔ⁵⁵dəʔ²⁵⁵sɛ⁵⁵tsAʔ³¹tsʅ⁵⁵lu³¹。
崇明	夷屋里一记头死脱三只猪奴。 ɦi²⁴ʔuəʔ²li³³ʔiəʔ⁵tɕi³³dɤ⁵⁵ɕi⁴²⁴tʰəʔ⁵sæ⁵⁵tsaʔ⁵tsʅ⁵⁵nu⁵⁵。

地点 \ 例句	0020 这辆汽车要开到广州去。/这辆汽车要开去广州。
中心城区（南）	埃部车子要开到广州去。 gəʔ¹¹buʔ²³tsʰo⁵⁵tsɿ²¹iɔ³⁴kʰE⁵⁵tɔ²¹kuã³³tsɤ⁵⁵tɕʰi²¹。
中心城区（北）	迭部车子要开到广州去个。 dɪʔ¹¹buʔ²³tsʰo⁵⁵tsɿ²¹iɔ⁴⁴kʰE⁵⁵tɔ²¹kuã³³tsɤ⁵⁵tɕʰi³³ɦɯʔ²¹。
松江	埃部汽车要开到广州去个。 gəʔ²buʔ³⁵tɕʰi⁵⁵tsʰo³¹iɔ³³kʰɛ⁵⁵tɔ³¹kuẽ³³tsɯ⁵⁵tɕʰi³³ɦɯɯ³¹。
闵行	迭部车子到广州去个。 diɪʔ²²buʔ⁴⁴tsʰo⁴⁴tsɿ²²tɔ⁴⁴kuã¹³tsɤ²²tɕʰi⁴⁴gəʔ⁴⁴。
青浦	埃部汽车要开到广州去。 gəʔ³³buʔ⁴⁴tɕʰi⁴⁴tsʰo³³iɔ²³kʰE⁵⁵tɔ⁴²kuã⁴⁴tsə⁵⁵tɕʰi³¹。
金山	埃部汽车呢一迳开到广州去了。 gəʔ⁴buʔ³³tɕʰi¹³tsʰo¹³nə⁰iɪʔ³ciəŋ³⁵kʰɛ⁵⁵dɔ³¹guã²⁴tsɤ⁵³tɕʰi³⁵lə⁰。
奉贤	埃部汽车要开到广州去。 gəʔ²²buʔ³⁴tɕʰi⁵³tsʰo²¹iɔ³⁵kʰɛ⁵⁵tɔ²¹kuã³⁵tsɤ³³tɕʰi²¹。
浦东（川沙）	迭部车子要开到广州去。 dəʔ²²buʔ³⁴tsʰo⁵⁵tsɿ²¹iɔ³⁵kʰɛ⁵⁵dɔ⁵³kuã³³tsɤ⁵⁵tɕʰi²¹。
浦东（惠南）	迭部汽车要开到广州去。 diɪʔ²²bu¹³tɕʰi³¹tsʰo³⁵iɔ⁵³kʰɛ⁵⁵dɔ⁵³kuã⁴⁴tsɤ⁴⁴tɕʰi⁵³。
嘉定	迭部汽车是要开到广州去个。 diɪʔ²²buʔ⁵³tɕʰi⁵⁵tsʰɤ²¹zɿ²²ɦi²²kʰE⁵⁵tɔ³³kuã³⁵tsɤ²¹tɕʰi²²gəʔ²¹。
宝山	第部汽车要开到广州去哉。 di¹¹buʔ²³tɕʰi³³tsʰɤ⁵³iɔ³⁴kʰɛ⁵⁵tɔ³¹kuẽ³³tsʌɪ⁵⁵tɕʰi³³zɛ³¹。
崇明	个部汽车是开到广州去个。 kəʔ⁵buʔ³³tɕʰi⁴²⁴tsʰo⁵⁵zɿ²⁴²kʰɛ⁵⁵tɔ³³kuã⁴²⁴tsɵ⁵⁵kʰi³³goʔ⁰。

地点 \ 例句	0021 学生们坐汽车坐了两整天了。
中心城区（南）	学生子坐车子坐了整整两日天。 ɦoʔ¹¹sã²²tsɿ²³zu²²tsʰo⁵⁵tsɿ²¹zu²²ləʔ⁴⁴tsəŋ³³tsəŋ⁴⁴liã²²n̠iɪʔ⁵⁵tʰi²¹。
中心城区（北）	学生子乘汽车乘了整整两日天了。 ɦoʔ¹¹sã²²tsɿ²³tsʰəŋ⁴⁴tɕʰi³³tsʰo⁴⁴tsʰəŋ³³ləʔ⁴⁴tsəŋ³³tsəŋ⁴⁴liã²²n̠iɪʔ⁵⁵tʰi³³ləʔ²¹。
松江	学生子坐汽车已经坐仔两日两夜哉。 ɦɔʔ²sã⁵⁵tsɿ⁵³zu²²tɕʰi⁵⁵tsʰo³¹i⁵⁵ciŋ³³zu³³zɿ³¹liæ̃²²n̠iɪʔ⁵liæ̃³³ɦia³³tsɛ³¹。
闵行	学生子勒辣汽车里坐仔两日天啊特。 ɦɔʔ²²sã²²tsɿ⁵³ləʔ²²ləʔ⁴⁴tɕʰi⁴⁴tsʰo²²li²²zu²²zɿ⁴⁴liã²²n̠iɪʔ⁴⁴tʰi²²aʔ²dəʔ²²。
青浦	交关学生子坐汽车坐了整整两日天阿则。 tɕiɔ⁵⁵kuᴇ⁵²ɦɔʔ³³sæ⁴⁴tsɿ³³zo²²tɕʰi⁵⁵tsʰo⁴²zo²³ləʔ⁴⁴tsəŋ⁴⁴tsəŋ⁵³liæ̃²²n̠iɪʔ⁴⁴tʰɿ⁴²ɦa²²zəʔ²²。
金山	学生子呢乘汽车，整整坐了两日天。 ɦɔʔ²³sɛ̃⁵⁵tsɿ³¹nə⁰tsʰəŋ³⁵tɕʰi³³tsʰo³¹,tsəŋ¹³tsəŋ³¹zu¹³ləⁱliẽ²³n̠iɪʔ²tʰiɪ²¹。
奉贤	学生子坐汽车坐仔两天。 ɦɔʔ²²sã⁴⁴tsɿ⁵³zu²⁴tɕʰi⁵³tsʰo²¹zu²²tsɿ³⁴liã²²tʰi⁵³。
浦东（川沙）	学生子乘车子乘着两日天啊得。 ɦɔʔ²²sã²²tsɿ³⁴zən¹³tsʰo⁵⁵tsɿ²¹zən¹³zᴀʔ⁵⁵liã²²n̠iɪʔ⁵⁵tʰi⁵⁵ɦᴀ⁵⁵dʌʔ²¹。
浦东（惠南）	学生子乘汽车乘着两日天。 ɦɔʔ³³sã³³tsɿ³⁵zən³⁵tɕʰi³¹tsʰo⁵³zən³⁵zᴀʔ³³liã²²n̠iɪʔ⁵⁵tʰi⁵³。
嘉定	学生搭刡刡囵囵乘仔两日天个汽车。 ɦɔʔ²⁴sã²¹taʔ⁵⁵ɦuoʔ²²ɦuoʔ²²ləŋ²²ləŋ⁵⁵tsʰo³⁵tsɿ²¹liã²²n̠iɪʔ⁵⁵tʰiɪ⁵³kəʔ³³tɕʰi⁵⁵tsʰɤ²¹。
宝山	第排=学生仔坐车子坐仔两日两夜。 di¹¹bɑ²³ɦɔʔ¹¹sã²²tsɿ²³zu²²tsʰɤ⁵⁵tsɿ³¹zu²²zɛ³⁴liã²²n̠iɪʔ⁵⁵liã²²ɦia³¹。
崇明	学生子汽车坐子两日天特。 ɦɦɔʔ²sã⁵⁵tsɿ⁰tɕʰi⁴²⁴tsʰo⁵⁵zu²⁴²tsɿ⁰liã²⁴²n̠iə²tʰie⁵⁵dəʔ⁰。

地点 \ 例句	0022 你尝尝他做的点心再走吧。
中心城区（南）	侬吃吃看伊做个点心再走哦。 noŋ²³tɕʰiʔ³³tɕʰiʔ⁵⁵kʰø²¹ɦi²³tsu³³gəʔ⁴⁴ti³³ɕiŋ⁴⁴tsE⁵²tsɤ³³vʌ⁴⁴。
中心城区（北）	侬吃眼伊做个点心再跑哦。 noŋ²³tɕʰiɐʔ⁵⁵ŋE²¹ɦi²³tsu³³ɦɯ⁴⁴ti³³ɕiŋ⁴¹tsE⁵²bɔ²²vɑ⁴⁴。
松江	是奴⁼吃吃渠做个点心再走吧。 zəʔ²ɦu³⁵cʰiaʔ⁴cʰiaʔ⁴ɦi²²tsu³⁵ɦɯ⁵³ti³⁵ɕiŋ³¹tsɛ⁴⁴tsɯ⁴⁴va⁴⁴。
闵行	侬吃了伊做个点心再跑。 noŋ¹³tɕʰiəʔ²ləʔ⁴⁴ɦi⁴⁴tsu²²gəʔ⁴⁴ɖi¹³siŋ²²tsE⁴⁴bɔ¹³。
青浦	你尝一尝伊做辣个点心再走伐。 nə²³zã²³iʔ³³zã²¹i⁴⁴tsu³³laʔ⁴⁴kə²³tir⁴⁴siəŋ⁵³tsE³³tsɑ³³va³³。
金山	助⁼尝尝伊做垃个点心，吃仔再走。 zu¹³zã³¹zã⁰ɦi³¹zu¹³laʔ⁰gəʔ⁰ti²⁴ɕiəŋ⁵³，cʰiʌʔ⁵zɿ⁰tsɛ³³tsɤ³¹。
奉贤	侬尝尝伊做个点心再走哦。 noŋ²⁴zã²²zã³⁴i⁵³tsu³³ɦəʔ³⁴ti³⁵ɕiŋ³¹tse⁵³tsɤ³³vɑ³⁴。
浦东（川沙）	侬吃吃看伊做辣点心再走么得。 noŋ¹³tɕʰiʌʔ²tɕʰiʌʔ⁵⁵kʰø²¹ɦi¹³tsu³⁵læʔ⁵⁵ɖi¹³ɕin⁵³tsɛ³⁵tsɤ²¹məʔ²¹dʌʔ²¹。
浦东（惠南）	侬吃吃看伊做个点心再走末着。 noŋ¹³tɕʰiʌʔ⁵⁵tɕʰiʌʔ⁵⁵kʰø³¹ɦi¹³tsu³⁵ɦəʔ⁵³ɖi³⁵ɕin⁵³tsɛ³⁵tsɤ⁵⁵məʔ⁵⁵tsʌʔ²²。
嘉定	侬吃吃伊做个点心再跑。 noŋ²⁴tɕʰiɪʔ³³tɕʰiɪʔ⁵⁵ɦi²²tsu³³kəʔ⁵⁵tir³⁵sin²¹tsE²²bɔ²¹。
宝山	侬吃吃看伊做个点心还跑哦。 noŋ²³tɕʰiəʔ³³tɕʰiəʔ⁵⁵kʰɤ³¹i⁵³tsu³³gəʔ⁵⁵te³³sĩn⁵³ɛ⁵³bɔ²⁴vɑ³¹。
崇明	你尝尝夷做个小吃爱跑末特。 n̩²⁴²zã²⁴zã⁵⁵ɦi⁰tsu³³gəʔ⁰ɕiɔ⁴²⁴tɕʰiəʔ²⁵ɛ³³bɔ²⁴məʔ⁰dəʔ⁰。

地点	例句 0023a. 你在唱什么？ b. 我没在唱，我放着录音呢。
中心城区（南）	a. 侬辣海唱啥物事啊？ b. 我呒没辣海唱，我辣海放录音。 a. noŋ²³lAʔ¹¹hE²³tsʰã³⁴sA³³məʔ⁵⁵zl̩³³A²¹? b. ŋu²³fim̩²²məʔ⁴⁴lAʔ¹¹hE²³tsʰã³⁴, noŋ²³lAʔ¹¹hE²³fã³⁴loʔ¹¹iŋ²³。
中心城区（北）	a. 侬辣唱啥物事？ b. 我呒没辣唱，我放个是录音。 a. noŋ²³leʔ¹²tsʰã⁴⁴sA³³meʔ⁵⁵zl̩²¹? b. ŋo²³m̩²²meʔ⁵⁵leʔ²¹tsʰã³⁴, ŋo²³fã³⁴fieʔ⁴⁴zl̩²³loʔ¹¹iŋ²³。
松江	a. 是奴⁼垃唱啥？ b. 奴⁼勿垃唱，奴⁼垃放录音呀。 a. zəʔ²fiu³⁵laʔ²tsʰɒ̃⁵⁵sa³⁵? b. nu¹³uəʔ²laʔ²tsʰɒ̃³⁵, nu¹³laʔ²fɒ̃³⁵loʔ²iŋ⁵⁵fiia³¹。
闵行	a. 侬辣唱啥？ b. 我呒没唱，我辣辣放录音。 a. noŋ¹³laʔ²²tsʰã⁴⁴sa⁴⁴? b. fiŋ̍¹³m̩²²məʔ²²tsʰã³⁵, fiŋ̍¹³laʔ²²laʔ⁴⁴fã⁴⁴loʔ²²iŋ⁵³。
青浦	a. 你勒辣唱啥物事？ b. 我勿辣唱，我勒辣放录音。 a. nə²³ləʔ²²laʔ³⁴tsʰã³⁵sa⁵⁵məʔ²zl̩³¹? b. fiŋ̍²⁴vəʔ³³laʔ⁵⁵tsʰã³¹, fiŋ̍²⁴ləʔ²²laʔ³³fã³⁵loʔ²²iəŋ²¹。
金山	a. 助⁼垃唱哈个歌？ b. 奴呒没唱，奴是垃放录音。 a. zu¹³la⁰tsʰã³⁵hɑ⁵³gə⁰ku⁵³? b. nu¹³fim̩¹²məʔ⁴tsʰã³⁵, nu¹³zl̩¹³la⁰fã³³loʔ²iŋ⁵³。
奉贤	a. 侬拉唱啥？ b. 我勿拉唱，我拉放录音。 a. noŋ²⁴laʔ²⁴tsʰã³⁵sa³⁵? b. ŋu²⁴vəʔ⁵³laʔ²¹tsʰã³⁵, ŋu²⁴laʔ²⁴fã³⁵loʔ²²iŋ⁵³。
浦东（川沙）	a. 侬辣唱啥？ b. 我没唱，我辣放录音。 a. noŋ¹³læʔ⁵⁵tsʰã³⁵sA³⁵? b. βu¹³məʔ⁵⁵tsʰã⁵³, βu¹³læʔ⁵⁵fã⁵³loʔ²²in³⁴。
浦东（惠南）	a. 侬辣唱啥？ b. 我没唱，我勒辣放录音。 a. noŋ¹³læʔ⁵⁵tsʰã⁵⁵sA³⁵? b. ŋu¹³mAʔ⁵⁵tsʰã³⁵, ŋu¹³ləʔ³³læʔ³⁵fã⁵⁵loʔ²²in³⁵。
嘉定	a. 侬勒浪唱啥个？ b. 我勿勒浪唱，我勒浪放录音。 a. noŋ²⁴laʔ²²lã⁵⁵tsʰã³⁵sa²²gəʔ²¹? b. fiŋ̍²⁴fəʔ³³ləʔ²²lã⁵⁵tsʰã²¹, fiŋ̍²⁴laʔ²² lã⁵⁵fã³⁵loʔ²²iŋ²⁴。
宝山	a. 侬勒特唱啥物事啊？ b. 我勿勒浪唱，我勒浪放录音啊。 a. noŋ²³ləʔ¹¹dəʔ²³tsʰã³⁴sa³⁴məʔ¹¹zl̩²¹a²³? b. fiŋ̍²³ʋəʔ³³ləʔ³⁴lɒ̃⁵³tsʰã³⁴, fiŋ̍²³ləʔ¹¹lɒ̃⁵³fã³⁴loʔ¹¹ĩ²²a²³。
崇明	a. 你勒唱何？ b. 我分宁唱，我勒勒放录音。 a. n̩²⁴²ləʔ²tsʰã³³hfiɑ²⁴²? b. fiŋ̍²⁴²fən⁵⁵n̩in⁵⁵tsʰã³³, fiŋ̍²⁴²ləʔ²ləʔ⁰fã³³loʔ²in⁵⁵。

地点 \ 例句	0024a. 我吃过兔子肉,你吃过没有? b. 没有,我没吃过。
中心城区(南)	a. 我吃过兔子肉个,侬吃过哦? b. 呒没,我呒没吃过。 a. ŋu²³tɕʰiɪʔ³³kuʔ⁴⁴tʰu³³tsʅ⁵⁵n̥io²³gəʔ²¹, noŋ²³tɕʰiɪʔ³³ku⁵⁵vaʔ²¹? b. fiṃ²²məʔ⁴⁴, ŋu²³fiṃ²²məʔ⁴⁴tɕʰiɪʔ³³ku⁴⁴。
中心城区(北)	a. 兔子肉我吃过个,侬吃过哦? b. 呒没,我呒没吃过。 a. tʰu³³tsʅ⁵⁵n̥ioʔ²¹ŋoʔ²³tɕʰiɐʔ³³kuʔ⁵⁵fiɐʔ²¹, noŋ²³tɕʰiɐʔ³³kuʔ⁵⁵vaʔ²¹? b. m̥²²mɐʔ⁴⁴, ŋoʔ²³mɐʔ⁵⁵tɕiɐʔ³³kuʔ²¹。
松江	a. 兔子肉奴ᵂ吃过个,是奴ᵂ吃过伐? b. 奴ᵂ勿曾吃过。 a. tʰu⁴⁴tsʅ⁴⁴n̥ioʔ²⁴nu¹³cʰiaʔ²kuʔ³⁵fiu⁵³, zəʔ²fiu³⁵cʰiaʔ²kuʔ³⁵vaʔ⁵³? b. nu¹³uəʔ²³zəŋ⁵⁵cʰiaʔ³kuʔ³¹。
闵行	a. 我兔子肉吃啊特,侬吃过伐? b. 我呒没吃过。 a. fiŋ¹³tʰu⁴⁴tsʅ⁴⁴n̥ioʔ²⁴tɕʰiəʔ²kuʔ⁴⁴aʔ²dəʔ²², noŋ¹³tɕʰiəʔ⁴⁴kuʔ⁴⁴vaʔ⁴⁴? b. fiŋ¹³m̥²²məʔ²²tɕʰiəʔ²kuʔ⁴⁴。
青浦	a. 兔子肉我吃过个,侬吃过伐? b. 呒没,我没吃过。 a. tʰəu⁵⁵tsʅ⁴³n̥yoʔ³²fiŋ²⁴tɕʰiəʔ²³kəuʔ³³gəʔ²¹, nə²³tɕʰiəʔ⁵⁵kəu³²vaʔ³³? b. m̥⁵⁵məʔ³¹, fiŋ²³məʔ³³tɕʰiəʔ⁵⁵kəu³²。
金山	a. 奴吃过兔子肉,助ᵂ吃过伐? b. 奴也呒没吃过。 a. nu¹³cʰiʌʔ²kuʔ⁰tʰu³⁴tsʅ⁵⁵n̥yoʔ², zu¹³cʰiʌʔ²kuʔ⁰vaʔ¹²? b. nu¹³fia⁰fim̥¹²məʔ⁴cʰiʌʔ²kuʔ⁰。
奉贤	a. 我侬吃过兔子肉,[实侬]吃过哦? b. 呒没,我侬勴吃过。 a. fiŋ²²noʔ³⁴tɕʰiəʔ³³kuʔ³⁴tʰu⁴⁴tsʅ⁴⁴n̥ioʔ⁵³, zoŋ²⁴tɕʰiəʔ³³kuʔ⁴⁴vaʔ⁵³? b. m̥⁵⁵məʔ²¹, fiŋ²²noʔ³⁴vəŋ³⁵tɕʰiəʔ³³kuʔ³⁴。
浦东(川沙)	a. 我吃过兔子肉啊得,侬吃过哦? b. 没,没,没,我没吃过。 a. βu¹³tɕʰiʌʔ⁵⁵kuʔ⁵⁵tʰu²²tsʅ⁴⁴n̥ioʔ⁵³fiʌ²¹dʌʔ²¹, noŋ¹³tɕʰiʌʔ⁵⁵kuʔ⁵⁵υʌ⁵⁵? b. məʔ²³, məʔ²³, məʔ²³, βu¹³məʔ⁵⁵tɕʰiʌʔ²kuʔ²¹。
浦东(惠南)	a. 我吃过兔子肉辣着,侬吃过哦? b. 我没吃过。 a. ŋu¹³tɕʰiʌʔ²⁵kuʔ³⁵tʰu²²tsʅ³³n̥ioʔ⁵³læʔ³³tsʌʔ³¹, noŋ¹³tɕʰiʌʔ⁵⁵kuʔ³⁵υʌ⁵⁵? b. ŋu¹³mʌʔ⁵⁵tɕʰiʌʔ⁵⁵kuʔ³¹。
嘉定	a. 我吃过兔子肉个,侬[阿曾]吃过? b. 我勿曾吃过。 a. fiŋ²⁴tɕʰiɪʔ³³kuʔ³⁵tʰu³³tsʅ⁵⁵n̥ioʔ²²kəʔ²¹, noŋ²⁴əŋ⁵⁵tɕʰiɪʔ²²kuʔ²¹? b. fiŋ²⁴fəŋ⁵⁵tɕʰiɪʔ²²kuʔ²¹。
宝山	a. 我吃过兔子肉个,侬[阿曾]吃过歇? b. 勴啊,我勴吃过。 a. fiŋ²³tɕʰiəʔ³³kuʔ⁴⁴tʰu³³tsʅ³⁴n̥ioʔ⁵⁵gəʔ³¹, noŋ²³ã⁵³tɕʰiəʔ³³kuʔ³⁴ɕiɪʔ⁵³? b. vĩn⁵⁵aʔ³¹, fiŋ²³vĩn⁵³tɕʰiəʔ³³kuʔ⁴⁴。
崇明	a. 兔子肉我吃过了,你爱宁吃过? b. 我分宁吃过。 a. tʰu⁴²⁴tsʅ³³n̥yoʔ²fiŋ²⁴²tɕʰiəʔ³³ku³³, ŋ²⁴²ʔɛ⁴²⁴n̥in²⁵tɕʰiəʔ²⁵kuʔ³³? b. fiŋ²⁴²fəŋ⁵⁵n̥in⁵⁵tɕʰiəʔ²⁵kuʔ³³。

地点 \ 例句	0025 我洗过澡了，今天不打篮球了。
中心城区（南）	我汏过浴了，篮球今朝勿好打了。 ŋu²³dA²²ku⁴⁴ɦioʔ¹¹ləʔ²³, lɛ²²dʑiɤ⁴⁴tɕin⁵⁵tsɔ²¹vəʔ²²hɔ⁵⁵tã³³ləʔ²¹。
中心城区（北）	我汏过浴了，今朝勿打篮球了。 ŋo²³da²²ku⁴⁴ɦioʔ¹¹ləʔ²³, tɕin⁵⁵tsɔ²¹vəʔ¹¹tã²³lɛ²²dʑiɤ⁵⁵ləʔ²¹。
松江	奴⁼汏浴汏过啊哩，今朝勿打篮球哉。 nu¹³da²⁴ɦioʔ³¹da²²ku³⁵ɦa⁵⁵li³¹, ɕiŋ³⁵tsɔ⁵³uəʔtæ̃⁴⁴lɛ²²ɟɯɯ⁵⁵tsɛ³¹。
闵行	我汏过浴啊哉，今朝篮球就不打哉。 ɦn̩¹³da²²ku⁴⁴ɦioʔ²²aʔ⁴⁴tsəʔ⁴, tɕin⁴⁴tsɔ²²lɛ²²dʑiɤ³¹zɤ¹³vəʔ⁴⁴dã⁴⁴tsəʔ⁴。
青浦	我汏好浴阿则，今朝勿打篮球则。 ɦn̩²³da²²hɔ⁵¹ɦiyəʔ³³aʔ²¹zəʔ³³, tɕiəŋ⁵⁵tsɔ⁵⁵vəʔ³³tæ̃⁵³lɛ²²dʑie²³zəʔ²¹。
金山	奴汏过浴阿里，奴今朝篮球勿打了。 nu¹³da¹³ku⁰ɦiyəʔ¹²aʔ⁰li⁰, nu¹³tɕi²⁴tsɔ⁵³lɛ¹³dʑiɤ⁵³uəʔ²⁴dẽ³³lə⁰。
奉贤	我侬汏过浴唻，今朝勿打篮球唻。 ɦn̩²²no³⁴da²²ku⁴⁴ɦioʔ²²lɛʔ, tɕin⁴⁴tsɔ⁵³vəʔ⁴²tã²¹lɛ²³dʑiɤ⁵³lɛ²¹。
浦东（川沙）	我汏过浴得，今朝勿打篮球着。 βu¹³dA²²ku⁵⁵ɦioʔ²³dʌʔ²¹, tɕin⁵⁵tsɔ⁵³vəʔ²²dã⁵⁵lɛ²²dʑiɤ²²ZAʔ²¹。
浦东（惠南）	我汏过浴了，今朝勿打篮球着。 ŋu¹³dA¹³ku³⁵ɦioʔ³¹lə¹³, tɕin⁵⁵tsɔ⁵³vəʔ²²dã¹³lɛ²²dʑiɤ³³ZAʔ³¹。
嘉定	我汏过浴哉，今朝篮球勿打哉。 ɦn̩²⁴da²²ku⁵⁵ɦioʔ²²tsəʔ²⁴, tɕin⁵⁵tsɔ²¹lɛ²²dʑy⁵⁵fəʔ⁵⁵tã²²tsɛ²¹。
宝山	我浴也汏好哉，今朝篮球勿打哉。 ɦn̩²³ɦioʔ¹²ɦa²³da²²hɔ⁵⁵zɛ³¹, tɕĩ⁵⁵tsɔ³¹lɛ²²dʑy³⁴vəʔ³³tã³⁴tsɛ⁵³。
崇明	今朝篮球弗打特，我揩过浴个特。 tɕin⁵⁵tsɔ⁵⁵læ²⁴dʑie⁵⁵fəʔ⁵tã⁴²⁴dəʔ⁰, ɦn̩²⁴²kʰa⁵⁵ku³³n̩yoʔ²gəʔ⁰dəʔ⁰。

例句 地点	0026 我算得太快算错了，让我重新算一遍。
中心城区（南）	我算了忒快了算错脱了，让我重新算一遍。 ŋu²³sø³³lə?⁴⁴tʰə?⁵⁵kʰuA³³lə?⁴⁴sø³³tsʰo⁵⁵tʰə?³³lə?²¹, ȵiã²²ŋu⁴⁴zoŋ²²ɕiŋ⁴⁴sø³³ iɿ?⁵⁵pi²¹。
中心城区（北）	我算了忒快算错脱了，让我再重新算一遍。 ŋo²³sø³³lɐ?⁴⁴tʰɐ?⁴⁴kʰua³⁴sø³³tsʰo⁵⁵tʰɐ?³³lɐ?²¹, ȵiã²²ŋo⁴⁴tsɛ⁵²zoŋ²²ɕiŋ⁴⁴sø³³iɿ?⁵⁵pi²¹。
松江	我奴ⁿ算得忒快，算错脱哉，让奴ⁿ重新算一遍。 ɦŋ̍²²nu³⁵sø³⁵tə?³¹tʰə?²⁴kʰua³⁵, sø⁵⁵tsʰu³³tʰə?³³tsɛ³¹, ȵiæ²⁴nu³¹zoŋ¹³ɕiŋ⁵³sø³³iɿ?⁵pi³¹。
闵行	让我重新算一遍，我算勒忒快哉，算错脱啊哉。 ȵiã¹³ɦŋ̍⁴⁴zoŋ²²siŋ⁴⁴sø⁴⁴iɿ?²pi²², ɦŋ̍¹³sø⁴⁴lə?²⁴tʰa?²⁴kʰua⁴⁴dzə?²⁴, sø⁴⁴tsʰo²²tʰə?² a?²dzə?²⁴。
青浦	我算了忒快则，算错脱则，让我重新算一遍。 ɦŋ̍²³sø³⁴lə?⁴⁵tʰə?⁵⁵kʰua³⁴zə?³², sø⁴⁴tsʰo⁵⁵tʰə?⁴⁴zə?³¹, ȵiæ²⁴ɦŋ̍⁴³zoŋ²²siəŋ⁵³sø³³iɿ?⁵⁵pii⁵¹。
金山	奴算了忒快，算错脱了，让奴再算一算，好伐。 nu¹³sø³⁵lə⁰tʰɑ?³kʰua³⁵, sø³³tsʰo⁵⁵tʰə?³³lə²¹, ȵiẽ¹³ŋu³¹tsɛ³⁵sø³⁴iɿ?⁵sø³¹, hɔ²³va?²⁴?
奉贤	我侬算了忒快，算错哚，让我侬重新算一遍。 ɦŋ̍²²no³⁴sø⁵⁵lə?²¹tʰə?³³kʰua³⁴, sø⁵³tsʰo⁵³lɛ²¹, ȵiã²⁴ɦŋ̍²²no³⁴zoŋ²³ɕiŋ⁵³sø³³iɿ?⁵⁵pi²¹。
浦东（川沙）	我算了太快啊得，算错脱啊得，让我再重新算一遍。 βu¹³sø³⁵lə²¹tʰA²²kʰuA⁵⁵ɦA²¹dʌ?²¹, sø³⁵tsʰu⁵⁵tʰə?²⁵⁵ɦA²¹dʌ?²¹, ȵiã¹³βu¹³tsɛ⁵³ zoŋ²²ɕin⁵⁵sø³⁵ iɿ?⁵⁵ɓi²¹。
浦东（惠南）	我算得太快辣着，算错脱，让我再重新算一遍。 ŋu¹³sø⁵dʌ?²⁵³tʰA³⁵kʰuA³⁵læ?²²tsA²², sø³⁵tsʰu⁵⁵tʰə?²⁵⁵, ȵia³¹ŋu³⁵tsɛ⁵⁵zoŋ²²ɕin³³sø³⁵iɿ?²⁵ɓi⁵³。
嘉定	我算得忒快算错脱哉，让我再算一趟。 ɦŋ̍²⁴sʅ³³tə?⁵⁵tʰə?³³kʰua³⁵sʅ³³tsʅ⁵⁵tʰə?²²tsE²¹, ȵiã²²ɦŋ̍⁵⁵tsE⁵³tsʅ³³iɿ?⁵⁵tʰã²¹。
宝山	我算得忒快哉，乃算错脱哉，让我重新算一趟。 ɦŋ̍²³sʅ³³də?⁴⁴tʰə?²⁵⁵kʰua³³zɐ³⁴, nɐ³⁵sʅ³³tsʰʅ⁵⁵tʰə?²²zɐ³¹, ȵiã²²ɦŋ̍³⁴zoŋ²²sĩn⁴⁴sʅ³³iɿ?⁵⁵tʰɒ̃³¹。
崇明	我算勒忒快，算错特，让我重新算一算。 ɦŋ̍²⁴²sø³³lə?³³tʰə?²⁵kʰua³³, sø³³tsʰo⁵⁵də?⁰, ȵiã³¹³ɦŋ̍³³dzoŋ²⁴ɕin⁵⁵sø³³ʔiə?⁵sø³³。

例句 地点	0027他一高兴就唱起歌来了。
中心城区（南）	伊一开心就唱起歌来了。 ɦi²³iɪʔ³³kʰE⁵⁵ɕiŋ²¹ʑiɤ²³tsʰã³³tɕʰi⁴⁴ku⁵⁵lE³³ləʔ²¹。
中心城区（北）	伊一开心就唱起歌来了。 ɦi²³iɪʔ³³kʰE⁵⁵ɕiŋ²¹dʑiɤ²³tsʰã³³tɕʰi³³ku⁵⁵lE³³ləʔ²¹。
松江	渠一开心就唱歌哉。 ɦi¹³iɪʔ³kʰɛ⁵⁵ɕiŋ⁵³dʑɯ²²tsʰɔ̃⁵⁵ku³³tsɛ³¹。
闵行	伊高兴了就唱歌。 ɦi¹³kɔ⁴⁴ɕiŋ²²ləʔ²²ʑiɤ¹³tsʰã⁴⁴ku⁴⁴。
青浦	伊一开心就会得唱歌。 i⁵⁵iɪʔ⁵⁵kʰE⁵⁵siəŋ⁵³dʑiə³³ɦui²²təʔ³³tsʰã³³kəu⁵³。
金山	伊一高兴呢，又唱起歌来了。 ɦi³¹iɪʔ²⁵kɔ⁵⁵ɕiəŋ³¹nə⁰, ɦiɤ¹³tsʰaŋ³⁵tɕʰi⁰ku⁵³lɛ¹³lə⁰。
奉贤	实伊一开心就唱起歌来了。 zəʔ²²i⁵³iɪʔ³³kʰɛ⁴⁴ɕiŋ⁵³ʑiɤ²⁴tsʰã³³tɕʰi³⁴ku⁴⁴lɛ⁴⁴ləʔ⁵³。
浦东（川沙）	伊一开心就唱起歌来得。 ɦi¹³iɪʔ³³kʰɛ⁵⁵ɕiŋ⁵³ʑiɤ¹³tsʰã³³tɕʰi⁵⁵ku⁵⁵lE⁵⁵dʌʔ²¹。
浦东（惠南）	伊一开心就唱起歌来着。 ɦi¹³iɪʔ⁵⁵kʰE⁵⁵ɕiŋ⁵³ʑiɤ¹³tsʰã³⁵tɕʰi⁵⁵ku⁵⁵lE¹³zʌʔ³¹。
嘉定	伊一开心就唱起来哉。 i⁵⁵iɪʔ⁵⁵kʰE⁵⁵siŋ²¹ʑiɤ²⁴tsʰã³³tɕʰi⁵⁵lE³³tsE²¹。
宝山	伊一开心就要唱歌哉。 i⁵³iɪʔ³³kʰE³⁴sĩn⁵³zʌɪ²³iɔ³⁴tsʰɔ̃³³ku⁵⁵zɛ³¹。
崇明	夷一开心就唱歌特。 ɦi²⁴ʔiə²⁵kʰɛ³³ɕin⁵⁵zɤ²⁴tsʰã⁴²⁴ku⁵⁵dəʔ⁰。

地点 \ 例句	0028 谁刚才议论我老师来着？
中心城区（南）	刚刚啥人辣海讲我老师啊？ kã⁵⁵kã²¹sA³³n̠iŋ⁴⁴lAʔ¹¹hɛ⁵⁵kã³³ŋu⁴⁴lɔ⁵⁵sɿ³³A²¹?
中心城区（北）	刚刚啥人辣辣议论阿拉老师啊？ kã⁵⁵kã²¹sa³³n̠iŋ⁴⁴lɐʔ¹¹lɐʔ²³n̠i²²lən⁴⁴ɐʔ³³la⁴⁴lɔ²²sɿ⁴⁴a⁵²?
松江	哈⁼人刚刚垃讲奴⁼老师闲话啊？ ha³⁵n̠iŋ³¹kɒ̃³⁵kɒ̃⁵³la²²kɒ̃³⁵nu³¹lɔ⁵⁵sɿ³¹ɦiɛ²⁴ho³³ɦa³¹?
闵行	啥人刚刚辣辣话我个先生？ sa¹³n̠iŋ²²kã⁴⁴kã⁴⁴laʔ²²laʔ²⁴ɦo¹³fiŋ²²kəʔ⁴ɕi⁴⁴sã⁵³?
青浦	啥人刚刚勒辣议论伊个老师？ sa⁴⁴n̠iəŋ⁵³kã⁵⁵kã⁴³ləʔ³³laʔ²⁴n̠i²²ləŋ³⁴ɦi³³gəʔ⁵⁵lɔ⁴⁴sɿ³¹?
金山	哈⁼人刚刚垃议论奴个老师？ ha²⁴n̠iəŋ⁵³kaŋ⁵⁵kaŋ³¹la¹³n̠i³³ləŋ³³nu¹³ɦəº lɔ⁵⁵sɿ³¹?
奉贤	刚刚哈⁼人拉讲我个老师？ kã⁴⁴kã⁵³ha²⁴n̠iŋ³¹la²⁴kã³⁵fiŋ²²no³⁴lɔ⁵³sɿ²¹?
浦东（川沙）	啥人刚刚辣讲我老师啊？ sA³³n̠in⁵⁵kã⁵⁵kã⁵⁵læʔ²³kã³³βu¹³lɔ⁵⁵sɿ⁵⁵ɦA²¹?
浦东（惠南）	啥人刚刚勒辣话议我个老师？ sA³⁵n̠in⁵³kã⁵⁵kã⁵⁵ləʔ²²læʔ²³ɦo¹³n̠i²²ŋu¹³ɦəʔ³¹lɔ³⁵sɿ⁵³?
嘉定	刚刚啥人辣浪讲我俚先生？ kã⁵⁵kã²¹sã³³n̠iŋ⁵³laʔ²²lɒ̃⁵⁵kã³⁵ɦŋ²²li⁵⁵sii⁵⁵sã²¹?
宝山	啥人刚刚勒浪讲伲老师？ sa³³n̠ĩn⁵³kɒ̃⁵⁵kɒ̃³¹ləʔ²²lɒ̃⁴⁴kɒ̃³⁴n̠i²³lɔ⁵⁵sɿ³¹?
崇明	何人眼眼头讲我先生？ ɦɦa²⁴²n̠in⁵⁵ŋæ⁵⁵ŋæ⁵⁵dɵ⁵⁵kã⁴²⁴ɦŋ³³ɕie⁵⁵sã⁵⁵?

例句　地点	0029 只写了一半，还得写下去。
中心城区（南）	只写脱一半，还要写下去。 tsɐʔ⁴⁴ɕia³³tʰəʔ⁴⁴iɪʔ³³pø⁴⁴,ɦɛ²²iɔ⁴⁴ɕia³³ɦo⁵⁵tɕʰi²¹。
中心城区（北）	只写了一半，还要写下去。 tsɐʔ⁵⁵ɕia³³ləʔ⁴⁴iɪʔ³⁴pø⁴⁴,ɦɛ²²iɔ⁴⁴ɕia³³ɦo⁵⁵tɕʰi²¹。
松江	只写仔一半，还要写下去。 tsəʔ⁴ɕia⁴⁴zʅ⁴⁴iɪʔ⁴pe³⁵,ɛ⁵⁵iɔ³¹ɕia³³ɦo⁵⁵tɕʰi³¹。
闵行	刚写了一半，还要写下去。 kã⁴⁴ɕia⁴⁴ləʔ⁴⁴iɪʔ⁴ɓe³⁵,ɦɛ²²ɦiɔ⁴⁴sia⁴⁴ɦɔ⁴⁴tɕʰi²²。
青浦	只写仔一半，还要写下去。 tsəʔ⁵⁵sia⁴⁴tsʅ⁵⁵iɪʔ³³pɪ³⁴,ɦɛ²²iɔ³⁴sia³³ɦo²²tɕʰi²¹。
金山	只写了一半，还要写落去。 tsəʔ⁵ɕia³⁵lə⁰iɪʔ³ɓe³⁵,ɦɛ¹³iɔ³¹ɕia³⁵lɔʔ¹²tɕʰi⁰。
奉贤	只写了一半，还要写落去。 tsəʔ⁵⁵ɕia³³ləʔ³⁴iɪʔ³pe³⁴,ɦɛ²²iɔ³⁴ɕia³³lɔʔ⁵⁵tɕʰi²¹。
浦东（川沙）	只写着一半，还要写下去啊唻。 tsʅ³³ɕiA³⁵zAʔ⁵⁵iɪʔ⁵⁵ɓo³⁵,ɦɛ¹³iɔ⁵⁵ɕiA⁵⁵ɦo⁵⁵tɕʰi⁵⁵ɦA²¹lɛ²¹。
浦东（惠南）	只写着一半，还要写下去。 tsʅ⁵⁵ɕiA³⁵zAʔ⁵⁵iɪʔ⁵⁵ɓɛ³⁵,ɦɛ¹³iɔ⁵³ɕiA³⁵ɦo⁵³tɕʰi³¹。
嘉定	刚刚只写勒一半，还要写下去勒。 kã⁵⁵kã²¹tsəʔ⁵⁵sia³³ləʔ⁵⁵iɪʔ²²pɪɪ²⁴,ɦuɛ²⁴ɦiɔ²¹sia²²ɦu⁵⁵tɕʰi²²laʔ²¹。
宝山	刚刚写仔一半了，还要写下去。 kɒ̃⁵⁵kɒ̃³¹sia³³dəʔ⁴⁴iɪʔ⁴⁴pe²¹ləʔ³¹,ɛ⁵⁵iɔ³¹sia³³ɦʅ⁵⁵tɕʰi³¹。
崇明	得勒写子一半，我爱要写下去。 təʔ²⁵ləʔ⁵ɕia⁴²⁴tsʅ³³ʔiəʔ²pie³³,ɦŋ²⁴²ɛ⁴²⁴iɔ³³ɕia⁴²⁴o³³kʰi⁵⁵。

例句 地点	0030 你才吃了一碗米饭，再吃一碗吧。
中心城区（南）	侬只吃脱一碗饭，再吃碗哦。 noŋ²³tsəʔ⁵⁵tɕʰiʔ³³tʰəʔ⁴⁴iɪʔ⁵⁵ø⁴⁴vɛ²³, tsɛ⁵⁵tɕʰiɪʔ³³ø⁵⁵vA²¹。
中心城区（北）	侬只吃了一碗饭，再吃一碗哦。 noŋ²³tsɐʔ⁵⁵tɕʰiɐʔ³³ləʔ⁴⁴iɪʔ³³uø⁴⁴vɛ²³, tsɛ⁵⁵tɕʰiɐʔ³³uø³³vA²¹。
松江	是奴⁼只吃仔一碗饭，再吃个一碗吧。 zəʔ²ɦu³⁵tsəʔ⁴cʰiaʔ²zɿ⁴⁴iɪʔ⁴ue⁴⁴vɛ¹³, tsɛ⁵³cʰiaʔ²kɯ⁴⁴iɪʔ⁴ue⁴⁴va⁵³。
闵行	侬吃脱一碗饭拉里，再吃一碗。 noŋ¹³tɕʰiəʔ⁴tʰəʔ⁴iɪʔ⁴ue⁴vɛ²²laʔ⁴⁴li²², tse⁴⁴tɕʰiəʔ⁴iɪʔ⁴ue⁴⁴。
青浦	你只吃了一碗饭，再吃一碗。 nə²³tsəʔ⁵⁵tɕʰiəʔ⁵⁵ləʔ³³iɪʔ⁵⁵ui⁵⁵vɛ¹², tsɛ⁵⁵tɕʰiəʔ⁴⁴iɪʔ³³ui²²。
金山	助⁼吃了一碗米饭，再吃一碗。 zu¹³cʰiʌʔ⁵ləʔ⁰iɪʔ⁴ue³³mi⁵¹va³³, tsɛ³⁵cʰiʌʔ⁵iɪʔ⁴ue³³。
奉贤	侬只吃了一碗饭，再吃一碗好哦。 noŋ²⁴tsəʔ⁵⁵tɕʰiəʔ³³ləʔ³⁴iɪʔ³³ue³⁴βɛ²⁴, tsɛ⁵³tɕʰiəʔ³³iɪʔ³³ue²¹hɔ²²va³⁴。
浦东（川沙）	侬只吃一碗饭，再添一碗饭。 noŋ¹³tsɿ²²tɕʰiʌʔ⁵⁵iɪʔ⁵⁵ue⁵⁵βɛ²¹, tsɛ⁵⁵tʰiʰ⁵⁵iɪʔ⁵⁵ue⁵⁵βɛ²¹。
浦东（惠南）	侬只吃一碗米饭，再吃一碗哇。 noŋ¹³tsɿ³³tɕʰiʌʔ⁵⁵iɪʔ⁵⁵uɛ⁵⁵mi³¹βɛ¹³, tsɛ³⁵tɕʰiʌʔ⁵⁵iɪʔ⁵⁵uɛ⁵⁵uA⁵³。
嘉定	侬只吃勒一碗饭，阿要再吃一碗。 noŋ²⁴tsəʔ⁵⁵tɕʰiʔ²²ləʔ²¹iɪʔ³³ue⁵⁵vɛ²¹³, aʔ²³³ɦiɔ³⁵tsɛ⁵⁵tɕʰiʔ²²iʔ²²ue²¹。
宝山	侬刚刚吃仔一碗饭，还吃一碗哦。 noŋ²³kɒ̃⁵⁵kɒ̃³¹tɕʰiəʔ³³dəʔ⁴⁴iɪʔ³⁴ue⁵⁵vɛ³¹, ɛ⁵³tɕʰiəʔ³³iɪʔ⁵⁵ue³³va³¹。
崇明	你得吃子一碗饭，爱吃一碗阿哇。 ŋ²⁴²təʔ⁵tɕʰiəʔ⁵tsɿ³³ʔiəʔ⁵ʔue³³væ³¹³, ʔɛ⁴²⁴tɕʰiəʔ⁵ʔiəʔ⁵ue³³ɑʔ⁰uɑ⁰。

地点 \ 例句	0031 让孩子们先走，你再把展览仔仔细细地看一遍。
中心城区（南）	让小囡先走，侬再拿展览仔仔细细看一遍。 ȵiã²³ɕiɔ³³nø⁴⁴ɕi⁵²tsɤ³⁴, noŋ²³tsE⁵³nE⁵³tsø³³lɛ⁴⁴tsɿ³³tsɿ⁵⁵ɕi³³ɕi²¹kʰø³³iɿʔ⁵⁵pi²¹。
中心城区（北）	让小人先走，侬再拿展览好好叫看一遍。 ȵiã²³ɕiɔ³³ȵin⁴⁴ɕi⁵²tsɤ³⁴, noŋ²³tsE⁵³nE⁵³tsø³³lɛ⁴⁴hɔ³³hɔ⁵⁵tɕiɔ²¹kʰø³³iɿʔ⁵⁵pi²¹。
松江	让小囡先走，是奴⁼担展览会啊仔仔细细再看一遍。 ȵiæ̃²²ɕiɔ³⁵nø⁴¹ɕi³⁵tsɯ⁵³, zəʔ²ɦu³⁵nE⁵³tsE⁵³lɛ⁴¹ve³³ɦa³¹tsɿ³³tsɿ⁵⁵ɕi³³ ɕi³¹tsɛ⁵³kʰø³³iɿʔ⁵pi³¹。
闵行	让小囡先走末哉，侬拿展览再仔仔细细看一趟。 ȵiã¹³ɕiɔ³⁵nø²¹ɕi⁵³tsɤ⁵³məʔ⁰zE⁵³, noŋ¹³nE⁵³tsE¹³lɛ⁵³tsɛ⁵³tsɿ⁴⁴ɕi²²ɕi²² kʰø³⁵iɿʔ⁵⁵tʰã³⁵。
青浦	让小囡先走，你再拿展览详详细细个看一遍。 ȵiæ̃²⁴siɔ⁴⁴nø⁵³siɿ⁴⁴tsɤ³¹, nə²³tsE⁴⁴nE⁴²tsE³³lɛ⁴³ziæ̃³²ziæ̃³²si³²si²¹gəʔ¹¹kʰø³³ iɿ³³piɿ²¹。
金山	让小把戏垃先走，助⁼呢，再到展览会去，好好叫看一遍。 ȵiẽ¹³ɕiɔ²³ɓa⁵⁵ɕi³¹la⁰sɿ⁵⁵tsɤ⁵³, zu¹³nə⁰, tsɛ⁴⁴ɖɔ⁴⁴tsɛ³⁴lɛ⁵⁵ɦuɛ³¹tɕʰi³⁵hɔ³⁴ hɔ⁵⁵ ɕiɔ³¹kʰø³⁵iɿʔ³ɓi³⁵。
奉贤	让小囡先走，侬再担展览仔仔细细个看一遍。 ȵiã²⁴ɕiɔ³⁵nø²¹ɕi⁵³tsɤ³⁵, noŋ²⁴tsE⁵³ɖɛ⁵³tsE³⁵lɛ³¹tsɿ³³tsɿ⁵⁵ɕi³³ɕi³³fiəʔ²¹kʰø³³ iɿʔ⁵⁵pi²¹。
浦东（川沙）	让小囡先走，侬拿展览好好叫个再看一遍。 ȵiã¹³ɕiɔ³³nø⁵⁵ɕi⁵⁵tsɤ²¹, noŋ¹³nE⁵³tsE³⁵lɛ²¹hɔ²²hɔ⁵⁵tɕiɔ⁵⁵fiəʔ²¹tsɛ³⁵kʰø³³iɿʔ⁵⁵ɓi²¹。
浦东（惠南）	让小囡先走，侬再拿展览慢慢叫看一遍。 ȵiã¹³ɕiɔ²²nø³³ɕi⁵⁵tsɤ³¹, noŋ¹³tsE⁵⁵nE⁵⁵tsE⁵⁵lɛ⁵³mɛ²²mɛ³³tɕiɔ⁵³kʰø⁵⁵iɿʔ⁵⁵ɓi³¹。
嘉定	让小人搭先走，侬再拿展览把把细细看一趟。 ȵiã²⁴siɔ³⁵ȵiŋ²¹taʔ²²siɿ⁵⁵ɓɔ²¹, noŋ²⁴tsE²⁵nE⁵³tsiɿ³⁵lE²¹pu³³pu⁵⁵si²²si²¹kʰɤ²²iɿʔ⁵⁵tʰã²¹。
宝山	让帮小囡先走，侬再拿展览个物事仔细个看一遍。 ȵiã²³pɒ⁵³siɔ³⁵nɤ³⁴se⁵⁵tsɤ³¹, noŋ²³tsE⁵⁵nE³¹tsE³³lɛ⁵⁵gəʔ³¹məʔ²²zɿ³⁴tsɿ³³si⁵⁵gəʔ²¹kʰɤ³³iɿʔ⁵⁵ pʰe³¹。
崇明	让小囡先跑，你拿展览把把细细爱⁼看一遍。 ȵiã³¹³ɕiɔ⁴²⁴nø⁵⁵ɕie⁵⁵ɓɔ⁵⁵, ŋ²⁴²næ⁵⁵tsø³³læ⁰po⁴²⁴po³³ɕi⁰ɕiʔ⁴²⁴kʰø³³ʔiəʔ⁴²⁴pie⁵⁵。

地点 \ 例句	0032他在电视机前看着看着睡着了。
中心城区(南)	伊辣辣电视机前头看发看发眍着了。 ɦi²³lAʔ$\underline{11}$lAʔ$\underline{23}$di²²zŋ⁵⁵tɕi²¹zi²²dɤ⁴⁴kʰø³³fAʔ⁴⁴kʰø³³fAʔ⁴⁴kʰuəŋ³³zAʔ$\underline{55}$ləʔ$\underline{21}$。
中心城区(北)	伊辣辣电视机前头看发看发眍着了。 ɦi²³leʔ$\underline{11}$leʔ$\underline{23}$di²²zŋ⁵⁵tɕi²¹zi²¹dɤ⁴⁴kʰø³³feʔ$\underline{55}$kʰø³³feʔ$\underline{21}$kʰuəŋ³³zeʔ$\underline{55}$laʔ$\underline{21}$。
松江	渠看电视看发看发就眍去哉。 ɦi¹³kʰø³³di⁵⁵zŋ³¹kʰø³⁵fæʔ$\underline{31}$kʰø³⁵fæʔ$\underline{31}$dʑiɯ²²kʰuəŋ⁴⁴tɕʰi⁴⁴tsɛ⁵³。
闵行	伊拉看电视机看发看发困去啊哉。 ɦi²²la⁴⁴kʰø⁴⁴di²²zŋ³¹tɕi⁵³kʰø²²fæʔ²⁴kʰø²²fæʔ²⁴kʰuəŋ²²tɕʰi⁴⁴aʔ²dʑeʔ²²。
青浦	伊勒辣电视机前头看电视，眍去脱则。 i⁵⁵ləʔ$\underline{33}$laʔ$\underline{33}$diɿ²²zŋ³³tɕi⁴³ziɿ²²də³²kʰø⁵⁵diɿ²³zŋ³²，kʰuəŋ³⁴tɕʰi⁵⁵tʰəʔ$\underline{33}$zəʔ$\underline{11}$。
金山	伊么垃电视机前头呢，看着看着么，眍去了。 ɦi³¹mə⁰la¹³di²³zŋ⁵⁵tɕi³¹zeŋ¹³dɤ⁵³nə⁰，kʰø²³tsɑʔ²⁴kʰø²³tsɑʔ²⁴mə⁰，kuŋ³⁵tɕʰi⁰lə⁰。
奉贤	伊拉电视机前看看看看眍着咻。 i⁵³laʔ$\underline{23}$di²²zŋ⁵⁵tɕi²¹zi³¹kʰø³⁵kʰø³¹kʰø³⁵kʰø³¹kʰuəŋ⁵³zaʔ²lɐ²¹。
浦东(川沙)	伊辣电视机前看法看法眍去得。 ɦi¹³læʔ$\underline{55}$di²²zŋ⁵⁵tɕi²³zi¹³kʰø⁵³fAʔ²⁵kʰø³³fAʔ⁵⁵kʰuən³⁵tɕʰi²¹dʌʔ$\underline{21}$。
浦东(惠南)	伊勒辣电视机前头，看法看法眍着了。 ɦi¹³ləʔ$\underline{22}$læʔ$\underline{23}$diɿ³¹zŋ¹³tɕi⁵³zi²²dɤ³³，kʰø³⁵ɸæʔ$\underline{55}$kʰø³⁵ɸæʔ$\underline{55}$kʰuən³¹zAʔ$\underline{13}$lə³¹。
嘉定	伊勒浪电视机门前看看眍着哉。 i⁵³laʔ$\underline{22}$lã²⁴diɿ²²zŋ⁵⁵tɕi⁵³məŋ²²ziɿ⁵³kɤ³³kɤ⁵³kʰuəŋ³³zaʔ$\underline{55}$tsəʔ$\underline{21}$。
宝山	伊勒电视机前头看发看发眍着哉。 i⁵³ləʔ$\underline{12}$de²²zŋ⁵⁵tɕi³¹ze²²dʌi⁵³kɤ⁵³fAʔ$\underline{53}$kʰɤ³³fAʔ$\underline{53}$kʰuẽn³³zAʔ$\underline{55}$ze³¹。
崇明	夷看看电视眍着特。 ɦi²⁴kʰø³³kʰø³³die³¹³zŋ³³kʰuən⁴²⁴zaʔ⁵dəʔ⁰。

例句 地点	0033你算算看，这点钱够不够花？
中心城区（南）	侬算算看，辩眼钞票够用哦？ noŋ²³sø³³sø⁵⁵kʰø²¹, gəʔ¹¹ŋE²³tsʰɔ³³pʰiɔ⁴⁴kɤ³⁴ɦioŋ²²vA⁴⁴?
中心城区（北）	侬算算看，迭眼钞票够勿够用啊？ noŋ²³sø³³sø⁵⁵kʰø²¹, dɪʔ¹¹ŋE²³tsʰɔ³³pʰiɔ⁴⁴kɤ³³vɐʔ⁵⁵kɤ²¹ɦioŋ²³a⁵²?
松江	是奴⁼算算看，辩眼钞票够用伐？ zəʔ²ɦu³⁵sø³³sø⁵⁵kʰɛ³¹, gəʔ²ȵiɛ³⁵tsʰɔ⁴⁴pʰiɔ⁴⁴kɯ⁴⁴ɦioŋ⁴⁴va⁵³?
闵行	侬算算看，特眼钞票阿够伐？ noŋ¹³sø⁴⁴sø²²kʰø⁴⁴, dəʔ²²ŋɛ²²tsʰɔ²²pʰiɔ²²aʔ⁴kɤ⁴⁴vaʔ⁵³?
青浦	你算算看，辩点钞票够勿够用。 nə²³sø⁴³sø⁵³kʰø³¹, gəʔ²²tɪ⁵⁵tsʰɔ⁴⁴pʰiɔ³³kə³³vəʔ⁴⁴kə³³ɦioŋ²⁴?
金山	助⁼算算看，辩眼眼钞票够勿够用？ zu¹³sø³⁴sø⁵⁵kʰɛ³¹, gəʔ²ŋɛ⁵⁵ŋɛ³¹tɕʰiɔ⁵⁵pʰiɔ³¹kɤuəʔ²⁵kɤ³¹ɦioŋ¹³?
奉贤	侬算算看，辩眼钞票够勿够用？ noŋ²⁴sø⁵³sø³³kʰəʔ²¹, gəʔ²²ŋɛ³⁴tsʰɔ³³pʰiɔ³⁴kɤ³³ʋəʔ⁵⁵kɤ²¹ɦioŋ²⁴?
浦东（川沙）	侬算算看，迭点钞票有吗？ noŋ¹³sø³³sø⁵⁵kʰø⁵³, dəʔ²²dĩ³⁴tsʰɔ⁵⁵pʰiɔ²¹ɦiɤ¹³mA⁵³?
浦东（惠南）	侬算算看，迭眼钞票干事⁼用哦？ noŋ¹³sø²²sø³³kʰø⁵³, dɪɪʔ²²ŋe³⁵tsʰɔ⁵⁵pʰiɔ³¹kɛ⁵⁵zɿ⁵⁵ɦioŋ¹³ʋA⁵⁵?
嘉定	侬算算看，辩眼钞票阿够用？ noŋ²⁴sɤ³³sɤ⁵⁵kʰɤ²¹, gəʔ²²ŋE⁵⁵tsʰɔ³³pʰiɔ⁵³aʔ³³kɤ³⁵ɦioŋ²¹?
宝山	侬算算看，第点钞票阿够住⁼用？ noŋ²³sɤ³³sɤ⁵⁵kʰɤ³¹, di²²te³⁴tsʰɔ³³piɔ⁴⁴ɑ³³kʌɪ⁵⁵zɿ³³ɦioŋ³¹?
崇明	你算一算，个眼钞票有得用伐？ ŋ²⁴²sø³³ʔiə²⁵sø³³, kəʔ⁵ŋæ⁵⁵tsʰɔ⁴²⁴pʰiɔ³³ɦie³¹³təʔ⁵ɦyoŋ³¹³væʔ⁰?

地点 \ 例句	0034 老师给了你一本很厚的书吧？
中心城区（南）	a. 老师阿是拨了侬本老厚个书啊？　b. 老师拨了侬本老厚个书，是哦？ a. lɔ²²sʅ⁴⁴ʔ³³zʅ⁴⁴pə²³³ləʔ⁵⁵noŋ²¹pəŋ³⁴lɔ²³ɦɤ²²ʔ⁴⁴sʅ⁵⁵ᴀ²¹? b. lɔ²²sʅ⁴⁴pəʔ³³ləʔ⁵⁵noŋ²¹pəŋ⁴⁴lɔ²²ɦɤ²²ʔ⁴⁴sʅ⁵², zʅ²²vᴀ⁴⁴?
中心城区（北）	老师拨了侬一本老厚老厚个书哦？ lɔ²²sʅ⁴⁴pəʔ³³leʔ⁵⁵noŋ²¹iɪ³³pəŋ⁴⁴lɔ²²ɦɤ⁴⁴lɔ²²ɦɤ⁵⁵ɦɤʔ²¹sʅ⁵⁵vᴀ²¹?
松江	老师本″助″一本厚来西个书，是垃伐？ lɔ⁵⁵sʅ³¹pəŋ⁴⁴zu⁴⁴iɪʔ⁴pəŋ⁴⁴ɦɯ²²leʔ⁵⁵ɕi³³ɦəʔ³¹ɕy⁵³, zʅ²²lɑ³⁵vɑ⁵³?
闵行	先生是否本″了侬一本蛮厚个书？ ɕi⁴⁴sã⁵³zʅ²²vɤ⁴⁴pəŋ⁴⁴ləʔ²²noŋ²²iɪʔ⁴pəŋ⁴⁴mɛ⁴⁴ɦɤ²²kəʔ⁴sy⁵³?
青浦	老师拨了你一本厚去厚来个书，是拉伐？ lɔ⁵⁵sʅ³¹pəʔ³³ləʔ³³nə³²iɪʔ⁵⁵pəŋ⁴⁴ɦə²²tɕʰi³³ɦə⁴⁴lᴇʔ⁵⁵ɡəʔ³³sʅ³¹, zʅ²²lɑ³³vɑ²¹?
金山	老师本垃助″辫本书勿是蛮厚吗？ lɔ⁵⁵sʅ³¹ɓəŋ³⁵lɑ⁰zu¹³ɡəʔ²⁶əŋ⁵⁵sy³¹uə²⁴zʅ³³mɛ⁵³ɦɤ¹³mɑ⁰?
奉贤	老师拨了侬一本邪厚个书，是哦？ lɔ⁵³sʅ²¹pəʔ³³ləʔ³⁴noŋ²⁴iɪʔ⁴²ɓəŋ²¹ziɑ²⁴ɦɤ³³ɡəʔ²¹ɕy⁵³, zʅ²²vɑ³⁴?
浦东（川沙）	老师拨侬本邪厚个书哦？ lɔ⁵⁵sʅ²¹ɓəʔ²²noŋ¹³ɓən²¹ziᴀ²²ɦɤ⁵⁵ɦəʔ⁵⁵sʅ⁵⁵ʋᴀ⁵⁵?
浦东（惠南）	老师拨了侬一本邪厚个书哦？ ·lɔ²²sʅ³³ɓəʔ⁵⁵ləʔ³¹noŋ¹³iɪʔ⁵⁵ɓən¹³ziᴀ¹³ɦɤ³⁵ɦəʔ⁵⁵ɕy⁵⁵ʋᴀ⁵⁵?
嘉定	先生阿是拨仔侬一本蛮厚个书？ siɪ⁵⁵sã²¹ɑʔ⁵⁵zʅ²¹pəʔ⁵⁵tsʅ²¹noŋ²¹iɪʔ⁵⁵pəŋ²¹mᴇ⁵³ɦɤ²²kəʔ⁵⁵sʅ⁵³?
宝山	老师拨了侬一本厚透厚透个书，阿是？ lɔ⁵⁵sʅ³¹pəʔ³³ləʔ³⁴noŋ⁵³iɪʔ³³pẽn⁴⁴ɦʌɪ²²tʰʌɪ⁵⁵ɦʌɪ⁵⁵tʌɪ³³ɡəʔ³¹sʅ⁵³, ᴀʔ⁵⁵zʅ³¹?
崇明	先生拨勒你厚杀一本书伐？ ɕie⁵⁵sã⁵⁵pəʔ⁵ləʔ⁵ŋ⁰hɦiə²⁴²sæʔ⁵iəʔ⁵pən³³sʅ⁵⁵væʔ⁰?

例句 地点	0035 那个卖药的骗了他一千块钱呢。
中心城区（南）	伊个卖药个骗脱伊一千块洋钿哎。 i⁵⁵gəʔ²¹mA²³ɦiA²¹¹gəʔ²³pʰiʔ³³tʰəʔ⁵⁵ɦiʔ¹¹iʔ³³tɕʰi⁵⁵kʰuE²¹ɦiã²²di⁵⁵lE²¹。
中心城区（北）	哀个卖药个骗脱了伊一千块洋钿哎。 E⁵⁵ɦɐʔ²¹mA²²ɦiə²⁵⁵ɦiəʔ²¹pʰiʔ³³tʰəʔ⁵⁵ləʔ²¹ɦii²³iʔ³³tɕʰi⁵⁵kʰuE²¹ɦiã²²di⁵⁵lE²¹。
松江	挌个卖药个骗脱渠一千块洋钿垃。 gəʔ²ɦɯ³⁵ma²²ɦiaʔɯ³⁵pʰiʔ³tʰəʔ²³ɦiʔ³¹iʔ³tɕʰi⁵⁵kʰue³¹ɦiæ̃¹³di⁵⁵la³¹。
闵行	伊个卖药个骗子骗仔伊一千块洋钿。 i⁴⁴gəʔ²²ma¹³ɦia²²gəʔ²⁴pʰiʔ⁴⁴tsɿ²²pʰiʔ⁴⁴zɿ⁴⁴ɦiʔ²⁴tsʰi⁴⁴kʰue³⁵ɦiã⁴⁴di³¹。
青浦	哀个卖药个骗脱了伊一千块钞票。 E⁵⁵kəʔ⁵³ma²⁴ɦia¹²gəʔ³³pʰiɪ⁴⁴tʰəʔ⁵⁵ləʔ⁴⁴³³i⁵⁵iɪ⁵⁵tsʰɿ⁵⁵kʰui⁵³tsʰɔ³³pʰiɔ³³。
金山	挌个卖药个骗子，骗脱伊一千块钞票。 gəʔ¹²kəʔ⁰ma¹²ɦiɑ⁴kəʔ⁰pʰiʔ³³tsɿ³¹, pʰiʔ²³tʰəʔ⁴ɦiʔ³¹iʔ³tsʰi⁵⁵kʰue³¹tsʰɔ⁵⁵pʰiɔ³¹。
奉贤	埃个卖药个骗脱伊一千块钞票拉。 ɛ⁵⁵kɤʔ²¹ma²⁴ɦiaʔ²²ɦəʔ²³⁴pʰiʔ⁵³tʰəʔ²¹⁵³iɪ³³tɕʰi⁵⁵kʰue²¹tsʰɔ⁴⁴pʰiɔ⁴⁴la⁵³。
浦东（川沙）	衣个卖药个骗着伊一千块哎。 i⁵⁵ɦəʔ²¹mA²²ɦiAʔ⁵³ɦəʔ²¹pʰiʔ³³ZA²⁵⁵ɦiʔ¹¹iʔ⁵⁵tɕʰi⁵⁵kʰue⁵³lɛ²¹。
浦东（惠南）	迭个卖药个骗着伊一千块洋钿。 diɪʔ²²gəʔ¹³mA¹³ɦiAʔ⁵³gəʔ³¹pʰiʔ³⁵ZA²⁵⁵ɦi¹³iʔ⁵⁵tɕʰi⁵⁵kʰuA³⁵ɦiã³¹di³⁵。
嘉定	伊个卖药个骗脱勒伊一千块洋钿。 i⁵⁵kəʔ²¹ma²¹³ɦia²¹kəʔ⁵⁵pʰiʔ³³tʰəʔ²¹ləʔ²¹ɦi²⁴iʔ³³tsʰi⁵⁵kʰue²¹ɦiã²²diɪ⁵³。
宝山	一个卖药个骗了伊一千块洋钿。 ɪʔ³³gəʔ⁴⁴ma²²ɦiA²⁵⁵gəʔ³¹pʰe³¹ləʔ²⁵⁵i³¹iɪʔ³³tsʰe⁵⁵kʰuʌɪ³¹ɦiã²²de⁵³。
崇明	其卖药人骗子夷一千块洋钿。 ki⁵⁵ma³¹³ɦiaʔ⁵ɳin²⁴pʰie³³tsɿ³³ɦiɔ²⁵tɕʰie⁵⁵kʰuei⁰ɦiã²⁴ɳie⁵⁵。

例句 地点	0036a. 我上个月借了他三百块钱。(借入) b. 我上个月借了他三百块钱。(借出)
中心城区(南)	a. 我上个号头借了伊三百块洋钿。b. 我上个号头借拨伊三百块洋钿。 a. ŋu²³zã²²ɦəʔ⁴⁴ɦɔ²²dɤ⁴⁴tɕiA³³ləʔ⁵⁵ɦi²¹sɛ⁵⁵pAʔ³³kʰuɛ²¹ɦiã²²di⁴⁴。 b. ŋu²³zã²²ɦəʔ⁴⁴ɦɔ²²dɤ⁴⁴tɕiA³³pəʔ⁵⁵ɦi²¹sɛ⁵⁵pAʔ³³kʰuɛ²¹ɦiã²²di⁴⁴。
中心城区(北)	a. 我上个号头借了伊三百块洋钿。b. 我上个号头借拨伊三百块洋钿。 a. ŋo²³zã²²ɦɐʔ⁴⁴ɦɔ²²dɤ⁴⁴tɕiA³³lɐʔ⁴⁴ɦi²¹sɛ⁵⁵pɐʔ³³kʰuɛ²¹ɦiã²²di⁴⁴。 b. ŋo²³zã²²ɦɐʔ⁴⁴ɦɔ²²dɤ⁴⁴tɕiA³³pɐʔ⁵⁵ɦi²¹sɛ⁵⁵pɐʔ³³kʰuɛ²¹ɦiã²²di⁴⁴。
松江	a. 上个月奴⁼问渠借三百块洋钿。b. 奴⁼上个月借拨渠三百块洋钿。 a. zõ²²kuɯ²²n̠yøʔ²nu¹³məŋ²²ɦi⁵⁵tɕia³¹sɛ⁵⁵paʔ³kʰue³¹ɦiæ¹³di⁵³。 b. nu¹³zõ²²kuɯ²²n̠yøʔ²tɕia³³pəʔ⁵ɦi³¹sɛ⁵paʔ³kʰue³¹ɦiæ¹³di⁵³。
闵行	a. 我上个月问伊借仔三百块洋钿。b. 我上个月借拨伊三百块洋钿。 a. ɦŋ¹³zã¹³kəʔ²⁴n̠yəʔ²⁴⁴məŋ²²ɦi³¹tɕia⁴⁴z̩⁵³sɛ⁴⁴paʔ³kʰue²²ɦiã²²di⁴⁴。 b. ɦŋ¹³zã¹³kəʔ²⁴n̠yəʔ²⁴⁴tɕia⁴⁴pəʔ⁵ɦi⁵³sɛ⁴⁴paʔ³kʰue²²ɦiã²²di⁴⁴。
青浦	a. 我上个月借了伊三百块钞票。b. 我上个月借拨了伊三百块钞票。 a. ɦŋ²³zã²²kəʔ³³n̠yəʔ³²tsia⁴⁴ləʔ⁵⁵i⁵³sɛ⁵⁵paʔ³kʰui³³tsʰɔ³³pʰiɔ³¹。 b. ɦŋ²³zã²²kəʔ³³n̠yəʔ³²tsia⁴⁴pəʔ⁵⁵ləʔ²⁴⁴i⁵³sɛ⁵⁵paʔ³³kʰui³³tsʰɔ³³pʰiɔ³¹。
金山	a. 奴上个月借了伊三百块钞票。b. 奴上个月借了伊三百块。 a. nu¹³zã²³kəʔ⁵⁵n̠yøʔ¹²tɕia³⁵ləʔ⁰ɦi³¹sɛ²⁴ɓɑʔ⁵kʰue³¹tɕʰiɔ⁵⁵pʰiɔ³¹。 b. nu¹³zã²³kəʔ⁵⁵n̠yøʔ¹²tɕia³⁵ləʔ⁰ɦi³¹sɛ⁴⁴ɓɑʔ⁵kʰue³¹。
奉贤	我侬上个月借伊三百块钞票。 ɦŋ²²no³⁴zã²²kɤ³⁴n̠yøʔ²³tɕia³³i³⁴sɛ⁵⁵paʔ³³kʰue³³tsʰɔ³³pʰiɔ²¹。
浦东(川沙)	a. 我上个号头借伊三百块洋钿。b. 我上个号头借拨伊三百块洋钿。 a. βu¹³zã²²ɦəʔ³⁴ɦɔ²²dɤ⁵⁵tɕiA³⁵ɦi⁵³sɛ⁵⁵ɓAʔ⁵⁵kʰue⁵³ɦiã²²di²²。 b. βu¹³zã²²ɦəʔ³⁴ɦɔ²²dɤ⁵⁵tɕiA⁵⁵ɓəʔ⁵⁵ɦi²¹sɛ⁵⁵ɓAʔ²⁵kʰue⁵³ɦiã²²di²²。
浦东(惠南)	a. 我上个号头着伊三百块洋钿。b. 我上个号头借拨伊三百块洋钿。 a. ŋu¹³zã²²gəʔ³³ɦɔ³³dɤ³⁵tɕiA³⁵tsAʔ⁵⁵ɦi³¹sɛ⁵⁵ɓAʔ⁵⁵kʰue⁵⁵ɦiã²²di³³。 b. ŋu¹³zã²²gəʔ³³ɦɔ³³dɤ³⁵tɕiA⁵⁵ɓəʔ⁵⁵ɦi³¹sɛ⁵⁵ɓAʔ⁵⁵kʰue⁵⁵ɦiã²²di³³。
嘉定	a. 我上个号头问伊借仔三百块洋钿。b. 我上个号头借拨伊仔三百块洋钿。 a. ɦŋ²⁴zã²⁴kəʔ²¹ɦo²²dɤ⁵³məŋ²²ɦi⁵⁵tsia³³tsʅ⁵³sɛ³³paʔ⁵⁵kʰue²²ɦiã²²diʅ⁵³。 b. ɦŋ²⁴zã²⁴kəʔ²¹ɦo²²dɤ⁵³tsia⁵⁵pəʔ²¹ɦi²¹tsʅ²¹sɛ³³paʔ⁵⁵kʰue²²ɦiã²²diʅ⁵³。
宝山	a. 我上个号头到伊浪借仔三百块洋钿。b. 我上个号头借拨伊三百块洋钿。 a. ɦŋ²³zõ²gəʔ³⁴ɦɔ²²dʌɪ⁵³tɔ³i⁵⁵lõ³¹tsia³³dəʔ⁵sɛ⁵⁵pAʔ³³kʰuʌɪ³¹ɦiã²²de⁵³。 b. ɦŋ²³zõ²ɦəʔ³⁴ɦɔ²²dʌɪ⁵³tsia³³pəʔ⁵⁵i³¹sɛ⁵pAʔ³³kʰuʌɪ³¹ɦiã²²de⁵³。
崇明	a. 我上一原日借夷三百块洋钿。b. 我上一原日借拨夷三百块洋钿。 a. ɦŋ²⁴²zã³¹³ʔiə²⁵n̠yø²⁴n̠iə²⁵tɕia³³ɦi⁵⁵sæ⁵⁵paʔ⁵kʰuei⁰ɦiã²⁴n̠ie⁵⁵。 b. ɦŋ²⁴²zã³¹³ʔiə²⁵n̠yø²⁴n̠iə²⁵tɕia³³pəʔ⁵ɦi⁵sæ⁵⁵paʔ⁵kʰuei⁰ɦiã²⁴n̠ie⁵⁵。

例句\地点	0037a. 王先生的刀开得很好。（施事） b. 王先生的刀开得很好。（受事）
中心城区（南）	王先生个刀开了蛮好个。 a. ɦuã²²ɕi⁵⁵sã³³gəʔ²¹tɔ⁵²kʰE⁵⁵ləʔ²¹mE⁵²hɔ³³gəʔ⁴⁴。 b. 同a。
中心城区（北）	a. 王先生开刀开了老好个。 b. 王先生辩刀开了老好个。 a. ɦuã²²ɕi⁵⁵sã²¹kʰE⁴⁴tɔ⁵²kʰE⁵⁵ləʔ²⁴⁴lɔ²²hɔ⁵⁵ɦɪʔ²¹。 b. ɦuã²²ɕi⁵⁵sã³³ɦɪʔ²¹ tɔ⁵² kʰE⁵⁵ləʔ²¹lɔ²²hɔ⁵⁵ɦɪʔ²¹。
松江	王先生个刀开来蛮好个。 a. vɒ̃²²ɕi⁵⁵sæ̃³³gəʔ³¹tɔ⁵³kʰɛ⁵³lɛ⁵³mɛ³⁵hɔ⁵⁵ɦɯ³¹。 b. 同a。
闵行	王先生个刀开来蛮好。 a. ɦuã²²ɕi⁴⁴sã⁴⁴kəʔ⁴ʥɔ⁴⁴kʰe⁴⁴le⁴⁴mɛ⁴⁴hɔ⁴⁴。 b. 同a。
青浦	a. 王先生个刀开了交关好。 b. 王先生个刀开了蛮好。 a. ɦuã²³sɿ⁵⁵sæ̃⁵³gəʔ³³tɔ⁵³, kʰE⁴⁴ləʔ⁴³tɕiɔ⁵⁵kuE⁵³hɔ³¹。 b. ɦuã²³sɿ⁵⁵sæ̃⁵³gəʔ³³tɔ⁵³, kʰE⁴⁴ləʔ⁴³mE⁵⁵hɔ²²。
金山	a. 王先生个刀开得蛮好。 b. 王先生个刀开得交关好。 a. ɦuã²³sɿ⁵⁵sɛ̃³¹kə⁰ʥɔ⁵³kʰɛ³⁵tə⁰mɛ⁵³hɔ³⁵。 b. ɦuã²³sɿ⁵⁵sɛ̃³¹kə⁰ʥɔ⁵³kʰɛ³⁵tə⁰ɕiɔ²⁴kuE⁵³hɔ³⁵。
奉贤	王先生个刀开得邪好。 a. ɦuã²²ɕi⁵⁵sã³³gəʔ²¹ʥɔ⁵³kʰɛ⁵⁵dəʔ²¹ziɑ²⁴hɔ³¹。 b. 同a。
浦东（川沙）	王先生个刀开得蛮好个。 a. βã²²ɕi⁵⁵sən²¹ɦəʔ²ʥɔ⁵⁵kʰɛ⁵³dʌʔ⁵⁵mE¹³hɔ²¹ɦəʔ²¹。 b. 同a。
浦东（惠南）	王先生个刀开得蛮好个。 a. βã¹³ɕi⁵⁵sən³¹ɦəʔ³¹ʥɔ⁵³kʰɛ⁵⁵dʌʔ⁵⁵mE¹³hɔ³¹ə³¹。 b. 同a。
嘉定	王先生个刀开得蛮好。 a. ɦuã²²sɿɪ⁵⁵sã⁵³kəʔ³³tɔ⁵³kʰE⁵⁵təʔ²¹mE³⁵ɦɔ²¹。 b. 同a。
宝山	王先生个刀开得蛮好个。 a. ɦuɒ̃²²se⁵⁵sã³³gəʔ³¹tɔ⁵³kʰE⁵⁵dəʔ²⁴mE⁵³hɔ³³ɦəʔ⁵³。 b. 同a。
崇明	a. 王医生个刀开勒蛮好个。 b. 王先生个刀开勒蛮好。 a. ɦuã²⁴ʔi⁵sã⁵⁵gəʔ⁰tɔ⁵⁵kʰɛ⁵ləʔ⁰mæ⁵⁵hɔ⁴²⁴gɔʔ⁰。 b. ɦuã²⁴ɕie⁵⁵sã⁵⁵ʔ⁰tɔ⁵⁵kʰɛ⁵³ləʔ⁰mæ⁵⁵hɔ⁴²⁴。

地点 \ 例句	0038 我不能怪人家，只能怪自己。
中心城区（南）	我勿好怪人家，只好怪自家。 ŋu²³vɐʔ¹¹hɔ²³kuA³⁴n̠iŋ²²kA⁴⁴，tsəʔ³³hɔ⁴⁴kuA³⁴z̩²²kA⁴⁴。
中心城区（北）	我勿好怪人家个，只好怪自家。 ŋo²³vɐʔ¹¹hɔ²³kua³³n̠iŋ⁵⁵ka³³ɦɤʔ²¹，tsɐʔ³³hɔ⁴⁴kua⁴⁴z̩²²ka⁴⁴。
松江	奴⁼勿好怪人家，只好怪自家。 nu¹³uəʔ⁴hɔ⁵³kua³³n̠iŋ¹³ka⁵³，tsəʔ⁴hɔ³⁵kua³³z̩²²ka²²。
闵行	我勿好怪人家，只好怪自家。 ɦŋ¹³vəʔ²²hɔ⁴⁴kua⁴⁴n̠iŋ²²ka⁴⁴，tsəʔ⁴hɔ⁴⁴kua⁴⁴z̩²²ka⁴⁴。
青浦	我勿能怪人家，只能怪自家。 ɦŋ²³vəʔ³³nəŋ⁵³kua³³n̠iəŋ³²ka²¹，tsəʔ⁴⁴nəŋ⁵³kua³³z̩²³ka²¹。
金山	奴勿怪别人，只怪自家。 nu¹³uəʔ³kua³⁵biɪʔ²n̠iəŋ⁵³，tsəʔ³kua³⁵z̩¹³ka³¹。
奉贤	我侬勿能怪别人，只能怪自家。 ɦŋ²²no³⁴ʋəʔ³³nəŋ⁵³kua³⁵biɪʔ²²n̠iŋ⁵³，tsəʔ³³nəŋ³⁴kua³⁵z̩²⁴ka³¹。
浦东（川沙）	我勿好怪别人家，只好怪自家。 βu¹³ʋəʔ²²hɔ³⁴kuA³⁵biɪʔ²²n̠in²²kA³⁴，tsɿ³⁵hɔ⁵⁵kuA³⁵z̩²²kA⁵⁵。
浦东（惠南）	我勿能怪人家，只能怪自家。 ŋu¹³ʋəʔ²²nən¹³kuA³⁵n̠in²²kA³³，tsɿ²²nən¹³kuA³⁵z̩³¹kA³⁵。
嘉定	我勿好怪人家，只好怪自家。 ɦŋ²⁴fəʔ³³hɔ³⁵kua⁴²⁴³n̠iŋ²²ka⁵³，tsəʔ³³hɔ³⁵kua⁴²³z̩²²ka⁵³。
宝山	我勿好怪人家，只好怪自家。 ɦŋ²³vəʔ³³hɔ⁴⁴kua³⁴ñin²²ka⁵³，tsəʔ³³hɔ⁴⁴kua³⁴z̩²²ka⁵³。
崇明	我弗好怪人家，只好怪自家。 ɦŋ²⁴²fəʔ⁵hɔ³³kua³³n̠in²⁴ka⁵⁵，tsəʔ⁵hɔ³³kua³³z̩³¹³ka⁵⁵。

地点 \ 例句	0039a. 明天王经理会来公司吗？ b. 我看他不会来。
中心城区（南）	a. 明朝王经理会得来公司哦？ b. 我看伊勿会来。 a. miŋ²²tsɔ⁴⁴ɦuã²²tɕiŋ⁵⁵li²¹ɦuE²²tə?⁴⁴lE²³koŋ⁵⁵sʅ³³vA²¹? b. ŋu²³kʰø³⁴ɦi²³və?¹¹ɦuE²³lE²³。
中心城区（北）	a. 明朝王先生会到公司来哦？ b. 我看伊勿会来。 a. miŋ²²tsɔ⁴⁴ɦuã²²ɕi⁵⁵sã²¹ɦuei²³tɔ⁴⁴koŋ⁵⁵sʅ²¹lE²²va⁴⁴? b. ŋo²³kʰø³⁴ɦi²³vɐ?¹¹ɦuei²³lE²³。
松江	a. 明朝王经理会得到公司来伐？ b. 奴⁼看渠勿会来。 a. miŋ¹³tsɔ⁵³võ²²ciŋ⁵⁵li³¹ue⁴⁴tə?⁵³tɔ³³koŋ³⁵sʅ⁵³lɛ²⁴va³¹? b. nu²⁴kʰø³³ɦi³¹uə?⁴vɛ³⁵lɛ³¹。
闵行	a. 明朝王经理会得公司里来伐？ b. 我觉着伊勿会得来。 a. miŋ²²tsɔ⁴⁴ɦuã²²tɕiŋ⁴⁴li²²ɦue²²tə?⁴koŋ⁵⁵sʅ⁴⁴li⁴⁴lɛ¹³va?²²? b. ɦŋ¹³kɔ?⁴⁴za?⁴⁴ɦi⁴⁴və?²²ɦue⁴⁴tə?lɛ¹³。
青浦	a. 明朝王经理会得来公司伐？ b. 我看伊勿会得来。 a. miəŋ²³tsɔ⁵¹ɦuã²³tɕiəŋ⁵⁵li⁵³ɦui²²tə?⁵³lɛ³³koŋ⁴⁴sʅ³³va²¹? b. ɦŋ²³kʰø³³i³³və?³³ɦui⁴⁴tə?³³lɛ³¹。
金山	a. 明朝王经理公司来勿来？ b. 奴看伊勿来了。 a. mɔ̃¹³tsɔ⁵³ɦuã²³ciəŋ⁵⁵li³¹goŋ²⁴sʅ⁵³lɛ³²uə?²lɛ²¹? b. nu¹³kʰø³³ɦi³¹uə?³lɛ⁵³lə⁰。
奉贤	a. 明朝王经理会来公司哦？ b. 我看伊勿会来。 a. miɲ²³tsɔ⁵³ɦuã²²tɕiɲ⁴⁴li⁵³ɦue²⁴lɛ²⁴koŋ⁴⁴sʅ⁴⁴vɑ⁵³? b. ŋu²⁴kʰø³¹i³⁴və?³³ɦue³⁴lɛ²⁴。
浦东（川沙）	a. 明朝王经理会来公司哦？ b. 我看伊勿会得来得。 a. mən²²tsɔ²²βã²²tɕin⁵⁵li⁵³βuE¹³lɛ¹³koŋ⁵⁵sʅ⁵⁵ʋA⁵⁵? b. βu¹³kʰø⁵⁵ɦi⁵⁵və?²²βuE³⁴dʌ?⁵⁵lɛ²¹dʌ?²¹。
浦东（惠南）	a. 明朝王经理会来公司哦？ b. 我看伊勿会来。 a. min²²tsɔ³³βã¹³tɕin⁵⁵li⁵³ɦuE³¹lɛ¹³koŋ⁵⁵sʅ⁵⁵ʋA⁵⁵? b. ŋu¹³kʰø⁵³ɦi¹³və?²²ɦuE¹³lɛ³¹。
嘉定	a. 明朝王经理阿会到公司里来？ b. 我看不见得来。 a. miŋ²²tsɔ⁵⁵ɦuã²²tɕiŋ⁵⁵li²a?²³³ɦue³⁵tɔ³³koŋ⁵⁵sʅ²¹li²²lɛ²¹? b. ɦŋ²⁴kʰɤ³⁵fə?³³tɕiɪ⁵⁵tə?²²lɛ²¹。
宝山	a. 明朝王经理阿会来公司？ b. 我看伊勿会来个。 a. mẽn²²tsɔ³⁴ɦuɔ̃²²tɕĩŋ⁵⁵li³¹a?⁵uʌɪ³⁴tə?⁵³lɛ²³koŋ⁵⁵sʅ³¹? b. ɦŋ²³kʰɤ³³i³⁴və?³³uʌɪ³⁴lɛ²⁴gə?³¹。
崇明	a. 明朝王经理来伐？ b. 我看夷弗会得来。 a. mən²⁴tsɔ⁵⁵ɦuã²⁴tɕin⁵⁵li⁰lɛ²⁴væ?⁰? b. ɦŋ²⁴²kʰø³³ɦi³³fə?⁵?uei³³tə?lɛ²⁴。

地点 \ 例句	0040我们用什么车从南京往这里运家具呢？
中心城区（南）	阿拉用啥个车子从南京望辩搭车家生？ ᴀʔ³³lɐʔ⁴⁴ɦioŋ²³sᴀ³³ɦəʔ⁵⁵tsʰo³³tsʅ²¹zoŋ²³nø²²tɕiŋ⁴⁴mã²³gəʔ¹¹tᴀʔ²³tsʰo⁵²kᴀ⁵⁵sã²¹?
中心城区（北）	阿拉拿啥个车子从南京朝辩搭运家生？ ɐʔ³³la⁴⁴nᴇ⁴⁴sa⁵⁵ɦɛʔ²¹tsʰo⁵⁵tsʅ²¹zoŋ²³nø²²tɕiŋ⁴⁴zɔʔ²³gɐʔ¹¹tɐʔ²³ɦioŋ³³ka⁵⁵sã²¹?
松江	我侬″用啥个车子从南京搬家生到辩搭啊？ ɦiŋ²²na³⁵ɦioŋ²²saʔ³⁵ɦɯʔ³¹tsʰo³¹tsʅ⁵³zoŋ²²ne¹³ciŋ⁵³peʔ³³kaʔ³⁵sæʔ⁵³tɔʔ³³gəʔ²tæʔ³¹ɦia⁵³?
闵行	南京到伲特搭来装家生个伲用啥个车子？ ne¹³tɕiŋ⁵³tɔ⁴⁴n̩ʑi²²dəʔ²²dæʔ²¹le¹³tsã⁴⁴kaʔ⁴⁴sã⁴⁴gəʔ²²n̩ʑi¹³ɦioŋ⁴⁴saʔ¹³gəʔ²²tsʰo⁴⁴tsʅ²²?
青浦	我伲用啥个车从南京朝辩搭运家生呢？ ŋo²³ɲi⁵³ɦioŋ²⁴saʔ³⁴kəʔ⁵⁵tsʰo⁵³zoŋ²³nɪʔ²tɕiəŋ⁵³zɔʔ²³gəʔ²³tæʔ⁵³ɦioŋ²⁴ka⁵⁵sæʔ⁵³nəʔ³³?
金山	吾俩用哈个车从南京望辩滩滩运家具呢？ ŋ⁰na¹³ɦioŋ¹³haʔ³⁵gəʔ⁰tsʰo⁵³zoŋ¹³ne¹³ciəŋ⁵³ɦuã¹³gəʔ²tʰɛ⁵⁵tʰɛ³¹ɦioŋ¹³ciaʔ⁵⁵dʑy³¹nəʔ⁰?
奉贤	我俩用啥个车子从南京朝辩搭运家具呢？ ɦiŋ²²na³⁴ɦioŋ²⁴saʔ³³ɦəʔ²³tsʰɤ⁴⁴tsʅ²³zoŋ²⁴ne¹³tɕiŋ⁵³zɔʔ²⁴gəʔ²²tɐʔ³⁴ɦiyŋ²⁴kɐ⁵⁵dʑy³³nɛ²¹?
浦东（川沙）	伲用啥个车从南京朝辩搭运家具？ ɲi¹³ɦioŋ⁵³sᴀ³⁵ɦəʔ⁵⁵tsʰo⁵³zoŋ¹³nɛ²²tɕin⁵⁵zɔ¹³gəʔ²²dæʔ³⁴ɦioŋ¹³tɕiᴀ⁵⁵tɕy²¹?
浦东（惠南）	伲用啥个车从南京朝迭搭运家生呢？ ɲi¹³ɦioŋ⁵³sᴀ³⁵ɦəʔ⁵⁵tsʰo⁵⁵zoŋ¹³nɛ²²tɕin³³zɔ¹³diʔ²²dæʔ²³ɦioŋ³¹kᴀ⁵⁵sã⁵⁵nəʔ³¹?
嘉定	我俚用啥个汽车拿迭点家生从南京装到迭荡来？ ɦiŋ²²li²³ɦioŋ²⁴saʔ³³kəʔ⁵⁵tɕi³⁵tsʰu²¹nᴇ⁵³diʔ²²tiɪ²⁴kᴀ⁵⁵sã²¹zoŋ²⁴niɪ²²tɕiŋ⁵³tsã⁵⁵tɔ²¹diɪ²²lã²⁴lᴇ²¹?
宝山	我伲用啥个车子从南京到迭浪装家具呢？ ɦiŋ²²ɲi³⁴ɦioŋ²³saʔ³³gəʔ³⁴tsʰɤ⁵⁵tsʅ³¹zoŋ³¹ne²²tɕīn⁵³tɔ³⁴dɪʔ¹¹lã²³tsᴅ⁵³tɕiɑ⁵⁵dʑy³³nɛ³¹?
崇明	其家生打南京运过来，我里用何物事车子？ ki⁵⁵kɑ⁵⁵sã⁵⁵tã⁴²⁴nie²⁴tɕin⁵⁵ɦiyn³¹³ku³³lɛ⁵⁵, ɦiŋ²⁴²li⁰ɦyoŋ³¹³ɦɦɑ²⁴²məʔ⁵zʅ⁰ tsʰo⁵⁵tsʅ⁰?

地点 \ 例句	0041 他像个病人似的靠在沙发上。
中心城区（南）	伊像个病人一样隑辣沙发浪。 ɦi²³ʑiã²²ɦəʔ⁴⁴biŋ²²n̠iŋ⁵⁵iɪʔ³³ɦiã²¹gE²²lAʔ⁴⁴so⁵⁵fAʔ³³lã²¹。
中心城区（北）	伊像个生病人一样个隑辣沙发浪。 ɦi²³ʑiã²²ɦɐʔ⁴⁴sã⁵⁵biŋ³³n̠iŋ²¹iɪʔ³³ɦiã⁵⁵ɦɐʔ²¹gE²²lɐʔ⁴⁴so⁵⁵fɐʔ³³lã²¹。
松江	渠像个生病人能介靠垃沙发浪。 ɦi¹³ʑiæ²⁴kɯ³¹sæ⁵⁵biŋ³³n̠iŋ³³nəŋ³³ka³¹kʰɔ³³la⁵³so⁵⁵fæʔ³lɤ̃³¹。
闵行	伊像个生病人能介靠勒沙发奴。 ɦi¹³ʑiã¹³gəʔ²²sã⁴⁴biŋ²²n̠iŋ²²nəŋ²²ka²²kʰɔ⁴⁴ləʔ⁴⁴so⁴⁴fæʔ²nu²²。
青浦	伊像个生病人个样子，靠勒沙发浪。 i⁵⁵ʑiæ²³kəʔ³³sæ⁵⁵biəŋ⁵³n̠iəŋ³³gəʔ³³ɦiæ³⁴tsɿ³²，kʰɔ³⁴ləʔ³³so⁵⁵faʔ³³lã³¹。
金山	伊像个病人一样隑垃沙发浪厢。 ɦi³¹ɦiɛ̃¹³kəᵒbiəŋ¹³n̠iəŋ³¹iɪʔ³ɦiɛ̃³⁵gɛ¹³laᵒso⁴⁴fæʔ²lã¹³ɕiɛ̃ᵒ。
奉贤	伊像个病人一样靠拉沙发路⁼向。 i⁵³ʑiã²⁴kəʔ³¹biŋ⁴²n̠iŋ²¹iɪʔ³³ɦiã³⁴kʰɔ³³la³⁴so⁵³faʔ³³lu³³ɕiã²¹。
浦东（川沙）	伊像个生病人一样靠辣沙发浪向着。 ɦi¹³ʑiã²²ɦəʔ³⁵sã⁵⁵bin⁵⁵n̠in⁵⁵iɪʔ³³ɦiã⁵⁵kʰɔ³³læʔ⁵³so⁵⁵fæʔ⁵⁵lã²¹ɕiã²¹ZAʔ²¹。
浦东（惠南）	伊像个病人能介靠辣辣沙发浪。 ɦi¹³ʑiã³¹gəʔ³⁵bin³¹n̠in³⁵nən²²kA³³kʰɔ³⁵læʔ⁵³læʔ³³so⁵⁵fæʔ⁵⁵nã³¹。
嘉定	伊脱生病人一样倚勒沙发浪。 i⁵⁵təʔ²¹sã⁵⁵biŋ²²n̠iŋ²¹iɪʔ³³ɦiã³⁵gE²²ləʔ⁵⁵sʅ⁵⁵faʔ²²lã²¹。
宝山	伊像病人一样个隑勒个沙发浪。 i⁵³ʑiã²³bĩn²²n̠ĩn⁴⁴iɪʔ³³ɦiã³⁴ɦəʔ⁵³gɛʔ²²ləʔ⁵⁵gəʔ³¹sʅ⁵⁵fAʔ³³lɤ̃³¹。
崇明	夷像病人实其隑勒沙发浪。 ɦi²⁴ʑiã²⁴²bin³¹³n̠in⁵⁵zəʔ²giʔ⁵⁵gɛʔ³¹³ləʔᵒso⁵⁵fæʔ⁵lãᵒ。

地点 \ 例句	0042这么干活连小伙子都会累坏的。
中心城区（南）	獬能介做生活，连小青年也吃勿消个。 gəʔ¹¹nəŋ²²kA²³tsu³⁴sã⁵⁵ɦuəʔ²¹, li²³ɕiɔ³³tɕʰiŋ⁵⁵n̩i³³ɦA²¹tɕʰiɪʔ³³vəʔ⁵⁵ɕiɔ³³ɦəʔ²¹。
中心城区（北）	迭能介做生活，连得小青年也吃力煞脱了。 dɪʔ¹¹nəŋ²²ka²²tsu³³sã⁵⁵ɦuɐʔ²¹, li²²tɤʔ⁴⁴ɕiɔ³³tɕʰiŋ⁵⁵ni²¹ɦA²³tɕʰiəʔ³³lɪʔ⁵⁵sɐʔ³³tʰɐʔ³³lɤʔ²¹。
松江	是能介做生活啊连得岁数轻个也吃勿消。 zəʔ²ˀnəŋ⁵⁵ka⁵³tsu³³sæ⁵⁵vəʔ²ɦia³¹li²⁴təʔ²sø⁵⁵su³¹cʰiŋ⁵⁵ɦəʔ²ɦia³¹cʰia³¹uəʔ⁵ɕiɔ⁵³。
闵行	迭能做生活特批囥会得做得奢驮个。 diɪʔ²²nən³¹tsu⁴⁴sã⁴⁴vəʔ²²dəʔ²²pʰi⁴⁴nə³⁵ɦuɐ⁴⁴təʔ⁴tsu⁴⁴təʔ²sa⁴⁴du²²kəʔ²。
青浦	獬能介做生活，连小青年侪吃勿消个。 gəʔ²²nəŋ⁴⁴ka⁵³tsu³³sæ̃⁴³ɦuəʔ²², lir²²siɔ³³tsʰiəŋ⁵⁵nir⁴³zE³³tɕʰiəʔ³³vəʔ²²siɔ²²gəʔ²¹。
金山	实介能介做生活呢，连小青年也会做伤。 zɑʔ²²kɑ⁵⁵nəŋ³³kɑ²¹tsu³⁴sẽ⁵⁵ɦuəʔ³nə⁰, lɪ¹³ɕiɔ³⁴cʰiəŋ⁵⁵n̩i³¹ɦia¹³ɦuɐ⁵¹tsu³³sã³¹。
奉贤	茄能做生活连小伙子也会衰瘏煞个。 ga²²nəŋ⁵³tsu⁵³sã³³ɦuəʔ²¹ li²⁴ɕiɔ³³hu⁵⁵tsɿ²¹ɦia²²ve³⁴sa³³du⁵⁵sɑʔ³³ɦəʔ²¹。
浦东（川沙）	獬能介做生活连小伙子也吃勿消个。 gəʔ²²nən⁵⁵kA⁵⁵tsu²²sã⁵⁵vəʔ⁵³li¹³ɕiɔ²²ɸu⁵⁵tsɿ²¹ɦA¹³tɕʰiʌʔ⁵⁵vəʔ⁵⁵ɕiɔ⁵³ɦəʔ²¹。
浦东（惠南）	迭能样子做生活连小伙子也要劳伤个。 diɪʔ²²nən¹³ɦiã³¹tsɿ¹³tsu³⁵sã⁵⁵βəʔ⁵³li¹³ɕiɔ³⁵ɸu⁵⁵tsɿ⁵³ɦA¹³iɔ⁵³lɔ¹³sã⁵⁵ɦəʔ³¹。
嘉定	獬愣做是小伙子也吃勿消个。 gəʔ²²ləŋ²⁴tsu⁴²³zɿ²²siɔ³³hu⁵⁵tsɿ²¹ɦa²²tɕʰiɪʔ³³vəʔ⁵⁵siɔ²²ɦəʔ²¹。
宝山	做第个生活连小伙子也秃＝会衰瘏煞个。 tsu³⁴di¹¹gəʔ²³sã⁵⁵ɦuəʔ²¹le²³siɔ³³hu³⁴tsɿ⁵⁵ɦiɑʔ³¹tɔʔ⁵⁵uʌɪ⁵⁵sa⁵⁵du³³sʌʔ³³ɦəʔ³¹。
崇明	实其做生活哪怕小伙子也吃勿住。 zəʔ²ˀqi⁵⁵tsu⁴²⁴sã⁵⁵ɦuəʔ⁵lɑ²⁴²pʰo³ɕiɔ⁴²⁴hu⁵⁵tsɿ⁰ɦia²⁴²tɕʰiəʔ⁵uəʔ⁰zɿ⁰。

地点 \ 例句	0043他跳上末班车走了。我迟到一步，只能自己慢慢走回学校了。
中心城区（南）	伊跳上末班车跑脱了，我晏脱一步，只好自家慢慢叫走回学堂了。 ɦi²³tʰiɔ³³zã⁴⁴məʔ¹¹pE²²tsʰo²³bɔ²²tʰəʔ⁵⁵ləʔ²¹, ŋu²³E³³tʰəʔ⁵⁵iʔ³³bu²¹, tsəʔ³³ho⁴⁴zɿ²²kA⁴⁴mE²²mE⁵⁵tɕiɔ²¹tsɤ³³ɦuE⁴⁴ɦɔʔ¹¹dã²²ləʔ²³。
中心城区（北）	伊倒乘了末班车走脱了。我晏脱一部，只好自家慢慢叫走回到学堂去了。 ɦi²³tɔ³⁴tsʰəŋ⁵⁵ləʔ²¹məʔ¹¹pE²²tsʰo²³tsɤ³³tʰəʔ⁵⁵ləʔ²¹。ŋɔ²³E³³tʰəʔ⁵⁵iʔ³³bu²¹, tsəʔ³³ho⁴⁴zɿ²²kA⁴⁴mE²²mE⁵⁵tɕiɔ²¹tsɤ³³ɦuei⁵⁵tɔ²¹ɦɔʔ¹¹dã²²tɕʰi²¹ləʔ²³。
松江	渠跳到末班车浪向走啊哩。奴⁼迟到一步，只好自家慢慢叫回到学堂里去。 ɦi¹³tʰiɔ⁴⁴tɔ⁴⁴məʔ²pɛ⁵⁵tsʰo⁵⁵lɔ̃³³ɕiæ³¹tsu⁴⁴ɦa⁴⁴li⁴⁴。nu¹³zɿ²⁴tɔ³³iʔ³¹bu³¹, tsəʔ⁴ho⁴⁴zɿ²⁴ka³¹mɛ²²mɛ⁵⁵ciɔ⁵³ɦue²⁴tɔ³¹ɦɔʔ²dõ⁵⁵li⁵⁵tɕʰi³¹。
闵行	伊刚乘上末班车开脱啊哉。我只晏到了一步，只好自家慢慢叫回到学堂里去哉。 ɦi¹³kã⁴⁴tsʰəŋ⁴⁴zã⁴⁴məʔ²²pE⁴⁴tsʰo⁵³kʰE⁴⁴tʰəʔ²aʔ²tsəʔ²。ɦi¹³tsəʔ⁴ɛ⁴⁴tɔ⁴⁴ləʔ²⁴iʔ²⁴bu⁴⁴, tsəʔʰo⁴⁴zɿ²²ka⁴⁴mɛ²²mɛ⁴⁴tɕiɔ⁴⁴ɦue²²tɔ⁴⁴ɦɔʔ²²dã²²li⁴⁴tɕʰi²²tsəʔ²。
青浦	伊跳上末班车走了，我迟到一步，只好自家慢慢叫走回学堂里去。 i⁵⁵tʰiɔ³³zã⁵²məʔ¹²pE³³tsʰo³²tsəʔ²²ləʔ², ɦŋ²²zɿ³³tɔ³²iʔ²²bu¹¹, tsəʔ⁵⁵ho⁴³zɿ³³ka⁴³mE³³mE³³tɕiɔ³²tsə³³ɦui³²ɦɔʔ²dã²²li²²tɕʰi²¹。
金山	伊跳上末班车走阿里。奴迟到一步，只好自家慢慢叫走到学堂里。 ɦi³¹tʰiɔ⁴⁴zã⁴⁴məʔ²⁶ɛ⁵⁵tsʰo³¹tsɤ³⁵ɦa⁴li⁰。nu¹³zɿ³³dɔ³³iʔ³bu³⁵, tsəʔʰo³³zɿ¹³ka³¹mɛ²³mɛ⁵⁵ciɔ³¹tsɤ⁴⁴dɔ⁴⁴ɦɔʔ²dã⁵⁵li³¹。
奉贤	实伊跳上末班车就走了。我迟一步，只能自家慢慢叫跑回去。 zəʔ²²i⁵³tʰiɔ³³zã³⁴məʔ²²pE⁴⁴tsʰo²²ziɤ²⁴tsɤ⁴⁴ləʔ⁴。ŋu²⁴zɿ³³iʔ³³bu¹¹, tsəʔ³³nəŋ³⁴zɿ³³ka³⁴mɛ⁴⁴tɕiɔ⁵³pɔ³⁵βue³³tɕʰi²¹。
浦东（川沙）	伊跳上末班车走啊得，我晏脱一步，只好自家慢慢能个走到学堂里去。 ɦi¹³tʰiɔ³⁵zã⁴⁴məʔ²²ɛ²²tsʰo³⁴tsɤ⁵⁵ɦA⁵⁵ʔʌʔ²¹, bu¹³E³⁵tʰəʔ⁵⁵iʔ³³bu²¹, tsɿ³⁵ho²¹zɿ²²kA⁵⁵mE⁵⁵nən²¹ɦəʔ²¹tsɤ⁵⁵dɔ⁴⁴ɦɔʔ²²dã³⁴li²¹tɕʰi²¹。
浦东（惠南）	伊跳上末班车走啊着。我晏脱一步，只好自家慢慢能个走回学堂。 ɦi¹³tʰiɔ⁵⁵zã⁵³məʔ²²ɛ⁶⁵⁵tsʰo⁵⁵tsɤ⁵⁵ɦA⁵⁵tsAʔ⁵⁵。ŋu¹³ɛ²²tʰəʔ⁵⁵iʔ⁵⁵bu³¹, tsɿ¹³ho⁵⁵kA²²mE⁵⁵mE⁵⁵nən⁵⁵ɦəʔ³¹tsɤ²²ɦuE⁵⁵ɦɔʔ²²dã¹¹³。
嘉定	伊倒轧⁼上末班车跑哉。我只晏到仔一步，只好自家慢慢叫跑到学堂里去哉。 i⁵⁵dŋ²¹ga²²zã⁴⁴məʔ²²pE³³tsʰɤ⁴⁴bɔ²⁴tsE²¹。ɦŋ²⁴tsɿ³³E³³tɔ⁵⁵tsɿ²¹iʔ³³bu³⁵, tsəʔ³³ho⁵³zɿ²²ga⁵³mE²²mE⁵⁵tɕiɔ²¹bɔ²⁴tɔ²¹ɦɔʔ²⁴dã²¹li²⁴tɕʰi²²tsəʔ²¹。
宝山	伊跳上末班车跑哉。我晏到仔一脚，自家只好慢慢能跑到学堂里来。 i⁵³tʰiɔ³³zɔ̃³⁴məʔ¹¹pE³³tsʰɤ²³pɔ²⁴zeʔ³。ɦŋ²³ɤ³³tɔ⁵⁵dəʔ²¹iʔ⁵⁵tɕiAʔ³¹, zɿ²²ka³⁴tsəʔ⁵⁵ho³¹mE²²mE⁵⁵nẽn³¹pɔ²⁴tɔ³¹ɦɔʔ²¹dɔ²²li²²lE²³。
崇明	夷倒上子末班车跑脱勒。我晏子一步，只好慢慢叫跑到学堂里去特。 ɦi²⁴tɔ³³zã²⁴²tsɿ⁰məʔ²pæ⁵⁵tsʰo⁵⁵bɔ²⁴tʰəʔ²dəʔ⁰。ɦŋ²⁴²øʔ³³tsɿ³³ʔiəʔ⁵bu³³, tsəʔ⁵ho³³mæ³¹³mæ³³tɕiɔ⁰bɔ²⁴tɔ³¹ɦɦɔʔ²dã⁵⁵li⁰kʰi⁵⁵dəʔ⁰。

地点 \ 例句	0044 这是谁写的诗？谁猜出来我就奖励谁十块钱。
中心城区（南）	迭首诗是啥人写个？啥人猜得出我就奖励伊十块洋钿。 dəʔ¹¹sʏ²³sʅ⁵²zʅ²³sA³³n̠iŋ⁴⁴ɕia³³gəʔ²⁴? sA³³n̠iŋ⁴⁴tsʰø⁵⁵təʔ³³tsʰəʔ²¹ŋu²³ziʏ²³tɕiã¹¹li⁵⁵ɦi²¹zəʔ¹¹kʰuE²³ɦiã²²di⁴⁴。
中心城区（北）	迭是啥人写个诗？啥人猜出来，我就奖励啥人十块洋钿。 dɪʔ¹²zʅ²³sa³³n̠iŋ⁴⁴ɕia³³ɦəʔ²⁴sʅ⁵²? sa³³n̠iŋ⁴⁴tsʰE⁵⁵tsʰəʔ³³lE²¹, ŋo²³dʑiʏ²³tɕiã¹¹sa³³n̠iŋ⁴⁴zəʔ¹¹kʰuE²³ɦiã²²di⁴⁴。
松江	辩个是哈˭人写垃个诗？啥人猜出来奴˭就奖本˭渠十块洋钿。 gəʔ²ɦəʔ³¹zʅ²²ha³⁵n̠iŋ³¹ɕia⁴⁴laɦəʔ⁵sʅ⁵³? sa³³n̠iŋ⁵³tsʰø⁵⁵tsʰəʔ⁵lE³¹nu¹³ziɯ²²tɕiã⁴⁴pəŋ⁴⁴ɦi⁵³zəʔ²kʰuE³⁵ɦiæ̃¹³di⁵³。
闵行	特个是啥人写个诗？啥人猜得出我就奖拨伊十块洋钿。 dəŋ²²gəʔ⁴⁴zʅ¹³sa⁴⁴n̠iŋ²²ɕia⁴⁴gəʔ²⁴zʅ⁵³? sa⁴⁴n̠iŋ²²tsʰe⁴⁴təʔ²tsʰəʔ²ɦiŋ¹³ziʏ¹³ tɕia⁴⁴pəʔ⁴ɦi²²zəʔ²²kʰue⁴ɦiã²²di⁴⁴。
青浦	辩个是啥人写个诗？啥人猜出来，我就奖拨伊十块钞票。 gəʔ²²kəʔ⁵⁵zʅ³³sa³³n̠iəŋ⁵³sia³³kəʔ²²sʅ²¹? sa³³n̠iəŋ⁵³tsʰø⁴⁴tsʰəʔ³³lE³², ɦiŋ²³ziə³³tsiã³³pəʔ⁴⁴i³³zəʔ²²kʰui³³tsʰɔ³³pʰiɔ³⁴。
金山	辩是哈˭人写垃个诗？哈人猜出来，奴就奖拨哈人十块钞票。 gəʔ²⁴zʅ³³ha²⁴n̠iəŋ⁵³ɕia³⁵laʔgəʔ⁵³sʅ? ha²⁴n̠iəŋ⁵³tsʰø⁴⁴tsʰəʔ³¹lE³¹nu¹³dʑiʏ¹³ciã³⁵ɓəŋ¹³ha²⁴n̠iəŋ⁵³zəʔ²kʰuE³⁵tsʰiɔ⁵⁵pʰiɔ³¹。
奉贤	辩个是啥人写个诗？啥人猜出来我就奖拨啥人十块洋钿。 gəʔ²²ɦiə³⁴zʅ²⁴sa³⁵n̠iŋ²¹ɕia ɦəʔ³⁴sʅ⁵³? sa³⁵n̠iŋ²¹tsʰø⁵⁵tsʰəʔ²¹lE⁵³ŋu²⁴ziʏ²⁴tɕiã³⁵pəʔ²¹sa³⁵n̠iŋ²¹zəʔ²²kʰue³⁴ɦiã²²di⁵³。
浦东（川沙）	迭个是啥人写辣个诗？啥人猜出来我就奖拨伊十块洋钿。 dəʔ²²ɦiə³⁴zʅ²⁴sA³³n̠in⁵³ɕia³⁵læʔ²⁵ɦiə²¹sʅ⁵³? sA³³n̠in⁵³tsʰø⁵⁵tsʰəʔ²¹lE²¹, βu¹³ziʏ¹³tɕiã⁵⁵ɓəʔ⁵⁵ɦi²¹zəʔ²²kʰue³⁴ɦiã²²di²²。
浦东（惠南）	迭个是啥人写个诗？啥人猜得出我就奖拨伊十块洋钿。 diɪʔ²²gəʔ²⁵zʅ⁵³sA³⁵n̠in⁵³ɕia²²ɦiə²⁵sʅ⁵³? sA³⁵n̠in⁵³tsʰE⁵⁵tsʰʌʔ²⁵tsʰəʔ²⁵ŋu¹³ziʏ⁵⁵tɕiã⁵⁵ɓəʔ²⁵ɦi³¹zəʔ²²kʰuE⁵⁵ɦiã²²di³³。
嘉定	迭个诗是啥人写个？啥人猜出来我就奖伊十块洋钿。 diɪʔ²²kəʔ²⁵sʅ²³zʅ²⁴sa³³n̠iŋ⁵³sia³³kəʔ²⁵sʅ⁵⁵? sa³³n̠iŋ⁵⁵tsʏ⁵⁵tsʰəʔ²¹lE²¹, ɦiŋ²⁴zʏ²⁴tsiã³³i⁵³zəʔ²²kʰue²⁴ɦiã²²di⁵⁵。
宝山	迭首诗啥人写个？啥人猜出来我就奖拨啥人十块洋钿。 dɪʔ²²sʌɪ⁴⁴sʅ⁵³ha³³n̠ĩn⁵³sia³³gəʔ⁵³? ha³³n̠ĩn⁵³tsʰʌɪ⁵⁵tsʰəʔ³³lE³¹ɦiŋ²³zy²³tsiã³³pəʔ³⁴ha³³n̠ĩn⁵³zəʔ¹¹kʰuʌɪ²³ɦia²²de³³。
崇明	其实何人写个诗，何人猜得出我就奖拨夷十块洋钿。 kə⁵⁵zʅ²²ɦɦia²⁴n̠in³³ɕia²²gəʔ⁰sʅ⁵³, ɦɦia⁴⁴n̠in³³tsʰE⁵⁵təʔ²tsʰəʔ²⁴lE⁴⁴ŋ⁴⁴ziʏ²²tɕiã⁵⁵pəʔ²¹ ɦi²²zəʔ²²kʰue³⁴ɦiã⁵⁵diɪ⁵³。

地点 \ 例句	0045 我给你的书是我教中学的舅舅写的。
中心城区（南）	我拨侬个书是我教中学个娘舅写个。 ŋo²³pəʔ³³noŋ⁵⁵ɦəʔ²¹sɿ⁵²zɿ²³ŋu²³kɔ³⁴tsoŋ⁵⁵ɦoʔ³³gəʔ²¹ȵiã²²dʑiʏ⁴⁴ɕiA³³gəʔ⁴⁴。
中心城区（北）	我拨侬个书是阿拉娘舅写辩，伊辣海中学教书。 ŋo²³pəʔ³³noŋ⁵⁵ɦəʔ²¹sɿ⁵²zɿ²³ɑʔ³³lA⁴⁴ȵiã²²dʑiʏ⁵⁵ɕiA³³ɦəʔ²¹, ɦi²³lɤʔ¹¹hE²³tsoŋ⁵⁵ɦoʔ²¹kɔ⁴⁴sɿ⁵²。
松江	奴ᵋ本ᵋ是奴ᵋ本书是奴ᵋ教中学个娘舅写垃个。 nu¹³pəŋ⁴⁴zəʔ²nu³⁵pəŋ³³ɕy⁵³zɿ²²nu¹³kɔ³³tsoŋ⁵⁵ɦəʔ³gəʔ³¹ȵiæ̃¹³ʑiɯ⁵³ɕiɑ⁴⁴lɑ⁴⁴ɦɯ⁵³。
闵行	我本了侬个书是我中学里个教书个娘舅写个。 ɦŋ¹³pəŋ⁴⁴ləʔ²⁴noŋ¹³gəʔ²⁴sy⁴⁴zɿ¹³ɦŋ²²tsoŋ⁴⁴ɦəʔ²²li⁴⁴gəʔ²⁴kɔʔ⁴⁴sʅ²²gəʔ²²ȵiã²²dʑiʏ⁵³ɕiɑ⁴⁴gəʔ⁴⁴。
青浦	我拨你个书，是我教中学个娘舅写拉个。 ɦŋ²³pəʔ⁴⁴nə³³gəʔ²²sɿ⁵³, zɿ²³ɦŋ²²kɔ⁴⁴tsoŋ⁵⁵ɦəʔ⁵³gəʔ³³ȵiæ²³dʑiə⁵³siɑ³³lɑ²²gəʔ²¹。
金山	奴本垃助ᵋ本书是我奴教中学个娘舅写个。 nu¹³ɓəŋ³⁵lɑ⁰zu²³ɓəŋ⁵⁵sy³¹zɿ¹³nu¹³kɔ³⁵tsoŋ⁴⁴ɦəʔ²gəʔ⁰ȵiɛ̃¹³dʑiʏ⁵³ɕiɑ³⁵gəʔ⁰。
奉贤	我拨侬个书是我教中学个舅舅写个。 ŋu¹³pəʔ³³noŋ⁵⁵ɦəʔ²¹ɕy⁵³zɿ²⁴ŋu²⁴kɔ³⁵tsoŋ⁵⁵ɦəʔ³³ɦəʔ²¹dʑiʏ²²dʑiʏ³⁴ɕiɑ³³gəʔ³⁴。
浦东（川沙）	我拨侬个书是我教中学个舅舅写辣个。 βu¹³ɓəʔ²²noŋ¹³ɦəʔ²¹sɿ⁵³zɿ¹³βu¹³kɔ⁵⁵tsoŋ⁵⁵ɦəʔ⁵³ɦəʔ²¹dʑiʏ²²dʑiʏ³⁴ɕiA⁵⁵læʔ⁵⁵ɦəʔ²¹。
浦东（惠南）	我拨侬个书是我教中学个舅舅写个。 ŋu¹³ɓəʔ⁵⁵noŋ¹³ɦəʔ⁵⁵ɕy⁵³zɿ¹³ŋu¹³kɔ⁵⁵tsoŋ⁵⁵ɦəʔ⁵³gəʔ³¹dʑiʏ²²dʑiʏ³⁵ɕiA⁵⁵ɦəʔ³¹。
嘉定	我拨侬个书是我教中学个娘舅写个。 ɦŋ²⁴pəʔ³³noŋ²⁴kəʔ⁵⁵sɿ⁵³zɿ²⁴ɦŋ²⁴kɔ⁴²³tsoŋ⁵⁵ɦəʔ²¹gəʔ²²ȵiã²⁴dʑy²¹siɑ³³kəʔ⁵⁵。
宝山	我拨侬个书是我教中学个娘舅写个。 ɦŋ²³pəʔ³³noŋ⁵⁵gəʔ³¹sɿ⁵³zɿ²³ɦŋ²³kɔ³³tsoŋ⁵⁵ɦəʔ²²gəʔ³¹ȵiã²⁴dʑy³¹siɑ³³gəʔ³⁴。
崇明	我拨你个书是我中学老师个娘舅写个。 ɦŋ²⁴²pəʔ⁵⁵ɦŋ²⁴gəʔ⁰sɿ⁵⁵zɿ²⁴²ɦŋ²⁴²tsoŋ⁵⁵oʔ⁵lɿ⁵⁵gəʔ⁰ȵiã²⁴dʑiə⁰ɕiɑ⁴²⁴goʔ⁰。

地点 \ 例句	0046 你比我高，他比你还要高。
中心城区（南）	侬比我长，伊比侬还要长。 noŋ²³pi³³ŋu⁴⁴zã²³，ɦi²³pi³³noŋ⁴⁴ɦɛ²²iɔ⁴⁴zã²³。
中心城区（北）	侬比我长，伊比侬还要长。 noŋ²³pi³³ŋo⁴⁴zã²³，ɦi²³pi³³noŋ⁴⁴ɦɛ²²iɔ⁴⁴zã²³。
松江	是奴=比奴=长，渠比是奴=还要长。 zəʔ²nu³⁵pi⁴⁴nu¹³zæ̃³¹，ɦi¹³pi⁴⁴zəʔ²nu³⁵ɛ⁵⁵iɔ³¹zæ̃³¹。
闵行	侬比我高，伊比侬还要高。 noŋ¹³ɦi⁴⁴ɦŋ⁴⁴kɔ⁵³，ɦi¹³ɦi⁴⁴noŋ⁴⁴ɦe²²ɦiɔ⁴⁴kɔ⁵³。
青浦	你比我高，伊比你还要高。 nə²³pi³³ɦŋ⁴⁴kɔ⁵³，i⁵⁵pi³³nə²³ɦɛ²²iɔ³³kɔ⁵³。
金山	助=比奴长，伊比助=还要长。 zu¹³ɦi²⁴nu⁵³zɛ̃³¹，ɦi³¹ɦi³⁵zu¹³ɛ²³iɔ⁵⁵zɛ̃³¹。
奉贤	侬比我侬高，实伊比侬还要高。 noŋ²³pi³⁵ɦŋ²²no³⁴kɔ⁵³，zəʔ²²i³⁴pi³⁵noŋ²⁴ɛ⁵⁵iɔ²¹kɔ⁵³。
浦东（川沙）	侬比我长，伊比侬还要长。 noŋ¹³ɦi⁵⁵βu¹³zã¹³，ɦi¹³ɦi⁵⁵noŋ¹³ɦe²²iɔ⁴⁴zã¹³。
浦东（惠南）	侬比我长，伊比侬还要长。 noŋ¹³ɦi⁵⁵ŋu¹³zã³⁵，ɦi¹³ɦi⁵⁵noŋ¹³ɦe¹³iɔ⁵⁵zã³⁵。
嘉定	侬比我长，伊比侬还要长。 noŋ²⁴pi³³³ɦŋ⁵⁵zã²³¹，i⁵⁵pi⁴²³noŋ²³¹ɦuɛ⁵⁵iɔ²²zã²¹。
宝山	侬比我高，伊比侬还要高。 noŋ²³pi³³ɦŋ³⁴kɔ⁵³，i⁵³pi³³noŋ³⁴ɛ⁵⁵iɔ³³kɔ³¹。
崇明	你比我长，夷比你爱要长。 n̩²⁴²pi⁴²⁴ɦŋ²⁴²dʑã²⁴，ɦi²⁴pi⁴²⁴n̩²⁴²ʔɛ⁴²⁴ʔiɔ³³dʑã²⁴。

地点 \ 例句	0047老王跟老张一样高。
中心城区（南）	老王脱老张一样长。 lɔ²²ɦuã⁴⁴tʰəʔ⁵⁵lɔ²²tsã⁴⁴iɪʔ³³ɦiã⁴⁴zã²³。
中心城区（北）	老王脱老张一样长。 lɔ²²ɦuã⁴⁴tʰɐʔ⁵⁵lɔ²²tsã⁴⁴iɪʔ³³ɦiã⁴⁴zã²³。
松江	老王搭老张一样长。 lɔ²⁴vɒ̃³³tæʔ³¹lɔ²⁴tsæ̃³¹iɪʔ³ɦiæ⁵⁵zæ³¹。
闵行	老王搭老张一样高。 lɔ²²ɦuã⁵³dæʔ⁴⁴lɔ¹³tsã²²iɪʔ²⁴ɦiã⁴⁴kɔ²²。
青浦	老王脱老张一样高。 lɔ³³ɦuã⁵³tʰəʔ⁴⁴lɔ³³tsæ̃⁵³iɪʔ⁴⁴ɦiæ̃³⁴kɔ⁴²。
金山	老王搭老张一样长。 lɔ¹³ɦuã⁵³dæʔ⁵lɔ¹³tsẽ⁵³iɪʔ³ɦiẽ⁵⁵zẽ³¹。
奉贤	老王得老张一样长。 lɔ²⁴ɦuã²¹təʔ⁵⁵lɔ²⁴tsã²¹iɪʔ³³ɦiæ̃³⁴zã³¹。
浦东（川沙）	老王脱老张一样长。 lɔ²²βã⁵³tʰəʔ⁵⁵lɔ²²tsã⁵³iɪʔ³³ɦiã³⁴zã¹³。
浦东（惠南）	老王搭老张一样长。 lɔ²²βã³³dæʔ⁵⁵lɔ²²tsã³³iɪʔ³³ɦiã¹³zã³⁵。
嘉定	老王搭仔老张一样长。 lɔ²²ɦuã⁵³taʔ³³tsʅ³⁵lɔ²²tsã⁵³iɪʔ³³ɦiã³⁵zã²³¹。
宝山	老王脱勒老张一样高。 lɔ²²ɦuɒ̃⁵³tʰəʔ³³ləʔ⁴⁴lɔ²²tsã⁵³iɪʔ³³ɦiã⁵⁵kɔ³¹。
崇明	老王脱老张一样长。 lɔ³¹³ɦuã²⁴tʰəʔ⁵lɔ³¹³tsã⁵⁵ʔiəʔ⁵ɦiã³³dʑã⁵⁵。

地点 \ 例句	0048 我走了，你们俩再多坐一会儿。
中心城区（南）	我跑了噢，佴两家头再多坐脱一歇。 ŋu²³bɔ²²lə ʔ⁵⁵ɔ²¹, nA²³liã²²kA⁵⁵dʏ²¹tsE⁵²tu⁵²zu²²tʰə ʔ⁵⁵iɪ ʔ³ɕiɪ ʔ²¹。
中心城区（北）	我走了，佴两家头再多坐脱歇。 ŋo²³tsʏ³³lɐ ʔ⁴⁴, na²³liã²²ka⁵⁵dʏ²¹tsE⁵²tu⁵²zu²²tʰɐ ʔ⁵⁵ɕiɪ ʔ²¹。
松江	奴ˉ去哉，是侬ˉ两家头再多坐脱一歇。 nu¹³tɕʰi³³tsɛ⁵³, zə ʔ²na³⁵liæ²²ka⁵⁵du³¹tsE⁴⁴tu³⁵zu⁵⁵tʰə ʔ³iɪ ʔ³ɕiɪ ʔ³¹。
闵行	我跑哉，那两家头再坐脱一歇。 ɦŋ¹³bɔ¹³tsə ʔ², na¹³liã²²ka⁴⁴dʏ²²tse⁴⁴zu²²tʰə ʔ²iɪ ʔ²ɕiɪ²。
青浦	我先走则，佴两家头再多坐一歇。 ɦŋ²³siɪ⁵⁵tsə⁴³zə ʔ³³, na²³liæ²²ka⁵⁵də⁵³tsE⁴⁴təu⁵⁴zəu³³iɪ ʔ³³ɕiɪ ʔ²²。
金山	奴走脱了，着ˉ两家头再多坐一歇。 nu¹³tsʏ²³tʰə ʔ²lə⁰, za¹³liẽ²³ka⁵⁵dʏ³¹tsE³⁵du²⁴zu⁵³iɪ ʔ⁴ɕiɪ²。
奉贤	我侬去哌，佴两家头再多坐一歇。 ɦŋ²²no³⁴tɕʰi³³lɛ³⁴, na²⁴liã²²ka⁵⁵dʏ²¹tse⁵³tu⁴⁴zu⁴⁴iɪ ʔ³³ɕi²¹。
浦东（川沙）	我走得，佴两家头再坐脱一歇。 βu¹³tsʏ³⁷dʌ ʔ⁵³, nA¹³liã²²kA⁵⁵dʏ⁵³tse³⁵zu²²tʰə ʔ⁵⁵iɪ ʔ³³ɕiɪ ʔ⁵³。
浦东（惠南）	我走啦，佴两家头多坐一歇。 ŋu¹³tsʏ⁵⁵lʌ⁵⁵, nA¹³liã³¹kA⁵⁵dʏ⁵³du⁵⁵zu³¹iɪ ʔ³³ɕiɪ ʔ⁵⁵。
嘉定	我跑哉，我那ˉ两家子再多坐脱一歇。 ɦŋ²⁴bɔ²⁴tsE²¹, ɦŋ²²na ʔ⁵⁵liã²²ka²⁴tsɿ²¹tsE⁵³tu³⁵zu²¹iɪ ʔ⁵⁵ɕiɪ ʔ²¹。
宝山	我跑哉，侬特两个还多坐一歇。 ɦŋ²³pɔ²⁴zɛ³¹, noŋ²²də ʔ⁴⁴liã²²gə ʔ²⁴ɛ⁵³tu⁵⁵zu³³iɪ ʔ²²ɕi²¹。
崇明	我先跑，你特两家头爱多坐一先。 ɦŋ²⁴²ɕie⁵⁵bɔ⁵⁵, ŋ²⁴²də ʔ⁰liã³¹³ka³³də⁵⁵ ʔɛ³³tu⁵⁵zu⁰ ʔiə²⁵ɕie⁵⁵。

例句 地点	0049 我说不过他，谁都说不过这个家伙。
中心城区（南）	我讲勿过伊，随便啥人侪讲勿过迭个家伙。 ŋu²³kã³³vəʔ⁵⁵ku³³ɦi²¹, zø²²bi⁴⁴sA³³n̩iŋ⁴⁴zE²³kã³³vəʔ⁵⁵ku²¹də²¹¹ɦəʔ²³tɕiA⁵⁵fu²¹。
中心城区（北）	a. 我讲勿过伊，啥人侪讲勿过伊迭个朋友。 b. 我讲伊勿过，啥人侪讲勿过伊迭个朋友。 a. ŋo²³kã³³vəʔ⁵⁵ku³³ɦi²¹, sa³³n̩iŋ⁴⁴zE²³kã³³vəʔ⁵⁵ku³³ɦi²¹dɪ¹¹ɦɐʔ²³bã²²ɦiɤ⁴⁴。 b. ŋo²³kã³³ɦi⁵⁵vəʔ³³ku²¹, sa³³n̩iŋ⁴⁴zE²³kã³³vəʔ⁵⁵ku³³ɦi²¹dɪ¹¹ɦɐʔ²³bã²²ɦiɤ⁴⁴。
松江	奴⁼讲勿过渠，啥人侪讲勿过个赤佬。 nu¹³kɒ̃³³uəʔ⁵ku³³ɦi³¹, sa³⁵n̩iŋ³¹zɛ³¹kɒ̃³³uəʔ⁵ku³¹gəʔ³¹tsʰəʔ¹lɔ⁴⁴。
闵行	我讲伊勿过，啥人侪讲勿过特个人。 ɦŋ¹³kã⁴⁴ɦi⁴⁴vəʔ²²ku²², sa⁴⁴n̩iŋ²²ze¹³kã⁴⁴vəʔ²²ku²²də²²kəʔ²⁴n̩iŋ⁴⁴。
青浦	我讲勿过伊，啥人也讲勿过辩个赤佬。 ɦŋ²³kã⁵⁵vəʔ³³kəu⁴⁴i³¹, sa⁴⁴n̩iəŋ⁵³ɦia³³kã³³vəʔ⁴⁴kəu⁴³gəʔ²²kəʔ²³tsʰəʔ⁵⁵lɔ²¹。
金山	奴讲勿过伊，哈人讲得过辩个家伙。 nu¹³kã³⁴uəʔ⁵ku³¹ɦi³¹, hɑ²⁴n̩iəŋ⁵³kã³⁴dəʔ⁵ku³¹gəʔ¹²kə⁰ɕiɑ²⁴fu⁵³。
奉贤	我侬讲伊勿过，啥人也讲勿过辩个家伙。 ɦŋ²²no³⁴kã³³i⁵⁵vəʔ³³ku²¹, hɑ³⁵n̩iŋ³¹ɦia²⁴kã³³vəʔ⁵⁵ku²¹gəʔ²²ɦəʔ³⁴tɕiɑ⁴⁴ɸu⁵³。
浦东（川沙）	我讲勿过伊，啥人也讲勿过迭个物事。 βu¹³kã³³vəʔ⁵⁵ku⁵³ɦi²¹, sA³³n̩in⁵³ɦiA¹³kã³³vəʔ⁵⁵ku⁵³də²²ɦəʔ³⁴məʔ²²z̩³⁴。
浦东（惠南）	我讲勿过伊，啥人侪讲勿过迭只赤佬。 ŋu¹³kã³¹vəʔ¹³ku⁵³ɦi¹³, sA³⁵n̩in⁵²zɛ¹³kã³³vəʔ¹³ku⁵³dɪɪ²²tsA⁵⁵tsʰəʔ⁵⁵lɔ³⁵。
嘉定	我讲勿过伊，啥人也讲勿过迭只棺材。 ɦŋ²⁴kã³⁵vəʔ²³ku³³ʔ²¹, sã³³n̩iŋ ia³³kã³⁵vəʔ²³ku³³dɪɪ²²tsaʔ²⁵⁵kue⁵⁵zE²¹。
宝山	我讲勿过伊，啥人也兊⁼讲勿过迭个家伙。 ɦŋ²³kɒ̃³³vəʔ⁵⁵ku³³i³¹, hɑ²⁴n̩ĩn⁵⁵ɦia³³tʰoʔ²⁵kɒ̃³³vəʔ⁵⁵ku³¹dɪɪ¹¹ɦəʔ²³tɕia⁵⁵fu³¹。
崇明	我讲夷勿过，随便何人讲勿过夷其人个。 ɦŋ²⁴²kã⁴²⁴ɦi³³uəʔ⁵ku⁰, zei²⁴bie⁰ɦɦa²⁴²n̩in⁵⁵kã⁴²⁴uəʔ⁵ku⁰ɦi²⁴ki⁵⁵n̩in²⁴goʔ⁰。

例句 地点	0050 上次只买了一本书，今天要多买几本。
中心城区（南）	上趟仔只买了一本书，今朝要多买几本了。 zã²²tʰã⁵⁵tsʅ²¹tsəʔ⁵⁵mA²²ləʔ⁴⁴iɿʔ³³pəŋ⁴⁵sʅ⁵², tɕiŋ⁵⁵tsɔ²¹iɔ³⁴tu⁵⁵mA³³tɕi³³pəŋ³³ləʔ²¹。
中心城区（北）	上趟只买了一本书，今朝要多买几本。 zã²²tʰã⁴⁴tsɐʔ⁵⁵mA²²ləʔ⁴⁴iɿʔ³³pəŋ⁵⁵sʅ²¹, tɕiŋ⁵⁵tsɔ²¹iɔ³⁴tu⁵⁵mA³³tɕi³³pəŋ²¹。
松江	上趟只买仔一本书，今朝要多买几本。 zɒ̃²²tʰɒ̃³⁵tsəʔ⁴ma²²zʅ³⁵iɿʔ³pəŋ⁵⁵ɕy⁵³, ɕiŋ³⁵tsɔ⁵⁵iɔ³¹tu³⁵ma⁵⁵tɕi³³pəŋ³¹。
闵行	书我上趟只买得一本，今朝我要多买几本。 sy⁵³ɦŋ¹³zã²²tʰã⁴⁴tsəʔ⁵⁵ma²²təʔ⁴iɿʔ⁴pəŋ⁴⁴, tɕiŋ⁴⁴tsɔ⁴⁴ɦŋ¹³ɦiɔ²²dʑu⁴⁴ma⁴⁴tɕi²²pəŋ²²。
青浦	上趟子只买了一本书，今朝要多买几本。 zã²²tʰã⁴⁴tsʅ³³tsəʔ⁵⁵ma²²ləʔ³³iɿʔ⁵⁵pəŋ³³sʅ³¹, tɕiŋ⁵⁵tsɔ⁴⁴iɔ³³təu⁵⁵ma⁴³tɕi³³pəŋ²¹。
金山	上次呢，只买了一本，今朝呢，要多买几本。 zã¹³tsʰʅ⁵³nə⁰, tsəʔ⁵ma¹³ləⁱiɿʔ⁴ɓəŋ³³, tɕĩ²⁴tsɔ⁵³nə⁰, iɔ³⁵dʑu²⁴ma⁵³tɕi²⁴ɓəŋ⁵³。
奉贤	上趟只买了一本书，今朝要多买几本。 zã²²tʰã³⁴tsəʔ⁵⁵ma²²ləʔ²⁴iɿʔ⁵³pəŋ²²ɕy⁵³, tɕiŋ⁴⁴tsɔ⁵³iɔ³⁵tu⁵⁵ma³³tɕi³³pəŋ²¹。
浦东（川沙）	上趟只买着一本书，今朝要多买几本。 zã²²tʰã⁵³tsʅ⁵⁵mA ʔ³¹zA ʔ³⁵iɿʔ⁵⁵ɓəŋ⁵⁵sʅ²¹, tɕin⁵⁵tsɔ⁵³iɔ⁵³dʑu⁵⁵mA³¹tɕi²²ɓən²¹。
浦东（惠南）	上趟只买着一本书，今朝要多买几本。 zã¹³tʰã⁵³tsʅ⁵⁵mA ʔ³¹zA ʔ³³iɿʔ³³ɓəŋ³⁵ɕy⁵³, tɕin⁵⁵tsɔ⁵³iɔ⁵³dʑu⁵⁵mA³¹tɕi³⁵ɓən⁵³。
嘉定	上趟只有买仔一本书，迭趟要多买两本哉。 zã²⁴tʰã²¹tsəʔ⁵⁵ɦy²¹ma²²tsəʔ²iɿʔ⁵⁵ɓəŋ⁵³sʅ²¹, diɿʔ²²tʰã²⁴iɔ³³tu⁵⁵ma²²liã²²pəŋ²²tsE²¹。
宝山	上趟我只买了一本书，今朝我想多买两本。 zɒ̃²²tʰɒ̃³⁵ɦŋ²³tsəʔ⁵⁵ma²²ləʔ²²iɿʔ³³pẽn³⁴sʅ⁵³, tɕin⁵⁵tsɔ²¹ɦŋ²³siã³⁴tu⁵⁵ma³³liã²²pẽn³¹。
崇明	上趟得勒买仔一本书，今朝我要多买几本。 zã²⁴tʰã³³təʔ⁵ləʔ⁰ma²⁴²tsʅ³³ʔiəʔ⁵pəŋ³³sʅ⁵⁵, tɕin⁵⁵tsɔ⁵⁵ɦŋ²⁴²ʔiɔ³³tu⁵⁵ma²⁴² tɕi³³pən⁰。

参 考 文 献

一、著作

1. 江苏省和上海市方言调查指导组编 1960《江苏省和上海市方言概况》,江苏人民出版社。
2. 许宝华、汤珍珠主编 1988《上海市区方言志》,上海教育出版社。
3. 颜逸明著 1994《吴语概说》,华东师范大学出版社。
4. 李荣主编,许宝华、陶寰编纂 1997《上海方言词典》,江苏教育出版社。
5. 徐烈炯、邵敬敏著 1998《上海方言语法研究》,华东师范大学出版社。
6. 中国社会科学院语言研究所编 1999《方言调查字表(修订本)》,商务印书馆。
7. 钱乃荣、许宝华、汤珍珠编著 2007《上海话大词典》,上海辞书出版社。
8. 中国语言资源有声数据库建设领导小组办公室编 2010《中国语言资源有声数据库调查手册·汉语方言》,商务印书馆。
9. 游汝杰主编 2013《上海地区方言调查研究》,复旦大学出版社。
10. 朱晓农著 2020《上海声调实验录(第二版)》,上海教育出版社。

二、论文

1. 沈同 1981 老派上海方言的连读变调,《方言》第2期,131—144页。
2. 许宝华、汤珍珠、钱乃荣 1981 新派上海方言的连读变调,《方言》第2期,145—155页。
3. 许宝华、汤珍珠 1981 上海方言词汇略说,《复旦学报(社会科学版)》第1期,101—107页。
4. 沈同 1982 老派上海方言的连读变调(二),《方言》第2期,100—114页。
5. 许宝华、汤珍珠、钱乃荣 1982 新派上海方言的连读变调(二),《方言》第2期,115—128页。
6. 许宝华、汤珍珠、钱乃荣 1983 新派上海方言的连读变调(三),《方言》第3期,197—201页。
7. 许宝华、汤珍珠、钱乃荣 1985 上海方言的熟语(一),《方言》第2期,146—158页。
8. 许宝华、汤珍珠、钱乃荣 1985 上海方言的熟语(二),《方言》第3期,232—238页。

9. 许宝华、汤珍珠、钱乃荣 1985 上海方言的熟语(三),《方言》第4期,314—316页。
10. 钱乃荣 1987 上海方言音变的微观,《语言研究》第2期,104—115页。
11. 钱乃荣 1988 上海方言词汇的年龄差异和青少年新词,《上海大学学报(社会科学版)》第1期,44—50页。
12. 钱乃荣 1996 上海方言的语气助词,《语言研究》第1期,32—45页。
13. 徐烈炯、邵敬敏 1997 上海方言形容词重叠式研究,《语言研究》第2期,68—80页。
14. 徐烈炯、邵敬敏 1997 上海方言"辣、辣辣、辣海"的比较研究,《方言》第2期,97—105页。
15. 钱乃荣 1998 上海城市方言中心的形成,《上海大学学报(社会科学版)》第3期,28—35页。
16. 钱乃荣 2000 上海语言的变迁,《社会科学》第2期,65—66页。
17. 刘民钢 2001 试论上海方言的形成,《上海师范大学学报(社会科学版)》第1期,77—83页。
18. 钱乃荣 2004 上海方言中的虚拟句,《方言》第2期,97—110页。
19. 邵敬敏 2007 上海方言的话题疑问句与命题疑问句,《华东师范大学学报(哲学社会科学版)》第4期,68—72页。
20. 朱贞淼、曹伟锋、钱乃荣 2017 上海奉贤区庄行镇方言的时态及其语法化过程,《语言研究》第1期,49—53页。
21. 平悦铃 2001 上海方言双音节连读变调声学特征研究,载《新世纪的现代语音学——第五届全国现代语音学学术会议》,蔡莲红、周同春、陶建华主编,清华大学出版社出版。
22. 平悦铃 2003 上海方言单音节中塞音塞擦音腭位研究,载《第六届全国现代语音学学术会议论文集(上)》,中国语言学会语音学分会、中国中文信息学会语音信息专业委员会、中国声学学会语言听觉和音乐分会主编,天津师范大学出版社出版。
23. 陈娟文、李爱军、王霞 2003 上海普通话与普通话双音节词连读调的差异,载《第六届全国现代语音学学术会议论文集(上)》,中国语言学会语音学分会、中国中文信息学会语音信息专业委员会、中国声学学会语言听觉和音乐分会主编,天津师范大学出版社出版。

后　记

　　本资源集是上海市实施"中国语言资源有声数据库建设"项目和"中国语言资源保护工程"的成果。

　　为科学保护国家语言资源,国家语委于2008年启动"中国语言资源有声数据库"建设,以市、县(市)为单位,依照统一规范,采集当代中国语言的汉语方言、带有地方特色的普通话(俗称"地方普通话")以及少数民族语言和方言等有声资料,并进行科学整理和加工,长期保存,以便将来深入研究和有效地开发利用。项目首先在江苏省试点,同期国家语委与上海市语委沟通,希望上海充分发挥专业力量强、经济条件好等优势,参与第一批试点。上海市语委办(上海市教委语言文字管理处)积极落实国家语委要求,一方面召集专家进行论证,一方面向市教委提出立项申请,得到专家们的热烈响应和市教委的大力支持。2009年,教育部、国家语委就试点工作向上海市语委、教委正式发函,市教委批准立项并向项目组下拨了专项经费。

　　由于这是一项全新的工作,调查选点、调查内容、调查方法、调查技术、调查规范等都还处于构建摸索阶段,立项以后,上海市语委统筹由复旦大学、华东师范大学、上海大学、上海师范大学4所高校语言学专家组成的项目组,花了一年多时间开展调查准备工作。一是确定调查点并明确分工。根据上海方言状况,确定市区设2个点,各远郊区各设1个点,总计12个调查点,4所高校各负责3个。复旦大学负责市区北片、松江、金山,华东师范大学负责浦东川沙、浦东惠南、青浦,上海大学负责市区南片、宝山、奉贤,上海师范大学负责闵行、嘉定、崇明。其中,为保证质量,崇明点由上海师范大学邀请已在外地定居的崇明籍语言学家回崇调查,上海师范大学做好相关学术服务工作。二是开展学术准备。核心专家组对《中国语言资源有声数据库调查手册·汉语方言》(以下简称《调查手册》)内容进行了梳理,补充了具有地方特色的调查内容,将《调查手册》中的语法内容转写成上海话,明确了结合调查点当地特有文化现象拟定话语调查话题的原则。三是培训调查人员。4所高校全体调查人员先后接受了5次集中培训,内容包括有声数据库建设背景意义及试点工作情况介绍、《调查手册》解读、上海方言基本情况介绍、上海话方言记音训练、实验语音学情况介绍、调查技术规范及软件使用等。教育部语言文字信息管理司（以下简称语信司）有关领导、中国语言资源有声数据库建设项目首席专家等多次亲临现场指导培训工作。

到2011年初，调查准备工作基本就绪。3月24日，上海市语委举行了隆重的中国语言资源有声数据库上海建库工作启动仪式。教育部、国家语委有关领导，上海市政府有关领导，共同为上海建库工作揭幕。上海市语委、教委同4所高校的分管领导签订项目实施责任书。上海各大媒体进行宣传报道，引发了社会各界的广泛关注。

各调查点上海方言发音人的公开征召工作也于当日启动。上海市区2个调查点共有457人报名参选，调查团队从中初选出96名入围者，并于5月29日对入围者进行了面试。语信司、上海市语委和教委有关领导亲临面试现场与候选人交流，项目组全体成员现场观摩，媒体高度关注、深度报道。当日，两个调查团队分别确定了发音人，市区点发音人征召遴选工作顺利完成。而各远郊区调查点发音人的征召遴选，由于城市化进程加快等原因遇到一定困难。各远郊区语委一方面加大公开征召的宣传发动力度，一方面与区文化馆、社区学院、戏曲剧团等合作，主动寻找物色符合条件的人员。上海市语委进一步协调非遗、方志等部门提供帮助。到年底，除个别点的青年男性发音人外，各远郊区调查点发音人征召遴选工作也基本完成。

2011年7月，项目组在松江区开展试调查，对市区南片点老年男性发音人、松江点青年男性发音人进行试录，为录音内容标注国际音标，对话语等录音内容进行文字转写和音标标注。项目组全体成员就试点调查过程中遇到的问题，进行了深入研讨，语信司有关负责人、有声数据库项目首席专家、江苏省有关专家等到场指导、参与研讨，为12个点调查工作的全面铺开奠定扎实基础。

2011年9月，已在外地定居的崇明籍语言学家回崇蹲点一个多月，在全市率先完成崇明点的调查工作。11月11日，国家语委在上海外国语大学召开科研工作会议，会后即组织专家赴崇明对调查工作进行预审，项目组全体成员、市区两级语委有关负责人等出席。与会专家对崇明方言有声数据采录工作的质量给予高度评价。

2012年起，其余11个点的调查采录工作次第开展。为进一步规范调查采录工作，确保调查工作质量，上海市语委决定，录音工作由各调查团队按国家规定的设备要求、技术标准和学术规范实施，视频录像工作全市各点在统一的场地进行、由同一技术服务提供方实施，并在华东师范大学出版社搭建了摄影棚。3月29日，摄影棚正式投入使用。上海市语委当日还在华东师范大学召开了信息发布会,向媒体通报有声资源库建设进展情况。到2013年末,全市各调查点方言有声数据采录工作全面完成。

2014年起,各团队进入对有声数据的整理、国际音标标注、话语转写等工作。上海市语委反复召开项目组全体会议,统一数据整理的学术规范,运用技术手段对各点的材料进行初审核验,督促各团队根据初审核验结果进行校对、修订。到年底,建库工作全面完成。

2015年4月13日,教育部、国家语委组织专家组对中国语言资源有声数据库上海建库工作进行评审验收。专家组在审查了上海库12个调查点的有声数据、视频数据以及记音和转写资料后,一致同意通过验收。专家组在评审意见中指出:上海市有关领导部门认真贯彻国家关于科学保护语言资源的要求,高度重视建库工作,规划认真稳妥、实施周密细致,在人员、经费、组织、管理等各方面为建库工作提供了坚实的保障;上海各调查点建库工作严谨认真,发音人的选择、音像数据的采集、方言音系语料的梳理等各方面工作符合国家规定的技术标准和学术规范,符合上海的语言事实;上海库的建设对于保存上海方言和文化具有特殊意义,是上海市重要的语言文化工程。

本次调查录制和保存的高品质录音,大大提高了本地方言调查资料的完整性。较以往,还录存了长篇语料和自然对话状态下的语言材料,保存了自然语流中的音变情况。特别是自然环境中多人对话的语音材料,可以让后人观察到比较自然状态下该方言的语流音变,具有很高的研究价值。这次调查中多机位录制的视频材料也是以往方言调查中所没有的,具有较高的研究参考价值。

2015年5月,教育部、国家语委启动"中国语言资源保护工程",在部分省区市试点建设有声数据库的基础上,进一步在全国开展语言调查和声像数据采录,语言数据材料整理的规范标准也进一步完善。2016年至2017年,上海根据工程要求对各调查点材料进一步进行统一和规范,对个别点根据录音进行了重新整理记录和补充。

2018年,教育部、国家语委开始推进工程成果的出版,印发了《中国语言资源集(分省)实施方案》和《中国语言资源集(分省)编写出版规范》(以下简称《出版规范》)。上海的相关工作于8月启动。由于项目有4个团队、10多位专家参与,校订、统稿工作任务繁重。项目启动后至2019年底,首先由各点调查团队根据《出版规范》要求进行分别校订,期间市语委多次召集项目组会议,深入学习国家要求,研讨方言用字、音标标注、文白异读部分编写和其他编排体例等问题,并进行集中改稿。2020年至2021年初,项目组核心专家在各点修订稿基础上,进行全书统稿。

2021年书稿主体交出版社排版后,市语委委托出版社组织专家组进行审稿,2022年初形成审读意见。项目组核心成员再次依据审读意见对内容进行校订和适当调整后,于2023年初上报市语委审定。市语委办进一步组织专家研读全书内容,确定前言、后记内容框架和执笔人,遴选工作照片。8月,全书成稿,上海市语委、市教委有关领导亲自听取项目组专门汇报,审定书稿小样,给出进一步的指导意见。项目组再次修订后,10月本资源集付梓。根据《出版规范》,这一阶段的校订、统稿内容主要包括:

1. 对所有语料进行重排;

2. 补充个别调查点的异读材料;

3. 根据字表补充调整声韵调例字,尽量采用不同的声韵配合,声母例字的排列以阴、阳、入各一字为原则,韵母例字以全清、次清、全浊、次浊各一字为原则;

4. 改写个别语音说明;

5. 统一声调符号标注格式,所有的声调和送气符号统一为上标,删除所有的零声母符号;

6. 统一内爆音的标写符号;

7. 统一入声标调方法;

8. 校订部分点调查记录中的疑问;

9. 修正语法部分的少量笔误,根据录音材料补足转写中的漏句,文字与音标不对应的,进行补充和修正。

本项目实施过程中克服了诸多困难,总结项目的整个推进过程,主要形成以下经验:

第一,坚持正确的舆论导向。注重全面、正确地理解并宣传好国家"大力推广和规范使用国家通用语言文字,科学保护各民族语言文字"的方针政策,始终把握好建设方言数据库和推广普通话的关系,正确引导社会舆论,使建库工作取得了各级领导和社会各界的高度关注和广泛支持。

第二,注重规范与质量。上海市语委严格按照国家语委《调查手册》规定的要求和标准推进各项工作,并努力确保调查、建库工作的规范与质量。确保程序规范,加强对各调查点语音数据采录工作的现场监查和质量监控,督促各工作团队首先运用传统方法进行预调查,再进行正式录音,录音后及时复核、整理语音数据。确保技术规范,为各团队配置同一型号的设备仪器,指导、督促各调查点所在区语委严格按照国家《调查手册》关于录音场地等的技术标准,遴选确定录音场地。确保学术规范,组织专家对各高校参与调查的人员不断开展密集的培训和研讨,确保各调查点工作标准一致。

第三，坚持政府主导和充分发挥专家作用相结合。上海市语委积极为建库工作提供组织、经费等各方面保障，采取多种管理措施，努力加强组织协调，确保各调查点调查采录工作步骤一致、标准统一；有关高校分工负责，与市语委签订了工作责任书，明确了各自的工作目标和责任；相关专家和科研团队具体实施各调查点语音数据的调查采录和转写记音，并负责技术和学术把关，形成了政府主导、高校负责、专家实施的工作格局。

本项目的实施，得到了教育部、国家语委和上海市语委、教委各级历任领导的高度重视和大力支持，得到了国家专家组和先行一步兄弟省市专家的大力支持和悉心指导。本项目的成功实施，仰仗于上海语言学家们的辛勤工作、无私奉献。许宝华教授和颜逸明教授多次参与指导项目组的研讨、成果的初审自检，颜逸明教授还亲自对有关调查点发音候选人进行面试。让我们极感悲痛的是颜先生已于2020年6月驾鹤西去，未能看到本资料集的正式出版，参与本书工作的全体同人都对颜先生深为怀念。游汝杰教授、钱乃荣教授等亲自负责有关调查点调查和材料整理，并对项目全程进行了指导和质量把关。张惠英教授负责的崇明点调查率先完成，为其余各点作出示范。刘民钢教授负责有关调查点调查和材料整理，并负责全书后期统稿，做了大量艰苦细致的工作。张日培统筹组织项目开展，为推动各调查团队协同工作、推进项目任务有效实施、提升项目质量做了大量艰苦细致的工作。袁丹、赵庸等参与多个点的调查，并在全市各点调查数据的前期汇总整理中做了大量艰苦细致的工作。薛才德、陶寰、平悦玲、郑伟、蒋冰冰、凌锋、孙锐欣、朱贞淼等诸位专家各司其职，高质量完成所负责调查点的调查和数据采集整理工作，为整个项目成功实施贡献了重要力量。潘悟云先生、陈忠敏教授等深入细致审读初稿，为书稿质量提升提出宝贵意见。

本项目的实施，极大推动了上海地区语言资源的科学保护工作，为中华优秀语言文化传承发展作出重要贡献，为区域、城市语言文字工作创新发展提供了有益经验。本项目的实施，团结凝聚、培养锻炼了科研队伍，促进了本市语言学学科的建设与发展。

从市教委批准立项，到本资源集付梓，项目组走过了一段有艰辛、有收获的难忘历程，谨予记之。由于内容庞杂、校订工作量巨大，书中需要进一步完善之处，敬请方家批评指正。

图书在版编目(CIP)数据

中国语言资源集.上海/许宝华,颜逸明主编.—上海:复旦大学出版社,2024.6
ISBN 978-7-309-16597-5

Ⅰ.①中… Ⅱ.①许…②颜… Ⅲ.①吴语-方言研究-上海 Ⅳ.①H17

中国版本图书馆 CIP 数据核字(2022)第 204443 号

中国语言资源集. 上海
许宝华 颜逸明 主编
责任编辑/宋启立 高 婧

复旦大学出版社有限公司出版发行
上海市国权路 579 号 邮编:200433
网址:fupnet@fudanpress.com http://www.fudanpress.com
门市零售:86-21-65102580 团体订购:86-21-65104505
出版部电话:86-21-65642845
上海盛通时代印刷有限公司

开本 787 毫米×1092 毫米 1/16 印张 43.75 字数 1 460 千字
2024 年 6 月第 1 版
2024 年 6 月第 1 版第 1 次印刷

ISBN 978-7-309-16597-5/H·3208
定价:360.00 元

如有印装质量问题,请向复旦大学出版社有限公司出版部调换。
版权所有 侵权必究